TALENT ÉDITIONS
115 rue de l'Abbé Groult, 75015 Paris

Photographies couverture et intérieur :
© Icon Sport et © AFP
Réalisation couverture et maquette : Trémas (Fanny Druïlle)

ISBN : 978-2-37815-283-3

FORMULE 1
TOUS LES PILOTES
de 1950 à nos jours

Talent Sport

LE PINACLE DU SPORT AUTOMOBILE

De la Formule 1, on connaît souvent les plus grands : Juan Manuel Fangio, Jim Clark, Niki Lauda, Alain Prost, Ayrton Senna, Michael Schumacher, Lewis Hamilton… mais ces géants ne sont qu'une partie de ce que la catégorie reine du sport automobile a offert au fil des ans. Certes, la partie la plus impressionnante et la plus légendaire, mais la grande histoire s'est forgée avec un grand nombre de petites histoires – 772 exactement.

En 2022, ils sont 772 à avoir participé à au moins une course de Championnat du monde. Entre des expériences ayant tourné court et des carrières s'étendant sur plus de 20 ans, ces gladiateurs des temps modernes ont connu des succès, des déceptions, des joies et des drames. Mais surtout, ils ont offert au public une passion unique, quelle qu'ait été la marque laissée au fil du millier de Grands Prix disputés depuis le fameux 13 mai 1950 à Silverstone.

La discipline a évolué, le danger et la brutalité des voitures artisanales ayant laissé place à la technologie et aux performances inégalées des monoplaces actuelles. Mais le dénominateur commun à toutes ces époques, qui ont vu le métier de pilote changer lui aussi, est bel et bien le talent de tous ces héros. Et cela décrit tout autant ceux qui ont marqué l'histoire que ceux qui l'ont à peine écrite.

C'est pour cela que dans ce livre se trouvent les 772 femmes et hommes qui ont participé à des Grands Prix de F1, pour mettre sur un pied d'égalité les idoles de générations entières et ceux que l'on pourrait qualifier de sans-grades, pilotes payants et participants éphémères d'un Championnat qui est le pinacle du sport. Parce que c'est grâce à chacun d'entre eux que la Formule 1 a construit son riche passé, qu'elle brille dans le présent et écrit son avenir.

Emmanuel Touzot

Luigi Fagioli et Juan Manuel Fangio mènent lors du départ du Grand Prix de Grande-Bretagne 1950.

Le paddock de Silverstone lors de la première course du Championnat de Formule 1 le 13 mai 1950

1950

PRINCE BIRA

Né le 15 juillet 1914 à Bangkok (Thaïlande) et décédé le 23 décembre 1985

Courses :
Grande-Bretagne 1950 – Espagne 1954

Équipes :
- Maserati : Grande-Bretagne 1950 – Espagne 1951
- Simca Gordini : Suisse 1952 – Belgique 1952
- Gordini : France 1952 – Grande-Bretagne 1952
- Connaught : France 1953 – Allemagne 1953
- Maserati : Italie 1953 – Espagne 1954

Grands Prix disputés : 19

De son vrai nom Birabongse Bhanutej Bhanubandh, le Prince Bira du Siam était un passionné de voitures depuis son plus jeune âge. Après quelques expériences en monoplace, le Thaïlandais dut interrompre sa carrière en 1939, à la veille de la Seconde Guerre mondiale. En 1946, il remporta ses premières victoires en Formule 1 et Formule 2. Il fut l'un des pilotes engagés sur la grille du tout premier Grand Prix du Championnat du monde de Formule 1, le 13 mai 1950, à Silverstone. Qualifié 5e derrière les intouchables Alfa Romeo, il ne vit pas la ligne d'arrivée à cause d'une panne d'essence. Le Prince Bira avait tendance à briller dans des manches hors Championnat, mais le niveau très élevé de la Formule 1 lui fit rapidement trouver ses limites. Cinquième à Monaco en 1950 puis 4e à Bremgarten, il avait déjà atteint son pic de performance dans le Championnat. Il réédita une 4e place en France en 1954 au volant d'une Maserati 250F, mais sa carrière dans la discipline s'arrêta en Espagne la même année. Il fallut par ailleurs attendre 2019, soit 65 ans, pour revoir un autre Thaïlandais en Formule 1. En 1955, le Prince Bira participa à plusieurs courses hors Championnat avant de prendre sa retraite.

LOUIS CHIRON

Né le 3 août 1899 à Monaco et décédé le 22 juin 1979

Courses :
Grande-Bretagne 1950 – Monaco 1955

Équipes :
- Maserati : Grande-Bretagne 1950 – Suisse 1951
- Talbot Lago : Belgique 1951 – Espagne 1951
- OSCA : France 1953 – Italie 1953
- Lancia : Monaco 1955

Podiums : 1

Grands Prix disputés : 15

Premier Monégasque à s'engager en Formule 1, Louis Chiron était en fin de carrière lorsque le Championnat du monde fut créé. Pilote de course depuis les années 20, il a fait les beaux jours de Bugatti jusqu'en 1932 avec de nsombreux succès. Chez Alfa Romeo, il continua sur sa lancée en 1933 et 1934, avant de faire face aux firmes allemandes en 1935. Passé chez Mercedes pour retrouver le succès en 1936, son année fut très difficile et il décida d'interrompre sa carrière en monoplace.

Au volant de voitures de sport, il ne connut pas un grand succès. Ses neuf tentatives aux 24 Heures du Mans entre 1928 et 1953 se soldèrent d'ailleurs toutes par un abandon. Après la guerre, Chiron reprit rapidement la compétition et il s'engagea avec Maserati en Formule 1 pour les débuts du Championnat du monde. Après un abandon à Silverstone, il signa un podium à Monaco, à domicile. Ces points furent les seuls qu'il inscrivit en Championnat du monde, lui permettant de terminer dixième du classement en 1950. En 1951, il pilota pour l'écurie d'Enrico Platé sur Maserati lors du GP de Suisse, puis termina la saison dans l'Écurie Rosier, au volant d'une Talbot Lago, avec une 6e place comme meilleur résultat. Un grave accident à Silverstone en 1952 porta un coup d'arrêt à sa carrière. Le Monégasque revint en 1953 pour deux performances peu convaincantes, et il termina sa carrière par le Grand Prix de Monaco 1955, au volant d'une Lancia, avec une 6e place à l'âge de 55 ans, 9 mois et 19 jours. Il fut ce jour-là le pilote le plus vieux à prendre part à une course. Il devint finalement commissaire général du Grand Prix de Monaco et du Rallye Monte-Carlo à la demande du Prince Rainier, et exerça cette fonction jusqu'en 1979, année de son décès.

JOHNNY CLAES

Né le 11 août 1916 à Londres (Royaume-Uni) et décédé le 3 février 1956

Courses :
Grande-Bretagne 1950 – Pays-Bas 1955

Équipes :
- Talbot Lago : Grande-Bretagne 1950 – Espagne 1951
- Gordini : Belgique 1952
- Simca Gordini : France 1952 – Grande-Bretagne 1952
- HWM : Allemagne 1952
- Connaught : Pays-Bas 1953
- Maserati : Belgique 1953
- Connaught : France 1953 – Italie 1953
- Ferrari : Pays-Bas 1955

Grands Prix disputés : 23

Johnny Claes était étranger au monde de la course automobile jusqu'à ses 30 ans, où il assista au Grand Prix de l'ACF. Fasciné ce jour-là par ce dont il venait d'être témoin, il décida de s'immerger dans ce milieu en devenant d'abord traducteur, puis s'essaya en 1948 au pilotage de voitures de course. Au volant d'une Talbot Lago, le Belge signa deux podiums en Formule 1 en 1949 et prit le départ du nouveau Championnat du monde en 1950. Malgré une meilleure Talbot Lago en 1951, et en parallèle de victoires hors Championnat, il ne parvint pas à percer en Championnat du monde. Il égala à domicile son meilleur résultat avec une 7e place, comme celle qu'il avait signée à Monaco l'année précédente. En 1952, il abandonna sa Talbot Lago pour piloter une F1 Simca Gordini répondant au nouveau règlement en vigueur. Il ne fit pas mieux que 8e, tandis qu'en 1953, il disputa quatre courses sur une Connaught de l'Écurie Belge. Cette année-là, il eut toutefois le privilège de disputer le GP de Belgique, sa course à domicile, au volant d'une Maserati de l'équipe officielle. Malheureusement, cette pige se solda par un abandon. En 1954, il fut perturbé par des problèmes de santé mais participa pour la deuxième fois aux 24 Heures du Mans. En 1955, en meilleure forme, il termina 11e du Grand Prix des Pays-Bas de Formule 1 au volant d'une Ferrari, et signa un podium au Mans au volant d'une Jaguar Type D de l'Écurie Francorchamps. Ce passionné de jazz, qui avait malheureusement contracté la tuberculose en 1955, rechuta au début de l'année 1956 et décéda à l'âge de 39 ans.

GEOFF CROSSLEY

Né le 11 mai 1921 à Baslow (Royaume-Uni) et décédé le 7 janvier 2002

Courses :
Grande-Bretagne 1950 – Belgique 1950

Équipes :
Alta : Grande-Bretagne 1950 – Belgique 1950

Grands Prix disputés : 2

S'il eut le privilège de faire partie des 26 pilotes engagés lors du Grand Prix inaugural du Championnat du monde de Formule 1, Geoff Crossley eut une carrière plus qu'anecdotique dans la discipline. Outre quelques expériences avant la guerre, il disputa la majeure partie de sa carrière avec Alta à partir de 1947. Ses résultats avant Silverstone 1950 furent modestes, à l'exception d'une 7e place encourageante lors du GP de Belgique 1949. Au cours de la première manche de l'histoire de la F1, la transmission de son Alta rendit l'âme au 43e des 70 tours. Le Britannique disputa également le GP de Belgique 1950, sa deuxième et dernière apparition en Championnat, avec une 9e place. Après avoir signé son meilleur résultat en compétition à Jersey en 1950, avec une 6e place, il décida d'abandonner la course automobile.

EMMANUEL DE GRAFFENRIED

Né le 18 mai 1914 à Paris (France) et décédé le 22 janvier 2007

Courses :
Grande-Bretagne 1950 – Italie 1956

Équipes :
- Maserati : Grande-Bretagne 1950 – Italie 1950
- Alfa Romeo : Suisse 1951
- Maserati : France 1951 – Allemagne 1951
- Alfa Romeo : Italie 1951 – Espagne 1951
- Maserati : Suisse 1952 – Italie 1956

Grands Prix disputés : 22

Archétype du *gentleman driver*, Emmanuel de Graffenried était une figure connue en compétition automobile bien avant la création du Championnat du monde. Le Suisse avait notamment participé aux Mille Miglia avant la guerre. Après celle-ci, il se replongea dans la course auto et fut un des grands animateurs de la Formule 1 avant que celle-ci ne devienne une compétition officielle et mondiale. Il remporta notamment le Grand Prix de Grande-Bretagne de Silverstone en 1949, un an avant que l'épreuve ne serve de théâtre inaugural au tout nouveau Championnat. Engagé en F1 entre 1950 et 1956, il ne connut qu'une équipe privée sous les ordres d'Enrico Platé, puis une structure d'usine chez Alfa Romeo. Plus à son aise avec les Maserati, il revint chez Platé en 1952 avant de fonder sa propre équipe, Baron de Graffenried. C'est dans cette structure qu'il signa ses meilleures performances, avec des top 5 sur les circuits sélects de Spa-Francorchamps, Zandvoort, et du Nürburgring. Sa vie après la Formule 1 fut très variée, avec un rôle de doublure au cinéma, une carrière de concessionnaire en Suisse, ou encore le statut d'ambassadeur pour Philip Morris dans les années 70.

PHILIPPE ÉTANCELIN

Né le 28 décembre 1896 à Rouen (France) et décédé le 13 octobre 1981

Courses :
Grande-Bretagne 1950 – France 1952

Équipes :
- Talbot Lago : Grande-Bretagne 1950 – Espagne 1951
- Maserati : France 1952

Grands Prix disputés : 12

Né en 1896, Philippe Étancelin fut l'un des deux pilotes les plus âgés à prendre le départ d'une course de F1 en Championnat du monde, après Louis Chiron. C'était en 1952, lors du Grand Prix de France qu'il disputa au volant d'une Maserati de l'Escuderia Bandeirantes. Ce fut sa douzième et dernière course, mais la première à ne pas être disputée au volant d'une Talbot Lago. Le Français avait débuté sa carrière au Grand Prix de Reims en 1927, s'imposant immédiatement. Sa plus grande consécration en sport automobile fut la victoire aux 24 Heures du Mans, avant que la guerre ne mette sa carrière en pause. En 1950, Étancelin marqua trois points en Formule 1 en tant que privé, grâce à deux 5es places. Ce furent ses meilleurs résultats en F1, puisqu'il ne fit pas mieux qu'une 8e place en 1951, toujours sur une Talbot Lago privée. Il signa toutefois plusieurs podiums hors Championnat, notamment un à Rouen-les-Essarts en 1953, peu avant la fin de sa carrière.

JUAN MANUEL FANGIO

Né le 24 juin 1911 à Balcarce (Argentine) et décédé le 17 juillet 1995

Courses :
Grande-Bretagne 1950 – France 1958

Équipes :
- Alfa Romeo de Grande-Bretagne 1950 à Espagne 1951
- Maserati de Argentine 1953 à Belgique 1954
- Mercedes de France 1954 à Italie 1955
- Ferrari de Argentine 1956 à Italie 1956
- Maserati de Argentine 1957 à France 1958

Champion du monde :
1951 – 1954 – 1955 – 1956 – 1957

Victoires : 24

Pole positions : 29

Podiums : 35

Meilleurs tours en course : 23

Grands Prix disputés : 51

Cinq titres mondiaux avec quatre constructeurs différents, 24 victoires et 29 pole positions en 51 Grands Prix : les chiffres principaux de la carrière de Juan Manuel Fangio parlent d'eux-mêmes. Mais avant de devenir une légende de la Formule 1, Fangio fut un pilote redoutable dans son pays.

Juan Manuel Fangio dans son Alfa Romeo durant le GP de Grande-Bretagne 1950.

C'est à l'âge de 22 ans, après son service militaire, qu'il ouvrit son garage en parallèle d'un métier de chauffeur d'officier dans un régiment d'artillerie de l'armée. En 1936, alors âgé de 25 ans, il disputa sa première course au volant d'une Ford A, et réitéra l'expérience à plusieurs reprises cette année-là. Des résultats encourageants le décidèrent à se lancer dans les *carreteras*, des courses sur route ouverte se déroulant sur plusieurs jours et sur des milliers de kilomètres. Sa première victoire en compétition automobile eut d'ailleurs lieu dans une de ces courses totalisant près de 10 000 kilomètres. Il devint champion d'Argentine de *carreteras* en 1940 et récidiva l'année suivante. Il dut finalement mettre sa carrière en pause à cause de la guerre. Ses premiers contacts avec des pilotes européens se firent en Argentine, où il remporta des courses lors des *temporadas*, des Championnats saisonniers. Ces courses avaient pour vocation d'attirer des pilotes internationaux à venir se mesurer aux meilleurs argentins. Ainsi, Fangio put nouer des contacts avec des pilotes comme Luigi Villoresi et Jean-Pierre Wimille, qu'il retrouva plus tard en F1. L'Argentine enclencha ensuite la deuxième phase de son programme de sport automobile et envoya Fangio courir sur le Vieux Continent en 1948. Il fut appelé par Amédée Gordini et disputa son premier Grand Prix de Formule 1 à Reims-Gueux, en France. Au sein d'une structure montée par l'Argentine, il domina totalement l'année 1949, avec six victoires dans des courses majeures. Ses performances impressionnèrent Alfa Romeo, qui lui offrit un volant d'usine en 1950 pour les débuts officiels du Championnat du monde de Formule 1. Une opportunité en or pour Fangio, tant l'Alfa Romeo 158 est une machine dominante. Il remporta trois victoires en 1950 mais dut concéder le titre à l'un de ses équipiers, Giuseppe Farina. Il prit sa revanche en 1951, de nouveau avec trois victoires, et surtout avec son premier titre mondial. Mais Alfa Romeo se retira fin 1951, tout comme Talbot et Simca, ce qui poussa la F1 à rouler en 1952 et 1953 avec des Formule 2, en attendant le nouveau règlement prévu pour 1954. Finalement, il ne participa pas à la saison 1952 à cause d'une grave blessure aux cervicales contractée lors d'un accident à Monza, dans une manche hors Championnat. En 1953, il ne parvint pas à lutter contre Ferrari mais conclut la saison par un succès à Monza, pour conjurer le sort. Il signa avec Mercedes pour la saison 1954, le constructeur ayant décidé de s'engager avec le nouveau règlement. Fangio disputa deux courses pour Maserati car la W196 du constructeur allemand avait du retard. Il remporta les deux et menait donc le Championnat quand il débuta avec Mercedes en France. Il gagna de nouveau, termina 4e en Grande-Bretagne et remporta ensuite trois succès consécutifs. Il termina 3e pour finir la saison mais fut titré bien avant à la faveur des résultats retenus sur la saison. Il remporta quatre des six courses de la saison 1955, tronquées à cause du drame des 24 Heures du Mans, qui fit plus de 80 morts. Mercedes, dont une voiture avait causé la majorité des morts dans cet accident, se retira de la F1 et du sport automobile au terme de l'année 1955, après un autre titre de Fangio. Ce dernier signa chez Ferrari en 1956 et visait une quatrième couronne avec un troisième constructeur différent. Il y parvint avec trois victoires, non sans avoir dû lutter contre Stirling Moss et sa Maserati. La firme italienne recruta d'ailleurs Fangio pour l'année 1957, et cette nouvelle association écrasa la saison avec quatre victoires. Il décida d'arrêter sa carrière au sommet et ne disputa que deux courses en 1958, en Argentine et en France. Lors du GP à Reims, Mike Hawthorn était sur le point de prendre un tour à Fangio et refusa de le faire par respect pour l'Argentin. Le décès de Luigi Musso ce jour-là confirma à Fangio qu'il était temps de mettre un terme définitif à sa carrière. La suite de sa vie fut d'abord agitée, car il fut notamment pris en otage par des hommes de Fidel Castro pendant une journée. Fangio devint ensuite directeur de Mercedes Benz en Argentine et resta proche de la F1 tout au long de sa vie, jusqu'à son décès en 1995. Enzo Ferrari, qui ne l'aimait pas car il le jugeait « indéchiffrable », résumait le mieux les qualités de Fangio : « Une vision de la course supérieure, ainsi qu'un sens de l'équilibre, un discernement et une sécurité de pilotage vraiment uniques. »

GIUSEPPE FARINA

Né le 30 octobre 1906 à Turin (Italie) et décédé le 30 juin 1966

Courses :
Grande-Bretagne 1950 – Belgique 1955

Équipes :
- Alfa Romeo de Grande-Bretagne 1950 à Espagne 1951
- Ferrari de Suisse 1952 à Belgique 1955

Champion du monde : 1950
Victoires : 5
Pole positions : 5
Podiums : 20
Meilleurs tours en course : 5
Grands Prix disputés : 33

Giuseppe Farina lors de sa victoire du Grand Prix de Belgique le 17 juin 1951.

Giuseppe Farina était le neveu du célèbre designer automobile Pininfarina, mais il marqua surtout l'histoire en devenant le premier champion du monde de Formule 1.

Pourtant, il ne semblait pas prédestiné à la course automobile, puisqu'il a fait des études en sciences politiques en parallèle de ses premières courses. Doctorat en poche, il décida de se lancer dans sa carrière de pilote en 1932. En Italie, il domina son sujet et remporta trois titres consécutifs de champion d'Italie de monoplaces. Il s'aventura par la suite sur la scène internationale mais dut attendre le Grand Prix de Tripoli en 1940 pour gagner sa première victoire. Une joie de courte durée puisque tous les Championnats furent interrompus par la guerre. Vainqueur de la dernière grande épreuve avant la Seconde Guerre mondiale, Farina fut aussi le premier à s'imposer après le conflit avec le GP des Nations en Suisse, en 1946. Il s'éloigna ensuite du sport automobile, malgré quelques participations sporadiques, avant de revenir en 1950 lorsque le Championnat de F1 fut créé. Et Farina fut le plus prompt à s'accommoder de cette nouvelle compétition puisqu'il remporta la manche inaugurale de Silverstone le 13 mai 1950. Lui et Fangio se partagèrent tous les succès cette année-là, et il gagna de nouveau en Suisse et en Italie. Cela lui permit d'être consacré champion du monde de Formule 1 et de devenir le premier à obtenir ce titre. Il remit sa couronne en jeu l'année suivante, mais Fangio prit cette fois sa revanche, et la saison s'avéra décevante pour Farina, qui connut deux abandons et ne signa qu'une seule victoire. Il termina 4e du Championnat derrière Fangio, Alberto Ascari et Jose-Froilan Gonzalez. En 1952, Farina rejoignit Ferrari et se révéla être un excellent chasseur de tours chronométrés. Il signa deux pole positions et s'élança six fois depuis la première ligne en sept courses. Mais son année fut vierge de succès, malgré quatre podiums qui le firent terminer vice-champion du monde derrière Ascari. En 1953, il s'imposa sur le mythique Nürburgring, sa dernière victoire en Formule 1. En 1954, toujours chez Ferrari, il débuta la saison de manière encourageante avec une pole position et un podium, mais il fut victime d'un grave accident à Monza en catégorie de voitures de sport. Il ne fit plus que des apparitions ponctuelles en 1955 avant de mettre un terme définitif à sa carrière. Il mourut en 1966 lors d'un accident de la route.

LUIGI FAGIOLI

Né le 9 juin 1898 à Osimo (Italie) et décédé le 20 juin 1952

Courses :
Grande Bretagne 1950 – France 1951

Équipes :
Alfa Romeo de Grande Bretagne 1950 à France 1951

Victoires : 1

Podiums : 6

Grands Prix disputés : 7

Luigi Fagioli dans son Alfa Romeo au Grand Prix de France 1950.

Luigi Fagioli connut une carrière très courte en Formule 1, mais celle-ci comporte un chiffre très impressionnant. En effet, l'Italien parvint à monter sur le podium à six reprises en sept courses, soit un taux de réussite de 85,71 % ! C'est en 1925 qu'il commença à piloter des voitures, à l'âge de 26 ans. Après plusieurs années en Formule Libre, il devint pilote officiel Maserati en 1928, ce qui lui permit d'enchaîner les succès. En 1933, Ferrari le plaça chez Alfa Romeo, où il remporta trois succès, avant de passer chez Mercedes-Benz l'année suivante, avec un palmarès similaire. Sa pige chez Auto Union fut avortée par la guerre, mais il revint en course automobile en 1948, à l'âge de 50 ans. Alfa Romeo, qui le connaissait bien, décida de l'engager pour les débuts du Championnat du monde de Formule 1, le 13 mai 1950 à Silverstone. Sa première saison fut impressionnante, avec cinq podiums en six courses. Il n'en manqua qu'un à cause d'un carambolage à Monaco lors de la deuxième course de l'année. Prolongé par Alfa Romeo, il ne supporta pas la décision de l'équipe lorsqu'il lui fut demandé de céder sa voiture à Fangio, pour que ce dernier termine la course. La victoire fut, comme la voiture, partagée par les deux hommes. Mais Fagioli avait sa fierté et décida de quitter la F1 avec effet immédiat. Il s'engagea l'année suivante avec Lancia pour disputer une course automobile à Monaco, mais se tua après un grave accident à la sortie du tunnel.

JOE FRY

Né le 26 octobre 1915 à Winterbourne (Royaume-Uni) et décédé le 29 juillet 1950

Course :
Grande-Bretagne 1950

Équipe :
Maserati : Grande-Bretagne 1950

Grand Prix disputé : 1

La carrière de Joe Fry en Formule 1 fut aussi courte qu'anonyme, avec un seul Grand Prix disputé. Ce spécialiste des courses de côte et touche-à-tout – il préparait lui-même ses voitures de compétition – décida de s'engager lors des débuts de la Formule 1 à Silverstone en 1950. Au volant d'une Maserati privée, il se qualifia 20e et termina en 10e position, en partageant le volant avec Brian Shawe-Taylor. Seize jours plus tard, de retour en course de côte, Fry se tua au volant d'une Freikaiserwagen.

BOB GERARD

Né le 19 janvier 1914 à Leicester (Royaume-Uni) et décédé le 26 janvier 1990

Course :
Grande-Bretagne 1950 – Grande-Bretagne 1957

Équipes :
- ERA : Grande-Bretagne 1950 – Grande-Bretagne 1951
- Cooper : France 1953 – Grande-Bretagne 1957

Grands Prix disputés : 8

Anglais de naissance, Bob Gerard basa sa carrière outre-Manche, y disputant la majorité des courses auxquelles il prit part. En Championnat du monde de Formule 1, il courut lors de huit Grands Prix, dont six disputés en Grande-Bretagne. Garagiste avant la guerre, il s'engagea dans plusieurs courses avant de se consacrer pleinement au sport automobile après le conflit mondial. Fort d'une troisième victoire au prestigieux British Empire Trophy, il décida de s'engager pour la première course de Formule 1 mondiale de l'histoire. Gerard ne brilla jamais en Formule 1, n'inscrivant aucun point au fil de sa carrière et n'atteignant qu'une 6e place en guise de meilleur résultat. À Monaco en 1950, après avoir pris un tour de retard sur Fangio, il déclara : « Nous n'étions pas dans la même course, la mienne a juste démarré au même moment que la sienne. » Il disputa cependant de nombreuses épreuves hors Championnat avec de meilleures performances. Il prit sa retraite de la F1 en 1957 et pilota jusqu'en 1961 avant de se consacrer entièrement à la gestion de son équipe pendant quatre ans.

YVES GIRAUD-CABANTOUS

Né le 8 octobre 1903 à Paris (France) et décédé le 30 mars 1973

Courses :
Grande-Bretagne 1950 – Italie 1953

Équipes :
- Talbot Lago : Grande-Bretagne 1950 – Espagne 1951
- HWM : France 1952 – Italie 1953

Grands Prix disputés : 13

Avant son engagement en Formule 1, Yves Giraud-Cabantous était surtout connu pour ses apparitions lors de courses prestigieuses, comme la Temporada Argentina ou les 24 Heures du Mans. Il avait d'ailleurs terminé deuxième de la classique mancelle en 1937. Sa carrière en sport automobile, entre les guerres puis après 1945, fut plutôt sporadique, avec des engagements lors de courses hors Championnat. Au fil de sa carrière, il remporta notamment le Bol d'Or automobile et le Grand Prix de Paris. En Formule 1, il réalisa son meilleur résultat lors de sa première course, à Silverstone en 1950, avec une 4e place. Pilote officiel Talbot lors de quatre courses cette année-là, il connut deux abandons. L'année suivante, il s'engagea à titre privé sur une Talbot Lago T26C et disputa six courses. Son meilleur résultat fut une 5e place. Ses trois piges avec HWM en 1952 et 1953 ne furent pas mémorables, avec une 10e place comme meilleur résultat. Sa dernière course fut les 12 Heures de Reims 1957.

DAVID HAMPSHIRE

Né le 29 décembre 1917 à Mickleover (Royaume-Uni) et décédé le 25 août 1990

Courses :
Grande-Bretagne 1950 – France 1950

Équipes :
Maserati : Grande-Bretagne 1950 – France 1950

Grands Prix disputés : 2

David Hampshire n'a pas connu un passage marquant en Formule 1, avec deux courses disputées en 1950. Son principal fait d'armes fut finalement de participer à la première course du Championnat du monde, qu'il termina en 16e place au volant d'une Maserati de la Scuderia Ambrosiana. Après ses deux piges en Championnat du monde, la deuxième se terminant par un abandon sur panne moteur, il remporta hors Championnat sa seule victoire au volant d'une Formule 1 en 1951, au Nottingham Trophy.

CUTH HARRISON

Né le 6 juillet 1906 à Ecclesall (Royaume-Uni) et décédé le 21 janvier 1981

Courses :
Grande-Bretagne 1950 – Italie 1950

Équipes :
ERA : Grande-Bretagne 1950 – Italie 1950

Grands Prix disputés : 3

Parmi les pilotes ayant disputé la course inaugurale du Championnat du monde de F1, Cuth Harrison n'est pas de ceux qui ont laissé leur marque en F1. Engagé dans des courses comme le Richmond Trophy, il décida de se lancer dans le Championnat du monde de Formule 1 quand celui-ci se créa. Il disputa trois Grands Prix, terminant 3e lors de la première manche à Silverstone. Par la suite, deux abandons le poussèrent à quitter la F1. Après deux années de compétition, il préféra s'en tenir à la direction de son garage.

LESLIE JOHNSON

Né le 22 mars 1912 à Londres (Royaume-Uni) et décédé le 8 juin 1959

Course :
Grande-Bretagne 1950

Équipe :
ERA : Grande-Bretagne 1950

Grand Prix disputé : 1

À défaut de marquer l'histoire de la Formule 1, Leslie Johnson était un pilote polyvalent. Celui qui faisait principalement des courses d'endurance avant la création de la Formule 1 ne disputa que la course inaugurale de Silverstone. Qualifié 12e, Johnson abandonna au deuxième tour à cause d'un problème mécanique. Par la suite, il courut notamment les 24 Heures du Mans et le Rallye Monte-Carlo.

JOE KELLY

Né le 13 mars 1913 à Dublin (Irlande) et décédé le 28 novembre 1993

Courses :
Grande-Bretagne 1950 – Grande-Bretagne 1951

Équipe :
Alta : Grande-Bretagne 1950 – Grande-Bretagne 1951

Grands Prix disputés : 2

La raison pour laquelle cet ancien vendeur de moteurs se fit remarquer en F1 n'est pas des plus glorieuses. En effet, Joe Kelly disputa deux Grands Prix, en Grande-Bretagne en 1950 et 1951. Qualifié en fond de grille à chaque fois, il franchit la ligne d'arrivée par deux fois mais ne fut jamais classé. Et pour cause, il accusait 13 tours de retard lors de son premier GP, et 15 tours lors du deuxième. L'Alta qu'il pilotait n'était pas du tout au niveau de la concurrence, mais il comprit qu'il présentait également des lacunes sur le plan du pilotage.

EUGÈNE MARTIN

Né le 24 mars 1915 à Suresnes (France) et décédé le 12 octobre 2006

Courses :
Grande-Bretagne 1950 – Suisse 1950

Équipes :
Talbot Lagot : Grande-Bretagne 1950 – Suisse 1950

Grands Prix disputés : 2

Eugène Martin fut plus connu en tant que pilote de Formule 2 que de pilote de F1. C'est en 1946 qu'il fit ses débuts en F2, au volant d'une BMW. Fort de nombreuses victoires dans la discipline, il fut invité par Talbot Lago pour disputer la manche d'ouverture du Championnat du monde de F1. Il se qualifia 7ᵉ à Silverstone mais abandonna sur un problème de pression d'huile. De nouveau engagé pour le Grand Prix de Suisse, sa 9ᵉ position en qualifications ne fut pas récompensée, avec un accident dans lequel il se brisa une jambe. Il courut sporadiquement aux 24 Heures du Mans et dans des courses de F1 hors Championnat jusqu'en 1958.

DAVID MURRAY

Né le 28 décembre 1909 à Edimbourg (Royaume-Uni) et décédé le 5 avril 1973

Courses :
Grande-Bretagne 1950 – Grande-Bretagne 1952

Équipes :
- Maserati : Grande-Bretagne 1950 – Grande-Bretagne 1951
- Cooper : Grande-Bretagne 1952

Grands Prix disputés : 4

Né en 1909, David Murray était comptable de profession. Cet Écossais a disputé les 24 Heures du Mans, ainsi que des rallyes et des épreuves de course de côte, avant de se lancer en monoplace. En 1949, il roula en Grand Prix, puis s'engagea finalement en Formule 1 en 1950. Titulaire pour deux Grands Prix en 1950, engagé sur deux manches de la saison 1951, et présent avec sa propre équipe à Silverstone en 1952, Murray ne vit jamais un drapeau à damier. Hormis un accident qui l'empêcha de prendre le départ du GP d'Allemagne 1951, ce furent des problèmes mécaniques qui vinrent à chaque fois mettre fin à sa course. Son plus gros fait d'armes en sport automobile fut néanmoins une victoire aux 24 Heures du Mans 1956 au volant d'une Jaguar Type D.

Les 500 Miles d'Indianapolis intègrent le calendrier de la F1 en 1950.

REG PARNELL

Né le 2 juillet 1911 à Derby (Royaume-Uni) et décédé le 7 janvier 1964

Courses :
Grande-Bretagne 1950 – Grande-Bretagne 1954

Équipes :
- Alfa Romeo : Grande-Bretagne 1950
- Maserati : France 1950
- Ferrari : France 1951
- BRM : Grande-Bretagne 1951
- Cooper : Grande-Bretagne 1952
- Ferrari : 1954

Podiums : 1
Grands Prix disputés : 6

Le roi Georges VI serrant la main de Reg Parnell au GP de Grande-Bretagne 1950.

Reginald Parnell débuta la course automobile bien avant la guerre, mais il s'y impliqua de manière plus sérieuse après la fin du conflit. Sa première victoire en F1, avant que le Championnat du monde n'existe, intervint en 1947. Fort de deux succès supplémentaires en 1949 et d'un autre en 1950, il fut engagé par Alfa Romeo, au sein de l'armada de quatre voitures de la marque. Derrière ses équipiers Farina et Fagioli, Parnell termina sur le podium à Silverstone 1950, signant son meilleur résultat en F1. Il disputa ensuite le Grand Prix de France au volant d'une Maserati privée. En 1951, il revint pour deux courses, une sur Ferrari et une sur BRM. Il termina 4e puis 5e de ces deux courses, avant une 7e place l'année suivante à Silverstone. Il disputa son dernier GP de Formule 1 en 1954, encore à Silverstone, mais sa Ferrari connut une avarie technique. Cette année-là, il marqua la F1 dans les manches hors Championnat, totalisant cinq succès. Par la suite, il lança sa propre équipe, le Reg Parnell Racing, et dirigea également Aston Martin.

TONY ROLT

Né le 16 octobre 1918 à Bordon (Royaume-Uni) et décédé le 6 février 2008

Courses :
Grande-Bretagne 1950 – Grande-Bretagne 1955

Équipes :
- ERA : Grande-Bretagne 1950
- Connaught : Grande-Bretagne 1953 – Grande-Bretagne 1955

Grands Prix disputés : 3

Tony Rolt fait partie des pilotes s'étant bien plus illustrés lors de courses hors Championnat que pendant des Grands Prix de Formule 1. Il prit le départ de trois courses comptant pour le Championnat du monde, à chaque fois à Silverstone, en 1950, 1953 et 1955. Il ne vit jamais un drapeau à damier mais ne manquait pas de talent pour autant. En 1953 notamment, il remporta six victoires hors Championnat en F2, et s'imposa aux 24 Heures du Mans sur une Jaguar.

LOUIS ROSIER

Né le 5 novembre 1905 à Chapdes-Beaufort (France) et décédé le 29 octobre 1956

Courses :
Grande-Bretagne 1950 à Allemagne 1956

Équipes :
- Talbot Lago : Grande-Bretagne 1950 – Espagne 1951
- Ferrari : Suisse 1952 – Allemagne 1954
- Maserati : Italie 1954 – Allemagne 1956

Podiums : 2

Grands Prix disputés : 38

Louis Rosier célèbre un podium en 1952.

Louis Rosier fut le premier pilote propriétaire de Formule 1, puisqu'il engagea l'Écurie Rosier en Championnat du monde dès le Grand Prix de Grande-Bretagne 1950. Ce pilote de course, qui participa notamment aux 24 Heures du Mans avant la Seconde Guerre mondiale, fut un résistant actif pendant le conflit. Par la suite, il disputa des courses de côte avant de se lancer en F1. Il y connut une très bonne première saison, avec deux podiums, et un seul abandon lors du carambolage de Monaco. Cette année-là, il signa l'exploit de remporter les 24 Heures du Mans quasiment en solitaire. Il pilota en effet plus de 23 heures de course, laissant son fils Jean-Louis ne faire que deux tours avec la voiture qu'ils partageaient.

BRIAN SHAWE-TAYLOR

Né le 29 janvier 1915 à Dublin (Irlande) et décédé le 1er mai 1999

Courses :
Grande-Bretagne 1950 – Grande-Bretagne 1951

Équipes :
- Maserati : Grande-Bretagne 1950
- ERA : Grande-Bretagne 1951

Grands Prix disputés : 2

Brian Shawe-Taylor n'avait pas un grand CV lorsqu'il s'inscrivit pour la première manche du Championnat du monde de F1, à Silverstone en 1950. D'abord interdit de courir à cause de l'âge vénérable de son ERA Type-B, il partagea finalement la Maserati de Joe Fry. Sa carrière monta en puissance dans l'année 1951, mais il rata un engagement chez Ferrari en mettant en doute la qualité de la voiture. Il tenta de nouveau de s'inscrire au GP de Grande-Bretagne cette année-là, et la F1 accepta son ERA Type-B. Il signa son meilleur résultat avec une 8e place. Sa carrière prit fin au terme de l'année 1951, après un accident à Goodwood.

PETER WALKER

Né le 7 octobre 1912 à Leeds (Royaume-Uni) et décédé le 1er mars 1984

Courses :
Grande-Bretagne 1950 – Grande-Bretagne 1955

Équipes :
- ERA : Grande-Bretagne 1950
- BRM : Grande-Bretagne 1951
- Maserati : Pays-Bas 1955
- Connaught : Grande-Bretagne 1955

Grands Prix disputés : 4

Initialement pilote en course de côte, Peter Walker s'engagea à Silverstone en 1950 pour les débuts de la Formule 1, au volant d'une ERA privée, mais ne vit pas l'arrivée. L'année suivante, c'est au volant d'une BRM qu'il disputa la même course, avec une 7e place à l'arrivée. Ce fut la seule fois, sur ses quatre engagements en F1, qu'il vit le drapeau à damier. Ce fut juste avant le GP de Grande-Bretagne 1951 qu'il signa le meilleur fait d'arme de sa carrière, avec une victoire aux 24 Heures du Mans. Il ne revint en Formule 1 qu'en 1955. Il courut à Zandvoort pour l'écurie de Stirling Moss, et de nouveau à Silverstone pour RRC Walker Racing Team. Un accident aux 24 Heures du Mans 1956 mit un terme à sa carrière.

ALBERTO ASCARI

Né le 13 juillet 1918 à Milan (Italie) et décédé le 26 mai 1955

Courses :
Monaco 1950 – Monaco 1955

Équipes :
- Ferrari : Monaco 1950 – Italie 1953
- Maserati : France1954 – Grande-Bretagne 1954
- Ferrari : Italie 1954
- Lancia : Espagne 1954 – Monaco 1955

Champion du monde : 1952-1953

Victoires : 13

Pole positions : 14

Podiums : 17

Meilleurs tours en course : 12

Grands Prix disputés : 32

Alberto Ascari dans le virage du Casino durant le Grand Prix de Monaco 1955.

Alberto Ascari était un pilote moto avant de passer à l'automobile. L'Italien pilota très peu avant la guerre, mais il se fit un nom à la fin des années 1940, jusqu'à être engagé par la Scuderia Ferrari peu avant les débuts de la Formule 1. L'absence de Ferrari lors de la manche inaugurale de Silverstone empêcha d'ailleurs Ascari d'y participer. Les espoirs de bien figurer lors de la première saison en F1 furent rapidement douchés par le niveau impressionnant des Alfa Romeo 158 qui écrasèrent la concurrence. Il fallut une année entière à Ascari, durant laquelle il ne fit pas mieux que 2e, pour aller chercher son premier succès. Ce fut finalement au Grand Prix d'Allemagne qu'il remporta sa première victoire en Championnat du monde de Formule 1, avant d'enchaîner avec un deuxième succès à Monza, devant son public. Il termina la saison par une 4e place, non sans avoir signé la pole position en Espagne. En 1952, il manqua le Grand Prix de Suisse, et sa participation à l'Indy 500 se révéla désastreuse, avec un abandon précoce. Mais la découverte de la Ferrari 500 changea la donne pour Ascari, qui était imbattable au volant de la nouvelle voiture de la Scuderia. Il remporta les six dernières courses de la saison, et signa cinq pole positions dans le même temps. Fort de ce premier titre de champion du monde acquis de manière autoritaire, il gagna les trois premières courses auxquelles il participa en 1953, sans se rendre à Indianapolis. Pendant plus d'une année civile, il se révéla imbattable, entre le GP de Belgique 1952 et le GP de Belgique 1953. Mais ses neuf succès en autant de courses furent interrompus par son absence à Indianapolis, et le record fut donc établi à sept succès consécutifs. Il fallut attendre Michael Schumacher en 2004 pour égaler une telle série, et Sebastian Vettel en 2013 pour la battre avec neuf victoires de rang. Ascari gagna deux courses supplémentaires fin 1953 et remporta sa deuxième couronne mondiale. Il décida alors de relever un nouveau défi et rejoignit Lancia pour 1954, mais regretta rapidement ce choix. Le constructeur italien n'était pas du tout prêt pour s'engager en Formule 1 et Ascari ne disputa que quatre courses cette année-là, dont trois avec d'autres voitures que la Lancia. Il fut engagé par Maserati en France et en Grande-Bretagne, puis par Ferrari en Italie, où il se qualifia 2e. Mais il connut trois abandons, et vit enfin Lancia amener sa toute nouvelle D50 en Espagne pour clôturer la saison. Il signa la pole position mais abandonna sur une panne mécanique. Cependant, le rythme de la monoplace lui permettait d'avoir des espoirs légitimes pour la saison 1955. Il s'élança 2e en Argentine et à Monaco, mais abandonna deux fois à cause d'accidents en course. En Principauté, il perdit le contrôle à la chicane après le tunnel et sa voiture plongea dans le port. Il fallut l'intervention des plongeurs pour qu'il reste en vie. Ses médecins lui déconseillèrent alors de piloter durant une période, et c'est en spectateur qu'il se rendit à Monza pour une séance d'essais de Ferrari avec sa nouvelle voiture de sport. Il devait la partager avec Eugenio Castellotti dix jours plus tard lors des 1 000 kilomètres de Monza, mais Ascari ne résista pas à l'idée de tester la dernière-née de la Scuderia. Il prit le volant malgré les indications de son entourage et perdit le contrôle de sa Ferrari 750 dans la courbe du Vialone, aujourd'hui connue comme la Variante Ascari. Le double champion du monde se tua, laissant un héritage loin de ce qu'il aurait pu accomplir en Formule 1. Néanmoins, il reste en 2022 l'un des trois pilotes au meilleur ratio de victoires (40,63 %) et de pole positions (43,75 %).

JOSÉ FROILÁN GONZÁLEZ

Né le 5 octobre 1922 à Arrecifes (Argentine) et décédé le 15 juin 2013

Courses :
Monaco 1950 – Argentine 1960

Équipes :
- Maserati : Monaco 1950 – France 1950
- Talbot Lago : Suisse 1951
- Ferrari : France 1951 – Espagne 1951
- Maserati : Italie 1952 – Grande-Bretagne 1953
- Ferrari : Argentine 1954 – Argentine 1955
- Maserati : Argentine 1956
- Vanwall : Grande-Bretagne 1956
- Ferrari : Argentine 1957 – Argentine 1960

Victoires : 2
Pole positions : 3
Podiums : 15
Meilleurs tours en course : 6
Grands Prix disputés : 26

José Froilán Gonzalez et sa Maserati en route pour le podium au Grand Prix d'Italie 1952.

Compatriote de Fangio, dont il évoluait quelque peu dans l'ombre, José Froilán González n'avait pas un CV très garni avant de débuter en Formule 1 en 1950. Ce fut la Scuderia Achille Varzi qui lui offrit ses deux premiers Grands Prix en Championnat du monde lors de la saison inaugurale. Malgré deux qualifications réussies, avec notamment une 3e place à Monaco, il abandonna à deux reprises à cause de pannes. En 1951, le GP de Suisse ne lui réussit pas sur une Talbot Lago privée, mais ses performances attirèrent l'œil d'Enzo Ferrari, qui le recruta pour le Grand Prix de France et les courses suivantes. Lors de ces cinq Grands Prix, González termina sur le podium, et remporta sa première victoire à Silverstone après avoir signé sa première pole position. Il se caractérisait déjà par une régularité bien plus marquante que sa pointe de vitesse, pourtant solide. En 1952 et 1953, il pilota pour Maserati et ajouta quatre podiums à son palmarès, en plus d'une 4e place et d'un abandon. Ferrari lui redonna sa chance en 1954, ce qui fut sa plus belle saison en sport automobile. Il s'imposa de nouveau à Silverstone et obtint une pole position lors du GP de Suisse. Il termina vice-champion du monde derrière Fangio, intouchable sur sa Mercedes. Mais en plus de sa victoire et de son statut honorifique de vice-champion du monde, González s'imposa aux 24 Heures du Mans dans une Ferrari qu'il partageait avec Maurice Trintignant. Il décida de ne rouler qu'occasionnellement en F1, signant un dernier podium en Argentine en 1955. Il mit un terme à sa carrière en 1960, après un dernier GP d'Argentine pour Ferrari, terminé à une anonyme 10e position. Mais la régularité restait une des caractéristiques les plus impressionnantes de González. Hors abandon, il a en effet figuré sur le podium à 15 reprises sur les 19 courses qu'il a terminées en 26 Grands Prix de Formule 1.

ROBERT MANZON

Né le 12 avril 1917 à Marseille (France) et décédé le 19 janvier 2015

Courses :
Monaco 1950 – Italie 1956

Équipes :
- Simca Gordini : Monaco 1950 – Espagne 1951
- Gordini : Suisse 1952 – Argentine 1953
- Ferrari : France 1954 – Espagne 1954
- Gordini : Monaco 1955 – Italie 1956

Podiums : 2

Grands Prix disputés : 28

Le Français Robert Manzon se fit surtout connaître pour ses performances en Formule 2 et en course de côte avant de piloter en Championnat du monde de Formule 1. Il remporta sa première course en sport auto, et il tenait rigueur à la presse de l'avoir toujours sous-estimé, notamment après ce succès. Mais Amédée Gordini décida de lui donner sa chance dès 1950, d'abord au volant d'une Simca Gordini T15, qu'il pilota jusqu'au terme de la saison 1951. Manzon montra encore un bon rythme, surtout en course, mais il abandonna à quatre reprises en sept courses, dont trois fois à cause d'une panne mécanique. En 1952, la Gordini T16 n'était pas plus fiable et il abandonna trois fois en sept courses. Il signa toutefois son premier podium en Formule 1 lors du Grand Prix de Belgique. En 1953, il ne courut qu'un GP, qui se termina par la perte d'une roue. Les abandons et la malchance caractérisèrent malheureusement la carrière de Manzon, puisqu'il ne vit l'arrivée qu'à 11 reprises en 28 départs. En 1954, il roula pour l'Écurie Rosier, qui engageait une Ferrari 625 privée. Il signa en France son deuxième et dernier podium en F1. Mais là encore, il subit trois avaries moteur en cinq courses. En 1955, il revint chez Gordini, et avoua bien plus tard qu'il ne le faisait que par reconnaissance pour celui qui lui avait donné sa chance en premier lieu. Agacé par le manque d'argent de Gordini et par le piètre matériel à sa disposition, Manzon abandonna lors des trois courses auxquelles il participa cette année-là et subit trois nouveaux abandons en cinq courses l'année suivante. Sur ses 17 abandons, un seul fut causé par un accident, et 16 par des casses ou avaries mécaniques. Aux 24 Heures du Mans, qu'il disputa de 1950 à 1956, Manzon ne vit jamais l'arrivée, à cause d'une malchance décidément tenace.

FRANCO ROL

Né le 5 juin 1908 à Turin (Italie) et décédé le 18 juin 1977

Courses :
Monaco 1950 – Italie 1952

Équipes :
- Maserati : Monaco 1950 – Italie 1950
- OSCA : Italie 1951
- Maserati : Italie 1952

Grands Prix disputés : 5

Gentleman driver, l'aristocrate italien Franco Rol était connu pour rouler dans des Championnats italiens de course automobile. Malgré tout, il fut remarqué par Maserati qui le choisit comme pilote officiel pour trois courses en 1950. Lors de ses débuts à Monaco, il fut impliqué dans l'énorme carambolage qui causa l'abandon de neuf pilotes. En France et en Italie, il abandonna à cause d'une casse moteur. Le constructeur OSCA l'engagea au Grand Prix d'Italie 1951, et ce fut la seule fois que Rol vit le drapeau à damier en Championnat du monde, avec une 9e place. Rappelé par Maserati pour l'édition suivante de la course de Monza, il abandonna de nouveau à cause d'une panne mécanique. Il arrêta la F1 à cet instant, et un grave accident lors du Tour de Sicile 1953 mit un terme définitif à sa carrière de pilote.

HARRY SCHELL

Né le 29 juin 1921 à Paris (France) et décédé le 13 mai 1960

Courses :
Monaco 1950 – Argentine 1960

Équipes :
- Cooper : Monaco 1950
- Talbot Lago : Suisse 1950
- Maserati : Suisse 1951 – Grande-Bretagne 1952
- Gordini : Argentine 1953 – Italie 1953
- Maserati : Argentine 1954 – Argentine 1955
- Ferrari : Monaco 1955
- Vanwall : Grande-Bretagne 1955 – Grande-Bretagne 1956
- Maserati : Allemagne 1956
- Vanwall : Italie 1956
- Maserati : Argentine 1957 – Argentine 1958
- BRM : Monaco 1958 – Italie 1959
- Cooper : États-Unis 1959 – Argentine 1960

Podiums : 2

Grands Prix disputés : 56

À l'image de Robert Manzon, l'Américain Harry Schell fut caractérisé par la malchance en Formule 1. En 56 Grands Prix, Schell n'atteignit l'arrivée que 23 fois. Fils du directeur de l'Écurie Bleue, Schell débuta sa carrière de pilote dans des épreuves de F1 en France en 1946, puis en F2 l'année suivante. Son expérience au volant de ces monoplaces lui offrit une place en F1 dès 1950, et il effectua ses débuts au GP de Monaco. Il fut lui aussi victime de l'énorme carambolage du début de course au volant de sa Cooper JAP qu'il emmenait dans de nombreuses courses nationales. L'Écurie Bleue l'engagea pour disputer le Grand Prix de Suisse la même année et il termina 8e. En 1951 et 1952, il ne disputa des courses que de manière sporadique pour le compte de l'équipe d'Enrico Platé. Il abandonna trois fois en cinq Grands Prix et signa une 12e place en guise de meilleur résultat. La saison 1953 le vit devenir pilote officiel pour l'Équipe Gordini. Comme Manzon avant lui, il subit le manque de fiabilité de la T16 et abandonna quatre fois lors des sept courses de la saison. En 1954, il découvrit la Maserati A6GCM, qu'il pilotait en tant que privé. Il termina 6e en Argentine, mais connut encore trois abandons sur ses six participations. En Suisse, il roula pour le compte de l'équipe officielle Maserati et le constructeur italien lui redonna une chance au GP d'Argentine 1955, où il se qualifia 7e et termina 6e. Sa saison 1955 comporta quatre courses, également avec Ferrari et Vanwall. Le constructeur britannique lui offrit cinq de ses six courses en 1956, et Schell signa son meilleur résultat avec une 4e place en Belgique. En 1957, il revint dans le giron de Maserati et disputa une de ses plus belles saisons, avec un podium à Pescara, sur le redoutable circuit de 25 kilomètres. En 1958, il roula essentiellement pour BRM, qui faisait ses grands débuts en F1. Schell signa cinq top 5, dont une 2e place aux Pays-Bas, ce qui resta son meilleur résultat en Formule 1. Après une saison 1959 en demi-teinte avec BRM, il pilota finalement une Cooper-Climax de l'Écurie Bleue en fin de saison 1959 et pour le GP d'Argentine 1960. Malheureusement, il se tua à Silverstone le 13 mai 1960, dix ans jour pour jour après le premier GP de F1 sur le même circuit, lors de l'International Trophy.

RAYMOND SOMMER

Né le 31 août 1906 à Mouzon (France) et décédé le 10 septembre 1950

Courses :
Monaco 1950 – Italie 1950

Équipes :

- Ferrari : Monaco 1950 – Suisse 1950
- Talbot Lago : Belgique 1950 – Italie 1950

Grands Prix disputés : 5

Raymond Sommer n'était pas un inconnu lorsqu'il débuta en Championnat du monde de Formule 1, à Monaco en 1950. Le pilote de 43 ans avait en effet remporté les 24 Heures du Mans par deux fois, en 1932 et 1933, au volant d'une Alfa Romeo 8C. Il gagna également dix courses de monoplace avant la guerre, et quatorze après le conflit mondial. Il n'y a finalement qu'en Championnat du monde de F1 que Sommer n'a pas brillé. À Monaco, pour ses débuts avec Ferrari, il termina 4e après s'être qualifié 9e, échappant au carambolage. Il pilota de nouveau pour la Scuderia au GP de Suisse 1950, mais il abandonna sur problème de suspension. Il s'engagea trois autre fois cette année-là, au volant d'une Talbot-Lago. Que ce soit à titre privé en Belgique et en Italie, ou en tant que pilote officiel en France, Sommer abandonna après des problèmes mécaniques. Dix jours après son 44e anniversaire, il trouve malheureusement la mort lors d'une course de F3 à Cadours, en Haute-Garonne.

MAURICE TRINTIGNANT

Né le 30 octobre 1917 à Sainte-Cécile-les-Vignes (France) et décédé le 13 février 2005

Courses :
Monaco 1950 – Italie 1964

Équipes :

- Simca Gordini : Monaco 1950 – France 1952
- Gordini : Grande-Bretagne 1952 – Italie 1953
- Ferrari : Argentine 1954 – Italie 1955
- Vanwall : Monaco 1956 – Belgique 1956
- Bugatti : France 1956
- Vanwall : Grande-Bretagne 1956 – Italie 1956
- Ferrari : Monaco 1957 – Grande-Bretagne 1957
- Cooper : Monaco 1958 – Pays-Bas 1958
- Maserati : Belgique 1958
- BRM : France 1958
- Cooper : Grande-Bretagne 1958 – France 1960
- Aston Martin : Grande-Bretagne 1960
- Cooper : États-Unis 1960 – Italie 1961
- Lotus : Monaco 1962 – États-Unis 1962
- Lola : Monaco 1963
- Lotus : France 1963
- BRM : Italie 1963 – Italie 1964

Victoires : 2

Podiums : 10

Meilleurs tours en course : 1

Grands Prix disputés : 81

Maurice Trintignant lors du Grand Prix de Monaco 1964.

En France, Maurice Trintignant était connu pour avoir offert au pays son premier succès en Championnat du monde de F1. Mais la vie et la carrière de « Pétoulet » ne furent pas de tout repos, bien au contraire. Devenu pilote à la fin des années 30, quelques années après le décès en course de son frère Louis, Maurice Trintignant fut obligé de ranger ses gants, casque et voiture lors de la Seconde Guerre mondiale, durant laquelle il fut vigneron dans son Vaucluse natal. Déporté par les Allemands au camp de Mauthausen, il revint auprès des siens en 1945. Il reprit rapidement le volant de sa Bugatti 51, sans retrouver le niveau qui était le sien auparavant. Il cherchait les raisons au manque de performance de sa voiture et retrouva dans le carburateur des crottes de souris qu'il appelait « pétoules ». La voiture était restée trop longtemps dans le foin, dans sa grange, et le terme de « pétoules » ne manqua pas de faire rire son ami Jean-Pierre Wimille, lui aussi pilote. « Sacré Pétoulet ! » s'écria Wimille, scellant ce surnom improbable pour Trintignant. En 1948, il réchappa de nouveau à la mort, qu'il côtoya de plus près que lors de sa déportation.

Durant le GP de Berne 1948, Trintignant était au coude à coude avec Raymond Sommer lorsqu'il percuta la barrière. Éjecté de sa monoplace, il fut percuté à même le sol par une autre voiture. Il gisait, inconscient, et présentait un bilan médical catastrophique : des côtes cassées, des dents manquantes, une commotion cérébrale et la rate éclatée. Transféré à l'hôpital, son cœur s'arrêta sur la table d'opération et il fut déclaré cliniquement mort. Son cœur se relança miraculeusement, non sans que la presse locale ait entendu qu'il était décédé, propageant la nouvelle de sa mort. Il se réveilla finalement après deux mois de coma et en mit quatre de plus à retrouver la mémoire. En 1950, Amédée Gordini l'engagea pour deux Grands Prix, et il fut lui aussi impliqué dans le célèbre carambolage de Monaco. Il disputa trois courses de plus en 1951, mais toutes se soldèrent par un abandon. Il dut attendre le GP de France 1952 pour enfin voir le drapeau à damier, avec une 5e place. En 1953, il roula encore pour Gordini et signa deux fois une 5e place. Mais en 18 courses avec l'équipe française, son bilan de 12 abandons le poussa à céder aux sirènes de Ferrari en 1954. Quatrième au GP d'Argentine sur une 625 privée engagée par l'Écurie Rosier, il rejoignit la Scuderia dès la Belgique, qu'il termina 2e. Il ajouta un autre podium à son palmarès la même année en Allemagne, avec une 3e place. Il se fit avec cela un nom parmi les meilleurs avec la 4e place au Championnat, derrière Fangio, et ses deux équipiers chez Ferrari, Gonzalez et Mike Hawthorn. En parallèle, il triompha aussi avec Gonzalez et Ferrari aux 24 Heures du Mans. Sa saison 1955 fut plus courte mais il la démarra sur les chapeaux de roues, avec une 2e place en Argentine. Il s'imposa à Monaco pour la deuxième course de la saison, le même jour où Ascari plongea dans le port. Il devint alors le premier Français à s'imposer en F1. Bien qu'il ne terminât plus une seule course dans les points cette année-là, il termina de nouveau 4e du Championnat. En 1956, il trouva refuge chez Vanwall pour quatre courses et disputa le GP de France pour Bugatti. Il ne connut que des abandons cette année-là. En 1957, il effectua un retour timide chez Ferrari, avec une 4e place en Grande-Bretagne comme meilleur résultat. Mais cela attira l'équipe RRC Walker Racing, qui l'engagea à Monaco au volant d'une Cooper-Climax T45. Il s'imposa en Principauté pour la deuxième fois de sa carrière, et il signa un autre podium en Allemagne pour la même équipe. Il remonta deux fois sur les marches en 1959, dont une fois à Monaco, puis en Argentine en 1960, son dernier. Sa fin de carrière, dans des écuries privées, fut marquée par de nombreux abandons. Trintignant perdit peu à peu goût à la course et se replongea dans la viticulture pour la fin de sa vie. Surnommé le Marchand de pinard par Enzo Ferrari, Trintignant a disputé quelques courses dans les décennies suivantes. Il fut toutefois le parrain d'un autre pilote du Vaucluse, Jean Alesi, plus de 20 ans après sa fin de carrière en Formule 1.

LUIGI VILLORESI

Né le 16 mai 1909 à Milan (Italie) et décédé le 24 août 1997

Courses :
Monaco 1950 – Italie 1956

Équipes :

- Ferrari : Monaco 1950 – Italie 1953
- Maserati : France 1954 – Italie 1954
- Lancia : Espagne 1954 – Monaco 1955
- Maserati : Belgique 1956 – Italie 1956

Podiums : 8

Meilleurs tours en course : 1

Grands Prix disputés : 31

Comme beaucoup de pilotes italiens au milieu du siècle dernier, Luigi Villoresi lança sa carrière dans les courses mythiques du pays, telles que les Mille Miglia et la Targa Florio. Fait prisonnier pendant la guerre, il reprit sa carrière aussitôt le conflit terminé. Il gagna notamment le Championnat italien de F1 deux années de suite et domina les Temporada Libre en Argentine. Engagé par Ferrari en Formule 2 en 1949, où il devint ami avec Alberto Ascari, il fit partie de l'armada de la Scuderia pour ses débuts en F1, lors de la deuxième course disputée à Monaco en 1950. Ses trois premières apparitions en Championnat du monde cette année-là se soldèrent par deux abandons et une arrivée hors des points. Il s'avéra toutefois être le plus rapide derrière les pilotes Alfa Romeo, et confirma ce statut en 1951 en enchaînant les podiums et les arrivées dans les points, ce qui lui valut de terminer 5e du Championnat. Il ajouta cinq podiums à sa collection en 1952 et 1953 mais évoluait dans l'ombre d'Ascari, qui écrasait la concurrence dans la même voiture que Villoresi. Il s'illustra toutefois dans des courses hors Championnat, avec cinq succès en 1952. Il suivit Ascari chez Lancia en 1954 mais ne trouva pas le chemin du podium avec la marque italienne, qui se retira au terme de l'année 1955 après le décès d'Ascari. Il pilota une Maserati privée lors de cinq courses en 1956 mais fut victime d'un énorme accident dans une course de voitures de sport, et sa famille le persuada d'arrêter le sport automobile. Il fit une apparition remarquée au Rallye de l'Acropole deux ans plus tard, qu'il remporta, avant d'arrêter totalement la compétition.

WALT ADER

Né le 15 décembre 1913 à Long Valley (États-Unis) et décédé le 25 novembre 1982

Courses :
Indianapolis 1950

Équipes :
Rae : Indianapolis 1950

Grands Prix disputés : 1

Entre 1950 et 1960, les 500 Miles d'Indianapolis furent incorporés au calendrier de la F1, pour tenter de faire percer la catégorie outre-Atlantique et faire un pont afin que les pilotes américains puissent venir en Europe. Cependant, très peu de pilotes européens se risquèrent à disputer l'Indy 500, à l'exception d'Alberto Ascari en 1952, notamment à cause de la dangerosité très élevée de l'épreuve. De même, de nombreux coureurs américains qui participèrent à la mythique épreuve devinrent officiellement pilotes de Formule 1, sans pour autant disputer d'autres courses dans la catégorie. Ce fut le cas de Walt Ader, qui ne disputa qu'une seule fois l'Indy 500 dans le cadre du Championnat du monde de F1. Au volant d'une Rae-Offenhauser de l'équipe Sampson Manufacturing, il prit le départ en 29e place et termina 22e.

FRED AGABASHIAN

Né le 21 août 1913 à Modesto (États-Unis) et décédé le 13 octobre 1989

Courses :
Indianapolis 1950 – Indianapolis 1957

Équipes :
- Maserati : Indianapolis 1950
- Kurtis Kraft : Indianapolis 1951 – Indianapolis 1957

Pole positions : 1

Grands Prix disputés : 8

Contrairement à Walt Ader, Fred Agabashian disputa huit courses de Formule 1 mais lui aussi se cantonna à l'Indy 500. Il courut ses premiers 500 Miles en F1 en 1950, avec une belle 2e place en qualifications, mais il abandonna sur panne mécanique. Ce fut aussi le cas en 1951 et 1952, bien qu'il ait placé sa Kurtis Kraft en pole position lors de sa troisième participation. En 1953, il se qualifia de nouveau 2e et termina 4e, son meilleur résultat. Il connut une 6e place, une douzième place et deux abandons lors de ses participations jusqu'en 1957.

HENRY BANKS

Né le 14 juin 1913 à Croydon (Royaume-Uni) et décédé le 18 décembre 1994

Courses :
Indianapolis 1950 – Indianapolis 1952

Équipes :
- Maserati : Indianapolis 1950
- Moore : Indianapolis 1951
- Lesovsky : Indianapolis 1952

Grands Prix disputés : 3

Bien connu dans le milieu de la course aux États-Unis, c'est en 1950 que Henry Banks se révéla, avec de très bons résultats dans le Championnat AAA, pour lequel comptait aussi l'Indy 500. Il décrocha le titre de champion cette année-là, et celui de vice-champion l'année suivante. Mais ses résultats en F1 restèrent modestes, avec trois participations aux 500 Miles d'Indianapolis. Son meilleur fut une 6e place en 1951. En 1953 et 1954, il tenta de se qualifier pour la course mais échoua, signant la fin de sa carrière en Formule 1.

TONY BETTENHAUSEN

Né le 12 septembre 1916 à Tinley Park (États-Unis) et décédé le 12 mai 1961

Courses :
Indianapolis 1950 – Indianapolis 1960

Équipes :
- Kurtis Kraft : Indianapolis 1950
- Deidt : Indianapolis 1951 – Indianapolis 1952
- Kuzma : Indianapolis 1953
- Kurtis Kraft : Indianapolis 1954 – Indianapolis 1957
- Epperly : Indianapolis1958 – Indianapolis 1959
- Watson : Indianapolis 1960

Podiums : 1

Meilleurs tours en course : 1

Grands Prix disputés : 11

Melvin Eugene Bettenhausen, surnommé Tony, connut une carrière fulgurante aux États-Unis, avec deux titres dans la catégorie reine (AAA puis USAC), aujourd'hui appelée IndyCar. En 1951 notamment, il gagna huit courses dans la saison et succéda ainsi à Banks au palmarès du Championnat. Il fut aussi un des rares pilotes américains à avoir disputé les 11 éditions de l'Indy 500 comptant pour le Championnat du monde de F1. Sa plus belle performance arriva en 1955, où il prit le départ 2e et passa sous le drapeau à damier à la même place. Il signa aussi deux 4es places en 1958 et 1959, mais se tua malheureusement à Indianapolis lors des essais pour l'édition 1961, au milieu du mois de mai.

WALT BROWN

Né le 30 décembre 1911 à Springfield (États-Unis) et décédé le 29 juillet 1951

Courses :
Indianapolis 1950 – Indianapolis 1951

Équipes :
Kurtis Kraft : Indianapolis 1950 – Indianapolis 1951

Grands Prix disputés : 2

Engagé depuis 1946 en Championnat AAA, avec à la clé quatre podiums dont une victoire, Walt Brown n'était pas un inconnu lorsqu'il disputa les 500 Miles d'Indianapolis en 1950, devenant ainsi pilote de Formule 1. Il se qualifia 20e et franchit l'arrivée en ayant gagné une place. L'année suivante, toujours sur une Kurtis Kraft à moteur Offenhauser, il se qualifia 13e mais abandonna à la suite de problèmes mécaniques. Il se tua en septembre 1951 lors d'une journée connue sous le nom de « Dimanche noir », ayant vu trois pilotes se tuer le même jour en course automobile américaine. Les deux autres, Cecil Green et Bill Mackay, avaient également participé au Championnat du monde de F1.

BILL CANTRELL

Né le 31 janvier 1908 à West Point (États-Unis) et décédé le 22 janvier 1996

Courses :
Indianapolis 1950

Équipes :
Adams : Indianapolis 1950

Grands Prix disputés : 1

William Cantrell était, lui, un pilote très peu connu lorsqu'il s'engagea à l'Indianapolis 500 en 1950. Partageant la voiture de Bayliss Levrett, il termina 27e sans avoir été crédité de la place en qualifications, puisque c'était Levrett qui avait signé le chrono. Une non-qualification en 1951 eut raison de son envie de piloter en F1.

DUANE CARTER

Né le 5 mai 1913 à Fresno (États-Unis) et décédé le 8 mars 1993

Courses :
Indianapolis 1950 – Indianapolis 1960

Équipes :
- Stevens : Indianapolis 1950
- Deidt : Indianapolis 1951
- Lesovsky: Indianapolis 1952
- Kurtis Kraft : Indianapolis 1953 – Indianapolis 1954
- Kuzma : Indianapolis 1955
- Kurtis Kraft : Indianapolis 1959
- Kuzma : Indianapolis 1960

Podiums : 1

Grands Prix disputés : 8

Duane Carter avait déjà passé deux saisons en Championnat AAA lorsqu'il disputa l'Indy 500 en 1950. Pilote titulaire dans la compétition de 1950 à 1955, il enchaîna six éditions des 500 Miles d'Indianapolis en tant que pilote de F1, avant d'y revenir en 1959 et en 1960. Son meilleur résultat fut une 3e place en 1953. Parti 27e, il abandonna avec sa propre voiture mais prit le relais de Sam Hanks pour aller signer un podium inattendu. L'année précédente, ainsi que l'édition suivante, il termina 4e de l'épreuve. Il ne connut aucun abandon lors des huit courses qu'il disputa en Formule 1.

JOIE CHITWOOD

Né le 14 avril 1912 à Denison (États-Unis) et décédé le 3 janvier 1988

Courses :
Indianapolis 1950

Équipes :
Kurtis Kraft : Indianapolis 1950

Grands Prix disputés : 1

Comme Walt Ader, Joie Chitwood ne courut que l'Indy 500 en 1950 pour obtenir le statut de pilote de Formule 1. Contrairement à son compatriote, Chitwood signa toutefois une belle performance. Neuvième en qualifications, sa meilleure performance en sept participations à la classique américaine, il termina 5e au volant d'une voiture qu'il partageait avec Tony Bettenhausen. Il fut le premier pilote à utiliser une ceinture de sécurité à Indianapolis en 1941, mais n'apprécia pas la sensation de ce nouvel outil. Après sa carrière en sport auto, il devint cascadeur dans le cinéma, notamment sur le film *Vivre et laisser mourir* de la saga James Bond.

GEORGE CONNOR

Né le 16 août 1906 à Rialto (États-Unis) et décédé le 28 mars 2001

Course :
Indianapolis 1950 – Indianapolis 1952

Équipes :
- Lesovsky : Indianapolis 1950 – Indianapolis 1951
- Kurtis Kraft : Indianapolis 1952

Grands Prix disputés : 3

Sur le podium de l'Indy 500 en 1949, la dernière édition avant l'incorporation au Championnat du monde de F1, George Connor espérait réitérer sa performance en 1950. Qualifié 4e, il ramena finalement sa Levosky à la 8e place. L'année suivante, il ne vit pas le drapeau à damier, et il termina 8e à nouveau en 1952. Une non-qualification en 1953 mit quasiment fin à sa carrière.

JIMMY DAVIES

Né le 18 août 1929 à Glendale (États-Unis) et décédé le 11 juin 1966

Courses :
Indianapolis 1950 – Indianapolis 1955

Équipes :
- Ewing : Indianapolis 1950
- Pawl : Indianapolis 1951
- Kurtis Kraft : Indianapolis 1953 – Indianapolis 1955

Podiums : 1

Grands Prix disputés : 5

Vainqueur de la dernière course du Championnat AAA, à Del Mar en 1949, Jimmy Davies était confiant avant de disputer son premier Indy 500 en 1950. Le pilote américain rencontra néanmoins des difficultés et boucla la course en 17e place. Il progressa d'année en année, finissant 16e en 1951 et dixième en 1952. En 1953, il fut classé officiellement 11e de la course, dans une voiture partagée avec Art Cross, Johnny Marsons, Sam Hanks et Andy Linden. Détail amÉtats-Unisnt, il termina également 20e dans une autre voiture, qu'il partagea également avec Hanks, mais aussi avec Jim Rathmann. L'année suivante, en 1955, il signa son seul podium aux 500 Miles d'Indianapolis, avant trois non-qualifications entre 1956 et 1959 qui le firent arrêter la monoplace.

DUKE DINSMORE

Né le 10 avril 1913 à Williamstone (États-Unis) et décédé le 12 octobre 1985

Courses :
Indianapolis 1950 – Indianapolis 1956

Équipes :
- Kurtis Kraft : Indianapolis 1950
- Schroeder : Indianapolis 1951
- Kurtis Kraft : Indianapolis 1953 – Indianapolis 1956

Grands Prix disputés : 4

Duke Dinsmore termina 33e et dernier des 500 Miles d'Indianapolis en 1950 à cause d'une fuite d'huile survenue au dixième tour. De quoi être frustré, puisqu'il s'était qualifié 7e. En 1951, il abandonna également, tandis qu'il ne se qualifia pas en 1952. En 1953, il partagea la voiture de Rodger Ward et Andy Linden, avec une 16e place à l'arrivée. En 1954 et en 1960, il ne se qualifia pas. Il y parvint de justesse en 1956 pour terminer 17e. Finalement, son meilleur résultat à l'Indy 500 resta sa 10e place en 1947, à l'époque où l'épreuve ne comptait pas pour la F1.

PAT FLAHERTY

Né le 6 janvier 1926 à Glendale (États-Unis) et décédé le 9 avril 2002

Courses :
Indianapolis 1950 – Indianapolis 1959

Équipes :
- Kurtis Kraft : Indianapolis 1950 – Indianapolis 1955
- Watson : Indianapolis 1956 – Indianapolis 1959

Victoires : 1

Pole positions : 1

Podiums : 1

Grands Prix disputés : 6

Pat Flaherty était un débutant en 1949 quand il tenta de se qualifier pour l'Indy 500, sans succès. En 1950, il s'élança 11e et finit la course à la 10e place. Il revint à Indianapolis en 1953 mais ne vit pas l'arrivée à cause d'un accident. Ce fut pareil l'année suivante, avec un abandon pour la voiture qu'il partageait avec Jim Rathmann. En 1955, il réitéra une 10e position à l'arrivée, mais ce fut en 1956 qu'il connut la gloire. Poleman pour l'Indy 500, il parvint à convertir sa domination en course, en menant 127 des 200 tours, pour s'imposer très nettement. Il fut malheureusement absent de l'édition 1957 à cause d'un grave accident survenu à la fin de l'été 1956. Non qualifié en 1958, il termina 19e en 1959 et ne revint plus à Indianapolis.

WALT FAULKNER

Né le 16 février 1920 à Tell (États-Unis) et décédé le 22 avril 1956

Courses :
Indianapolis 1950 – Indianapolis 1955

Équipes :
- Kurtis Kraft : Indianapolis 1950
- Kuzma : Indianapolis 1951
- Kurtis Kraft : Indianapolis 1953
- Kuzma : Indianapolis 1954
- Kurtis Kraft : Indianapolis 1955

Pole positions : 1

Grands Prix disputés : 5

Walt Faulkner fut célèbre pour avoir signé la pole position du premier Indy 500 disputé dans le cadre du Championnat du monde de Formule 1, le tout en étant débutant. Septième à l'arrivée, il eut moins de chance avec un abandon en 1951 et une 17e place en 1953. En 1954, il partageait la voiture de Chuk Stevenson et vit le drapeau à damier au 12e rang. En 1955, pour sa dernière participation à l'Indy 500, il boucla la course en 5e position, partageant sa voiture avec Bill Homeier. Il se tua dans une course de Stock Car, un mois avant l'édition 1956 des 500 Miles.

MYRON FOHR

Né le 17 juin 1912 à Milwaukee (États-Unis) et décédé le 14 janvier 1994

Course :
Indianapolis 1950

Équipe :
Marchese : Indianapolis 1950

Grands Prix disputés : 1

Deux fois vice-champion de l'AAA en 1948 et 1949, Myron Fohr s'attendait surement à mieux pour ses débuts en F1. Sa seule participation à l'épreuve dans le cadre du Championnat du monde se solda par une qualification en 16e position, et une 11e place finale à l'arrivée. Il mit un terme à sa carrière début 1951 après deux non-qualifications successives, dont une à l'Indy 500.

CECIL GREEN

Né le 30 septembre 1919 à Dallas (États-Unis) et décédé le 29 juillet 1951

Courses :
Indianapolis 1950 – Indianapolis 1951

Équipes :
Kurtis Kraft : Indianapolis 1950 – Indianapolis 1951

Grands Prix disputés : 2

Spécialiste des courses de *midgets*, de petits *buggys* roulant sur terre, à la fin des années 1940, Cecil Green signa une belle 12e place pour sa première qualification à l'Indy 500. Il confirma en course, avec une 4e position à l'arrivée. L'année suivante, il s'élança dixième mais ne fut classé que 22e après un problème mécanique. Il se tua lui aussi lors du « Dimanche noir » en tentant de se qualifier pour une course de *midgets*.

SAM HANKS

Né le 13 juillet 1914 à Colombus (États-Unis) et décédé le 27 juin 1994

Courses :
Indianapolis 1950 – Indianapolis 1957

Équipes :
- Kurtis Kraft : Indianapolis 1950 – Indianapolis 1956
- Epperly : Indianapolis 1957

Victoires : 1

Podiums : 4

Grands Prix disputés : 8

Pilote émérite avant et après la guerre, Sam Hanks connut des débuts difficiles aux 500 Miles d'Indianapolis. Il abandonna à deux reprises, avant de signer deux podiums en terminant 3e en 1952 et 1953. En 1954 et 1955, il dut se contenter de résultats décevants et parvint à rallier l'arrivée en 2e position en 1956, après avoir pris le départ en 13e place. Après ce beau podium, il songea à prendre sa retraite et ne disputa plus que l'Indy 500 de manière annuelle. Supplié par le propriétaire George Salih, Hanks accepta, même s'il découvrit une monoplace construite par Epperly. Malgré une qualification à une lointaine 13e place, il remporta la course en menant 136 tours, dont les 65 derniers sans être inquiété, sinon par un Jim Rathmann tenu à bonne distance. Il ne courut plus de la saison et au terme de l'année 1957, il annonça prendre sa retraite sur ce succès.

GENE HARTLEY

Né le 28 janvier 1926 à Roanoke (États-Unis) et décédé le 13 mars 1993

Courses :
Indianapolis 1950 – Indianapolis 1960

Équipes :
- Langley : Indianapolis 1950
- Kurtis Kraft : Indianapolis 1952
- Kuzma : Indianapolis 1953
- Kurtis Kraft : Indianapolis 1954
- Kuzma : Indianapolis 1956
- Lesovsky : Indianapolis 1957
- Kuzma : Indianapolis 1959
- Kurtis Kraft : Indianapolis 1960

Grands Prix disputés : 8

Gene Hartley tenta de se qualifier lors de dix des 11 éditions de l'Indy 500 comptant pour le Championnat du monde de Formule 1. Non qualifié en 1955 et 1958, il ne réussit jamais à briller lors de l'épreuve. Sa meilleure qualification fut une 9e position en 1959, et son meilleur classement fut également 9e, en 1953, remplaçant Chuck Stevenson au volant, qui avait lui-même remplacé Tony Bettenhausen.

MACK HELLING

Né le 14 septembre 1917 à Fort Dodge (États-Unis) et décédé le 11 novembre 1951

Courses :
Indianapolis 1950 – Indianapolis 1951

Équipes :
- Kurtis Kraft : Indianapolis 1950
- Deidt : Indianapolis 1951

Grands Prix disputés : 2

Mack Hellings prit le départ de quatre Indy 500 dans sa carrière. Deux ne comptaient pas en Formule 1, et il signa son meilleur résultat dans l'épreuve en 1948 avec une 5e place. En 1950, il se qualifia 26e et franchit la ligne en 13e place. L'année suivante, un abandon vint conclure sa carrière en F1, puisqu'il mourut en novembre 1951 dans un accident d'avion.

BILL HOLLAND

Né le 18 décembre 1907 à Philadelphie (États-Unis) et décédé le 20 mai 1984

Courses :
Indianapolis 1950 et Indianapolis 1953

Équipes :
- Deidt : Indianapolis1950
- Kurtis Kraft : Indianapolis 1953

Podiums : 1

Grands Prix disputés : 2

Lorsque les 500 Miles d'Indianapolis devinrent une course de F1, William Holland était le tenant du titre, ayant remporté l'épreuve en 1949. Cela ne fut donc pas une surprise de le voir atteindre la 2e place en 1950. Il dut attendre 1953 pour revenir à l'Indy 500, après avoir été suspendu par l'AAA pour avoir roulé dans la ligue concurrente, la NASCAR. Une 15e place n'avait rien de réjouissant et il ne se qualifia même pas en 1954.

JACKIE HOLMES

Né le 4 septembre 1920 à Indianapolis (États-Unis) et décédé le 1er mars 1995

Courses :
Indianapolis 1950 – Indianapolis 1953

Équipes :
- Olson : Indianapolis 1950
- Kurtis Kraft : Indianapolis 1953

Grands Prix disputés : 2

Avec deux non-qualifications et deux abandons en quatre tentatives à l'Indy 500, Jackie Holmes ne fut pas parmi les pilotes les plus marquants de l'histoire de la Formule 1. Son meilleur classement fut une 19e place en 1953, même s'il ne vit pas l'arrivée, dans une voiture qu'il partageait avec Spider Webb et Johnny Thomson.

JERRY HOYT

Né le 29 janvier 1929 à Chicago (États-Unis) et décédé le 10 juillet 1955

Courses :
Indianapolis 1950 – Indianapolis 1955

Équipes :
- Kurtis Kraft : Indianapolis 1950 – Indianapolis 1954
- Stevens : Indianapolis 1955

Pole positions : 1

Grands Prix disputés : 4

Jerry Hoyt connut un premier essai à l'Indy 500 peu fructueux en 1950, avec une 15e place en qualifications et une 21e à l'arrivée. En 1952, l'Américain tenta de se qualifier mais n'y parvint pas avant d'enregistrer une 23e place en 1953, qui suivit une belle 7e position en qualifications. Montant en puissance au fil de ses participations, il boucla l'édition 1954 de l'Indy 500 8e, après s'être élancé 30e. En 1955, il signa la pole position, confirmant ses bonnes dispositions, mais fut parmi les premiers à abandonner à cause d'une fuite d'huile. Malheureusement, Jerry Hoyt se tua dans une course de *midgets* durant l'été 1955, deux mois après sa retentissante pole position à Indianapolis.

JIMMY JACKSON

Né le 25 juillet 1910 à Indianapolis (États-Unis) et décédé le 24 novembre 1984

Courses :
Indianapolis 1950 – Indianapolis 1954

Équipes :
Kurtis Kraft : Indianapolis 1950 – Indianapolis 1954

Grands Prix disputés : 2

Jimmy Jackson participa à six éditions des 500 Miles d'Indianapolis, dont seulement deux dans le cadre du Championnat du monde de Formule 1. Dans les années 40, il y signa de beaux résultats avec une 2e place notamment, en 1946. En 1950, il était présent pour la première édition incorporée au Championnat du monde de F1, il se qualifia 32e mais abandonna. Il ne parvint pas à se qualifier en 1952, et partagea la voiture de Duane Carter en 1954, le duo bouclant l'épreuve au 15e rang.

BAYLISS LEVRETT

Né le 14 février 1913 à Jacksonville (États-Unis) et décédé le 13 mars 2002

Courses :
Indianapolis 1950

Équipes :
Adams : Indianapolis 1950

Grands Prix disputés : 1

Spécialisé dans les Sprint Cars, autre nom du *midget* aux États-Unis, Bayliss Levrett ne participa qu'à une course comptant pour le Championnat du monde de F1 dans sa carrière. Son Indy 500 1950 se résuma à une 17e position en qualifications, et il se classa 27e après un problème de pression d'huile au cent cinquième tour.

JOHNNY MCDOWELL

Né le 29 janvier 1915 à Delavan (États-Unis) et décédé le 8 juin 1952

Courses :
Indianapolis 1950 – Indianapolis 1952

Équipes :
- Kurtis Kraft : Indianapolis 1950
- Maserati : Indianapolis 1951
- Kurtis Kraft : Indianapolis 1952

Grands Prix disputés : 3

Johnny McDowell était lui aussi un spécialiste du midget ayant choisi de passer en monoplace. Son premier Indy 500, en 1950, le vit se qualifier 33e et terminer 18e. L'année suivante, il se classa avant-dernier après une fuite d'essence. De nouveau 33e au départ en 1952, il termina 21e de la course. Une semaine plus tard, il se tua sur un circuit.

JACK MCGRATH

Né le 8 octobre 1919 à Los Angeles (États-Unis) et décédé le 6 novembre 1955

Courses :
Indianapolis 1950 – Indianapolis 1955

Équipes :
Kurtis Kraft : Indianapolis 1950 – Indianapolis 1955

Pole positions : 1
Podiums : 2
Meilleurs tours en course : 1
Grands Prix disputés : 6

Nommé « Roi des Hot Rods » en référence aux roadsters qu'il pilotait en course, Jack McGrath marqua l'Indy 500 à l'époque où la manche comptait en Formule 1. En six participations, sa pire qualification fut une 6e position en 1950. De 1951 à 1955, il se qualifia 3e à quatre reprises et signa la pole position en 1954 sur la redoutable Kurtis Kraft 500C à moteur Offenhauser. En 1951 et en 1954, il termina 3e en guise de meilleur résultat. Il se tua malheureusement en course à la fin de l'année 1955.

JOHNNIE PARSONS

Né le 4 juillet 1918 à Los Angeles (États-Unis) et décédé le 8 septembre 1984

Courses :
Indianapolis : de 1950 à 1958

Équipes :
- Kurtis Kraft : Indianapolis 1950 à 1955
- Kuzma : Indianapolis 1956
- Kurtis Kraft : Indianapolis 1957 à 1958

Victoires : 1
Podiums : 1
Meilleurs tours en course : 1
Grands Prix disputés : 9

Lui aussi formé dans les catégories *midgets*, Johnnie Parsons courut son premier Indy 500 en 1949 et termina 2e. Pour la première intégration de l'épreuve au Championnat du monde, il se qualifia 5e et remporta la course après son interruption par la pluie. Il disputa l'épreuve tous les ans jusqu'en 1958 et enregistra trois abandons. Sa meilleure édition, hormis la victoire de 1950, fut celle de 1956 avec une 6e place au départ, et une 4e position à l'arrivée. Jusqu'en 1991, son nom fut mal orthographié sur le Trophée Borg-Warner des 500 Miles d'Indianapolis, le prénom ayant été écrit « Johnny » par erreur.

DICK RATHMANN

Né le 6 janvier 1926 à Los Angeles (États-Unis) et décédé le 1er février 2000

Courses :
Indianapolis 1950 – Indianapolis 1960

Équipes :
- Watson : Indianapolis 1950
- Kurtis Kraft : Indianapolis 1956
- Watson : Indianapolis 1958 – Indianapolis 1960

Pole positions : 1
Grands Prix disputés : 5

Pilote de NASCAR entre 1951 et 1955, Dick Rathmann s'essaya aux 500 Miles d'Indianapolis dès 1950, avec une 18e place en qualifications et une 32e à l'arrivée. Il y revint après son passage en NASCAR et se qualifia 4e en 1956 pour terminer 5e. Malgré une pole position en 1958, il subit un abandon cette année-là, ainsi que les deux suivantes.

JIM RATHMANN

Né le 16 juillet 1928 à Los Angeles (États-Unis) et décédé le 23 novembre 2011

Courses :
Indianapolis 1950 – Indianapolis 1960

Équipes :
- Wetteroth : Indianapolis1950
- Kurtis Kraft : Indianapolis 1952 – Indianapolis 1954
- Epperly : Indianapolis 1955
- Kurtis Kraft : Indianapolis 1956
- Epperly : Indianapolis 1957 – Indianapolis 1958
- Watson : Indianapolis 1959 – Indianapolis 1960

Victoires : 1

Podiums : 4

Meilleurs tours en course : 2

Grands Prix disputés : 10

De deux ans le cadet de Dick, Royal Richard « Jim » Rathmann marqua davantage l'histoire de l'Indy 500 et celle de la Formule 1. Sa première tentative se solda par une 24e place en 1950. De retour en 1952, il termina 2e, puis 7e l'année suivante. C'est à partir de 1956 qu'il enchaîna de meilleurs résultats. Qualifié 2e cette année-là, il fut contraint à l'abandon. L'année suivante, il franchit la ligne d'arrivée en 2e position, puis en 5e place en 1958. De nouveau 2e en 1959, il décrocha le Graal en 1960 en remportant la mythique épreuve.

MAURI ROSE

Né le 26 mai 1926 à Colombus (États-Unis) et décédé le 1er janvier 1981

Courses :
Indianapolis 1950 – Indianapolis 1951

Équipes :
Deidt : Indianapolis 1950 – Indianapolis 1951

Podiums : 1

Grands Prix disputés : 2

Triple vainqueur de l'Indy 500 en 1941, 1947 et 1948, Maurice Rose ne parvint pas à briller autant après que l'épreuve eut intégré le calendrier de la F1. Troisième en 1950 au départ comme à l'arrivée, un gros accident vint mettre fin à son Indy 500 l'année suivante et à sa carrière, puisqu'il décida d'en rester là après une belle frayeur.

PAUL RUSSO

Né le 10 avril 1914 à Kenosha (États-Unis) et décédé le 13 février 1976

Courses :
Indianapolis 1950 – Indianapolis 1958

Équipes :
- Nichels : Indianapolis 1950
- Kurtis Kraft : Indianapolis 1953 – Indianapolis 1959

Podiums : 1

Meilleurs tours en course : 1

Grands Prix disputés : 8

Formé en *midgets*, Paul Russo pilota à partir de 1940 en monoplaces, dans les catégories AAA puis USAC. Son meilleur résultat personnel aux 500 Miles d'Indianapolis fut une 4e place en 1957. Cependant, il signa un podium en 1955 en pilotant la voiture de Tony Bettenhausen. Ses premières participations en F1, en 1950, 1953 et 1954 s'étaient soldées par des arrivées dans le top 10. Ce fut le cas de sa dernière en 1959, tandis qu'il fut contraint à l'abandon en 1956 et 1958.

TROY RUTTMAN

Né le 11 mars 1930 à Mooreland (États-Unis) et décédé le 19 mai 1997

Courses :
Indianapolis 1950 – Indianapolis 1960

Équipes :
- Lesovsky : Indianapolis 1950
- Kurtis Kraft : Indianapolis 1951
- Kuzma : Indianapolis 1952
- Kurtis Kraft : Indianapolis 1954 – Indianapolis 1956
- Watson : Indianapolis 1957
- Maserati : France 1958
- Watson : Indianapolis 1960

Victoires : 1

Podiums : 1

Grands Prix disputés : 8

Troy Ruttman participa à huit Grands Prix de Formule 1 entre 1950 et 1960. Il fut l'un des rares Américains, spécialistes de l'Indy 500, à venir disputer une course en Europe. Ses premières participations à l'Indy 500 comptant pour le Championnat du monde furent décevantes, mais il se rattrapa en 1952 en remportant l'épreuve à l'âge de 22 ans. À ce jour, il est toujours le plus jeune vainqueur de l'histoire des 500 Miles. Quatrième en 1954, il abandonna lors de ses trois tentatives suivantes en 1956, 1957 et 1960. Mais en 1958, il fut engagé par Maserati pour disputer le Grand Prix de France à Reims-Gueux. Il termina dixième à 5 tours du vainqueur.

BILL SCHINDLER

Né le 6 mars 1909 à Middletown (États-Unis) et décédé le 20 septembre 1952

Courses :
Indianapolis 1950 – Indianapolis 1952

Équipes :
- Snowberger : Indianapolis 1950
- Kurtis Kraft : Indianapolis 1951
- Stevens : Indianapolis 1952

Grands Prix disputés : 3

Bill Schindler débuta sa carrière de pilote en 1931 en *midgets*, au volant des fameuses Sprint Cars. Fort d'un très bon palmarès dans la discipline, il rejoignit l'AAA en 1950. Malgré des résultats corrects dans la discipline, ses deux premières tentatives à l'Indy 500 se soldèrent par des abandons. La seconde en 1952 l'amena à la 14e place, mais ce fut sa dernière participation puisqu'il se tua en fin d'année.

LEE WALLARD

Né le 8 septembre 1911 à Schenectady (États-Unis) et décédé le 28 novembre 1963

Courses :
Indianapolis 1950 – Indianapolis 1951

Équipes :
- Moore : Indianapolis 1950
- Kurtis Kraft : Indianapolis 1951

Victoires : 1

Podiums : 1

Meilleurs tours en course : 1

Grands Prix disputés : 2

Ayant participé à trois Indy 500 avant de débuter en Formule 1, Lee Wallard ne totalisa que deux Grands Prix dans la discipline. Cela ne l'empêcha pas de signer un record qui tient encore aujourd'hui, celui du pourcentage de victoires. En effet, il ne prit part qu'à l'Indy 500 1950 et à l'édition suivante. Sixième en 1950, il s'imposa après avoir dominé l'épreuve en 1951. Avec 50 % de victoires en F1, il conserve à ce jour ce record, bien aidé toutefois par son faible nombre de courses.

SPIDER WEBB

Né le 8 octobre 1910 à Joplin (États-Unis) et décédé le 27 janvier 1990

Courses :
Indianapolis 1950 – Indianapolis 1954

Équipes :
- Maserati : Indianapolis 1950
- Bromme : Indianapolis 1952
- Kurtis Kraft : Indianapolis 1953
- Bromme : Indianapolis 1954

Grands Prix disputés : 4

Travis Leon Webb, surnommé « Spider Webb » (toile d'araignée en anglais), disputa quatre Indy 500 en Championnat du monde de Formule 1, sans en marquer l'histoire. Sa meilleure position de départ fut 14e en 1950, et sa meilleure place à l'arrivée fut 11e en 1952.

FELICE BONETTO

Né le 9 juin 1903 à Brescia (Italie) et décédé le 21 novembre 1953

Courses :
Suisse 1950 -Italie 1953

Équipes :
- Maserati Milano : Suisse 1950 – France 1950
- Alfa Romeo : Grande-Bretagne 1951 – Espagne 1951
- Maserati : Allemagne 1952 – Italie 1953

Podiums : 2

Grands Prix disputés : 15

Célèbre pour ses courses sur route, et notamment la Targa Florio qu'il remporta en 1952, Felice Bonetto connut une carrière quelque peu anecdotique en F1. Quelques jours avant son 47e anniversaire, il disputa le Grand Prix de Suisse 1950 au volant d'une Maserati privée. Entre 1950 et 1953, il disputa 15 Grands Prix, dont neuf en tant que pilote officiel pour la firme de Modène. Il signa deux podiums. Le premier vint lors de son Grand Prix à domicile en 1951, au volant d'une Alfa Romeo, tandis que le second arriva en 1953 aux Pays-Bas. Il aurait sûrement continué à courir après ses 50 ans s'il n'était pas décédé lors de la Carrera Panamerica en novembre 1953.

TONI BRANCA

Né le 15 septembre 1916 à Sion (Suisse) et décédé le 10 mai 1985

Courses :
Suisse 1950 – Allemagne 1951

Équipes :
Maserati : Suisse 1950 – Allemagne 1951

Grands Prix disputés : 3

Antonio Branca disputa au fil de sa carrière en F1 trois Grands Prix, au volant d'une Maserati privée. Onzième pour sa première tentative au GP de Suisse 1950, il boucla celui de Belgique en 10e place la même année. Son dernier Grand Prix en 1951 se conclut par un abandon sur casse moteur. Il n'eut guère plus de chance aux 24 Heures du Mans, où il connut deux abandons.

NELLO PAGANI

Né le 11 octobre 1911 à Milan (Italie) et décédé le 19 octobre 2003

Course :
Suisse 1950

Équipes :
Maserati : Suisse 1950

Grands Prix disputés : 1

Cirillo Pagani était un pilote moto réputé fin 1949, devenu le premier champion du monde 125cc l'année précédente tout en terminant vice-champion du monde en 500cc en parallèle. Mais ses victoires au Grand Prix de Pau en 1947 et 1948 lui offrirent une belle cote sur quatre roues également. C'est ainsi qu'il fut engagé au GP de Suisse 1950 pour remplacer Gonzalez. Son unique course en mondial de F1 le vit se qualifier 15e et terminer 7e.

EUGÈNE CHABOUD

Né le 12 avril 1907 à Lyon (France) et décédé le 28 décembre 1983

Courses :
Belgique 1950 -France 1951

Équipes :
Talbot Lago : Belgique 1950 -France 1951

Grands Prix disputés : 3

Véritable touche-à-tout, Eugène Chaboud était un féru d'athlétisme avant de découvrir le sport automobile. En 1938, il accomplit probablement son plus grand fait d'armes en remportant les 24 Heures du Mans. C'est au Grand Prix de Belgique 1950 qu'il fit ses débuts en Championnat du monde de F1. Cette tentative se solda par un abandon mais il revint en France pour remplacer Philippe Étancelin, qui avait dû rendre le volant pour cause de brûlures. Les deux hommes signèrent une 5e place. Le dernier Grand Prix de Chaboud, en France l'année suivante, fut conclu à la 8e place, et un grave accident en 1952 l'éloigna des circuits.

PIERRE LEVEGH

Né le 22 décembre 1905 à Paris (France) et décédé le 11 juin 1955

Courses :
Belgique 1950 – Italie 1951

Équipes :
Talbot Lagot : Belgique 1950 – Italie 1951

Grands Prix disputés : 6

Pilote pour Talbot dans de nombreuses catégories avant et après la guerre, Pierre Levegh disputa ses premières courses en Championnat du monde de Formule 1 à l'âge de 44 ans. Il disputa l'ensemble des six courses auxquelles il prit part au volant d'une Talbot Lago. Son premier Grand Prix, en Belgique en 1950, se solda par une 7e place. En France et en Italie, il abandonna. En 1951, il disputa de nouveau le GP de Belgique avec une 8e place, termina 9e en Allemagne et abandonna en Italie. Malheureusement, son nom devint célèbre pour une raison bien plus funeste, puisqu'il fut impliqué dans le pire accident de l'histoire du sport automobile. Aux 24 Heures du Mans 1955, la Mercedes 300 SLR qu'il pilotait percuta la voiture de Lance Macklin, ce qui tua Levegh sur le coup. Des débris, notamment le moteur, atterrirent dans le public, tuant plus de 80 spectateurs et en blessant environ 120.

CHARLES POZZI

Né le 27 août 1909 à Paris (France) et décédé le 28 février 2001

Courses :
France 1950

Équipes :
Talbot Lagot : France 1950

Grands Prix disputés : 1

Pilote de course depuis le milieu des années 40, Charles Pozzi disputa son seul et unique Grand Prix de Formule 1 en Championnat du monde en France, en 1950. Il se qualifia 16e et termina 6e de la course au volant d'une Talbot privée. Par la suite, il devint l'un des plus célèbres distributeurs Ferrari en France.

PETER WHITEHEAD

Né le 12 novembre 1914 à Menston (Royaume-Uni) et décédé le 20 septembre 1958

Courses :
France 1950 – Grande-Bretagne 1954

Équipes :
- Ferrari : France 1950 – Italie 1951
- Alta : France 1952
- Ferrari : Grande-Bretagne 1952
- Cooper : Grande-Bretagne 1953 – Grande-Bretagne 1954

Podiums : 1

Grands Prix disputés : 10

Homme d'affaires britannique, Peter Whitehead était avant tout un passionné d'automobile. Pilote à ses heures perdues, il se trouva un véritable talent pour la compétition. Sa première course, le Grand

Prix de France 1950, se solda par un podium au volant d'une Ferrari privée. Il conclut son deuxième GP, en Italie, en 7e place. Trois de ses quatre courses en 1951 se soldèrent par un abandon, et il ne parvint plus à signer d'autres résultats corrects en Championnat du monde.

CLEMENTE BIONDETTI

Né le 18 août 1898 à Budussò (Italie) et décédé le 24 février 1955

Courses :
Italie 1950

Équipe :
Ferrari : Italie 1950

Grands Prix disputés : 1

Connu pour être un quadruple vainqueur des Mille Miglia et pour avoir gagné la Targa Florio, Clemente Biondetti ne prit part qu'à un seul Grand Prix de F1, en Italie en 1950. Une tentative anecdotique qui se solda par un abandon après une qualification en 25e place.

FRANCO COMOTTI

Né le 24 juillet 1906 à Brescia (Italie) et décédé le 10 mai 1963

Courses :
Italie 1950 – France 1952

Équipes :
- Maserati Milano : Italie 1950
- Ferrari : France 1952

Grands Prix disputés : 2

La majeure partie de la carrière de Gianfranco Comotti se déroula avant la Seconde Guerre mondiale. Il eut toutefois l'occasion de piloter au sein du pinacle du sport automobile à deux reprises. Sa première course en F1 fut le Grand Prix d'Italie 1950, dont il ne vit pas l'arrivée à cause d'une casse moteur. Il fit une deuxième pige en 1952 en France, au volant d'une Ferrari privée, et termina 12e.

HENRI LOUVEAU

Né le 25 janvier 1910 à Suresnes (France) et décédé le 7 janvier 1991

Courses :
Italie 1950 – Suisse 1951

Équipes :
Talbot Lagot : Italie 1950 – Suisse 1951

Grands Prix disputés : 2

Avant d'atteindre la F1, Henri Louveau était connu pour de bons résultats en endurance, avec des podiums aux 24 Heures du Mans et aux 24 Heures de Spa-Francorchamps. Sa première participation au Championnat du monde de F1, sur une Talbot Lago de l'Écurie Rosier, se termina par un abandon à cause de problèmes de freins. Il revint en 1951 au GP de Suisse mais connut un grave accident qui le poussa à mettre fin à sa carrière.

GUY MAIRESSE

Né le 10 août 1910 à Warmeriville (France) et décédé le 24 avril 1954

Courses :
Italie 1950 – France 1951

Équipes :
Talbot Lagot : Italie 1950 – France 1951

Grands Prix disputés : 3

C'est en 1946 que Guy Mairesse décida de se lancer en course automobile. Vainqueur du rallye Lyon-Charbonnières, des 24 Heures de Spa et du Grand Prix des Frontières, cet ancien conducteur de camions fit ses débuts en Championnat du monde de F1 au GP d'Italie 1950. Qualifié 11ᵉ, il ne vit pas l'arrivée. Ses deux autres participations, en 1951 pour le compte de l'Écurie Belgique, se conclurent par une 14ᵉ place en Suisse – le jour où Henri Louveau se blessa – et une 9ᵉ position en France.

PAUL PIETSCH

Né le 20 juin 1911 à Fribourg-en-Breisgau (Allemagne) et décédé le 31 mai 2012

Courses :
Italie 1950 – Allemagne 1952

Équipes :
- Maserati : Italie 1950
- Alfa Romeo : Allemagne 1951
- Veritas : Allemagne 1952

Grands Prix disputés : 3

Pilote avant la guerre, Paul Pietsch fonda le magazine *Das Auto* après celle-ci. Il reprit le volant et disputa trois Grands Prix en Championnat du monde, qui se soldèrent tous par un abandon, en dépit de deux qualifications en 7ᵉ place du Grand Prix d'Allemagne, en 1951 et 1952.

CONSALVO SANESI

Né le 28 mars 1911 à Terranuova Bracciolini (Italie) et décédé le 28 juillet 1998

Courses :
Italie 1950 – Grande-Bretagne 1951

Équipes :
Alfa Romeo : Italie 1950 – Grande-Bretagne 1951

Grands Prix disputés : 5

Auteur de plusieurs podiums en Formule 1 avant le Championnat du monde, Consalvo Sanesi fit ses débuts au plus haut niveau lors du Grand Prix d'Italie 1950. Il se qualifia 4ᵉ mais abandonna. Au GP de Suisse 1951, il prit le départ dans la même position et la conserva jusqu'à l'arrivée. Il inscrivit ce jour-là ses trois seuls points en Championnat du monde. Un abandon en Belgique, une 10ᵉ place en France et une 6ᵉ position en Grande-Bretagne furent ses autres seuls résultats, puis il tourna la page de la F1 au terme de la saison 1951.

DORINO SERAFINI

Né le 22 juillet 1909 à Pesaro (Italie) et décédé le 5 juillet 2000

Courses :
Italie 1950

Équipes :
Ferrari : Italie 1950

Podiums : 1

Grands Prix disputés : 1

Pilote moto avant la guerre, Dorino Serafini décida de passer sur quatre roues à la reprise des compétitions. Plusieurs bons résultats décidèrent Enzo Ferrari de lui donner sa chance au Grand Prix d'Italie 1950 sur une voiture officielle de la Scuderia. Il se qualifia 6e et signa un podium… sans terminer la course ! En effet, il donna sa voiture à Alberto Ascari en milieu de course, ce dernier ayant connu des problèmes mécaniques. Il dut mettre un terme à sa carrière l'année suivante après un grave accident.

PIERO TARUFFI

Né le 12 octobre 1906 à Albano Laziale (Italie) et décédé le 12 janvier 1988

Courses :
Italie 1950 – Italie 1956

Équipes :
- Alfa Romeo : Italie 1950
- Ferrari : Suisse 1951 – Monaco 1955
- Mercedes : Grande-Bretagne 1955 – Italie 1955
- Maserati : France 1956
- Vanwall : Italie 1956

Victoires : 1

Podiums : 5

Meilleurs tours en course : 1

Grands Prix disputés : 18

Celui qui fut pilote moto et auto avant la guerre fit ses débuts en Championnat du monde de Formule 1 lors du Grand Prix d'Italie 1950. Ce fut Alfa Romeo qui offrit à Piero Taruffi ses débuts en F1 mondiale, mais Ferrari flaira le bon coup et l'engagea pour la saison 1951. Une riche idée puisqu'il signa son premier podium dès le GP de Suisse avec une 2e place. Deux arrivées en 5e place en Allemagne et en Italie lui permirent de terminer la saison au 6e rang. Conservé au sein de la Scuderia l'année suivante, Taruffi s'imposa sur la Ferrari 500 dès le Grand Prix de Suisse. Après un accident en Belgique, il signa deux podiums en France et en Grande-Bretagne, et marqua encore des points en Allemagne. Il conclut l'année à la 3e place du classement des pilotes. Il quitta la F1 en 1953 pour rouler avec Lancia en voitures de sport. Ses participations sporadiques en Championnat du monde de F1, avec Ferrari, Mercedes, Maserati et Vanwall, ajoutèrent un podium à son palmarès lors du Grand Prix d'Italie 1955.

GEORGE ABECASSIS

Né le 21 mars 1913 à Chertsey (Royaume-Uni) et décédé le 18 décembre 1991

Courses :
Suisse 1951 – Suisse 1952

Équipes :
HWM : Suisse 1951 – Suisse 1952

Grands Prix disputés : 2

George Abecassis ne disputa que deux Grands Prix en Championnat du monde de Formule 1, mais ce pilote britannique avait une particularité. En effet, il était le cofondateur de l'équipe HWM, pour laquelle il courut au GP de Suisse, en 1951 et 1952. Malheureusement, ses deux participations se soldèrent par un abandon, l'un causé par une panne, l'autre par un accident.

RUDI FISCHER

Né le 19 avril 1912 à Stuttgart (Allemagne) et décédé le 30 décembre 1976

Courses :
Suisse 1951 – Italie 1952

Équipes :
Ferrari : Suisse 1951 – Italie 1952

Podiums : 2

Grands Prix disputés : 7

Comme Abecassis, Rudi Fischer était lui aussi le fondateur de l'équipe dans laquelle il disputa ses sept Grands Prix en Championnat du monde de F1. L'Écurie Espadon, qu'il renomma officieusement Scuderia Espadon en 1951, engageait des Ferrari privées. À leur volant, Rudi Fischer signa tout de même deux podiums qui lui permirent de terminer la saison 1952 en 4e position.

PETER HIRT

Né le 30 mars 1910 à Lenzbourg (Suisse) et décédé le 28 juin 1992

Courses :
Suisse 1951 – Suisse 1953

Équipes :
- Veritas : Suisse 1951
- Ferrari : Suisse 1952 – Suisse 1953

Grands Prix disputés : 5

Peter Hirt était l'un des pilotes de l'Écurie Espadon en 1951, avec un abandon à la clé. En 1952, il fit trois apparitions avec l'équipe, dont le Grand Prix de France où il remplaça Fischer pendant la course. Il ne parvint jamais à inscrire un point, son meilleur résultat étant une 7e position.

SIR STIRLING MOSS

Né le 17 septembre 1929 à Londres (Royaume-Uni) et décédé le 12 avril 2020

Courses :
Suisse 1951 – États-Unis 1961

Équipes :
- HWM : Suisse 1951 – Suisse 1952
- ERA : Belgique 1952 – Pays-Bas 1952
- Connaught : Italie 1952 – Pays-Bas 1953
- Cooper : France 1953 – Italie 1953
- Maserati : Belgique 1954 – Espagne 1954
- Mercedes : Argentine 1955 – Italie 1955
- Maserati : Argentine 1956 – Argentine 1957
- Vanwall : Monaco 1957 – Italie 1957
- Cooper : Argentine 1958
- Vanwall : Monaco 1958 – Maroc 1958
- Cooper : Monaco 1959 – Pays-Bas 1959
- BRM France 1959 – Grande-Bretagne 1959
- Cooper : Allemagne 1959 – Argentine 1960
- Lotus : Monaco 1960 – France 1961
- Ferguson : Grande-Bretagne 1961
- Lotus : Allemagne 1961 – États-Unis 1961

Victoires : 16

Pole positions : 16

Podiums : 24

Meilleurs tours en course : 19

Grands Prix disputés : 66

Stirling Moss mowntre son nouveau permis obtenu en avril 1960.

S'il est un pilote n'ayant jamais été champion du monde qui a marqué la Formule 1, c'est bien Stirling Moss. Il fit ses armes chez HWM, l'équipe d'Abecassis, d'abord en F2 puis en F1. Mais ce ne fut pas la modeste équipe qui lui apporta ses instants de gloire en Championnat du monde. Moss ne disputa que deux courses dans ce *team* avant de courir pour Era et Connaught en 1952 et 1953. Durant ces sept courses, il connut cinq abandons. Il vit plus souvent le drapeau à damier en 1953 avec Cooper mais ne marqua aucun point. Sur une Maserati privée, il marqua son premier au GP de Belgique 1954, mais la suite de la saison fut catastrophique. Quatre des cinq autres courses qu'il disputa pour le constructeur, dont deux de manière officielle, se soldèrent par un abandon. Mais ses performances n'étaient pas en cause et en 1955, il décrocha un contrat avec Mercedes qui changea la donne. En six courses, il abandonna deux fois à cause de problèmes moteur mais signa une 4e place en Argentine, termina deux fois 2e en Belgique et aux Pays-Bas, avant d'enfin s'imposer pour la première fois, à l'occasion de son Grand Prix à domicile.

Il décrocha pour la première fois le titre honorifique de vice-champion du monde. Le retrait de Mercedes, consécutif à l'accident du Mans plus tôt dans l'année, l'obligea à trouver refuge dans une autre équipe. Maserati l'engagea de nouveau et il signa quatre podiums, dont deux victoires. Comme en 1955, il termina vice-champion du monde derrière son ancien équipier Juan Manuel Fangio, parti chez Ferrari. Mais la saison fut disputée entre les deux hommes, et Moss s'imposa à Monaco en faisant la leçon à son champion d'adversaire. Il ne put cependant rien faire et boucla la saison dans le sillage de l'Argentin, contrairement à l'année 1955 où l'écart fut bien plus important. En 1957, Moss s'engagea auprès de l'équipe anglaise Vanwall mais manqua le Grand Prix de France à cause d'une sinusite et dut essuyer les plâtres avec la toute nouvelle monoplace du *team*. Malgré trois victoires, il termina loin du champion du monde, un certain... Fangio. Ce dernier ne revint que pour deux piges en 1958 et Moss, toujours chez Vanwall, semblait favori pour le titre. Mais c'était sans compter sur Mike Hawthorn, pilote Ferrari, qui remporta la couronne pour un point. Moss avait pourtant gagné quatre courses, contre une seule pour son rival, et la défaite fut d'autant plus difficile à encaisser qu'il fut battu par un de ses compatriotes. Deux victoires et la 3e place du classement en 1959 ne vinrent pas sauver une saison catastrophique pour Moss, marquée par cinq abandons. L'année suivante, il signa trois podiums dont deux victoires pour le RRC Walker Racing Team, avec qui il avait pourtant connu ses déboires en 1959. À Spa-Francorchamps, sa saison subit un coup d'arrêt lorsqu'il se brisa les jambes dans un accident. Effectuant un retour gagnant à Riverside en fin de saison, il termina de nouveau troisième du Championnat. Ce fut également à cette position qu'il boucla la saison 1961, sa dernière au plus haut niveau, marquée par deux victoires mais aussi quatre abandons. Ces sept années consécutives sur le podium du classement, avec quatre titres de vice-champion du monde consécutifs, lui valurent le surnom de « champion sans couronne ».

MANUEL AYULO

Né le 20 octobre 1921 à Los Angeles (États-Unis) et décédé le 18 mai 1955

Courses :
Indianapolis 1951 – Indianapolis 1954

Équipes :
- Kurtis Kraft : Indianapolis 1951
- Lesovsky : Indianapolis 1952
- Kuzma : Indianapolis 1953 – Indianapolis 1954

Podiums : 1

Grands Prix disputés : 4

Manuel Ayulo était pilote en monoplace dans le Championnat AAA depuis 1948 mais ne parvint pas à se qualifier en 1950 et en 1951 pour l'Indy 500. Néanmoins, il termina 3e en 1951 en partageant sa monoplace avec Jack McGrath. En 1952, il fut classé 20e avant de se qualifier 4e l'année suivante. Une bonne performance mal récompensée, avec un abandon sur panne mécanique. Treizième de l'épreuve l'année suivante, il se tua malheureusement en tentant de se qualifier pour l'édition 1955 des 500 Miles.

BOBBY BALL

Né le 26 août 1925 à Phoenix (États-Unis) et décédé le 27 février 1954

Courses :
Indianapolis 1951 – Indianapolis 1952

Équipes :
- Schroeder : Indianapolis 1951
- Stevens : Indianapolis 1952

Grands Prix disputés : 2

Robert Ball ne connut pas de résultats exceptionnels en Championnat du monde de F1. Sa 5e place en 1951 lui permit toutefois d'inscrire deux points au classement. L'année suivante, une panne de boîte de vitesses l'empêcha de voir l'arrivée. Début 1953, il fut victime d'un grave accident qui le laissa dans le coma pendant plus d'un an, avant de décéder en février 1954.

GENE FORCE

Né le 15 juin 1916 à New Madison (États-Unis) et décédé le 21 août 1983

Courses :
Indianapolis 1951 – Indianapolis 1960

Équipes :
Kurtis Kraft : Indianapolis 1951 – Indianapolis 1960

Grands Prix disputés : 2

La carrière de Gene Force se fit principalement en monoplace américaine, dans les Championnats AAA et USAC. Il courut pour la première fois en F1 à l'Indy 500 1951, avec un abandon à la clé. Il y revint en 1960 et abandonna de nouveau. À noter que la monoplace qu'il pilotait lors de cette dernière course apparaît encore dans des compétitions historiques.

CARL FORBERG

Né le 4 mars 1911 à Omaha (États-Unis) et décédé le 17 janvier 2000

Courses :
Indianapolis 1950 – Indianapolis 1952

Équipes :
- Miller : Indianapolis 1950
- Kurtis Kraft : Indianapolis 1951
- Maserati : Indianapolis 1952

Grands Prix disputés : 3

Le nom de Carl Forberg est plutôt anecdotique pour la F1 puisqu'il ne participa qu'à une seule édition des 500 Miles d'Indianapolis. Il se qualifia 24e et termina 7e pour sa seule course de Formule 1.

CLIFF GRIFFITH

Né le 6 février 1916 à Nineveh (États-Unis) et décédé le 23 janvier 1996

Courses :
Indianapolis 1951 – Indianapolis 1956

Équipes :
- Kurtis Kraft : Indianapolis 1951 – Indianapolis 1952
- Stevens : Indianapolis 1956

Grands Prix disputés : 3

Pilote de monoplace, Cliff Griffith participa à quatre Indy 500 dans sa carrière, dont trois comptant pour le Championnat du monde de Formule 1. En 1951, il abandonna, avant de terminer 9e puis dixième, en 1952 et en 1956.

JOE JAMES

Né le 23 mai 1925 à Saucier (États-Unis) et décédé le 5 novembre 1952

Courses :
Indianapolis 1951 – Indianapolis 1952

Équipes :
- Watson : Indianapolis 1951
- Kurtis Kraft : Indianapolis 1952

Grands Prix disputés : 2

La carrière de Joseph James en F1 fut très brève mais avait une trajectoire prometteuse. Non qualifié en 1950 pour l'Indy 500, il y parvint en 1951 mais dut abandonner après seulement huit tours. L'année suivante, il se qualifia 16e et termina 13e. Malheureusement, il se tua en novembre 1952 dans un accident en compétition.

ANDY LINDEN

Né le 5 avril 1922 à Brownsville (États-Unis) et décédé le 10 février 1987

Courses :
Indianapolis 1951 – Indianapolis 1957

Équipes :
- Sherman : Indianapolis 1951
- Kurtis Kraft : Indianapolis 1952 – Indianapolis 1957

Grands Prix disputés : 7

Andy Linden était un pilote américain au fort potentiel, ce qu'il démontra dès son premier Indy 500 en 1951. Il termina 4e malgré un départ à la 31e place. Il se qualifia 2e l'année suivante mais dut abandonner au vingtième tour à cause d'un problème de pompe à huile. En 1953, il se qualifia 5e et termina 16e, avant de boucler l'édition 1954 à la 11e place. Il manqua de peu les points en 1955 avec une 6e position. Après un abandon en 1956, il retrouva les points en 1957 avec une 5e place finale. Malheureusement, un grave accident lui ayant laissé des dommages cérébraux mit fin à sa carrière plus tard cette année-là.

BILL MACKEY

Né le 15 décembre 1927 à Dayton (États-Unis) et décédé le 29 juillet 1951

Courses :
Indianapolis 1951

Équipes :
Hall : Indianapolis 1951

Grands Prix disputés : 1

Sa seule participation à l'Indy 500 dans le Championnat du monde de F1 ne permit pas à William Mackey de laisser son empreinte. Il abandonna après une qualification en 33e place, et se tua plus tard dans l'année lors du tristement célèbre *Black Sunday*.

CHET MILLER

Né le 19 juillet 1902 à Détroit (États-Unis) et décédé le 15 mai 1953

Courses :
Indianapolis 1951 – Indianapolis 1952

Équipes :
Kurtis Kraft : Indianapolis 1951 – Indianapolis 1952

Grands Prix disputés : 2

Chet Miller disputa deux Indy 500 consécutifs dans le cadre du Championnat de F1. Ses deux qualifications aux 28e et 27e positions se soldèrent chacune par un abandon. C'est lors d'une séance d'essais pour l'édition 1953 qu'il se tua.

DUKE NALON

Né le 2 mars 1913 à Chicago (États-Unis) et décédé le 26 février 2001

Courses :
Indianapolis 1951 – Indianapolis 1953

Équipes :
Kurtis Kraft : Indianapolis 1951 – Indianapolis 1953

Pole positions : 1

Grands Prix disputés : 3

Ancien pilote de *midgets* reconverti aux monoplaces depuis la fin des années 30, Duke Nalon n'était pas étranger à l'Indy 500 lorsqu'il prit part à sa première course de F1. Auteur d'un podium en 1948, il signa la pole position en 1951 mais abandonna sur une casse moteur. Malheureusement, ses deux autres participations, avec des qualifications en 4e et 26e place les deux années suivantes, se soldèrent aussi par des abandons.

MIKE NAZARUK

Né le 2 octobre 1921 à Newark (États-Unis) et décédé le 1er mai 1955

Courses :
Indianapolis 1951 – Indianapolis 1953

Équipes :
- Kurtis Kraft : Indianapolis 1951
- Turner : Indianapolis 1953
- Kurtis Kraft : 1954

Podiums : 1

Grands Prix disputés : 3

Formé comme beaucoup d'autres pilotes en *midgets*, Mike Nazaruk montra d'entrée de jeu son potentiel à l'Indy 500. En 1951, pour sa première participation, il se qualifia 7e et termina 2e. En 1953 et 1954, il connut un abandon et une 5e place, et mourut dans un accident de *midget* en 1955.

CARL SCARBOROUGH

Né le 3 juillet 1914 à Bento (États-Unis) et décédé le 30 mai 1953

Courses :
Indianapolis 1951 – Indianapolis 1953

Équipes :
Kurtis Kraft : Indianapolis 1951 – Indianapolis 1953

Grands Prix disputés : 2

Carl Scarborough ne disputa que deux Indy 500, mais ce fut davantage pour son funeste destin qu'il entra dans la légende. Après un abandon en 1951, il se qualifia 19e pour l'édition 1953, qui vit le décès de Chet Miller lors d'une séance d'essais. Pendant la course, où la température de l'air avoisina les 38 degrés, il fit un malaise comme de nombreux autres pilotes et fut remplacé par Bob Scott. Ce dernier amena la voiture à la 12e place finale mais Scarborough n'en sut rien, puisqu'il succomba à une insolation à l'hôpital.

CHUCK STEVENSON

Né le 15 octobre 1919 à Sidney (États-Unis) et décédé le 21 août 1995

Courses :
Indianapolis 1951 – Indianapolis 1960

Équipes :
- Marchese : Indianapolis 1951
- Kurtis Kraft : Indianapolis 1952
- Kuzma : Indianapolis 1953 – Indianapolis 1954
- Watson : Indianapolis 1960

Grands Prix disputés : 5

S'il fut champion de monoplace en 1952, Chuck Stevenson ne connut pas un passage mémorable en F1. Lors des cinq éditions de l'Indy 500 qu'il disputa entre 1951 et 1960, il enregistra une 9e position en guise de meilleur résultat, en 1953. Sa meilleure qualification fut une 5e place en 1954.

BILL VUKOVICH

Né le 13 décembre 1918 à Alameda (États-Unis) et décédé le 30 mai 1955

Courses :
Indianapolis 1951 – Indianapolis 1955

Équipes :
- Trevis : Indianapolis 1951
- Kurtis Kraft : Indianapolis 1952 – Indianapolis 1955

Victoires : 2

Pole positions : 1

Podiums : 2

Meilleurs tours en course : 3

Grands Prix disputés : 5

La carrière de Bill Vukovich en F1, et aux 500 Miles d'Indianapolis, fut aussi brève qu'impressionnante. Il ne parvint pas à se qualifier en 1950 mais fit ses grands débuts dans l'épreuve l'année suivante. Impressionnant les observateurs par son aisance dans le peloton, il dut abandonner à cause d'un problème mécanique. En 1952, il mena 150 des 200 tours mais une casse mécanique le priva d'un succès à seulement huit tours du drapeau à damier. En 1953, Vukovich prit enfin sa revanche, et de la plus belle des manières : pole position, victoire avec plus de 3 minutes d'avance, meilleur tour en course et 195 tours menés sur 200 ! Malgré une domination moins nette, il enchaîna un second succès en 1954. À cette époque, aucun pilote n'avait réussi à remporter trois Indy 500 consécutifs. Vukovich voulait y parvenir et prit rapidement le commandement de l'épreuve en 1955 mais un accident avec Roger Ward fit décoller sa voiture par-dessus le mur de protection. Il perdit la vie durant l'épreuve qui l'avait consacré lors des deux années précédentes.

ROGER WARD

Né le 10 janvier 1921 à Beloit (États-Unis) et décédé le 5 juillet 2004

Courses :
Indianapolis 1951 – Indianapolis 1963

Équipes :
- Bromme : Indianapolis 1951
- Kurtis Kraft : Indianapolis 1952 – Indianapolis 1953
- Pawl : Indianapolis 1954
- Kuzma : Indianapolis 1955
- Kurtis Kraft : Indianapolis 1956

- Lesosky : Indianapolis 1957 – Indianapolis 1958
- Watson : Indianapolis 1959
- Kurtis Kraft : États-Unis 1959
- Watson : Indianapolis 1960
- Lotus : États-Unis 1963

Victoires : 1

Podiums : 2

Grands Prix disputés : 12

Engagé pour la première fois en Formule 1 à l'Indy 500 en 1951, Roger Ward dut attendre 1956 pour en voir l'arrivée, en 8e place. Après deux abandons lors des éditions 1957 et 1958, ce fut en 1959 qu'il connut la gloire en s'imposant en F1, toujours lors des 500 Miles d'Indianapolis. Qualifié 3e l'année suivante, il termina 2e derrière Jim Rathmann, son dauphin de l'année précédente. Ward fut un des rares Américains à disputer l'Indy 500 en F1 ainsi que deux autres Grands Prix. Il disputa le GP des États-Unis 1959 à Sebring et celui de 1963 à Watkins Glen, avec un abandon sur panne mécanique dans les deux cas.

ANDRÉ PILETTE

Né le 6 octobre 1918 à Paris (France) et décédé le 27 décembre 1993

Courses :
Belgique 1951 – Belgique 1954

Équipes :
- Talbot Lago : Belgique 1951
- Connaught : Belgique 1953
- Gordini : Belgique 1954 – Monaco 1956
- Ferrari : Belgique 1956
- Gordini : France 1956
- Scirocco : Belgique 1954

Grands Prix disputés : 9

Né à Paris, André Pilette était de nationalité belge, et c'est tout naturellement qu'il disputa son premier Grand Prix à Spa-Francorchamps pour le compte de l'Écurie Belgique, en 1951. Il termina à la porte des points, en 6e place, et revint disputer l'épreuve deux années plus tard, avec une 11e place à la clé. C'est lors de sa troisième course, en 1954, qu'il devint le premier Belge à inscrire des points en Championnat du monde de Formule 1, avec une 5e place à Spa. Il disputa deux autres Grands Prix cette année-là pour l'Équipe Gordini. En 1956, il termina le GP de Monaco avec Gordini en remplacement d'Elie Bayol, et fut engagé par Ferrari pour sa course nationale, qu'il termina 6e. Il courut à nouveau en France en 1956, avant de s'illustrer aux 24 Heures du Mans, qu'il termina en 2e position en 1960. Un improbable retour en F1, près de huit ans après sa dernière participation, se solda par un abandon.

ALDO GORDINI

Né le 20 mai 1921 à Bologne (Italie) et décédé le 28 janvier 1995

Courses :
France 1951

Équipes :
Simca Gordini : France 1951

Grands Prix disputés : 1

Essentiellement connu pour être le fils d'Amédée Gordini, Aldo Gordini courut en F2 sous les couleurs familiales. Il eut une seule opportunité en F1, au GP de France 1951. Mais sa prestation anonyme depuis la 17e place de la grille se solda par un abandon et il quitta la course automobile l'année suivante.

ONOFRE MARIMÓN

Né le 19 décembre 1923 à Zárate (Argentine) et décédé le 31 juillet 1954

Courses :
France 1951 – Grande-Bretagne 1954

Équipes :
- Maserati Milano : France 1951
- Maserati : Belgique 1953 – Grande-Bretagne 1954

Podiums : 2

Meilleurs tours en course : 1

Grands Prix disputés : 11

Pilote argentin très performant dans les courses nationales, Onofre Marimón suivit les traces de certains de ses illustres compatriotes et parvint à atteindre la F1 en 1951. Sa première course pour la Scuderia Milano ne fut pas mémorable, mais il remplaça Fangio chez Maserati pour la saison 1953. Ses débuts pour le constructeur italien furent impressionnants, avec une 3e place en Belgique. Neuvième en France, il ne vit plus l'arrivée de la saison par la suite, avec trois pannes mécaniques et un accident. L'année suivante, il fut prolongé par Maserati et malgré de bonnes qualifications, connut trois abandons pour entamer la saison. La rédemption arriva en Grande-Bretagne avec un nouveau podium. Malheureusement, il se tua lors des essais du Grand Prix d'Allemagne, sur la Nordschleife du Nürburgring.

ANDRÉ SIMON

Né le 5 janvier 1920 à Paris (France) et décédé le 11 juillet 2012

Courses :
France 1951 – Italie 1957

Équipes :
- Simca Gordini : France 1951 – Espagne 1951
- Ferrari : Suisse 1952 – Italie 1952
- Mercedes : Monaco 1955
- Maserati : Grande-Bretagne 1955 – France 1956
- Gordini : Italie 1956
- Maserati : Italie 1957

Grands Prix disputés : 11

Après des débuts remarqués à 28 ans pour sa première course automobile, durant laquelle il signa la pole et la victoire, André Simon débuta rapidement au Mans puis en F2 avant de rejoindre le Championnat du monde de F1 au GP de France 1951. Il disputa quatre courses pour Gordini cette année-là, mais abandonna à trois reprises à cause d'une casse moteur. Il vit son seul drapeau à damier de la saison à la porte des points, en 6e place, en Italie. L'année suivante, Ferrari lui offrit deux apparitions en F1, avec une 6e place en Italie de nouveau. Le Français revint trois ans plus tard pour une course avec Mercedes et une avec Maserati mais connut deux abandons. Il disputa encore deux courses en 1956 et une en 1957, mais ne parvint pas à inscrire des points.

PHILIP FOTHERINGHAM-PARKER

Né le 22 septembre 1907 à Beckenham (Royaume-Uni) et décédé le 15 octobre 1981

Courses :
Grande-Bretagne 1951

Équipes :
Maserati : Grande-Bretagne 1951

Grands Prix disputés : 1

Pilote polyvalent avant la guerre, Philip Fotheringham-Parker courut surtout en Formule 2 après le conflit mondial. Il disputa son unique Grand Prix en Championnat du monde au volant d'une Maserati 4CL privée, au volant de laquelle il abandonna. En 1953, il prit part aux 24 Heures du Mans mais abandonna après quatre tours. Il fut également au départ du Rallye Monte Carlo en 1954, et prit finalement sa retraite de pilote peu après.

DUNCAN HAMILTON

Né le 30 avril 1920 à Cork (Irlande) et décédé le 13 mai 1994

Courses :
Grande-Bretagne 1951 – Grande-Bretagne 1953

Équipes :
- Talbolt Lago : Grande-Bretagne 1951 – Allemagne 1951
- HWM : Grande-Bretagne 1952 – Grande-Bretagne 1953

Grands Prix disputés : 5

James Duncan Hamilton ne disputa que cinq Grands Prix en Championnat du monde et n'en termina que deux. Il termina 12e pour sa première tentative au Grand Prix de Grande-Bretagne 1951, et vit le drapeau à damier au GP des Pays-Bas 1952 en 7e position. Ces deux résultats ne lui permirent pas de marquer des points en Championnat du monde. La plus belle ligne sur son palmarès fut celle des 24 Heures du Mans 1953, qu'il remporta avec Tony Rolt alors qu'il avait été initialement disqualifié après les qualifications pour une non-conformité technique. Hamilton se saoûla dans un café du Mans avant que Jaguar n'obtienne gain de cause. Selon le principal intéressé, l'équipe retrouva ses pilotes peu avant le *warm-up* et il assura avoir débuté la course avec de l'alcool dans le sang, ce qui ne l'empêcha pas de triompher le lendemain.

JOHN JAMES

Né le 10 mai 1914 à Packwood (Royaume-Uni) et décédé le 27 janvier 2002

Courses :
Grande-Bretagne 1951

Équipes :
Maserati : Grande-Bretagne 1951

Grands Prix disputés : 1

La carrière de John James en sport automobile, débutée peu après la Seconde Guerre mondiale, fut très courte. Il roula au Grand Prix de Grande-Bretagne 1951, dont il ne vit pas l'arrivée. En 1952, il disputa plusieurs courses de Formule Libre avant d'arrêter son aventure en tant que pilote l'année suivante.

JACQUES SWATERS

Né le 30 octobre 1926 à Bruxelles (Belgique) et décédé le 10 décembre 2010

Courses :
Allemagne 1951 – Espagne 1954

Équipes :
- Talbot Lago : Allemagne 1951 – Italie 1951
- Ferrari : Allemagne 1953 – Espagne 1954

Grands Prix disputés : 7

Pilote en endurance à la fin des années 40, le Belge Jacques Swaters débuta en F1 au Grand Prix d'Allemagne 1951. Il vit l'arrivée au dixième rang et connut un abandon en Italie. Après ces deux courses pour l'Écurie Belgique, il fonda l'année suivante l'Écurie Francorchamps, pour laquelle il courut en tant que pilote-propriétaire à cinq reprises. C'est au volant d'une Ferrari 500 qu'il termina 7e du GP d'Allemagne 1953, et il abandonna lors du GP de Suisse. L'année suivante, il disputa trois courses pour sa propre équipe avec deux abandons, et une 8e place en Suisse.

JEAN BEHRA

Né le 16 février 1921 à Nice (France) et décédé le 1er août 1959

Courses :
Italie 1951 – France 1959

Équipes :
- Simca Gordini : Italie 1951
- Gordini : Suisse 1952 – Espagne 1954
- Maserati : Argentine 1955 – Argentine 1958
- BRM : Monaco 1958 – Maroc 1958
- Ferrari : Monaco 1959 – France 1959

Podiums : 9

Meilleurs tours en course : 1

Grands Prix disputés : 53

Jean Behra sur sa Maserati lors du Grand Prix de France à Rouen en 1957.

Pilote moto de formation, puisqu'il fut champion de France 500cc de 1948 à 1951, Jean Behra effectua une transition très réussie sur quatre roues. Il prit part à sa première compétition de sport automobile en 1950 et se fit repérer par Amédée

Gordini, qui lui offrit l'année suivante ses débuts en Formule 1 pour remplacer Maurice Trintignant en Italie. Il devint ensuite pilote à temps plein pour Gordini et débuta la saison 1952 par un podium en Suisse. Il rentra à nouveau dans les points en Allemagne. Les deux années suivantes furent très difficiles, le manque de fiabilité de la Gordini T16 étant catastrophique. En 14 courses, réparties sur les saisons 1953 et 1954, il ne vit l'arrivée que quatre fois, avec une 6e place comme meilleur résultat. Il décida de quitter Gordini et rejoignit l'équipe officielle Maserati en 1955. Il fit preuve d'une régularité impressionnante avec des qualifications entre les 3e et 6e places. Il termina aux mêmes positions lors des courses, avec un podium à Monaco. Mais c'est en 1956 que Jean Behra effectua sa plus belle saison. Qualifié 4e lors des trois premières courses, il termina 2e en Argentine et 3e à Monaco. En Belgique, il manqua les points, avant d'enchaîner trois podiums consécutifs en France, en Grande-Bretagne et en Allemagne. Un abandon le fit conclure la saison en 4e place au Championnat. Toujours chez Maserati en 1957, Behra arriva 2e en Argentine pour commencer la saison. En qualifications, il fit certainement sa meilleure saison avec deux 2es places, deux 3es places, une 4e et une 5e. Mais en course, il connut trois abandons et ne rentra plus dans les points après l'Argentine. Redevenu pilote privé en 1958, il connut une saison difficile chez BRM, avec sept abandons en dix courses. Il signa son dernier podium en F1 aux Pays-Bas. Une nouvelle chance inattendue se présenta en 1959 avec un contrat Ferrari. Mais l'idylle tourna au cauchemar avec deux abandons en trois courses. Les relations tendues avec le directeur sportif de la Scuderia, Romolo Tavoni, empirèrent jusqu'à ce que Behra ne gifle Tavoni. Il fut immédiatement licencié début juillet. Le 1er août, alors qu'il disputait une course de voitures de sport sur le terrible circuit de l'AVUS en Allemagne, Behra sortit de piste et se tua lors du choc contre une batterie de DCA datant de la guerre.

CHICO LANDI

Né le 14 juillet 1907 à São Paulo (Brésil) et décédé le 7 juin 1989

Courses :
Italie 1951 – Argentine 1956

Équipes :
- Ferrari : Italie 1951
- Maserati : Pays-Bas 1952 – Argentine 1956

Grands Prix disputés : 6

Francisco Sacco « Chico » Landi fut le premier pilote brésilien à participer à une course de Championnat du monde de F1. Il disputa six Grands Prix entre 1951 et 1956 mais il lui fallut attendre sa dernière course pour inscrire des points. Engagé sur une Maserati officielle, il termina 4e du GP d'Argentine, sur une voiture partagée avec Gerino Gerini.

FRANCISCO GODIA-SALES

Né le 21 mars 1921 à Barcelone (Espagne) et décédé le 28 novembre 1990

Courses :
Espagne 1951 – France 1958

Équipes :
Maserati : Espagne 1951 – France 1958

Grands Prix disputés : 13

Habitué des courses de F1 en Championnat national, Francisco Godia-Sales signa un premier résultat significatif en sport automobile lors des 24 Heures du Mans 1949, qu'il termina à la 4e place. En 1951, il fut engagé par la Scuderia Milano pour disputer le Grand Prix d'Espagne, qu'il boucla en 10e place. L'année suivante, Maserati lui confia une voiture officielle, encore en Espagne, avec une 6e place à la clé. Le constructeur italien décida d'en faire un de ses titulaires pour la saison 1956, durant laquelle il s'illustra avec deux arrivées en 4e place, en Allemagne et en Italie. C'est ce qui lui permit d'inscrire ses seuls points en Championnat, pour terminer 9e du classement. Maserati lui offrit trois chances en 1957, avec deux abandons et une 9e place à la clé. En 1958, il disputa de nouveau trois courses, au volant d'une Maserati privée, avec une 8e place et deux abandons pour conclure sa carrière en Championnat du monde.

GEORGES GRIGNARD

Né le 25 juillet 1905 à Villeneuve-Saint-Georges (France) et décédé le 7 décembre 1977

Courses :
Espagne 1951

Équipes :
Talbot Lagot : Espagne 1951

Grands Prix disputés : 1

Pilote de course en France avant et après la guerre, Georges Grignard s'engagea au Grand Prix d'Espagne 1951 sur une Talbot Lago privée. Il connut une course difficile où tous ses rivaux le dépassèrent, avant qu'il n'abandonne sur une panne moteur. Il ne revint pas en Championnat du monde.

1952

ERIC BRANDON

Né le 18 juillet 1920 à Londres (Royaume-Uni) et décédé le 8 août 1982

Courses :
Suisse 1952 – Grande-Bretagne 1954

Équipes :
Cooper : Suisse 1952 – Grande-Bretagne 1954

Grands Prix disputés : 5

Ami personnel de John Cooper, Eric Brandon créa au début des années 50 l'Écurie Richmond. Copropriétaire de cette structure, il s'engagea à quatre reprises en Championnat du monde durant l'année 1952 sur une Cooper privée. Une 8e place lors de son premier Grand Prix en Suisse fut son meilleur résultat, même s'il vit l'arrivée à quatre reprises. Il revint deux ans plus tard pour le Grand Prix de Grande-Bretagne et conclut cette dernière apparition en F1 par un abandon.

ALAN BROWN

Né le 20 novembre 1919 à Malton (Royaume-Uni) et décédé le 20 janvier 2004

Courses :
Suisse 1952 – Italie 1953

Équipes :
Cooper : Suisse 1952 – Italie 1953

Grands Prix disputés : 8

Comme Eric Brandon, Alan Brown débuta sa carrière au GP de Suisse 1952 et disputa quatre Grands Prix de F1 avec l'Écurie Richmond cette année-là. Cinquième pour sa première tentative, il termina 6e en Belgique. Ses deux courses suivantes furent décevantes, et il disputa le GP d'Argentine 1953 au volant d'une Cooper T20 officielle, avec une 9e place finale. Deux abandons et une 12e place vinrent conclure sa carrière en Championnat du monde.

PETER COLLINS

Né le 6 novembre 1931 à Kidderminster (Royaume-Uni) et décédé le 3 août 1958

Courses :
Suisse 1952 – Allemagne 1958

Équipes :
- HWM : Suisse 1952 – Grande-Bretagne 1953
- Vanwall : Grande-Bretagne 1954 – Italie 1954
- Maserati : Grande-Bretagne 1955 – Italie 1955
- Ferrari : Argentine 1956 – Allemagne 1958

Victoires : 3

Podiums : 9

Grands Prix disputés : 32

La carrière de Peter Collins en F1 montre que déjà dans les années 50, l'environnement dans lequel le pilote évoluait et la voiture qu'il pilotait étaient des paramètres cruciaux pour ses résultats. Entre 1952 et 1955, Collins disputa 12 Grands Prix en Championnat du monde, sans parvenir à inscrire un seul point, tout en enregistrant huit abandons. Mais sa victoire à la Targa Florio avec Stirling Moss et une 2e place aux 24 Heures du Mans attirèrent l'œil d'Enzo Ferrari, qui l'engagea pour une saison complète. Après un accident en Argentine, il enchaîna les très bons résultats, avec une deuxième place à Monaco, et deux succès en Belgique et en France. De nouveau 2e en Grande-Bretagne, il abandonna en Allemagne mais aborda quand même le Grand Prix d'Italie, dernière manche du Championnat, en tant que candidat au titre mondial. Après l'abandon de son équipier, Juan Manuel Fangio, Collins pouvait toujours être titré, mais était en concurrence avec Jean Behra et Moss. Ayant besoin d'abandons devant lui pour ravir la couronne, il prit la décision de céder sa voiture à Fangio pour que l'Argentin inscrive les points partagés de la 2e place. Collins expliqua simplement par la suite que Fangio méritait plus que lui de remporter le titre mondial. Sa saison 1957 fut moins bonne, avec toutefois deux podiums, mais il ne termina que 9e du Championnat, loin de sa 3e position de 1956. Toujours chez Ferrari en 1958, il connut trois abandons et un podium lors des quatre premières courses. Cinquième en France, il remporta sa course à domicile pour remonter à la 3e place provisoire du Championnat. Ce fut malheureusement son dernier succès puisqu'il se tua deux semaines plus tard au Nürburgring, alors qu'il menait le Grand Prix d'Allemagne.

MAX DE TERRA

Né le 6 octobre 1918 à Zurich (Suisse) et décédé le 29 décembre 1982

Courses :
Suisse 1952 – Suisse 1953

Équipes :
- Simca Gordini : Suisse 1952
- Ferrari : Suisse 1953

Grands Prix disputés : 2

Pilote suisse amateur, Max De Terra fit deux apparitions en Championnat du monde de F1. Lors du Grand Prix de Suisse, il se qualifia 21e et abandonna sur une panne mécanique. L'année suivante, sa 19e place au départ se transforma en 8e position à l'arrivée... mais à 14 tours du vainqueur, Alberto Ascari.

LANCE MACKLIN

Né le 2 septembre 1919 à Londres (Royaume-Uni) et décédé le 29 août 2002

Courses :
Suisse 1952 – Grande-Bretagne 1955

Équipes :
- HWM : Suisse 1952 – France 1954
- Maserati : Grande-Bretagne 1955

Grands Prix disputés : 13

Malgré 13 Grands Prix en F1, Lance Macklin ne marqua pas l'histoire de la F1. Il disputa la majeure partie de sa carrière sur une monoplace de HWM à moteur Alta. En 1952, il abandonna en Suisse avant de voir l'arrivée à quatre reprises, avec une 8e place comme meilleur résultat aux Pays-Bas. En 1953, il s'engagea pour six courses par l'équipe officielle HW Motors, mais ne signa qu'une 12e place comme meilleur résultat en qualifications. En course, ce fut pire, puisqu'il connut six problèmes mécaniques. HW Motors engagea le Britannique au Grand Prix de France 1957, qu'il conclut par... un abandon. Sa dernière apparition en F1 se fit à domicile en 1955 pour l'équipe de Stirling Moss. Il conclut sa carrière en mondial par une 8e place.

HANS STUCK

Né le 27 décembre 1900 à Varsovie (Pologne) et décédé le 9 février 1978

Courses :
Suisse 1952 – Italie 1953

Équipes :
AFM : Suisse 1952 – Italie 1953

Grands Prix disputés : 3

Hans Stuck constitua l'essentiel de son palmarès avant la guerre, avec notamment une victoire en Championnat d'Europe des pilotes. C'est à l'âge de 51 ans qu'il disputa son premier Grand Prix en Championnat du monde. Il abandonna lors de celui de Suisse 1952, puis de nouveau lors du GP d'Allemagne 1953. En Italie, la même année, il vit le drapeau à damier en 14e position, pour sa dernière apparition. Son fils, Hans-Joachim, connut une carrière bien plus réussie en Formule 1.

TONI ULMEN

Né le 25 janvier 1906 à Düsseldorf (Allemagne) et décédé le 4 novembre 1976

Courses :
Suisse 1952 – Allemagne 1953

Équipes :
Veritas : Suisse 1952 – Allemagne 1953

Grands Prix disputés : 2

Champion d'Allemagne de F2 en 1949, Toni Ulmen obtint sa première chance en Formule 1 au GP de Suisse 1952. Il ne vit pas l'arrivée, et s'engagea de nouveau en Allemagne la même année, avec une 8e place finale. Déjà âgé de 46 ans à ce moment-là, il ne revint pas en F1.

KEN WHARTON

Né le 21 mars 1916 à Smethwick (Royaume-Uni) et décédé le 12 janvier 1957

Courses :
Suisse 1952 – Italie 1955

Équipes :
- Frazer Nash : Suisse 1952 – Pays-Bas 1952
- Cooper : Italie 1952 – Italie 1953
- Maserati : France 1954 – Espagne 1954
- Vanwall : Grande-Bretagne 1955 – Italie 1955

Grands Prix disputés : 15

Pilote de course de côte en Angleterre, Ken Wharton constitua une bonne surprise pour ses débuts en Formule 1, lors du Grand Prix de Suisse 1952. Il termina 4e au volant de sa modeste Frazer Nash de la Scuderia Franera. Ce fut malheureusement sa seule entrée dans les points, au fil de ses 15 courses en Championnat du monde. Il connut un total de six abandons, et courut sporadiquement en Championnat du monde jusqu'au Grand Prix d'Italie 1955. Victime d'un accident, il ne disputa que des courses hors Championnat en 1956, avant de se tuer lors d'une course en Nouvelle-Zélande en début d'année 1957.

JIMMY BRYAN

Né le 28 janvier 1926 à Phoenix (États-Unis) et décédé le 19 juin 1960

Courses :
Indianapolis 1952 – Indianapolis 1960

Équipes :
- Kurtis Kraft : Indianapolis 1952
- Schroeder : Indianapolis 1953
- Kuzma : Indianapolis 1954 – Indianapolis 1957
- Epperly : Indianapolis 1958 – Indianapolis 1960

Victoires : 1
Podiums : 3
Grands Prix disputés : 9

Surnommé « Cowboy » en référence à son passé d'éleveur de chevaux, Jimmy Bryan était un spécialiste du Championnat américain de *midgets*. Il participa à neuf Indy 500 dans le cadre du Championnat du monde de Formule 1. Sixième pour ses débuts en 1952, il signa son premier podium en 1954, et un deuxième en 1957. C'est en 1958 qu'il connut la consécration, avec la victoire lors des 500 Miles d'Indianapolis. Il abandonna lors des deux éditions suivantes et se tua peu après l'Indy 500 1960, lors d'une course à Langhorne.

ART CROSS

Né le 24 janvier 1918 à Jersey City (États-Unis) et décédé le 15 avril 2005

Courses :
Indianapolis 1952 – Indianapolis 1955

Équipes :
Kurtis Kraft : Indianapolis 1952 – Indianapolis 1955

Podiums : 1
Grands Prix disputés : 4

Arthur Cross était pilote en *midgets* avant la guerre, et fut envoyé au front dans les années 40. Gravement blessé, il reçut la plus haute médaille militaire de son pays, la Purple Heart. En 1952, il disputa son premier Indy 500 avec la 5e place finale et signa son seul podium l'année suivante, avec une 2e place lors de l'édition caniculaire de 1953. Il courut deux fois de plus cette épreuve, avec une 11e place et un abandon à la clé.

GEORGE FONDER

Né le 22 juin 1917 à Elmhurst (États-Unis) et décédé le 14 juin 1958

Courses :
Indianapolis 1952 – Indianapolis 1954

Équipes :
- Sherman : Indianapolis 1952
- Kurtis Kraft : Indianapolis 1954

Grands Prix disputés : 2

George Fonder a la particularité de n'avoir roulé que lors de deux Indy 500, mais sous les couleurs de quatre équipes différentes. En 1952, il termina 15e après s'être qualifié 13e. En 1954, il ne parvint pas à se qualifier avec son équipe, mais pilota pour deux autres équipes durant la course, en remplacement de pilotes. Il fut ainsi classé à la fois 19e et 31e pour sa dernière apparition en Championnat du monde.

EDDIE JOHNSON

Né le 10 février 1919 à Richmond (États-Unis) et décédé le 30 juin 1974

Courses :
Indianapolis 1952 – Indianapolis 1960

Équipes :
- Trevis : Indianapolis 1952
- Kurtis Kraft : Indianapolis 1953
- Pawl : Indianapolis 1954
- Trevis : Indianapolis 1955
- Kuzma : Indianapolis 1956
- Kurtis Kraft : Indianapolis 1957 – Indianapolis 1959
- Trevis : Indianapolis 1960

Grands Prix disputés : 9

Edward Johnson courut neuf Grands Prix de Formule 1, tous dans le cadre des 500 Miles d'Indianapolis. Seizième en 1952, il termina 7e l'année suivante en tant que doublure de Jim Rathmann. Il dut attendre 1958 pour retrouver le top 10 de la course, et rentra finalement dans les points en 1960 avec une 6e place pour sa dernière participation.

JIMMY REECE

Né le 17 novembre 1929 à Oklahoma City (États-Unis) et décédé le 22 septembre 1958

Courses :
Indianapolis 1952 – Indianapolis 1958

Équipes :
- Kurtis Kraft : Indianapolis 1952
- Pankratz : Indianapolis 1954 – Indianapolis 1955
- Lesovsky : Indianapolis 1956
- Kurtis Kraft : Indianapolis 1957
- Watson : Indianapolis 1958

Grands Prix disputés : 6

Jimmy Reece était un pilote américain qui disputa à six reprises l'Indy 500 dans le cadre du Championnat du monde de F1. Septième pour ses débuts en 1952, il ne revint qu'en 1954. Qualifié 7e de nouveau, il termina 17e. Lors des trois éditions suivantes, il abandonna deux fois et termina 9e. Sa dernière participation, en 1958, se solda par une 6e place. Il trouva la mort en course, peu après cette année-là.

JIM RIGSBY

Né le 6 juin 1923 à Spadry (États-Unis) et décédé le 31 août 1952

Courses :
Indianapolis 1952

Équipes :
Watson : Indianapolis 1952

Grands Prix disputés : 1

Pilote spécialisé en courses américaines, James Rigsby prit part à une seule course, l'Indy 500 1952. Qualifié 26e, il franchit la ligne en 12e position. Il perdit la vie à la fin de l'été 1952 lors d'une course régionale.

BOB SCOTT

Né le 4 octobre 1928 à Watsonville (États-Unis) et décédé le 5 juillet 1954

Courses :
Indianapolis 1952 – Indianapolis 1954

Équipes :
- Kurtis Kraft : Indianapolis 1952 – Indianapolis 1953
- Stevens : Indianapolis 1954

Grands Prix disputés : 3

Robert Scott fut lui aussi un pilote ayant roulé pour plusieurs équipes lors d'une même édition des 500 Miles d'Indianapolis. Pour sa première participation en Championnat du monde, en 1952, il abandonna. L'année suivante, il abandonna aussi avec la voiture qui l'avait qualifié mais remplaça Carl Scarborough, victime d'une insolation, qui décéda peu après. Son édition 1954 fut pleine de rebondissements : il tenta de se qualifier deux fois, remplaça Andy Linden, abandonna et reprit le volant en remplacement d'Ed Elisian pour terminer 18e.

BOB SWEIKERT

Né le 20 mai 1926 à Los Angeles (États-Unis) et décédé le 17 juin 1956

Courses :
Indianapolis 1952 – Indianapolis 1956

Équipes :
- Kurtis Kraft : Indianapolis 1952
- Kuzma : Indianapolis 1953
- Kurtis Kraft : Indianapolis 1954 – Indianapolis 1956

Victoires : 1

Podiums : 1

Grands Prix disputés : 5

Mécanicien de formation, Robert Sweikert débuta sa carrière de pilote par du *midget* et de la monoplace, avec une saison très intense de plus de 70 courses régionales et nationales. En 1952, il prit part pour la première fois au Championnat du monde de F1, avec un abandon, comme en 1953. Il vit enfin l'arrivée en 1954 avec une 14e position finale, avant de s'imposer en 1955. L'année 1955 fut celle de la consécration pour lui, avec le titre en Midwest Sprint Car et la victoire au Championnat AAA. En 1956, il boucla l'Indy 500 en 6e place, mais se tua le mois suivant en course.

CHARLES DE TORNACO

Né le 7 juin 1927 à Bruxelles (Belgique et décédé le 18 septembre 1953

Courses :
Belgique 1952 – Pays-Bas 1952

Équipes :
Ferrari : Belgique 1952 – Pays-Bas 1952

Grands Prix disputés : 2

Fondateur de l'Écurie Belgique, qui devint par la suite Écurie Francorchamps, Charles de Tornaco disputa deux courses pour le compte de son équipe. Septième lors du Grand Prix de Belgique 1952, il abandonna aux Pays-Bas et ne parvint pas à se qualifier en Italie. Il s'engagea en Belgique l'année suivant mais l'Écurie Francorchamps ne prit pas part au week-end. Il se tua en course plus tard en 1953.

PAUL FRÈRE

Né le 30 janvier 1917 à Le Havre (France) et décédé le 23 février 2008

Courses :
Belgique 1952 – Belgique 1956

Équipes :
- HWM : Belgique 1952 – Allemagne 1952
- Simca Gordini : Pays-Bas 1952
- HWM : Belgique 1953 – Suisse 1953
- Gordini : Belgique 1954 – Allemagne 1954
- Ferrari : Monaco 1955 – Belgique 1956

Podiums : 1
Grands Prix disputés : 11

Ingénieur, journaliste et pilote : Paul Frère connut plusieurs vies en une. Sa carrière en Formule 1 se résuma à 11 Grands Prix entre 1952 et 1956. Il marqua un point lors du GP de Belgique 1952, avant de connaître deux abandons. Son début de carrière, jusqu'en 1954, se fit essentiellement au volant de voitures peu fiables, notamment une HWM et une Gordini. En 1955, Ferrari lui offrit sa première course en Rougepuisqu'il remplaça Piero Taruffi à Monaco pour terminer 8e. La Scuderia l'engagea pour sa course à domicile, en Belgique, qu'il boucla en 4e position. Sa carrière en F1 se termina en Belgique en 1956, où Paul Frère se qualifia 8e et franchit la ligne 2e. Par la suite, sa carrière de pilote le vit signer un podium aux 24 Heures du Mans en 1955 et en 1959. Ferrari l'engagea en 1960 et il remporta la classique sarthoise.

TONY GAZE

Né le 3 février 1920 à Melbourne (Australie) et décédé le 29 juillet 2013

Courses :
Belgique 1952 – Allemagne 1952

Équipes :
HWM : Belgique 1952 – Allemagne 1952

Grands Prix disputés : 3

L'Australien Tony Gaze ne prit part qu'à trois courses en F1, au volant d'une HWM privée. Lors du GP de Belgique 1952, il se qualifia 16e et gagna une place en course. Ses deux autres épreuves le virent abandonner à cause de problèmes mécaniques.

MIKE HAWTHORN

Né le 10 avril 1929 à Mexborough (Royaume-Uni) et décédé le 22 janvier 1959

Courses :
Belgique 1952 – Maroc 1958

Équipes :
- Cooper : Belgique 1952 – Italie 1952
- Ferrari : Argentine 1953 – Espagne 1954
- Vanwall : Monaco 1955 – Belgique 1955
- Ferrari : Pays-Bas 1955 – Italie 1955
- Maserati : Argentine 1956
- Vanwall : France 1956
- BRM : Grande-Bretagne 1956
- Ferrari : Argentine 1957 – Maroc 1958

Champion du monde : 1958
Victoires : 3
Pole positions : 4
Podiums : 18
Meilleurs tours en course : 6
Grands Prix disputés : 45

Mike Hawthorn lors du Grand Prix de Monaco 1955.

Pour un champion du monde, Mike Hawthorn possède deux records peu enviables. Comme Phil Hill, il ne remporta que trois victoires en carrière. Et comme Keke Rosberg, il ne gagna qu'une fois l'année de son sacre. Les débuts en F1 de Hawthorn se soldèrent par trois bons résultats, dont un podium au Grand Prix de Grande-Bretagne 1952 sur une Cooper privée. Il attira ainsi l'intérêt d'Enzo Ferrari, qui l'engagea au sein de la Scuderia dès 1953. Hawhtorn termina ses deux premières courses en rouge au pied du podium. En France, lors de la quatrième course de la saison, il s'imposa, avant de signer deux autres podiums, en Allemagne et en Suisse. En 1954, il monta sur quatre podiums, dont une autre victoire en Espagne, lui permettant de terminer 3e du Championnat. En 1955 et 1956, il voulut s'exiler dans une équipe anglaise mais ce défi se solda par un échec, avec un seul podium en deux saisons, acquis sur une Maserati. En effet, au GP d'Argentine 1956, il courut sur une monoplace italienne puisque BRM ne lui avait pas apporté de voiture. Non classé au Championnat en 1955, il termina 12e l'année suivante. En 1957, il fit son retour chez Ferrari et signa deux podiums avec la 4e place au Championnat. Sans Fangio, parti en retraite, Hawthorn signa quatre pole positions en 1958, ses premières en carrière. Il termina cinq fois 2e et remporta le GP de France. Cela lui permit de battre Stirling Moss, qui avait pourtant remporté quatre victoires contre une seule pour Hawthorn. Son titre mondial acquis, il décida d'arrêter la compétition automobile au terme de l'année 1958 mais ne profita pas de sa retraite puisqu'il se tua dans un accident de la route en janvier 1959.

ROGER LAURENT

Né le 21 février 1913 à Liège (Belgique) et décédé le 6 février 1997

Courses :
Belgique 1952 – Allemagne 1952

Équipes :
- HWM : Belgique 1952
- Ferrari : Allemagne 1952

Grands Prix disputés : 2

C'est à l'occasion de son Grand Prix national, en Belgique, que Roger Laurent fit ses débuts en F1. Il termina 12e avec une HWM officielle avant de revenir pour un deuxième et dernier GP de Formule 1, en Allemagne. Il termina 6e au volant de sa Ferrari de l'Écurie Francorchamps.

ARTHUR LEGAT

Né le 1er novembre 1898 à Haine-Saint-Paul (Belgique) et décédé le 23 février 1960

Courses :
Belgique 1952 – Belgique 1953

Équipes :
Veritas : Belgique 1952 – Belgique 1953

Grands Prix disputés : 2

Comme Roger Laurent, Arthur Legat fit ses débuts en F1 au GP de Belgique 1952, qu'il termina en 13e place. L'année suivante, il courut de nouveau à domicile pour son deuxième et dernier Grand Prix, de nouveau sur une Veritas privée. Cette course se solda par un abandon sur casse mécanique.

ROBERT O'BRIEN

Né le 11 avril 1908 à Lyndhurst (États-Unis) et décédé le 10 février 1987

Courses :
Belgique 1952

Équipes :
Simca Gordini : Belgique 1952

Grands Prix disputés : 1

La seule course de l'Américain Robert O'Brien en F1 ne fut pas brillante. Au Grand Prix de Belgique 1952, il se qualifia dernier avec un temps de 5 minutes 51, contre 4 minutes 37 pour le *poleman*, Alberto Ascari. En course, il parvint à rallier l'arrivée mais à six tours du vainqueur.

ROBIN MONTGOMERIE-CHARRINGTON

Né le 22 juin 1915 à Londres (Royaume-Uni) et décédé le 3 avril 2007

Courses :
Belgique 1952

Équipes :
Aston : Belgique 1952

Grands Prix disputés : 1

Pilote de F2, Robin Montgomerie-Charrington ne disputa qu'un Grand Prix en F1, celui de Belgique en 1952. Il utilisa une Formule 2 de marque Aston mais ne parvint pas à rallier l'arrivée.

PIERO CARINI

Né le 6 mars 1921 à Sondrio (Italie) et décédé le 30 mai 1957

Courses :
France 1952 – Italie 1953

Équipes :
Ferrari : France 1952 – Italie 1953

Grands Prix disputés : 3

L'Italien Piero Carini fut d'abord pilote de voitures de course, ayant commencé par de la F2 et des classiques comme les Mille Miglia. Il fit ses débuts en Championnat du monde de F1 en 1952, au Grand Prix de France. Il revint au GP d'Allemagne mais ces deux courses, sur une Ferrari privée, se soldèrent par un abandon sur panne mécanique. Au Grand Prix d'Italie 1953, la Scuderia lui offrit une course dans une Ferrari 553 officielle, mais cette dernière apparition se conclut elle aussi par un abandon.

GINO BIANCO

Né le 27 juillet 1916 à Milan (Italie) et décédé le 8 mai 1984

Courses :
Grande-Bretagne 1952 – Italie 1952

Équipes :
Maserati : Grande-Bretagne 1952 – Italie 1952

Grands Prix disputés : 4

Natif de l'Italie, Gino Bianco avait la nationalité brésilienne, et c'est pour une équipe de son pays, l'Escuderia Bandeirantes, qu'il disputa ses quatre Grands Prix de F1 en carrière. Il termina sa première course, le Grand Prix de Grande-Bretagne 1952, à la 18e place. Il abandonna les trois suivants, avec une 12e place comme meilleure qualification.

EITEL CANTONI

Né le 4 octobre 1906 à Montevideo (Uruguay) et décédé le 1er juin 1997

Courses :
Grande-Bretagne 1952 – Italie 1952

Équipes :
Maserati : Grande-Bretagne 1952 – Italie 1952

Grands Prix disputés : 3

Comme Gino Bianco, Eitel Cantoni a disputé l'ensemble de ses trois courses en carrière pour l'Escuderia Bandeirantes, dont il était le fondateur. L'Uruguayen abandonna lors de ses deux premières courses, avant de terminer 11e en Italie en 1952.

TONY CROOK

Né le 16 février 1920 à Manchester (Royaume-Uni) et décédé le 21 janvier 2014

Courses :
Grande-Bretagne 1952 – Grande-Bretagne 1953

Équipes :
- Frazer Nash : Grande-Bretagne 1952
- Cooper : Grande-Bretagne 1953

Grands Prix disputés : 2

Tony Crook était un pilote de course britannique, qui disputa à deux reprises le Grand Prix de Grande-Bretagne. En 1952, il se qualifia 25e et franchit la ligne en 21e position. L'année suivante, il signa le même résultat en qualifications mais dut abandonner sur panne mécanique.

KEN DOWNING

Né le 5 décembre 1917 à Chesterton (Royaume-Uni) et décédé le 3 mai 2004

Courses :
Grande-Bretagne 1952 – Pays-Bas 1952

Équipes :
Connaught : Grande-Bretagne 1952 – Pays-Bas 1952

Grands Prix disputés : 2

Homme d'affaires britannique, Kenneth Downing était un fan de la marque Connaught, avec laquelle il finit par disputer des courses automobiles. Vainqueur de 17 courses en 1951 à l'échelle nationale, il disputa le GP de Grande-Bretagne 1952 avec la marque britannique. Il se qualifia 5e et vit le drapeau à damier en 9e position. Il disputa le Grand Prix des Pays-Bas 1952 au volant d'une Connaught privée, durant lequel il se qualifia 13e mais ne vit pas l'arrivée.

KEN MCALPINE

Né le 21 septembre 1920 à Cobham (Royaume-Uni)

Courses :
Grande-Bretagne 1952 – Grande-Bretagne 1955

Équipes :
Connaught : Grande-Bretagne 1952 – Grande-Bretagne 1955

Grands Prix disputés : 7

Co-fondateur de l'équipe Connaught Engineering en 1952, Ken McAlpine prit part à deux courses cette année-là. Il termina 16e en Grande-Bretagne et abandonna en Italie. L'année suivante, il disputa quatre courses mais ne vit l'arrivée qu'une fois, avec une 13e place en Allemagne. Il revint disputer un dernier Grand Prix de Formule 1 en 1955 en Grande-Bretagne mais abandonna. Par la suite, il donna la priorité à sa carrière d'homme d'affaires.

DENNIS POORE

Né le 19 août 1916 à Londres (Royaume-Uni) et décédé le 12 février 1987

Courses :
Grande-Bretagne 1952 – Italie 1952

Équipes :
Connaught : Grande-Bretagne 1952 – Italie 1952

Grands Prix disputés : 2

Homme d'affaires devenu propriétaire du journal *Autosport*, Dennis Poore s'illustra d'abord au volant d'une Alfa Romeo en course de côte. Il fit ses débuts en F1 pour Connaught Engineering au GP de Grande-Bretagne 1952, qu'il termina à une belle 4e place après s'être qualifié 8e. La même année, il roula en Italie mais termina 12e.

ROY SALVADORI

Né le 12 mai 1922 à Dovercourt (Royaume-Uni) et décédé le 3 juin 2012

Courses :
Grande-Bretagne 1952 – Afrique du Sud 1962

Équipes :
- Ferrari : Grande-Bretagne 1952
- Connaught : Pays-Bas 1953 – Italie 1953
- Maserati : France 1954 – Italie 1956
- VanWall : France 1957
- Cooper : Grande-Bretagne 1957 – Monaco 1959
- Aston Martin : Pays-Bas 1959
- Cooper : France 1959
- Aston Martin : Grande-Bretagne 1959 – Italie 1959
- Cooper : États-Unis 1959 – Monaco 1960
- Aston Martin : Grande-Bretagne 1960
- Cooper : États-Unis 1960 – États-Unis 1961
- Lola : Pays-Bas 1962 – Afrique du Sud 1962

Podiums : 2

Grands Prix disputés : 46

C'est en 1952 que Roy Salvadori disputa son premier Grand Prix en Championnat du monde. Huitième sur une Ferrari privée pour ses débuts, il fut engagé par Connaught, avec qui il prit part à cinq courses en 1953. Malheureusement, toutes se soldèrent par un abandon, tout comme ses deux piges en 1954 et son seul GP en 1955 sur une Maserati privée. Se concentrant essentiellement sur des manches nationales, le Britannique continua à participer sporadiquement à des courses de F1 mais ne vit l'arrivée qu'au Grand Prix d'Italie, fin 1956, et en Grande-Bretagne en 1957, où il termina 5e. C'est en 1958 qu'il fit sa meilleure saison. Engagé par Cooper, il entra à quatre reprises dans les points, avec notamment deux podiums en Grande-Bretagne et en Allemagne. Il termina 4e du Championnat et ne parvint plus, par la suite, à entrer dans les points. Il continua à rouler en F1 entre 1959 et 1962, pour un total de 22 courses. Mais son plus grand fait d'armes en sport automobile fut sa victoire aux 24 Heures du Mans sur une Aston Martin DBR1, en 1959. Il fut ensuite le directeur de Cooper en 1966 et 1967.

ERIC THOMPSON

Né le 4 novembre 1919 à Ditton Hill (Royaume-Uni) et décédé le 22 août 2015

Courses :
Grande Bretagne 1952

Équipes :
Connaught : Grande Bretagne 1952

Grands Prix disputés : 1

Pilote en voitures de course avec Aston Martin entre 1949 et 1953, avec notamment un podium aux 24 Heures du Mans en 1951, Eric Thompson ne disputa qu'un Grand Prix de F1 pour Connaught, en Grande-Bretagne en 1952, qu'il termina 5e.

GRAHAM WHITEHEAD

Né le 15 avril 1922 à Harrogate (Royaume-Uni) et décédé le 15 janvier 1981

Courses :
Grande-Bretagne 1952

Équipes :
Alta : Grande-Bretagne 1952

Grands Prix disputés : 1

Graham Whitehead était un pilote de F1 et de F2 au niveau national, et il eut sa chance en Championnat du monde lors du Grand Prix de Grande-Bretagne 1952. Il se qualifia 12e et termina à la même place.

BILL ASTON

Né le 29 mars 1900 à Hopton (Royaume-Uni) et décédé le 4 mars 1974

Courses :
Allemagne 1952

Équipes :
Aston : Allemagne 1952

Grands Prix disputés : 1

Spécialiste de la F3, Bill Aston ne disputa qu'un Grand Prix de F1 en Championnat du monde. Sur une monoplace de sa création, il se qualifia 21e mais ne parvint pas à prendre le départ à cause d'un problème mécanique.

MARCEL BALSA

Né le 1er janvier 1909 à Saint-Frion (France) et décédé le 11 août 1984

Courses :
Allemagne 1952

Équipes :
BMW : Allemagne 1952

Grands Prix disputés : 1

Marcel Balsa, qui était connu pour des courses à l'échelle nationale en France, s'engagea avec une BMW Speciale au Grand Prix d'Allemagne 1952. Qualifié 25e, il abandonna à cause d'une casse moteur.

ADOLF BRUDES

Né le 15 octobre 1899 à Wroclaw (Pologne) et décédé le 5 novembre 1986

Courses :
Allemagne 1952

Équipes :
- Veritas : Allemagne 1952

Grands Prix disputés : 1

Pilote de course pendant l'entre-deux-guerres, Adolf Brudes reprit la compétition après le second conflit mondial et participa au Grand Prix d'Allemagne 1952. Qualifié 19e, il abandonna sur une casse moteur.

GÜNTHER BECHEM

Né le 21 décembre 1921 à Hagen (Allemagne) et décédé le 3 mai 2011

Courses :
Allemagne 1952 – Allemagne 1953

Équipes :
- BMW : Allemagne 1952
- AFM : Allemagne 1953

Grands Prix disputés : 2

Karl-Günther Bechem ne disputa que deux Grands Prix en Championnat du monde dans sa carrière, en Allemagne. Lors de ces deux uniques courses, l'Allemand se qualifia 30e et abandonna sur problème mécanique.

WILLI HEEKS

Né le 13 février 1922 à Moorlage (Allemagne) et décédé le 13 août 1996

Courses :
Allemagne 1952 – Allemagne 1953

Équipes :
- AFM : Allemagne 1952
- Veritas : Allemagne 1953

Grands Prix disputés : 2

Comme Günther Bechem, Willi Heeks ne prit part qu'à deux Grands Prix d'Allemagne, en 1952 et 1953. Qualifié 9e la première année et 18e lors de son retour un an plus tard, il connut deux abandons.

THEO HELFRICH

Né le 13 mai 1913 à Francfort (Allemagne) et décédé le 29 avril 1978

Courses :
Allemagne 1952 – Allemagne 1954

Équipes :
- Veritas : Allemagne 1952– Allemagne 1953
- Klenk : Allemagne 1954

Grands Prix disputés : 3

Deuxième des 24 Heures du Mans 1952, Theo Helfrich obtint sa chance en F1 au GP d'Allemagne 1952. Qualifié 18e, il abandonna, mais revint l'année suivante et termina 12e après s'être qualifié 28e. En 1954, il abandonna de nouveau.

HANS KLENK

Né le 28 octobre 1919 à Künzelsau (Allemagne) et décédé le 24 mars 2009

Courses :
Allemagne 1952

Équipes :
Veritas : Allemagne 1952

Grands Prix disputés : 1

Pilote en voitures de sport, Hans Klenk ne disputa qu'un Grand Prix en 1952, en Allemagne. Il se qualifia 8e à domicile et termina 11e. Plus tard, il engagea une voiture en tant qu'ingénieur, et fit rouler Theo Helfrich.

ERNST KLODWIG

Né le 23 mai 1903 à Aschersleben (Allemagne) et décédé le 15 avril 1973

Courses :
Allemagne 1952 – Allemagne 1953

Équipes :
BMW : Allemagne 1952 – Allemagne 1953

Grands Prix disputés : 2

Ernst Klodwig fut un des nombreux pilotes allemands à s'engager à domicile en Championnat du monde au début des années 50. Il disputa deux courses, en 1952 et 1953. Qualifié 29e et 32e, il franchit la ligne d'arrivée en 12e place, puis en 15e position.

RUDOLF KRAUSE

Né le 30 mars 1907 à Oberreichenbach (Allemagne) et décédé le 11 avril 1987

Courses :
Allemagne 1952 – Allemagne 1953

Équipes :
BMW : Allemagne 1952 – Allemagne 1953

Grands Prix disputés : 2

Pilote de l'Allemagne de l'Est, Rudolf Krause participa lui aussi aux éditions 1952 et 1953 du GP d'Allemagne. Malgré deux qualifications hors du top 20, il parvint à franchir la ligne d'arrivée la deuxième année, en 14e place.

HELMUT NIEDERMAYR

Né le 29 novembre 1915 à Munich (Allemagne) et décédé le 3 avril 1985

Courses :
Allemagne 1952

Équipes :
AFM : Allemagne 1952

Grands Prix disputés : 1

Sur la lancée d'une 2e place aux 24 Heures du Mans avec Theo Helfrich, Helmut Niedermayr participa au Grand Prix d'Allemagne 1952, qu'il termina à la 9e place. Quelques semaines plus tard, il fut impliqué dans un accident qui tua 13 spectateurs, ce qui mit un terme presque définitif à sa carrière.

JOSEF PETERS

Né le 16 septembre 1914 à Düsseldorf (Allemagne) et décédé le 24 avril 2001

Courses :
Allemagne 1952

Équipes :
Veritas : Allemagne 1952

Grands Prix disputés : 1

Connu pour des courses en Allemagne, Josef Peters s'engagea sur une Veritas privée au Grand Prix d'Allemagne 1952. Qualifié 20e, il abandonna sur une panne moteur.

FRITZ RIESS

Né le 11 juillet 1922 à Nuremberg (Allemagne) et décédé le 15 mai 1991

Courses :
Allemagne 1952

Équipes :
Veritas : Allemagne 1952

Grands Prix disputés : 1

Fort d'une victoire avec Mercedes aux 24 Heures du Mans en juin 1952, Fritz Riess fut engagé au GP d'Allemagne 1952 avec une Veritas privée. Qualifié 12e, il termina à une belle 7e place pour sa seule participation.

RUDOLF SCHOELLER

Né le 27 avril 1902 à Düren (Allemagne) et décédé le 7 mars 1978

Courses :
Allemagne 1952

Équipes :
Ferrari : Allemagne 1952

Grands Prix disputés : 1

Rudolf Schoeller fut engagé à deux reprises en tant que suppléant par l'Écurie Espadon en 1952, avant d'avoir sa chance au Grand Prix d'Allemagne. Le Suisse ne vit pas l'arrivée de son seul Grand Prix en Championnat du monde, après s'être qualifié 24e.

JAN FLINTERMAN

Né le 2 octobre 1919 à La Haye (Pays-Bas) et décédé le 26 décembre 1992

Courses :
Pays-Bas 1952

Équipes :
Maserati : Pays-Bas 1952

Grands Prix disputés : 1

Pilote d'avion pendant la guerre pour la Royal Air Force, le Néerlandais Jan Flinterman fut engagé par l'Escuderia Bandeirantes au Grand Prix des Pays-Bas 1952. Pour la première venue du Championnat du monde à Zandvoort, il se qualifia 15e et termina 9e. Il retourna par la suite dans le milieu de l'aviation.

DRIES VAN DER LOF

Né le 23 août 1919 à Emmen (Pays-Bas) et décédé le 24 mai 1990

Courses :
Pays-Bas 1952

Équipes :
HWM : Pays-Bas 1952

Grands Prix disputés : 1

Comme Jan Flinterman, Dries Van der Lof fut engagé pour le premier Grand Prix des Pays-Bas de l'histoire. Les organisateurs payèrent son engagement en finançant une troisième monoplace de HWM, et il se qualifia 14e. Il ne fut pas classé.

ÉLIE BAYOL

Né le 28 février 1914 à Marseille (France) et décédé le 25 mai 1995

Courses :
Italie 1952 – Monaco 1956

Équipes :
- OSCA : Italie 1952 – Italie 1953
- Gordini : Argentine 1954 – Monaco 1956

Grands Prix disputés : 7

C'est sur une OSCA privée qu'Élie Bayol fit ses débuts en Championnat du monde, lors du Grand Prix d'Italie 1952. Il abandonna sur une panne mécanique, comme lors de ses deux apparitions en 1953 sur la même monoplace. Il fut ensuite engagé par Gordini pour faire quelques piges, et inscrivit ses deux seuls points en Championnat du monde avec une 5e place au GP d'Argentine 1954. Il abandonna lors de ses deux apparitions en 1955 et se blessa gravement en essais au Mans. Il revint à Monaco pour une dernière course à Monaco en 1956 et termina 6e.

1953

JOHN BARBER

Né le 22 juillet 1929 à Little Marlow (Royaume-Uni) et décédé le 4 février 2015

Courses :
Argentine 1953

Équipes :
Cooper : Argentine 1953

Grands Prix disputés : 1

Marchand de poisson britannique, John Barber débuta la course automobile en 1952. Il eut sa chance en Championnat du monde au GP d'Argentine 1953, se qualifia 16ᵉ et termina 8ᵉ.

PABLO BIRGER

Né le 6 janvier 1924 à Buenos Aires (Argentine) et décédé le 9 mars 1966

Courses :
Argentine 1953 – Argentine 1955

Équipes :
- Simca Gordini : Argentine 1953
- Gordini : Argentine 1955

Grands Prix disputés : 2

Ami d'Amédée Gordini, Pablo Birger eut sa chance en F1 grâce au Français lors du Grand Prix d'Argentine 1953. Qualifié 14ᵉ, il abandonna à cause d'un problème mécanique. Il revint deux ans plus tard et se qualifia 9ᵉ mais fut pris dans un accident au premier tour.

OSCAR GALVEZ

Né le 17 août 1913 à Buenos Aires (Argentine) et décédé le 16 décembre 1989

Courses :
Argentine 1953

Équipes :
Maserati : Argentine 1953

Grands Prix disputés : 1

Rival de Juan Manuel Fangio en Argentine, devant lequel il remporta la coupe Eva Perón en 1949, Oscar Galvez décida de refuser l'aide du dictateur Juan Perón pour courir en Europe. Maserati lui offrit une chance au Grand Prix d'Argentine 1953, qu'il termina 5ᵉ après s'être qualifié 9ᵉ.

CARLOS MENDITEGUY

Né le 10 août 1915 à Buenos Aires (Argentine) et décédé le 27 avril 1973

Courses :
Argentine 1953 – Argentine 1960

Équipes :
- Gordini : Argentine 1953
- Maserati : Argentine 1955 – Argentine 1958
- Cooper : Argentine 1960

Podiums : 1

Grands Prix disputés : 10

Joueur de polo, Carlos Menditeguy débuta sa carrière en sport automobile dans les années 50 en Argentine. Il impressionna dès son premier Grand Prix, en Argentine en 1953, en se qualifiant dixième. Il abandonna mais deux ans plus tard, Maserati lui offrit sa chance, de nouveau lors du GP d'Argentine. C'est en Italie, la même année, qu'il marqua ses premiers points en terminant 5e. Il ne disputa que sa course à domicile en 1956 mais abandonna, avant de signer un podium l'année suivante. Il revint en 1958 lors du GP d'Argentine, qu'il termina 7e. Sa dernière apparition se fit en 1960, avec une 4e place devant son public.

ADOLFO SCHWELM-CRUZ

Né le 28 juin 1923 à Buenos Aires (Argentine) et décédé le 10 février 2012

Courses :
Argentine 1953

Équipes :
Cooper : Argentine 1953

Grands Prix disputés : 1

Adolfo Julio Carlos Schwelm-Cruz disputa un seul Grand Prix en Championnat du monde. À domicile, lors du GP d'Argentine 1953, il se qualifia 13e mais ne vit pas l'arrivée.

JIMMY DAYWALT

Né le 28 août 1924 à Wabash (États-Unis) et décédé le 4 avril 1966

Courses :
Indianapolis 1953– Indianapolis 1959

Équipes :
Kurtis Kraft : Indianapolis 1953 - Indianapolis 1959

Grands Prix disputés : 6

Pilote de monoplace en Championnat AAA, James Daywalt tenta de se qualifier pour l'Indy 500 dès 1951, mais il parvint finalement à le disputer en 1953, avec une 6e place à la clé. Cela resta son meilleur résultat. Il se qualifia deuxième l'année suivante mais abandonna, puis termina 9e en 1955. Il ne vit ensuite l'arrivée qu'une fois de plus, en 1959, à la 14e place.

DON FREELAND

Né le 25 mars 1925 à Los Angeles (États-Unis) et décédé le 2 novembre 2007

Courses :
Indianapolis 1953 – Indianapolis 1960

Équipes :
- Watson : Indianapolis 1953
- Phillips : Indianapolis 1954 – Indianapolis 1956
- Kurtis Kraft : Indianapolis 1957
- Phillips : Indianapolis 1958
- Kurtis Kraft : Indianapolis
- 1959 – Indianapolis 1960

Podiums : 1

Grands Prix disputés : 8

C'est en 1953 que Donald Freeland, pilote de monoplace aux États-Unis, débuta sa carrière en Formule 1. Il ne vit pas l'arrivée à cause d'un accident mais se qualifia en 6e place l'année suivante, avant de terminer 7e. Il abandonna en 1955 avant de signer un podium en 1956. Pourtant qualifié 26e, il arriva 3e de la course et inscrivit ses premiers et seuls points en F1. Dix-septième en 1957, il termina 7e en 1958 avant d'abandonner lors de ses deux dernières participations, en 1959 et 1960.

JOHNNY MANTZ

Né le 18 septembre 1918 à Hebron (États-Unis) et décédé le 25 octobre 1972

Courses :
Indianapolis 1953

Équipes :
Kurtis Kraft : Indianapolis 1953

Grands Prix disputés : 1

Pilote de *stock car*, Johnny Mantz ne disputa pas un Indy 500 entier, puisqu'il prit le relais de Walt Faulkner et termina 17e en 1953.

ERNIE MCCOY

Né le 19 février 1921 à Reading (États-Unis) et décédé le 4 février 2001

Courses :
Indianapolis 1953 – Indianapolis 1954

Équipes :
- Stevens : Indianapolis 1953
- Kurtis Kraft : Indianapolis 1954

Grands Prix disputés : 2

De son vrai nom Ernest Musser, Ernie McCoy fit ses débuts en F1 aux 500 Miles d'Indianapolis 1953, avec une 20e place sur la grille et une 8e position finale. L'année suivante, il se qualifia au même rang mais termina 16e, avant une non-qualification en 1957.

CAL NIDAY

Né le 29 avril 1916 à Turlock (États-Unis) et décédé le 14 février 1988

Courses :
Indianapolis 1953 – Indianapolis 1955

Équipes :
- Kurtis Kraft : Indianapolis 1953
- Stevens : Indianapolis 1954
- Kurtis Kraft : Indianapolis 1955

Grands Prix disputés : 3

Calvin Niday avait pour particularité d'avoir une prothèse, ayant perdu une de ses jambes dans un accident de moto après le lycée. En 1953, il se qualifia 30e et abandonna sur un problème mécanique. L'année suivante, il termina dixième, avant un autre abandon en 1955.

MARSHALL TEAGUE

Né le 22 mai 1921 à Daytona (États-Unis) et décédé le 11 février 1959

Courses :
Indianapolis 1953 – Indianapolis 1957

Équipes :
Kurtis Kraft : Indianapolis 1953 – Indianapolis 1957

Grands Prix disputés : 3

Marshall Teague prit part à son premier Indy 500 en 1953, durant lequel il se qualifia 22e. Il ne vit pas l'arrivée, et l'année suivante il suppléa trois autres pilotes, Duane Carter, Jimmy Jackson et Tony Bettenhausen, avec une 15e place finale. Non qualifié en 1956, il signa son meilleur résultat, une 7e position, en 1957. Il ne se qualifia pas en 1958 et décéda en février 1959 à Daytona.

JOHNNY THOMSON

Né le 9 avril 1922 à Lowell (États-Unis) et décédé le 24 septembre 1960

Courses :
Indianapolis 1953 – Indianapolis 190

Équipes :
- Kurtis Kraft : Indianapolis 1953
- Nichels : Indianapolis 1954
- Kuzma : Indianapolis 1955 – Indianapolis 1957
- Kurtis Kraft : Indianapolis 1958
- Lesovsky : Indianapolis 1959 – Indianapolis 1960

Pole positions : 1
Podiums : 1
Meilleurs tours en course : 1
Grands Prix disputés : 8

Johnny Thomson était un habitué des 500 Miles d'Indianapolis entre 1953 et 1960. Sa première édition se solda par une 19e place après une qualification de justesse, mais il parvint à s'élancer 4e en 1954. Il ne signa pas un bon résultat mais se rattrapa l'année suivante avec une belle 4e place. Après ses premiers points en F1, il fallut attendre 1959 pour le voir briller de nouveau, avec la pole et une 3e position. Il termina 5e en 1960 mais décéda quelques mois plus tard en course.

ROBERTO MIERES

Né le 3 décembre 1924 à Mar del Plata (Argentine) et décédé le 26 janvier 2012

Courses :
Pays-Bas 1953 – Italie 1955

Équipes :
- Gordini : Pays-Bas 1953 – Italie 1953
- Maserati : 1954 – Italie 1955

Meilleurs tours en course : 1
Grands Prix disputés : 17

Sportif accompli, Roberto Mieres se lança en sport auto après avoir envisagé des carrières en rugby et en tennis. Très convaincant dans des courses nationales, l'Argentin fut appelé par Amédée Gordini en 1953 pour remplacer Jean Behra, blessé. Malgré deux abandons lors de ses trois piges, sa 6e place en Italie lui permit de s'engager en 1954 avec une Maserati privée, mais il ne signa qu'une 6e place et quatre abandons. Maserati le recruta officiellement et il termina deux fois 4e en Suisse et en Espagne. L'année suivante, toujours avec Maserati, il parvint à signer une 4e position aux Pays-Bas, et deux 5es places en Argentine et en Belgique. Soutenu par le dictateur Juan Perón, il fut contraint de mettre un terme à sa carrière lorsque ce dernier fut renversé.

GEORGES BERGER

Né le 14 septembre 1918 à Bruxelles (Belgique) et décédé le 23 août 1967

Courses :
Belgique 1953 – France 1954

Équipes :
- Simca Gordini : Belgique 1953
- Gordini : France 1954

Grands Prix disputés : 2

Devenu pilote après la guerre, Georges Berger participa à deux Grands Prix de F1. Le Belge se qualifia 20e à domicile en 1953 mais abandonna sur panne mécanique. En France, en 1954, il connut exactement le même sort.

FRED WACKER

Né le 10 juillet 1918 à Chicago (États-Unis) et décédé le 16 juin 1998

Courses :
Belgique 1953 – Italie 1954

Équipes :
Gordini : Belgique 1953 – Italie 1954

Grands Prix disputés : 3

L'Américain Frederick Wacker fit ses débuts en F1 au GP de Belgique 1953 et termina 9e. Il abandonna au Grand Prix de Suisse en 1954, avant de signer une 6e place en Italie la même année.

JACK FAIRMAN

Né le 15 mars 1913 à Smallfield (Royaume-Uni) et décédé le 7 février 2002

Courses :
Grande-Bretagne 1953 – Italie 1961

Équipes :
- HWM : Grande-Bretagne 1953
- Connaught : Italie 1953 – Italie 1956
- BRM : Grande-Bretagne 1957
- Connaught : Grande-Bretagne 1958
- Cooper : Maroc 1958 – Grande-Bretagne 1960
- Ferguson : Grande-Bretagne 1961
- Cooper : Italie 1961

Grands Prix disputés : 12

Ingénieur de formation et pilote d'endurance, Jack Fairman arriva en F1 en 1953 au GP de Grande-Bretagne 1953, mais il abandonna, comme en Italie la même année. Ses deux piges pour Connaught en 1956 se soldèrent par une 4e place en Angleterre, et une 5e en Italie. Cela lui permit d'inscrire ses seuls points en carrière et de terminer dixième du Championnat. En 1957, il ne vit pas l'arrivée lors de sa seule course de la saison, et il abandonna en Grande-Bretagne en 1958 dans une Connaught engagée par Bernie Ecclestone. Sa 8e place au Maroc, la même année, fut sa dernière occasion de voir l'arrivée d'une course de F1.

IAN STEWART

Né le 15 juillet 1929 à Edimbourg (Royaume-Uni) et décédé le 19 mars 2017

Courses :
Grande-Bretagne 1953

Équipes :
Connaught : Grande-Bretagne 1953

Grands Prix disputés : 1

Écossais comme ses homonymes pilotes, Ian Stewart n'avait pas de lien avec Jackie et Jimmy, et il débuta sa carrière en courses de côte. Engagé par Connaught en F2 en 1953, il disputa alors son seul Grand Prix de F1. Après une 20e place en qualifications, il abandonna en course.

JIMMY STEWART

Né le 6 mars 1931 à Bowling (Royaume-Uni) et décédé le 3 janvier 2008

Courses :
Grande-Bretagne 1953

Équipes :
Cooper : Grande-Bretagne 1953

Grands Prix disputés : 1

Pilote de courses de côte au début des années 50, Jimmy Stewart parvint à atteindre la F1 et disputer son Grand Prix à domicile en 1953. Il se qualifia 15e mais abandonna. Après plusieurs blessures, il mit un terme à sa carrière de pilote en 1955, et décida d'aider à lancer la carrière de son petit frère, un certain Jackie Stewart...

KURT ADOLFF

Né le 5 novembre 1921 à Stuttgart (Allemagne) et décédé le 24 janvier 2012

Courses :
Allemagne 1953

Équipes :
Ferrari : Allemagne 1953

Grands Prix disputés : 1

Pilote de course en Allemagne, Kurt Adolff fut engagé par l'Écurie Espadon pour son Grand Prix à domicile en 1953. Sa qualification en 27e place déboucha sur un abandon, et il ne revint pas en F1.

ERWIN BAUER

Né le 17 juillet 1912 à Stuttgart (Allemagne) et décédé le 3 juin 1958

Courses :
Allemagne 1953

Équipes :
Veritas : Allemagne 1953

Grands Prix disputés : 1

Erwin Bauer fut l'un des nombreux pilotes allemands engagés à domicile. Il disputa un unique Grand Prix en Championnat du monde en 1953. Son expérience en F1 tourna court avec une qualification en 33e place et un abandon dans le premier tour.

EDGAR BARTH

Né le 26 janvier 1917 à Herold-Erzegeberge (Allemagne) et décédé le 20 mai 1965

Courses :
Allemagne 1953 – Allemagne 1964

Équipes :
- EMW : Allemagne 1953
- Porsche : Italie 1960
- Cooper : Allemagne 1964

Grands Prix disputés : 3

Pilote moto avant la guerre, Wilfried Edgar Barth décida de passer sur quatre roues dans les années 50, grâce à un contrat avec Porsche. Il disputa son premier Grand Prix de F1 en Allemagne en 1953, avec un abandon à la clé. Il fit son retour sept ans plus tard au Grand Prix d'Italie, avec une Porsche 718. Qualifié 12e, il termina 7e. Il revint ensuite en 1964, avec une Cooper Climax, mais ne vit pas l'arrivée du Grand Prix d'Allemagne à cause d'un problème d'embrayage. Il tomba malade et dut interrompre sa carrière, puis décéda l'année suivante.

THEO FITZAU

Né le 10 février 1923 à Köthen (Allemagne) et décédé le 18 mars 1982

Courses :
Allemagne 1953

Équipes :
AFM : Allemagne 1953

Grands Prix disputés : 1

Pilote de F2, Theo Fitzau put disputer une course de F1 en Allemagne, en 1953. Il se qualifia 21e avec son AFM à moteur BMW qui rendit l'âme et causa son abandon.

HANS HERRMANN

Né le 23 février 1928 à Stuttgart (Allemagne)

Courses :
Allemagne 1953 – Allemagne 1961

Équipes :
- Veritas : Allemagne 1953
- Mercedes : France 1954 – Argentine 1955
- Maserati : Allemagne 1957 – Maroc 1958
- Cooper : Grande-Bretagne 1959
- BRM : Allemagne 1959
- Porsche : Italie 1960 – Allemagne 1961

Podiums : 1

Meilleurs tours en course : 1

Grands Prix disputés : 17

Pilote reconnu pour de bons résultats en Allemagne, Hans Herrmann eut sa chance pour sa course à domicile en 1953. Quatorzième sur la grille, il mena sa Veritas à l'arrivée en 9e place. Un résultat qui attira l'œil de Mercedes, qui l'engagea en 1954 à l'occasion de son retour en compétition. Herrmann s'élança 7e au Grand Prix de France mais abandonna, non sans avoir signé le meilleur tour. Après un autre abandon à domicile, il signa son premier et unique podium au Grand Prix de Suisse. Une 4e place en fin de saison lui permit de terminer 7e du Championnat. Son unique course de F1 en 1955, en Argentine, se solda par une 4e place. Malgré des Grands Prix au volant de Maserati privées, il ne parvint jamais à revenir dans les points. En 1960 et 1961, il signa avec Porsche pour disputer un total de quatre courses avec le constructeur en F1. C'est aussi avec Porsche qu'il disputa 14 éditions des 24 Heures du Mans, pour finalement remporter celle de 1970 au volant de la mythique 917 K.

OSWALD KARCH

Né le 6 mars 1917 à Ludwigschaffen (Allemagne) et décédé le 28 janvier 2009

Courses :
Allemagne 1953

Équipes :
Allemagne 1953

Grands Prix disputés : 1

Pilote de F2 en Allemagne, Oswald Karch ne prit part qu'au Grand Prix d'Allemagne 1953, avec une 34e place en qualifications et un abandon sur casse moteur.

ERNST LOOF

Né le 4 juillet 1907 à Neindorf (Allemagne) et décédé le 3 mars 1956

Courses :
Allemagne 1953

Équipes :
Veritas : Allemagne 1953

Grands Prix disputés : 1

Pilote de moto pour BMW et ingénieur, Ernst Loof fut le fondateur de la marque Veritas, qui fabriqua notamment des F2. Son seul Grand Prix, en Allemagne en 1953, se solda par un abandon, au volant d'une de ses monoplaces.

RODNEY NUCKEY

Né le 26 juin 1929 à Woodgreen (Royaume-Uni) et décédé le 29 juin 2000

Courses :
Allemagne 1953

Équipes :
Cooper : Allemagne 1953

Grands Prix disputés : 1

Très en vue au volant d'une F3 en 1952, Rodney Nuckey décrocha un volant en F2, puis une chance en F1 l'année suivante au volant d'une Cooper privée. Il termina 11e après s'être élancé 20e et il ne revint plus en Championnat du monde.

WOLFGANG SEIDEL

Né le 4 juillet 1926 à Dusseldorf (Allemagne) et décédé le 1er mars 1987

Courses :
Allemagne 1953 – Grande-Bretagne 1962

Équipes :
- Veritas : Allemagne 1953
- Maserati : Belgique 1958 – Maroc 1958
- Cooper : Italie 1960
- Lotus : Grande-Bretagne 1961 – Italie 1961
- Emeryson : Pays-Bas 1962
- Lotus : Grande-Bretagne 1962

Grands Prix disputés : 9

Pilote de course polyvalent, Wolfgang Seidel fut un pigiste en F1 pendant près de dix ans. Il termina 16e de son premier Grand Prix et ne revint en F1 qu'en 1958, pour deux abandons sur une Maserati privée. Il signa son meilleur résultat en Italie en 1960 avec une 9e place. Il disputa cinq autres courses jusqu'en 1962 mais ne vit l'arrivée qu'une seule fois, en 17e position.

HERMANN LANG

Né le 6 avril 1909 à Bad Cannstatt (Allemagne) et décédé le 19 octobre 1987

Courses :
Suisse 1952 – Allemagne 1954

Équipes :
- Maserati : Suisse 1953
- Mercedes : Allemagne 1954

Grands Prix disputés : 2

Pilote très réputé en Europe pendant l'entre-deux-guerres, Hermann Lang obtint sa première chance en Championnat du monde au Grand Prix de Suisse 1953. Il qualifia sa Maserati privée en 11e place et franchit la ligne d'arrivée en 5e position, inscrivant deux points. L'année suivante, Daimler-Benz lui offrit une pige sur une Mercedes officielle au GP d'Allemagne, mais il abandonna.

ALBERT SCHERRER

Né le 28 février 1908 à Bâle (Suisse) et décédé le 5 juillet 1986

Courses :
Suisse 1953

Équipes :
HWM : Suisse 1953

Grands Prix disputés : 1

Pilote amateur en Suisse, Albert Scherrer se forgea une belle réputation en course de côte notamment, jusqu'à atteindre la F1 au Grand Prix de Suisse 1953. Sa seule apparition en Championnat du monde le vit se classer 9e, bien qu'il eût abandonné avant l'arrivée.

JOHN FITCH

Né le 4 août 1917 à Indianapolis (États-Unis) et décédé le 31 octobre 2012

Courses :
Italie 1953 – Italie 1955

Équipes :
- HWM : Italie 1953
- Maserati : Italie 1955

Grands Prix disputés : 2

Véritable touche-à-tout du sport automobile, John Fitch s'imposa aux 12 Heures de Sebring et termina 3e de sa catégorie aux 24 Heures du Mans en 1953. Il fit ses débuts en F1 cette année-là mais abandonna au Grand Prix d'Italie. Entre-temps, il disputa le Rallye Monte-Carlo, et revint faire une deuxième pige pour l'écurie de Stirling Moss en 1955 en Italie, avec une 9e place à la clé.

UMBERTO MAGLIOLI

Né le 5 juin 1928 à Bioglio (Italie) et décédé le 6 février 1999

Courses :
Italie 1953 – Italie 1956

Équipes :
- Ferrari : Italie 1953 – Italie 1955
- Maserati : Grande-Bretagne 1956 – Italie 1956

Podiums : 2

Grands Prix disputés : 9

Vainqueur de la mythique Targa Florio en 1953, Umberto Maglioli décrocha grâce à ce succès un volant officiel avec Ferrari au Grand Prix d'Italie 1953. Il se qualifia 11e et termina 8e. L'année suivante, il disputa trois courses avec la Scuderia pour décrocher un podium lors du Grand Prix d'Italie. En 1955, il termina sur le podium avec la voiture de Giuseppe Farina, puis manqua les points en Italie avec une 6e place. Il revint avec une Maserati, privée d'abord puis officielle ensuite, pour trois courses en 1956, mais abandonna à chaque fois.

SERGIO MANTAVONI

Né le 22 mai 1929 à Cusano Milanino (Italie) et décédé le 23 février 2001

Courses :
Italie 1953 – Argentine 1955

Équipes :
Maserati : Italie 1953 – Argentine 1955

Grands Prix disputés : 7

Pilote prometteur en voitures de sport, l'Italien Sergio Mantovani accéda au Championnat du monde de F1 au Grand Prix d'Italie 1953. Il franchit la ligne d'arrivée en 7e place et Maserati, qui lui avait offert cette première pige, l'embaucha pour la saison 1954. Il termina à deux reprises dans les points, en Allemagne et en Suisse, et fut prolongé pour 1955. Septième en Argentine en début de saison, il fut victime d'un accident hors Championnat dans lequel il fut amputé d'une jambe, ce qui mit fin à sa carrière.

LUIGI MUSSO

Né le 28 juillet 1924 à Rome (Italie) et décédé le 6 juillet 1958

Courses :
Italie 1953 – France 1958

Équipes :
- Maserati : Italie 1953 – Italie 1955
- Ferrari : Argentine 1956 – France 1958

Victoires : 1

Podiums : 7

Meilleurs tours en course : 1

Grands Prix disputés : 24

Luigi Musso et sa Ferrari au Grand Prix de France 1957.

Luigi Musso connut les avantages et les inconvénients de n'avoir piloté que pour des constructeurs officiels. Il disputa en effet ses 24 GP en Championnat du monde pour Maserati et Ferrari, un rêve pour un Italien, mais il y affronta des pilotes redoutables, souvent intrinsèquement supérieurs à lui. Il parvint toutefois à obtenir de bons résultats, à l'image de la 7e place qui lança sa carrière au plus haut niveau, au Grand Prix d'Italie 1953. Il marqua les esprits l'année suivante avec une 2e place en Espagne, puis signa un podium aux Pays-Bas en 1955. C'est ce qui attira l'œil d'Enzo Ferrari, et son histoire avec la Scuderia débuta comme dans un rêve, par une victoire au Grand Prix d'Argentine 1956. Ce fut son seul résultat cette année-là, et il revint en 1957 pour signer deux podiums et une 4e place qui l'amenèrent sur celui du classement. Il débuta la saison 1958 par deux arrivées en 2e place, mais il se tua malheureusement lors du Grand Prix de France.

1954

JORGE DAPONTE

Né le 5 juin 1923 à Buenos Aires (Argentine) et décédé le 9 mars 1963

Courses :
Argentine 1954 – Italie 1954

Équipes :
Maserati : Argentine 1954 – Italie 1954

Grands Prix disputés : 2

Le premier engagement en Championnat du monde de Jorge Daponte se fit à l'Indy 500 1953, mais il ne parvint pas à se qualifier. Il prit part à deux courses en 1954, avec une 11e place et un abandon.

FRANK ARMI

Né le 12 octobre 1918 à Portland (États-Unis) et décédé le 28 novembre 1992

Courses :
Indianapolis 1954

Équipes :
Kurtis Kraft : Indianapolis 1954

Grands Prix disputés : 1

Débutant en monoplace aux États-Unis en 1950, c'est en 1954 que Frank Armi parvint à atteindre la F1, en pilotant une Kurtis Kraft aux 500 Miles d'Indianapolis. Qualifié de justesse, sa voiture termina 19e bien qu'il fût remplacé par George Fonder à quelques boucles de l'arrivée.

ROGER LOYER

Né le 5 août 1907 à Paris (France) et décédé le 24 mars 1988

Courses :
Argentine 1954

Équipes :
Gordini : Argentine 1954

Grands Prix disputés : 1

Pilote moto émérite, Roger Loyer se lança à la fin des années 40 dans une carrière sur quatre roues. Après un passage par la Formule 2, le Français découvrit la F1 au Grand Prix d'Argentine 1954, mais il fut contraint à l'abandon.

LARRY CROCKETT

Né le 23 octobre 1926 à Cambridge City (États-Unis) et décédé le 20 mars 1955

Courses :
Indianapolis 1954

Équipes :
Kurtis Kraft : Indianapolis 1954

Grands Prix disputés : 1

Pilote prometteur, Larry Crockett parvint à atteindre le meilleur niveau à l'Indy 500 1954, qu'il termina à une belle 9e place après s'être qualifié 25e. Malheureusement, il décéda en début d'année suivante lors d'un accident.

LEN DUNCAN

Né le 25 juillet 1911 à New York (États-Unis) et décédé le 1er août 1998

Courses :
Indianapolis 1954

Équipes :
Schroeder : Indianapolis 1954

Grands Prix disputés : 1

La carrière de Leonard Duncan ne fut pas mémorable, avec une seule qualification en quatre tentatives aux 500 Miles d'Indianapolis. En 1954, il parvint à s'élancer 26e sur la grille mais il abandonna après avoir partagé sa voiture avec George Fonder.

ED ELISIAN

Né le 9 décembre 1926 à Oakland (États-Unis) et décédé le 30 août 1959

Courses :
Indianapolis 1954 – Indianapolis 1958

Équipes :
- Stevens : Indianapolis 1954
- Kurtis Kraft : Indianapolis 1954 – Indianapolis 1957
- Watson : Indianapolis 1958

Grands Prix disputés : 5

Ed Elisian était connu pour sa carrière en monoplace américaine, et il participa à cinq éditions de l'Indy 500. Il signa son meilleur résultat avec une 18e place pour sa première course. L'année suivante, il se distingua par ses actions hors de la voiture puisqu'il abandonna volontairement pour aller aider Bill Vukovich, lors de l'accident mortel de ce dernier. Il revint lors des trois années suivantes mais ne fit pas mieux qu'une 23e place.

BILL HOMEIER

Né le 31 août 1918 à Rock Island (États-Unis) et décédé le 5 mai 2001

Courses :
Indianapolis 1954 – Indianapolis 1960

Équipes :
- Nichels : Indianapolis 1954
- Kurtis Kraft : Indianapolis 1955
- Kuzma : Indianapolis 1960

Grands Prix disputés : 3

William Homeier ne se qualifia que deux fois pour les 500 Miles d'Indianapolis, et manqua trois fois de participer à l'épreuve. Il abandonna en 1954 pour sa première course en F1, et termina 13e lors de son dernier Grand Prix, en 1960. Mais son meilleur résultat vint en 1955, lorsqu'il termina 5e en remplaçant Walt Faulkner pendant la course.

DANNY KLADIS

Né le 10 février 1917 à Crystal City (États-Unis) et décédé le 26 avril 2009

Courses :
Indianapolis 1954

Équipes :
Bromme : Indianapolis 1954

Grands Prix disputés : 1

En cinq tentatives, Daniel Kladis ne parvint à se qualifier qu'une fois pour les 500 Miles d'Indianapolis, en 1954. Trentième au départ, il ne vit pas l'arrivée.

PAT O'CONNOR

Né le 9 octobre 1928 à Vernon (États-Unis) et décédé le 30 mai 1958

Courses :
Indianapolis 1954 – Indianapolis 1958

Équipes :
Kurtis Kraft : Indianapolis 1954 – Indianapolis 1958

Pole Position : 1

Grands Prix disputés : 5

Pilote de *midgets*, Patrick O'Connor connut une bonne progression à l'Indy 500 lors de ses cinq participations. Il ne marqua aucun point mais progressa d'année en année. En 1956, il se qualifia 3e avant de signer la pole l'année suivante. Il signa deux 8es places en guise de meilleurs résultats, en 1955 et 1957, mais se tua en début de course en 1958.

KARL KLING

Né le 16 septembre 1910 à Giessen (Allemagne) et décédé le 18 mars 2003

Courses :
France 1954 – Italie 1955

Équipes :
Mercedes : France 1954 – Italie 1955

Podiums : 2

Meilleurs tours en course : 1

Grands Prix disputés : 11

Connu des constructeurs comme Alfa Romeo et Porsche, avec qui il disputa des courses mythiques comme les Mille Miglia et les 24 Heures du Mans, c'est avec Mercedes que Karl Kling connut ses plus beaux moments en carrière. Il débuta en Championnat du monde en même temps que Mercedes, avec une 2e place en qualifications et le même résultat en course. Il marqua de nouveau des points en Allemagne et en Espagne. L'année suivante, il termina 4e en Argentine et 3e en Grande-Bretagne, et signa un meilleur tour à domicile. Le retrait de Mercedes après l'accident de Pierre Leveigh marqua aussi son départ.

JACQUES POLLET

Né le 28 juillet 1922 à Roubaix (France) et décédé le 16 août 1997

Courses :
France 1954 – Italie 1955

Équipes :
Gordini : France 1954 – Italie 1955

Grands Prix disputés : 5

Jacques Pollet débuta en compétition en 1953 et parvint à atteindre la F1 l'année suivante. Il fit plusieurs piges pour Gordini mais comme tous les pilotes de l'équipe française, il fut victime d'une fiabilité désastreuse. En cinq Grands Prix en 1954 et 1955, il connut trois abandons sur casse moteur, une 7e place à Monaco en 1955 et une 10e position aux Pays-Bas la même année.

DON BEAUMAN

Né le 26 juillet 1928 à Farnborough (Royaume-Uni) et décédé le 9 juillet 1955

Courses :
Grande-Bretagne 1954

Équipes :
Connaught : Grande-Bretagne 1954

Grands Prix disputés : 1

Ami de Mike Hawthorn, Donald Beauman était connu en F2 mais s'engagea en Championnat du monde de F1 pour le Grand Prix de Grande-Bretagne 1954. Il termina 11e après avoir pris le départ en 17e position.

CLEMAR BUCCI

Né le 4 septembre 1920 à Zenon Pereyra (Argentine) et décédé le 12 janvier 2011

Courses :
Grande-Bretagne 1954 – Argentine 1955

Équipes :
- Gordini : Grande-Bretagne 1954 – Italie 1954
- Maserati : Argentine 1955

Grands Prix disputés : 5

Pilote argentin très réputé à l'échelle nationale, Clemar Bucci fut engagé par Gordini pour quatre courses en 1954. Sa meilleure qualification fut une 10e place mais il abandonna à chaque course. L'année suivante, Maserati lui confia une voiture en Argentine, mais il ne vit pas l'arrivée non plus.

RON FLOCKHART

Né le 16 juin 1923 à Edimbourg (Royaume-Uni) et décédé le 12 avril 1962

Courses :
Grande-Bretagne 1954 – États-Unis 1960

Équipes :
- Maserati : Grande-Bretagne 1954
- BRM : Grande-Bretagne 1956
- Connaught : Italie 1956
- BRM : Monaco 1957 – Italie 1959
- Lotus : France 1960
- Cooper : États-Unis 1960

Podiums : 1

Grands Prix disputés : 13

Williams Ronald Flockhart débuta sa carrière de pilote à moto, avant de passer sur quatre roues à la fin des années 50. Il arriva en F1 en remplaçant le Prince Bira lors du Grand Prix de Grande-Bretagne 1954. L'année suivante, il disputa deux courses et signa un podium en Italie avec Connaught. BRM l'engagea pour huit courses, réparties en trois saisons, mais il abandonna à cinq reprises et n'entra jamais dans le top 5. En 1960, Lotus lui offrit une course en France et il termina 6e. Mais ses plus grands faits d'armes en sport automobile furent à n'en pas douter ses victoires avec Jaguar aux 24 Heures du Mans, en 1956 et 1957.

HORACE GOULD

Né le 20 septembre 1921 à Bristol (Royaume-Uni) et décédé le 4 novembre 1968

Courses :
Grande-Bretagne 1954 – Argentine 1958

Équipes :
- Cooper : Grande-Bretagne 1954
- Maserati : Pays-Bas 1955 – Argentine 1958

Grands Prix disputés : 14

Horace Twigg débuta sa carrière en F2 à l'orée des années 50, et il changea de nom après avoir acheté le Gould's Garage. Il fit ses débuts en F1 au GP de Grande-Bretagne 1954 avec une Cooper qu'il engagea à titre privé. Il se classa 15e puis abandonna lors des trois courses qu'il disputa en 1955 après avoir acheté une Maserati. Sa meilleure saison fut 1956 avec un top 5 qui lui permit d'inscrire ses seuls points en Championnat du monde. Il abandonna quatre des cinq courses qu'il disputa en 1957 et termina 9e de sa dernière course en carrière, en Argentine en 1958.

SIR LESLIE MARR

Né le 14 août 1922 à Durham (Royaume-Uni) et décédé le 4 mai 2021

Courses :
Grande-Bretagne 1954 – Grande-Bretagne 1955

Équipes :
Connaught : Grande-Bretagne 1954 – Grande-Bretagne 1955

Grands Prix disputés : 2

Ingénieur puis technicien dans la Royal Air Force pendant la guerre, Leslie Marr fut artiste peintre avant de devenir pilote. Sa cote grandissante en Angleterre lui permit d'atteindre la Formule 1 lors de la manche britannique, en 1954. Il termina 13e et revint l'année suivante, mais abandonna.

JOHN RISELEY-PRICHARD

Né le 17 janvier 1924 à Heareford (Royaume-Uni) et décédé le 8 juillet 1993

Courses :
Grande-Bretagne 1954

Équipes :
Connaught : Grande-Bretagne 1954

Grands Prix disputés : 1

John Riseley-Prichard évolua au fil des catégories jusqu'à se faire engager par Rob Walker au Grand Prix de Grande-Bretagne 1954. Qualifié 21e, il abandonna et ne revint jamais en Championnat du monde. Et pour cause, il quitta la compétition automobile sur demande de sa famille, après le tragique accident des 24 Heures du Mans 1955.

LESLIE THORNE

Né le 23 juin 1916 à Greenock (Royaume-Uni) et décédé le 13 juillet 1993

Courses :
Grande-Bretagne 1954

Équipes :
Connaught : Grande-Bretagne 1954

Grands Prix disputés : 1

Performant en F3 en 1953, Leslie Thorne s'engagea en F2 en 1954. Cette année-là, il eut son unique chance en Formule 1 en Grande-Bretagne. Il qualifia sa Connaught de l'Écurie Écosse en 23e place et franchit la ligne d'arrivée en 14e position.

BILL WHITEHOUSE

Né le 1er avril 1909 à Londres (Royaume-Uni) et décédé le 14 juillet 1957

Courses :
Grande-Bretagne 1954

Équipes :
Connaught : Grande-Bretagne 1954

Grands Prix disputés : 1

William « Big Bill » Whitehouse eut une carrière classique avant la F1, en passant par la F3 puis la F2. Le Grand Prix de Grande-Bretagne 1954 fut sa seule apparition en Championnat du monde, et elle se solda par un abandon. Il s'éloigna de la compétition après un accident puis revint en sport automobile en 1957 mais se tua en course.

OTTORINO VOLONTERIO

Né le 7 décembre 1917 à Orselina (Suisse) et décédé le 10 mars 2003

Courses :
Espagne 1954 – Italie 1957

Équipes :
Maserati : Espagne 1954 – Italie 1957

Grands Prix disputés : 3

Lors de ses trois courses en Formule 1, Ottorino Volonterio n'eut qu'une seule fois sa propre voiture. Il fit ses débuts au Grand Prix d'Espagne 1954 en tant que suppléant du Baron de Graffenried. Sa seule qualification, au GP d'Allemagne 1956, se solda par une 20e place mais il ne se classa pas en course. Il roula en remplacement d'André Simon au GP d'Italie 1957, dans une de ses propres voitures.

1955

EUGENIO CASTELLOTTI

Né le 10 octobre 1930 à Lodi (Italien) et décédé le 14 mars 1957

Courses :
Argentine 1955 – Argentine 1957

Équipes :
- Lancia : Argentine 1955 – Belgique 1955
- Ferrari : Pays-Bas 1955 – Argentine 1957

Podiums : 3

Grands Prix disputés : 14

Pole position : 1

Pilote prometteur dans diverses courses célèbres, Eugenio Castellotti fit ses débuts en F1 au GP d'Argentine 1955, qu'il abandonna. À Monaco, il termina 2e, le jour où son équipier Alberto Ascari eut son accident et plongea dans le port. Castellotti partageait une Lancia avec Ascari et c'est en testant leur voiture que ce dernier se tua, quelques jours après Monaco. En Belgique, Castellotti signa sa première pole position sur la Lancia D50 mais le constructeur italien se retira. Il parvint à rebondir chez Ferrari, avec un deuxième podium en fin de saison. En 1956, il connut trois abandons mais signa de bonnes qualifications et un podium, une 2e place en France. Il débuta sa saison 1957 par un abandon en Argentine, et se tua en essais avant la deuxième course de la saison.

JESÚS IGLESIAS

Né le 22 février 1922 à Pergamino (Argentine) et décédé le 11 juillet 2005

Courses :
Argentine 1955

Équipes :
Gordini : Argentine 1955

Grands Prix disputés : 1

Plus connu en Argentine qu'à l'international, Jesús Iglesias fut invité par Gordini à disputer son Grand Prix national en 1955. Qualifié 17e, il remonta jusqu'à la 7e place avant d'abandonner.

ALBERTO URIA

Né le 11 juillet 1924 à Montevideo (Uruguay) et décédé le 4 décembre 1988

Courses :
Argentine 1955 – Argentine 1956

Équipes :
Maserati : Argentine 1955 – Argentine 1956

Grands Prix disputés : 2

L'Uruguayen Alberto Uria parvint à s'illustrer dans des courses en Argentine au début des années 50. Il décrocha ainsi un volant sur une Maserati privée pour le GP d'Argentine 1955, mais ne vit pas l'arrivée. L'année suivante, il engagea lui-même une monoplace italienne et parvint à rallier l'arrivée au 6e rang.

CESARE PERDISA

Né le 21 octobre 1932 à Bologne (Italie) et décédé le 10 mai 1998

Courses :
Monaco 1955 – Argentine 1957

Équipes :
- Maserati : Monaco 1955 – Grande-Bretagne 1956
- Ferrari : Argentine 1957

Podiums : 2

Grands Prix disputés : 7

Ce furent plusieurs victoires en F1 lors de courses hors Championnat qui permirent à Cesare Perdisa d'attirer l'œil de Maserati. Il effectua ses grands débuts en Championnat du monde à Monaco en 1955, et parvint à atteindre le podium, non sans avoir échangé sa voiture avec celle de Jean Behra en milieu de course. Maserati lui fit disputer quatre courses l'année suivante et il termina sur le podium en Belgique, en ayant été remplacé pendant la course par Stirling Moss.

KEITH ANDREWS

Né le 15 juin 1920 à Denver (États-Unis) et décédé le 15 mai 1957

Courses :
Indianapolis 1955 – Indianapolis 1956

Équipes :
- Schroeder : Indianapolis 1955
- Kurtis Kraft : Indianapolis 1956

Grands Prix disputés : 2

Keith Andrews était un ancien pilote de l'armée de l'air reconverti dans la course automobile. Vainqueur en course de côte à Pikes Peak, il accéda à la F1 en 1955 via les 500 Miles d'Indianapolis. Il se qualifia 28ᵉ et abandonna, puis revint en 1956 avec une 20ᵉ position en qualifications et procéda à un nouvel abandon. Il s'ajouta malheureusement à la longue liste des pilotes décédés à Indianapolis lors des qualifications de l'édition 1957.

JOHNNY BOYD

Né le 19 août 1926 à Fresno (États-Unis) et décédé le 26 octobre 2003

Courses :
Indianapolis 1955 – Indianapolis 1960

Équipes :
- Kurtis Kraft : Indianapolis 1955 – Indianapolis 1958
- Epperly : Indianapolis 1959 – Indianapolis 1960

Podiums : 1

Grands Prix disputés : 6

C'est en AAA et en USAC que John Boyd fit ses classes, et cela le mena à participer à six éditions de l'Indy 500 dans le cadre du Championnat du monde de F1. Ses deux premières tentatives se soldèrent par un abandon mais ses trois participations suivantes furent bien meilleures. Il se qualifia 5ᵉ en 1957 et termina 6ᵉ, avant de signer un podium l'année suivante. Sixième en 1959, il abandonna en 1960.

RAY CRAWFORD

Né le 26 octobre 1915 à Roswell (États-Unis) et décédé le 1er février 1996

Courses :
Indianapolis 1955 – Indianapolis 1959

Équipes :
- Kurtis Kraft : Indianapolis 1955 – Indianapolis 1956
- Elder : Indianapolis 1956

Grands Prix disputés : 3

La carrière de Ray Crawford en F1 ne fut pas mémorable, avec deux non-qualifications en cinq tentatives et trois abandons lors des éditions auxquelles il participa.

AL HERMAN

Né le 15 mars 1927 à Topton (États-Unis) et décédé le 18 juin 1960

Courses :
Indianapolis 1955 – Indianapolis 1960

Équipes :
- Kurtis Kraft : Indianapolis 1955 – Indianapolis 1956
- Dunn : Indianapolis 1957 – Indianapolis 1959
- Ewing : Indianapolis 1960

Grands Prix disputés : 5

Après deux non-qualifications, Al Herman parvint à prendre le départ des 500 Miles d'Indianapolis en 1955, avec une 7e place à l'arrivée. Par la suite, il abandonna en 1956 et 1957 et manqua de se qualifier en 1958. Il retrouva le drapeau à damier d'Indy en 1959 avec une 13e place, puis abandonna en début de course en 1960, pour la dernière édition des 500 Miles dans le cadre du Championnat du monde. Il décéda quelques jours plus tard lors d'une course de *midgets*.

AL KELLER

Né le 11 avril 1920 à Alexandria Bay (États-Unis) et décédé le 19 novembre 1961

Courses :
Indianapolis 1955 – Indianapolis 1959

Équipes :
- Kurtis Lraft : Indianapolis 1955 – Indianapolis 1958
- Kuzma : Indianapolis 1959

Grands Prix disputés : 5

Al Keller participa à cinq éditions des 500 Miles d'Indianapolis dans sa carrière, avec trois abandons. Son meilleur résultat fut une 11e place, et il ne parvint pas à se qualifier en 1960.

EDDIE RUSSO

Né le 19 novembre 1925 à Chicago (États-Unis) et décédé le 14 octobre 2012

Courses :
Indianapolis 1955 – Indianapolis 1960

Équipes :
- Pawl : Indianapolis 1955
- Kurtis Kraft : Indianapolis 1956 – Indianapolis 1960

Grands Prix disputés : 4

La carrière d'Eddie Russo en F1 dura entre 1954 et 1960, à l'occasion de la manche annuelle d'Indianapolis. Mais il ne marqua pas le Championnat du monde de son empreinte, avec trois non-qualifications et quatre abandons lorsqu'il parvint à se qualifier.

SHORTY TEMPLEMAN

Né le 12 août 1919 à Pueblo (États-Unis) et décédé le 24 août 1962

Courses :
Indianapolis 1955 – Indianapolis 1960

Équipes :
- Trevis : Indianapolis 1955
- Kurtis Kraft : Indianapolis 1958 – Indianapolis 1960

Grands Prix disputés : 3

Clark Thomas Templeman était un spécialiste américain de la monoplace et du *midget*, mais il ne brilla jamais à l'Indy 500 pendant qu'il était intégré dans le cadre du Championnat du monde. Il abandonna lors de sa première tentative en 1955, puis se qualifia en 1958 pour la deuxième fois, ce qui le conduisit à un nouvel abandon. Il ne se qualifia pas en 1959 et termina 17e en 1960. Son meilleur résultat aux 500 Miles fut une 4e place en 1961, lorsque la course ne faisait plus partie de la F1.

CHUCK WEYANT

Né le 3 avril 1923 à Saint Marys (États-Unis) et décédé le 23 janvier 2017

Courses :
Indianapolis 1955 – Indianapolis 1959

Équipes :
- Kurtis Kraft : Indianapolis 1955
- Kuzma : Indianapolis 1957
- Dunn : Indianapolis 1958
- Kurtis Kraft : Indianapolis 1959

Grands Prix disputés : 4

C'est en 1955 que Chuck Weyant parvint à se qualifier pour la première fois pour les 500 Miles d'Indianapolis, après deux échecs. Cette année-là, il se qualifia 25e et franchit la ligne d'arrivée en 12e position. Il se plaça 14e l'année suivante. En 1958 et 1959, il abandonna à deux reprises après deux accidents.

HERMANO DA SILVA RAMOS

Né le 7 décembre 1925 à Paris (France)

Courses :
Pays-Bas 1955 – Italie 1956

Équipes :
- Gordini : Pays-Bas 1955 – Italie 1956

Grands Prix disputés : 7

Fils d'un homme d'affaires brésilien, Hermano da Silva Ramos débuta la compétition automobile à la fin des années 40 mais il se distingua au début des années 50, à son arrivée en Europe. C'est l'équipe Gordini qui lui donna sa chance, et il débuta sa carrière au GP des Pays-Bas 1955 par une 8e place. Il abandonna à deux reprises par la suite, mais Gordini l'engagea pour quatre courses l'année suivante. Il marqua ses seuls points en F1 avec une 5e place à Monaco.

SIR JACK BRABHAM

Né le 2 avril 1926 à Hurstville (Australie) et décédé le 19 mai 2014

Courses :
Grande-Bretagne 1955 – Mexique 1970

Équipes :
- Cooper : Grande-Bretagne 1955
- Maserati : Grande-Bretagne 1956
- Cooper : Monaco 1957 – États-Unis 1961
- Lotus : Pays-Bas 1962 – Grande-Bretagne 1962
- Brabham : Allemagne 1962 – Afrique du Sud 1962
- Lotus : Monaco 1963
- Brabham : Belgique 1963 – Mexique 1970

Champion du monde : 1958-1959-1966

Victoires : 14

Pole positions : 13

Podiums : 31

Podiums : 12

Grands Prix disputés : 123

Jack Brabaham lors du Grand Prix d'Afrique du Sud 1967.

Ancien mécanicien de vol dans la Royal Australian Force, Jack Brabham brilla dans des courses en Australie et en Nouvelle-Zélande, au point d'impressionner John Cooper. Ce dernier lui offrit sa première course en F1 au Grand Prix de Grande-Bretagne 1955, lors duquel il abandonna. L'année suivante, il fut de nouveau contraint à l'abandon sur une Maserati privée. Durant ses quatre courses avec Cooper en 1957, il signa une 6e place comme meilleur résultat, avant de faire passer sa carrière à la vitesse supérieure en 1958. Il ne marqua des points qu'une fois cette année-là, mais l'arrivée de la Cooper T51 en 1959 le fit entrer dans une nouvelle dimension. En huit courses, il se qualifia sept fois dans le top 3 et abandonna à deux reprises. Sur ses six arrivées, il signa cinq podiums dont deux victoires. En tête à l'entame du dernier tour de la saison à Sebring, il fut victime d'une panne d'essence. Il poussa sa voiture et tomba d'épuisement mais parvint à franchir la ligne d'arrivée en 4e place, ce qui lui permit de remporter son premier titre mondial. En 1960, sa saison débuta par un abandon et une disqualification, mais

Brabham se vengea plus tard en enchaînant cinq victoires. Il termina de nouveau 4e aux États-Unis, à Riverside cette fois, et fut sacré champion du monde. L'année 1961 fut une douche froide avec une seule entrée dans les points, et il quitta Cooper pour fonder Brabham Racing Organisation, avec son acolyte Ron Tauranac. Il engagea d'abord une Lotus avant d'aligner sa toute première monoplace pour les trois dernières courses, lors desquelles il signa deux 4es places. Le premier podium de Brabham au volant d'une de ses voitures intervint au Mexique en 1963. Avec seulement trois podiums en deux ans, Brabham connut des saisons difficiles, avant que son équipe n'aligne la toute nouvelle BT19 à moteur Repco, conçue par Tauranac. Malgré trois abandons, il remporta quatre succès consécutifs et devint le premier pilote à être champion du monde au volant d'une de ses voitures. En 1967, il termina vice-champion du monde derrière son équipier Denny Hulme. Sa fin de carrière fut plus compliquée, mais il gagna une dernière course avant de prendre sa retraite à la fin de l'année 1970. En 1979, il devint le premier pilote de course à être fait chevalier par la reine d'Angleterre. Son fils David pilota par la suite en F1.

MIKE SPARKEN

Né le 16 juin 1930 à Neuilly-sur-Seine (France) et décédé le 21 septembre 2012

Courses :
Grande-Bretagne 1955

Équipes :
Gordini : Grande-Bretagne 1955

Grands Prix disputés : 1

De son vrai nom Michel Poberejsky, le Français Mike Sparken s'illustra en endurance avant d'atteindre la F1 par la suite. Gordini le fit courir en Grande-Bretagne en 1955, avec une 23e position au départ et une 7e à l'arrivée, à neuf tours de retard. Il mit un terme à sa carrière, comme de nombreux pilotes, à la suite de la tragédie des 24 Heures du Mans 1955.

JEAN LUCAS

Né le 25 avril 1917 au Mans (France) et décédé le 27 septembre 2003

Courses :
Italie 1955

Équipes :
Gordini : Italie 1955

Grands Prix disputés : 1

Jean Lucas était un pilote de course connu en Europe et en Afrique du Nord lorsqu'il fut engagé par Gordini pour le GP d'Italie 1955, remplaçant ainsi Robert Manzon. Cette pige se solda par une 22e position en qualifications puis un abandon. Diminué après un gros accident, il arrêta sa carrière de pilote et fonda le magazine *Sport Auto* avec Gérard Crombac. Les deux hommes lancèrent aussi Inter-Auto-Course, une agence de gestion de pilotes.

1956

OLIVIER GENDEBIEN

Né le 12 janvier 1924 à Bruxelles (Belgique) et décédé le 2 octobre 1998

Courses :
Argentine 1956 – États-Unis 1961

Équipes :
- Ferrari : Argentine 1956 – Italie 1959
- Cooper : Belgique 1960 – États-Unis 1960
- Ferrari : Belgique 1961
- Lotus : États-Unis 1961

Podiums : 2

Grands Prix disputés : 14

Résistant pendant la guerre entre 1939 et 1945, Olivier Gendebien débuta sa carrière en 1952 après avoir été ingénieur agronome. C'est en 1955 qu'il débuta sa carrière aux 24 Heures du Mans avec une 5e place, avant d'obtenir un podium l'année suivante. Il disputa son premier Grand Prix de F1 en 1956, avec une 5e place pour Ferrari en Argentine. Il dut attendre 1959 pour inscrire de nouveau des points avec la Scuderia. C'est en 1960 qu'il signa ses meilleurs résultats avec deux podiums, en Belgique puis en France, sur une Cooper privée. Mais c'est surtout lors des 24 Heures du Mans qu'il se distingua, avec quatre victoires en 1958, 1960, 1961 et 1962 pour Ferrari.

GERINO GERINI

Né le 10 août 1928 à Rome (Italie) et décédé le 17 avril 2013

Courses :
Argentine 1956 – Maroc 1958

Équipes :
Maserati : Argentine 1956 – Maroc 1958

Grands Prix disputés : 6

Après s'être fait remarquer lors des Mille Miglia, Gerino Gerini débuta son aventure en F1 par une 4e place, dans une Maserati partagée avec Chico Landi. Ce fut la seule fois que Gerini parvint à marquer des points, après quoi il participa à quatre courses en 1958, sans faire mieux qu'une 9e place.

OSCAR GONZALEZ

Né le 10 novembre 1923 à Montevideo (Uruguay) et décédé le 5 novembre 2006

Courses :
Argentine 1956

Équipes :
Maserati : Argentine 1956

Grands Prix disputés : 1

Oscar Gonzalez ne fut pas un pilote très connu en F1, puisque sa seule course se fit en remplacement d'Alberto Uria, son directeur d'équipe.

LUIGI PIOTTI

Né le 27 octobre 1913 à Milan (Italie) et décédé le 19 avril 1971

Courses :
Argentine 1956 – Italie 1957

Équipes :
Maserati : Argentine 1956 – Italie 1957

Grands Prix disputés : 5

Luigi Piotti était pilote en parallèle de sa carrière et des succès à l'échelle nationale firent progresser cet homme d'affaires au travers des catégories. Après un podium aux Mille Miglia en 1954, il atteignit la F1 en engageant une Maserati privée au Grand Prix d'Argentine 1956. Qualifié 12e, il abandonna et revint en Italie pour terminer 6e. L'année suivante, il courut en Argentine, à Pescara et en Italie, et connut une 10e place et deux abandons.

BOB CHRISTIE

Né le 4 avril 1924 à Grants Pass (États-Unis) et décédé le 1er juin 2009

Courses :
Indianapolis 1956 – Indianapolis 1960

Équipes :
Kurtis Kraft : Indianapolis 1956 – Indianapolis 1960

Grands Prix disputés : 5

Après deux tentatives infructueuses, l'Américain Robert Christie parvint à se qualifier pour les 500 Miles d'Indianapolis en 1956, franchissant la ligne d'arrivée en 13e position. L'année suivante, il signa le même résultat, puis connut deux abandons lors des éditions suivantes. Il conclut sa carrière en F1 en 1960 par une 10e position à l'arrivée de l'Indy 500.

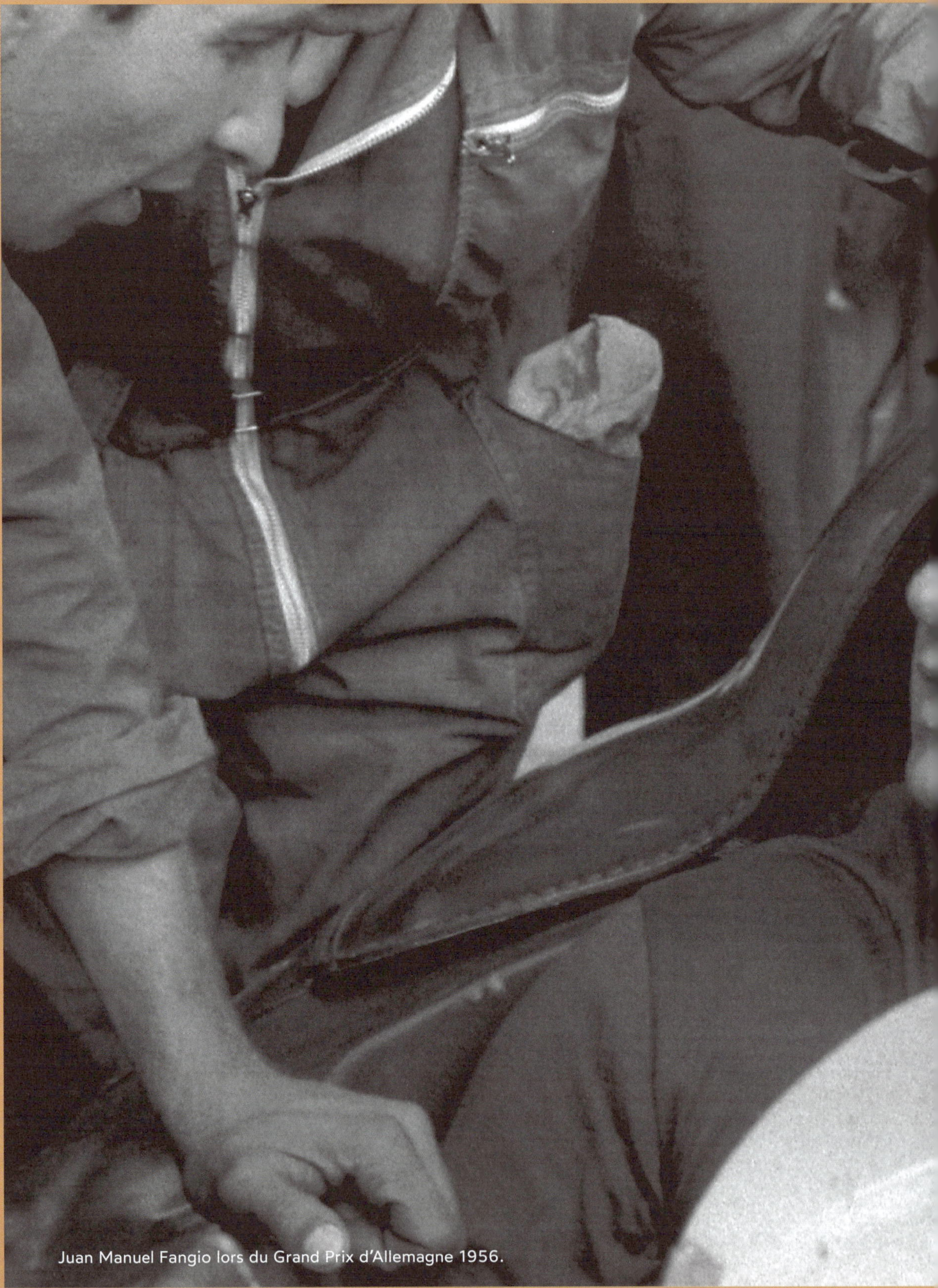

Juan Manuel Fangio lors du Grand Prix d'Allemagne 1956.

BILLY GARRETT

Né le 24 avril 1933 à Princeton (États-Unis) et décédé le 15 février 1999

Courses :
Indianapolis 1956 – Indianapolis 1958

Équipes :
- Kuzma : Indianapolis 1956
- Kurtis Kraft : Indianapolis 1958

Grands Prix disputés : 2

C'est au milieu des années 50 que cet Américain participa au Championnat du monde de Formule 1, grâce à la présence de l'Indy 500 au calendrier. Les deux participations de William Garrett ne furent pas mémorables, avec une 16e place et un abandon.

JOHNNIE TOLAN

Né le 22 octobre 1918 à Victor (États-Unis) et décédé le 2 juin 1986

Courses :
Indianapolis 1956 – Indianapolis 1958

Équipes :
- Kurtis Kraft : Indianapolis 1956
- Kuzma : Indianapolis 1957 – Indianapolis 1958

Grands Prix disputés : 3

John Tolan fut l'un des nombreux pilotes à se heurter au prestige et au niveau élevé des 500 Miles d'Indianapolis. Il manqua de se qualifier plus souvent qu'il ne parvint à rejoindre la grille, et lors de ses trois participations, il connut deux abandons et une 13e place.

JACK TURNER

Né le 12 février 1920 à Seattle (États-Unis) et décédé le 10 septembre 2004

Courses :
Indianapolis 1956 – Indianapolis 1959

Équipes :
- Kurtis Kraft : Indianapolis 1956 – Indianapolis 1957
- Lesovsky : Indianapolis 1958
- Christensen : Indianapolis 1959

Grands Prix disputés : 4

En quatre participations, Jack Turner ne parvint à rallier l'arrivée des 500 Miles d'Indianapolis qu'à une seule reprise, en 11e position lors de l'édition 1957.

BOB VEITH

Né le 1er novembre 1926 à Tulare (États-Unis) et décédé le 29 mars 2006

Courses :
Indianapolis 1956 – Indianapolis 1960

Équipes :
- Kurtis Kraft : Indianapolis 1956
- Phillips : Indianapolis 1957
- Kurtis Kraft : Indianapolis 1958
- Moore : Indianapolis 1959
- Meskowski : Indianapolis 1960

Grands Prix disputés : 5

Robert Veith atteignit le sommet du sport automobile américain en 1955, en USAC et en AAA. L'année suivante, il disputa sa première course du Championnat du monde de F1 lors de l'Indy 500. Sa 7e place finale le sacra en tant que meilleur débutant de l'édition 1956. Il signa une 9e place l'année suivante, et fit mieux en 1960 avec une 8e position.

PIERO SCOTTI

Né le 11 novembre 1909 à Florence (Italie) et décédé le 14 février 1976

Courses :
Belgique 1956

Équipes :
Connaught : Belgique 1956

Grands Prix disputés : 1

Homme d'affaires et *gentleman driver*, Piero Scotti avait pour habitude de courir sur des voitures de sport dans les années 50. Il décida d'acheter une Connaught et l'engagea au Grand Prix de Belgique 1956. Il décida finalement de ne pas prendre part au Grand Prix de France, alors qu'il s'était engagé, et arrêta la compétition.

ALFONSO DE PORTAGO

Né le 11 octobre 1928 à Londres (Royaume-Uni) et décédé le 12 mai 1957

Courses :
France 1956 – Argentine 1957

Équipes :
Ferrari : France 1956 – Argentine 1957

Podiums : 1

Grands Prix disputés : 5

Issu d'une riche famille, Alfonso de Portago participa à des courses de chevaux et à du bobsleigh avant de débuter en sport automobile en 1954. Ses résultats en F1 hors Championnat lui valurent d'attirer l'œil d'Enzo Ferrari, qui l'engagea en 1956. Il connut trois abandons mais termina deuxième en Grande-Bretagne, son seul podium d'une carrière prometteuse. La Scuderia le prolongea pour la saison 1957 et il débuta la saison par une 5e place en Argentine. Malheureusement, il se tua une semaine avant la deuxième course de la saison, lors des Mille Miglia, dans un accident qui coûta la vie à son copilote et à neuf personnes du public.

TONY BROOKS

Né le 25 février 1932 à Dukinfield (Royaume-Uni) et décédé le 3 mai 2022

Courses :
Grande-Bretagne 1956 – États-Unis 1961

Équipes :
- BRM : Grande-Bretagne 1956
- Vanwall : Monaco 1957 – Maroc 1958
- Ferrari : Monaco 1959 – France 1959
- Vanwall : Grande-Bretagne 1959
- Ferrari : Allemagne 1959 – États-Unis 1959
- Cooper : Monaco 1960 – Belgique 1960
- Vanwall : France 1960
- Cooper : Grande-Bretagne 1960 – États-Unis 1960
- BRM : Monaco 1961 – États-Unis 1961

Victoires : 6

Pole positions : 3

Podiums : 10

Podiums : 3

Grands Prix disputés : 38

C'est une carrière totalement différente de celle de la compétition qui attendait Charles Anthony Brooks. Il entama des études de dentiste avant de découvrir le monde du sport automobile au début des années 50. Cela lui valut le surnom de « dentiste de course » (*racing dentist*) dans le paddock de la F1. Plusieurs succès hors Championnat firent grimper sa cote, au point de recevoir une proposition de BRM. Brooks fit ses débuts en Championnat du monde lors du Grand Prix de Grande-Bretagne 1956, avec un abandon à la clé. Engagé sur une Vanwall l'année suivante, il signa un podium à Monaco et une victoire à domicile, à Aintree. Cela lui permit de se classer 5e du Championnat des pilotes. En 1958, il fit la pole position à Monaco mais ne vit pas l'arrivée. Dans une saison marquée par de nombreux pépins mécaniques, il parvint toutefois à remporter trois victoires, à Spa, sur le Nürburgring et à Monza. En 1959, il lutta pour le titre mondial jusqu'en fin de saison, après s'être imposé en France et en Allemagne. Il avait rejoint Ferrari cette année-là et l'absence de la Scuderia en Angleterre l'obligea à rouler sur une Vanwall, moins performante que sa D246. Il termina finalement vice-champion du monde. En 1960 et 1961, il revint piloter pour des constructeurs anglais, en l'occurrence Cooper, Vanwall et BRM, mais ne signa qu'un podium en deux ans. C'est par cette 3e place qu'il termina sa carrière à la fin de la saison 1961, pour reprendre la gestion de la concession automobile familiale.

PAUL EMERY

Né le 12 novembre 1916 à Londres (Royaume-Uni) et décédé le 3 février 1993

Courses :
Grande-Bretagne 1956

Équipes :
Emeryson : Grande-Bretagne 1956

Grands Prix disputés : 1

Paul Emery et son frère créèrent la marque Emeryson pour produire leurs propres monoplaces. Ces voitures lui permirent de signer quelques beaux résultats à l'échelle nationale, mais son seul Grand Prix de Formule 1 se solda par un abandon.

BRUCE HALFORD

Né le 18 mai 1931 à Hampton in Arden (Royaume-Uni) et décédé le 2 décembre 2001

Courses :
Grande-Bretagne 1956 – France 1960

Équipes :
- Maserati : Grande-Bretagne 1956 – Italie 1957
- Lotus : Monaco 1959
- Cooper : France 1960

Grands Prix disputés : 8

Bruce Halford débuta sa carrière en Formule 1 en dehors du Championnat du monde, et parvint à s'y engager pour la première fois au GP de Grande-Bretagne 1956. Au volant d'une ancienne Maserati du Prince Bira, puis avec une Lotus et une Cooper, il ne vit l'arrivée qu'une fois en huit courses, avec une 11e position.

ARCHIE SCOTT-BROWN

Né le 13 mai 1927 à Paisley (Royaume-Uni) et décédé le 19 mai 1958

Courses :
Grande-Bretagne 1956

Équipes :
Connaught : Grande-Bretagne 1956

Grands Prix disputés : 1

Né handicapé, avec un bras et les jambes atrophiés, Archie Scott-Brown fut un exemple de courage et de réussite dans sa carrière. Après avoir été VRP pour financer son programme en sport automobile, il se fit remarquer au début des années 50 avant de signer un accord avec le constructeur Lister. En 1956, il accéda au Championnat du monde de Formule 1 pour le GP de Grande-Bretagne grâce à Connaught. Il se qualifia dixième mais abandonna à cause de la perte d'une roue. Il devait participer au GP d'Italie la même année mais renonça, puis refusa une offre de BRM l'année suivante.

DESMOND TITTERINGTON

Né le 1er mai 1928 à Cultra (Royaume-Uni) et décédé le 13 avril 2002

Courses :
Grande-Bretagne 1956

Équipes :
Connaught : Grande-Bretagne 1956

Grands Prix disputés : 1

Ami d'Archie Scott-Brown bien avant qu'ils ne se retrouvent en F1, John Desmond Titterington pilota dans de nombreuses compétitions au début des années 50, y compris lors du Rallye Monte-Carlo en 1954. Il accéda lui aussi à la F1 au GP de Grande-Bretagne 1956, se qualifia 11e juste derrière son ami et abandonna lui aussi sur une panne mécanique. Il quitta ensuite le sport automobile.

ANDRÉ MILHOUX

Né le 9 décembre 1928 à Liège (Belgique)

Courses :
Allemagne 1956

Équipes :
Gordini : Allemagne 1956

Grands Prix disputés : 1

Davantage habitué à construire des voitures de course, André Milhoux avait un coup de volant réputé, ce qui lui permit de remplacer André Pilette chez Gordini lors du Grand Prix d'Allemagne 1956. Qualifié 17e, il ne vit pas l'arrivée à cause d'un problème mécanique.

GIORGIO SCARLATTI

Né le 2 octobre 1921 à Rome (Italie) et décédé le 26 juillet 1990

Courses :
Allemagne 1956 – France 1961

Équipes :
- Ferrari : Allemagne 1956
- Maserati : Monaco 1957 – France 1959
- Cooper : Italie 1959
- Maserati : Argentine 1960
- Cooper : Italie 1960
- De Tomaso : France 1961

Grands Prix disputés : 12

Pilote peu convaincant en voitures de sport, Giorgio Scarlatti ne parvint pas à convaincre un employeur au début des années 50. Grâce à ses moyens financiers, il réussit à atteindre le Championnat du monde de F1 en 1956 au volant d'une Ferrari privée. Il abandonna mais trouva un accord pour piloter une Maserati officielle en 1957. Il ne termina qu'une course dans les points, bien qu'il fût remplacé par Harry Schell et que le duo terminât à trois tours de Stirling Moss. La suite de sa carrière fut discrète, avec deux arrivées hors des points et cinq abandons.

JO BONNIER

Né le 31 janvier 1930 à Stockholm (Suède) et décédé le 11 juin 1972

Courses :
Italie 1956 – États-Unis 1971

Équipes :
- Maserati : Italie 1956 – Portugal 1958
- BRM : Italie 1958 – États-Unis 1960
- Porsche : Monaco 1961 – États-Unis 1962
- Cooper : Monaco 1963 – Monaco 1964
- Brabham : Pays-Bas 1964 – Mexique 1965
- Cooper : Monaco 1966 – Belgique 1966
- Brabham : France 1966 – Grande-Bretagne 1966
- Cooper : Pays-Bas 1966 – Afrique du Sud 1968
- McLaren : Belgique 1968 – États-Unis 1968
- Honda : Mexique 1968
- Lotus : Grande-Bretagne 1969 – Allemagne 1969
- McLaren : États-Unis 1970 – États-Unis 1971

Victoires : 1

Pole positions : 1

Podiums : 1

Grands Prix disputés : 104

Jo Bonnier en avril 1962.

Karl Joakim Jonas Bonnier fut un touche-à-tout pour finalement arriver en monoplace. Après le rallye, il atteignit les voitures de sport en 1955 et la F1 en 1956, à l'occasion du Grand Prix d'Italie. Ce fut Maserati qui lui donna une première chance, mais il abandonna. Il roula avec la firme italienne jusqu'à la fin de l'année 1958, avant d'être engagé pour deux courses par BRM en cette fin d'année-là. Il ne fit pas mieux que 7e au volant d'une Maserati, mais sa carrière prit un autre tournant en rejoignant le constructeur anglais. Il termina l'année 1958 par une 4e place au GP du Maroc, et signa la pole position lors du Grand Prix des Pays-Bas 1959. Ce furent sa seule victoire, sa seule pole et son seul podium malgré une carrière longue de 15 ans. Cependant, il termina 8e du Championnat. L'année suivante, il marqua deux fois des points mais connut cinq abandons. Il pilota pour Porsche en 1961 et 1962 et entra une fois dans les points chaque année, avec une 5e place en Grande-Bretagne en 1961, et à Monaco en 1962. De 1963 à 1967, Bonnier roula pour Cooper et Brabham, et enchaîna les accessits sans jamais trouver le chemin du podium. Il y parvint aux 24 Heures du Mans 1964 où, avec Graham Hill, il termina 2e au volant d'une Ferrari 330 P. Sa fin en carrière en Formule 1 fut marquée par de nombreux abandons, et il entra pour la dernière fois dans les points en 1968. Dès 1966, il pilota dans des voitures engagées par sa propre structure, et il décida de se consacrer aux courses d'endurance et de voitures de sport à partir de 1972. Malheureusement, il se tua lors des essais des 24 Heures du Mans cette année-là.

LES LESTON

Né le 16 décembre 1920 à Bulwell (Royaume-Uni) et décédé le 13 mai 2012

Courses :
Italie 1956 – Grande-Bretagne 1957

Équipes :
- Connaught : Italie 1956
- BRM : Grande-Bretagne 1957

Grands Prix disputés : 2

Pilote de F3 puis de F2 au début des années 50, Alfred Lazarus Fingleston, dit Les Leston, arriva en F1 au Grand Prix d'Italie 1956 grâce à Connaught. Malheureusement, il abandonna. Il ne parvint pas à se qualifier au volant d'une Cooper au GP de Monaco 1957 et disputa celui de Grande-Bretagne la même année, avec un abandon à la clé.

Le départ du Grand Prix de Belgique 1956, dans le célèbre Raidillon de l'Eau Rouge.

BOSCH
BOSCH

ALEJANDRO DE TOMASO

Né le 10 juillet 1928 à Buenos Aires (Argentine) et décédé le 21 mai 2003

Courses :
Argentine 1957 – États-Unis 1959

Équipes :
- Ferrari : Argentine 1957
- Cooper : États-Unis 1959

Grands Prix disputés : 2

Pilote dans différentes catégories, Alejandro de Tomaso a disputé deux Grands Prix en Championnat du monde de F1. En Argentine en 1957, il se qualifia 12e pour terminer 9e. Son deuxième GP eut lieu aux États-Unis en 1959, et se solda par un abandon. Mais c'est pour un autre fait d'armes, la même année, qu'il devint célèbre. Ce fut en effet lui qui fonda la marque De Tomaso, laquelle fabriqua d'abord des voitures de course, notamment pour Frank Williams. Par la suite, De Tomaso créa plusieurs modèles de route devenus mythiques.

WOLFGANG VON TRIPS

Né le 4 mai 1928 à Horrem (Allemagne) et décédé le 10 septembre 1961

Courses :
Argentine 1957 – Italie 1961

Équipes :
- Ferrari : Argentine 1957 – Italie 1958
- Porsche : Monaco 1959
- Ferrari : États-Unis 1959 – Italie 1960
- Cooper : États-Unis 160
- Ferrari : Monaco 1961 – Italie 1961

Victoires : 2

Pole position : 1

Podiums : 6

Grands Prix disputés : 27

La carrière de Wolfgang Von Trips fut l'histoire d'une ascension impressionnante et d'un rêve qui se termina en drame, comme la F1 en proposait dans les premières décennies de son existence. Pilote de compétition à un haut niveau à partir de 1954, l'Allemand manqua de peu ses débuts en F1 en 1956, mais il parvint à rouler chez Ferrari en 1957 dès le Grand Prix d'Argentine. Remplaçant, il signa une performance assez convaincante pour qu'Enzo Ferrari lui offre un baquet plus tard dans la saison. Il courut à Monaco et revint à Monza, où il signa son premier podium. L'année suivante, la Scuderia le fit courir à temps plein, avec un nouveau podium au Grand Prix de France. En 1959, il disputa une course chez Porsche et une course chez Ferrari, sans résultat marquant. De retour à temps plein en 1960, il termina à quatre reprises dans les points, mais ne signa aucun podium. L'année 1961 fut celle de la consécration, avec deux victoires aux Pays-Bas et en Grande-Bretagne. Malgré deux abandons sur casse mécanique, ses deux 2es places lui permirent d'aborder l'avant-dernière course de la saison en tête du Championnat devant son équipier Phil Hill.

Le samedi, il fit un pas vers le titre mondial en signant sa première pole position en carrière. Malheureusement, la mort vint le faucher au deuxième tour de la course le lendemain, après un accrochage avec Jim Clark. L'embardée de sa monoplace peu avant la Parabolica se termina dans le public et tua 14 personnes. Hill remporta la course et prit la tête du Championnat ce même jour, pour devenir champion au terme de la saison. Von Trips manqua le titre mondial de peu et termina vice-champion du monde à titre posthume.

IVOR BUEB

Né le 6 juin 1923 à Londres (Royaume-Uni) et décédé le 1er août 1959

Courses :
Monaco 1957 – Grande-Bretagne 1959

Équipes :
- Connaught : Monaco 1957
- Maserati : Grande-Bretagne 1957
- Connaught : Grande-Bretagne 1958
- Cooper : Grande-Bretagne 1959

Grands Prix disputés : 4

Ivor Bueb fut surtout célèbre pour avoir remporté à deux reprises les 24 Heures du Mans. Le Britannique gagna notamment en compagnie de Mike Hawthorn la tristement célèbre édition 1955, connue pour l'accident de Pierre Levegh. Deux ans plus tard, il fit ses débuts en F1 à Monaco, avec un abandon. La même année, il signa son meilleur résultat en Championnat du monde avec une 8e place à domicile. En 1958, son seul GP se solda par un abandon, et il termina 13e en 1959 à domicile. Il se tua la même année en F2 sur le circuit de Charade.

STUART LEWIS-EVANS

Né le 20 avril 1930 à Lutton (Royaume-Uni) et décédé le 25 octobre 1958

Courses :
Monaco 1957 – Maroc 1958

Équipes :
- Connaught : Monaco : 1957
- Vanwall : France 1957 – Maroc 1958

Pole positions : 2

Podiums : 2

Grands Prix disputés : 14

Issu d'une famille plongée dans la compétition automobile, Stuart Lewis-Evans débuta en F3 en 1951, avant d'accéder à une course hors Championnat en F1 en 1956. L'année suivante, ses belles prestations lui permirent d'atteindre le Championnat du monde. Il disputa son premier Grand Prix à Monaco en 1957 avec une Connaught Alta et termina à une belle 4e place, avant de passer chez Vanwall pour la fin de saison. Il progressa en qualifications jusqu'à signer la pole position en Italie. Grâce à des podiums hors Championnat, il fut prolongé pour la saison 1958. De nouveau en pole aux Pays-Bas, il termina sur son premier podium en Belgique. Il atteignit la 3e place une seconnde fois au Portugal mais se tua lors de la dernière course de la saison au Maroc.

MASTEN GREGORY

Né le 29 février 1932 à Kansas City (États-Unis) et décédé le 8 novembre 1985

Courses :
Monaco 1957 – Italie 1965

Équipes :
- Maserati : Monaco 1957 – Maroc 1958
- Cooper : Monaco 1959 – Portugal 1959
- Porsche : Argentine 1960
- Cooper : France 1960 – Grande-Bretagne 1961
- Lotus : Italie 1961 – Italie 1963
- Lola : États-Unis 1963 – Mexique 1963
- BRM : Belgique 1965 – Italie 1965

Podiums : 3

Grands Prix disputés : 38

Après des débuts en voitures de sport sur le continent américain puis en Europe, Masten Gregory parvint à courir en F1 en 1956, avant d'atteindre le Championnat du monde l'année suivante. Les quatre courses qu'il disputa en 1957 furent très prometteuses, avec un podium à Monaco pour ses débuts. Huitième en Allemagne, il enchaîna deux 4es places à Pescara et Monza, pour terminer 6e du Championnat en n'ayant disputé que quatre des huit Grands Prix organisés cette saison-là. L'année suivante, il ne termina qu'une fois dans les points, mais sa saison fut marquée par un accident à Silverstone en voiture de sport. Un choc violent étant inévitable, il sauta de la voiture en marche et se blessa. Il devint célèbre pour sa manie de sauter de voitures en marche, puisqu'il recommença l'année suivante et se blessa de nouveau. Mais sa saison 1959 fut aussi réussie avec deux podiums, ses derniers en carrière. Il signa son meilleur résultat au Portugal avec la 2e place. La suite de sa carrière en F1 fut moins glorieuse puisqu'il n'atteignit plus les points sur des Cooper, Lotus, Lola et BRM privées. En revanche, il remporta les 24 Heures du Mans 1965 avec Jochen Rindt pour Ferrari. Il mit un terme à sa carrière sept ans plus tard après le décès de son ami Jo Bonnier.

BILL CHEESBOURG

Né le 12 juin 1927 à Tucson (États-Unis) et décédé le 21 août 1995

Courses :
Indianapolis 1957 – Indianapolis 1959

Équipes :
- Kurtis Kraft : Indianapolis 1957 – Indianapolis 1958
- Kuzma : Indianapolis 1959

Grands Prix disputés : 3

Après une non-qualification en 1956, William Cheesbourg parvint à disputer les 500 Miles d'Indianapolis en 1957. Ce pilote de milieu de plateau en USAC abandonna, puis termina dixième l'année suivante, avant d'abandonner de nouveau en 1959.

DON EDMUNDS

Né le 23 septembre 1930 à Santa Ana (États-Unis) et décédé le 12 août 2020

Courses :
Indianapolis 1957

Équipes :
Kurtis Kraft : Indianapolis 1957

Grands Prix disputés : 1

Mécanicien devenu pilote, Donald Edmunds ne marqua pas la F1 de son empreinte, avec une seule participation aux 500 Miles d'Indianapolis en 1957. Elle se solda par un abandon et le coureur se tourna rapidement vers la construction de châssis pour des courses de *midgets*.

MIKE MAGILL

Né le 8 février 1920 à Haddonfield (États-Unis) et décédé le 31 août 2006

Courses :
Indianapolis 1957 – Indianapolis 1959

Équipes :
- Kurtis Kraft : Indianapolis 1957 – Indianapolis 1958
- Sutton : Indianapolis 1959

Grands Prix disputés : 3

Vétéran de l'armée américaine, Charles Michael Magill signa quelques performances de choix dans les Championnats USAC et AAA. Néanmoins, ses trois Grands Prix de F1 à Indianapolis se terminèrent par un abandon.

ELMER GEORGE

Né le 5 juillet 1928 à Hockerville (États-Unis) et décédé le 31 mai 1976

Courses :
Indianapolis 1957

Équipes :
Kurtis Kraft : Indianapolis 1957

Grands Prix disputés : 1

La seule qualification d'Elmer George à l'Indy 500 dans le cadre du Championnat du monde de F1 fut plutôt encourageante en termes de performance pure. Sa 9e place au départ ne fut pas récompensée puisqu'il abandonna dans le premier tour après un accident.

EDDIE SACHS

Né le 28 mai 1927 à Allentown (États-Unis) et décédé le 30 mai 1964

Courses :
Indianapolis 1957 – Indianapolis 1960

Équipes :
- Kuzma : Indianapolis 1957 – Indianapolis 1959
- Ewing : Indianapolis 1960

Pole position : 1

Grands Prix disputés : 4

Eddie Sachs fut l'un des pilotes les plus malchanceux à l'Indy 500, notamment durant les quatre éditions qu'il disputa dans le cadre du Championnat du monde de F1. Il était connu pour son panache, et avait notamment prononcé la phrase : « Si vous ne pouvez pas gagner, soyez spectaculaire. » Sur ses quatre qualifications, il atteignit trois fois la première ligne et signa la pole en 1960, mais il abandonna à quatre reprises. Son meilleur résultat aux 500 Miles d'Indianapolis arriva l'année suivante, quand la course ne comptait plus en F1. Il trouva la mort durant la même épreuve, quelques années plus tard.

MIKE MACDOWEL

Né le 13 septembre 1932 à Great Yarmouth (Royaume-Uni) et décédé le 18 janvier 2016

Courses :
France 1957

Équipes :
Cooper : France 1957

Grands Prix disputés : 1

Initialement pilote amateur, Mike MacDowel gravit les échelons jusqu'à la F2, puis la F1 en 1957. Il ne disputa que le Grand Prix de France cette année-là et ne vit pas l'arrivée car il laissa sa voiture à Jack Brabham, après s'être qualifié dernier.

HERBERT MACKAY-FRASER

Né le 23 juin 1927 à Recife (Brésil) et décédé le 14 juillet 1957

Courses :
France 1957

Équipes :
BRM : France 1957

Grands Prix disputés : 1

L'Américain Herbert MacKay-Fraser débuta la compétition en Californie et vint en Europe en 1955. Vainqueur des 1 000 kilomètres du Nürburgring l'année suivante, il disputa plusieurs courses de Formule 2. En 1957, il termina 9e des 24 Heures du Mans et remporta sa catégorie, ce qui lui permit d'accéder à la Formule 1. Il se qualifia 12e et pointa jusqu'au 6e rang avant d'abandonner. Mais alors que sa carrière à l'échelle mondiale semblait enfin lancée, il se tua la semaine suivante sur le circuit de Reims, lors d'une course de F2.

1958

CLIFF ALLISON

Né le 8 février 1932 à Brough (Royaume-Uni) et décédé le 7 avril 2005

Courses :
Monaco 1958 – Monaco 1961

Équipes :
- Lotus : Monaco 1958 – Allemagne 1958
- Maserati : Portugal 1958
- Lotus : Italie 1958 – Maroc 1958
- Ferrari : Monaco 1959 – Argentine 1960
- Lotus : Monaco 1961

Podiums : 1

Grands Prix disputés : 16

Henry Clifford Allison participa à des courses de chevaux pour se constituer un apport financier lui permettant de débuter en course automobile, ce qu'il parvint à faire en 1952 à l'âge de 20 ans. Sa carrière en F1 se résuma essentiellement aux saisons 1958 et 1959, avec Lotus puis Ferrari. Sa première saison le vit terminer à une seule reprise dans les points, mais il signa à domicile sa meilleure qualification, en 5e place. En 1959, il ne vit que deux fois l'arrivée avec la Scuderia et ne marqua des points qu'en Italie. C'est en 1960, pour une pige au GP d'Argentine, qu'il signa son meilleur résultat avec une 2e place. Il enregistra quelques podiums prestigieux en endurance, notamment aux 1 000 kilomètres de Sebring, et se retira de la compétition en 1961 après un accident.

GRAHAM HILL

Né le 15 février 1929 à Londres (Royaume-Uni) et décédé le 29 novembre 1975

Courses :
Monaco 1958 – Brésil 1975

Équipes :
- Lotus : Monaco 1958 – Italie 1959
- BRM : Argentine 1960 – Mexique 1966
- Lotus : Afrique du Sud 1967 – Mexique 1970
- Brabham : Afrique du Sud 1971 – États-Unis 1972
- Shadow : Espagne 1973 – États-Unis 1973
- Lola : Argentine 1974 – Brésil 1975

Champion du monde : 1962-1968

Victoires : 14

Pole position : 13

Podiums : 36

Podiums : 10

Grands Prix disputés : 175

Considéré aujourd'hui comme un des plus grands pilotes de course automobile de l'histoire, Graham Hill ne s'y destinait pas. Il ne passa son permis de conduire qu'à 24 ans, à l'âge où il découvrir la compétition en essayant une F3. Sans moyens financiers à sa disposition, il parvint à atteindre le haut du panier en compétition grâce à Colin Chapman, le fondateur de Lotus, qui le recruta d'abord comme mécanicien. Sa carrière fut par la suite fulgurante, puisqu'il débuta en F1 avec Lotus en 1958.

Graham Hill lors du Grand Prix d'Angleterre 1960.

Il abandonna lors de ses six premiers Grands Prix, et ne vit que quatre fois l'arrivée au cours des 15 courses qu'il disputa avec Lotus dans le cadre de ses deux premières saisons. Il décida de rejoindre BRM en 1960, équipe dans laquelle il resta six saisons. Ses deux premières saisons dans l'équipe ne furent pas beaucoup plus encourageantes. Il signa toutefois son premier podium aux Pays-Bas en 1960, malgré six abandons et un accident (classé 7e) en huit courses. Ses meilleures qualifications durant ces deux années ne se concrétisèrent pas en course, avec une seule arrivée dans les points en 1961. La saison 1962 fut celle de la consécration pour Hill, avec le nouveau châssis P57 et le retour au moteur BRM. Il gagna aux Pays-Bas et signa sa première pole position en Belgique, où il termina 2e. Malgré deux abandons dans les cinq premières courses, Hill limita la casse et pointait toujours en tête du classement après le GP de Grande-Bretagne. La suite de sa saison fut exceptionnelle, avec trois départs en première ligne sur les quatre courses restantes, et surtout trois victoires et une 2e place. Ses deux rivaux, Jim Clark et Bruce McLaren, n'eurent aucune chance de lutter et Hill devint champion du monde. Lors des trois saisons suivantes, il dut concéder le titre à deux reprises face à Clark, et une fois face à John Surtees. Entre 1963 et 1965, il parvint toutefois à signer six victoires et sept pole positions. Durant la même période, il ajouta également 16 podiums à son palmarès et s'imposa trois fois consécutives à Monaco. Sa dernière année chez BRM fut décevante, mais il remporta un succès majeur de l'autre côté de l'Atlantique, en s'adjugeant l'Indy 500. Il fit son retour chez Lotus en 1967, mais malgré trois pole positions et trois podiums, il ne termina que 7e du Championnat. Il se vengea en 1968 en débutant la saison par une 2e place et deux victoires, dont un quatrième succès à Monaco. Malgré une suite de saison plus délicate, il termina par une victoire au Mexique qui lui permit de battre Jackie Stewart pour devenir double champion du monde. La suite de sa carrière en F1 fut plus compliquée. Il remporta son dernier succès en 1969 – encore à Monaco – et quitta le *team* officiel Lotus la même année. Sa saison se termina de manière anticipée par un accident dans lequel il se cassa les jambes. Interrogé peu après sur son état de santé, il répondit simplement : « Dites à ma femme que je ne danserai pas pendant deux semaines. » Par la suite, celui qui était aussi connu pour son humour prit part aux balbutiements de l'aventure Brabham, avant de fonder sa propre équipe, Embassy Racing. Peu avant cela, il triompha enfin aux 24 Heures du Mans, pour sa dixième tentative. Cela lui permit de devenir le premier pilote à remporter la Triple Couronne. Elle se composait du Championnat du monde de F1, de l'Indy 500 et des 24 Heures du Mans, selon la définition de Hill lui-même. Aujourd'hui, on tend à remplacer le Championnat de F1 par le Grand Prix de Monaco mais quelle que soit la définition, Hill reste toujours le seul pilote à l'avoir remporté. Peu satisfait de ses résultats au volant des monoplaces de son équipe, il vit en sa non-qualification au Grand Prix de Monaco 1975 le signe qu'il était temps de raccrocher le casque et les gants. Il se consacra à la gestion de son *team*, pour quelques mois seulement puisqu'il décéda dans un accident d'avion en fin d'année. Graham Hill était également très reconnaissable par son casque, bleu marine avec des dessins de rame d'aviron blancs, en honneur du club d'aviron de Londres duquel il avait été membre. Son fils Damon adopta plus tard le même dessin.

CAREL GODIN DE BEAUFORT

Né le 10 avril 1934 à Maarsbergen (Pays-Bas) et décédé le 2 août 1964

Courses :
Pays-Bas 1958 – Pays-Bas 1964

Équipes :

- Porsche : Pays-Bas 1958 – Pays-Bas 1959
- Maserati : France 1959
- Cooper : Pays-Bas 1960
- Porsche : Pays-Bas 1961 – Pays-Bas 1964

Grands Prix disputés : 26

Très attaché à son pays, le Néerlandais Carel Godin de Beaufort a passé la majeure partie de sa carrière à courir avec des voitures orange. Il fonda son équipe, l'Écurie Maarsbergen, avec laquelle il fit ses débuts au Grand Prix des Pays-Bas 1958. Il disputa sa course à domicile l'année suivante encore ainsi que le Grand Prix de France, tandis qu'il revint aux Pays-Bas en 1960. Lors de ses quatre premières courses, il termina 11e, dixième, 9e et 8e. Une progression qui l'encouragea à se lancer dans des programmes plus complets. Il fallut attendre 1962 pour qu'il ouvre son compteur de points, avec deux 6es places. Il signa aussi sa seule qualification parmi les dix premiers cette année-là. L'année suivante, il réédita sa performance et inscrivit de nouveau deux points. En 1964, il abandonna lors du Grand Prix des Pays-Bas et fut victime d'un accident mortel aux essais du Grand Prix d'Allemagne.

GEORGE AMICK

Né le 24 octobre 1924 à Vernonia (États-Unis) et décédé le 4 avril 1959

Courses :
Indianapolis 1958

Équipes :
Epperly : Indianapolis 1958

Podiums : 1

Grands Prix disputés : 1

Pilote bien connu en USAC et en AAA, George Amick manqua sa qualification à l'Indy 500 en 1957 lors de sa première tentative. Il se qualifia 25e l'année suivante et termina à une belle 2e place pour son seul résultat en Championnat du monde de F1. Il devait participer à l'édition 1959 mais se tua un mois plus tôt à Daytona.

ART BISCH

Né le 10 novembre 1926 à Mesa (États-Unis) et décédé le 4 juillet 1958

Courses :
Indianapolis 1958

Équipes :
Kuzma : Indianapolis 1958

Grands Prix disputés : 1

La carrière d'Arthur James Bisch n'eut pas le temps de décoller, puisque ce pilote américain ne participa qu'à une course de F1, l'Indy 500 1958. Qualifié 28e, il fut impliqué dans l'accident qui tua Pat O'Connor. Et alors qu'il commençait à trouver la voie du succès en ChampCar, il perdit lui-même la vie quelques semaines après l'Indy 500 1958.

AJ FOYT

Né le 16 janvier 1935 à Houston (États-Unis)

Courses :
Indianapolis 1958 – Indianapolis 1960

Équipes :
- Kuzma : Indianapolis 1958 – Indianapolis 1959
- Kurtis Kraft : Indianapolis 1960

Grands Prix disputés : 3

Si Anthony-Joseph Foyt ne brilla pas en F1, avec deux abandons et une 10e place durant les trois dernières éditions de l'Indy 500 comptant pour le Championnat du monde, le pilote américain s'illustra dans toutes les autres catégories au sein desquelles il courut. Il est tout d'abord célèbre pour être un des quatre pilotes à avoir remporté quatre fois l'Indy 500. Foyt le gagna en 1961, en 1964, en 1967 et en 1977. L'année 1967 fut très prolifique pour Foyt puisqu'il remporta les 24 Heures du Mans pour sa seule participation à l'épreuve, avec Dan Gurney, sur une Ford GT40. En 1972, il remporta la course la plus importante du Championnat NASCAR, le Daytona 500. Il fut sept fois champion d'USAC et créa ensuite son équipe, qui court toujours en IndyCar aujourd'hui.

PAUL GOLDSMITH

Né le 2 octobre 1925 à Parkersburg (États-Unis)

Courses :
Indianapolis 1958 – Indianapolis 1960

Équipes :
- Kurtis Kraft : Indianapolis 1958
- Epperly : Indianapolis 1959 – Indianapolis 1960

Podiums : 1

Grands Prix disputés : 3

Pilote de moto avant de passer sur quatre roues, Paul Goldsmith prit part aux trois dernières éditions de l'Indy 500 comptant pour le Championnat du monde de F1. Après un accident la première année, il termina 5e l'année suivante, puis 3e en 1960. Il devint champion de NASCAR en 1961 et mit fin à sa carrière en 1963.

JUD LARSON

Né le 21 janvier 1923 à Grand Prairie (États-Unis) et décédé le 11 juin 1966

Courses :
Indianapolis 1958 – Indianapolis 1959

Équipes :
- Watson : Indianapolis 1958
- Kurtis Kraft : Indianapolis 1959

Grands Prix disputés : 2

L'une des caractéristiques principales de Jud Larson était sa ténacité. Après trois non-qualifications entre 1952 et 1957, l'Américain parvint à se qualifier pour les 500 Miles d'Indianapolis en 1958, et il franchit la ligne d'arrivée en 8e place. De nouveau qualifié 19e l'année suivante, il abandonna.

LEN SUTTON

Né le 9 août 1925 à Aims (États-Unis) et décédé le 4 décembre 2006

Courses :
Indianapolis 1958 – Indianapolis 1960

Équipes :
- Kurtis-Kraft : Indianapolis 1958
- Lesovsky : Indianapolis 1959
- Watson : Indianapolis 1960

Grands Prix disputés : 3

Len Sutton ne fut pas un pilote très chanceux à l'Indy 500, et encore moins quand celui-ci faisait partie du Championnat du monde de F1. Il abandonna trois fois en trois participations, malgré une qualification en 5e place en 1960. Sa seule arrivée dans l'épreuve se fit en 2e place, en 1962, quand le partenariat avec la Formule 1 n'existait plus.

JERRY UNSER

Né le 15 novembre 1932 à Colorado Springs (États-Unis) et décédé le 17 mai 1959

Courses :
Indianapolis 1958

Équipes :
Kurtis Kraft : Indianapolis 1958

Grands Prix disputés : 1

Si sa famille devint par la suite l'une des plus grandes dynasties du sport automobile américain, Jerry Unser n'eut pas l'occasion de profiter de ce statut. Il fut le premier à participer à l'Indy 500, à l'époque où l'épreuve comptait pour le Championnat du monde de F1. En 1958, il fut lui aussi impliqué dans l'accident qui tua Pat O'Connor pour ses débuts dans l'épreuve. L'année suivante, il fut victime d'un violent accident lors des qualifications et sa voiture s'embrasa. Il décéda à l'hôpital une semaine plus tard.

DEMPSEY WILSON

Né le 11 mars 1927 à Los Angeles (États-Unis) et décédé le 23 avril 1971

Courses :
Indianapolis 1958 – Indianapolis 1960

Équipes :
- Kuzma : Indianapolis 1958
- Kurtis Kraft : Indianapolis 1960

Grands Prix disputés : 2

La carrière de Dempsey Wilson n'a pas marqué l'histoire de la F1. L'Américain se qualifia à deux reprises pour les 500 Miles d'Indianapolis en cinq tentatives. Les deux courses qu'il disputa se soldèrent par un abandon.

MARIA TERESA DE FILIPPIS

Née le 11 novembre 1926 à Naples (Italie) et décédée le 9 janvier 2016

Courses :
Belgique 1958 – Italie 1958

Équipes :
Maserati : Belgique 1958 – Italie 1958

Grands Prix disputés : 3

Maria Teresa de Filippis à bord de sa Maserati.

Pilote expérimentée avec à son palmarès des courses comme les Mille Miglia et la Targa Florio, Maria Teresa de Filippis disputa sa première course de F1 hors Championnat, au GP de Syracuse 1958 qu'elle termina en 5e place. C'est au volant d'une Maserati privée qu'elle tenta de se qualifier au Grand Prix de Monaco 1958, sans succès. Elle y parvint en Belgique la même année, avec une 19e place en qualifications, et une 10e position sous le drapeau à damier. Elle disputa également les Grands Prix du Portugal et d'Italie la même année mais elle ne vit pas l'arrivée. L'Italienne retenta de se qualifier au GP de Monaco en 1959 mais échoua de nouveau. Cet échec ainsi que le décès de son ami Luigi Musso l'année précédente la poussèrent à mettre un terme à sa carrière.

PHIL HILL

Né le 20 avril 1927 à Miami (États-Unis) et décédé le 28 août 2008

Courses :
France 1958 – Mexique 1964

Équipes :
- Maserati : France 1958
- Ferrari : Italie 1958 – Italie 1960
- Cooper : États-Unis 1960
- Ferrari : Monaco 1961 – Italie 1962
- A-T-S : Belgique 1963 – Pays-Bas 1963
- Lotus : France 1963
- A-T-S : Italie 1963 – Mexique 1963
- Cooper : Monaco 1964 – Mexique 1964

Champion du monde : 1961

Victoires : 3

Pole positions : 6

Podiums : 16

Podiums : 6

Grands Prix disputés : 47

Phill Hill au volant de sa Ferrari lors du Grand Prix de Monaco 1962.

Philip Toll Hill fut un des trois champions du monde à porter ce patronyme, mais il n'avait aucun lien de parenté avec Graham et Damon. Cet Américain s'initia à l'automobile par la restauration de voitures de collection. C'est par ce biais qu'il s'exila en Angleterre, pour travailler chez Jaguar et Rolls-Royce. Il se lança avec une Jaguar XK 20 en sport automobile en 1950, deux ans avant d'entamer ses participations à des épreuves internationales. Il fut rapidement remarqué par Enzo Ferrari, qui voyait en lui l'ouverture vers le marché américain. Hill dut insister de nombreuses fois pour avoir un volant, y compris après avoir gagné les 24 Heures du Mans en 1958. Il s'engagea au GP de France au volant d'une Maserati inscrite par son ami Jo Bonnier. Ses bons résultats, et le fait que Ferrari devait remplacer le regretté Luigi Musso, lui permit d'avoir un volant pour la fin de saison 1958. Il signa deux podiums en Italie et au Maroc. Son premier programme complet en 1959 fut solide, avec trois nouveaux podiums et la 4e place au Championnat. En 1960, il connut une saison moins bonne mais signa sa première pole position et sa première victoire lors du Grand Prix d'Italie. Un succès marqué par le forfait des équipes anglaises, qui refusaient de rouler sur la version complète de Monza avec l'ovale, lequel avantageait les Ferrari. Il devint néanmoins le premier Américain à gagner en F1 hors de l'Indy 500. L'année suivante, il signa cinq pole positions en sept courses et monta sur le podium à six reprises, avec deux victoires. Il scella malheureusement son titre mondial à l'occasion du funeste GP d'Italie, lors duquel son équipier Wolfgang von Trips trouva la mort, ainsi que 13 spectateurs. Sa saison fut toutefois proche de la perfection, puisqu'il remporta également les 24 Heures du Mans et les 12 Heures de Sebring. En 1962, il gagna de nouveau au Mans, et signa un podium à Sebring et à Daytona. En F1, en revanche, le choix de Ferrari de conserver sa vénérable 156 s'avéra payant en début de saison avec trois podiums, mais condamna Hill à une fin de saison très difficile. Il rejoignit en 1963 A-T-S (Automobili Turismo e Sport, à ne pas confondre avec ATS, Auto Technisches Spezialzubehör), mais il connut cinq abandons en six courses après avoir manqué les premières épreuves de la saison, les monoplaces n'étant pas prêtes. Ce fiasco le poussa à rejoindre Cooper en 1964 mais il connut un nouvel exercice très difficile et quitta la F1.

CARROLL SHELBY

Né le 11 janvier 1923 à Leesburg (États-Unis) et décédé le 10 mai 2012

Courses :
France 1958 – Italie 1959

Équipes :
- Maserati : France 1958 – Italie 1958
- Aston Martin : Pays-Bas 1959 – Italie 1959

Grands Prix disputés : 8

Pilote de voitures de sport, Carroll Shelby disputa quatre courses en 1958 en Championnat du monde de F1. Au volant d'une Maserati, il termina 4e en Italie mais ne marqua aucun point, ayant partagé le volant avec Masten Gregory. En 1959, il ne fit pas mieux qu'une 8e place avec une Aston Martin DBR4. Il s'illustra cette année-là en remportant les 24 Heures du Mans, au volant d'une Aston Martin DBR1. C'est après avoir pris sa retraite de pilote que Shelby marqua l'automobile, en créant l'AC Cobra, et surtout en amenant Ford à la victoire aux 24 Heures du Mans avec la mythique GT40.

IAN BURGESS

Né le 6 juillet 1930 à Londres (Royaume-Uni) et décédé le 19 mai 2012

Courses :
Grande-Bretagne 1958 – Allemagne 1963

Équipes :
- Cooper : Grande-Bretagne 1958 – États-Unis 1960
- Lotus : France 1961 – Grande-Bretagne 1961
- Cooper : Grande-Bretagne 1962 – Allemagne 1962
- Scirocco : Grande-Bretagne 1963 – Allemagne 1963

Grands Prix disputés : 15

Initialement employé de Cooper, Ian John Burgess prit le volant en 1958, et il débuta en Championnat du monde en Grande-Bretagne la même année. Il revint pour cinq courses en 1959 et signa son meilleur résultat avec une 6e position en Allemagne. Son parcours alterna entre Cooper et Lotus, sans résultats probants, avant une dernière saison chez Scirocco en 1963. L'aventure tourna au fiasco, avec cinq forfaits et deux abandons, et Burgess quitta la F1.

ALAN STACEY

Né le 29 août 1933 à Broomsfield (Royaume-Uni) et décédé le 19 juin 1960

Courses :
Grande-Bretagne 1958 – Belgique 1960

Équipes :
Lotus : Grande-Bretagne 1958 – Belgique 1960

Grands Prix disputés : 7

À l'image d'Archie Scott-Brown et ses membres atrophiés, Alan Stacey fut lui aussi un exemple de courage en F1 puisqu'il était unijambiste. Initialement engagé par Lotus pour construire des voitures, il finit par en prendre le volant, en adaptant un système d'accélérateur avec une poignée de gaz, proche de celui d'une moto. Repéré par Colin Chapman, le patron de Lotus, Stacey fut engagé au GP de Grande-Bretagne pour piloter une monoplace britannique. Il abandonna, et termina 8e de la même épreuve l'année suivante. Ce fut la seule fois qu'il vit le drapeau à damier en Championnat du monde. Il abandonna à trois reprises en 1960 et trouva la mort lors du funeste Grand Prix de Belgique, après un choc avec un oiseau qui provoqua une sortie de piste à haute vitesse.

GIULIO CABIANCA

Né le 19 février 1923 à Vérone (Italie) et décédé le 15 juin 1961

Courses :
Italie 1958 – Italie 1960

Équipes :
- Maserati : Italie 1958 – Italie 1959
- Cooper : Italie 1960

Grands Prix disputés : 3

Pilote de monoplaces et spécialiste des courses italiennes, Giulio Cabianca parvint à atteindre la F1 en 1958. Non-qualifié à Monaco, il prit le départ en 20e place à Monza pour l'écurie de Jo Bonnier. L'année suivante, il termina 15e du GP d'Italie, avant de boucler la course en 4e position en 1960. Il décéda l'année suivante dans une course hors Championnat.

1959

BRUCE MCLAREN

Né le 30 août 1937 à Auckland (Nouvelle-Zélande) et décédé le 2 juin 1970

Courses :
Monaco 1959 – Monaco 1970

Équipes :
- Cooper : Monaco 1959 – Mexique 1965
- McLaren : Monaco 1966 – Pays-Bas 1967
- Eagle : France 1967 – Allemagne 1967
- McLaren : Canada 1967 – Monaco 1970

Victoires : 4
Podiums : 27
Podiums : 3
Grands Prix disputés : 98

Bruce McLaren dans sa McLaren-Ford durant le Grand Prix du Canada 1969.

Originaire de Nouvelle-Zélande, Bruce McLaren fit ses classes dans son pays et se fit remarquer en pilotant en F1 dans des épreuves nationales. De quoi attirer l'attention de Cooper, qui l'engagea pour la saison 1959. Cinquième à Monaco pour ses débuts en Championnat du monde, il réitéra sa performance en France et signa un podium en Grande-Bretagne. Il remporta son premier succès en fin d'année aux États-Unis à l'âge de 22 ans et devint le plus jeune vainqueur de la discipline. Son record de précocité ne fut battu qu'en 2003, par un certain Fernando Alonso. En 1960, McLaren récidiva et remporta la première course de la saison. Il signa cinq podiums supplémentaires et ne connut qu'un abandon, ce qui lui permit de terminer vice-champion du monde. L'année 1961 fut plus décevante avec un seul podium, mais 1962 le vit gagner de nouveau, cette fois à Monaco. Avec quatre podiums supplémentaires, il boucla la saison sur le podium du Championnat. De 1963 à 1965, il ne vit le podium qu'à six reprises, mais abandonna 16 fois. Cela le décida à fonder sa propre équipe, Bruce McLaren Motor Racing. Il vit l'arrivée à deux reprises en quatre courses, avec une 5e place pour meilleur résultat. Quatrième lors de la première course de la saison 1967, il connut une désillusion puisqu'il abandonna sept fois cette année-là. Décidant d'équiper ses performantes M7A d'un moteur Ford-Cosworth pour l'exercice suivant, McLaren parvint à décrocher le Graal en Belgique, en triomphant au volant d'une de ses voitures. La jeune équipe remporta deux succès supplémentaires avec Denny Hulme, troisième du classement des pilotes. Les progrès indéniables de McLaren se confirmèrent en 1969 avec trois podiums de plus pour Bruce, qui conclut l'année au 3e rang. Bruce McLaren perdit malheureusement la vie à Goodwood lors d'un test avec sa voiture de catégorie Can-Am, début juin 1970. Son équipe lui a en revanche survécu, devenant un des meilleurs palmarès de la discipline avec 8 titres constructeurs, 12 titres pilotes, 183 victoires et 156 pole positions en 2022.

RED AMICK

Né le 19 janvier 1929 à Kansas City (États-Unis) et décédé le 16 mai 1995

Courses :
Indianapolis 1959 – Indianapolis 1960

Équipes :
- Kurtis Kraft : Indianapolis 1959
- Epperly : Indianapolis 1960

Grands Prix disputés : 2

Richard Amick connut un parcours classique en sport auto américain, et parvint à rejoindre l'USAC à la fin des années 60. Il prit part aux 500 Miles d'Indianapolis en 1959 et en 1960, avec une 11e place comme résultat lors de sa deuxième tentative. Il quitta ensuite le sport automobile.

CHUCK ARNOLD

Né le 30 mai 1926 à Stanford (États-Unis) et décédé le 4 septembre 1997

Courses :
Indianapolis 1959

Équipes :
Kurtis Kraft : Indianapolis 1959

Grands Prix disputés : 1

Charles Arnold disputa son seul Grand Prix en Championnat du monde de F1 à Indianapolis en 1959, avec une 15e place à la clé. Il ne parvint pas à se qualifier l'année suivante, et échoua de nouveau dans cette quête durant les années 60, ce qui le poussa à raccrocher le casque et les gants.

DON BRANSON

Né le 2 juin 1920 à Rantoul (États-Unis) et décédé le 12 novembre 1966

Courses :
Indianapolis 1959 – Indianapolis 1960

Équipes :
Phillips : Indianapolis 1959 – Indianapolis 1960

Grands Prix disputés : 2

Pur produit de la compétition automobile américaine, Donald Branson participa à l'Indy 500 en 1959 mais dut abandonner. L'année suivante, il revint en F1 pour la même épreuve et termina 4e. Au total, Branson courut à huit reprises les 500 Miles d'Indianapolis, mais il ne fit jamais mieux que sa 4e place en 1960.

BOBBY GRIM

Né le 4 septembre 1924 à Coal City (États-Unis) et décédé le 14 juin 1995

Courses :
Indianapolis 1959 – Indianapolis 1960

Équipes :
- Kurtis Kraft : Indianapolis 1959
- Meskowski : Indianapolis 1960

Grands Prix disputés : 2

Robert Grim connut une carrière correcte en Amérique, et cela lui permit de piloter à deux reprises en Championnat du monde. Il se qualifia 5e pour son premier Indy 500 mais ne vit pas l'arrivée. Vingt-et-unième au départ en 1960, il franchit la ligne d'arrivée en 16e position.

JIM MCWITHEY

Né le 4 juillet 1927 à Grammer (États-Unis) et décédé le 1er février 2009

Courses :
Indianapolis 1959 – Indianapolis 1960

Équipes :
- Kurtis Kraft : Indianapolis 1959
- Epperly : Indianapolis 1960

Grands Prix disputés : 2

La carrière de James Robert McWithey ne fut pas aussi longue que le pilote ne l'aurait souhaité. En effet, il ne parvint pas à se qualifier pour les 500 Miles d'Indianapolis entre 1956 et 1958. En 1959, il atteignit son but de justesse avec la 33e place en qualifications et la 16e à l'arrivée. En 1960, il abandonna et ne revint plus disputer l'épreuve.

INNES IRELAND

Né le 12 juin 1930 à Mytholmroyd (Royaume-Uni) et décédé le 22 octobre 1993

Courses :
Pays-Bas 1959 – Mexique 1966

Équipes :
- Lotus : Pays-Bas 1959 – Monaco 1963
- BRP : Belgique 1963 – Grande-Bretagne 1963
- Lotus : Allemagne 1963
- BRP : Italie 1963 – Mexique 1964
- Lotus : Belgique 1965 – États-Unis 1965
- BRM : États-Unis 1966 – Mexique 1966

Victoires : 1

Podiums : 4

Podiums : 1

Grands Prix disputés : 50

Robert MacGregor Innes Ireland, dit Innes Ireland, connut une ascension impressionnante jusqu'à la F1. Deuxième des 24 Heures du Mans en 1953 et 1956, il débuta en monoplace en 1957. Pilotant des Formule 2 privées, il attira l'intérêt de Colin Chapman, qui le recruta pour le faire débuter en Championnat du monde avec Lotus. Avec deux arrivées parmi les cinq premiers, sa première saison fut encourageante malgré quatre abandons. L'année suivante, la Lotus 18 marqua un progrès net pour l'équipe et il se qualifia 2e de la première course de la saison. Au Grand Prix de Monaco, il fut un peu plus modeste mais travailla avec Stirling Moss, pourtant pilote non officiel. Après avoir suivi Moss pour comprendre ses performances et ses trajectoires, Ireland reconnut avoir reçu « la plus belle leçon de pilotage » de sa carrière. Il signa son premier podium lors de la course suivante aux Pays-Bas, puis parvint à atteindre le podium deux autres fois cette saison-là. En 1961, sa saison fut frustrante mais il parvint à décrocher son seul succès en carrière aux États-Unis, lors d'une course marquée par l'absence des Ferrari après l'accident mortel de Wolfgang Von Trips. Malheureusement, la suite de sa carrière fut déclinante, avec des volants dans des équipes privées. Il ne termina plus jamais sur un podium et devint, après sa carrière, le président du British Racing Drivers' Club.

COLIN DAVIS

Né le 29 juillet 1933 à Londres (Royaume-Uni) et décédé le 19 décembre 2012

Courses :
France 1959 – Italie 1959

Équipes :
Cooper : France 1959 – Italie 1959

Grands Prix disputés : 2

Fils d'un vainqueur des 24 Heures du Mans, Colin Davis passa l'entièreté de sa vie dans le milieu du sport automobile. Ce Britannique fut surtout pilote de voitures de sport, malgré des débuts en monoplace. Son contrat avec OSCA ne lui permit pas de courir en 1958, et il y parvint sur une Cooper privée de la Scuderia Centro Sud au Grand Prix de France 1959. Il abandonna, mais franchit la ligne d'arrivée en 11e position en Italie pour son deuxième et dernier départ.

FRITZ D'OREY

Né le 25 mars 1938 à São Paulo (Brésil) et décédé le 31 août 2020

Courses :
France 1959 – États-Unis 1959

Équipes :
- Maserati : France 1959 – Grande-Bretagne 1959
- Tec Mec : États-Unis 1959

Grands Prix disputés : 3

Frederico José Carlos Themudo d'Orey, dit Fritz d'Orey, était un pilote brésilien d'origine allemande, fils de concessionnaires automobiles. C'est à l'âge de 20 ans qu'il décida d'acheter la Ferrari 375 de Chico Landi pour disputer des courses en Amérique du Sud. Lui aussi engagé par la Scuderia Centro Sud, il débuta en France en 1959 avec une 10e place, mais un accident en Grande-Bretagne mit fin à sa saison après qu'il eut détruit sa monoplace. Il revint en fin d'année pour une dernière course au volant d'une Tec Mec de Camoradi International mais ne vit pas l'arrivée. Deux accidents violents en voiture de sport le poussèrent à arrêter sa carrière.

DAN GURNEY

Né le 13 avril 1931 à Port Jefferson (États-Unis) et décédé le 14 janvier 2018

Courses :
France 1959 – Grande-Bretagne 1970

Équipes :
- Ferrari : France 1959 – Italie 1959
- BRM : Monaco 1960 – États-Unis 1960
- Porsche : Monaco 1961 – États-Unis 1962
- Brabham : Monaco 1963 – Mexique 1965
- Eagle : Belgique 1966 – Monaco 1968
- Brabham : Pays-Bas 1968
- Eagle : Grande-Bretagne 1968 – Italie 1968
- McLaren : Canada 1968 – Grande-Bretagne 1970

Victoires : 4

Pole positions : 3

Podiums : 19

Podiums : 6

Grands Prix disputés : 86

Dan Gurney lors de sa 2e place au Grand Prix d'Allemagne 1959.

Ancien militaire, Daniel Gurney débuta sa carrière aux États-Unis avant de venir en Europe pour disputer les 24 Heures du Mans, et Enzo Ferrari le recruta à titre officiel pour la course en 1959. Convaincu par les talents de l'Américain, Il Commendatore décida de l'engager en F1 au Grand Prix de France. Son abandon à cause d'un problème mécanique gâcha une belle remontée, mais il parvint à terminer sur le podium en Allemagne (2e) puis au Portugal (3e). Malgré ces bons débuts, il décida de quitter Ferrari pour rejoindre BRM, mais l'année 1960 fut marquée par le manque de fiabilité du moteur anglais, puisqu'il abandonna six fois en sept courses. De plus, un accident au GP des Pays-Bas, dans lequel ses freins lâchèrent, causa la mort d'un jeune spectateur et poussa Gurney à modifier son approche du pilotage. En 1961, Dan rejoignit Porsche et amena la 718 sur le podium au Grand Prix de France, puis de nouveau en Italie et aux États-Unis. L'année suivante, au volant de la Porsche 804, il décrocha son premier succès en Championnat du monde avec la firme allemande, qui se retira en fin de saison. Son retour chez Brabham se solda par trois podiums, avant de signer deux victoires et deux pole positions en 1964. En 1965, il fit une belle série de cinq podiums et décida d'engager sa propre équipe, Eagle, en F1 pour la saison 1966. La fiabilité de la voiture, avec des moteurs Climax puis Weslake, n'était pas au rendez-vous, et Gurney connut une année difficile. En 1967, malgré de nombreux abandons, il remporta sa première victoire avec Eagle, devenant un pilote-propriétaire vainqueur. La même année, il gagna les 24 Heures du Mans avec AJ Foyt sur une Ford GT40 Mk IV. L'année précédente, Gurney était tellement grand (1,93 m) que dans la GT40 Mk II, Shelby dut adapter le toit en plaçant une *Gurney bubble*, littéralement une « bulle Gurney », permettant au pilote de rentrer dans la voiture de manière confortable. Lors de sa victoire au Mans, Gurney décida d'apporter une bouteille de champagne sur le podium pour arroser Foyt, Carroll Shelby et Henry Ford II. Ce fut la première fois que le champagne servit à célébrer une victoire en sport automobile, et le début d'une tradition qui se poursuit encore aujourd'hui. La suite de sa carrière en Formule 1 ne fut pas marquante, mais Dan Gurney entra dans la légende avec un palmarès impressionnant. Preuve du talent de Gurney : le père de Jim Clark déclara, lors des funérailles de ce dernier, qu'il était le seul pilote que son fils ait craint en F1.

PETER ASHDOWN

Né le 16 octobre 1934 à Danbury (Royaume-Uni)

Courses :
Grande-Bretagne 1959

Équipes :
Cooper : Grande-Bretagne 1959

Grands Prix disputés : 1

Peter Ashdown était un pilote en voitures de sport et en F2 lorsqu'il eut un grave accident qui le tint éloigné des circuits pendant près de deux ans. Lors de son retour, il participa à une course de Championnat du monde, à Aintree en 1959. Il termina 12e à six tours et cela signa la fin de sa carrière en F1.

CHRIS BRISTOW

Né le 2 décembre 1937 à Londres (Royaume-Uni) et décédé le 19 juin 1960

Courses :
Grande-Bretagne 1959 – Belgique 1960

Équipes :
Cooper : Grande-Bretagne 1959 – Belgique 1960

Grands Prix disputés : 4

Jeune pilote très talentueux, Christopher Bristow se fit remarquer en F2 et dans des courses hors Championnat, avant de rejoindre le Championnat du monde en 1959, à l'occasion du Grand Prix de Grande-Bretagne. Il passa sous le drapeau à damier en 10e place, et fut engagé pour la saison 1960 sur une Cooper privée. Victime de problèmes mécaniques à Monaco et Zandvoort, après de belles qualifications, il fut l'une des victimes du tragique Grand Prix de Belgique 1960. Les essais avaient été marqués par les accidents graves de Stirling Moss et Mike Taylor, et Bristow décéda lors d'un accident au 19e des 36 tours. Cinq tours plus tard, ce fut Alan Stacey qui perdit la vie, faisant de ce week-end l'un des pires qu'ait connu la F1.

BRIAN NAYLOR

Né le 24 mars 1923 à Manchester (Royaume-Uni) et décédé le 8 août 1989

Courses :
Grande-Bretagne 1959 – Italie 1961

Équipes :
JBW : Grande-Bretagne 1959 – Italie 1961

Grands Prix disputés : 5

Brian Naylor débuta sa carrière en F1 en 1959, lors du Grand Prix de Grande-Bretagne. Cet ancien vendeur de voitures était passé par la F2 et par les 24 Heures du Mans, avant d'engager une Cooper *recarrossée* en son nom. Il devint ainsi un pilote-propriétaire mais ne connut pas le succès, puisqu'il abandonna quatre fois en cinq courses. Sa seule arrivée se fit à la 13e place.

DAVID PIPER

Né le 2 décembre 1930 à Londres (Royaume-Uni)

Courses :
Grande-Bretagne 1959 – Grande-Bretagne 1960

Équipes :
Lotus : Grande-Bretagne 1959 – Grande-Bretagne 1960

Grands Prix disputés : 2

Pilote en courses de côte, David Piper débuta en monoplace à la fin des années 50, et eut l'occasion de s'engager sur trois Grands Prix en Championnat du monde. Il abandonna en Grande-Bretagne en 1959, ne put pas prendre le départ en France en 1960 et se classa 12e de son dernier Grand Prix, de nouveau en Grande-Bretagne en 1960.

HENRY TAYLOR

Né le 16 décembre 1932 à Shefford (Royaume-Uni) et décédé le 24 octobre 2013

Courses :
Grande-Bretagne 1959 – Italie 1961

Équipes :
- Cooper : Grande-Bretagne 1959 – États-Unis 1960
- Lotus : France 1961 – Italie 1961

Grands Prix disputés : 8

Simultanément pilote en monoplace et en endurance, Henry Taylor se fit remarquer et décrocha son précieux sésame pour le Championnat du monde lors de sa course à domicile en 1959. Qualifié 21e, il se classa 11e et obtint un volant avec une Cooper privée pour 1960. Cette année-là, il signa ses meilleurs résultats en F1, notamment une 4e place en France. En 1961, il manqua plusieurs courses après un accident en Grande-Bretagne, et décida d'arrêter la compétition après l'accident de Wolfgang Von Trips à Monza.

MIKE TAYLOR

Né le 24 avril 1934 à Londres (Royaume-Uni) et décédé le 3 avril 2017

Courses :
Grande-Bretagne 1959

Équipes :
Cooper : Grande-Bretagne 1959

Grands Prix disputés : 1

Vainqueur de plusieurs courses en voitures de sport et en F2 avant ses 25 ans, Michael Taylor put enfin débuter au plus haut niveau en Grande-Bretagne, durant l'été 1959. Il abandonna et ne revint en F1 qu'un an plus tard, à l'occasion du funeste Grand Prix de Belgique 1960. Il se blessa gravement lors des essais et décida d'arrêter sa carrière.

MÁRIO DE ARAÚJO CABRAL

Né le 15 janvier 1934 à Cedofeita (Portugal) et décédé le 17 août 2020

Courses :
Portugal 1959 – Italie 1964

Équipes :
- Cooper : Portugal 1959 – Allemagne 1963
- A-T-S : Italie 1964

Grands Prix disputés : 4

Pilote portugais, Mário de Araújo Cabral se fit un nom dans toute la péninsule ibérique, ainsi qu'en Afrique, à la fin des années 50. C'est grâce à cette réputation qu'il put disputer le Grand Prix du Portugal 1959 au volant d'une Cooper de la Scuderia Centro Sud.

Sa 10e place lui permit de revenir l'année suivante pour sa course à domicile, mais il abandonna. Obligé d'interrompre sa carrière pour suivre son service militaire, il reprit le volant de manière professionnelle en 1963, et courut deux Grands Prix avec la Scuderia Centro Sud cette même année. Mais un abandon et une non-participation n'aidèrent pas sa carrière. En Italie, les organisateurs parvinrent à le convaincre de déclarer forfait, comme deux autres pilotes, pour permettre à Giancarlo Baghetti de prendre le départ, alors qu'il ne s'était pas qualifié. Sa dernière course en F1, l'année suivante, se solda par un abandon.

HARRY BLANCHARD

Né le 13 juin 1929 à Burlington (États-Unis) et décédé le 31 janvier 1960

Courses :
États-Unis 1959

Équipes :
Porsche : États-Unis 1959

Grands Prix disputés : 1

Pilote américain peu connu en Europe, Harry Blanchard s'engagea au Grand Prix des États-Unis 1959 au volant d'une Porsche privée, sur le circuit de Sebring. Sa course fut convaincante, avec une 7e place finale, mais il se tua en début d'année 1960 lors des 1 000 kilomètres de Buenos Aires.

GEORGE CONSTANTINE

Né le 22 février 1918 à Southbridge (États-Unis) et décédé le 7 janvier 1968

Courses :
États-Unis 1959

Équipes :
Cooper : États-Unis 1959

Grands Prix disputés : 1

Comme Harry Blanchard, George Constantine était surtout célèbre outre-Atlantique, grâce notamment à plusieurs victoires lors de courses d'endurance. En 1959, Mike Taylor l'engagea sur une Cooper privée pour le Grand Prix des États-Unis à Sebring mais il ne vit pas l'arrivée et ne revint jamais en F1.

BOB SAID

Né le 5 mai 1932 à New York (États-Unis) et décédé le 24 mars 2002

Courses :
États-Unis 1959

Équipes :
Connaught : États-Unis 1959

Grands Prix disputés : 1

Boris « Bob » Said rencontra le succès en Europe au volant de monoplaces et décida de s'engager quelques années plus tard au Grand Prix des États-Unis 1959 de F1. Sa seule participation en Championnat du monde, avec une Connaught privée, s'acheva par un accident.

ROBERTO BONOMI

Né le 30 septembre 1919 à Buenos Aires (Argentine) et décédé le 10 janvier 1992

Courses :
Argentine 1960

Équipes :
Cooper : Argentine 1960

Grands Prix disputés : 1

Durant les années 50, Roberto Bonomi devint une figure du sport automobile argentin, grâce à de nombreuses victoires en endurance et en formule libre. En Championnat du monde de F1, il ne parvint pas à faire plus que sa course à domicile en 1960, qu'il termina pourtant à une prometteuse 11e place.

ETTORE CHIMERI

Né le 4 juin 1921 à Lodi (Italie) et décédé le 27 février 1960

Courses :
Argentine 1960

Équipes :
Maserati : Argentine 1960

Grands Prix disputés : 1

Premier Vénézuélien à piloter en F1, Ettore Chimeri ne courut que le Grand Prix d'Argentine 1960 en mondial. Une expérience qui tourna au fiasco car sous la chaleur étouffante de Buenos Aires, Chimeri fut un des trois pilotes à abandonner d'épuisement, peu après le quart de la course. Il décéda moins de trois semaines plus tard lors d'une séance d'essais.

ANTONIO CREUS

Né le 28 octobre 1924 à Madrid (Espagne) et décédé le 19 février 1966

Courses :
Argentine 1960

Équipes :
Maserati : Argentine 1960

Grands Prix disputés : 1

Pilote espagnol de voitures de sport, Antonio Creus était aussi un motard chevronné. En 1958 après divers succès, il acheta une Maserati 250F configurée pour Monza. Elle différait d'une 250F classique par une position de conduite plus basse, un moteur à angle différent, ainsi qu'une carrosserie et un réservoir modifiés. Il prit part au Grand Prix d'Argentine dans le cadre du Championnat du monde mais abandonna au 16e tour, alors qu'il s'asphyxiait avec une remontée des gaz d'échappement. Il continua à rouler en F1 hors Championnat, avant d'arrêter sa carrière, jugeant le sport automobile trop dangereux.

NASIF ESTÉFANO

Né le 18 novembre 1932 à Conceptión (Argentine) et décédé le 21 octobre 1973

Courses :
Argentine 1960

Équipes :
Maserati : Argentine 1960

Grands Prix disputés : 1

Nasif Estéfano débuta en F1 grâce à Alessandro de Tomaso, qui l'engagea en Argentine au volant d'une Maserati en 1960. Il termina 14e puis tenta de se qualifier au Grand Prix d'Italie 1962, cette fois dans une monoplace conçue par De Tomaso. Il ne parvint pas à être au départ et retourna en Argentine, où il connut une carrière solide en F3.

ALBERTO RODRÍGUEZ-LARRETA

Né le 14 janvier 1934 à Buenos Aires (Argentine) et décédé le 11 mars 1977

Courses :
Argentine 1960

Équipes :
Lotus : Argentine 1960

Grands Prix disputés : 1

Alberto Rodríguez-Larreta se fit remarquer en Argentine en disputant diverses courses d'endurance, au point de se voir offrir une chance en Championnat du monde de F1 par Lotus, pour sa course à domicile en 1960. Quinzième au départ, il se classa 9e. Il se dit que Colin Chapman lui offrit un volant pour d'autres courses mais qu'il le refusa. Il retourna courir en Argentine pour le reste de sa carrière.

GINO MUNARON

Né le 2 avril 1928 à Turin (Italie) et décédé le 22 novembre 2009

Courses :
Argentine 1960 – Italie 1960

Équipes :
- Maserati : Argentine 1960
- Cooper : France 1960 – Italie 1960

Grands Prix disputés : 4

Virginio Lugli Munaron fut d'abord un pilote de voitures de sport et de tourisme, des disciplines dans lesquelles il s'illustra. L'Italien fit ses débuts en Championnat du monde de F1 au Grand Prix d'Argentine 1960, sur une Maserati privée. Il termina 13e et fut engagé par la Scuderia Castellotti pour d'autres courses. Il ne parvint pas à se qualifier à Monaco, abandonna en France, et franchit la ligne en 15e position en Grande-Bretagne. Après un nouvel abandon en Italie, il décida de retourner en voitures de tourisme et en endurance.

RICHIE GINTHER

Né le 5 août 1930 à Hollywood (États-Unis) et décédé le 20 septembre 1989

Courses :
Monaco 1960 – Mexique 1966

Équipes :
- Ferrari : Monaco 1960 – Italie 1961
- BRM : Pays-Bas 1962 – Mexique 1964
- Honda : Monaco 1965 – Mexique 1965
- Cooper : Monaco 1966 – Belgique 1966
- Honda : Italie 1966 – Mexique 1966

Victoires : 1

Podiums : 14

Podiums : 3

Grands Prix disputés : 52

Peu avant ses 20 ans, Paul Richard Ginther fit la rencontre du milieu de la course automobile à la fin des années 40 grâce à Phil Hill, qui était un ami de son frère aîné. Mécanicien dans l'aviation, il travailla avec Hill pour entretenir et réparer ses voitures, puis fit ses débuts au volant au début des années 50. Il dut faire une pause pour son service militaire, puis revint en compétition. Convaincant dans les catégories inférieures, il parvint à rejoindre Hill chez Ferrari en 1960. Sixième pour ses deux premières courses en F1, il termina 2e derrière son ami à Monza. La Scuderia le conserva pour la saison 1961, durant laquelle il ajouta trois podiums à son palmarès. Ginther s'engagea avec BRM pour la saison 1962, qui fut marquée par de nombreux abandons. Deux podiums et de belles qualifications la sauvèrent, et il fit bien mieux en 1963. En dix courses, il abandonna deux fois mais parvint à terminer le reste des challenges parmi les cinq premiers. Troisième du Championnat pilotes, il resta chez BRM pour une troisième saison, avec deux podiums à la clé. En 1965, il décida de rejoindre Honda, qui sortait d'une première saison difficile, et la sienne n'en fut pas moins complexe. La RA272 manquait à la fois de performance et de fiabilité, mais il marqua une belle progression au fil de l'année. Au Grand Prix du Mexique, Honda parvint à profiter de la puissance de son moteur pour gagner sa première victoire, la seule en carrière de Ginther. Il s'empara du record de vitesse moyenne du moment avec 151,7 km/h sur l'ensemble de la course. Sa saison 1966 fut catastrophique, avec notamment une fracture de la clavicule. Il s'engagea chez Eagle pour l'année 1967, mais une non-qualification à Monaco le poussa à interrompre sa carrière.

JOHN SURTEES

Né le 11 février 1934 à Tatsfield (Royaume-Uni) et décédé le 10 mars 2017

Courses :
Monaco 1960 – Italie 1972

Équipes :
- Lotus : Monaco 1960 – États-Unis 1960
- Cooper : Monaco 1961 – États-Unis 1961
- Lola : Pays-Bas 1962 – Afrique du Sud 1962
- Ferrari : Monaco 1963 – Belgique 1966
- Cooper : France 1966 – Mexique 1966
- Honda : Afrique du Sud 1967 – Mexique 1968
- BRM : Afrique du Sud 1969 – Mexique 1969
- McLaren : Afrique du Sud 1970 – Pays-Bas 1970
- Surtees : Grande-Bretagne 1970 – Italie 1972

Champion du monde : 1964
Victoires : 6
Pole position : 8
Podiums : 24
Podiums : 11
Grands Prix disputés : 122

John Surtees, champion du monde à moto avant de venir en F1.

Si John Surtees a marqué l'histoire de la F1 à partir de 1960, le Britannique n'était pas moins populaire dans les années 50... mais sur deux roues ! Champion du monde en 500cc en 1956, il décrocha un deuxième titre similaire deux ans plus tard, qu'il coupla avec une couronne en 350cc. Surtees réitéra la même performance en 1959 et en 1960, tout en commençant à s'intéresser aux voitures de course. Deuxième pour sa première course de F2, il fut engagé chez Lotus pour quatre supplémentaires l'année de son dernier sacre à moto. Peu intimidé par la Formule 1, le Britannique signa un podium dès son deuxième Grand Prix, et une pole position pour sa course suivante, qu'il mena jusqu'à une erreur qui provoqua son abandon. Surtees décida de rejoindre Cooper pour disputer, en 1961, sa première saison complète. Il termina à deux reprises en 5e place, ses meilleurs résultats de l'année. En 1962, il fit briller la toute nouvelle équipe Lola avec une pole position et deux podiums. Il se classa 4e du Championnat du monde et cela lui ouvrit les portes de la Scuderia Ferrari. Derrière l'intouchable Jim Clark et les BRM de Graham Hill et Richie Ginther, Surtees fit de bons débuts en rouge, avec une 4e place à Monaco en début de saison. Aux Pays-Bas, il signa un podium, puis un autre en Grande-Bretagne avant de triompher pour la première fois en F1 au GP d'Allemagne, sur le mythique Nürburgring. Sa fin de saison fut plus compliquée et il termina de nouveau sa série de courses en 4e place. En 1964, la redoutable Ferrari 158 lui permit de signer six podiums en dix courses, dont deux victoires. Il s'imposa de nouveau sur la Nordschleife, puis à Monza pour le plus grand plaisir des tifosis. En lutte avec Hill et sa BRM, Surtees termina la saison par deux 2es places juste après son succès italien, ce qui lui permit de décrocher le titre de champion du monde. Il devint le premier pilote à remporter son titre sur deux et quatre roues, et reste à ce jour le seul à avoir accompli cet exploit. Pour parachever cette belle saison, il termina 3e des 24 Heures du Mans, son meilleur résultat. En 1965, les deux modèles que Ferrari aligna (158 et 1512) ne purent pas lutter contre les écuries anglaises. Surtees abandonna quatre fois en huit Grands Prix et parvint toutefois à atteindre le podium à trois reprises. Cinquième du Championnat loin d'un Clark intouchable, Surtees débuta l'année suivante avec l'espoir d'un second titre mondial. Qualifié 2e à Monaco, il abandonna avant de signer la pole et la victoire en Belgique. Mais ce qui semblait être un début de saison très positif marqua finalement la rupture entre le Britannique et Ferrari, qu'il accusait de favoriser son équipier, Lorenzo Bandini. Il ne tarda pas à trouver refuge chez Cooper, dont la T81 était plus efficace que la T53 de sa première saison complète. Entre ses deux courses chez Ferrari, il avait été invité par Lotus à disputer les 500 Miles d'Indianapolis, mais ne put pas s'y rendre à cause d'une blessure contractée lors d'une course en Can-Am. C'est Graham Hill qui hérita de son volant... et remporta l'épreuve. Surtees put limiter sa frustration cette année-là en remportant une deuxième course pour conclure l'année, au Grand Prix du Mexique. Ses deux autres podiums lui permirent de terminer vice-champion du monde. Il devint propriétaire d'équipe en Can-Am en engageant la Surtees Racing Organisation, tandis qu'il décida de relever le défi proposé par Honda en Formule 1. Un podium marqua des débuts prometteurs avant une série de trois abandons en ce début d'année 1967. Sa victoire à Monza pour deux dixièmes face à Jack Brabham lui permit de terminer 4e du Championnat, ce qui marqua malheureusement le début de son déclin en tant que pilote. Toujours avec le manufacturier japonais en 1968, une pole position et deux podiums furent ses seuls faits d'armes, et il s'engagea avec BRM en 1969 après le retrait soudain de Honda. Auteur d'un seul podium, il décida d'engager sa propre équipe en F1 en 1970. La McLaren M7C, qu'il transforma en Surtees TS7, n'apporta pas satisfaction avec une 5e place comme meilleur résultat. Ce fut la même chose l'année suivante et il décida de mettre un terme à sa carrière de pilote. Une dernière course en Italie en 1972 se solda par un abandon, et il se consacra à son rôle de patron d'écurie jusqu'en 1978, date à laquelle son équipe quitta la F1. Son fils Henry était également pilote mais il décéda malheureusement dans un accident en F2 en 2009, à l'âge de 18 ans.

JIM HURTUBISE

Né le 5 décembre 1932 à Tonawanda (États-Unis) et décédé le 6 janvier 1989

Courses :
Indianapolis 1960

Équipes :
Christensen : Indianapolis 1960

Grands Prix disputés : 1

Pilote d'USAC, Jim Hurtubise participa à une course de F1, lors de la dernière édition de l'Indy 500 comptant pour le Championnat du monde. Il abandonna et fut classé 18e après une panne mécanique.

LLOYD RUBY

Né le 12 janvier 1928 à Wichita Falls (États-Unis) et décédé le 23 mars 2009

Courses :
Indianapolis 1960 – États-Unis 1961

Équipes :
- Watson : Indianapolis 1960
- Lotus : États-Unis 1961

Grands Prix disputés : 2

Richard Lloyd Ruby était un pilote américain de monoplace, et il fut engagé par l'équipe Agajanian à l'Indy 500 1960, qu'il termina à une honorable 7e place. Il revint en F1 en 1961 pour disputer le GP des États-Unis en 1961 à Watkins Glen, mais abandonna. Ruby courut jusqu'en 1977 et enregistra une 3e place comme meilleur résultat à l'Indy 500, lorsque l'épreuve n'avait plus de lien avec la Formule 1.

BUD TINGELSTAD

Né le 4 avril 1928 à Frazee (États-Unis) et décédé le 30 juillet 1981

Courses :
Indianapolis 1960

Équipes :
Trevis : Indianapolis 1960

Grands Prix disputés : 1

Spécialiste de la monoplace, Melvin Joseph Tingelstad fit ses débuts en USAC en 1960, ce qui lui permit de disputer une fois les 500 Miles d'Indianapolis, qu'il termina au 9e rang.

WAYN WEILER

Né le 9 décembre 1934 à Phoenix (États-Unis) et décédé le 13 octobre 2005

Courses :
Indianapolis 1960

Équipes :
Epperly : Indianapolis 1960

Grands Prix disputés : 1

Pilote de *midgets* pour lancer sa carrière, Wayne Weiler fit ses débuts en monoplace en 1958. Il ne disputa les 500 Miles qu'en 1960 et abandonna.

JIM CLARK

Né le 4 mars 1936 à Kilmany (Royaume-Uni) et décédé le 7 avril 1968

Courses :
Pays-Bas 1960 – Afrique du Sud 1968

Équipes :
Lotus : Pays-Bas 1960 – Afrique du Sud 1968

Champion du monde : 1963-1965

Victoires : 25

Pole positions : 33

Podiums : 32

Meilleurs tours en course : 28

Grands Prix disputés : 72

Le champion du monde 1963, Jim Clark, et sa Lotus.

Bien qu'il ne fasse pas partie des dix meilleurs palmarès de l'histoire de la Formule 1, Jim Clark est encore considéré aujourd'hui comme l'un des meilleurs pilotes que la discipline ait connus. Fils de fermier écossais qui se prédestinait à reprendre l'affaire familiale, Clark se lança en compétition à l'âge de 17 ans, d'abord en rallye, puis sur circuit. En 1958, il écrasa la concurrence en remportant plus de la moitié des courses qu'il disputa au volant d'une Jaguar D Type. Il fit la rencontre de Colin Chapman la même année, et celui-ci fut tellement impressionné en courant contre Clark qu'il le recruta. Clark et Chapman se lancèrent d'abord à l'assaut des 24 Heures du Mans via une Lotus de l'équipe Border Reivers. Troisième de l'épreuve en 1960, il la disputa une dernière fois en 1961, mais signa surtout en F1 et en F2 pour la saison 1960, respectivement avec Aston Martin et Lotus. Le projet Aston Martin en F1 fut un fiasco, et Chapman proposa à Clark de courir pour Lotus en F1 également, quand une place était libre. Son premier Grand Prix en Championnat du monde fut celui des Pays-Bas, où il enregistra un abandon. Vint ensuite le funeste GP de Belgique, qui coûta la vie à Alan Stacey et Chris Bristow, que Clark vit mourir sous ses yeux. Il découvrit les joies du podium au Portugal la même année, et Chapman lui proposa un programme complet en 1961. Clark avait pour habitude de s'aligner dans beaucoup de courses et il remporta sa première victoire F1 cette année-là, hors Championnat. Il fut malheureusement impliqué dans le tragique accident de Wolfgang Von Trips à Monza, laissant un arrière-goût amer à cet exercice 1961. La saison suivante fut marquée par l'arrivée de la redoutable Lotus 25. Redoutable oui, mais peu fiable, puisque Clark ne vit pas l'arrivée des deux premières courses. Malgré une mauvaise qualification en Belgique, il remporta sa première victoire à Spa-Francorchamps, sur un circuit qu'il détestait pour son manque de sécurité après les deux accidents mortels de l'édition 1960. De plus en plus à l'aise avec la Lotus 25, il signa la pole en France mais dut abandonner, avant de partir en tête et de s'imposer en Grande-Bretagne. Quatrième en Allemagne, il termina la saison par une série de trois pole positions et s'imposa aux États-Unis. Il connut hélas deux autres abandons en Italie et en Afrique du Sud. Vice-champion du monde derrière son ami Graham Hill après la casse mécanique d'East London, Clark était revanchard et étrilla totalement la concurrence en 1963. Après un abandon pour commencer la saison, Clark enchaîna quatre victoires entre la Belgique et la Grande-Bretagne, puis une 2e place en Allemagne, une nouvelle victoire en Italie, une 3e position aux États-Unis, et deux succès pour terminer l'année. Avec sept pole positions et sept victoires en dix courses, l'Écossais fut sacré champion du monde dès Monza, comme Lotus. Cette première couronne pour le pilote et pour l'équipe scella les liens déjà très forts entre Jim et Colin Chapman. La même année, il fut 2e des 500 Miles d'Indianapolis et remporta aussi le mythique Grand Prix de Pau. En 1964, la fiabilité fit à nouveau défaut à la Lotus 25, et Clark abandonna sept fois en dix courses. Lors des trois Grands Prix desquels il vit l'arrivée cette année-là, Clark le fit depuis la plus haute marche du podium, prouvant une nouvelle fois la supériorité du duo qu'il formait avec la monoplace verte et jaune. La saison 1965 fut probablement le chef-d'œuvre de Jim Clark. Il débuta la saison par une victoire en Afrique du Sud. Il ne prit pas part au GP de Monaco puisqu'il était aux États-Unis ce week-end là pour courir l'Indy 500, qu'il remporta. Son retour en Europe fut marqué par cinq autres victoires. Il ne marqua pas de point lors des trois dernières courses mais décrocha toutefois son deuxième titre mondial. Lors des neuf courses qu'il courut en Championnat du monde en 1965, il signa six pole positions, et s'élança deuxième des trois autres courses. Outre ses six victoires et six pole positions en F1 et sa victoire à Indianapolis, Clark fut aussi champion des Tasman Series, disputées en début d'année. Il remporta de nouveau ce

Championnat d'Océanie mettant en scène des monoplaces proches des F1 en 1967 et 1968. En revanche, 1966 fut l'une de ses pires saisons en F1. Clark n'avait rien perdu de son talent pour le pilotage, mais sa vieillissante Lotus 33 fut remplacée par une Lotus 43 au moteur BRM quelque peu anémique. Il sauva sa saison en s'imposant au GP des États-Unis, et fit une apparition remarquée au Rallye de Grande-Bretagne, jouant au plus haut niveau avant un abandon. La nouvelle Lotus 49 était en retard en début de saison et Clark abandonna en Afrique du Sud et à Monaco. Mais dès l'arrivée de sa nouvelle monture, équipée en plus du redoutable V8 Ford-Cosworth DFV, Clark revint au niveau qui était le sien en remportant le GP des Pays-Bas. Il signa six pole positions et quatre victoires en 1967, terminant 3e du Championnat. Son début de saison 1968 fut au niveau de la fin d'année précédente, puisqu'il remporta le GP d'Afrique du Sud le 1er janvier après s'être élancé en pole, et fit également le meilleur tour en course. C'était son onzième *hat trick*, le coup du chapeau consistant à gagner en ayant signé la pole et le meilleur tour, et ce vingt-cinquième succès lui permettait de dépasser le record de Fangio. Après avoir dominé les Tasman Series, et en attendant la deuxième course qui se disputait au mois de mai, Clark s'engagea en F2 pour rester en forme. Malheureusement, il fut victime d'une crevaison à Hockenheim et sa Lotus s'encastra dans les arbres, le tuant sur le coup à seulement 32 ans. Les funérailles de Jim Clark attirèrent des dizaines de pilotes, et la F1 plongea dans une tristesse sans précédent. Colin Chapman jura de ne plus jamais se lier d'amitié avec un pilote, ayant ressenti trop de douleur après le décès de Clark. Hill prit conscience du manque de sécurité sur les circuits et se joignit à Jackie Stewart pour en faire une véritable croisade. Chris Amon résuma l'état d'esprit des pilotes après la mort de Clark, considéré alors comme le meilleur d'entre eux : « Si ça pouvait lui arriver, quelle chance avions-nous ? Nous l'avons tous ressenti. Nous avions l'impression d'avoir perdu notre leader. »

LUCIEN BIANCHI

Né le 10 novembre 1934 à Milan (Italie) et décédé le 30 mars 1969

Courses :
Belgique 1960 – Mexique 1968

Équipes :
- Cooper : Belgique 1960 – Grande-Bretagne 1960
- Lotus : Belgique 1961 – Belgique 1962
- ENB : Allemagne 1962
- Lola : Belgique 1963
- BRM : Belgique 1965
- Cooper : Monaco 1968 – Mexique 1968

Podiums : 1

Grands Prix disputés : 17

Luciano Bianchi était un pilote italien naturalisé belge, qui fut surtout connu pour sa carrière en voitures de sport. Vainqueur de nombreuses courses d'endurance, dont les 24 Heures du Mans 1957 sur Ferrari, Bianchi s'engagea pour la première fois en Championnat du monde de F1 en 1959. Mais c'est en 1960 qu'il disputa son premier Grand Prix, en Belgique, avec une belle 6e place à la clé. Sa fin de saison 1960 et sa saison 1961, durant lesquelles il totalisa cinq autres Grands Prix, furent catastrophiques avec des abandons à la clé. Ses participations sporadiques en Formule 1 ne furent pas convaincantes jusqu'au milieu des années 60, mais il remporta une deuxième fois les 24 Heures du Mans en 1964. Il y parvint au volant d'une Ferrari 250 GTO, tandis que l'année suivante, il remporta les 500 Kilomètres du Nürburgring avec son frère Mauro, lui aussi pilote de voitures de sport. Lucien fit son retour en F1 en 1968 avec Cooper, et signa un podium à Monaco. Cette année marqua aussi son troisième succès au Mans, au volant d'une Ford GT40. L'année suivante, alors qu'il devait participer à la classique sarthoise au volant d'une Alfa Romeo, il se tua lors d'essais en vue de la course.

CHUCK DAIGH

Né le 29 novembre 1923 à Long Beach (États-Unis) et décédé le 29 avril 2008

Courses :
Belgique 1960 – États-Unis 1960

Équipes :
- Scarab : Belgique 1960
- Cooper : Grande-Bretagne 1960
- Scarab : États-Unis 1960

Grands Prix disputés : 3

Pilote de monoplaces aux États-Unis, Charles George Daigh manqua de se qualifier à l'Indy 500 1959, mais il revint l'année suivante au volant d'une Scarab. Il ne parvint pas à se qualifier à Monaco et dut déclarer forfait à trois reprises à cause de problèmes mécaniques, et une fois à cause d'un désaccord au sujet des primes. Il parvint à voir le drapeau à damier une seule fois, à la 10e place.

WILLY MAIRESSE

Né le 1er octobre 1928 à Momignies (Belgique) et décédé le 2 septembre 1969

Courses :
Belgique 1960 – Allemagne 1963

Équipes :
- Ferrari : Belgique 1960 – Italie 1960
- Lotus : Belgique 1961 – France 1961
- Ferrari : Allemagne 1961 – Allemagne 1963

Podiums : 1

Grands Prix disputés : 12

Pilote belge de rallye dans les années 50, Willy Mairesse débuta la course sur circuit à la fin de la décennie. Ses premiers résultats sur piste furent excellents, et il grimpa les échelons rapidement jusqu'à avoir sa chance en Championnat du monde de F1 au Grand Prix de Belgique. Enzo Ferrari lui fit confiance à raison, puisqu'il se qualifia 12e, 5e et 3e lors des trois Grands Prix qu'il disputa cette année-là. Après deux abandons sur problème mécanique, il atteignit le podium au GP d'Italie. Il ne fit jamais de saison complète en Formule 1 mais fut régulièrement appelé par Ferrari. Malheureusement, en 12 départs, il connut dix abandons, soit un taux de 83,33 %. Il vit l'arrivée en 4e place du GP d'Italie 1962. Il participa aux 24 Heures du Mans à huit reprises. Dans la Sarthe, il parvint à atteindre trois fois le podium en 1961, 1965 et 1967, à chaque fois avec Ferrari. Un départ précipité lors de l'édition 1968 le fit s'élancer avec une portière ouverte, et il eut un grave accident avec sa Ford GT40 dans le premier tour, en tentant de la fermer. S'ensuivirent deux semaines de coma qui marquèrent la fin de sa carrière. N'acceptant pas son triste sort, Mairesse se suicida en 1969.

LANCE REVENTLOW

Né le 24 février 1936 à Londres (Royaume-Uni) et décédé le 24 juillet 1972

Courses :
Belgique 1960

Équipes :
Scarab : Belgique 1960

Grands Prix disputés : 1

Beau-fils de l'acteur Cary Grant, Lance Graf von Haugwitz-Hardenberg-Reventlow profita de la fortune familiale pour monter son équipe de course automobile aux États-Unis à la fin des années 50. Il s'essaya au pilotage de ses monoplaces en 1960 mais ne prit qu'un départ en Belgique, qui se solda par un abandon.

KEITH GREENE

Né le 5 janvier 1938 à Londres (Royaume-Uni) et décédé le 8 mars 2021

Courses :
Grande-Bretagne 1960 – Allemagne 1962

Équipes :

- Cooper : Grande-Bretagne 1960
- Gilby : Grande-Bretagne 1961 – Allemagne 1962

Grands Prix disputés : 3

Keith Greene débuta sa carrière de pilote en 1955 et remporta dès l'année suivante ses premiers succès. Impressionnant en F2 en 1959, il décrocha à 21 ans – un âge jeune pour l'époque – un volant pour le GP de Grande-Bretagne. Non qualifié, il y parvint l'année suivante mais ne vit pas l'arrivée. En 1961, il ne disputa de nouveau que sa course à domicile, avec une 15e place à la clé. Ce fut hélas la seule fois qu'il vit l'arrivée en Championnat du monde et il arrêta sa carrière en monoplace. Dix ans plus tard, il devint directeur sportif de l'équipe Brabham.

PIERO DROGO

Né le 8 août 1926 à Vignale (Italie) et décédé le 28 avril 1973

Courses :
Italie 1960

Équipes :
Cooper : Italie 1960

Grands Prix disputés : 1

Piero Drogo fit ses classes en Amérique du Sud dans des courses de voitures de sport, et notamment d'endurance. Fort de quelques succès nationaux, il s'aligna au Grand Prix d'Italie au volant d'une Cooper en 1960. Cette épreuve marqua la première course de cinq pilotes, lesquels furent invités à remplacer les constructeurs britanniques qui décidèrent de boycotter la course pour des raisons de sécurité. Quinzième au départ, il franchit la ligne en 8e position. Il fut célèbre par la suite pour avoir fondé la Carrozzeria Sports Cars, une entreprise fabriquant des carrosseries pour des Ferrari et Maserati de route.

FRED GAMBLE

Né le 17 mars 1932 à Pittsburgh (États-Unis)

Courses :
Italie 1960

Équipes :
Porsche : Italie 1960

Grands Prix disputés : 1

Fred Gamble ne disputa qu'un Grand Prix dans sa carrière en Championnat du monde, le Grand Prix d'Italie 1960. Il vit l'arrivée en 10e position, et ce fut l'une de ses rares courses en Europe, l'Américain ayant surtout roulé dans son pays. Il courut une fois les 24 Heures du Mans mais arrêta rapidement sa carrière et devint directeur de la compétition chez Goodyear.

ARTHUR OWEN

Né le 23 mars 1915 à Londres (Royaume-Uni) et décédé le 27 avril 2002

Courses :
Italie 1960

Équipes :
Cooper : Italie 1960

Grands Prix disputés : 1

Bijoutier en Angleterre, Arthur William Owen fut sporadiquement pilote de course dans les années 50. En 1959, il disputa ses premières courses en Formule 1 hors Championnat. Il fut invité à participer au GP d'Italie 1960 mais sa 11e position de grille se transforma en abandon après un accident. Après plusieurs podiums en Championnat du monde d'endurance, il reprit la gestion de sa bijouterie à temps plein.

ALFONSO THIELE

Né le 5 avril 1922 à Istanbul (Turquie) et décédé le 15 juillet 1986

Courses :
Italie 1960

Équipes :
Cooper : Italie 1960

Grands Prix disputés : 1

Pilote de voitures de sport, l'Américain Alfonso Thiele se fit remarquer en remportant les Mille Miglia en 1957. En 1960, il participa lui aussi au Grand Prix d'Italie de F1 mais abandonna. L'année suivante, il devait participer à l'épreuve mais déclara forfait.

VIC WILSON

Né le 14 avril 1931 à Drypool (Royaume-Uni) et décédé le 14 janvier 2001

Courses :
Italie 1960

Équipes :
Cooper : Italie 1960

Grands Prix disputés : 1

Le Britannique Victor Wilson fit ses débuts en compétition en Afrique du Sud et rentra ensuite en Europe, où il prit le départ à Monza en 1960 au volant d'une Cooper. La pompe à essence du moteur Climax l'empêcha de voir l'arrivée. Il tenta un retour en 1966 en Belgique, mais il laissa finalement sa voiture à Bob Bondurant après avoir disputé les essais libres et mit un terme à sa carrière.

BOB DRAKE

Né le 14 décembre 1919 à San Francisco (États-Unis) et décédé le 18 avril 1990

Courses :
États-Unis 1960

Équipes :
Maserati : États-Unis 1960

Grands Prix disputés : 1

Robert Drake fut un homme aux multiples vies. Restaurateur en Californie et cascadeur à Hollywood, il prit goût à la compétition en 1953. Il remporta sa première course l'année suivante et continua à courir jusqu'en 1960. Il engagea une Maserati 250F au Grand Prix des États-Unis cette même année mais ne se qualifia que 22ᵉ. Sa 13ᵉ place à l'arrivée s'expliqua par le fait que la 250F était vieillissante avec l'arrivée des voitures à moteur arrière. Il fut le dernier à la piloter en Championnat du monde, ainsi que le dernier pilote à s'être engagé avec une monoplace à moteur avant.

JIM HALL

Né le 23 juillet 1935 à Abilene (États-Unis)

Courses :
États-Unis 1960 – Mexique 1963

Équipes :
Lotus : États-Unis 1960 – Mexique 1963

Grands Prix disputés : 11

Héritier orphelin de magnats du pétrole, James Ellis Hall découvrit le sport automobile en rejoignant l'entreprise de Carroll Shelby. Outre son rôle de pilote, il devint concessionnaire Maserati en association avec Shelby. Avec son ami Hap Sharp, il aligna une Lotus 24 au GP des États-Unis 1960 à Riverside, où il décrocha une belle 7ᵉ place. Il réitéra cette participation les deux années suivantes mais connut des problèmes mécaniques. En 1961, Sharp et lui créèrent la marque Chaparral Cars qu'ils engagèrent en endurance et en monoplace outre-Atlantique. Jim Hall fut engagé par l'équipe BRP en 1963 pour disputer la saison de F1 au volant d'une Lotus. Avec une 5ᵉ place comme meilleur résultat, il mit un terme à sa carrière en Championnat du monde et se concentra sur le Can-Am. Gravement blessé dans un accident en 1968, il se consacra ensuite à Chaparral, qu'il mena à la victoire à l'Indy 500 en 1980.

PETE LOVELY

Né le 11 avril 1926 à Livingston (États-Unis) et décédé le 15 mai 2011

Courses :
États-Unis 1960 – États-Unis 1971

Équipes :
- Cooper : États-Unis 1960
- Lotus : Canada 1969 – États-Unis 1971

Grands Prix disputés : 7

Américain exilé en Europe, Gerard Carlton Lovely remporta plusieurs courses, notamment les 12 Heures de Reims avec Innes Ireland. Une non-qualification au Grand Prix de Monaco le fit retourner aux États-Unis, où il disputa une course de F1 en 1960 avec une 11ᵉ place comme résultat. Concessionnaire Volkswagen pendant les années 60, il fit son retour en F1 à titre privé en 1969 pour les trois courses sur le continent américain. Une 7ᵉ place au Canada fut son meilleur résultat, et il abandonna lors de ses trois dernières tentatives en Formule 1 en 1970 et 1971.

MICHAEL MAY

Né le 18 août 1934 à Stuttgart (Allemagne)

Courses :
Monaco 1961 – France 1961

Équipes :
Lotus : Monaco 1961 – France 1961

Grands Prix disputés : 2

Ingénieur de formation, Michael May fit forte impression en remportant le Grand Prix de Monaco en Formule Junior en 1959. La Scuderia Colonia l'engagea en 1961, et sa 11e place en France fut sa meilleure performance. Après un gros accident au Nürburgring lors des essais du Grand Prix d'Allemagne, il décida de mettre un terme à sa carrière de pilote.

TREVOR TAYLOR

Né le 26 décembre 1936 à Gleadless (Royaume-Uni) et décédé le 27 septembre 2010

Courses :
Pays-Bas 1961 – Grande-Bretagne 1966

Équipes :
- Lotus : Pays-Bas 1961 – Afrique du Sud 1963
- BRP : Monaco 1964 – France 1964
- Lotus : Grande-Bretagne 1964
- BRP : Autriche 1964 – Mexique 1964
- Shannon : Grande-Bretagne 1966

Podiums : 1

Grands Prix disputés : 27

Champion de F3 en 1958, Trevor Taylor eut rapidement sa chance en Formule 1 et disputa le Grand Prix des Pays-Bas en 1961 avec Lotus, décrochant une 13e place à l'arrivée. Colin Chapman vit en lui un grand espoir et l'engagea pour la saison 1962. Taylor débuta par une 2e place aux Pays-Bas, mais eut surtout le malheur de se retrouver face au redoutable Jim Clark. Ce dernier termina vice-champion du monde, tandis que Taylor ne marqua plus de point après les Pays-Bas, terminant dixième du classement. La saison 1963 fut catastrophique pour sa cote, puisqu'il termina 6e à Monaco en guise de meilleur résultat. Son seul point marqué de l'année parut léger face aux 73 de Clark (54 retenus) et aux sept victoires du champion du monde. La carrière de Taylor ne se remit jamais de cet affront et il fut engagé par BRP en 1964, avec un seul point de nouveau au Championnat. Il s'exila en Formule 5000 où il termina sa carrière en 1972.

LORENZO BANDINI

Né le 21 décembre 1935 à Barka (Libye) et décédé le 10 mai 1967

Courses :
Belgique 1961 – Monaco 1967

Équipes :
- Cooper : Belgique 1961 – Italie 1961
- Ferrari : Monaco 1962 – Italie 1962
- BRM : France 1963 – Allemagne 1963
- Ferrari : Italie 1963 – Monaco 1967

Victoires : 1

Pole position : 1

Podiums : 8

Meilleurs tours en course : 2

Grands Prix disputés : 42

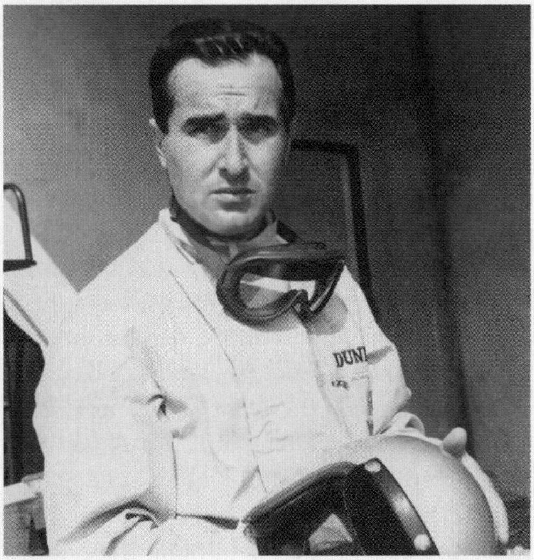

Lorenzo Bandini.

Mécanicien dans un garage en Italie, Loreno Bandini parvint à débuter en compétition grâce à son patron. D'abord motard, il passa ensuite sur quatre roues et remporta les Mille Miglia en 1958. Pilote en Formule Junior de 1959 à 1961, il fait ses débuts en Championnat du monde de Formule 1 cette année-là. Ses belles performances – dont une 8e place en Italie – persuadèrent Enzo Ferrari de le recruter, et Bandini signa son premier podium à Monaco en 1962. Il connut moins de réussite en 1963 avec trois arrivées en 5e place en guise de meilleurs résultats. L'année ne fut pas mauvaise en tous points puisqu'il remporta les 24 Heures du Mans avec Ferrari. En 1964, pour sa première saison complète en F1, il atteignit à quatre reprises le podium, remportant même le Grand Prix d'Autriche. Ce fut son seul succès, mais il signa encore plusieurs podiums, dont deux à Monaco en 1965 et 1966. Sa seule pole position en carrière eut lieu durant cette saison, au Grand Prix de France. L'année 1967 débuta sous les meilleurs auspices pour Bandini avec une victoire aux 24 Heures de Daytona et aux 1 000 kilomètres de Monza avec Ferrari et Chris Amon. Devenu leader de la Scuderia après le départ de John Surtees, Bandini fondait de gros espoirs sur sa saison 1967 et se qualifia deuxième du Grand Prix de Monaco. Les images de l'embrasement de sa Ferrari à la chicane du port après un accident le lendemain firent malheureusement le tour du monde, et Bandini décéda des suites de ses blessures trois jours plus tard, à l'âge de 31 ans. Un trophée porte aujourd'hui son nom et récompense chaque année, depuis 1992, le pilote ou l'équipe ayant marqué la saison.

JACKIE LEWIS

Né le 1er novembre 1936 à Stroud (Royaume-Uni)

Courses :
Belgique 1961 – Allemagne 1962

Équipes :
Cooper : Belgique 1961 – Allemagne 1962

Grands Prix disputés : 9

Jackie Lewis débuta le sport automobile en 1958, à l'âge de 22 ans, en achetant une F3. Le Britannique progressa en F2 l'année suivante, dont il remporte le Championnat britannique en 1960. En 1961, il roule sur une Cooper T53 dont il est propriétaire, en l'engageant avec une équipe privée. Il boucle ces quelques piges par une 4e place prometteuse en Italie. Avec l'Écurie Galloise, il débute la saison 1962 par une 8e position aux Pays-Bas, mais ne se qualifie pas à Monaco après avoir racheté une BRM. Il participe à trois autres courses avec sa Cooper mais ne termine qu'une fois. Démotivé par ses deux activités, pilote et concessionnaire, il devient éleveur de moutons dans la campagne anglaise.

GIANCARLO BAGHETTI

Né le 25 décembre 1934 à Milan (Italie) et décédé le 27 novembre 1995

Courses :
France 1961 – Italie 1967

Équipes :
- Ferrari : France 1961 – Italie 1962
- A-T-S : Belgique 1963 – Mexique 1963
- BRM : Pays-Bas 1964 – Italie 1964
- Brabham : Italie 1965
- Ferrari : Italie 1966
- Lotus : Italie 1967

Victoires : 1

Podiums : 1

Meilleurs tours en course : 1

Grands Prix disputés : 21

Giancarlo Baghetti gagne le Grand Prix de France 1961 avec la Ferrari « Sharknose ».

Pilote de voitures de tourisme dès 1956, Giancarlo Baghetti débuta en monoplace en 1959. Deux ans plus tard, la Fédération italienne des équipes automobiles (FISA) lui apporta son soutien pour disputer une course de F1 hors Championnat. Il s'illustra en remportant le Grand Prix de Syracuse face à Dan Gurney et John Surtees. Il gagna sa deuxième course hors Championnat à Naples, et la FISA décida de le lancer dans le grand bain. C'est lors du Grand Prix de France 1961 qu'il fit ses débuts en Championnat du monde. Au terme d'une nouvelle lutte intense face à Gurney, Baghetti s'imposa. À l'exception de Giuseppe Farina, vainqueur du premier Grand Prix de l'histoire, Giancarlo

Baghetti est à ce jour le seul à avoir remporté sa première course en F1. La suite de sa carrière fut plus discrète, avec deux abandons en 1961. Recruté par la Scuderia Ferrari en 1962, il paya le départ des cadres de l'équipe et ne fit pas mieux qu'une 4e place. En 1963, il dut déclarer quatre fois forfait avec ATS et connut quatre abandons en cinq courses. La saison 1964 marqua la fin de son déclin en F1, puisqu'il ne fit pas mieux que 7e au volant d'une BRM de la Scuderia Centro Sud. Ses deux dernières courses en 1966 et 1967 furent anecdotiques, et il se retira du sport auto pour devenir photographe après un 6e abandon aux 24 Heures du Mans en autant de participations.

BERNARD COLLOMB

Né le 7 octobre 1930 à Annecy (France) et décédé le 19 septembre 2011

Courses :
France 1961 – Allemagne 1963

Équipes :
- Cooper : France 1961 – Allemagne 1962
- Lotus : Allemagne 1963

Grands Prix disputés : 4

Pilote moto et propriétaire d'un garage dans les années 50, Bernard Collomb-Clerc se lança en F2 en 1960, sans résultats convaincants. Il décida toutefois d'acheter une Cooper T53 pour rouler en F1. Ses débuts en Championnat du monde ne furent pas brillants, avec deux abandons et deux qualifications au-delà de la 20e place. En 1962, Collomb connut de nouveau un abandon et décida de se procurer une Lotus 24 en 1963. Il vit l'arrivée au Grand Prix d'Allemagne en 10e place, mais à cinq tours du leader, la course n'en comportant que 15 ! Non qualifié à Monaco en 1964, il décida de revenir en F2 en 1965 et ne revint jamais en Formule 1.

GERRY ASHMORE

Né le 25 juillet 1936 à Bromwich (Royaume-Uni) et décédé le 25 août 2021

Courses :
Grande-Bretagne 1961 – Italie 1961

Équipes :
Lotus : Grande-Bretagne 1961 – Italie 1961

Grands Prix disputés : 3

Issu d'une famille de pilotes automobiles, Joseph Gerald Ashmore débuta en F1 en 1961, après une année en F2. Ses trois courses en Championnat du monde se soldèrent par deux abandons et une 16e place, et il ne fit plus d'apparitions en Formule 1 par la suite.

TONY MAGGS

Né le 9 février 1937 à Pretoria (Afrique du Sud) et décédé le 2 juin 2009

Courses :
Grande-Bretagne 1961 – Afrique du Sud 1965

Équipes :
- Lotus : Grande-Bretagne 1961 – Allemagne 1961
- Cooper : Pays-Bas 1962 – Afrique du Sud 1964

- BRM : Grande-Bretagne 1964 – Autriche 1964
- Lotus : Afrique du Sud 1965

Podiums : 3

Grands Prix disputés : 25

Anthony Maggs débuta sa carrière de pilote par quelques courses nationales au volant de voitures de sport. Il s'exila en Angleterre en 1959, puis débuta en F2 et en Formule Junior l'année suivante. Très solide dans ces catégories, Maggs se vit offrir deux courses en Championnat du monde. Il devint alors le premier Sud-Africain à s'aligner en F1, et fit deux performances solides au volant d'une ancienne Lotus privée. Cooper le recruta aux côtés de Bruce McLaren pour la saison 1962 et il signa alors deux podiums, en France et surtout en Afrique du Sud pour le premier Grand Prix de F1 dans le pays. Septième du Championnat, il aida son équipe à terminer en 3e place du Championnat. La saison suivante fut plus délicate, à cause de la fiabilité en berne de la Cooper T66. Maggs enregistra toutefois un troisième et dernier podium au Grand Prix de France. Cooper décida de remplacer le Sud-Africain par Phil Hill et Maggs trouva refuge au sein de la Scuderia Centro Sud. Au volant d'une BRM, sa saison fut marquée par un manque de fiabilité. En 1965, il courut de nouveau à domicile avec une 11e place pour le compte du Reg Parnell Racing. Mais un accident de F2, dans lequel un adolescent décéda, le poussa à mettre fin à sa carrière et retourner vivre dans son pays natal.

TONY MARSH

Né le 20 juillet 1931 à Stourbridge (Royaume-Uni) et décédé le 7 mai 2009

Courses :
Grande-Bretagne 1961 – Allemagne 1961

Équipes :
Lotus : Grande-Bretagne 1961 – Allemagne 1961

Grands Prix disputés : 2

Spécialiste des courses de côte en Angleterre, Anthony Ernest Marsh acheta une F2 en 1957. Fort de plusieurs résultats encourageants en monoplace, il participa à deux courses en Championnat du monde, qui se soldèrent par un abandon et une 15e place.

MASSIMO NATILI

Né le 28 juillet 1935 à Ronciglione (Italie) et décédé le 18 septembre 2017

Courses :
Grande-Bretagne 1961

Équipes :
Cooper : Grande-Bretagne 1961

Grands Prix disputés : 1

Massimo Natili était un pilote prometteur en formules de promotion italiennes, mais il ne connut pas le succès en Formule 1. Le seul Grand Prix qu'il disputa, en Angleterre en 1961, se solda par un abandon. Il se cantonna ensuite à la F2 et à la F3. Après une année 1960 en Formule 2, conclue par une victoire, il se réessaya à la F1, sans plus de succès avec une 10e place en guise de meilleur résultat.

TIM PARNELL

Né le 25 juin 1932 à Derby (Royaume-Uni) et décédé le 5 avril 2017

Courses :
Grande-Bretagne 1961 – Italie 1961

Équipes :
Lotus : Grande-Bretagne 1961 – Italie 1961

Grands Prix disputés : 2

Fils de Reg Parnell, qui était l'un des pilotes précédents lors de la première course du Championnat du monde, Tim Parnell fit ses classes en monoplace, et notamment en F2. Après quelques bons résultats, il tenta de se qualifier pour le Grand Prix de Grande-Bretagne 1959, sans succès. Après sa carrière, il devint successivement manager de BRM et directeur de plusieurs circuits.

ROBERTO BUSSINELLO

Né le 4 octobre 1927 à Pistoia (Italie) et décédé le 24 août 1999

Courses :
Italie 1961 – Italie 1965

Équipes :
- De Tomaso : Italie 1961
- BRM : Italie 1965

Grands Prix disputés : 2

Roberto Bussinello débuta sa carrière de pilote à l'âge de 31 ans après avoir été ingénieur. Après des courses en Formule Junior, il fut recruté par De Tomaso et disputa une course, dont il ne vit pas l'arrivée. Alfa Romeo en tant que pilote et ingénieur en 1963, et il s'éloigna de la F1 jusqu'à un retour en 1965. Son deuxième Grand Prix se solda également par un abandon.

ROBERTO LIPPI

Né le 17 octobre 1926 à Rome (Italie) et décédé le 31 octobre 2011

Courses :
Italie 1961

Équipes :
De Tomaso : Italie 1961

Grands Prix disputés : 1

Roberto Lippi débuta la compétition dans les années 50, d'abord avec les voitures de sport. Après plusieurs victoires de prestige dans des compétitions nationales, De Tomaso décida de l'engager au Grand Prix d'Italie 1961. Il se qualifia 32e et abandonna en début de course sur casse moteur. Il ne parvint pas à se qualifier pour la même épreuve en 1962 et 1963 et mit fin à sa carrière en 1964.

RENATO PIROCCHI

Né le 23 juin 1933 à Notaresco (Italie) et décédé le 29 juillet 2002

Courses :
Italie 1961

Équipes :
Cooper : Italie 1961

Grands Prix disputés : 1

Comme Roberto Lippi, Renato Pirocchi fut considéré dans les années 50 comme un futur grand pilote italien. Son titre de champion d'Italie en Formule Junior, en 1960, confirma ce statut. Malheureusement, le passage à la Formule 1 ne fut pas couronné de succès, Pirocchi rencontrant des difficultés à se qualifier hors Championnat. Sa seule participation en Championnat du monde se solda par une 12e place, après s'être qualifié 29e.

RICARDO RODRÍGUEZ

Né le 14 février 1942 à Mexico (Mexique) et décédé le 1er novembre 1962

Courses :
Italie 1961 – Italie 1962

Équipes :
Ferrari : Italie 1961 – Italie 1962

Grands Prix disputés : 5

Brillant pilote dans les compétitions nationales, Ricardo Rodríguez de la Vega arriva en Europe avec son frère Pedro et leur manager Jo Ramirez à la fin des années 50. Les deux Mexicains disputèrent les 24 Heures du Mans en 1959 mais abandonnèrent. L'année suivante, Ricardo Rodriguez termina 2e de la classique mancelle à l'âge de 18 ans avec André Pilette, pour le compte de North American Racing Team (NART), la branche américaine de Ferrari. Un abandon en 1961 n'empêcha pas Ferrari de lui donner sa chance pour le Grand Prix d'Italie de F1 la même année. Rodriguez se qualifia 2e derrière Wolfgang Von Trips, qui se tua en course. Le Mexicain abandonna à cause d'un problème mécanique mais revint au sein de la Scuderia en 1962. En Belgique, il marqua les esprits en se qualifiant 7e, avant de franchir la ligne d'arrivée en 4e position. Sixième en Allemagne au volant d'une Ferrari 156 vieillissante, Rodriguez impressionna, mais Ferrari décida de déclarer forfait en fin de saison. Le Mexicain décida de s'engager avec le Rob Walker Racing Team pour la fin d'année, afin de courir à domicile dans une manche hors Championnat. Il se tua malheureusement lors des essais, à l'âge de 20 ans.

GAETANO STARRABBA

Né le 3 décembre 1932 à Palerme (Italie)

Courses :
Italie 1961

Équipes :
Lotus : Italie 1961

Grands Prix disputés : 1

Aristocrate italien, Gaetano Starrabba participa à des courses mythiques en Italie dans les années 50. Grâce à des résultats en progression et à un budget suffisant, il décida d'engager sa Lotus 18 au Grand Prix d'Italie 1961. Il se qualifia 30e et ne vit pas l'arrivée à cause d'une casse moteur, et Starrabba ne revint jamais courir en Championnat du monde.

NINO VACCARELLA

Né le 4 mars 1933 à Palerme (Italie) et décédé le 22 septembre 2021

Courses :
Italie 1961 – Italie 1965

Équipes :
- De Tomaso : Italie 1961
- Porsche : Allemagne 1962
- Lotus : Italie 1962
- Ferrari : Italie 1965

Grands Prix disputés : 4

Nino Vaccarella a marqué l'histoire du sport automobile italien, mais pas lors de son passage en F1. Dans la catégorie reine du sport automobile, Vaccarella ne disputa que quatre courses, avec une 9e place comme meilleur résultat au Grand Prix d'Italie 1962. En revanche, il se fit remarquer en endurance en gagnant notamment les 24 Heures du Mans 1964. Outre son succès dans l'épreuve sarthoise, il s'imposa aussi aux 12 Heures de Sebring et aux 1 000 kilomètres du Nürburgring, ainsi que dans la Targa Florio, qu'il gagna à trois reprises.

WALT HANSGEN

Né le 28 octobre 1919 à Westfield (États-Unis) et décédé le 7 avril 1966

Courses :
États-Unis 1961 – États-Unis 1964

Équipes :
- Cooper : États-Unis 1961
- Lotus : États-Unis 1964

Grands Prix disputés : 2

Walter Edwin Hansgen débuta sa carrière en sport automobile en 1951 en catégorie SportsCars. Engagé aux 24 Heures du Mans entre 1959 et 1963, il fut engagé au Grand Prix des États-Unis 1961, qui s'acheva par un accident. L'année suivante, Lotus l'engagea officiellement pour sa course à domicile, sur le circuit de Watkins Glen, et il signa une belle 5e place pour ce qui fut sa dernière expérience en F1. Il se tua lors des essais pour les 24 Heures du Mans 1966 au volant d'une Ford GT40.

ROGER PENSKE

Né le 20 février 1937 à Shaker Heights (États-Unis)

Courses :
États-Unis 1961 – États-Unis 1962

Équipes :
- Cooper : États-Unis 1961
- Lotus : États-Unis 1962

Grands Prix disputés : 2

Formé en USAC et en voitures de sport, Roger Penske s'engagea sur une Cooper privée pour le Grand Prix des États-Unis en 1961. Qualifié 16e, il vit l'arrivée en 8e position.

Il disputa l'édition suivante au volant d'une Lotus, prit le départ en 12e position et termina 9e. Il participa notamment aux 24 Heures du Mans avec Pedro Rodriguez en 1963. Alors qu'il commençait à s'affirmer en tant que pilote, il décida de mettre un terme à sa carrière en 1965. Il fonda sa propre équipe, qui passa notamment par la Formule 1 avec une victoire. Aujourd'hui, celui que l'on surnomme le « Captain » est toujours propriétaire d'une équipe d'IndyCar et d'une équipe de NASCAR, mais aussi du Championnat IndyCar et de l'Indianapolis Motor Speedway.

PETER RYAN

Né le 10 juin 1940 à Philadelphie (États-Unis) et décédé le 2 juillet 1962

Courses :
États-Unis 1961

Équipes :
Lotus : États-Unis 1961

Grands Prix disputés : 1

Vainqueur de plusieurs courses au Canada en 1961, Peter Ryan put faire ses débuts en F1 à 21 ans, au volant d'une Lotus privée. Sa 9e place finale attira Colin Chapman, qui le fit signer pour un programme en Formule Junior, avec la Formule 1 comme objectif à moyen terme. Malheureusement, Ryan se tua en 1962 lors d'une course à Reims.

HAP SHARP

Né le 1er janvier 1928 à Tulsa (États-Unis) et décédé le 7 mai 1993

Courses :
États-Unis 1961 – Mexique 1964

Équipes :
- Cooper : États-Unis 1961 – États-Unis 1962
- Lotus : États-Unis 1963 – Mexique 1963
- Brabham : États-Unis 1964 – Mexique 1964

Grands Prix disputés : 6

Homme d'affaires dans le milieu pétrolier, James « Hap » Sharp était un passionné de sport automobile. Ami de longue date de Jim Hall, il fonda Chaparral avec ce dernier. L'Américain fit ses débuts au Grand Prix des États-Unis 1961 avec une 10e place. Onzième l'année suivante, il abandonna en 1963 mais décida de participer au Grand Prix du Mexique sur une Lotus de Reg Parnell Racing. Sharp y signa son meilleur résultat en F1 avec la 7e place. Il courut les deux mêmes épreuves en 1964 mais ses résultats ne furent pas probants, et il se concentra sur les voitures de courses, remportant notamment les 12 Heures de Sebring.

BEN PON

Né le 9 décembre 1936 à Leiden (Pays-Bas) et décédé le 30 septembre 2019

Courses :
Pays-Bas 1962

Équipes :
Porsche : Pays-Bas 1962

Grands Prix disputés : 1

Fils d'un concessionnaire, Bernardos Marimus Pon fit ses débuts en compétition à la fin des années 50. Pilote Porsche au début des années 60, il atteignit la Formule 1 en 1962, lorsqu'il disputa le Grand Prix des Pays-Bas. Le Néerlandais fut victime d'un accident qui le poussa à arrêter la monoplace.

JOHN CAMPBELL-JONES

Né le 21 janvier 1930 à Leatherhead (Royaume-Uni) et décédé le 24 mars 2020

Courses :
Belgique 1962 – Grande-Bretagne 1963

Équipes :
- Lotus : Belgique 1962
- Lola : Grande-Bretagne 1963

Grands Prix disputés : 2

D'abord révélé en voitures de sport, John Campbell-Jones s'engagea en F2 en 1961. Alors qu'il devait faire ses débuts en F1 à l'occasion du Grand Prix d'Allemagne, il se blessa dans un accident à Modène et dut déclarer forfait. Le Britannique fit finalement son arrivée en Championnat du monde l'année suivante, à l'occasion du Grand Prix de Belgique. Victime d'une casse de boîte de vitesses, il parvint à voir le drapeau à damier lors du Grand Prix de Grande-Bretagne 1963, en 13ᵉ position.

JO SIFFERT

Né le 7 juillet 1936 à Fribourg (Suisse) et décédé le 24 octobre 1971

Courses :
Belgique 1962 – États-Unis 1971

Équipes :
- Lotus : Belgique 1962 – Monaco 1964
- Brabham : Pays-Bas 1964 – Monaco 1966
- Cooper : Belgique 1966 – Afrique du Sud 1968
- Lotus : Espagne 1968 – Mexique 1969
- March : Afrique du Sud 1970 – Mexique 1970
- BRM : Afrique du Sud 1971 – États-Unis 1971

Victoires : 2

Pole position : 2

Podiums : 6

Meilleurs tours en course : 4

Grands Prix disputés : 96

Joseph Siffert participa à des courses au plus haut niveau en 1961, avec notamment les 1 000 kilomètres du Nürburgring en endurance. L'Écurie Filipinetti lui offrit ses débuts en F1 au Grand Prix de Belgique 1962, duquel il termina dixième, son meilleur résultat de l'année. En 1963, il créa le Siffert Racing Team et s'engagea au volant d'une Lotus 24 privée. Le pilote suisse parvint à marquer un point en France, mais il connut toutefois six abandons en neuf courses. En 1964, il troqua sa Lotus contre une Brabham, et termina 4e en Allemagne. Il termina la saison avec RRC Walker Racing Team avant de signer son premier podium à Watkins Glen. L'équipe britannique l'engagea à plein temps en 1965, mais il ne réitéra pas son meilleur résultat de l'année précédente, avec une 4e place au mieux. La saison 1966 fut catastrophique, puisqu'il ne se classa qu'une fois en huit courses, en 4e place. Sa série de résultats au pied du podium se poursuivit en 1967 : il conversa cette même position à l'arrivée en France et aux États-Unis. En 1968, toujours avec Rob Walker mais cette fois au volant d'une Lotus 49 puis 49B, il subit de nombreux abandons mais parvint à signer son premier succès en F1 lors du Grand Prix de Grande-Bretagne. Au Mexique, il conclut la saison par une pole position. Siffert lança très bien sa saison 1969, avec deux podiums et un top 5 lui permettant de pointer 3e du Championnat après quatre courses. Malheureusement, il ne marqua plus un point après le Grand Prix des Pays-Bas, notamment à cause de la fiabilité catastrophique de la Lotus 49B. Le pilote suisse quitta l'équipe de Rob Walker pour rejoindre March Engineering en 1970. Ce fut certainement sa pire saison, avec neuf abandons en 12 courses, et une 8e place en guise de meilleur résultat. BRM l'engagea en 1970, avec des résultats mitigés. Mais en Autriche, Siffert fut intouchable et signa son seul Grand Chelem (pole, victoire, meilleur tour en course et tous les tours menés) en carrière. Il conclut sa saison en Championnat du monde par une 2e place, qui lui permit d'atteindre la 5e du classement. Le Grand Prix du Mexique fut annulé après le décès de Pedro Rodríguez, et Siffert décida de relever le défi de la Victory Race, une course de Formule Libre engageant des F1 et des Formule 5000. Le pilote suisse fut malheureusement victime d'un accident et mourut dans l'embrasement de sa monoplace.

JAY CHAMBERLAIN

Né le 29 décembre 1925 à Los Angeles (États-Unis) et décédé le 1er août 2001

Courses :
Grande-Bretagne 1962

Équipes :
- Lotus : Grande-Bretagne 1962

Grands Prix disputés : 1

Ami de Colin Chapman, Jay Chamberlain se fit remarquer en voitures de sport à la fin des années 50, avant d'atteindre la F1 en 1962. Cette année-là, il courut essentiellement hors Championnat, mais décida de se lancer au plus haut niveau à l'occasion du Grand Prix de Grande-Bretagne. Il se qualifia 20e et vit l'arrivée en 15e position. En Allemagne et en Italie, il ne parvint pas à se qualifier, et sa carrière s'arrêta peu après, en même temps que son activité de concessionnaire fit faillite.

TONY SETTEMBER

Né le 10 juillet 1926 à Manille (Philippines) et décédé le 4 mai 2014

Courses :
Grande-Bretagne 1962 – Allemagne 1963

Équipes :
- Emeryson : Grande-Bretagne 1962 – Italie 1962
- Scirocco : Belgique 1963 – Allemagne 1963

Grands Prix disputés : 6

Pilote américain de voitures de sport, Anthony Settember remporta quelques courses aux États-Unis et en Europe. En 1962, il se fit engager en tant que pilote payant par l'équipe Emeryson, avec une 11e place en Grande-Bretagne comme seul résultat. L'année suivante, il créa avec son ami Hugh Powell la marque Scirocco Racing Cars et l'engagea en Championnat du monde à temps plein. Il ne vit pas une seule fois l'arrivée mais fut tout de même classé 8e en Belgique, signant son meilleur résultat en F1. Une non-qualification en Italie mit un terme à son rêve de F1.

TONY SHELLY

Né le 2 février 1937 à Wellington (Nouvelle-Zélande) et décédé le 4 octobre 1998

Courses :
Grande-Bretagne 1962

Équipes :
Lotus : Grande-Bretagne 1962

Grands Prix disputés : 1

Pilote néo-zélandais, Anthony Shelly débuta sa carrière en 1955 dans son pays. C'est en 1962 qu'il vint en Europe pour courir sporadiquement en F1, mais hors Championnat. John Dalton, qui lui avait offert ses débuts en F1, le fit également courir en Championnat du monde lors du Grand Prix de Grande-Bretagne, au volant d'une Lotus. Shelly se qualifia 18e et abandonna à cause d'une surchauffe. De nouveau engagé en Allemagne et en Italie, il ne parvint pas à se qualifier. Il rentra en Nouvelle-Zélande et abandonna rapidement sa carrière de pilote.

HEINZ SCHILLER

Né le 25 janvier 1930 à Frauhenfeld (Suisse) et décédé le 26 mars 2007

Courses :
Allemagne 1962

Équipes :
Lotus : Allemagne 1962

Grands Prix disputés : 1

Heinz Schiller fut pilote sur l'eau avant de passer sur quatre roues, d'abord dans des courses de voitures de sport comme les Mille Miglia. En 1958, le Suisse fit ses débuts en monoplace, au Grand Prix de Pau de F2. Il dut toutefois attendre 1962 pour rouler en F1, mais ses débuts prévus en Belgique furent reportés. Il y parvint en Allemagne grâce à l'Écurie Filipinetti. Il qualifia sa Lotus 24 en 20e place mais ne vit pas l'arrivée à cause d'un problème moteur. La suite de sa carrière fut consacrée à l'endurance.

HEINI WALTER

Né le 28 juillet 1927 à Alpthal (Suisse) et décédé le 12 mai 2009

Courses :
Allemagne 1962

Équipes :
Porsche : Allemagne 1962

Grands Prix disputés : 1

Pilote amateur suisse, Heini Walter fit ses classes en course de côte, avec un titre de champion d'Europe au début des années 60. Walter disputa quelques courses de F1, dont le Grand Prix d'Allemagne 1962 en Championnat du monde avec l'Écurie Filipinetti. Quatorzième en qualifications et en course, il ne revint jamais dans la discipline.

TIM MAYER

Né le 22 février 1938 à Dalton (États-Unis) et décédé le 28 février 1964

Courses :
États-Unis 1962

Équipes :
Cooper : États-Unis 1962

Grands Prix disputés : 1

Timothy Mayer débuta en sport automobile en 1959, en parallèle d'études littéraires. L'année suivante, il s'engagea en Formule Junior avec une Lotus 18. Quelques podiums attirèrent l'œil de Cooper, qui l'engagea pour sa course à domicile, le Grand Prix des États-Unis 1962. Onzième en qualifications, il ne vit pas l'arrivée. En 1963, il roula de nouveau en Formule Junior et disputa les Tasman Series en 1964. Malheureusement, il se tua lors de la dernière manche du Championnat, alors qu'il avait signé un contrat pour disputer la saison 1964 de F1 avec Cooper.

ROB SCHROEDER

Né le 11 mai 1926 à El Dorado (États-Unis) et décédé le 3 décembre 2011

Courses :
États-Unis 1962

Équipes :
Lotus : États-Unis 1962

Grands Prix disputés : 1

Robert Schroeder pilota en endurance au milieu des années 50. Au début des années 60, il parvint à se faire engager par John Mecom pour disputer le Grand Prix des États-Unis 1963 au volant d'une Lotus. Sa 10e place à sept tours du vainqueur ne lui permit pas d'obtenir d'autres soutiens.

MIKE HARRIS

Né le 25 mai 1939 à Mufulira (Rhodésie) et décédé le 8 novembre 2021

Courses :
Afrique du Sud 1962

Équipes :
Cooper : Afrique du Sud 1962

Grands Prix disputés : 1

Michael Harris était un pilote amateur qui fit ses débuts en F1 hors Championnat, au Rand GP 1962. La même année, il disputa sa seule course en Championnat du monde, le Grand Prix d'Afrique du Sud, mais ne vit pas l'arrivée.

Graham Hill, Bruce McLaren et Jim Clark lors du Grand Prix d'Italie à Monza 1962.

DUNLOP
DUNLOP
DUNLOP

BRUCE JOHNSTONE

Né le 30 janvier 1937 à Durban (Afrique du Sud) et décédé le 3 mars 2022

Courses :
Afrique du Sud 1962

Équipes :
BRM : Afrique du Sud 1962

Grands Prix disputés : 1

Figure du sport automobile sud-africain des années 50, Bruce Johnstone signa quelques résultats louables en Formule Libre notamment. En Championnat d'Afrique du Sud de F1, il confirma ses bonnes dispositions et remporta trois courses en 1961. L'année suivante, il s'aligna au volant d'une BRM privée, se qualifia 17e et rallia l'arrivée en 9e position. Il mit ensuite un terme à sa carrière de pilote.

NEVILLE LEDERLE

Né le 25 septembre 1938 à Theunissen (Afrique du Sud) et décédé le 17 mai 2019

Courses :
Afrique du Sud 1962

Équipes :
Lotus : Afrique du Sud 1962

Grands Prix disputés : 1

Jouissant d'une cote élevée dans son pays, Neville Lederle eut la chance de disputer le Grand Prix d'Afrique du Sud 1962 au volant d'une Lotus 21 privée. Dixième des qualifications, il parvint à atteindre l'arrivée en 6e position et eut l'honneur d'inscrire un point en Championnat du monde. Sa rivalité avec John Love, qui tournait jusque-là à l'avantage de ce dernier, vit Lederle prendre le dessus, avec à la clé le titre de champion d'Afrique du Sud de F1 en 1963. L'année 1964 fut plus difficile, la faute notamment à un accident de voiture, et il ne fit aucun résultat probant. En 1965, il tenta de se qualifier de nouveau pour le Grand Prix d'Afrique du Sud mais il échoua et décida de mettre un terme à sa carrière.

JOHN LOVE

Né le 7 décembre 1924 à Bulawayo (Rhodésie) et décédé le 25 avril 2005

Courses :
Afrique du Sud 1962 – Afrique du Sud 1972

Équipes :
- Cooper : Afrique du Sud 1962 – Afrique du Sud 1967
- Brabham : Afrique du Sud 1968
- Lotus : Afrique du Sud 1969 – Afrique du Sud 1970
- March : Afrique du Sud 1971
- Surtees : Afrique du Sud 1972

Podiums : 1

Grands Prix disputés : 9

Plus vieux de 14 ans que Neville Lederle, John Love fut toutefois son principal rival. D'abord pilote moto dans les années 50, Love débuta sur quatre roues en 1958, avant de découvrir la F1 en 1960, hors Championnat. Dans une Cooper privée, Love courut en Championnat du monde pour la première fois au Grand Prix d'Afrique du Sud 1962. Une 8e place finale l'encouragea et il revint l'année suivante dans les mêmes conditions, avec une 9e place à l'arrivée. Non qualifié en Italie en 1964, il revint disputer le Grand Prix d'Afrique du Sud en 1965, avec un abandon comme résultat. Mais c'est en 1967 qu'il fit sa plus belle performance en F1, toujours à domicile. Cinquième au départ, il franchit la ligne d'arrivée en 2e place, entre Pedro Rodríguez et John Surtees. Il continua à courir le Grand Prix d'Afrique du Sud de 1968 à 1972 mais ne parvint pas à inscrire d'autres points.

ERNIE PIETERSE

Né le 4 juillet 1938 à Parow-Bellville (Afrique du Sud) et décédé le 1er novembre 2017

Courses :
Afrique du Sud 1962 – Afrique du Sud 1963

Équipes :
Lotus : Afrique du Sud 1962 – Afrique du Sud 1963

Grands Prix disputés : 2

Spécialiste de tourisme et de GT en Afrique du Sud, Ernest Pieterse se lança en monoplace en 1961. En Championnat d'Afrique du Sud, Pieterse gagna deux courses, avant d'acquérir une Lotus 21. C'est cette monoplace qu'il engagea au Grand Prix d'Afrique du Sud 1962. Treizième au départ, il vit l'arrivée en 10e position. L'année suivante, toujours avec la même monoplace, il se qualifia 12e mais abandonna. Il ne parvint pas à se qualifier en 1965 et annonça sa retraite après cette déception.

DOUG SERRURIER

Né le 9 décembre 1920 à Germiston (Afrique du Sud) et décédé le 3 juin 2006

Courses :
Afrique du Sud 1962 – Afrique du Sud 1963

Équipes :
LDS : Afrique du Sud 1962 – Afrique du Sud 1963

Grands Prix disputés : 2

Louis Douglas Serrurier était un pilote sud-africain qui décida de construire ses voitures, d'abord en 1950, mais surtout en 1961. Au volant d'une LDS (ses initiales) engagée grâce au soutien de l'Écurie Otelle Nucci, il remporta plusieurs courses hors Championnat, et s'engagea au Grand Prix d'Afrique du Sud 1962. Qualifié 14e, il abandonna, avant de récidiver en 18e l'année suivante, pour terminer 11e. En 1965, une non-qualification le poussa à se rediriger vers l'endurance, alors qu'il engageait trois LDS en F1 en parallèle.

CHRIS AMON

Né le 20 juillet 1943 à Bulls (Nouvelle-Zélande) et décédé le 3 août 2016

Courses :
Belgique 1963 – Allemagne 1976

Équipes :
- Lola : Belgique 1963 – Allemagne 1963
- Lotus : Mexique 1963 – Allemagne 1965
- Cooper : France 1966
- Ferrari : Monaco 1967 – Grande-Bretagne 1969
- March : Afrique du Sud 1970 – Mexique 1970
- Matra : Afrique du Sud 1971 – États-Unis 1972
- Tecno : Belgique 1973 – Pays-Bas 1973
- Tyrell : Canada 1973
- Amon : Espagne 1974
- BRM : Canada 1974 – États-Unis 1974
- Ensign : Autriche 1975 – Allemagne 1976

Pole positions : 5

Podiums : 11

Meilleurs tours en course : 3

Grands Prix disputés : 96

Christopher Amon a fait partie de la première génération de pilotes, notamment avec Ricardo Rodríguez, ayant atteint la F1 avant l'âge de 20 ans. Impressionnant dans son pays dans des courses de monoplace, le Néo-Zélandais arriva en Europe pour la saison 1963 et débuta immédiatement sa carrière en Championnat du monde. Ses débuts au plus haut niveau ne furent pas des plus simples au volant de la Lola Mk 4A de Reg Parnell Racing. Lors de sa première saison, il ne vit l'arrivée que deux fois, à chaque fois en 7e position. L'année suivante, son équipe changea de monture et le fit rouler sur une Lotus 25. Aux Pays-Bas, il parvint à inscrire ses premiers points avec une 5e place, mais ce furent les seuls. Le manque de fiabilité de la Lotus fut encore pire en 1965, puisqu'il abandonna lors des deux courses qu'il disputa cette année-là. En 1966, il ne prit qu'un départ au volant d'une Cooper et termina 8e. Engagé par son ami Bruce McLaren, il ne disputa aucune course pour la nouvelle équipe néo-zélandaise. En revanche, Amon et McLaren s'imposèrent cette année-là aux 24 Heures du Mans au volant de la Ford GT40. En 1967, Amon reçut enfin la confiance d'une équipe d'usine et fut engagé par Ferrari. La Scuderia n'était pas au niveau de Brabham et de la Lotus de Jim Clark, et Amon dut se contenter d'une 3e place comme meilleur résultat, qu'il signa à quatre reprises. Cela lui permit de boucler la saison en 5e position, son meilleur classement en carrière. En 1968, Amon se fit remarquer avec trois pole positions consécutives en début de saison, et il enregistra en Grande-Bretagne son meilleur résultat avec une 2e place. La saison 1969 fut celle de la déception, sa Ferrari connaissant de gros problèmes mécaniques. Avec une seule arrivée dans la saison, un podium à Zandvoort, Amon décida de rejoindre March. Dans l'équipe anglaise, il ajouta trois podiums à son palmarès en 1970, mais la victoire lui échappa de nouveau. Recruté par Matra en 1971, Amon connut une nouvelle désillusion en signant un seul podium. En Italie, après avoir signé la pole position la plus rapide de l'Histoire, il menait la course lorsque sa visière se détacha, le problème le repoussant au

6e rang. En 1972, il signa une pole position et un podium, les deux à l'occasion du Grand Prix de France, mais l'équipe française décida de ne pas le conserver. Repêché par la modeste équipe Tecno, il ne marqua qu'un point en 1973. Cette saison marqua le début de la dernière partie de sa carrière, avec quelques courses chez Ensign en 1976, avant de raccrocher définitivement le casque et les gants, sans jamais avoir gagné en F1.

GERHARD MITTER

Né le 30 août 1935 à Krasna Lipa (République tchèque) et décédé le 1er août 1969

Courses :
Pays-Bas 1963 – Allemagne 1965

Équipes :
- Porsche : Pays-Bas 1963 – Allemagne 1963
- Lotus : Allemagne 1964 – Allemagne 1965

Grands Prix disputés : 4

Gerhard Mitter fut d'abord pilote sur deux roues avant de débuter en sport automobile par le biais de la Formule Junior. Fort de nombreuses victoires dans la catégorie à l'échelle nationale, Mitter fut engagé par l'Écurie Maarsbergen, qui mit à sa disposition une Porsche 718 en 1963. Un abandon aux Pays-Bas ne le découragea pas, et l'Allemand termina 4e à domicile sur le redoutable Nürburgring, en étant le dernier pilote dans le tour du vainqueur, John Surtees. L'année suivante, Lotus le recruta pour le Grand Prix d'Allemagne, duquel il termina 9e. En 1965, il réitéra à domicile avec l'équipe de Colin Chapman mais abandonna. Redoutable en course de côte, il se spécialisa aussi en endurance, avec une victoire aux 24 Heures de Daytona en 1968. En 1969, il perdit la vie après un accident au Nürburgring, lors des essais du Grand Prix d'Allemagne.

LUDOVICO SCARFIOTTI

Né le 18 octobre 1933 à Turin (Italie) et décédé le 8 juin 1968

Courses :
Pays-Bas 1963 – Monaco 1968

Équipes :
- Ferrari : Pays-Bas 1963 – Belgique 1967
- Eagle : Italie 1967
- Cooper : Afrique du Sud 1968 – Monaco 1968

Victoires : 1
Podiums : 1
Meilleurs tours en course : 1
Grands Prix disputés : 10

Ludovico Scarfiotti

Neveu de Giovanni Agnelli, le patron de FIAT, Ludovico Scarfiotti fit ses classes en course de côte et en voitures de sport. C'est dans cette catégorie qu'il commença à piloter pour Ferrari, en 1960. Une belle montée en puissance le vit s'imposer aux 12 Heures de Sebring en 1963, avant une belle victoire aux 24 Heures du Mans aux côtés de Lorenzo Bandini. Convaincu par son pilote, Enzo Ferrari décida de lui offrir une chance en Formule 1 dès la semaine suivante. Scarfiotti se qualifia 11e et vit la ligne d'arrivée en 6e position, inscrivant son premier point. En 1964, il ne disputa que le Grand Prix d'Italie, avec une 9e position à la clé. Scarfiotti était toujours plus actif en endurance et en voitures de sport qu'en F1, mais Ferrari lui offrit deux départs en 1966. En Allemagne, il se qualifia 4e mais dut abandonner. À domicile, il se qualifia en première ligne et remporta la course, s'adjugeant au passage le meilleur tour. Faire triompher Ferrari à Monza permit à Scarfiotti de voir sa cote de popularité exploser. En 1967, comme Chris Amon, il fut piégé par une Ferrari pas forcément au niveau et ne marqua qu'un point. Recruté par Cooper en 1968, il profita d'une belle régularité et d'une fiabilité impeccable de sa T86B pour terminer 4e à Jarama et Monaco. Deux semaines après le Grand Prix dans la Principauté, il se tua dans une course de côte à Rossfeld, en Allemagne.

BOB ANDERSON

Né le 19 mai 1931 à Londres (Royaume-Uni) et décédé le 14 août 1967

Courses :
Grande-Bretagne 1963 – Grande-Bretagne 1967

Équipes :

- Lola : Grande-Bretagne 1963 – Italie 1963
- Brabham : Monaco 1964 – Grande-Bretagne 1967

Podiums : 1

Grands Prix disputés : 25

Robert Anderson débuta sa carrière à moto, avant de débuter en sport automobile en 1961. Après deux saisons de Formule Junior, l'Anglais décida de se lancer en Formule 1 au volant d'une Lola privée. Il remporta le Grand Prix de Rome, course hors Championnat, mais ne fit pas mieux que 12e lors de ses deux engagements en Championnat du monde. L'année suivante, il troqua sa Lola pour une Brabham BT11 et marqua son premier point aux Pays-Bas. Plus tard dans la saison, il monta sur le podium pour la première fois, avec une 3e place au Grand Prix d'Autriche. Onzième au classement cette année-là, il ne parvint pas à inscrire de point en 1965, une saison marquée par de nombreux problèmes mécaniques. En 1966, il sauva l'honneur avec une 6e place et un point en Italie, puis débuta la saison 1967 par une encourageante 5e place. C'est cette année, sans avoir réussi à inscrire d'autres points, qu'il se tua lors d'essais.

MIKE HAILWOOD

Né le 2 avril 1940 à Great Milton (Royaume-Uni) et décédé le 23 mars 1981

Courses :
Grande-Bretagne 1963 – Allemagne 1974

Équipes :
- Lotus : Grande-Bretagne 1963
- Lola : Italie 1963
- Lotus : Monaco 1964 – Monaco 1965
- Surtees : Italie 1971 – États-Unis 1973
- McLaren : Argentine 1974 – Allemagne 1974

Podiums : 2

Meilleurs tours en course : 1

Grands Prix disputés : 50

Mike Hailwood et Peter Gethin en 1972.

Michael Hailwood fut un des pilotes moto à venir en Formule 1, mais le Britannique connut bien plus de succès sur deux roues, ce qui lui valut le surnom de « Mike the Bike » (Mike la moto). Quadruple champion du monde 500cc, vainqueur de 76 Grands Prix et de 14 courses au Tourist Trophy, il fit ses débuts en Formule 1 en parallèle de sa carrière en Grand Prix moto. Au Grand Prix de Grande-Bretagne 1963, il se qualifia 17e et termina 8e. Le Reg Parnell Racing l'engagea à temps plein l'année suivante et il marqua un point dès le Grand Prix de Monaco. La fiabilité de la Lotus 25 l'empêcha de signer de beaux résultats, et après deux courses en 1965, Hailwood mit sa carrière sur quatre roues en pause. Six ans plus tard, l'équipe de John Surtees lui offrit un retour avec deux courses, en Italie et aux États-Unis. À Monza, il franchit la ligne d'arrivée en 4e place, à seulement 0,18 seconde du vainqueur, Peter Gethin. En 1972, il monta enfin sur son premier podium avec une 2e place à Monza. Toujours avec Team Surtees, il ne parvint pas à atteindre le top 6 en 1973 et ne marqua aucun point. Cependant, il se distingua lors du Grand Prix d'Afrique du Sud, où il parvint à extraire Clay Regazzoni de sa BRM en feu après leur accrochage. Il fut distingué de la George Medal, récompensant normalement les actes héroïques des militaires. La même année, David Purley en fut décoré pour avoir tenté de sauver la vie du malheureux Roger Williamson à Zandvoort. McLaren recruta Hailwood en 1974 et au volant de la M23, il marqua des points en Argentine, au Brésil, en Afrique du Sud où il monta sur le podium, ainsi qu'aux Pays-Bas. En Allemagne, alors qu'il était 5e, il fut victime d'un accident et se brisa la jambe. Hailwood mit fin à sa carrière après cette blessure, mais fit son retour au Tourist Trophy en 1978. Il mourut dans un accident de la route en 1981.

IAN RABY

Né le 22 septembre 1921 à Londres (Royaume-Uni) et décédé le 7 novembre 1967

Courses :
Grande-Bretagne 1963 – Grande-Bretagne 1965

Équipes :
- Gilby : Grande-Bretagne 1963
- Brabham : Grande-Bretagne 1964 – Grande-Bretagne 1965

Grands Prix disputés : 3

Commercial dans l'automobile, Ian Raby décida tardivement de commencer sa carrière en sport auto, en roulant en F3. En Formule Libre, Raby commença à se faire un nom et acheta une Gilby 62 afin de s'engager en Championnat du monde de F1 lors du Grand Prix de Grande-Bretagne 1963. Il se qualifia 19e mais ne vit pas l'arrivée. Après deux non-qualifications en Allemagne et en Italie, il troqua sa Gilby pour une Brabham BT3, et courut de nouveau à domicile, avec un abandon à la clé. Il ne parvint pas à se qualifier en Italie et fit un nouveau retour en F1 à l'occasion du Grand Prix de Grande-Bretagne 1965. Il y vit son seul drapeau à damier en Championnat du monde, en 11e place. En 1966, il décida de se consacrer à la F2, mais se tua à Zandvoort l'année suivante.

MIKE SPENCE

Né le 30 décembre 1936 à Londres (Royaume-Uni) et décédé le 7 mai 1968

Courses :
Italie 1963 – Afrique du Sud 1968

Équipes :
- Lotus : Italie 1963 – États-Unis 1966
- BRM : Afrique du Sud 1967 – Afrique du Sud 1968

Podiums : 1

Grands Prix disputés : 36

D'abord pilote de rallye, Michael Spence se tourna vers la monoplace en 1960, avec la Formule Junior. Vainqueur à Reims, il obtint un volant chez Lotus dans la même catégorie en 1963. En fin de saison, Colin Chapman l'appela pour un remplacement, et il fit ainsi ses débuts en Championnat du monde. Une qualification encourageante en 9e place, et une course lors de laquelle il remonta jusqu'à la porte des points après un premier tour catastrophique, lui permirent de s'attirer les faveurs de Lotus en 1964. En parallèle de la F2, Spence revint à plusieurs reprises en F1 et marqua son premier point en Italie. En 1965, il connut le même sort que Trevor Taylor avant lui en subissant la loi de Jim Clark. Malgré un podium au Grand Prix du Mexique, son premier et seul en carrière, Lotus ne prolongea pas son contrat et il trouva refuge au sein du Reg Parnell Racing, où il prit le volant d'une Lotus 25. Il fut ensuite engagé par BRM pour seconder Jackie Stewart, et comme l'année précédente, il ne fit pas mieux que 5e. BRM le conserva pour la saison 1968 mais après une seule course, il se tua lors des essais en vue de sa participation aux 500 Miles d'Indianapolis.

PETER BROEKER

Né le 15 mai 1926 à Stuttgart (Allemagne) et décédé le 4 novembre 1980

Courses :
États-Unis 1963

Équipes :
Stebro : États-Unis 1963

Grands Prix disputés : 1

Peter Broeker fut au centre d'un des plus gros fiascos des années 60 en F1. Le Canadien débuta sa carrière en Formule Junior et parvint à s'inscrire pour le Grand Prix des États-Unis au volant d'une monoplace conçue par le fabricant de pièces Stebro. À Watkins Glen, Broeker se qualifia dernier à 15 secondes du *poleman* et à trois secondes et demie de l'avant dernier. En course, il profita des abandons pour se hisser à la porte des points, en 7e place, à 22 tours du vainqueur et à 11 tours de son rival le plus proche.

PEDRO RODRÍGUEZ

Né le 18 janvier 1940 à Mexico (Mexique) et décédé le 11 juillet 1971

Courses :
États-Unis 1963 – France 1971

Équipes :
- Lotus : États-Unis 1963 – Mexique 1963
- Ferrari : Mexique 1964 – Mexique 1965
- Lotus : France 1966 – Mexique 1966
- Cooper : Afrique du Sud 1967 – Mexique 1967
- BRM : Afrique du Sud 1968 – Monaco 1969
- Ferrari : Grande-Bretagne 1969 – Mexique 1969
- BRM : Afrique du Sud 1970 – France 1971

Victoires : 2

Podiums : 7

Meilleurs tours en course : 1

Grands Prix disputés : 54

Aîné de Ricardo Rodríguez, Pedro Rodríguez débuta le sport auto après une première partie de carrière à moto, conclue par deux titres de champion du Mexique. Son talent naturel lui permit de débuter aux 24 Heures du Mans à l'âge de 18 ans, mais son frère parvint à atteindre la F1 avant lui. Pedro passa plusieurs années en endurance, avant d'hésiter à mettre un terme à sa carrière lorsque son frère se tua, en 1962. Le Mexicain décida de poursuivre en sport auto et fut engagé par Lotus pour les Grands Prix des États-Unis et du Mexique en 1963, avec deux abandons à la clé. L'année suivante, Ferrari l'engagea à domicile via l'équipe NART, et il marqua le point de la 6e place. L'année suivante, il fit encore mieux avec Lotus en terminant 5e aux États-Unis. Ses progrès attirèrent l'équipe Cooper, qui lui offrit un volant à temps plein pour la saison 1967. Rodríguez ne manqua pas ses débuts dans l'équipe en s'imposant en Afrique du Sud. Il rentra trois fois de plus dans les points et termina 6e du Championnat. L'année suivante, c'est BRM qui lui proposa un programme complet. Il abandonna sept fois dans la saison, mais termina les cinq autres courses dans les points, dont trois sur le podium. Une belle saison qui fut ponctuée par sa victoire aux 24 Heures du Mans avec Lucien Bianchi, sur Ford GT40. En 1969, il partagea son programme entre BRM et Ferrari sans faire mieux qu'une 5e place. De retour pour une saison complète chez BRM en 1970, Rodríguez s'imposa une deuxième fois en Belgique et termina la saison par quatre entrées dans les points, dont un podium, lors des cinq dernières courses. Son début de saison 1971 fut également encourageant, avec une 4e place en Espagne et une 2e position à Zandvoort. Malheureusement, il se tua au Norisring lors d'une course d'endurance.

MOISÉS SOLANA

Né le 26 décembre 1935 à Mexico (Mexique) et décédé le 27 juillet 1969

Courses :
Mexique 1963 – Mexique 1968

Équipes :
- BRM : Mexique 1963
- Lotus : Mexique 1964 – Mexique 1965
- Cooper : Mexique 1966
- Lotus : États-Unis 1967 – Mexique 1968

Grands Prix disputés : 8

Moisés Solana Arciniega fit ses débuts à l'échelle nationale avant de tenter de s'inscrire au Grand Prix du Mexique 1962, une manche hors Championnat à laquelle il renonça finalement de participer. L'année suivante, il fit ses débuts en Championnat du monde, toujours à domicile, au volant d'une BRM de la Scuderia Centro Sud. Il fut ce jour-là le premier pilote de F1 à courir avec le numéro 13, jugé maudit, qu'on ne revit pas dans la discipline avant 2014. C'est encore au Mexique, en 1964, qu'il signa son meilleur résultat avec une 10e place. Les trois années suivantes, il disputa à la fois le Grand Prix du Mexique et celui des États-Unis, sans succès, et se tua en 1969 en course de côte.

TREVOR BLOKDYK

Né le 30 novembre 1935 à Krugersdorp (Afrique du Sud) et décédé le 19 mars 1995

Courses :
Afrique du Sud 1963

Équipes :
Cooper : Afrique du Sud 1963

Grands Prix disputés : 1

D'abord pilote moto en Grande-Bretagne, John Trevor Blokdyk débuta la course automobile au début des années 60 et revint dans son Afrique du Sud natale pour courir dans le Championnat national de F1. Courant à la fois en Formule Junior en Europe et en F1 en Afrique du Sud, c'est dans son pays qu'il participa à sa seule course en Championnat du monde. Qualifié 19ᵉ, il vit l'arrivée en 12ᵉ place et tenta de participer une nouvelle fois à l'épreuve deux ans plus tard, sans réussir à se qualifier de nouveau.

PETER DE KLERK

Né le 16 mars 1935 à Pilgrims (Afrique du Sud) et décédé le 11 juillet 2015

Courses :
Afrique du Sud 1963 – Afrique du Sud 1970

Équipes :
- Alfa Special : Afrique du Sud 1963 – Afrique du Sud 1965
- Brabham : Afrique du Sud 1969 – Afrique du Sud 1970

Grands Prix disputés : 4

Mécanicien de formation, Peter de Klerk décida de s'exiler en Grande-Bretagne en 1961 pour faire carrière comme pilote, sans succès. Ce Sud-Africain rentra dans son pays natal et lança, avec d'autres pilotes, le Championnat national de F1. Plutôt bon à l'échelle nationale au volant de son Alfa Special, une Cooper à moteur Alfa Romeo préparée par de Klerk lui-même, il fit ses débuts en Championnat du monde à domicile en 1963. Sa Special ne vit pas l'arrivée, mais il revint deux ans plus tard et termina 10ᵉ. Il troqua à contrecœur sa voiture pour une Brabham pour les années suivantes, alors qu'il continuait à courir en Championnat national. Il disputa de nouveau le Grand Prix d'Afrique du Sud en 1969 et 1970, avec une 11ᵉ place pour sa dernière tentative.

BRAUSCH NIEMANN

Né le 7 janvier 1939 à Durban (Afrique du Sud)

Courses :
Afrique du Sud 1963

Équipes :
Lotus : Afrique du Sud 1963

Grands Prix disputés : 1

Hendrik Christiaan Ambrausus Niemann débuta sa carrière de pilote au début des années 60, lors de manches nationales en Afrique du Sud. En 1963, Ted Lanfear lui proposa de disputer son Grand Prix national au volant d'une Lotus, mais Brausch se qualifia très loin de Jim Clark et lui concéda 19 tours le lendemain. Il tenta de se qualifier pour le même Grand Prix deux ans plus tard, sans succès.

DAVID PROPHET

Né le 9 octobre 1937 à Hong Kong et décédé le 29 mars 1981

Courses :
Afrique du Sud 1963 – Afrique du Sud 1965

Équipes :
Brabham : Afrique du Sud 1963 – Afrique du Sud 1965

Grands Prix disputés : 2

Vendeur de pièces auto avant d'être pilote, David Prophet décida de faire ses débuts en compétition en Formule Junior au début des années 60. Au volant d'une Brabham BT6 qu'il possédait, il fit ses débuts en Championnat du monde au Grand Prix d'Afrique du Sud 1963, mais n'atteignit pas l'arrivée. Deux ans plus tard, il retenta l'expérience et malgré une moins bonne qualification, en 19e place, il passa sous le drapeau à damier en 14e position.

SAM TINGLE

Né le 24 août 1921 à Manchester (Royaume-Uni) et décédé le 19 décembre 2008

Courses :
Afrique du Sud 1963 – Afrique du Sud 1969

Équipes :
- LDS : Afrique du Sud 1963 – Afrique du Sud 1968
- Brabham : Afrique du Sud 1969

Grands Prix disputés : 5

Samuel Tingle fut surtout célèbre pour avoir couru pendant de nombreuses années dans le Championnat sud-africain de F1. Il y affronta notamment la référence nationale, John Love, et s'associa à Doug Serrurier dans son projet LDS. C'est avec cette voiture qu'il disputa quatre de ses cinq courses en Championnat du monde, toutes en Afrique du Sud entre 1963 et 1969. Trois d'entre elles se soldèrent par un abandon, et il amena la LDS en 13e place en 1965. C'est en 1969, au volant d'une Brabham BT24, qu'il connut son meilleur week-end en Championnat du monde, avec une 17e place sur la grille et une 8e à l'arrivée.

PETER ARUNDELL

Né le 8 novembre 1933 à Ilford (Royaume-Uni) et décédé le 16 juin 2009

Courses :
Monaco 1964 – Mexique 1966

Équipes :
Lotus : Monaco 1964 – Mexique 1966

Podiums : 2

Grands Prix disputés : 11

Peter John Arundell fit des débuts remarqués en sport automobile, en remportant sa première course en Formule Libre. Champion de la discipline en Grande-Bretagne, il signa des performances qui attirèrent l'œil de Colin Chapman. Il fit ses débuts chez Lotus en 1964 pour remplacer Trevor Taylor, et signa directement deux podiums à Monaco et aux Pays-Bas. Après une 4e place en France, il pointait 3e à égalité au Championnat, mais se blessa gravement lors d'une course de F2. De retour en 1966 après une longue convalescence pour traiter des fractures au bras, à la jambe et à la clavicule, ainsi qu'un traumatisme crânien, Arundell ne retrouva jamais son niveau. Lotus le réengagea mais il ne fit pas mieux qu'une 6e place aux États-Unis et décida d'abandonner la F1.

PETER REVSON

Né le 27 février 1939 à New York (États-Unis) et décédé le 22 mars 1974

Courses :
Belgique 1964 – Brésil 1974

Équipes :
- Lotus : Belgique 1964 – Italie 1964
- Tyrell : États-Unis 1971
- McLaren : Argentine 1972 – États-Unis 1973
- Shadow : Argentine 1974 – Brésil 1974

Victoires : 2

Pole position : 1

Podiums : 8

Grands Prix disputés : 30

Peter Revson célèbre sa victoire le 14 juillet 1973 au GP de Grande-Bretagne.

Peter Revson débuta sa carrière à la fin des années 50, avant de courir en Formule Junior au début de la décennie suivante. En 1963, l'Américain s'exila en Europe, sans succès en F3 ni en F2, et dut attendre l'année suivante pour courir en Championnat du monde de F1. D'abord non qualifié à Monaco, il fut disqualifié en Belgique, et connut ensuite deux abandons avec sa Lotus du Reg Parnell Racing. Il boucla la saison par une arrivée en 13e place et décida de quitter la F1, déçu de ses résultats. Après deux abandons aux 24 Heures du Mans, il rentra aux États-Unis et s'engagea en endurance avec McLaren, dirigée à cette époque par son ami Teddy Mayer, qui l'avait fait débuter en Formule Libre. Champion de CanAm et 2e de l'Indy 500 en 1971, toujours avec McLaren, il goûta de nouveau à la F1 la même année à l'occasion de son Grand Prix national, grâce à Ken Tyrrell. Revson fut engagé par Mayer en F1 pour la saison 1972 et signa quatre podiums et une pole position pour McLaren. L'année suivante fut sa meilleure en F1 puisqu'il monta à nouveau sur le podium à quatre reprises, dont deux fois sur la plus haute marche. Revson s'imposa en effet en Grande-Bretagne et au Canada (où la voiture de sécurité fut utilisée pour la première fois en F1), à chaque fois sous une pluie battante. Comme l'année précédente, il termina 5e du Championnat. Contraint de quitter McLaren pour laisser la place à Emerson Fittipaldi, Revson trouva refuge chez Shadow, dont la DN3 manquait cruellement de fiabilité. Après deux abandons en début d'année, il se tua lors des essais de la troisième course, en Afrique du Sud.

FRANK GARDNER

Né le 1er octobre 1939 à Sydney (Australie) et décédé le 29 août 2009

Courses :
Grande-Bretagne 1964 – Italie 1965

Équipes :
Brabham : Grande-Bretagne 1964 – Italie 1965

Grands Prix disputés : 8

Pilote moto et sportif accompli, Frank Gardner céda aux sirènes du sport automobile en 1956 pour disputer un Championnat de voitures de sport. Vainqueur de 23 des 24 courses, il s'exila en Grande-Bretagne pour devenir d'abord mécanicien, puis pilote. Rencontrant le succès en Formule Junior, Gardner franchit ensuite le cap de la F2 et de la F1 avec l'équipe John Willment Automobiles. Il courut son premier Grand Prix en Championnat du monde à Brands Hatch, en Angleterre, mais ne vit pas l'arrivée. Au sein de la même équipe, il participa à sept courses de la saison 1965. Cependant, il ne qualifia jamais sa Brabham BT11 dans le top 10, et ne fit pas mieux qu'une 8e place en Angleterre. Il mit un terme à sa carrière en F1 et courut les 24 Heures du Mans, sans jamais faire mieux que sa 8e place acquise en 1962 avec David Hobbs.

JOHN TAYLOR

Né le 23 mars 1933 à Anstey (Royaume-Uni) et décédé le 8 septembre 1966

Courses :
Grande-Bretagne 1964 – Allemagne 1966

Équipes :
- Cooper : Grande-Bretagne 1964
- Brabham : France 1966 – Allemagne 1966

Grands Prix disputés : 5

Comme de nombreux pilotes, John Taylor débuta sa carrière en Formule Libre, après que l'ancien coureur Bob Gerard l'eut pris sous son aile. Ce fut Gerard qui permit à Taylor de faire ses débuts en Championnat du monde, sur une Cooper lors du Grand Prix de Grande-Bretagne. Il se qualifia 20e et termina 14e, puis resta au sein du Bob Gerard Racing en 1965. Son programme, constitué essentiellement de courses de F1 hors Championnat, connut des résultats en demi-teinte, et il quitta l'équipe pour rejoindre celle de David Bridges, qui lui offrit un programme en Championnat du monde avec une Brabham BT11 pour 1966. Il marqua un point au Grand Prix de France et enchaîna avec deux 8es places en Grande-Bretagne et aux Pays-Bas. Malheureusement, un accrochage avec Jacky Ickx l'envoya dans les arbres bordant le Nürburgring et sa voiture s'embrasa. Taylor décéda un mois, presque jour pour jour, après cet accident.

RONNIE BUCKNUM

Né le 5 avril 1936 à Alhambra (États-Unis) et décédé le 23 avril 1992

Courses :
Allemagne 1964 – Mexique 1966

Équipes :
Honda : Allemagne 1964 – Mexique 1966

Grands Prix disputés : 11

Ronald Bucknum fut une recrue surprise en Formule 1 en étant choisi par Honda pour débuter son programme en Championnat du monde. Le constructeur japonais voulait initialement aligner un pilote national, mais opta finalement pour un Américain puisque les États-Unis étaient un marché crucial pour la firme. Phil Hill était le premier choix de Honda, mais celui-ci refusa et conseilla à la marque de recruter Bucknum. Le jeune coureur était pilote d'endurance à l'époque mais n'avait aucune expérience en monoplace. C'est avec ce CV que l'Américain débuta en F1 en tant que pilote de développement, puis de course, pour Honda. Il devint au Grand Prix d'Allemagne 1964 le premier compétiteur à rouler en Championnat du monde avec une Honda. La RA271 participa à trois courses cette année-là, qui toutes trois se soldèrent par un abandon. L'année suivante, Bucknum fut associé à Richie Ginther, qui fut plus performant que lui. Il parvint toutefois à inscrire deux points au Mexique avec une 5e place, malheureusement anecdotique en ce jour de premier succès pour Honda. L'année suivante, Honda dut reprendre à zéro avec le nouveau règlement, et Bucknum ne courut que deux courses en fin de saison. Il signa aussi un podium aux 24 Heures du Mans et se consacra à l'endurance pour la suite de sa carrière.

JOCHEN RINDT

Né le 18 avril 1942 à Mayence (Allemagne) et décédé le 5 septembre 1970

Courses :
Autriche 1964 – Autriche 1970

Équipes :
- Brabham : Autriche 1964
- Cooper : Afrique du Sud 1965 – États-Unis 1967
- Brabham : Afrique du Sud 1968 – Mexique 1968
- Lotus : Afrique du Sud 1969 – Autriche 1970

Champion du monde : 1970
Victoires : 6
Pole positions : 10
Podiums : 13
Meilleurs tours en course : 3
Grands Prix disputés : 60

Jochen Rindt dans sa Lotus-Ford.

Orphelin de parents aisés décédés pendant la guerre, Jochen Rindt décida de s'engager en sport automobile à sa majorité, accompagné de son ami d'enfance, Helmut Marko. Son parcours fut classique, avec une saison en Formule Junior en 1963 avant de passer en Formule 2 l'année suivante. Au volant de sa Brabham, il remporta plusieurs courses, battant même des pilotes de F1, ce qui attira le Walker Racing. Rindt put débuter en Championnat du monde chez lui, en Autriche, mais ne vit pas l'arrivée après un problème de direction. En 1965, Cooper le recruta pour la saison complète, mais de nombreux problèmes de fiabilité perturbèrent son début de saison. En juin, il remporta toutefois les 24 Heures du Mans au volant d'une Ferrari. Durant l'été, il marqua ses premiers points en F1 au Grand Prix d'Allemagne, avec une 4e place. Toujours chez Cooper, il bénéficia de l'excellent moteur Maserati. En neuf courses, il abandonna trois fois seulement, mais parvint à terminer toutes les autres courses dans le top 5. Il signa son premier podium en Belgique, où un problème mécanique l'obligea à céder la victoire à John Surtees, malgré 19 tours menés sur les 28 que comptait la course. Après deux autres podiums, il rempila avec Cooper pour 1967, mais l'année fut très décevante. Il ne vit l'arrivée que deux fois, au pied du podium à deux reprises, et la relation avec Cooper se termina par une brouille avec le directeur sportif, Roy Salvadori. Rindt fit en effet exploser son moteur volontairement à Watkins Glen, poussé à bout par le manque de fiabilité de sa monoplace. S'amÉtats-Unisnt de cette casse auprès de son mécanicien de l'époque, Ron Dennis, Rindt n'avait pas vu que Salvadori se tenait derrière lui, et le patron de Cooper le mit à pied avec effet immédiat. Son sacre en F2 britannique lui permit toutefois de sauver cette difficile saison. Brabham vit en Rindt un champion potentiel et le recruta en 1968. Malheureusement, le moteur Repco ne laissa que peu de répit à l'Autrichien. En 12 courses, il abandonna dix fois, dont neuf à cause de problèmes mécaniques. Sa saison fut sauvée par deux podiums, en Afrique du Sud et en Allemagne, et par deux pole positions, en France et au Canada, ses premières en carrière. Cherchant un remplaçant à Jim Clark, décédé au printemps, Colin Chapman recruta Jochen Rindt, persuadé qu'il pourrait faire de lui le fer de lance de Lotus, et surtout un champion du monde. Le pilote confirma la pointe de vitesse que Chapman attendait de lui en s'adjugeant cinq pole positions en dix courses. La réputation de Rindt, que beaucoup jugeaient imbattable sur un tour, se confirmait. Malheureusement, il connut six abandons, dont un spectaculaire en Espagne, à cause d'une rupture d'aileron qui lui causa une énorme sortie de piste et une absence au Grand Prix de Monaco. Après deux podiums en Italie et au Canada, il décrocha enfin son premier succès aux États-Unis. Ayant décidé tardivement de rester chez Lotus pour la saison 1970, malgré une ambiance de plus en plus explosive entre lui et Colin Chapman, Rindt connut deux courses décevantes en ouverture de Championnat. Il s'imposa pour la deuxième fois de sa carrière lors du Grand Prix de Monaco en faisant craquer Jack Brabham dans le dernier virage, après l'avoir mis sous pression pendant 20 tours. La redoutable Lotus 72C équipée du non moins performant V8 Ford Cosworth DFV arriva à partir du Grand Prix de Pays-Bas. Rindt signa la pole position et s'imposa après avoir mené 78 des 80 tours, ne concédant que les deux premières boucles et le meilleur tour en course à Jacky Ickx, 3e de l'épreuve. L'Autrichien se replaça par la même occasion dans la course au titre mais ne profita aucunement de ce succès. En effet, son meilleur ami Piers Courage se tua pendant la course, dans un effroyable accident qui provoqua l'incendie de sa De Tomaso. Très touché par la mort du pilote de Frank Williams, Rindt annonça à sa femme qu'il comptait prendre sa retraite au terme de la saison 1970. Une saison qui tourna d'ailleurs grandement à son avantage, puisqu'il enchaîna trois succès consécutifs après celui de Zandvoort. Devant son public, il signa une nouvelle pole position, sa dernière en carrière, mais abandonna après un problème moteur. Face à des Ferrari redoutables lors des premiers essais du Grand Prix d'Italie, Rindt et Chapman décidèrent de retirer les ailerons de la Lotus, pour gagner en vitesse sur le très rapide tracé de Monza. Seul John Miles, un des équipiers de Rindt, s'inquiéta de cette configuration qu'il trouvait très instable. Rindt, de son côté, s'en dit pleinement satisfait malgré le danger que ce choix comportait. La veille, François Cevert avait effectué un tête-à-queue à plus de 300 km/h après avoir testé cette possibilité. Mais c'est vraisemblablement une rupture de frein qui causa l'accident de Rindt lors des essais libres du samedi matin, aux abords de la Parabolica. Néanmoins, l'absence d'ailerons joua surement un rôle dans l'incapacité de Jochen à contrôler sa monoplace en perdition. Traumatisé par l'accident de Courage à Zandvoort, Rindt avait l'habitude de ne pas attacher les cinq points de son harnais, mais seulement quatre d'entre eux, ce qui lui coûta possiblement la vie, une des lanières ayant contribué à son hémorragie. Enfin, le montage peu réglementaire des rails de sécurité eut aussi un impact négatif sur cet enchaînement de faits malheureux, qui menèrent au décès du leader du Championnat. Malgré les trois courses restant à disputer, et les performances impressionnantes de Jacky Ickx et Clay Regazzoni lors de celles-ci, Rindt ne fut pas rattrapé et devint ainsi le premier – et seul à ce jour – champion du monde de F1 à titre posthume.

1965

PAUL HAWKINS

Né le 12 octobre 1937 à Melbourne (Australie) et décédé le 26 mai 1969

Courses :
Afrique du Sud 1965 – Allemagne 1965

Équipes :
- Brabham : Afrique du Sud 1965
- Lotus : Monaco 1965 – Allemagne 1965

Grands Prix disputés : 3

Pas assez fortuné pour courir dans son Australie natale, Robert Paul Hawkins s'exila en Angleterre et s'engagea en voitures de sport en 1960. Il fit également ses débuts en Formule Junior puis en F2, avant d'avoir sa chance au Grand Prix d'Afrique du Sud en 1965. Qualifié 16ᵉ, il termina 9ᵉ au volant de sa Brabham du John Willment Automobiles. Il courut aussi à Monaco cette année-là avec une Lotus 33 de DW Racing Enterprises. Mieux qualifié, il abandonna mais fut classé 10ᵉ. Après une troisième et dernière apparition en Championnat du monde en Allemagne, qui se solda par un abandon, Hawkins décida de mettre un terme à sa carrière en F1 et de se concentrer sur les Sport Cars.

JACKIE STEWART

Né le 11 juin 1939 à Milton (Royaume-Uni)

Courses :
Afrique du Sud 1965 – Canada 1973

Équipes :
- BRM : Afrique du Sud 1965 – Mexique 1967
- Matra : Afrique du Sud 1968 – Mexique 1969
- March : Afrique du Sud 1970 – Italie 1970
- Tyrell : Canada 1970 – Canada 1973

Champion du monde : 1969-1971-1973

Victoires : 27

Podiums : 43

Meilleurs tours en course : 15

Grands Prix disputés : 99

Pole position : 17

D'abord dirigé vers le tir par ses parents, après que son grand frère Jimmy se blessa en course automobile, Jackie Stewart tenta de se qualifier pour les Jeux olympiques, sans succès, et décida de se lancer sur quatre roues. C'est en tant que mécanicien que Stewart assista à son premier Grand Prix, pour un client du garage de son père. Ce client, Barry Filer, lui offrit la possibilité de faire ses débuts en tant que pilote. Ce fut Ken Tyrrell qui, sur les conseils de Jimmy, engagea Jackie Stewart en F3.Ses victoires attirèrent aussi Lotus en F2, et ses performances dans les deux catégories en 1964 lui permit de décrocher un volant chez BRM en Championnat du monde de F1 pour la saison 1965. Sa première saison fut impressionnante car après des débuts en Afrique du Sud qui le virent terminer 6e, Stewart signa son premier podium à Monaco avec une 3e place. Deuxième en Belgique et en France, il signa un nouveau top 5 en Grande-Bretagne, et un quatrième podium aux Pays-Bas. En Italie, Stewart remporta sa première victoire, ce qui lui permit de terminer 3e du Championnat. L'année suivante, il débuta sa saison par une victoire à Monaco, avant de vivre à Spa-Francorchamps un des épisodes les plus marquants de sa carrière.

Jackie Stewart dans sa Matra au Grand Prix d'Europe 1968.

Après une sortie de piste à plus de 260 km/h sous la pluie, Stewart percuta un poteau téléphonique et s'immobilisa dans un fossé, avant de se retrouver coincé dans sa voiture. Le réservoir d'essence se vida dans son cockpit et il fut évacué de sa monoplace par Graham Hill et Bob Bondurant, en ayant la chance de ne pas s'être blessé grièvement. Allongé par les premiers intervenants dans un pick-up, avec tout de même une épaule cassée, l'Écossais fut ensuite récupéré par une ambulance qui se perdit à deux reprises sur le chemin du centre médical. Lorsqu'il y arriva, Stewart fut allongé au sol, au milieu de détritus et autres mégots de cigarette et fit la promesse de se battre pour la sécurité durant le reste de sa carrière. Avec le patron de BRM, Louis Stanley, il fut à l'origine d'une campagne visant à installer des rails de sécurité sur les circuits et à séparer la piste des stands par un muret. C'est également Stewart qui parvint à imposer le port du casque intégral et du harnais de sécurité, tandis qu'il mit la pression sur la F1 pour que les commissaires et médecins soient mieux placés sur les circuits. Sa bataille pour la sécurité lui attira les foudres de l'ancienne garde, qui jugeait que le danger faisait partie de la Formule 1. Stewart était conscient que sa popularité en pâtissait, comme il l'expliqua après sa carrière : « J'aurais été un champion du monde beaucoup plus populaire si j'avais toujours dit ce que les gens voulaient entendre. Je serais peut-être mort, mais certainement plus populaire. » Sur le plan sportif, sa saison 1966 fut plus délicate avec cinq abandons en huit courses, et une 7e place au classement final. Ce fut encore pire en 1967 pour Stewart, qui abandonna à neuf reprises en 11 courses, uniquement à cause de problèmes mécaniques. Il signa deux podiums mais ses bons résultats en Formule Tasmane et F2 n'empêchèrent pas sa frustration, et il décida de rejoindre Matra, l'équipe de Ken Tyrrell, pour la saison 1968. Stewart put retrouver son niveau de 1966 et remporta trois courses, notamment au Nürburgring où, sous la pluie, il termina avec quatre minutes d'avance sur Graham Hill. Vice-champion du monde, l'Écossais rempila avec Matra en 1969, où il signa ses deux premières pole positions en carrière. Avec sept podiums, parmi lesquels six victoires, Stewart décrocha son premier titre de champion du monde en menant au moins un tour de chaque course de la saison. Matra ne voulant pas continuer à utiliser le V8 Ford

Cosworth DFV, Tyrrell décida de monter sa propre équipe, et Stewart lui jura fidélité en rejoignant sa nouvelle structure. La March 701 qu'acheta Tyrrell permit à Stewart de signer trois pole positions et une victoire, ainsi que trois podiums. Pour les trois dernières courses de la saison, la Tyrrell 001 fit ses débuts en compétition, et Stewart se qualifia en première ligne à trois reprises, dont une fois en pole position. La jeune voiture abandonna à trois reprises, mais la saison 1971 permit à Stewart de faire de nouveau étalage de son talent. Avec six pole positions et six victoires, Stewart fut sacré champion du monde à trois courses de la fin de saison, et Tyrrell remporta le titre constructeurs grâce à la belle 3e place au Championnat de François Cevert, qui remporta la dernière manche de l'année. En 1972, la Tyrrell n'était plus la référence avec l'arrivée de la Lotus 72D. Stewart fut vice-champion derrière Emerson Fittipaldi, malgré quatre victoires et deux pole positions. La même année, il fut fait officier de l'Empire britannique (OBE) par la reine et décida que la saison 1973 serait la dernière. Dans son esprit, Stewart se voyait passer le flambeau à son équipier et élève, François Cevert. Cette saison-là, il ajouta trois pole positions et cinq victoires à son palmarès, son dernier succès arrivant en Allemagne. Redoutable sur la dangereuse Nordschleife, Stewart expliqua son rapport si particulier à ce tracé de 20 kilomètres au milieu de la forêt de l'Eifel : « Rien ne me donnait autant satisfaction qu'une victoire au Nürburgring, mais j'avais toujours peur. Quand je quittais la maison pour le Grand Prix d'Allemagne, je faisais une pause au bout de l'allée et je regardais longuement en arrière. Je n'étais jamais sûr que je rentrerais [...] » Stewart signa un dernier podium en Autriche, et s'assura un troisième et dernier titre mondial en Italie avec une 4e place. Celui qui avait déjà perdu de nombreux amis en compétition fut touché par un dernier drame en fin de saison, lorsque Cevert se tua à Watkins Glen. Comme leur troisième équipier Chris Amon, Stewart déclara forfait et ne disputa pas son 100e Grand Prix. Vingt-quatre ans plus tard, Stewart devint patron d'écurie en lançant avec son fils Paul le *team* Stewart Grand Prix, soutenu par Ford. En trois saisons, l'équipe atteignit le podium à cinq reprises, signa une pole position et remporta une victoire, terminant la saison 1999 à la 4e place avant d'être rachetée par Ford pour engager Jaguar en F1.

RICHARD ATTWOOD

Né le 4 avril 1940 à Wolverhamption (Royaume-Uni)

Courses :
Monaco 1965 – Monaco 1969

Équipes :
- Lotus : Monaco 1965 – Mexique 1965
- Cooper : Canada 1967
- BRM : Monaco 1968 – Allemagne 1968
- Lotus : Monaco 1969

Podiums : 1

Meilleurs tours en course : 1

Grands Prix disputés : 16

C'est au volant d'une Triumph que Richard Attwood débuta le sport automobile, avant de piloter en Formule Junior, puis en F3 et en F2. En 1965, Reg Parnell l'engagea pour un programme complet, et il marqua deux points en terminant 6e en Italie et au Mexique. En 1967, Attwood ne disputa qu'une course pour Cooper, mais il fut appelé par BRM en 1968 pour remplacer Mike Spence après la mort de ce dernier. Très solide à Monaco, il signa son seul podium avec une 2e place, et son seul meilleur tour en course. Le reste de sa saison ne fut pas remarquable, mais il revint en F1 une dernière fois au Grand Prix de Monaco 1969, où il termina 4e avec Lotus. En 1970, il offrit à la Porsche 917 K sa première victoire aux 24 Heures du Mans.

DENNY HULME

Né le 18 juin 1936 à Te Puke (Nouvelle-Zélande) et décédé le 4 octobre 1992

Courses :
Monaco 1965 – États-Unis 1974

Équipes :
- Brabham : Monaco 1965 – Mexique 1967
- McLaren : Afrique du Sud 1968 – États-Unis 1974

Champion du monde : 1967

Victoires : 8

Pole positions : 1

Podiums : 33

Meilleurs tours en course : 9

Grands Prix disputés : 112

Denny Hulme dans sa McLaren Ford au Grand Prix de Monaco 1969.

Denis Clive Hulme se lança en sport automobile à l'âge de 20 ans, en 1956, et il roula pendant quatre ans en Océanie avant d'arriver en Europe en 1960. Sa rencontre avec Jack Brabham l'année suivante lui permit de se rapprocher de la Formule 1. D'abord employé de Brabham, il roula en F2 et en Formule Tasmane, ce qui lui permit de décrocher un volant en F1 quand son ami fonda sa propre équipe. Quatrième en France et 5e aux Pays-Bas, Hulme fit ses preuves, et Brabham lui offrit un programme complet en 1966. Malgré cinq abandons, il termina 4e du Championnat grâce à plusieurs podiums. Il enregistra une 2e place aux 24 Heures du Mans au volant d'une Ford GT40 avec Ken Miles. L'année suivante, Hulme débuta par une 4e place en Afrique du Sud, avant de remporter son premier succès en Championnat du monde au Grand Prix de Monaco. Prouvant ainsi sa volonté de battre son patron et équipier, qui était aussi le champion du monde en titre, le Néo-Zélandais monta sur le podium à Zandvoort. Après un abandon en Belgique, il termina 2e en France et en Grande-Bretagne, et s'imposa sur le Nürburgring. Deuxième au Canada, il connut la frustration d'un second abandon en Italie, avant de conclure la saison par deux nouveaux podiums, aux États-Unis et au Mexique. Cela lui permit de battre Brabham et de décrocher le titre mondial des pilotes, devenant ainsi le premier – et seul à ce jour – champion du monde néo-zélandais. L'année suivante, il emmena le numéro 1 dans une autre jeune équipe, celle de son compatriote et ami Bruce McLaren, face à qui il avait perdu au Mans deux ans plus tôt. À l'occasion de la deuxième course, en Espagne, Hulme monta sur le podium, mais il dut attendre le Grand Prix d'Italie, neuvième manche du calendrier, pour goûter de nouveau aux joies de la victoire. Il enchaîna avec un second succès au Canada, ce qui lui permit de grimper en 3e position au Championnat. En 1969, il subit la loi de Bruce au sein de l'équipe et ne termina que 6e au classement. Après être monté une fois sur le podium de la manche d'ouverture, il termina la saison par une victoire au Mexique. En 1970, l'arrivée de la McLaren M14 lui permit d'atteindre le podium quatre fois, mais la saison fut marquée par le décès du patron de l'équipe. L'exercice 1971 fut le pire de sa carrière, avec cinq abandons en dix courses et une 13e place au Championnat. Mais il fit son retour au premier plan en 1972 avec sept podiums, dont une victoire en Afrique du Sud, et une 3e place au classement final. La saison 1973 marqua celle de son unique pole position en carrière, en Afrique du Sud, et il gagna en Suède. Cette victoire fut acquise avec une certaine gêne, Hulme ayant dépassé le local de l'étape, Ronnie Peterson, dans l'avant-dernier tour à cause d'une crevaison. Le Néo-Zélandais déclara qu'il était désolé d'avoir « volé cela à Ronnie ». Il débuta la saison 1974 par une victoire mais sentait ses performances décliner, notamment face aux dangers de la compétition. Hulme fut confronté à la mort lors des essais préliminaires du Grand Prix d'Afrique du Sud, quand son ami et ancien équipier Peter Revson se tua. Lui et Graham Hill tentèrent de sauver Revson, en vain, ce dernier ayant été tué sur le coup. Il annonça sa retraite pour la fin de saison, non sans monter une dernière fois sur le podium en Autriche.

JOHN RHODES

Né le 18 août 1927 à Wolverhampton (Royaume-Uni)

Courses :
Grande-Bretagne 1965

Équipes :
Cooper : Grande-Bretagne 1965

Grands Prix disputés : 1

John Rhodes fit ses débuts en carrière en Formule Junior, dans l'équipe de Bob Gerard, puis pour Ken Tyrrell. Mais ce fut Gerard qui lui offrir sa seule course en Championnat du monde en Grande-Bretagne en 1965, avec une 21e place en qualifications et un abandon.

GIORGIO BASSI

Né le 20 janvier 1934 à Milan (Italie)

Courses :
Italie 1965

Équipes :
BRM : Italie 1965

Grands Prix disputés : 1

Spécialiste de F3, Giorgio Bassi eut l'occasion de piloter lors de son Grand Prix à domicile en 1965, avec une 22e place en qualifications et un abandon en course.

GEKI

Né le 23 octobre 1937 à Milan (Italie) et décédé le 18 juin 1967

Courses :
Italie 1965 – Italie 1966

Équipes :
Lotus : Italie 1965 – Italie 1966

Grands Prix disputés : 2

Giacomo Russo, dit GEKI, débuta sa carrière en Formule Junior en 1960. Après plusieurs années marquées par des performances en progrès, et notamment plusieurs victoires à Monza, il put atteindre la F1 pour courir le Grand Prix d'Italie. Non qualifié en 1964, il revint en 1965 à Monza et signa le 20e temps des essais qualificatifs. Il ne vit pas l'arrivée mais en 1966, avec la même place sur la grille, il passa en 9e position sous le drapeau à damier. Malheureusement, il se tua en course l'année suivante.

BOB BONDURANT

Né le 27 avril 1933 à Evanston (États-Unis) et décédé le 12 novembre 2021

Courses :
États-Unis 1965 – Mexique 1966

Équipes :
- Ferrari : États-Unis 1965
- Lotus : Mexique 1965
- BRM : Monaco 1966 – Italie 1966
- Eagle : États-Unis 1966 – Mexique 1966

Grands Prix disputés : 9

Comme beaucoup de pilotes américains, Robert Lewis Bondurant commença la compétition par des disciplines du cru, dont des courses de moto sur ovales et des compétitions voitures de sport. En 1964, il s'exila en Europe et signa une belle 4e place aux 24 Heures du Mans. En 1965, Ferrari l'engagea pour le Grand Prix des États-Unis avec le North American Racing Team, et Bondurant termina 9e. Au Mexique, avec le Reg Parnell Racing, il ne vit pas l'arrivée. L'année suivante, le Team Chamaco-Collect lui mit à disposition une BRM avec laquelle il manqua de peu le podium à Monaco. Il ne vit que trois fois l'arrivée cette année-là mais ne marqua plus de points après cela, que ce soit dans cette équipe ou avec l'Anglo American Racers, qui lui confia une Eagle lors des manches outre-Atlantique. Il décida de quitter la Formule 1 et de se concentrer sur le Can-Am et les 24 Heures du Mans, avant qu'un énorme accident ne mette un coup d'arrêt à sa carrière. Il fonda une école de pilotage qui eut comme clients les plus grands acteurs d'Hollywood.

GUY LIGIER

Né le 12 juillet 1930 à Vichy (France) et décédé le 23 août 2015

Courses :
Monaco 1966 – Mexique 1967

Équipes :
- Cooper : Monaco 1966 – France 1967
- Brabham : Grande-Bretagne 1967 – Mexique 1967

Grands Prix disputés : 12

Guy Ligier au Grand Prix de Monaco 1966.

Champion de France d'aviron puis joueur de l'équipe de France B de rugby avant de se tourner vers le sport automobile, Guy Ligier roula d'abord en F2 et en endurance. Malgré des résultats en demi-teinte, il décida de franchir le pas et de s'inscrire en Championnat du monde de F1 au volant d'une Cooper privée en 1966. Sur les cinq courses dont il prit le départ cette année-là, il abandonna à trois reprises et ne fit pas mieux qu'une 9e place. L'année suivante, il revint avec sa Cooper mais décida de la remplacer par une Brabham en cours de saison, sans plus de succès, avec une 8e position comme meilleur résultat. Le décès de son ami Jo Schlesser le poussa à arrêter la compétition, mais il fonda son équipe en 1970, et il revint en course au Mans avec sa propre voiture. Au fil des années, Ligier courut en endurance avant d'engager sa structure en Formule 1. Ses prototypes et monoplaces arboraient d'ailleurs la nomenclature JS, en hommage à Schlesser. Guy Ligier eut bien plus de succès en tant que patron que lors de sa carrière de pilote. Ses monoplaces, notamment conçues par Gérard Ducarouge, menèrent la structure à neuf succès, neuf pole positions, neuf meilleurs tours en course et 50 podiums, avant qu'Alain Prost ne la rachète.

MIKE PARKES

Né le 24 septembre 1931 à Richmond (États-Unis) et décédé le 27 août 1977

Courses :
France 1966 – Belgique 1967

Équipes :
Ferrari : France 1966 – Belgique 1967

Pole positions : 1

Podiums : 2

Grands Prix disputés : 6

Michael Parkes fit ses premières courses en voitures de sport dans la deuxième partie des années 50. Le Britannique décrocha un contrat avec Lotus après avoir été remarqué par Colin Chapman et tenta une qualification en F1, sans succès, en 1959. Il courut aux 24 Heures du Mans en 1961 sur une Ferrari, avec une 2e place à l'arrivée, et termina de nouveau sur le podium en 1963. Il dut attendre 1966 pour être appelé par la Scuderia en remplacement de John Surtees. Deuxième en France, il signa une pole position en Italie et monta de nouveau sur la deuxième marche du podium. Après une 5e place aux Pays-Bas et un abandon en Belgique en 1967, Parkes décida de se concentrer sur l'endurance.

CHRIS IRWIN

Né le 27 juin 1942 à Londres (Royaume-Uni)

Courses :
Grande-Bretagne 1966 – Mexique 1967

Équipes :
- Brabham : Grande-Bretagne 1966
- Lotus : Pays-Bas 1967
- BRM : Belgique 1967 – Mexique 1967

Grands Prix disputés : 10

Après de belles performances en F3 en 1964, Christopher Frank Stuart Irwin courut en F2 et en F3 en 1965 et 1966, obtenant sa première chance au Grand Prix de Grande-Bretagne 1966. Engagé par Brabham pour sa course à domicile, il se qualifia 12e et termina 7e. Ses bons résultats cette année-là furent suffisants pour convaincre Reg Parnell de lui offrir un volant. La BRM privée peu fiable ne lui permit de terminer qu'une fois dans les points, avec une 5e place en France malgré une casse moteur. Il ne courut plus en F1 après 1967, se concentrant sur la F2 puis l'endurance avant un grave accident au Nürburgring, qui le poussa à mettre un terme à sa carrière.

CHRIS LAWRENCE

Né le 27 juillet 1933 à Londres (Royaume-Uni) et décédé le 13 août 2011

Courses :
Grande-Bretagne 1966 – Allemagne 1966

Équipes :
Cooper : Grande-Bretagne 1966 – Allemagne 1966

Grands Prix disputés : 2

Pilote plutôt connu à l'échelle régionale, Christopher Lawrence parvint à atteindre la F1 en 1966, avec deux courses en Championnat du monde. Qualifié 19e en Grande-Bretagne, il termina 11e avant de revenir en Allemagne. Sa qualification en 26e place déboucha sur un abandon.

Jochen Rindt et Richie Ginther la veille du Grand Prix de Monaco 1966.

LUKI BOTHA

Né le 16 janvier 1930 à Pretoria (Afrique du Sud) et décédé le 17 octobre 2006

Courses :
Afrique du Sud 1967

Équipes :
Brabham : Afrique du Sud 1967

Grands Prix disputés : 1

Pilote sud-africain, Luki Botha se constitua un palmarès impressionnant dans son pays, avec de nombreuses victoires. Il disputa en 1967 le Championnat national de F1 avec un podium pour ses débuts, ce qui l'amena à rouler à domicile en Championnat du monde. Sa 17e place sur la grille se solda par un abandon. Un accident l'année suivante, qui causa la mort de neuf personnes, le poussa à mettre un terme à sa carrière.

DAVE CHARLTON

Né le 27 octobre 1936 à Brotton (Royaume-Uni) et décédé le 24 février 2013

Courses :
Afrique du Sud 1967 – Afrique du Sud 1975

Équipes :
- Brabham : Afrique du Sud 1967 – Afrique du Sud 1968
- Lotus : Afrique du Sud 1970
- Brabham : Afrique du Sud 1971
- Lotus : Grande-Bretagne 1971 – Afrique du Sud 1973
- McLaren : Afrique du Sud 1974 – Afrique du Sud 1975

Grands Prix disputés : 11

Dave Charlton fit ses débuts en Grande-Bretagne en 1960 mais dut retourner en Afrique du Sud, pays d'où venait sa famille, dans les années suivantes. Il parvint à se faire remarquer en 1966 dans le Championnat national de F1, avec trois victoires. Pilote redoutable dans son pays, il s'essaya à plusieurs reprises au Championnat du monde mais ne vit l'arrivée que deux fois en 11 Grands Prix. C'est à l'échelle nationale, avec cinq titres et près de 50 victoires, qu'il marqua le sport automobile.

PIERS COURAGE

Né le 27 mai 1942 à Colchester (Royaume-Uni) et décédé le 21 juin 1970

Courses :
Afrique du Sud 1967 – Pays-Bas 1970

Équipes :
- Lotus : Afrique du Sud 1967
- BRM : Monaco 1967 – Mexique 1968
- Brabham : Espagne 1969 – Mexique 1969
- De Tomaso : Afrique du Sud 1970 – Pays-Bas 1970

Podiums : 2

Grands Prix disputés : 27

Piers Raymond Courage fut d'abord pilote à l'échelle locale sur une Lotus, avant de s'engager en F3 en 1964. Colin Chapman le remarqua et le recruta dans son équipe, en F3 puis en F2, et Reg Parnell permit à Courage de faire ses débuts en Championnat du monde de F1 en 1967. Il disputa trois courses avec l'équipe sans voir l'arrivée, mais ses résultats impressionnants en Formule Tasmane poussèrent Reg Parnell à le conserver. Sa saison 1968 fut marquée par sept abandons en 11 courses, avec une 6ᵉ place en France et une 4ᵉ position en Italie comme résultats notables. En 1969, Frank Williams le recruta dans son équipe et au volant d'une Brabham BT26A et Courage termina à une superbe 2ᵉ place à Monaco. Cinquième en Grande-Bretagne puis en Italie, où il mena la course, il signa un nouveau podium aux États-Unis. La De Tomaso 505 que Williams lui mit à disposition en 1970 ne fut pas à la hauteur des espérances, mais Courage tenta d'en tirer le maximum, sans pour autant voir l'arrivée des trois premières courses. Qualifié 9ᵉ à Zandvoort, il remonta jusqu'à la 7ᵉ place avant un accident au 23ᵉ tour, dans lequel sa voiture au châssis en magnésium s'enflamma. La violence de l'incendie fut telle que les pompiers mirent 12 tours à l'éteindre, la course continuant à se dérouler malgré le drame qui se jouait. Les intervenants ne purent que constater le décès de Piers Courage, apparemment tué avant même le début du feu. La disparition de Courage marqua grandement Jochen Rindt, vainqueur ce jour-là, et Frank Williams, qui déclara par la suite qu'il ne connut jamais un autre pilote ayant « un tel sens du style et de l'humour ».

JOHNNY SERVOZ-GAVIN

Né le 18 janvier 1942 à Grenoble (France) et décédé le 29 mai 2006

Courses :
Monaco 1967 – Espagne 1970

Équipes :
- Matra : Monaco 1967 – Monaco 1968
- Cooper : France 1968
- Matra : Italie 1968 – Mexique 1969
- March : Afrique du Sud 1970 – Espagne 1970

Podiums : 1

Grands Prix disputés : 11

George-Francis Servoz-Gavin fit ses débuts en rallye avant de prendre des cours de pilotage à Magny-Cours. De là, il roula en Formule 3, puis en Formule 2, et eut l'occasion de débuter en Championnat du monde de F1 avec Matra, à Monaco. Il se qualifia 11ᵉ mais ne vit pas l'arrivée. L'année suivante, Matra lui demanda de remplacer Jackie Stewart et il se qualifia 2ᵉ avant d'abandonner après un contact avec le rail. Un accident en France avec une Cooper précéda son meilleur résultat en F1 lors du Grand Prix d'Italie où, de retour avec Matra, il termina 2ᵉ. En 1969, il arriva 6ᵉ au Canada et 8ᵉ au Mexique, avant de signer avec Tyrrell pour la saison suivante. Cinquième au Grand Prix d'Espagne, il ne se qualifia pas à Monaco à cause d'une sortie de piste. L'équipe Tyrrell annonça son retrait de la compétition, assurant qu'il traînait les séquelles d'un accident de rallye avec une blessure à l'œil. Officieusement, Servoz-Gavin peinait à s'acclimater au monde de plus en plus professionnel de la F1 et sa célébrité ne lui apportait pas de joie. Mais ce fut surtout le danger de la F1 qui le poussa à arrêter sa carrière : « J'ai bouclé la boucle avec le Grand Prix de Monaco. Même en me promenant à pied sur le circuit, j'étais affolé à l'idée d'avoir à me faufiler dans ces passages étroits. Durant les essais, ce fut pire encore, je n'osais pas passer sous le tunnel à fond. J'allais moins vite qu'il y a deux ans. J'avais d'ailleurs l'impression d'aller tellement lentement que j'étais surpris par les temps au tour que m'indiquait mon stand. Lorsque je parvenais à prendre correctement deux virages consécutifs, j'étais surpris. Le doute, le manque de foi, c'est terrible. Alors, j'ai préféré arrêter tout de suite avant que n'arrive l'accident, parce qu'un jour, j'aurais voulu forcer mon talent pour ne pas être ridicule ou faire plaisir à mon employeur », déclara-t-il à la presse.

DAVID HOBBS

Né le 9 juin 1939 à Leamington (Royaume-Uni)

Courses :
Grande-Bretagne 1967 – Italie 1974

Équipes :
BRM : Grande-Bretagne 1967 – Canada 1967

Grands Prix disputés : 6

David Hobbs fut un pilote hétéroclite en sport automobile, avec des participations dans de nombreuses disciplines d'endurance et de monoplaces. Engagé par le Bernard White Racing sur une vieille BRM en Grande-Bretagne puis au Canada en 1967, Hobbs termina 8e et 9e. L'année suivante, il ne prit qu'un départ pour le compte de Honda mais ne vit pas l'arrivée, lors du Grand Prix d'Italie. Il se consacra ensuite à l'endurance avec notamment une victoire aux 1 000 kilomètres de Monza et un podium aux 24 Heures du Mans. Il revint en F1 en 1971 lors du Grand Prix des États-Unis, au volant d'une McLaren engagée par le Penske-White Racing. Vingt-deuxième sur la grille, il franchit la ligne d'arrivée en 10e place. McLaren lui offrit deux courses en 1974, avec une 7e place comme meilleur résultat. La suite de sa carrière fut notamment marquée par un retour sur le podium des 24 Heures du Mans.

SILVIO MOSER

Né le 24 avril 1941 à Zurich (Suisse) et décédé le 26 mai 1974

Courses :
Grande-Bretagne 1967 – Italie 1971

Équipes :
- Cooper : Grande-Bretagne 1967
- Brabham : Pays-Bas 1968 – Mexique 1969
- Bellasi : Autriche 1970 – Italie 1971

Grands Prix disputés : 12

Pilote suisse ayant débuté par des courses locales au début des années 60, Silvio Moser courut en Formule Junior en 1962, avant d'acheter une Brabham pour aller courir en Argentine. Il l'utilisa en Junior mais aussi en F3, avant de revenir en Europe pour rouler en F2 en 1965. Charles Vögele Racing lui offrit ensuite ses débuts en F1 au Grand Prix de Grande-Bretagne 1967 avec une Cooper A-T-S dans laquelle il se qualifia 20e, pour finalement abandonner. L'année suivante, il ne se qualifia que deux fois au volant d'une Brabham BT20 engagée par la même équipe, mais parvint à terminer 5e à Zandvoort, inscrivant ses premiers points. En 1969, Moser racheta Charles Vögele Racing pour fonder le Silvio Moser Racing Team. Septième en France, il accrocha des points aux États-Unis mais fut victime de la fiabilité désastreuse de sa monoplace. Il fut contraint en 1970 d'engager une Bellasi F1 70, une monoplace que son équipe développa avec Guglielmo Bellasi. Ce choix fut un fiasco avec quatre non-qualifications et un abandon. Il revint avec la même monoplace en 1971, mais abandonna aussi après une qualification décevante. De retour en F2, il ne brilla pas mais décida de revenir en F1 deux années plus tard. Malheureusement, il n'eut pas le temps de courir de nouveau en Championnat du monde puisqu'il fut victime d'un terrible accident aux 1 000 kilomètres de Monza. Après un mois de coma, il décéda à l'hôpital.

ALAN REES

Né le 12 janvier 1938 à Langstone (Royaume-Uni)

Courses :
Grande-Bretagne 1967

Équipes :
Cooper : Grande-Bretagne 1967

Grands Prix disputés : 1

Alan Rees pilota d'abord en voitures de sport avant de passer en monoplace, avec un programme en Formule Junior en 1960. Ses performances lui permirent de rouler en F2 puis en F1, dans des manches hors Championnat. Cooper lui permit de faire ses débuts en Championnat du monde lors du Grand Prix de Grande-Bretagne 1967. Qualifié 15e, il franchit la ligne d'arrivée en 9e position. Il fit son retour en F1 en 1970 mais pas en tant que pilote, puisqu'il fonda l'équipe March, notamment avec Max Mosley. Shadow engagea ensuite Rees pour diriger l'équipe, qu'il mena à la victoire en 1977. Il fut également l'un des cofondateurs de l'équipe Arrows.

HUBERT HAHNE

Né le 28 mars 1935 à Moers (Allemagne) et décédé le 24 avril 2019

Courses :
Allemagne 1967 – Allemagne 1968

Équipes :
Lola : Allemagne 1967 – Allemagne 1968

Grands Prix disputés : 2

Pilote pour BMW depuis ses débuts en compétition, Hubert Hahne se lança en F1 au Grand Prix Allemagne en 1967 avec le constructeur, qui motorisa un châssis Lola. Qualifié 14e, Hahne ne vit pas l'arrivée mais parvint à voir le drapeau à damier en 10e place l'année suivante. Deux ans plus tard, il loua une March 701 mais ne parvint pas à se qualifier. Il intenta un procès à l'équipe, assurant qu'il n'avait pas reçu un châssis en bonne condition, mais la justice lui donna tort et il quitta le sport automobile.

MIKE FISHER

Né le 13 mars 1943 à Hollywood (États-Unis)

Courses :
Canada 1967 – Mexique 1967

Équipes :
Lotus : Canada 1967 – Mexique 1967

Grands Prix disputés : 2

Mike Fisher courut essentiellement en endurance avant de s'engager en F1 au volant d'une Lotus 33 privée, pour les Grands Prix des États-Unis et du Mexique en 1967. Qualifié 18e à deux reprises, il connut une 11e place et un abandon, avant d'être appelé par l'armée.

AL PEASE

Né le 15 octobre 1921 à Darlington (Royaume-Uni) et décédé le 4 mai 2014

Courses :
Canada 1967 – Canada 1969

Équipes :
Eagle : Canada 1967 – Canada 1969

Grands Prix disputés : 2

Né en Grande-Bretagne, Victor Pease s'exila au Canada après la guerre et courut dans des épreuves locales pendant les années 50. Dans les années 60, il se fit connaître en disputant des classiques comme les 12 Heures de Sebring. En 1967, grâce à son sponsor Castrol, il prit part à sa première course de F1 à domicile. Mais sa 16e place en qualifications fut suivie d'une course catastrophique, où les performances de son Eagle T1F l'empêchèrent d'être classé, tant il était en retard. Sa dernière course en Championnat du monde eut lieu en 1969, toujours avec l'Eagle, engagée cette fois par John Maryon. Pease se fit remarquer en accrochant les leaders qui lui prenaient un tour, et se fit disqualifier pour la dangerosité de son pilotage et la lenteur de son rythme.

EPPIE WIETZES

Né le 28 mai 1938 à Assen (Pays-Bas) et décédé le 9 juin 2020

Courses :
Canada 1967 – Canada 1974

Équipes :
- Lotus : Canada 1967
- Brabham : Canada 1974

Grands Prix disputés : 2

Redoutable concurrent dans les pelotons des courses canadiennes, Egbert Wietzes fut soutenu par les organisateurs du Grand Prix du Canada pour y courir en 1967. Sur une Lotus officielle, il ne fit pas le poids face à ses équipiers du week-end, Jim Clark et Graham Hill, qui monopolisaient la première ligne. Qualifié 17e, il ne vit pas l'arrivée et dut attendre sept ans pour retrouver le Grand Prix du Canada en F1, après de nombreuses années passées en F5000. Au volant d'une Brabham BT42 privée, il ne se qualifia que 26e et abandonna en course.

JACKY ICKX

Né le 1er janvier 1945 à Bruxelles (Belgique)

Courses :
Italie 1967 – États-Unis Est 1967

Équipes :
- Cooper : Italie 1967 – États-Unis 1967
- Ferrari : Afrique du Sud 1968 – Mexique 1968
- Brabham : Afrique du Sud 1969 – Mexique 1969
- Ferrari : Afrique du Sud 1970 – Grande-Bretagne 1973
- McLaren : Allemagne 1973

- Ferrari : Italie 1973
- Iso-Marlboro : États-Unis 1973
- Lotus : Argentine 1974 – France 1975
- Williams : Brésil 1976 – France 1976
- Ensign : Pays-Bas 1976 – Espagne 1978
- Ligier : France 1979 – États-Unis Est 1979

Victoires : 8

Pole positions : 13

Podiums : 25

Meilleurs tours en course : 14

Grands Prix disputés : 114

Jacky Ickx au volant de sa Brabham Ford durant le Grand Prix d'Allemagne 1968, sur le Nürburgring.

Entouré d'une famille de pilotes et passionnés d'automobile, c'est sur deux roues que Jacques Bernard Ickx, surnommé « Jacky », fit ses débuts en compétition. Déjà très polyvalent à moto, avec des courses sur terre et sur asphalte, il se lança en sport automobile en course de côte, dans sa Belgique natale. Ses bons résultats en tourisme et en course de côte lui permirent de débuter en monoplace en 1965. En 1967, il devint champion d'Europe de F2 et se fit remarquer lors du Grand Prix d'Allemagne, où les deux disciplines couraient ensemble, en jouant au niveau de certaines F1. Cooper l'invita à rouler en Championnat du monde de F1 à l'occasion du Grand Prix d'Italie, où il se qualifia 15e et termina 6e, marquant ainsi un point. Enzo Ferrari l'engagea pour la saison 1968 et Ickx connut une première saison très positive, avec un premier podium à domicile, à l'occasion de la troisième manche du Championnat. Au Grand Prix de France, il signa son premier succès et déposa le bouquet de la victoire à l'endroit exact où Jo Schlesser avait été victime d'un accident mortel en début de course. Un autre podium vint en Grande-Bretagne, avant sa première pole position en Allemagne. Grâce à un autre podium en Italie, il termina 4e du Championnat. En 1969, Ickx quitta Ferrari pour Brabham, où le début de saison fut plutôt difficile. En juin, il remporta les 24 Heures du Mans pour la première fois, sur une Ford GT40. La suite de sa saison se déroula mieux avec des podiums à Clermont-Ferrand et Silverstone, puis un *hat trick* (pole, victoire et meilleur tour en course) au Nürburgring. Une performance qu'il parvint à reproduire au Canada, avant une 2e place au Mexique qui lui permit de terminer vice-champion du monde. En 1970, il revint chez Ferrari et signa quatre pole positions et cinq podiums, dont trois victoires. Vice-champion du monde derrière Jochen Rindt, qui s'était tué en Italie à trois courses de la fin de saison, Ickx avoua qu'il n'aurait pas voulu gagner le titre mondial dans ces circonstances. En 1971, il termina trois fois sur le podium, dont une victoire, lors des quatre premières courses, s'élançant deux fois de la pole position dans le même temps. La suite de sa saison fut catastrophique avec six abandons lors des sept courses restantes, et il termina 4e du Championnat. L'année suivante, il remporta sa 8e et dernière victoire en F1, ajouta quatre pole positions à son palmarès et boucla la saison en 4e position. L'année 1973 ne fut pas bonne, avec une Ferrari 312B3 hors du coup, et le Belge fit son retour au Mans avec Ferrari, mais cela se solda par un abandon. La carrière en F1 de Jacky Ickx prit un tournant de plus en plus délicat, avec deux années chez Lotus en 1974 et 1975, durant lesquelles il signa un total de trois podiums. Lors de cette 2e année, il remporta les 24 Heures du Mans avec Derek Bell, au volant d'une Mirage GR8. En 1976, il pilota pour Williams, Wolf et Ensign, sans réussir à inscrire un seul point. En revanche, il s'imposa de nouveau aux 24 Heures du Mans, cette fois avec Porsche. Il réitéra ce résultat en 1977 malgré un problème mécanique en fin de course. Ickx roula près de quatorze heures pendant la course et avoua plus tard qu'il s'agissait de sa plus belle victoire dans la Sarthe. En F1 en revanche, ses deux courses avec Ensign furent catastrophiques, comme les quatre qu'il disputa en 1978. Sa carrière en Formule 1 se termina par une saison chez Ligier, avec deux arrivées dans les points à la clé. Par la suite, Ickx s'imposa de nouveau aux 24 Heures du Mans en 1981 et 1982 et remporta deux titres de champion du monde d'endurance, puis le Rallye Paris-Dakar en 1983, confirmant ainsi son statut de pilote polyvalent. Il devint directeur de course du Grand Prix de Monaco durant les mêmes années, mais fut écarté après avoir arrêté l'épreuve pour des raisons de sécurité en 1984.

JEAN-PIERRE BELTOISE

Né le 26 avril 1937 à Boulogne-Billancourt (France) et décédé le 5 janvier 2015

Courses :
États-Unis 1967 – Canada 1974

Équipes :
- Matra : États-Unis 1967 – États-Unis 1971
- BRM : Afrique du Sud 1972 – Canada 1974

Victoires : 1

Podiums : 8

Meilleurs tours en course : 4

Grands Prix disputés : 85

Jean-Pierre Beltoise sur Matra au Grand Prix d'Italie 1970.

Jean-Pierre Beltoise fut d'abord pilote moto, avec des titres de champion de France à la clé, avant de passer sur quatre roues en 1963, à l'occasion de la Targa Florio. Un changement de carrière qui fut convaincant, puisque

Beltoise roula en F2 dès l'année suivante. Un grave accident manqua de peu de mettre un terme à sa carrière, et il dut à une opération réussie le fait de ne pas se faire amputer d'un bras. Après dix mois d'absence, il revint sur les circuits et devint champion de France de F3. En Championnat d'Europe de F2, en 1966, il roula avec les F1 lors du Grand Prix d'Allemagne, mais dut attendre 1967 pour rouler véritablement en Formule 1. Avec Matra, il termina deux fois 7e et fut engagé pour la saison 1968. Dans les points pour la première course de l'année, il réitéra en Espagne en se payant le luxe de mener quatre tours. C'est aux Pays-Bas qu'il connut les joies de son premier podium, tandis qu'il devint champion d'Europe de F2 cette année-là. Toujours avec Matra, il disputa une saison 1969 très solide en F1, avec trois podiums et la 5e place au Championnat. Il connut aussi son meilleur résultat aux 24 Heures du Mans, une 4e place. En 1970, il retrouva une dynamique similaire à 1969 avec deux podiums et de nombreux top 5, mais termina plus loin au Championnat. En 1971, il fut impliqué dans l'accident mortel d'Ignazio Giunti lors des 1 000 kilomètres de Buenos Aires, et la FIA le suspendit trois mois. Le Français relança sa carrière chez BRM l'année suivante et il remporta son unique Grand Prix à Monaco. Il resta trois années dans l'équipe de Louis Stanley mais ne remonta qu'une fois sur le podium, au Grand Prix d'Afrique du Sud 1974.

JONATHAN WILLIAMS

Né le 26 janvier 1942 au Caire (Égypte) et décédé le 31 août 2014

Courses :
Mexique 1967

Équipes :
Ferrari : Mexique 1967

Grands Prix disputés : 1

Britannique né au Caire, Jonathan Williams débuta sa carrière dans des courses régionales en Grande-Bretagne, avant de courir en Formule Junior puis en F3. Quelques belles performances en endurance lui permirent d'être appelé par Ferrari pour épauler Chris Amon au Grand Prix du Mexique 1967. Il se qualifia 16e et vit l'arrivée en 8e place. Il fut par la suite connu pour avoir roulé aux 24 Heures du Mans 1970 dans la Porsche 908 de Solar Productions ayant permis d'avoir toutes les images en caméra embarquée du film *Le Mans*, avec Steve McQueen.

ANDREA DE ADAMICH

Né le 3 octobre 1941 à Trieste (Italie)

Courses :
Afrique du Sud 1968 – Grande-Bretagne 1973

Équipes :
- Ferrari : Afrique du Sud 1968
- McLaren : France 1970 – Canada 1970
- March : Afrique du Sud 1971 – États-Unis 1971
- Surtees : Argentine 1972 – Afrique du Sud 1973
- Brabham : Espagne 1973 – Grande-Bretagne 1973

Grands Prix disputés : 30

Issu d'une famille aisée, Andrea de Adamich se distingua d'abord par de belles performances en voitures de tourisme, jusqu'à en devenir champion d'Europe en 1966 et 1967. Des débuts corrects en F2 lui permirent d'obtenir un volant Ferrari pour le Grand Prix d'Afrique du Sud 1968. Auteur d'une prometteuse 7e place en qualifications, il abandonna après un accident. Il courut chez McLaren en 1970 avec une 8e place comme meilleur résultat. Chez March, sa saison 1971 fut catastrophique et il rallia les rangs du *team* Surtees l'année suivante. Il marqua ses premiers points en Espagne en terminant au pied du podium. Après une nouvelle 4e place au Grand Prix de Belgique 1973 sur une Brabham privée, il fut victime du carambolage de Silverstone la même année. L'Italien resta coincé une demi-heure dans sa monoplace et se brisa la cheville, ce qui le poussa à mettre un terme à sa carrière.

JACKIE PRETORIUS

Né le 22 novembre 1934 à Potchefstroom (Afrique du Sud) et décédé le 30 mars 2009

Courses :
Afrique du Sud 1968 – Afrique du Sud 1973

Équipes :
- Brabham : Afrique du Sud 1968 – Afrique du Sud 1971
- Iso-Marlboro : Afrique du Sud 1973

Grands Prix disputés : 3

Spécialiste de la course automobile en Afrique du Sud, Jacobus Johannes Pretorius peina à se faire un nom au milieu des années 60, mais connut quelques bons résultats en Formule Junior puis en Championnat national de F1. Il put prendre le départ de l'édition 1968 du Grand Prix d'Afrique du Sud dans le cadre du Championnat du monde, et se qualifia 23e avant d'abandonner. Il revint en 1971 et 1973, mais ne se qualifia pas mieux que 20e et ne vit jamais l'arrivée.

BRIAN REDMAN

Né le 9 mars 1937 à Colne (Royaume-Uni)

Courses :
Afrique du Sud 1968 – Monaco 1974

Équipes :

- Cooper : Afrique du Sud 1968 – Belgique 1968
- Surtees : Afrique du Sud 1971
- McLaren : Monaco 1972 – Allemagne 1972
- BRM : États-Unis 1972
- Shadow : États-Unis 1973 – Monaco 1974

Podiums : 1

Grands Prix disputés : 12

Formé au niveau régional puis national, Brian Redman parvint à rouler en Championnat du monde de voitures de sport au milieu des années 60. Ses bons résultats en endurance lui permirent de faire ses débuts en Championnat du monde de F1 au Grand Prix d'Afrique du Sud 1968. Le Britannique abandonna, mais il monta sur le podium dès sa deuxième course en Espagne. Un accident et une fracture du bras mirent fin à sa saison aux Pays-Bas, et il revint en 1970 avec Williams, sans succès. Il disputa encore neuf courses entre 1971 et 1974 et parvint à arriver dans les points à Monaco et au Nürburgring en 1972, avec McLaren. Redman quitta la F1 pour la F5000 et tenta de remporter les 24 Heures du Mans jusqu'en 1989 mais n'y parvint pas.

BASIL VAN ROOYEN

Né le 19 avril 1939 à Johannesbourg (Afrique du Sud)

Courses :
Afrique du Sud 1968 – Afrique du Sud 1969

Équipes :

- Cooper : Afrique du Sud 1968
- McLaren : Afrique du Sud 1968

Grands Prix disputés : 2

Spécialiste des voitures de sport en Afrique du Sud, Basil van Rooyen fit ses débuts en monoplace en Championnat du monde de F1, à domicile en 1968. Sa 20e place en qualifications et sa remontée jusqu'à la 11e en course avant d'abandonner furent saluées, compte tenu de son manque d'expérience. Il revint l'année suivante et se qualifia 9e, mais abandonna également, avant de faire carrière à l'échelle nationale.

John Surtees devance Jo Siffert lors du Grand Prix de Monaco 1968.

SHELL
Sh
BP
BP

JACKIE OLIVER

Né le 14 août 1942 à Londres (Royaume-Uni)

Courses :
Monaco 1968 – Suède 1977

Équipes :
- Lotus : Monaco 1968 – Mexique 1968
- BRM : Afrique du Sud 1969 – Mexique 1970
- McLaren : Grande-Bretagne 1971 – Italie 1971
- BRM : Grande-Bretagne 1972
- Shadow : Afrique du Sud 1973 – Suède 1977

Podiums : 2

Meilleurs tours en course : 1

Grands Prix disputés : 49

Keith Jack Oliver fit une ascension fulgurante en formules de promotion, avec une année en F3 et une saison en F2 avant ses débuts en F1. Mais ceux-ci se firent dans des conditions très difficiles, puisqu'il fut choisi pour remplacer Jim Clark, qui s'était tué lors d'une course de F2. Au vu des circonstances, sa saison fut réussie puisqu'il faillit gagner en Belgique avant de subir un problème mécanique, et termina l'année par un podium au Mexique. Colin Chapman décida quand même de le remplacer par Jochen Rindt, et Oliver trouva refuge chez BRM pour les deux saisons suivantes. En 23 courses, il connut 18 abandons, dont 16 sur problèmes mécaniques. Heureusement, il remporta en 1969 les 24 Heures du Mans avec Jacky Ickx et une Ford GT40, ainsi que les 24 Heures de Daytona en 1971. Pigiste pour McLaren en 1972, il disputa sa course à domicile pour BRM en 1973, avec un nouvel abandon sur problème mécanique. En 1973, il retrouva un calendrier complet en F1 avec Shadow et monta même sur le podium au Canada. Il s'exila en CanAm puis en Formule 5000 et ne revint qu'une fois en F1, à l'occasion du Grand Prix de Suède 1977, qu'il boucla en 9e position. Il fonda par la suite l'équipe Arrows avec plusieurs copropriétaires. Il en devint le seul dirigeant mais ne parvint pas à faire gagner la structure, qu'il revendit d'abord à Footwoork, puis à Tom Walkinshaw, avant de quitter la Formule 1 à la fin des années 90.

VIC ELFORD

Né le 10 juin 1935 à Londres (Royaume-Uni) et décédé le 13 mars 2022

Courses :
France 1968 – Allemagne 1971

Équipes :
- Cooper : France 1968 – Monaco 1969
- McLaren : Pays-Bas 1969 – Allemagne 1969
- BRM : Allemagne 1971

Grands Prix disputés : 13

Victor Henry Elford fit ses débuts en rallye et sur circuit avec une Mini, avant d'évoluer au volant de diverses voitures, notamment des Ford, des Porsche et des Triumph, avec une participation aux 24 Heures du Mans 1967. L'année 1968 fut exceptionnelle pour Elford avec une victoire au Rallye Monte-Carlo en janvier. Une semaine plus tard, il prouva sa polyvalence en gagnant les 24 Heures de Daytona, puis s'imposa lors de la Targa Florio et des 1 000 kilomètres du Nürburgring. Cooper l'engagea pour la suite de la saison en Championnat du monde de F1, et il termina 4e de son premier Grand Prix, après une remontée depuis la dernière place sous la pluie. Il marqua des points au Canada avec une 5e position, et remporta de nouveau le Rallye

Monte-Carlo en 1969. Il roula pour Antique Automobiles en Championnat du monde de F1 cette année-là, avec une 5e place en France comme meilleur résultat, avant que sa saison ne soit interrompue par un accident au Nürburgring. Il ne revint qu'une fois en F1 en 1971 avec une 11e place pour BRM, sur le circuit qui avait interrompu sa carrière. Par la suite, il fut décoré de l'Ordre national du mérite pour avoir porté assistance à Florian Vetsch, impliqué dans l'accident qui coûta la vie à Jo Bonnier. Il devint par la suite directeur de l'équipe ATS et du département compétition de Renault Sport.

JO SCHLESSER

Né le 18 mai 1928 à Liouville (France) et décédé le 7 juillet 1968

Courses :
France 1968

Équipes :
Honda : France 1968

Grands Prix disputés : 1

Pilote depuis le début des années 50, Jo Schlesser débuta en rallye avant de disputer des courses sur route. Dans les années 60, il roula sur circuit et participa notamment à six éditions des 24 Heures du Mans, avec des abandons à chaque fois. Honda lui proposa de courir au volant de la nouvelle RA302 lors du Grand Prix de France de F1. Malheureusement, le châssis en magnésium de la Japonaise provoqua un incendie impossible à maîtriser au moment où Schlesser perdit le contrôle de sa voiture, en début de course. Le pilote décéda dans l'accident, et Guy Ligier décida d'utiliser ses initiales pour les monoplaces qu'il engagea en F1.

ROBIN WIDDOWS

Né le 27 mai 1942 à Londres (Royaume-Uni)

Courses :
Grande-Bretagne 1968

Équipes :
Cooper : Grande-Bretagne 1968

Grands Prix disputés : 1

Concurrent olympique en bobsleigh avant de s'intéresser au sport automobile, Robin Widdows débuta sur quatre roues en 1965, puis en F3 deux ans plus tard. En 1968, il participa au Grand Prix de Grande-Bretagne avec une Cooper, se qualifia 18e et abandonna.

KURT AHRENS

Né le 19 avril 1940 à Baunschweig (Allemagne)

Courses :
Allemagne 1968

Équipes :
Brabham : Allemagne 1968

Grands Prix disputés : 1

Fils de pilote moto, Kurt Ahrens Jr. roula d'abord en F3, puis en Formule Junior. Il poursuivit en F2 en 1968, ce qui lui ouvrit les portes du Grand Prix d'Allemagne la même année. Pour sa seule apparition en Championnat du monde de F1, il se qualifia 17e et franchit la ligne d'arrivée 12e.

DEREK BELL

Né le 31 octobre 1941 à Londres (Royaume-Uni)

Courses :
Italie 1968 – Allemagne 1974

Équipes :
- Ferrari : Italie 1968 – États-Unis 1968
- McLaren : Grande-Bretagne 1969
- Brabham : Belgique 1970
- Surtees : États-Unis 1970 – Grande-Bretagne 1971
- Tecno : Allemagne 1972 – États-Unis 1972
- Surtees : Allemagne 1974

Grands Prix disputés : 9

Derek Bell se fit remarquer dès ses débuts en monoplace, et grimpa rapidement les échelons, en F3 puis F2, avec le soutien de Ferrari. La Scuderia lui offrit deux participations en Championnat du monde de F1 en 1968, en Italie et aux États-Unis. Il se qualifia 8e à Monza et 15e à Watkins Glen mais connut deux abandons. Au total, il disputa neuf Grands Prix et marqua une seule fois des points. C'est en endurance que Bell se forgea la majeure partie de son palmarès, avec cinq succès aux 24 Heures du Mans, dont quatre avec Porsche.

BILL BRACK

Né le 26 décembre 1935 à Toronto (Canada)

Courses :
Canada 1968 – Canada 1972

Équipes :
- Lotus : Canada 1968
- BRM : Canada 1969 – Canada 1972

Grands Prix disputés : 3

Pilote canadien, William Brack courut en Formule Atlantic, ce qui lui permit d'accéder à la F1 grâce au Grand Prix du Canada, en 1968, 1969 et 1972. Sa meilleure qualification fut une 18e place et il ne fut jamais classé.

HENRI PESCAROLO

Né le 25 septembre 1942 à Montfermeil (France)

Courses :
Canada 1968 – États-Unis 1976

Équipes :
- Matra : Canada 1968 – Mexique 1970
- March : Afrique du Sud 1971 – Belgique 1972
- Politoys : Grande-Bretagne 1972
- March : Allemagne 1972 – Espagne 1973
- Iso-Marlboro : France 1973 – Allemagne 1973
- BRM : Argentine 1974 – Italie 1974
- Surtees : France 1976 – États-Unis 1976

Podiums : 1

Meilleurs tours en course : 1

Grands Prix disputés : 56

Si Henri Pescarolo a surtout marqué l'histoire des 24 Heures du Mans, son passage en F1 ne fut pas anecdotique pour autant. Visant une carrière de médecin jusqu'au milieu des années 60, il décida finalement de se consacrer au pilotage et roula en F3, puis aux 24 Heures du Mans l'année suivante, en 1966. Il débuta en F2 en fin d'année 1967 et découvrit la F1 en 1968 avec Matra. Une 9e place au Mexique fut son meilleur résultat lors de ses trois courses, mais un accident en 1969 l'empêcha de courir. Matra lui offrit un programme complet en Formule 1 en 1970, et il monta sur le podium à Monaco. Il marqua des points à trois autres reprises et termina 12e du Championnat. Ce fut sa meilleure saison en F1, puisqu'il ne fit pas mieux qu'une 4e place en 1971 avec March, dans l'équipe de Frank Williams. En 1972, une 8e fut son meilleur résultat, comme en 1973. En 1974, avec BRM, il connut une saison compliquée avec une 9e place en Argentine en guise de meilleure position. Mais lors de ces trois saisons, c'est en endurance qu'il se fit une place parmi les meilleurs, en enchaînant trois succès aux 24 Heures du Mans avec Matra. S'il abandonna définitivement la F1 en 1976, Pescarolo remporta une 4e fois la classique mancelle. Au total, il disputa 33 fois la course, un record qu'il possède toujours aujourd'hui, avant de fonder en 2000 sa propre équipe. En tant que patron d'équipe, il boucla deux fois les 24 Heures du Mans en 2e position.

MARIO ANDRETTI

Né le 28 février 1940 à Montona (Italie)

Courses :
États-Unis 1968 – Las Vegas 1982

Équipes :
- Lotus : États-Unis 1968 – États-Unis 1969
- March : Afrique du Sud 1970 – Autriche 1970
- Ferrari : Afrique du Sud 1971 – États-Unis 1972
- Parnelli : Canada 1974 – États-Unis 1975
- Lotus : Brésil 1976
- Parnelli : Afrique du Sud 1976 – États-Unis Ouest 1976
- Lotus : Espagne 1976 – États-Unis Est 1980
- Alfa Romeo : États-Unis Ouest 1981 – Las Vegas 1981
- Williams : États-Unis Ouest 1982
- Ferrari : Italie 1982 – Las Vegas 1982

Champion du monde : 1978
Victoires : 12
Pole positions : 18
Podiums : 19
Meilleurs tours en course : 10
Grands Prix disputés : 128

Le début de la vie de Mario Gabriele Andretti fut délicat, avec une naissance en Italie, dans une province qui fut annexée par la Yougoslavie, ce qui força sa famille à s'exiler d'abord en Italie, puis aux États-Unis. C'est toutefois en Italie que Mario et son frère jumeau, Aldo, connurent leur première expérience au volant d'une voiture. Ce fut une révélation pour le jeune Mario qui, à 13 ans, découvrit le frisson de l'automobile : « La première fois que j'ai allumé une voiture, senti le moteur frémir et le volant prendre vie entre mes mains, j'étais fasciné. C'était un sentiment que je ne peux pas décrire. Je l'ai encore à chaque fois que je monte dans une voiture », déclara l'Américain des années plus tard. Après des débuts en Formule Junior en Italie, et une fois l'Atlantique traversé, Mario et Aldo se mirent en quête de participer à des courses automobiles. En stock-car, les deux Andretti se forgèrent rapidement une réputation, mais Aldo dut mettre un terme à sa jeune carrière après un accident. D'abord à l'échelle régionale, puis au niveau national, Mario put ainsi progresser en USAC et en NASCAR. Le premier succès d'envergure d'Andretti fut sa victoire au Daytona 500 1967, la plus grande course de NASCAR. L'année suivante, il fut appelé par Lotus pour disputer le Grand Prix des États-Unis de F1, où il signa une pole position retentissante, avant de subir un problème mécanique en course. En 1969, il récolta les fruits de ses engagements en monoplace et s'imposa aux 500 Miles d'Indianapolis. Andretti remporta aussi la course de côte de Pikes Peak, et disputa trois courses en Championnat du monde de F1. Il ne vit pas non plus l'arrivée lors de ces trois apparitions, après quoi il roula chez March à partir de 1970. Il monta sur son premier podium en Espagne mais il ne termina pas les autres courses. Ferrari recruta Andretti en 1971, et l'Américain justifia le choix d'Enzo dès la première course en Afrique du Sud, avec une victoire. La suite de la saison fut pourtant délicate, avec une 4e place en Allemagne comme seule entrée dans les points après son succès. En 1972, toujours avec la Scuderia, il ne fit pas mieux que 4e en Afrique du Sud. De retour outre-Atlantique pour tenter de gagner en monoplace, il ne revint qu'en 1974 pour deux courses, puis en 1975 pour une saison complète avec Parnelli Jones Racing. Mais c'est en 1976 que Mario Andretti eut sa plus grande chance en F1, avec une offre de Lotus. Dans l'équipe de Colin Chapman, il disputa sa meilleure saison jusqu'alors, avec trois podiums dont une victoire, ainsi que la pole au Japon, sous la pluie torrentielle de Fuji. En 1977, il ajouta sept pole positions, cinq podiums et quatre victoires à son palmarès et termina 3e du Championnat malgré une fiabilité laissant à désirer. Le succès à Long Beach fut le point d'orgue de son année. Mais la consécration vint en 1978 avec huit pole positions et sept podiums, dont six victoires, qui lui permirent de devenir champion du monde de Formule 1. Malheureusement, il décrocha le titre mondial le jour de l'accident de Ronnie Peterson, son ami et équipier, qui décéda le lendemain. La suite de sa carrière fut plus compliquée, avec une Lotus vieillissante et une domination moins nette. Il dut attendre 1982 pour retrouver le chemin de la pole position et du podium, avant de repartir aux États-Unis. Avec une carrière s'étalant sur cinq décennies, et 109 victoires dans des compétitions majeures jusqu'en 1993, Andretti fut le seul pilote à gagner sur quatre décennies différentes. Il est à ce jour le dernier Américain à s'être imposé en Formule 1.

BOBBY UNSER

Né le 20 février 1934 à Colorado Springs (États-Unis) et décédé le 2 mai 2021

Courses :
États-Unis 1968

Équipes :
BRM : États-Unis 1968

Grands Prix disputés : 1

La réputation de la dynastie Unser aux États-Unis se forgea essentiellement avec Al, quadruple vainqueur de l'Indy 500, mais aussi Bobby. Robert Williams Unser fut surtout célèbre pour avoir remporté les 500 Miles d'Indianapolis à trois reprises. En F1, il ne disputa qu'une course pour BRM à Watkins Glen en 1968, avec une 19e place en qualifications et un abandon en course.

Richard Atwood et Pedro Rodriguez lors du Grand Prix de Monaco 1968.

JOHN MILES

Né le 14 juin 1943 à Londres (Royaume-Uni) et décédé le 8 avril 2018

Courses :
France 1969 – Autriche 1970

Équipes :
Lotus : France 1969 – Autriche 1970

Grands Prix disputés : 12

Fils d'acteur, John Miles aurait pu se diriger vers une carrière au théâtre mais décida de se consacrer au sport automobile. Ses succès à l'échelle nationale attirèrent l'œil de Colin Chapman, qui le recruta pour du GT, puis en F3 et en F2. Miles fit ses débuts en Championnat du monde de F1 lors du Grand Prix de France 1969, au volant de l'expérimentale Lotus 63 à quatre roues motrices. La monoplace n'était pas au niveau, mais le Britannique progressa en qualifications et Chapman le confirma aux côtés de Jochen Rindt en 1970. Sa 5e place en début de saison fut son meilleur résultat et sa seule entrée dans les points en F1. Durant le Grand Prix d'Italie, et après une saison difficile, Chapman lui imposa de ne pas monter d'ailerons sur sa voiture, comme Rindt, alors que Miles n'était pas à l'aise avec cette décision et le comportement fourbe de la Lotus 72C dans ces conditions. Le décès de Rindt le samedi après un terrible accident dégoûta Miles de Lotus et de la F1, et il ne revint jamais en Grand Prix.

JOHN CORDTS

Né le 23 juillet 1935 à Hambourg (Allemagne)

Courses :
Canada 1969

Équipes :
Brabham : Canada 1969

Grands Prix disputés : 1

John Cordts fit carrière au Canada dans des compétitions nationales et parvint à décrocher un volant pour son Grand Prix à domicile en 1969. Au volant d'une Brabham privée, il se qualifia 19e et ne vit pas l'arrivée à cause d'une fuite d'huile.

GEORGE EATON

Né le 12 novembre 1945 à Toronto (Canada)

Courses :
États-Unis 1969 – Canada 1971

Équipes :
BRM : États-Unis 1969 – Canada 1971

Grands Prix disputés : 11

Héritier d'une riche famille canadienne, George Eaton fit ses classes sur une Cobra, avant de rouler en Can-Am. Il y enregistra de bons résultats, comme en Formule A au Canada. En 1969, BRM l'invita à disputer les deux manches nord-américaines du Championnat du monde de F1 mais il ne termina aucune des deux courses. En 1970, BRM lui fit courir plusieurs Grands Prix mais il ne fit pas mieux qu'une 10e place.

ROLF STOMMELEN

Né le 11 juillet 1943 à Siegen (Allemagne) et décédé le 24 avril 1983

Courses :
Afrique du Sud 1970 – États-Unis Est 1978

Équipes :
- Brabham : Afrique du Sud 1970 – Mexique 1970
- Surtees : Afrique du Sud 1971 – Canada 1971
- Eifelland March : Afrique du Sud 1972 – Autriche 1972
- Brabham : Allemagne 1973 – Canada 1973
- Lola : Autriche 1974 – Afrique du Sud 1975
- Hill : Espagne 1975 – Italie 1975
- Brabham : Allemagne 1976
- Hesketh : Pays-Bas 1976
- Brabham : Italie 1976
- Arrows : Afrique du Sud 1978 – États-Unis Est 1978

Podiums : 1

Grands Prix disputés : 53

Après des débuts sur une Porsche 904 GS en course de côte, Rolf Stommelen se fit remarquer par l'écurie d'usine du constructeur allemand, qui l'engagea dans son programme d'endurance. En 1969, il signa la pole position des 24 Heures du Mans et fut choisi par *Auto Motor Und Sport*, un journal spécialisé, qui voulait faire revenir un pilote allemand au plus haut niveau. Grâce à la publication, il put disputer la saison 1970 au volant d'une Brabham BT33. Il entra dans les points en Belgique puis en Allemagne, avant de signer son premier podium lors du Grand Prix d'Autriche. La suite de sa carrière fut plus compliquée, avec une deuxième saison chez Surtees, toujours avec le soutien d'AMUS. Il marqua des points cette année-là à Monaco et en Grande-Bretagne, puis au Grand Prix d'Allemagne 1976.

RONNIE PETERSON

Né le 14 février 1944 à Orebro (Suède) et décédé le 11 septembre 1978

Courses :
Monaco 1970 – Italie 1978

Équipes :
- March : Monaco 1970 – États-Unis 1972
- Lotus : Argentine 1973 – Brésil 1976
- March : Afrique du Sud 1976 – Japon 1976
- Tyrell : Argentine 1977 – Japon 1977
- Lotus : Argentine 1978 – Italie 1978

Victoires : 10

Pole positions : 14

Podiums : 26

Meilleurs tours en course : 9

Grands Prix disputés : 123

Ronnie Peterson à Monza le 10 septembre 1978.

Bengt Ronnie Peterson eut l'occasion de débuter très jeune en compétition, au niveau du karting. Après plusieurs saisons et un titre de champion d'Europe dans la discipline, il impressionna en Formule 3 en 1968 et 1969, avec quelques piges réussies en F2. Fort logiquement, il fit ses débuts en F1 l'année suivante dans une March privée. Sa première année ne fut pas de tout repos, avec plusieurs problèmes mécaniques et une 7e place en guise de meilleur résultat. March le recruta dans son équipe officielle en 1971, et il signa son premier podium à Monaco. Il y remonta en Grande-Bretagne, en Italie, au Canada et aux États-Unis, ce qui lui permit de terminer vice-champion du monde, entre les Tyrrell de Jackie Stewart et François Cevert. La March 721 – ainsi que ses déclinaisons – ne fut pas au niveau de sa devancière, et Peterson connut une saison plus difficile en 1972 avec un seul podium en Allemagne. Colin Chapman recruta le Suédois chez Lotus pour 1973, lequel fit équipe avec Emerson Fittipaldi. La mauvaise fiabilité de la Lotus lui fit connaître un début de saison difficile, mais il enchaîna les excellents résultats en deuxième partie d'année. Après une première pole position au Brésil, il en ajouta huit autres et s'imposa quatre fois, en plus de trois autres podiums. Annoncé favori en 1974 après le départ de Fittipaldi à ses côtés, et en l'absence de Jackie Stewart et François Cevert chez Tyrrell, il ne connut pas le succès attendu, avec une pole position et trois victoires seulement, dans une Lotus décevante. La saison 1975 fut catastrophique, avec des performances en retrait et une fiabilité désastreuse pour la vieille 72E, récupérée en urgence après l'échec de la Lotus 76. Décidé à rester chez Lotus par l'arrivée de la 77, il se qualifia 18e au Grand Prix du Brésil et abandonna. Il claqua la porte de l'équipe de Chapman au soir de cette première épreuve de l'année et s'engagea avec March pour le reste de la saison. Il signa la pole position aux Pays-Bas, et gagna en Italie à Monza pour la deuxième fois. En 1977, il céda aux sirènes de Tyrrell après les débuts encourageants de l'exubérante P34 à six roues. Malheureusement, il ne fut jamais à l'aise à son volant et ne monta qu'une fois sur le podium sous les couleurs de l'équipe. Peterson fut rappelé par Chapman et fit son retour chez Lotus en 1978, avec un contrat de numéro 2 aux côtés de Mario Andretti. Il se prêta au jeu et accepta de terminer derrière Andretti lors de plusieurs courses, bien qu'il s'imposât en Afrique du Sud et en Autriche. En arrivant à Monza, 12 points les séparaient, et Niki Lauda était pratiquement hors-jeu pour le titre. Andretti proposa un accord à Peterson : « Disputons cette course conformément au contrat, et pour les deux dernières, on se fout du contrat. Car je ne veux pas gagner et que le monde entier pense que tu n'avais pas le droit de me dépasser. » Un accord qui convenait à Peterson, dont l'avenir se dessinait chez McLaren, avec qui il avait un contrat pour la saison suivante. Mais au départ du Grand Prix d'Italie, il fut impliqué dans un gros accrochage avec James Hunt, et sa monoplace s'écrasa contre le rail dans un gros choc frontal. Évacué vers l'hôpital avec d'importantes fractures, il semblait tiré d'affaire mais succomba le lendemain à une défaillance de ses reins, consécutive à l'accident. Il obtint le titre honorifique de vice-champion du monde à titre posthume.

IGNAZIO GIUNTI

Né le 30 août 1941 à Rome (Italie) et décédé le 10 janvier 1971

Courses :
Belgique 1970 – Italie 1970

Équipes :
Ferrari : Belgique 1970 – Italie 1970

Grands Prix disputés : 4

Pilote de courses de côte dans son Italie natale, Ignazio Giunti se fit remarquer lors de la Targa Florio et de diverses courses d'endurance. Ferrari le recruta en 1970 et lui offrit quatre piges en Championnat du monde de F1. Il termina au pied du podium comme meilleur résultat, au Grand Prix de Belgique. Il mourut dans un accident au début de l'année 1971, lors des 1 000 kilomètres de Buenos Aires.

FRANÇOIS CEVERT

Né le 25 février 1944 à Paris (France) et décédé le 6 octobre 1973

Courses :
Pays-Bas 1970 – Canada 1973

Équipes :
- March : Pays-Bas 1970 – Mexique 1970
- Tyrell : Afrique du Sud 1971 – Canada 1973

Victoires : 1
Podiums : 13
Meilleurs tours en course : 2
Grands Prix disputés : 46

François Cevert sur le circuit de Rouen-les-Essarts en juin 1970.

François Cevert se fit remarquer pour la première fois en remportant le titre de champion de France de F3 en 1968, puis s'illustra en Championnat d'Europe de F2. En 1970, Ken Tyrrell le recruta pour piloter une March aux côtés de Jackie Stewart lorsque Johnny Servoz-Gavin décida d'arrêter la compétition. Sa première saison le vit terminer une seule fois dans les points au Grand Prix d'Italie, mais une relation de mentor et élève se créa immédiatement avec Stewart. La saison 1971 vit Cevert se révéler, au volant de la première voiture conçue par Tyrrell. Il signa un premier podium au Grand Prix de France avec une 2e place, puis parvint au même résultat au Nürburgring avec le meilleur tour en course, avant de terminer 3e en Italie. Au Grand Prix des États-Unis, sur le circuit de Watkins Glen, Cevert trouva le chemin de la victoire. Il termina 3e du Championnat du monde, complétant parfaitement le succès de son équipe, avec les couronnes de Stewart chez les pilotes et de Tyrrell chez les constructeurs. En 1972, également engagé en CanAm et aux 24 Heures du Mans, qu'il termina en 2e place, le Français fut un peu moins convaincant en F1, avec deux podiums et la 6e place du classement. Mais en 1973, il se montra de nouveau à son avantage dans la Tyrrell 006. Malgré une absence de victoire cette saison-là, il monta sept fois sur le podium et joua jusqu'en fin de saison la place de vice-champion du monde. Avec la retraite qu'envisageait Stewart, il était le successeur désigné de l'Écossais. Mais il n'eut jamais le temps de le savoir, même s'il s'interrogeait à ce sujet, comme l'avait raconté Stewart à *L'Équipe* : « Trois fois par jour, mi-sérieux, mi-amusé, François me demandait si j'allais enfin prendre ma retraite. Je n'ai pas dit à François que j'allais raccrocher, effectivement. Je le regrette. » À Watkins Glen, sur les terres de son unique succès en catégorie reine, Cevert pensait pouvoir réaliser la pole position, quand sa Tyrrell fit une embardée dans un des rapides virages du circuit de l'État de New York. Après un énorme choc contre les rails de sécurité et une longue glissade contre les glissières, les commissaires et les pilotes s'étant arrêtés pour lui porter assistance, parmi lesquels ses équipiers Stewart et Chris Amon mais aussi son beau-frère Jean-Pierre Beltoise, ne purent que constater son décès. La nouvelle de sa mort créa une véritable onde de choc dans le paddock, qui avait déjà perdu Roger Williamson, Jo Siffert, Jochen Rindt et Piers Courage en à peine plus de trois ans. Emerson Fittipaldi déclara plus tard que le souvenir du décès de Cevert était « un des pires » de sa carrière.

PETER GETHIN

Né le 21 février 1940 à Ewell (Royaume-Uni) et décédé le 5 décembre 2011

Courses :
Pays-Bas 1970 – Grande-Bretagne 1974

Équipes :
- McLaren : Pays-Bas 1970 – Allemagne 1971
- BRM : Autriche 1971 – Canada 1973
- Lola : Grande-Bretagne 1974

Victoires : 1

Podiums : 1

Grands Prix disputés : 30

D'abord jockey, Peter Gethin débuta en sport automobile en 1962. Ses beaux résultats en 1965 en F2, puis à la fin des années 60 en F5000, lui permirent d'être appelé par McLaren lorsque le fondateur et pilote de l'équipe se tua. Gethin se qualifia à une correcte 11e place pour son premier Grand Prix, aux Pays-Bas, mais abandonna. Cette année-là, il marqua des points au Canada avec une 6e place, et McLaren lui réitéra sa confiance pour l'année suivante. Mais des performances décevantes, avec une 8e position comme meilleure performance, poussèrent McLaren à le remplacer en cours de saison, et il courut pour BRM à partir du Grand Prix d'Autriche. C'est lors de sa deuxième apparition sous les couleurs de l'équipe de Louis Stanley, en Italie, qu'il se fit remarquer. Qualifié 11e, il parvint à se mêler au groupe de tête après une belle remontée et s'imposa après une course effectuée à 242,616 km/h de moyenne, un record. L'arrivée se fit en groupe, et Gethin s'imposa pour 0,01 seconde devant Ronnie Peterson, 0,09 seconde devant François Cevert, et 0,18 seconde devant Mike Hailwood. L'année 1972 ne fut pas du même tonneau, la BRM

P160B affichant une fiabilité catastrophique, et Gethin ne marqua des points qu'en Italie avec une 6e place.

CLAY REGAZZONI

Né le 5 septembre 1939 à Mendrisio (Suisse) et décédé le 15 décembre 2006

Courses :
Pays-Bas 1970 – États-Unis Ouest 1980

Équipes :

- Ferrari : Pays-Bas 1970 – États-Unis 1972
- BRM : Argentine 1973 – États-Unis 1973
- Ferrari : Argentine 1974 – Japon 1976
- Ensign : Argentine 1977 – Japon 1977
- Shadow : Argentine 1978 – États-Unis Est 1978
- Williams : Argentine 1979 – États-Unis Est 1979
- Ensign : Argentine 1980 – États-Unis 1980

Victoires : 5
Pole positions : 5
Podiums : 28
Meilleurs tours en course : 15
Grands Prix disputés : 132

Clay Regazzoni à côté de sa Ferrari 312 B3-74.

Gian-Claudio Giuseppe Regazzoni connut une ascension classique, mais il dut attendre 1970 pour obtenir un titre, en Formule 2. La même année, il tenta l'aventure des 24 Heures du Mans avec un abandon à la clé, mais il fit surtout ses débuts en F1 grâce à Ferrari. La Scuderia l'avait placé en alternance avec Ignazio Giunti, mais Regazzoni ne mit pas longtemps à convaincre Enzo Ferrari de le titulariser, avec deux 4es places pour ses deux premières courses. En Autriche, il monta sur son premier podium en carrière, avant de s'imposer à Monza. Un autre podium lui permit de terminer 3e du Championnat malgré cinq courses manquées sur les 13 que comportait la saison. De quoi espérer lutter pour le titre mondial l'année suivante, mais la Scuderia ne parvint pas à rester au même niveau. En deux ans, le Suisse signa une pole position et cinq podiums, mais termina 7e du classement en 1971 comme en 1972. La Scuderia ne le conserva pas, et il trouva refuge dans la déclinante équipe BRM. Malgré une pole position, il n'entra dans les points que deux fois mais eut une deuxième chance au sein de Ferrari grâce à son nouveau directeur, Luca di Montezemolo. Regazzoni conseilla à la Scuderia de recruter le jeune Niki Lauda, mais l'Autrichien ne lui fit pas d'ombre en 1974. Cette année-là, Regazzoni signa sept podiums dont une victoire et termina vice-champion du monde, derrière Emerson Fittipaldi. Lors des deux saisons suivantes, il subit la domination de Lauda en interne. Avec une victoire par saison en 1975 et 1976, Regazzoni termina 5e du Championnat à deux reprises. Remplacé par Carlos Reutemann en 1977, il signa chez Ensign, avec seulement deux entrées dans les points dans la saison. Passé chez Shadow en 1978, il connut le même bilan, avant que Frank Williams ne le recrute. Malgré cinq podiums et une victoire, la première pour l'équipe anglaise, Regazzoni se fit toutefois battre nettement par Alan Jones puis retourna chez Ensign pour la saison 1980. À Long Beach, un grave accident dû à une panne de freins lui causa des dommages irréversibles à la colonne vertébrale, ce qui mit un terme à sa carrière.

EMERSON FITTIPALDI

Né le 12 décembre 1946 à São Paulo (Brésil)

Courses :
Grande-Bretagne 1970 – États-Unis 1980

Équipes :
- Lotus : Grande-Bretagne 1970 – États-Unis 1973
- McLaren : Argentine 1974 – États-Unis 1975
- Copersucar : Brésil 1976 – États-Unis Est 1979
- Fittipaldi : Argentine 1980 – États-Unis Est 1980

Champion du monde : 1972 – 1974

Victoires : 14
Pole positions : 6
Podiums : 35
Meilleurs tours en course : 6
Grands Prix disputés : 144

Emerson Fittipaldi célèbre sa victoire lors du Grand Prix de Grande-Bretagne 1972.

D'abord mécanicien puis pilote moto, Emerson Fittipaldi décida de passer sur quatre roues pour rejoindre son frère Wilson, avant de se rendre en Grande-Bretagne à la fin des années 60. De là, son ascension fulgurante le propulsa en F3, puis en F2 en 1970. Face à ses performances, Colin Chapman lui offrit le volant d'une troisième Lotus pour aider Jochen Rindt à aller chercher le titre mondial. Huitième pour sa première course en Grande-Bretagne, il entra dans les points au Nürburgring avec la 4e place. Marqué par le décès de Rindt, Fittipaldi aida son équipier à devenir champion du monde à titre posthume en signant à Watkins Glen sa première victoire en Formule 1. En 1971, il parvint à monter sur le podium à trois reprises mais connut une saison quelque peu décevante, avec une 6e place au Championnat. L'année suivante marqua l'éclosion de Fittipaldi, qui signa trois pole positions et cinq victoires, dont une à Monza qui marqua la rédemption pour Lotus et Chapman, deux ans après le décès de Rindt. En effet, Fittipaldi et son équipe gagnèrent les couronnes en 1972 sur le tracé de Monza, sous la bannière de World Wide Racing, Lotus étant toujours sujette à des poursuites sur le sol italien pour l'accident de Rindt. Ce premier titre fit de lui le plus jeune champion du monde de l'histoire de la F1 – un record qu'il conserva jusqu'au premier titre de Fernando Alonso en 2005 – et marqua le début de la période la plus faste de la carrière d'Emerson Fittipaldi. En 1973, le Brésilien commença très fort avec trois victoires et trois podiums en six courses, ce qui lui permit de mener au classement. Malheureusement, une série d'abandons le mit hors course pour un deuxième titre et il dut s'incliner face à Jackie Stewart. Le fait que Ronnie Peterson, son équipier chez Lotus, ne l'aide pas à gagner mit Fittipaldi en colère, et la brouille avec Chapman le poussa à rejoindre McLaren pour la saison 1974. Ses débuts dans l'équipe furent irréguliers, mais il signa la pole et la victoire devant son public pour la deuxième course de l'année. Vainqueur en Belgique et sur le podium en Espagne et aux Pays-Bas, il parvint à pointer en tête du classement à la mi-saison. Trois abandons le firent reculer au 4e rang, avant une bonne fin de saison. Deuxième en Italie, il s'imposa au Canada et termina 4e aux États-Unis, ce qui lui permit de remporter son deuxième titre mondial. Vainqueur dès la première épreuve de 1975, Fittipaldi ne parvint à s'imposer qu'une autre fois en Grande-Bretagne et, malgré quatre autres podiums, vit Niki Lauda remporter son premier titre de champion. Le tournant suivant de sa carrière arriva en 1976, lorsqu'il décida de rejoindre la jeune structure Copersucar, de son frère Wilson. Ce choix de la passion marqua un déclin pour Fittipaldi, puisque après avoir enchaîné quatre saisons à terminer champion ou vice-champion, il ne marqua que trois points et connut notamment une non-qualification en Belgique. En 1977, il parvint à entrer quatre fois dans les points, avec trois 4es places en guise de meilleurs résultats et atteindre la 12e place au Championnat des pilotes. Ce bilan mena le sponsor Copersucar à se retirer, et l'équipe devint Fittipaldi Automotive. Au Brésil, Emerson fit le spectacle devant son public pour aller chercher une 2e place, le seul podium d'une monoplace Copersucar. Fittipaldi courut jusqu'en 1980, mais ne retrouva qu'une fois le chemin du podium avec une 3e place à Long Beach lors de sa dernière saison, au volant d'une monoplace portant son nom. Par la suite, il fit carrière aux États-Unis et remporta à deux reprises les 500 Miles d'Indianapolis.

TIM SCHENKEN

Né le 26 septembre 1943 à Gordon (Australie)

Courses :
Autriche 1970 – États-Unis 1974

Équipes :
- De Tomaso : Autriche 1970 – États-Unis 1970
- Brabham : Espagne 1971 – États-Unis 1971
- Surtees : Argentine 1972 – États-Unis 1972
- Iso-Marlboro : Canada 1973
- Trojan : Espagne 1974 -Italie 1974
- Lotus : États-Unis 1974

Podiums : 1

Grands Prix disputés : 34

Timothy Theodore Schenken fit des débuts impressionnants en sport automobile, en

Formule Ford puis en Formule 3 et en Formule 2, avec le soutien de Brabham. En 1970, Frank Williams l'engagea pour le Championnat du monde de F1 mais il abandonna trois des quatre courses dont il prit le départ. Au Canada, il vit la ligne d'arrivée mais ne fut pas classé à cause de ses 11 tours de retard. En 1971, Brabham lui confia une de ses voitures officielles. Après un début de saison difficile, il boucla le Grand Prix d'Allemagne en 6e place, et monta pour la seule fois de sa carrière sur le podium en Autriche. En 1972, il n'entra qu'une fois dans les points au volant d'une Surtees, puis connut une fin de carrière très discrète, avec une interdiction de participer pour sa dernière apparition en F1, au volant d'une Lotus qu'il ne parvenait pas à maîtriser.

GUS HUTCHISON

Né le 26 avril 1937 à Atlanta (États-Unis)

Courses :
États-Unis 1970

Équipes :
Brabham : États-Unis 1970

Grands Prix disputés : 1

Pilote amateur américain, Augustus Hutchison se fit remarquer en Formule B et disputa le Grand Prix des États-Unis 1970. Sa seule apparition en Championnat du monde, à Watkins Glen au volant d'une Brabham privée, se solda par une 22e place en qualifications et un abandon en course.

REINE WISELL

Né le 30 septembre 1941 à Motala (Suède) et décédé le 20 mars 2022

Courses :
États-Unis 1970 – Suède 1974

Équipes :
- Lotus : États-Unis 1970 – États-Unis 1971
- BRM : Argentine 1972 – Italie 1972
- Lotus : Canada 1972 – États-Unis 1972
- March : France 1973 – Suède 1973

Podiums : 1

Grands Prix disputés : 22

Pilote en tourisme puis en Formule 3, Reine Wisell fit ses débuts aux 24 Heures du Mans en 1969. Ses performances en Formule 5000 lors de la saison 1970 furent suffisantes pour que Colin Chapman le recrute en remplacement de John Miles, qui venait de mettre un terme à sa carrière après l'accident mortel de Jochen Rindt. Malgré ces conditions difficiles, The Sideburn Swede – son surnom en référence à sa nationalité suédoise et à ses rouflaquettes reconnaissables – signa un podium pour sa première course, aux États-Unis. Il ne termina plus parmi les trois premiers de toute sa carrière. Chapman le conserva pour l'année suivante mais Wisell ne vit que quatre fois les points et prit le chemin de BRM pour la saison 1972. Dans l'équipe de Louis Stanley, il ne termina qu'une course en 12e place, et revint chez Lotus pour les deux dernières de la saison, avec une 10e place à Watkins Glen. En 1973 et 1974, il ne fit que trois apparitions mais abandonna à chaque fois.

HOWDEN GANLEY

Né le 24 décembre 1941 à Hamilton (Nouvelle-Zélande)

Courses :
Afrique du Sud 1971 – Brésil 1974

Équipes :
- BRM : Afrique du Sud 1971 – États-Unis 1972
- Iso-Marlboro : Argentine 1973 – États-Unis 1973
- March : Argentine 1974 – Brésil 1974

Grands Prix disputés : 35

Pilote néo-zélandais performant en son pays, Howden Ganley s'exila en Grande-Bretagne à la fin des années 60, et parvint à atteindre la F1 en 1971 après avoir terminé vice-champion en Formule 5000. BRM lui confia une voiture officielle pour la saison complète, mais il évolua dans l'ombre de ses équipiers, avec une 4e place comme meilleur résultat et une 15e position au Championnat. L'année suivante fut à peine meilleure, avec une 4e place au Nürburgring qui lui permit de terminer 13e au classement des pilotes. Frank Williams le recruta en 1973, mais il ne fit pas mieux qu'une 6e position au Canada. En 1974, il roula pour March puis Maki Engineering mais dut mettre un terme à sa carrière après un violent accident en Allemagne.

ALEX SOLER-ROIG

Né le 29 octobre 1932 à Barcelone (Espagne)

Courses :
Afrique du Sud 1971 – Espagne 1972

Équipes :
- March : Afrique du Sud 1971 – France 1971
- BRM : Argentine 1972 – Espagne 1972

Grands Prix disputés : 6

Fils de médecin espagnol, Alejandro Soler-Roig fit ses débuts en course de côte, puis évolua en F2 et participa aux 24 Heures du Mans, où il abandonna en 1968. En 1970, il fut appelé par Lotus mais manqua trois fois de se qualifier. March lui offrit cinq courses en 1971, mais le bilan de quatre abandons et une non-qualification confirma que Soler-Roig n'avait pas le niveau de la F1. En 1972, il courut deux fois pour BRM dans une P160B semi-officielle mais ne vit pas l'arrivée pour sa fin de carrière au plus haut niveau.

SKIP BARBER

Né le 16 novembre 1936 à Philadelphie (États-Unis)

Courses :
Pays-Bas 1971 – États-Unis 1972

Équipes :
March : Pays-Bas 1971 – États-Unis 1972

Grands Prix disputés : 5

L'Américain John « Skip » Barber lança sa carrière en sport automobile en tant qu'amateur outre-Atlantique, et se fit remarquer en devenant deux fois champion en Formule Ford. Devenu propriétaire d'une March 711 pour l'engager en Formule 5000, Barber se qualifia cinq fois en Championnat du monde de F1. Jamais qualifié mieux que 20e, il termina 16e aux États-Unis en 1972 pour enregistrer son meilleur résultat.

NANNI GALLI

Né le 2 octobre 1940 à Bologne (Italie) et décédé le 12 octobre 2019

Courses :
Pays-Bas 1971 – Monaco 1973

Équipes :
- March : Pays-Bas 1971 – États-Unis 1971
- Tecno : Belgique 1972
- Ferrari : France 1972
- Tecno : Grande-Bretagne 1972 – Italie 1972
- Iso-Marlboro : Argentine 1973 – Monaco 1973

Grands Prix disputés : 17

Fils d'un magnat du textile italien, Giovanni Giuseppe Gilberto Galli débuta sa carrière tardivement. Il fit ses classes en courses de tourisme puis roula en Formule 2 et en voitures de sport. Après une non-qualification en 1970 avec McLaren, il parvint à prendre ses premiers départs en Championnat du monde de Formule 1 en 1971 au volant d'une March. Il vit l'arrivée à quatre reprises, avec une 11e position finale en Grande-Bretagne. En 1972, il ne fut classé qu'une seule fois au Grand Prix de France, lorsque Ferrari lui confia une monoplace officielle, à une modeste 13e place. Le reste de sa saison, sur une Tecno du Martini Racing Team, fut catastrophique. En 1973, il signa son meilleur résultat en F1 au volant d'une Iso-Marlboro de Frank Williams, en terminant 9e au Brésil.

GIJS VAN LENNEP

Né le 16 mars 1942 à Bloemendaal (Pays-Bas)

Courses :
Pays-Bas 1971 – Allemagne 1975

Équipes :
- Surtees : Pays-Bas 1971
- Iso-Marlboro : Pays-Bas 1973 – Belgique 1974
- Ensign : Pays-Bas 1975 – Allemagne 1975

Grands Prix disputés : 8

Jonkheer Gijsbert van Lennep débuta sa carrière au milieu des années 60 en voitures de sport, et sa réputation fut faite avant même qu'il n'atteigne la F1. Van Lennep remporta en effet les 24 Heures du Mans en 1971 aux côtés de Helmut Marko, quelques jours avant ses débuts en Championnat du monde de

Formule 1. Huitième pour sa première course, à domicile, il revint l'année suivante et entra dans les points avec une 6e place. Il courut sporadiquement jusqu'en 1975, où il termina sa carrière par une 6e position au Grand Prix d'Allemagne. Il remporta de nouveau les 24 Heures du Mans en 1976 avec Jacky Ickx.

DAVE WALKER

Né le 10 juin 1941 à Sydney (Australie)

Courses :
Pays-Bas 1971 – États-Unis 1972

Équipes :
Lotus : Pays-Bas 1971 – États-Unis 1972

Grands Prix disputés : 11

David Walker quitta son Australie natale au début des années 60 pour y faire ses classes, avant de revenir dans son pays au milieu de la décennie. Finalement, il revint rouler en F3 sur le Vieux Continent et se fit remarquer par Colin Chapman, qui lui confia son innovante Lotus 56B au Grand Prix des Pays-Bas 1971. Il abandonna sur sortie de piste mais il décrocha un volant à temps complet l'année suivante aux côtés d'Emerson Fittipaldi. Malheureusement, il fut totalement dominé par le Brésilien, qui remporta cinq courses et le titre mondial, tandis que Walker ne marqua aucun point, enregistrant six abandons et une 9e place comme meilleur résultat.

MAX JEAN

Né le 27 juillet 1943 à Marseille (France)

Courses :
France 1971

Équipes :
March : France 1971

Grands Prix disputés : 1

Pilote français de Formule Ford et de Formule France, Max Jean fut très souvent appelé « Jean Max » après un enregistrement erroné lors d'une épreuve. Il parvint à atteindre la F1 à l'occasion du Grand Prix de France 1971 mais il ne fut pas classé après avoir terminé à neuf tours du vainqueur.

FRANÇOIS MAZET

Né le 24 février 1943 à Paris (France)

Courses :
France 1971

Équipes :
March : France 1971

Grands Prix disputés : 1

Révélé en Formule 3 française, François Mazet pilota une March engagée par Jo Siffert Automobiles au Grand Prix de France 1971. Il termina 13e après avoir pris le départ en 23e position.

MIKE BEUTTLER

Né le 13 avril 1940 au Caire (Égypte) et décédé le 29 décembre 1988

Courses :
Grande-Bretagne 1971 – États-Unis 1973

Équipes :
March : Grande-Bretagne 1971 – États-Unis 1973

Grands Prix disputés : 28

Pilote britannique né au Caire, Michael Beuttler fit ses classes en Formule Junior, puis en Formule 3. Après de nombreuses années à gravir les échelons, il débuta en Championnat d'Europe de F2 et en Championnat du monde de F1 la même année. Qualifié 20e pour ses débuts en Grande-Bretagne, il abandonna puis s'élança 22e en Allemagne, avant d'être disqualifié pour avoir utilisé un raccourci après une crevaison. Cette année-là, il ne fut jamais classé, malgré une course pour l'équipe officielle March au Canada. L'année suivante, Beuttler disputa un programme plus complet, toujours dans une March privée, avec une 8e place en Allemagne comme meilleur résultat. En 1973, il courut la saison complète et termina à la porte des points en Espagne. Beuttler est à ce jour connu pour avoir été le seul pilote ouvertement homosexuel, alors que son partenaire de vie était l'un des propriétaires de l'équipe qui l'engageait.

NIKI LAUDA

Né le 22 février 1949 à Vienne (Autriche) et décédé le 20 mai 2019

Courses :
Autriche 1971 – Australie 1985

Équipes :
- March : Autriche 1971 – États-Unis 1972
- BRM : Argentine 1973 – États-Unis 1973
- Ferrari : Argentine 1974 – États-Unis 1977
- Brabham : Argentine 1978 – Italie 1979
- McLaren : Afrique du Sud 1982 – Australie 1985

Champion du monde :
1975 – 1977 – 1984

Victoires : 25

Pole position : 24

Podiums : 54

Meilleurs tours en course : 24

Grands Prix disputés : 171

Fils d'une famille de la bourgeoisie viennoise, Andreas Nikolaus « Niki » Lauda était promis à un avenir dans les affaires familiales, mais il décida de se lancer en sport automobile, d'abord en course de côte au volant d'une Mini, puis en monoplace. Discret pour ses débuts en F3, il parvint à signer quelques belles performances en 1971 et, grâce à son apport financier sous forme de prêt, put faire ses débuts en Championnat du monde de F1 au volant d'une March officielle, à domicile. Il ne vit pas l'arrivée, mais put s'engager pour la saison complète en 1972 dans l'équipe March. Son meilleur résultat cette année-là fut une 7e place, et face à Ronnie Peterson, Lauda ne parvint pas à convaincre avec un écart moyen proche de deux secondes en qualifications. Ses résultats en F2 furent heureusement suffisants pour qu'il garde son volant jusqu'en fin d'année, avant que l'équipe ne connaisse de grosses difficultés. L'Autrichien décida alors de bluffer pour se faire engager par Louis Stanley, le patron de BRM. Faisant croire au Britannique qu'il avait un sponsor, allant même jusqu'à arranger un faux rendez-vous avec son banquier et le faire passer pour un homme d'affaires, Lauda fit la promesse à Stanley que l'argent arriverait au printemps. Lors des cinq premières courses, ses résultats furent solides et il marqua ses premiers points en Belgique avec une 5e place. Au Grand Prix de Monaco, Lauda se révéla avec une 6e place en qualifications, mais surtout une très bonne course durant laquelle il visa le podium avant un abandon sur panne mécanique. Quelques heures après la course, Stanley le convoqua pour lui annoncer qu'il avait fait ses preuves et qu'il serait payé à partir de ce moment-ci. La suite de la saison fut très difficile, avec notamment des problèmes mécaniques à répétition, mais sa performance monégasque attira l'attention d'Enzo Ferrari et de son jeune assistant, Luca di Montezemolo. Son contrat avec BRM fut annulé et en 1974, Lauda fit ses débuts sous les couleurs du Cheval cabré… par une séance d'essais qui le mit dans une position délicate. Le premier débriefing dans le bureau d'Enzo Ferrari vit Piero, le fils du Commendatore, demander à Lauda ce qu'il pensait de la voiture pour traduire son avis au patriarche et fondateur de l'équipe. « C'est une merde », déclara le pilote, se plaignant du sous-virage de la monoplace qui coûtait une demi-seconde au tour, alors que Ferrari sortait de deux saisons difficiles. Enzo Ferrari posa alors un ultimatum à Lauda en demandant à Mauro Forghieri, le tout nouveau directeur technique de la Scuderia, d'apporter les modifications nécessaires : « Une Ferrari n'est pas une mauvaise voiture, mais je te donne une chance. Forghieri fera des changements et si tu es plus rapide d'une demi-seconde, tout ira bien. Si tu ne l'es pas, tu auras des problèmes. » Une semaine de travail avec l'ingénieur italien plus tard, Lauda parvint à tourner sept dixièmes de seconde plus vite, sous les yeux d'Enzo Ferrari. De là, l'équipe put s'engager pour la saison 1974 avec une monoplace correcte, et Lauda signa son premier podium en ouverture de saison, au Grand Prix d'Argentine. Deux courses plus tard, en Afrique du Sud, il s'élança pour la première fois en pole position mais abandonna. En Espagne, il remporta sa première victoire et fit son premier *hat trick* en ajoutant la pole et le meilleur tour en course. Après une 2e place en Belgique, une victoire aux Pays-Bas et un autre podium en France, Lauda pointa en tête du Championnat, mais une série de cinq abandons pour finir la saison le repoussa au 4e rang de la compétition. En 1975, au volant de la redoutable 312T, Lauda ajouta neuf pole positions et cinq victoires à son palmarès et avec un seul abandon durant la saison, l'Autrichien devint champion du monde, tandis que Ferrari retrouva aussi les sommets chez les constructeurs. En 1976, James Hunt remplaça Emerson Fittipaldi, vice-champion du monde l'année précédente, chez McLaren. Le Britannique et Lauda se disputèrent un début de saison très politique, avec une disqualification pour Hunt après sa victoire en Espagne, avant que ce succès ne lui soit réattribué au lendemain du Grand Prix de France, où il avait de nouveau gagné. Mais ce fut bien Lauda qui domina le début de saison, avec sept podiums en autant de courses, dont quatre victoires. Il abandonna en France mais gagna en Grande-Bretagne pour la cinquième fois de la saison. Large leader du Championnat en abordant la controversée manche du Nürburgring, Lauda avait déjà fait part de son envie de boycotter le week-end sur la Nordschleife, alors que le circuit était jugé obsolète et dangereux. Malgré des conditions difficiles, le départ de la course fut donné et, au deuxième tour, Lauda eut un accident terrible dans lequel sa monoplace s'embrasa. Percuté par Brett Lunger et Guy Edwards, l'Autrichien perdit son casque mais resta conscient dans le brasier dont il fut finalement extrait par Arturo Merzario, Harald Ertl, Edwards et Lunger. Les secours mirent plus de cinq minutes à arriver sur les lieux de l'accident, condamnant l'avenir de la Nordschleife en F1, et Lauda plongea dans un état critique à cause de problèmes respiratoires, au point qu'un prêtre fut appelé à son chevet pour lui administrer les derniers sacrements. Mais il parvint à s'en sortir, et il passa deux semaines à l'hôpital pour se remettre de ses problèmes pulmonaires, mais aussi pour subir des greffes de peau au visage après avoir été grièvement brûlé. Malgré des blessures encore à vif, le pilote décida de revenir dès le Grand Prix d'Italie, alors que Hunt lui avait repris des points pendant son absence. Il possédait encore 14 points d'avance, et son retour imprévu à Monza se solda par une 4e place. Huitième au Canada et 3e à Watkins Glen, il se présenta en leader à Fuji pour la finale de la saison. Mais sous une pluie torrentielle, Lauda décida d'abandonner volontairement, jugeant la course trop risquée. Il concéda ainsi le titre à Hunt, ce qui ne l'empêcha pas de remporter sa deuxième couronne en 1977, grâce à trois victoires mais surtout dix podiums. En 1978, il décida de rejoindre Brabham, et la saison ne fut pas mauvaise sur le plan des performances puisqu'il monta sur le podium à chaque fois qu'il vit l'arrivée. Le problème fut plutôt au niveau de la fiabilité, avec neuf abandons. Lauda signa une pole position et remporta deux courses. En Suède, il triompha avec la révolutionnaire BT46B à turbine – qui fut interdite dès la course suivante – et connut un autre succès en Italie. L'année 1979 fut en revanche un cauchemar absolu pour le double champion du monde, avec 11 abandons en 13 courses, ce qui le poussa à prendre sa retraite à l'aube de la 14e. Mais après deux années consacrées à ses affaires, l'Autrichien revint en Formule 1 avec McLaren en 1982. Il s'imposa dès sa troisième course, à Long Beach, et triompha également en Grande-Bretagne. La saison 1983 fut en revanche décevante, avec de nombreux abandons et seulement deux podiums. Mais le V6 turbo de TAG Porsche fut enfin au point en 1984 et, dans la redoutable MP4/2, Lauda retrouva son meilleur niveau avec neuf podiums dont cinq victoires, s'adjugeant le titre mondial pour un demi-point face à Alain Prost, soit le plus petit écart jamais enregistré au terme d'une saison. En 1985, il remporta une dernière victoire mais, au terme d'une saison compliquée, raccrocha casque et gants définitivement. Par la suite, il devint consultant pour Ferrari et participa notamment au recrutement de Jean Todt comme directeur de l'équipe. En 2000, il fut embauché comme directeur de Jaguar Racing, mais ce fiasco le poussa à se replonger dans ses affaires, tandis qu'il continua à être commentateur pour la chaîne RTL en parallèle. En 2012, il débuta la dernière grande aventure de sa vie en F1 en rejoignant Mercedes. Il joua un rôle essentiel pour recruter Lewis Hamilton, mais aussi épauler Toto Wolff dans la conquête de nombreux titres mondiaux chez les pilotes et les constructeurs, avant que des problèmes de santé ne l'éloignent des circuits en 2018, jusqu'à son décès en 2019.

HELMUT MARKO

Né le 27 avril 1943 à Graz (Autriche)

Courses :
Autriche 1971 – France 1972

Équipes :
BRM : Autriche 1971 – France 1972

Grands Prix disputés : 9

Ami d'enfance de plusieurs pilotes dont Jochen Rindt, Helmut Marko débuta en monoplace à 25 ans. Peu convaincant à cette époque, il fut appelé par Porsche pour rouler en endurance, et c'est là qu'il glana son plus grand succès derrière un volant, en remportant les 24 Heures du Mans 1971 avec Gijs van Lennep sur la redoutable 917 K. Sa victoire au Mans lui valut de se faire recruter par BRM pour rouler en fin de saison en Championnat du monde de F1. Avec une 11e place comme meilleur résultat lors des quatre courses qu'il disputa, il fut toutefois confirmé pour un programme complet en 1972 financé par la branche autrichienne de Marlboro, le sponsor de l'équipe anglaise. Malgré des qualifications peu réussies, il signa deux 10es places en début de saison, mais profita du très bon niveau des BRM pour terminer 8e à Monaco. Sa montée en puissance, matérialisée par une régularité redoutable en course, se brisa lors du Grand Prix de France. Sixième en début d'épreuve sur le circuit de Charade, Marko fut percuté par un caillou soulevé par la Lotus d'Emerson Fittipaldi, qui vint frapper l'œil gauche de l'autrichien. Sa carrière de pilote s'arrêta là mais il resta impliqué en F1. Il se lança alors en tant que manager, notamment pour Gerhard Berger, et fut engagé par son ami Dietrich Mateschitz pour superviser le projet Red Bull Racing à partir de 2005, un poste qu'il occupe toujours aujourd'hui.

JEAN-PIERRE JARIER

Né le 10 juillet 1946 à Charenton-le-Pont (France)

Courses :
Italie 1971 – Afrique du Sud 1983

Équipes :

- March : Italie 1971 – États-Unis 1973
- Shadow : Argentine 1974 – Japon 1976
- Penske : États-Unis Ouest 1977 – Italie 1977
- Shadow : États-Unis Est 1977
- Ligier : Japon 1977
- ATS : Argentine 1978 – États-Unis Ouest 1978
- Lotus : États-Unis Est 1978 – Canada 1978
- Tyrrell : Argentine 1979 – États-Unis Est 1980
- Ligier : États-Unis Ouest 1981 -Brésil 1981
- Osella : Grande-Bretagne 1981 – Italie 1982
- Ligier : Brésil 1983 – Afrique du Sud 1983

Pole positions : 3

Podiums : 3

Meilleurs tours en course : 3

Grands Prix disputés : 134

Malgré les multiples choix de carrière qui s'ouvraient à lui, entre une admission à Sciences-Po et des études en Sciences-Eco, Jean-Pierre Jarier décida rapidement de se tourner vers le sport automobile. En parallèle de ses débuts derrière un volant, il devint journaliste pour plusieurs magazines réputés mais se fit remarquer en Coupe Gordini et en F3. Ses performances lui valurent les surnoms de « Godasse de Plomb » et « Godasso », en référence à sa prétendue capacité à écraser la pédale d'accélérateur. Prétendue, car le Français ne revendiquait pas ce surnom, assurant avoir toujours joué la finesse dans son pilotage. Après la F3, il accéda à la F2 et eut sa première chance en Championnat du monde de F1 au Grand Prix d'Italie 1971. Sa qualification en 24e place et sa non-classification à huit tours du vainqueur le forcèrent à replonger en F2, où ses succès firent finalement grimper sa cote. Il revint en F1 en 1973, toujours avec March, mais connut une saison horrible, la faute notamment à une fiabilité catastrophique. En 1974, il aurait pu rejoindre Ferrari mais un différend contractuel avec Max Mosley le bloqua d'abord chez March, avant qu'il ne s'engage finalement chez Shadow. Il parvint à signer un podium à Monaco et une 5e place en Suède au cœur d'une année compliquée. La saison 1975 débuta par deux pole positions pour Jarier, mais la fiabilité de la Shadow DN5 ne lui laissa aucun répit. Il termina 4e en Espagne, après une pénalité d'un tour pour ne pas avoir assez ralenti sous drapeau jaune, lors de la funeste course qui coûta la vie à cinq personnes. Cette année-là, il enregistra 12 abandons en 14 courses, et le remplacement de la DN5 à V8 Ford Cosworth par la DN7 à V12 Matra ne changea rien au problème. Le Français resta fidèle à Shadow en 1976 mais il n'y eut aucun miracle, et sa 7e place à Long Beach fut le meilleur résultat d'une saison bien terne. En 1977, Jarier signa son meilleur résultat aux 24 Heures du Mans avec une 2e place et décida de s'engager avec la toute nouvelle équipe ATS (Auto Technisches Spezialzubehör, à ne pas confondre avec A-T-S) de Günther Schmidt. Au volant des vénérables Penske PC4 rachetées par Schmidt, le Français termina 6e de la première course de la saison, l'équipe inscrivant ainsi ses premiers points en Championnat du monde. Ce furent les seuls de la saison pour le Français, et l'exercice suivant ne fut pas meilleur puisque l'ATS HS1 manquait grandement de performance. Après deux non-qualifications à Monaco et en Allemagne, il répondit à l'appel de Colin Chapman pour terminer la saison dans la Lotus 79 de Ronnie Peterson, tragiquement décédé à Monza. Une pole position au Canada et un podium manqué de peu à Watkins Glen relancèrent toutefois sa carrière chez Tyrrell, où il signa deux podiums en 1979. En 1980, il entra trois fois dans les points mais ne fut pas conservé par Tyrrell et trouva refuge en 1981 dans la modeste équipe Osella, après une pige décevante de deux courses chez Ligier en début d'année. Il offrit à l'équipe italienne son meilleur résultat avec une 4e place au Grand Prix de Saint-Marin 1982 avant de faire son retour chez Ligier en 1983, où il termina sa carrière par une saison sans points, marquée par de nombreux problèmes mécaniques.

MARK DONOHUE

Né le 18 mars 1937 à Summit (États-Unis) et décédé le 19 août 1975

Courses :
Canada 1971 – Allemagne 1975

Équipes :
- McLaren : Canada 1971
- Penske : Canada 1974 – France 1975
- March : Grande-Bretagne 1975 – Allemagne 1975

Podiums : 1

Grands Prix disputés : 14

Comme beaucoup de pilotes américains, Mark Donohue commença sa carrière en USAC, le Championnat outre-Atlantique de monoplaces. Ses victoires dans la catégorie lui valurent de se faire engager sur une McLaren privée du *team* Penske-White pour une pige en F1, au Grand Prix du Canada 1971. Il se qualifia 8e et termina 3e, signant son unique podium en Championnat du monde. En 1972, il remporta les 500 Miles d'Indianapolis avec McLaren, mais il décida d'arrêter sa carrière de pilote en 1973, notamment après la mort de Swede Savage. Donohue revint finalement en F1 en 1974 avec Penske, il termina 12e au Canada et abandonna à Watkins Glen, mais l'équipe américaine l'engagea à temps plein en 1975. Il parvint à inscrire des points à deux reprises mais fut victime d'un violent accident au *warm-up* du dimanche matin lors du Grand Prix d'Autriche. Un commissaire fut tué par un débris de sa March 751 mais l'Américain s'en releva avec des contusions. Il fut hospitalisé et contraint de déclarer forfait pour la course, mais celle-ci se déroula sans inquiétude à son sujet. Malheureusement, une hémorragie cérébrale non détectée lui provoqua des douleurs intenses à la tête dans la soirée, et il tomba dans le coma au milieu de la nuit, avant de décéder deux jours plus tard.

JOHN CANNON

Né le 21 juin 1937 à Londres (Royaume-Uni) et décédé le 18 octobre 1999

Courses :
États-Unis 1971

Équipes :
BRM : États-Unis 1971

Grands Prix disputés : 1

John Cannon fit ses débuts en course automobile dans les années 60, ce Canadien ayant décidé de courir aux États-Unis. Il parvint à gravir les échelons en atteignant la Formule A, ce qui lui permit de prendre son seul départ en Championnat du monde. BRM l'engagea à Watkins Glen en 1971, où il se qualifia 24e et termina en 14e position.

CHRIS CRAFT

Né le 17 novembre 1939 à Porthleven (Royaume-Uni) et décédé le 20 février 2021

Courses :
États-Unis 1971

Équipes :
Brabham : États-Unis 1971

Grands Prix disputés : 1

Comme de nombreux pilotes britanniques, Christopher Craft courut d'abord en course de côte avant de rejoindre la monoplace, d'abord en F3. En 1971, l'Écurie Evergreen l'engagea pour les deux courses outre-Atlantique sur une Brabham BT33 privée. Au Canada, il se qualifia 25e mais ne prit pas part à la course, tandis qu'aux États-Unis, il s'élança 27e mais ne vit pas l'arrivée.

SAM POSEY

Né le 26 mai 1944 à New York (États-Unis)

Courses :
États-Unis 1971 – États-Unis 1972

Équipes :
Surtees : États-Unis 1971 – États-Unis 1972

Grands Prix disputés : 2

Samuel Felton Posey fut un des Américains les plus passionnés de F1, et il commença à courir avec l'objectif d'y accéder. Passé par le Can-Am et le Trans-Am, il rejoignit la Formule A en 1971, non sans avoir terminé 4e des 24 Heures du Mans en 1970. Il disputa deux courses en Championnat du monde de F1 au volant d'une Surtees, en fin de saison 1971, mais une 12e place comme meilleur résultat ne lui permit pas d'y revenir.

De gauche à droite : Carlos Pace, Niki Lauda, Jochen Mass et Emerson Fittipaldi.

CARLOS REUTEMANN

Né le 12 avril 1942 à Santa Fe (Argentine) et décédé le 7 juillet 2021

Courses :
Argentine 1972 – Brésil 1982

Équipes :
- Brabham : Argentine 1972 – Pays-Bas 1976
- Ferrari : Italie 1976 – Canada 1978
- Lotus : Argentine 1979 – États-Unis Est 1979
- Williams : Argentine 1980 – Brésil 1982

Victoires : 12

Pole positions : 6

Podiums : 45

Meilleurs tours en course : 6

Grands Prix disputés : 146

Carlos Reutemann.

Pilote argentin, Carlos « Lole » Reutemann débuta la compétition au cours des années 60 dans son pays, avant d'arriver en Europe en 1970. D'abord passé par la Formule 2, il impressionna rapidement et Bernie Ecclestone le recruta chez Brabham en 1972. Il signa la pole position dès son premier Grand Prix, une performance que seul Mario Andretti avait réussie avant lui, et que seul Jacques Villeneuve réalisera après. Cette saison-là, il ne parvint à terminer qu'une fois dans les points avec une 4e place au Canada. En 1973, l'arrivée de la BT42 permit à Reutemann de se mettre en avant en deuxième partie de saison. Quatrième en Suède pour la 7e course de l'année, il signa son premier podium lors de la course suivante en France. Dans les points en Grande-Bretagne, en Autriche et en Italie, il conclut la saison par une 3e position aux États-Unis, qui le mena à la 7e position au classement. En 1974, il connut les joies de la victoire pour la première fois en Afrique du Sud. Après une série de six courses sans marquer de points, avec cinq abandons, il revint dans le top 6 en Grande-Bretagne, puis sur le podium au Nürburgring. En Autriche, il remporta un deuxième succès, avant de finir la saison par un troisième triomphe et une 4e place au Championnat. Comptant sur les progrès de la Brabham, il disputa une saison 1975 d'une régularité impressionnante. Il monta six fois sur le podium, dont une fois sur la plus haute marche, et ne connut que deux abandons, ce qui lui permit de terminer 3e du Championnat. Mais l'ascension de Brabham fut brisée en 1976 par la fiabilité désastreuse – cachant malheureusement des performances modestes – de la BT45. Reutemann n'entra qu'une fois dans les points en Espagne, ce qui fut sa pire saison depuis la première, et il décida de quitter Brabham lorsque Ferrari lui proposa de remplacer Niki Lauda, absent après son terrible accident. Conservé par la Scuderia en 1977 et poussé par ses patrons pour être le premier pilote, puisqu'ils jugeaient que Lauda n'était pas assez remis de son accident, Reutemann débuta l'année par deux podiums, dont un succès au Brésil. Il signa quatre autres podiums mais Lauda prit rapidement la main et l'Autrichien devint champion, tandis que Reutemann dut se contenter de la 4e place du Championnat. Les relations tendues avec Lauda laissèrent place à une entente plus cordiale avec Gilles Villeneuve en 1978, et l'Argentin remporta quatre courses, en plus de trois autres podiums, pour terminer 3e du Championnat. Il décida de se mesurer au champion du monde en titre, Mario Andretti, en 1979. La relation entre les deux hommes se dégrada rapidement, Reutemann prenant la mesure d'Andretti grâce à quatre podiums en sept courses. Dans l'été, la tension était telle qu'Andretti demanda à Colin Chapman de choisir entre lui et Reutemann pour 1980. Le directeur de Lotus n'eut pas à faire ce choix, l'Argentin ayant décidé de rejoindre Williams l'année suivante. Son contrat stipulait qu'il devait jouer le rôle de numéro 2 pour Alan Jones, le pilier de l'équipe depuis plusieurs années et il monta huit fois sur le podium, gagnant à Monaco. Troisième du Championnat, il avait rempli son contrat en permettant à Jones et Williams d'être champions du monde. En 1981, il décida cependant que son rôle de numéro 2 avait été accompli et qu'il pouvait se battre à armes égales avec Jones. Dès la deuxième course, il refusa les consignes inscrites sur le panneau qui lui était présenté à chaque tour et qui lui demandaient de laisser passer Jones, pour s'imposer au Brésil. Lors du premier Grand Prix de la saison, Reutemann avait aidé Jones et déploré n'avoir pas eu de remerciement de son équipe. L'ambiance se dégrada rapidement, Jones jugeant que Reutemann ne respectait pas sa part d'un contrat qu'il « n'avait pas signé avec un pistolet posé sur la tempe ». L'Argentin monta encore sur le podium devant son public et à Saint-Marin, avant une nouvelle victoire en Belgique qui marqua sa quinzième course consécutive dans les points, un record qu'il garda jusqu'à être battu par Michael Schumacher. Largement en tête du Championnat après le Grand Prix de Grande-Bretagne, qu'il termina 2e alors que Nelson Piquet et Alan Jones ne virent pas l'arrivée, Reutemann fut désigné favori pour le titre. Williams décida de l'aider et lui donna en Allemagne le meilleur moteur, un Cosworth atmosphérique, pour les qualifications. Mais Jones exigea de récupérer le moteur et Reutemann connut deux casses mécaniques le dimanche. La fin de saison fut très difficile, et la finale à Las Vegas tourna au fiasco pour Lole. Qualifié en pole position, Reutemann s'effondra en course pour n'inscrire aucun point tandis que Jones gagna et que Piquet, 5e, remporta le titre mondial. Ce manque de performances laissa planer un doute sur la volonté de Williams d'aider Reutemann à être sacré, et cela précipita sa fin de carrière. Encore engagé avec l'équipe anglaise en 1982, il entama la saison par un podium mais raccrocha au bout de deux courses, toujours touché par la finale de 1981 et toujours rongé par le doute que son équipe ait pu le saboter. Il s'engagea ensuite en politique pour le reste de sa vie active.

JOSÉ CARLOS PACE

Né le 6 octobre 1944 à São Paulo (Brésil) et décédé le 18 mars 1977

Courses :
Afrique du Sud 1972 – Afrique du Sud 1977

Équipes :

- March : Afrique du Sud 1972 – États-Unis 1972
- Surtees : Argentine 1973 – Suède 1974
- Brabham : Grande-Bretagne 1974 – Afrique du Sud 1977

Victoires : 1

Pole position : 1

Podiums : 6

Meilleurs tours en course : 5

Grands Prix disputés : 72

Comme de nombreux sud-américains, le Brésilien José Carlos Pace débuta sa carrière dans son pays, dans des manches de tourisme, avant de rejoindre l'Europe. En 1970 et 1971, il grimpa les échelons de la F3 et de la F2, avec des résultats assez bons pour que Frank Williams lui confie une March en Championnat du monde de F1 en 1972. Malgré plusieurs abandons, il parvint à marquer ses premiers points en Espagne, et réitéra en Belgique. John Surtees le recruta dans son écurie en 1973 mais là encore, de nombreux abandons émaillèrent une saison sauvée par une 4e place en Allemagne, et surtout un podium au Grand Prix d'Autriche. En 1974, la saison démarra plutôt bien avec une 4e place à domicile lors de la deuxième course, mais des problèmes au sein de l'équipe et une brouille avec son patron conduisirent à son licenciement en milieu de saison. Brabham le récupéra pour la fin de saison, et il entra dans les points en Italie avant de terminer 2e à Watkins Glen. En 1975, il rempila avec Brabham et remporta sa première et unique victoire au Brésil, devant son public. Il signa la pole position en Afrique du Sud et monta sur le podium à Monaco, ainsi que sous le déluge de Silverstone, pour terminer 6e du Championnat. En 1976, Brabham troqua ses V8 Ford-Cosworth contre des 12 cylindres à plat conçus par Alfa Romeo et la saison fut bien plus compliquée. Avec une BT45 plus lourde et moins agile, le Brésilien n'entra que trois fois dans les points, mais il renouvela sa confiance à Brabham pour 1977. La 2e place en ouverture de saison en Argentine confirma les progrès du moteur italien et malgré un abandon au Brésil et une 13e place en Afrique du Sud, l'optimisme était de rigueur. Malheureusement, José Carlos Pace trouva la mort dans un accident d'avion au Brésil, deux semaines après le Grand Prix d'Afrique du Sud. Le circuit d'Interlagos, sur lequel il avait remporté deux ans avant sa seule victoire, fut rebaptisé en son nom.

WILSON FITTIPALDI

Né le 25 décembre 1943 à São Paulo (Brésil)

Courses :
Espagne 1972 – États-Unis 1975

Équipes :

- Brabham : Espagne 1972 – États-Unis 1973
- Copersucar : Argentine 1975 – États-Unis 1975

Grands Prix disputés : 35

Frère aîné d'Emerson Fittipaldi, fit un bref passage par l'Europe dans les années 60, avant de rentrer au Brésil et de revenir sur le Vieux Continent en 1970. Après une évolution classique en F3 puis F2, Fittipaldi fut recruté par Bernie Ecclestone et fit ses débuts en F1 avec Brabham en 1972. C'est en Espagne qu'il roula pour la première fois en Championnat du monde, mais sa première saison fut marquée par des abandons et aucun point. En 1973, il débuta l'année par ses premiers points avec une 6e place et il termina 5e en Allemagne, mais dix abandons en 15 courses l'empêchèrent de se distinguer. En 1974, il mit sa carrière de pilote en pause pour créer l'équipe Copersucar-Fittipaldi, avant de devenir pilote propriétaire l'année suivante. Mais les performances de la Copersucar FD02 ne furent pas au rendez-vous et, avec une 10e place comme meilleur résultat cette saison-là, il raccrocha définitivement pour se consacrer à la direction de la structure.

PATRICK DEPAILLER

Né le 9 août 1944 à Clermont-Ferrand (France) et décédé le 1er août 1980

Courses :
France 1972 – Grande-Bretagne 1980

Équipes :
- Tyrrell : France 1972 – Canada 1978
- Ligier : Argentine 1979 – Monaco 1979
- Alfa Romeo : Argentine 1980 – Grande-Bretagne 1980

Victoires : 2
Pole position : 1
Podiums : 19
Meilleurs tours en course : 4
Grands Prix disputés : 95

Patrick Depailler lors du Grand Prix de France 1976.

Patrick Depailler décrocha un diplôme de prothésiste dentaire avant de commencer la course moto en 1964, puis le sport automobile en 1964 en Championnat de France de Formule 2. Après plusieurs victoires en rallye et sur circuit, il attira l'œil de Ken Tyrrell, qui lui confia le volant d'une troisième monoplace en France et aux États-Unis en 1972. Lors de cette deuxième course, il termina à la porte des points. Le patron d'équipe britannique fit appel à lui en 1974 pour remplacer François Cevert, tragiquement décédé en fin de saison 1973. Dans les points dès la première manche de l'année avec une 6e place, il termina au pied du podium en Afrique du Sud. Au lendemain de sa première pole position, il signa son premier podium au Grand Prix de Suède avec une 2e place. En parallèle de ces résultats prometteurs, il devint champion d'Europe de F2, et Tyrrell le conserva en 1975, saison durant laquelle il monta une fois sur le podium pour terminer de nouveau 9e du Championnat. En 1976, il atteignit deux fois le podium lors des trois premières courses, et l'arrivée de la mythique P34 à six roues confirma tout son potentiel. Il enchaîna trois podiums à Monaco, en Suède et en France, puis y remonta au Canada et au Japon, sous le déluge de Fuji. Forts d'une 4e place au Championnat pilotes et d'une 3e position chez les constructeurs, Depailler et Tyrrell entrevirent l'espoir d'une saison 1977 encore meilleure. Malheureusement, la P34 évoluée n'apporta pas satisfaction, mais le Français monta toutefois sur le podium à trois reprises. Il totalisait alors 12 podiums mais aucun succès, et l'année 1978 conserva cette dynamique. Troisième en Argentine, 2e en Afrique du Sud, 3e à Long Beach : le Français ne trouvait pas la recette miracle pour atteindre la plus haute marche. Ce fut chose faite lors de la cinquième manche de l'année, puisqu'il s'imposa à Monaco, prenant même les commandes du Championnat. S'ensuivit une série de quatre abandons et un seul podium supplémentaire vint sauver une fin de saison terne, avec une 9e place au classement. En 1979, Depailler quitta l'équipe de ses débuts et rejoignit Ligier aux côtés de Jacques Laffite. Au volant d'une JS11 redoutable, il prit le départ des deux premières courses de la saison depuis la première ligne, et sa 2e place au Brésil compléta un doublé retentissant pour l'équipe française. Après sa victoire au Grand Prix d'Espagne, cinquième manche de la saison, il enfila le costume de candidat au titre mondial, au même titre que Laffite et les pilotes Ferrari, Gilles Villeneuve et Jody Scheckter. Malheureusement, un accident de deltaplane entre les Grands Prix de Monaco et de France brisa sa trajectoire et mit un terme à sa saison. Les médecins craignaient alors qu'il doive attendre deux ans pour remarcher, mais il signa son contrat avec Alfa Romeo après huit mois de convalescence, et fit un retour remarqué en début d'année 1980. Malgré des performances pures encourageantes sur certains circuits, il dut abandonner sept fois en huit courses à cause de la mécanique de sa monoplace. Lors des essais précédant le Grand Prix d'Allemagne, Patrick Depailler connut une violente sortie de piste sur le très rapide tracé de Hockenheim, à la suite d'une probable défaillance mécanique dans le virage Ostkurve, négocié à 280 km/h. Le Français fut tué dans l'accident et à l'arrivée du Grand Prix, quelques jours plus tard, Jacques Laffite refusa le champagne en signe de respect pour son ami disparu. Si son palmarès toutefois bien garni ne reflète pas le talent que possédait Patrick Depailler, les propos qu'il avait tenus à Alain Boisnard résument à merveille ce que la F1 représentait à ses yeux : « Pour moi, un métier ne peut être que l'exercice d'une passion, et rien ne me passionne que la course. Jusqu'à présent, je n'ai pensé qu'à elle, je n'ai vécu que pour elle. Quand je ne cours pas, je me prépare en fonction de la première course. J'essaie de ne rien négliger pour mieux réussir. J'ai conscience de pouvoir encore progresser dans tous les domaines. L'idée que j'arrêterais un jour de courir ne m'a jamais effleuré. »

ARTURO MERZARIO

Né le 11 mars 1943 à Civenna (Italie)

Courses :
Grande-Bretagne 1972 – États-Unis Ouest 1979

Équipes :
- Ferrari : Grande-Bretagne 1972 – États-Unis 1973
- Iso-Marlboro : Argentine 1974 – États-Unis 1974
- Williams : Argentine 1975 – Belgique 1975
- Copersucar : Italie 1975
- March : Espagne 1976 -Grande-Bretagne 1976
- Williams : Allemagne 1976 – Japon 1976
- March : Espagne 1977 – Grande-Bretagne 1977
- Shadow : Autriche 1977
- Merzario : Argentine 1978 – États-Unis Ouest 1979

Grands Prix disputés : 57

Arturo Merzario débuta en sport automobile avec Fiat, en course de côte et en voitures de sport. Ferrari le repéra et lui offrit un volant officiel pour les 24 Heures de Daytona 1970, avec un podium à la clé. Son titre de champion d'Europe d'endurance avec la Scuderia en 1972 lui ouvrit les portes de la Formule 1, puisque l'équipe l'engagea en Grande-Bretagne pour ses débuts en Championnat du monde. Qualifié 9ᵉ, il franchit la ligne d'arrivée en 6ᵉ place, et eut un peu plus de difficultés au Nürburgring, avec une 12ᵉ place finale. Ferrari décida de continuer à l'engager en F1 quand une monoplace avec le nouveau moteur à plat était disponible pour lui, et il commença la saison par une 9ᵉ place en Argentine, avant de terminer 4ᵉ au Brésil et en Afrique du Sud. Le reste de la saison le vit se qualifier mieux mais il ne retrouva pas les points. Sa plus belle réalisation cette année-là fut sa 2ᵉ place aux 24 Heures du Mans, et il quitta la Scuderia pour rejoindre l'équipe de Frank Williams en 1974. Le manque de fiabilité de l'Iso-Marlboro FW ne lui permit d'atteindre l'arrivée que trois fois en 14 courses. En Italie, il manqua le podium et ne se classa que 17ᵉ au Championnat, soit cinq places de moins que la saison suivante. En 1975, l'aventure avec Williams tourna au fiasco, puisqu'il ne vit l'arrivée qu'une fois, à dix tours du vainqueur. Il quitta l'équipe en milieu de saison et se consacra à l'endurance avec davantage de succès. Avec l'équipe privée Ovoro, il connut un début de saison 1976 catastrophique et fut appelé par Williams pour remplacer Jacky Ickx dans l'équipe qui s'appelait désormais Walter Wolf Racing. En Allemagne, Merzario se fit remarquer par son courage puisqu'il fut l'un des premiers pilotes à arriver sur les lieux de l'accident de Niki Lauda, et il n'hésita pas à plonger dans le brasier pour aller extraire le malheureux autrichien. Sa fin de saison fut marquée par des abandons et il se retrouva sans volant. Il engagea une March à titre privé en 1977 mais ne vit l'arrivée qu'une fois, en 14ᵉ place. En 1978, il tenta s'engager son propre châssis. Aux mains d'Arturo, la Merzario A1 manqua deux fois la préqualification et six fois la qualification. Elle ne vit jamais le drapeau à damier, et ce fut pire en 1979 avec 12 non-qualifications et deux abandons en 14 courses. Il se retira de la compétition après l'échec d'une nouvelle monoplace, la Merzario M1. À noter que l'Italien avait signé un contrat personnel avec Marlboro, qui impliquait qu'il porte un stetson dans le paddock, pour incarner le fameux Marlboro Man.

FRANÇOIS MIGAULT

Né le 4 décembre 1944 au Mans (France) et décédé le 29 janvier 2012

Courses :
Autriche 1972 – Belgique 1975

Équipes :
- Connew : Autriche 1972
- BRM : Argentine 1974 – Italie 1974
- Hill : Espagne 1975 – Belgique 1975

Grands Prix disputés : 13

C'est en remportant le Volant Shell que François Migault se fit remarquer, ce qui lui ouvrit les portes de la F3 puis de la F2. En 1972, il fit ses débuts en Championnat du monde de F1 avec Darnval Connew Racing Team, sans succès avec des problèmes mécaniques. Après une nouvelle saison de F2, il revint en F1 en 1974 grâce à un contrat de troisième pilote avec BRM. Ses performances ne furent pas convaincantes, et celles de BRM n'arrangèrent rien. Son meilleur résultat fut une 14e place, en qualifications comme en course, et il fut recruté par Embassy Hill en 1975. Après quoi, il fut écarté après trois week-ends, et son dernier Grand Prix, pour Williams, se solda par un abandon.

JODY SCHECKTER

Né le 29 janvier 1950 à East London (Afrique du Sud)

Courses :
États-Unis 1972 – États-Unis Est 1980

Équipes :
- McLaren : États-Unis 1972 – États-Unis 1973
- Tyrrell : Argentine 1974 – Japon 1976
- Wolf : Argentine 1977 – Canada 1978
- Ferrari : Argentine 1979 – États-Unis Est 1980

Champion du monde : 1979

Victoires : 10

Pole positions : 3

Podiums : 33

Meilleurs tours en course : 5

Grands Prix disputés : 112

Jody Scheckter dans la Tyrrell Ford P34.

Originaire d'Afrique du Sud, où il débuta sa carrière en course automobile, Jody David Scheckter s'exila en Grande-Bretagne en 1971 pour rouler en Formule Ford. Son ascension fut telle qu'en fin d'année suivante, il fit déjà ses débuts en Championnat du monde de F1, au volant d'une McLaren. Sa 9e place au Grand Prix du Canada après s'être élancé 8e pour sa première course lui valut de conserver son volant pour quelques piges en 1973. Mais cette année-là s'avéra plus difficile, puisqu'il s'accrocha avec Emerson Fittipaldi et François Cevert, respectivement en France et au Canada, et il fut à l'origine du terrible carambolage de Silverstone, qui coûta sa carrière à Andrea de Adamich. Ken Tyrrell n'en eut cure et Schekter remplaça Jackie Stewart en 1974, malgré sa réputation sulfureuse. Le pari du patron d'équipe fut le bon puisque le Sud-Africain signa six podiums, dont deux victoires en Suède et en Grande-Bretagne, un an après le carambolage. Il termina 3e du Championnat, et Tyrrell le prolongea pour 1975. Mais l'équipe était occupée à travailler sur sa révolutionnaire P34 et, au volant de la vieillissante 007, Jody ne put monter que trois fois sur le podium, avec toutefois une victoire à domicile. Sa 7e place finale au Championnat ne découragea pas le pilote, qui resta dans la même équipe l'année suivante. L'arrivée de la P34 lui permit de terminer dix fois dans les points lors des 12 courses disputées avec la monoplace à six roues. Il enregistra quatre 2es places, mais surtout une pole position – sa première en carrière – et une victoire en Suède. En 1977, il créa la surprise en rejoignant l'équipe Wolf, née des cendres de Williams, et gagna la première course de l'équipe en Argentine. La fiabilité ne fut pas au rendez-vous tout au long de la saison, avec sept abandons en 17 courses. Lors des dix courses qu'il termina, il monta neuf fois sur le podium, ajoutant deux victoires à son palmarès à Monaco et au Canada. Il remporta cette année-là le titre honorifique de vice-champion du monde, mais la saison 1978 fut moins bonne avec quatre podiums et une 7e position au Championnat. En 1979, il rallia les rangs de la Scuderia Ferrari et fit une saison maîtrisée en tous points. Face à Gilles Villeneuve, il connut d'abord le rôle du second, en complétant le doublé pour la Scuderia en Afrique du Sud et à Long Beach. Il remporta ensuite deux courses, à Monaco et en Belgique, ce qui le replaça dans la lutte pour le titre. Aux Pays-Bas, il remonta sur le podium et s'imposa à Monza pour la plus grande joie des tifosi, qui assistèrent à un doublé des monoplaces ornées du Cheval cabré. Sa saison fut souvent décriée pour un certain manque de panache, et la presse tenta souvent de monter en épingle son duo avec Villeneuve. Mais les deux hommes s'y étaient préparés, et leur entente était très bonne, contrairement aux bruits de paddock, comme l'a expliqué Scheckter 30 ans plus tard : « Gilles et moi nous entendions à merveille. Nous étions bons amis, respectueux l'un de l'autre. La presse essayait toujours de monter les pilotes les uns contre les autres, mais nous nous étions dit : "Nous n'allons pas nous tracasser avec ce genre d'âneries" et nous avions une super relation. » Le triomphe fut total, le Sud-Africain fut champion du monde et Villeneuve son dauphin au classement, la Scuderia remportant le titre chez les constructeurs. La 312 T5 de 1980 ramena l'équipe sur terre, et Scheckter n'entra qu'une fois dans les points à son volant, à Long Beach. Il annonça sa retraite après ce camouflet mais ne garda pas ce souvenir de la Scuderia, préférant se concentrer sur les succès qu'il avait connus avec l'équipe italienne : « Piloter pour Ferrari était une chose, mais gagner pour Ferrari était incroyable. Je suis un gars incroyablement chanceux. »

Jacky Ickx et Mario Andretti avant le Grand Prix d'Espagne 1972.

1973

LUIZ BUENO

Né le 16 janvier 1937 à São Paulo (Brésil) et décédé le 8 février 2011

Courses :
Brésil 1973

Équipes :
Surtees : Brésil 1973

Grands Prix disputés : 1

Luiz-Pereira Bueno fut un rival d'Emerson Fittipaldi en Formule Ford brésilienne, mais il ne connut pas le même succès que son illustre compatriote. Au début des années 1970, il s'illustra en F2 et acheta une F1 pour disputer le Grand Prix du Brésil hors Championnat en 1972. L'année suivante, il prit part à son seul événement en Championnat du monde, pour sa manche à domicile. Avec le Team Surtees, il se qualifia 20e et termina 12e.

GEORGE FOLLMER

Né le 27 janvier 1934 à Phoenix (États-Unis)

Courses :
Afrique du Sud 1973 – États-Unis 1973

Équipes :
Shadow : Afrique du Sud 1973 – États-Unis 1973

Podiums : 1

Grands Prix disputés : 12

Pilote américain d'abord célèbre outre-Atlantique, George Follmer roula ensuite en voitures de sport puis en Can-Am, où il fut champion en 1972. Ce titre lui permit de se faire recruter par Shadow, une nouvelle équipe qui s'apprêtait à s'engager en F1 en 1973. Dès sa première course, il se qualifia 21e et remonta jusqu'en 6e position pour marquer ses premiers points. Dès son deuxième Grand Prix, en Espagne, il termina sur le podium avec une retentissante 3e place. Malheureusement, la suite de sa saison fut plus difficile, avec des problèmes mécaniques, des accidents, et aucun résultat meilleur qu'une 10e place. Il retourna en Can-Am dès 1974 et termina sa carrière dans les années 80, non sans avoir signé un podium aux 24 Heures du Mans.

EDDIE KEIZAN

Né le 12 septembre 1944 à Johannesbourg (Afrique du Sud) et décédé le 21 mai 2016

Courses :
Afrique du Sud 1973 – Afrique du Sud 1975

Équipes :
- Tyrrell : Afrique du Sud 1973 – Afrique du Sud 1974
- Lotus : Afrique du Sud 1975

Grands Prix disputés : 3

Edward Keizan pilota d'abord en Championnat de tourisme sud-africain, avant de s'engager à l'échelle nationale en F1. Troisième du Championnat, il décrocha sa chance en Championnat du monde au volant d'une Tyrrell privée engagée par le Blignaut Lucky Strike Racing pour sa course à domicile. Il se qualifia 22e mais termina non classé avec 12 tours de retard. L'année suivante, toujours en Afrique du Sud et avec la même monoplace, il se qualifia 24e et se classa 14e. Sa dernière participation se déroula lors de la même épreuve, cette fois en 1975, avec une Lotus 72A. Vingt-deuxième au départ, il signa son meilleur résultat en 13e place, proche des Lotus officielles.

JAMES HUNT

Né le 29 août 1947 à Belmont (Royaume-Uni) et décédé le 15 juin 1993

Courses :
Monaco 1973 – Monaco 1979

Équipes :
- March : Monaco 1973 – Brésil 1974
- Hesketh : Afrique du Sud 1974 – États-Unis 1975
- McLaren : Brésil 1976 – Canada 1978
- Wolf : Argentine 1979 – Monaco 1979

Champion du monde : 1976

Victoires : 10

Pole positions : 14

Podiums : 23

Meilleurs tours en course : 8

Grands Prix disputés : 92

C'est le jour de ses 18 ans que James Simon Wallis Hunt fit la connaissance du sport automobile, d'abord en tant que spectateur, puis en tant que pilote, quitte à abandonner les études de médecine auxquelles il s'était inscrit. Après des débuts financés par ses propres deniers au volant d'une Mini, il parvint à gravir les échelons, en Formule Ford puis en Formule 3. March le recruta à titre officiel, mais ses habitudes d'accrochage poussèrent le *team* à se séparer de Hunt the Shunt (littéralement Hunt l'accident). En 1972, Lord Alexander Hesketh le fit venir en Formule 2, puis en Championnat du monde de F1 à partir du Grand Prix de Monaco 1973. L'équipe fut très souvent raillée à ses débuts pour son train de vie dans le paddock, avec des fêtes et du luxe autour de son stand. Au volant d'une March 731 privée, Hunt abandonna pour sa première course, mais termina 6e en France, puis 4e en Grande-Bretagne. Au Grand Prix d'Autriche, il se qualifia 7e et monta sur son premier podium. Après un passage à vide, il boucla cette première saison par une 2e place aux États-Unis à moins d'une seconde de Ronnie Peterson, et resta au sein de l'équipe Hesketh en 1974. Après deux courses, l'équipe fit commencer sa première voiture faite maison, mais ses progrès en qualifications furent ruinés par une fiabilité délicate. En Suède, Hunt monta sur son deuxième podium, avant d'enregistrer quatre abandons. Lors des quatre dernières courses, il se qualifia dans le top 10 et enregistra deux 3es places, une 4e position et un abandon. Cette belle fin de saison lui permit d'égaler son meilleur résultat au Championnat, avec la 8e position. Toujours au volant de la Hesketh 308, il débuta la saison 1975 par une 6e position en qualifications et une 2e place en course. Sixième au Brésil, il enchaîna ensuite cinq abandons. Aux Pays-Bas, il connut la rédemption avec sa première victoire en course, et il enchaîna avec une position de dauphin au Grand Prix de France. Quatrième en Grande-Bretagne, il grimpa encore sur la boîte en Autriche, puis arriva 5e en Italie et 4e à Watkins Glen. Quatrième chez les pilotes, 4es chez les constructeurs : Hunt et Hesketh prouvèrent que les trois saisons passées en F1 l'avaient été avec sérieux, malgré le faste d'Alexander Hesketh. Mais les dépenses peu maîtrisées du riche hériter et homme politique britannique eurent pour conséquence de mettre un terme à l'aventure Hesketh Racing. Hunt se retrouva sans volant mais profita de l'opportunité qui se présenta chez McLaren avec le départ inattendu d'Emerson Fittipaldi vers Copersucar. Le Britannique hérita de la très performante M23, et signa la pole position dès la première course au Brésil. Il réitéra la première place de grille de départ en Afrique du Sud et il monta sur la deuxième marche du podium. Après un accrochage à Long Beach, il s'imposa pour la deuxième fois de sa carrière en F1 au Grand Prix d'Espagne. La victoire lui fut retirée pour non-conformité de la M23, mais elle revint finalement dans le clan McLaren après avoir fait appel de la décision. Hunt enchaîna deux abandons et une 5e place, avant de gagner en France. En Grande-Bretagne, il triompha devant un public acquis à sa cause, mais sa victoire lui fut enlevée a posteriori. En effet, il fut autorisé à prendre le deuxième départ après une interruption en n'ayant pas bouclé le premier tour, condition *sine qua non* pour reprendre la course. La pression du public fut telle que la direction accepta de le laisser courir mais les équipes adverses firent appel de sa victoire et eurent gain de cause. En Allemagne, il gagna tandis que Niki Lauda, largement devant lui au Championnat, eut son grave accident. Quatrième en Autriche, Hunt triompha de nouveau aux Pays-Bas, abandonna en Italie, puis enchaîna deux victoires et deux pole positions au Canada et aux États-Unis. À Watkins Glen, il signa même son premier *hat trick*, avec la pole, la victoire, mais aussi le meilleur tour en course. Revenu à trois points de Lauda avant la finale de Fuji, Hunt se qualifia 2e au Grand Prix du Japon. Sous une pluie torrentielle, Lauda décida d'abandonner, mais le Britannique devait finir 4e pour devenir champion. Une crevaison à cinq tours de l'arrivée le renvoya en 5e place, mais il remonta jusqu'au podium et célébra son premier titre de champion du monde de F1. Beaucoup attribuèrent ce succès à l'absence de Lauda, ainsi qu'à l'état de santé de l'Autrichien en fin d'année. Mais avec huit pole positions et six victoires, le titre de Hunt était parfaitement légitime, et le duel entre lui et son rival se relança dès le début d'année 1977. Le Britannique signa trois pole positions pour commencer la saison, mais ne fit pas mieux que 2e lors de ces trois courses. Après une série de cinq courses sans points, alors que McLaren lança la M26, Hunt retrouva le podium en France, puis sa plus haute marche en Grande-Bretagne, où il signa un nouveau *hat trick*. S'ensuivit une série de quatre abandons, avant une nouvelle victoire à Watkins Glen. Au terme d'une saison durant laquelle il n'eut pas voix au chapitre pour défendre sa couronne, le champion du monde en titre s'imposa au Japon, lors d'une course endeuillée par le décès de deux spectateurs. Il n'assista même pas au podium pour ce qui fut alors son dernier succès en F1. En 1978, il ne vit l'arrivée que six fois en 16 courses et n'entra dans les points que trois fois, avec un seul podium à la clé. Un déclin dû à l'arrivée des voitures à effet de sol, qui dominèrent largement sa McLaren, et renforcé par l'accrochage dans lequel son ami Ronnie Peterson perdit la vie. Sa tentative pour se relancer chez Wolff en 1979 se solda par un échec, avec six abandons lors des sept premières courses et une 8e place en Afrique du Sud. Au soir du Grand Prix de Monaco, Hunt annonça sa retraite et débuta dès l'année suivante sa carrière de commentateur aux côtés du légendaire Murray Walker, un poste qu'il occupa jusqu'à son décès en 1993.

DAVID PURLEY

Né le 26 janvier 1945 à Bognor Regis (Royaume-Uni) et décédé le 2 juillet 1985

Courses :
Monaco 1973 – France 1977

Équipes :
- March : Monaco 1973 – Italie 1973
- LEC : Belgique 1977 – France 1977

Grands Prix disputés : 7

Fils d'entrepreneur et ancien militaire, David Purley se lança en sport automobile à la fin des années 60. Au début des années 70, il commença à grimper les échelons et courut en F3, puis sporadiquement en F2. En 1973, il engagea une March 731 sous ses propres couleurs, LEC Refrigeration Racing, en référence à l'entreprise familiale. Qualifié 24e à Monaco, il ne vit pas l'arrivée. Aux Pays-Bas, pour son troisième Grand Prix, il abandonna volontairement pour aller aider Roger Williamson, coincé dans sa monoplace en feu après un terrible accident. Il reçut la George Medal pour récompenser son courage, bien que cela ne permit pas de sauver le malheureux Williamson. Il termina 15e en Allemagne et 9e en Italie, mais ne participa pas à la saison 1974, durant laquelle il courut de nouveau en F2 et F3. Il fit son retour en Championnat du monde de F1 en 1977 avec une monoplace de sa création, la LEC CRP1. Il ne fit pas mieux qu'une 13e place en Belgique et fut victime en Grande-Bretagne d'un terrible accident, lors duquel il subit une décélération avoisinant 180 G, avec un arrêt net depuis 173 km/h en 66 centimètres. Après plusieurs mois de convalescence, il revint brièvement à la compétition avant de se consacrer aux acrobaties aériennes, une passion qui lui coûta la vie en 1985.

RIKKY VON OPEL

Né le 14 octobre 1947 à New York (États-Unis)

Courses :
France 1973 – Pays-Bas 1974

Équipes :
- Ensign : France 1973 – États-Unis 1973
- Brabham : Espagne 1974 – Pays-Bas 1974

Grands Prix disputés : 10

Héritier de la célèbre famille Opel, Frederick von Opel débuta sa carrière en sport automobile sous le nom d'Antonio Branco. L'objectif était de ne pas embarrasser sa famille, cette activité n'étant pas apprécié au sein de l'aristocratie, et de ne pas subir trop de pression en raison de son patronyme. Après la Formule Ford et face à ses succès, il décida de révéler son identité et s'engagea en F3 pendant deux saisons. Au terme de celles-ci, Rikky décida de financer lui-même ses débuts en Championnat du monde, en faisant commencer l'équipe Ensign avec laquelle il avait roulé pendant une année. Il devint, au Grand Prix de France 1973, le premier – et toujours seul à ce jour – pilote du Lichtenstein à s'engager en Formule 1. Les résultats avec Ensign furent loin du compte, puisque la N173 ne lui permit pas de faire mieux qu'une 13e place au Grand Prix de Grande-Bretagne durant cette saison. En 1974, il décida de quitter Ensign au milieu du premier Grand Prix de la saison, à cause des performances de la N174. Il trouva refuge chez Brabham mais, face à Carlos Pace, ses modestes 9es places en Suède et aux Pays-Bas ne lui permirent pas de conserver son volant plus de six courses. Il décida alors d'interrompre sa carrière.

JOCHEN MASS

Né le 30 septembre 1946 à Dorfen (Allemagne)

Courses :
Grande-Bretagne 1973 – France 1982

Équipes :
- Surtees : Grande-Bretagne 1973 – Allemagne 1974
- McLaren : Canada 1974 – Japon 1977
- ATS : Argentine 1978 – Allemagne 1978
- Arrows : Argentine 1979 – États-Unis Est 1980
- March : Afrique du Sud 1982 – France 1982

Victoires : 1

Podiums : 8

Meilleurs tours en course : 2

Grands Prix disputés : 105

Pilote de courses de côte et en voitures de tourisme à la fin des années 60, Jochen Mass débuta en monoplace au début de la décennie suivant, jusqu'à atteindre le Championnat du monde de F1 en 1973. Cette année-là, il roula pour Surtees lors de trois courses, en débutant en Grande-Bretagne, où il fut pris dans le terrible carambolage qui marqua le début de course. En Allemagne, sur la très sélecte Nordschleife, il termina à une belle 7e place, et il abandonna à Watkins Glen en fin de saison. Il disputa la saison suivante dans la même équipe mais, malgré de belles qualifications, fut victime de la fiabilité désastreuse de la TS16. En 11 courses, il abandonna neuf fois sur problème mécanique et quitta sa modeste équipe pour disputer les deux dernières courses de la saison dans une troisième McLaren. Sa 7e place aux États-Unis fut un des arguments convaincants pour que l'équipe britannique lui confie une voiture officielle aux côtés d'Emerson Fittipaldi en 1975. Après une première course difficile, il monta sur son premier podium au Grand Prix du Brésil et termina de nouveau dans les points en Afrique du Sud. Il triompha pour la première fois lors du Grand Prix d'Espagne, auquel ne participa pas son équipier, inquiet au sujet de la sécurité entourant l'événement sur le circuit de Montjuic. La course donna raison au Brésilien puisque cinq personnes furent tuées lors de l'accident de Rolf Stommelen, jetant un voile de tristesse sur ce premier et seul succès de Mass en carrière. Sixième à Monaco, il connut une fin de saison contrastée avec de nombreux abandons, mais aussi deux autres podiums qui lui permirent de terminer l'année à la 8e place du classement. En 1976, il fut encore plus éclipsé par son nouvel équipier, James Hunt, et se classa 9e au Championnat avec seulement deux podiums. Conservé par McLaren en 1977, Mass se rapprocha de Hunt en matière de performance, mais la vieillissante M23 et la médiocre M26 ne lui permirent de terminer que huit fois dans les points, avec deux podiums à la clé. Il décida de rejoindre ATS pour une année catastrophique durant laquelle il ne marqua pas un seul point. Pendant ses deux saisons chez Arrows, en 1979 et 1980, il rentra cinq fois dans les points. Il se lança un dernier défi en 1982 chez March mais ne fit pas mieux que 7e à Détroit, quelques semaines après avoir été impliqué dans l'accident qui coûta la vie à Gilles Villeneuve. Mass quitta la F1 au terme de l'année et se lança à temps plein en endurance. Avec Mercedes, il remporta les 24 Heures du Mans 1989 avant de devenir formateur pour le *junior team* du constructeur, au sein duquel le jeune Michael Schumacher fut l'un de ses élèves.

GRAHAM MCRAE

Né le 5 mars 1940 à Wellington (Nouvelle-Zélande) et décédé le 4 août 2021

Courses :
Grande-Bretagne 1973

Équipes :
Iso-Marlboro : Grande-Bretagne 1973

Grands Prix disputés : 1

Footballer et rugbyman dans sa jeunesse, Graham McRae fut surtout célèbre pour ses performances en Formule 5000. Ce Néo-Zélandais s'exila en Europe en 1969 et roula simultanément en Formule 5000, en F2 et en Tasman Series. Il fut convié par Frank Williams à disputer le Grand Prix de Grande-Bretagne 1973, mais sa 28e place en qualifications et son abandon en course ne lui offrirent pas de seconde chance en Championnat du monde.

JOHN WATSON

Né le 4 mai 1946 à Belfast (Royaume-Uni)

Courses :
Grande-Bretagne 1973 – Europe 1985

Équipes :
- Brabham : Grande-Bretagne 1973 – États-Unis 1974
- Surtees : Argentine 1975 – Grande-Bretagne 1975
- Lotus : Allemagne 1975
- Surtees : Autriche 1975
- Penske : États-Unis 1975 – Japon 1976
- Brabham : Argentine 1977 – Canada 1978
- McLaren : Argentine 1979 – Europe 1985

Victoires : 5
Pole positions : 2
Podiums : 20
Meilleurs tours en course : 5
Grands Prix disputés : 152

John Marshal Watson connut un début de carrière classique en sport automobile et grimpa les échelons jusqu'à la F2, où il disputa plusieurs saisons. En 1973, ses résultats lui permirent de se lancer en F1 grâce à Brabham. Il se qualifia en fond de grille à deux reprises et ne vit pas l'arrivée à cause de problèmes techniques, mais l'équipe britannique lui offrit un programme complet pour 1974. Les résultats de Watson cette année-là marquèrent des progrès, et il rentra dans les points pour la première fois à Monaco, en remontant de la 23e à la 6e place. Aux Pays-Bas, il manqua de peu le top 6 et y revint en Autriche en terminant au pied du podium. En Italie, il signa sa meilleure qualification de la saison en deuxième ligne et boucla la saison par une 5e position. Recruté par le *team* Surtees en 1975, il y connut une saison catastrophique, en terminant 8e au mieux. Voyant un meilleur potentiel chez le Britannique, Roger Penske le recruta pour la dernière course de la saison, qu'il boucla en 9e position, et lui confia une monoplace pour la saison 1976. Le duo que formaient Watson et la PC3 impressionna rapidement, avec une 3e place sur la grille en Afrique du Sud et une 5e place à l'arrivée. Après une série de cinq courses difficiles, Watson monta sur son premier podium en France et fut de nouveau classé 3e lors de la course suivante, pour son Grand Prix à domicile. En Autriche, il s'élança pour la première fois de la première ligne et remporta sa première victoire sur le difficile Österreichring. La fin de saison fut plus compliquée, mais Watson rentra de nouveau dans les points à Watkins Glen et fut classé 7e au Championnat. Brabham le rappela en 1977, mais il ne rentra dans les points que trois fois et monta une seule fois sur le podium. Le seul motif de satisfaction de cette saison fut sa première pole en carrière, mais il resta dans l'équipe en 1978, et la BT46A fut bien plus satisfaisante que sa devancière. À son volant, Watson signa une deuxième pole position et monta trois fois sur le podium pour atteindre la 6e position au Championnat en fin d'année. Remplacé par Nelson Piquet, il trouva refuge chez McLaren, qui venait de vivre une année catastrophique. Le Britannique débuta 1979 par un podium en Argentine mais ce fut le seul, et malgré d'autres entrées dans les points, il ne fut que 9e au classement des pilotes. La saison 1980 fut pire pour Watson puisqu'il entra deux fois dans les points, à chaque fois au pied du podium. En 1981, McLaren commença à remonter la pente et Watson accompagna son équipe en solide leader, inscrivant 27 de ses 28 points. Malgré six courses sans aucun point pour entamer son année, il enchaîna trois podiums en Espagne, en France et en Grande-Bretagne, avec une victoire à domicile pour couronner sa saison. Le sommet de la carrière de Watson fut néanmoins la saison 1982, durant laquelle il signa cinq podiums dont deux victoires et atteignit le podium du Championnat pilotes. En 1983, il ajouta trois podiums à son palmarès, dont une victoire à Long Beach qui rentra dans les annales de la Formule 1, puisqu'il s'imposa après s'être élancé 22e. McLaren signa un doublé alors que Niki Lauda était 23e sur la grille, les deux pilotes ayant terminé les qualifications à quatre secondes de la pole position de Patrick Tambay. La performance de Watson reste à ce jour le record pour une remontée jusqu'à la victoire. Il fut tout de même remercié par McLaren pour laisser sa place à Alain Prost, et il ne fit qu'un retour timide en 1985 pour remplacer Lauda au Grand Prix d'Europe 1985, qu'il boucla en 7e place. Il eut par la suite l'honneur d'effectuer les premiers roulages de l'équipe Jordan et de sa 911, qui devint ensuite la 191.

ROGER WILLIAMSON

Né le 2 février 1948 à Ashby-de-la-Zouch (Royaume-Uni) et décédé le 29 juillet 1973

Courses :
Grande-Bretagne 1973 – Pays-Bas 1973

Équipes :
March : Grande-Bretagne 1973 – Pays-Bas 1973

Grands Prix disputés : 2

Grâce à un succès retentissant en karting, Roger Williamson put grimper les échelons du sport automobile et commencer la monoplace en 1970, avant d'accéder à la F3 en 1971, une catégorie dans laquelle il remporta deux titres à l'échelle nationale. Williamson se destinait à débuter avec March en 1974 mais son soutien, Tom Wheatcroft, parvint à lui trouver une place au Grand Prix de Grande-Bretagne, au volant d'une 731 engagée à titre officielle par l'équipe britannique. Il fut pris dans le carambolage du départ causé par Jody Scheckter, et revint deux semaines plus tard pour le Grand Prix des Pays-Bas. Il se qualifia 18e et fit un bon début de course en remontant jusqu'à la 13e place, avant de subir un très grave accident consécutif à une crevaison. La March du Britannique se retourna et s'arrêta contre le rail avant de s'embraser, tandis que son pilote était coincé dedans. David Purley stoppa immédiatement sa monoplace pour porter secours à son compatriote, mais il dut composer avec des commissaires peu efficaces, auxquels il arracha un extincteur pour tenter d'éteindre lui-même l'incendie. Les autres pilotes ne s'arrêtèrent pas pour l'aider malgré ses demandes d'aide depuis le bord de piste, pensant qu'il s'agissait de sa monoplace en train de brûler. Le temps d'éteindre le brasier, duquel Purley fut écarté par la police après avoir tenté une nouvelle fois de retourner la monoplace, Williamson fut asphyxié et les secours ne purent rien faire pour le malheureux pilote lorsque sa voiture fut remise sur ses roues. La course ne fut même pas interrompue pendant les opérations de sauvetage puis d'évacuation de Williamson, et cet accident eut un retentissement particulier, puisque la F1 était diffusée en direct à la télévision depuis le début de la saison 1973. Aucune mesure ne fut adoptée immédiatement, mais la prise de conscience sur le danger de la F1 continua à s'installer dans les esprits, et notamment au sujet de Zandvoort, où Piers Courage s'était tué trois ans plus tôt.

1974

GUY EDWARDS

Né le 30 décembre 1942 à Macclesfield (Royaume-Uni)

Courses :
Argentine 1974 – Canada 1976

Équipes :

- Lola : Argentine 1974 – France 1974
- Hesketh : France 1976 – Canada 1976

Grands Prix disputés : 11

Fils de militaire, Guy Edwards fit des études en science avant de se lancer dans le pilotage et la compétition automobile. Après une première plongée dans le monde de la monoplace, il retourna en voitures de sport avant de revenir en monoplace via la Formule 5000. En 1974, il parvint à réunir le budget pour sécuriser un volant chez Embassy Racing with Graham Hill, mais ne marqua aucun point, avec une 7e place comme meilleur résultat. En 1976, il prit le volant d'une Hesketh, avec une 15e place comme meilleur résultat. Mais cette année-là, il fut surtout célèbre pour avoir été un des trois pilotes ayant sauvé la vie de Niki Lauda, lors du terrible accident de l'Autrichien sur la Nordschleife. Une dernière pige en 1977 avec BRM se solda par un échec lors des préqualifications.

RICHARD ROBARTS

Né le 22 septembre 1944 à Bicknacre (Royaume-Uni)

Courses :
Argentine 1974 – Afrique du Sud 1974

Équipes :

- Brabham : : Argentine 1974 – Afrique du Sud 1974

Grands Prix disputés : 3

Richard Robarts roula en Formule Ford jusqu'en 1972 avant de passer en F3 en 1973, suivant alors un parcours classique. En 1974, Brabham lui proposa un volant, mais ses résultats lors des premières courses furent insuffisants. Il fut remercié au soir de sa 17e place au Grand Prix d'Afrique du Sud, remporté par son équipier Carlos Reutemann. Williams l'appela pour le Grand Prix de Suède mais offrit au dernier moment le baquet à Tom Belsø.

HANS-JOACHIM STUCK

Né le 1er janvier 1951 à Grainau (Allemagne)

Courses :
Argentine 1974 – États-Unis Est 1979

Équipes :

- March : Argentine 1974 – Afrique du Sud 1977

- Brabham : États-Unis Ouest 1977 – Japon 1977
- Shadow 1978 – Canada 1978
- ATS : Brésil 1979 – États-Unis Est 1979

Podiums : 2

Grands Prix disputés : 74

Fils du pilote de F1 Hans Stuck, Hans-Joachim Stuck débuta en courses de côte et en endurance, s'imposant notamment aux 24 Heures du Nürburgring et aux 24 Heures de Spa-Francorchamps entre 1969 et 1972. Champion en F2 en 1973, il accéda logiquement au Championnat du monde de F1 en 1974 avec March. Au fil des trois saisons qu'il passa dans l'équipe, laissant majoritairement sa place à Lella Lombardi en 1975, Stuck enregistra quelques bons résultats, terminant au pied du podium à trois reprises. Mais en 1977, il eut sa meilleure chance en Formule 1 quand Brabham l'appela au pied levé pour remplacer José Carlos Pace, décédé après la première course de la saison dans un accident d'avion. Malgré des problèmes de fiabilité, il entra cinq fois dans les points et monta sur le podium en Allemagne et en Autriche. Loin d'être ridicule face à Alan Jones, il fut toutefois remercié en fin de saison et trouva refuge chez Shadow, où il connut une saison catastrophique, sauvée par une 5e place à Brands Hatch. En 1979, il tenta de rebondir chez ATS mais après un nouvel exercice décevant, il quitta la Formule 1 pour se consacrer à l'endurance. Un choix payant qui le vit remporter deux fois les 24 Heures du Mans avec Porsche.

TOM BELSØ

Né le 27 août 1942 à Copenhague (Danemark) et décédé le 11 janvier 2020

Courses :
Afrique du Sud 1974 – Suède 1974

Équipes :
- Iso-Marlboro : Afrique du Sud 1974 – Suède 1974

Grands Prix disputés : 2

Tom Belsø fut le premier Danois à accéder à la F1, après avoir couru en voitures de tourisme, puis en monoplace. Convaincant en F2 en 1972, il participa à la Formule 5000 en 1973 et tenta de se qualifier pour des courses de F1 avec l'équipe de Frank Williams, sans succès. Il tenta de réunir un budget pour revenir en 1974 mais ne prit que deux départs, et il ne vit l'arrivée qu'en Suède, à la 8e place.

VITTORIO BRAMBILLA

Né le 11 novembre 1937 à Monza (Italie) et décédé le 26 mai 2001

Courses :
Afrique du Sud 1974 – Italie 1980

Équipes :
- March : Afrique du Sud 1974 – Japon 1976
- Surtees : Argentine 1977 – Italie 1978
- Alfa Romeo : Italie 1979 – Italie 1980

Victoires : 1

Pole positions : 1

Podiums : 1

Meilleurs tours en course : 1
Grands Prix disputés : 74

Pilote moto à la fin des années 50, Vittorio Brambilla passa sur quatre roues dans la décennie suivante et débuta en monoplace à la fin de celle-ci. Passé par la F3 puis la F2, l'Italien connut des succès au sein de l'équipe Beta Racing, et son sponsor décida de l'accompagner chez March pour la saison 1974 de Formule 1. Malgré quatre accidents, celui qui s'amÉtats-Unisit d'être surnommé « Le Gorille de Monza » pour son physique imposant et sa démarche particulière parvint à entrer dans les points en Autriche. L'année suivante, Beta devint le sponsor titre de March et Brambilla continua de piloter au sein de l'équipe. Cinquième en Espagne, il signa la pole position en Suède et rentra dans les points en Grande-Bretagne. Au moment d'arriver en Autriche, le bilan de sa saison était peu enviable, avec huit abandons en 11 courses. Qualifié 8e, il s'illustra dans des conditions dantesques et remonta à la 3e place dans le sixième tour. Après avoir rattrapé Niki Lauda et James Hunt, il profita du dépassement du Britannique sur l'Autrichien pour s'immiscer en 2e position, puis dépassa Hunt après quatre tours dans les échappements de la Hesketh. Brambilla s'échappa ensuite à raison de deux secondes au tour avant qu'un véritable déluge ne frappe l'Österreichring. La direction de course décida d'interrompre l'épreuve au 29e des 54 tours, le consacrant comme vainqueur de Grand Prix. Euphorique, l'Italien lâcha le volant en franchissant la ligne et, victime d'aquaplanage, perdit le contrôle de sa March, qui s'écrasa contre les glissières de la ligne droite des stands. Il ramena sa monoplace blessée jusqu'au stand et célébra son succès, terni deux jours plus tard par le décès de Mark Donohue, accidenté au *warm-up* le dimanche matin. En 1976, la 761 n'apporta pas satisfaction et Brambilla ne parvint à atteindre les points qu'une fois, aux Pays-Bas. En 1977, Brambilla et Beta s'exilèrent chez Surtees, et l'Italien fit un peu mieux que la saison précédente en entrant trois fois dans les points. En 1978, la TS20 ne lui permit pas de briller, et il ne marqua qu'un point en Autriche. En Italie, il fut pris dans l'accident qui coûta la vie à Ronnie Peterson et qui l'éloigna des circuits pendant un an. Son retour chez Alfa Romeo en 1979 et 1980 ne fut pas convaincant, et il mit un terme à sa carrière.

PADDY DRIVER

Né le 13 mai 1934 à Johannesbourg (Afrique du Sud)

Courses :
Afrique du Sud 1974

Équipes :
Lotus : Afrique du Sud 1974

Grands Prix disputés : 1

Pilote moto exilé en Europe, Paddy Driver fut surtout connu pour ses neuf podiums et sa 3e place en Championnat du monde 500 cm³, l'année du dernier titre de Mike Hailwood. Par la suite le Sud-Africain décida de faire carrière sur quatre roues. Fort d'une certaine expérience après plusieurs courses disputées en parallèle de sa carrière en moto, Driver roula ensuite en Championnat sud-africain de F1 et en Formule 5000. Sa seule expérience en Championnat du monde de F1 se déroula lors du Grand Prix d'Afrique du Sud 1974, duquel il se qualifia 26e et ne vit pas l'arrivée.

IAN SCHECKTER

Né le 22 août 1947 à East London (Afrique du Sud)

Courses :
Afrique du Sud 1974 – Canada 1977

Équipes :
- Lotus : Afrique du Sud 1974
- Tyrrell : Afrique du Sud 1975
- Williams : Suède 1975 – Pays-Bas 1975
- Tyrrell : Afrique du Sud 1976
- March : Argentine 1977 – Canada 1977

Grands Prix disputés : 18

Frère aîné de Jody Scheckter, Ian arriva en Europe en même temps que son cadet, mais il retourna rapidement dans son pays et fit ses débuts en Championnat du monde de F1 en 1974, avec une 13e place sur une Lotus du Team Gunston. Il manqua de se qualifier en Autriche avec Hesketh et revint en 1975 pour trois courses. Tyrrell l'engagea pour son Grand Prix à domicile mais il ne vit pas l'arrivée à cause d'un accident. De nouveau accidenté en Suède au volant d'une Williams, il termina 12e aux Pays-Bas. Scheckter parvint à décrocher un volant pour une saison complète avec le *team* Rothmans International en 1977, mais il connut dix abandons et une non-qualification en 14 courses. Dans l'ombre de son frère, il quitta la F1.

GÉRARD LARROUSSE

Né le 23 mai 1940 à Lyon (France)

Courses :
Belgique 1974

Équipes :
Brabham : Belgique 1974

Grands Prix disputés : 1

Gérard Larrousse fut surtout connu pour sa carrière en endurance et pour l'équipe qu'il créa. Derrière le volant d'une Formule 1, il ne disputa qu'une course, le Grand Prix de Belgique 1974, dont il ne vit pas l'arrivée après avoir qualifié sa Brabham de la Scuderia Finotto en 28e place. C'est surtout au volant d'une Matra Simca qu'il connut ses plus grands succès, les deux victoires aux 24 Heures du Mans qu'il partagea avec Henri Pescarolo. Après cela, Larrousse devint directeur d'équipe, pour Renault Sport d'abord, puis en F1 chez Ligier en 1985 et 1986. Il créa par la suite l'équipe Larrousse, qui prit 125 départs entre 1987 et 1994, avec un podium à la clé.

TEDDY PILETTE

Né le 26 juillet 1942 à Bruxelles (Belgique)

Courses :
Belgique 1974

Équipes :
Brabham : Belgique 1974

Grands Prix disputés : 1

Fils de l'ancien pilote de F1 André Pilette, Teddy Pilette débuta en Formule Junior puis évolua vers la Formule 5000 et des courses de F1 hors Championnat. Il fut engagé par Brabham pour le Grand Prix de Belgique 1974, se qualifia 27e et franchit la ligne d'arrivée en 17e position. En 1977, il fut recruté par Stanley BRM mais ne prit aucun départ.

TOM PRYCE

Né le 11 juin 1949 à Ruthin (Royaume-Uni) et décédé le 5 mars 1977

Courses :
Belgique 1974 – Afrique du Sud 1977

Équipes :
- Token : Belgique 1974
- Shadow : Pays-Bas 1974 – Afrique du Sud 1977

Pole positions : 1

Podiums : 2

Grands Prix disputés : 42

Thomas Maldwyn Pryce débuta sa carrière en 1970 et grimpa les échelons de manière classique jusqu'à atteindre la F1 en 1974. Le Britannique fit ses débuts en Championnat du monde avec Token Racing au Grand Prix de Belgique 1974, une course qui se solda par un abandon. Shadow le recruta dès le Grand Prix des Pays-Bas et il se qualifia 3e pour son troisième Grand Prix de F1 mais ne vit pas l'arrivée. Il marqua un point en Allemagne, et Shadow le conserva en 1975. Victime de nombreux abandons, il entra toutefois dans les points à cinq reprises, signa la pole position à domicile et monta sur le podium en Autriche. Dixième du classement pilotes, il continua dans la même équipe et débuta la saison 1976 par un podium au Brésil. Le reste de sa saison fut moins réussi, puisqu'il ne retrouva les points qu'en Grande-Bretagne et aux Pays-Bas. Toujours chez Shadow pour la saison 1977, il débuta la saison par deux problèmes mécaniques. Le Grand Prix d'Afrique du Sud, troisième manche de la saison fut malheureusement le théâtre d'un terrible accident. Après l'abandon de son équipier Renzo Zorzi, les commissaires de piste se précipitèrent et traversèrent le circuit pour aller éteindre l'incendie sur la monoplace arrêtée du côté gauche de la piste. Un groupe de quatre pilotes arriva dans le même temps, et Hans-Joachim Stuck évita de peu le premier commissaire. Pryce percuta malheureusement le deuxième, Frederik Jansen van Vuuren, et reçut l'extincteur sur le casque. Dans ce qui reste aujourd'hui l'un des pires accidents de l'histoire de la F1, les deux hommes furent tués sur le coup, et la Shadow de Pryce termina sa course dans la Ligier de Jacques Laffite, puis dans le bac à gravier du premier virage.

VERN SCHUPPAN

Né le 19 mars 1943 à Booleroo (Australie)

Courses :
Belgique 1974 – Autriche 1977

Équipes :
- Ensign : Belgique 1974 – Allemagne 1974
- Hill : Suède 1975
- Surtees : Grande-Bretagne 1977 – Autriche 1977

Grands Prix disputés : 9

Vernon Schuppan débuta la monoplace à la fin des années 60 en Australie, avant de rejoindre la Grande-Bretagne. Impressionnant lors de courses hors Championnat, il fut appelé par BRM pour remplacer Reine Wisell, mais ayant laissé sa voiture à son équipier Helmut Marko, il ne put disputer la course.

En 1974, il fut recruté par Ensign pour sept courses mais manqua de se qualifier à deux reprises et fut disqualifié deux fois. Une 15e place fut son seul résultat cette saison-là. En 1977, il prit part à trois courses avec le Team Surtees et termina à la porte des points en Allemagne. Une non-qualification aux Pays-Bas marqua la fin de sa carrière en F1. Il s'illustra plusieurs années plus tard en remportant les 24 Heures du Mans 1983.

LEO KINNUNEN

Né le 5 août 1943 à Tampere (Finlande) et décédé le 26 juillet 2017

Courses :
Suède 1974

Équipes :
Surtees : Suède 1974

Grands Prix disputés : 1

Leo Juhani Kinnunen fut le premier Finlandais à courir en Formule 1, bien qu'il se fît surtout remarquer en endurance. Vainqueur des 24 Heures de Daytona en 1970, il accéda à la F1 en 1974 avec l'écurie AAW Racing Team. Sur ses six engagements, il ne se qualifia qu'une fois, en 25e place, et ne vit pas l'arrivée.

BERTIL ROOS

Né le 12 octobre 1943 à Göteborg (Suède) et décédé le 31 mars 2016

Courses :
Suède 1974

Équipes :
Shadow : Suède 1974

Grands Prix disputés : 1

Pilote en Formule Vee entre la fin des années 60 et 1973, Bertil Roos fit ses classes aux États-Unis avant de revenir en Europe pour rouler en F2. En 1974, Shadow l'engagea pour le Grand Prix de Suède mais il ne brilla pas devant son public, avec une 23e place au départ et un abandon en début de course.

IAN ASHLEY

Né le 26 octobre 1947 à Wuppertal (Allemagne)

Courses :
Allemagne 1974 – États-Unis Est 1977

Équipes :
- Token : Allemagne 1974 – Autriche 1974
- BRM : Brésil 1976
- Hesketh : États-Unis Est 1977

Grands Prix disputés : 4

Ian Ashley fut pendant de nombreuses années pilote de Formule Ford, avant de progresser en Formule 5000. En 1974, Token Racing l'engagea en Allemagne et en Autriche, il se qualifia en fond de grille et termina 14e sur le Nürburgring. En 1975, il roula en Allemagne pour Williams mais il se brisa les jambes sur la Nordschleife. Il revint en 1976 avec BRM, avant que l'équipe n'annule sa saison après une course décevante afin de préparer sa saison 1977. De son côté, Ashley parvint à rebondir chez Hesketh, mais il échoua trois fois à se qualifier, puis termina 17e à Watkins Glen. Au Grand Prix du Canada, il se blessa de nouveau aux jambes lors des qualifications, et cela mit un terme à sa carrière.

JACQUES LAFFITE

Né le 21 novembre 1943 à Paris (France)

Courses :
Allemagne 1974 – Grande-Bretagne 1986

Équipes :
- Iso-Marlboro : Allemagne 1974 – États-Unis 1974
- Williams : Argentine 1975 – Italie 1975
- Ligier : Brésil 1976 – Las Vegas 1982
- Williams : Brésil 1983 – Portugal 1984
- Ligier : Brésil 1985 – Grande-Bretagne 1986

Victoires : 6

Pole positions : 7

Podiums : 32

Meilleurs tours en course : 7

Grands Prix disputés : 176

Jacques Laffite dans la carrosserie d'une Ferrari au GP de Belgique 1979.

Féru de sport dès son plus jeune âge, Jacques Laffite développa un intérêt pour le tennis, le ski et le patinage, activité dans laquelle il fit la rencontre de Jean-Pierre Jabouille. Tous deux passionnés de mécanique, les deux hommes se lancèrent en Coupe Gordini, Laffite étant le mécanicien de Jabouille. Grâce au soutien de ce dernier, Hubert Giraud, Laffite put débuter en Formule France puis s'inscrire à l'École Winflield. Arrivé tardivement en Formule Renault puis en F3, Laffite continua à gravir les échelons de la monoplace en atteignant la F2, en parallèle de ses premières participations aux 24 Heures du Mans. Âgé de 30 ans, il obtint en 1974 son ticket vers le Championnat du monde de Formule 1 grâce à Frank Williams. Ses débuts furent difficiles au volant de la rétive Iso-Marlboro FW, et il ne vit qu'une fois l'arrivée en cinq participations, sans être classé. Toujours avec Williams, il connut une saison 1975 à peine meilleure jusqu'au Grand Prix d'Allemagne, qu'il termina en 2e position sur la redoutable Nordschleife. Ce seul très bon résultat de la saison, durant laquelle il fut notamment pris dans l'accident de Tom Pryce. Ses relations avec Williams se dégradèrent après son retrait volontaire en Autriche sous une pluie diluvienne et alors qu'il roulait en fond de peloton. L'agacement de Williams lui coûta la place qui lui était promise chez Tyrrell en 1976 après que Frank eut déconseillé à Ken de l'engager, mais ses progrès lui permirent de se faire recruter par Guy Ligier, avec qui il avait disputé les 24 Heures du Mans trois ans plus tôt. Laffite signa une 4e place dès le troisième Grand Prix de la saison, à Long Beach, puis monta sur le podium en Belgique. De nouveau 4e en Suède, il connut ensuite quelques courses difficiles mais parvint à terminer 2e en Autriche et 3e en Italie, au lendemain de sa première pole position en carrière. Huitième du Championnat pilotes, il continua au sein de Ligier en 1977. La JS7 ne le mena au podium que deux fois, dont une sur la plus haute marche en Suède, pour sa première victoire en carrière. Onzième au classement, il prit part à la saison 1978 sous les couleurs de Gitanes, le sponsor de Ligier, et entra six fois dans les points, dont deux fois sur le podium. Au terme de l'année, Ligier abandonna le V12 Matra pour le V8 Ford Cosworth, qui s'intégra dans la toute nouvelle Ligier JS11 à effet de sol. La magie de son concepteur Gérard Ducarouge opéra, et Laffite débuta la saison par deux pole positions et deux victoires, avec le doublé en point d'orgue au Brésil grâce à Patrick Depailler. La suite de la saison fut plus difficile, notamment à cause de l'intense bataille entre les pilotes, mais aussi des tensions entre Ligier et Ducarouge, qui menèrent au renvoi de ce dernier en cours de saison. Laffite enchaîna trois abandons avant de remonter sur le podium en Belgique après deux nouvelles pole positions. Malgré une série de trois 3es places décrochées plus tard dans la saison, ses espoirs de titre mondial se transformèrent en 4e position au classement pilotes. En 1980, il profita de l'évolution de la JS11 pour signer une pole position et cinq podiums dont une victoire, remportée quelques jours après le décès de son ami et ancien équipier Patrick Depailler, et fut de nouveau 4e au Championnat pilotes. En 1981, Ligier fit machine arrière et revint au V12 atmosphérique Matra, et la JS17 lui permit de monter sept fois sur le podium. Il remporta deux succès, dont une victoire sous une pluie torrentielle au Canada, notamment grâce à la souplesse du moteur, aux pneus Michelin très efficaces et à une aisance impressionnante dans ces conditions. L'année suivante, l'instabilité de la JS17B à effet de sol fut la cause de six abandons en huit courses. Victime du phénomène de marsouinage que l'on a retrouvé en 2022 sur la nouvelle génération de monoplaces, il fut obligé de renoncer à plusieurs reprises, et ne connut pas une fin de saison plus facile lorsque la JS19 fit son entrée en scène. Un podium en Autriche sauva une saison bien terne et en 1983, Laffite revint chez Williams, non sans avoir modifié le contrat que lui proposait Frank pour pouvoir garder la liberté de faire du ski et de la moto. Le Britannique accepta et Laffite entra six fois dans les points tout en travaillant au développement du V6 turbo de Honda, avec qui Williams possédait un contrat pour 1984. Le Français resta dans l'équipe anglaise pour ses débuts avec le moteur Honda, mais il n'entra que deux fois dans les points et abandonna neuf fois à cause de la mécanique. De retour chez Ligier pour la saison 1985, Laffite se mit en avant grâce à deux podiums consécutifs en milieu de saison, et par une 2e place en Australie pour terminer la saison, en étant parti depuis la 20e position de grille. Sa saison 1986 débuta de manière très solide avec un podium au Brésil, et l'on revit le Français dans les trois premiers à Détroit. Sixième en France, il fut malheureusement impliqué dans le carambolage du départ à Brands Hatch, percuta la glissière à pleine vitesse et se brisa les jambes ainsi que le bassin. Il put retrouver une grande partie de sa mobilité, mais sa carrière au sommet du sport automobile prit fin.

DIETER QUESTER

Né le 30 mai 1939 à Vienne (Autriche)

Courses :
Autriche 1974

Équipes :
Surtees : Autriche 1974

Grands Prix disputés : 1

Pilote autrichien de moto, sur l'eau et sur quatre roues, Dieter Quester roula surtout en courses de côte et en tourisme. Il parvint à rouler avec l'équipe Surtees lors de sa course à domicile en 1974, et il termina 9e mais ne revint jamais en F1.

HELMUTH KOINIGG

Né le 3 novembre 1948 à Vienne (Autriche) et décédé le 6 octobre 1974

Courses :
Canada 1974 – États-Unis 1974

Équipes :
Surtees : Canada 1974 – États-Unis 1974

Grands Prix disputés : 2

Compatriote de Dieter Quester, Helmuth Koinigg fit ses classes en catégories junior, jusqu'à disputer les 24 Heures du Mans en 1974. La même année, il tenta de se qualifier sans succès à domicile avec la Scuderia Finotto mais y parvint au Canada avec Surtees. Il remonta de la 22e à la 10e position, et fut prolongé pour le Grand Prix des États-Unis. Malheureusement, il se tua à Watkins Glen un an après François Cevert, dans un accident tout aussi horrible.

JOSÉ DOLHEM

Né le 26 avril 1944 à Paris (France) et décédé le 16 avril 1988

Courses :
États-Unis 1974

Équipes :
Surtees : États-Unis 1974

Grands Prix disputés : 1

Demi-frère de Didier Pironi, José Dolhem débuta en Formule Ford, puis remporta le Volant Shell, ce qui lui ouvrit les portes de la F3 puis de la F2. Dans cette catégorie, il fit la connaissance de John Surtees, qui l'engagea dans l'antichambre de la F1, avant de lui offrir un volant en Championnat du monde. Non qualifié en France et en Italie, il parvint à prendre le départ avant-dernier, mais abandonna volontairement après l'accident de son équipier Helmut Koinigg et ne revint jamais en F1.

MIKE WILDS

Né le 7 janvier 1946 à Londres (Royaume-Uni)

Courses :
États-Unis 1974 – Brésil 1975

Équipes :
- Ensign : États-Unis 1974
- BRM : Argentine 1975 – Brésil 1975

Grands Prix disputés : 3

William Michael Wilds roula en F2 en 1972, puis en Formule 5000. Ce Britannique lança sa propre équipe pour rallier la F1, mais il ne parvint pas à se qualifier à domicile en 1974. Jusqu'à la fin de la saison, il tenta de se qualifier avec Ensign et prit son premier départ à Watkins Glen en 22e position, mais il ne fut pas classé. En 1975, Stanley BRM l'engagea pour les Grands Prix d'Argentine et du Brésil et se qualifia deux fois 22e, abandonnant à chaque fois.

Jacques Laffite et John Watson.

GOODYEAR
PENSKE
RACING

BOB EVANS

Né le 11 juin 1947 à Waddington (Royaume-Uni)

Courses :
Afrique du Sud 1975 – Grande-Bretagne 1976

Équipes :
- BRM : Afrique du Sud 1975 – Italie 1975
- Lotus : Afrique du Sud 1976
- Brabham : Grande-Bretagne 1976

Grands Prix disputés : 10

Robert Neville Anthony Evans connut une ascension classique dans un parcours de monoplace, avec de la Formule Ford et de la F3. Mais il passa ensuite à la Formule 5000 et ses performances lui ouvrirent les portes de la F1. BRM le recruta pour la saison 1975 mais dans cette équipe sur le déclin, il ne parvint pas à marquer de points avec une 9e place comme meilleur résultat. En 1976, Lotus le fit courir à deux reprises, avec une 10e place et une non-qualification à la clé. Il mit un terme à sa carrière en F1 après une dernière course pour l'équipe RAM Racing.

LELLA LOMBARDI

Née le 26 mars 1941 à Frugarolo (Italie) et décédée le 3 mars 1992

Courses :
Afrique du Sud 1975 – Autriche 1976

Équipes :
- March : Afrique du Sud 1975 – Brésil 1976
- Brabham : Autriche 1976

Grands Prix disputés : 12

Lella Lombardi en 1974.

Maria Grazia Lombardi gravit rapidement les échelons et débuta en F1 lors de la Race of Champions, une course hors Championnat. Après une première tentative sur une Brabham en 1974 en Grande-Bretagne, qui se solda par une non-qualification, Lombardi fut recrutée par March en 1975, notamment grâce au soutien de Lavazza. Elle entra dans les points au Grand Prix d'Espagne cette année-là, mais ne marqua qu'un demi-point après l'interruption prématurée de la course. Néanmoins, elle devint ce jour la première femme à terminer dans le top 6. Elle manqua de peu d'y rentrer de nouveau sur le Nürburgring, avec une 7e position, et elle quitta March en 1976, pour quelques courses sur la Brabham BT44B de RAM Racing. Mais son palmarès resta bloqué à un demi-point, le plus petit total jamais marqué en F1 sur une carrière entière. Elle reste à ce jour la seule femme à avoir marqué des points en F1, mais aussi la dernière à s'être qualifiée pour un départ.

GUY TUNMER

Né le 1er décembre 1948 à Fisckburg (Afrique du Sud) et décédé le 22 juin 1999

Courses :
Afrique du Sud 1975

Équipes :
Lotus : Afrique du Sud 1975

Grands Prix disputés : 1

Sud-Africain passé par des courses nationales au volant de Mini et de Formule V, Percival Guy Tunmer roula ensuite en Formule 5000. Grâce à une 3e place en 1974 dans le Championnat national de Formule 5000, il fut appelé par le *team* Gunston pour disputer le Grand Prix d'Afrique du Sud 1975. Il le termina 11e après s'être qualifié 25e mais ne revint jamais en Championnat du monde.

TONY BRISE

Né le 28 mars 1952 à Londres (Royaume-Uni) et décédé le 29 novembre 1975

Courses :
Espagne 1975 – États-Unis 1975

Équipes :
- Williams : Espagne 1975
- Hill : Belgique 1975 – États-Unis 1975

Grands Prix disputés : 10

Après avoir connu le succès en F3, Anthony William Brise fut appelé par Frank Williams pour le Grand Prix d'Espagne 1975. Sa 7e place à l'arrivée lui permit de se faire remarquer par Graham Hill, qui lui confia le volant d'une GH1 de l'équipe Embassy pour le reste de la saison. Malgré quatre accidents, il parvint à rentrer dans les points en Suède avec une 6e place. Malheureusement, il fut tué dans l'accident d'avion qui coûta aussi la vie à Hill.

ALAN JONES

Né le 2 novembre 1946 à Melbourne (Australie)

Courses :
Espagne 1975 – Australie 1986

Équipes :
- Hesketh : Espagne 1975 – Suède 1975
- Hill : Pays-Bas 1975 – Allemagne 1975
- Surtees : États-Unis Ouest 1976 – Japon 1976
- Shadow : États-Unis Ouest 1977 – Japon 1977
- Williams : Argentine 1978 – Las Vegas 1981
- Arrows : États-Unis Ouest 1983
- Lola : Italie 1985 – Australie 1986

Champion du monde : 1980

Victoires : 12

Pole positions : 6

Podiums : 24

Meilleurs tours en course : 13

Grands Prix disputés : 116

Alan Jones lors du Grand Prix de Monaco 1981.

Fils d'un pilote australien ayant refusé de s'engager en Europe, Alan Jones prit la décision inverse à la fin des années 60 et s'exila en Grande-Bretagne. En F3 dès 1969, il progressa lentement dans les formules de promotion pour finalement atteindre la Formule 1 en 1975. C'est dans un rôle de pigiste avec Hesketh que Jones débuta, mais lors de ses quatre courses pour l'équipe britannique, il connut trois abandons et une 11e place. Graham Hill l'engagea pour piloter une de ses monoplaces et il progressa au fil de ses quatre Grands Prix dans l'équipe pour signer une 5e place en Allemagne, sur le Nürburgring. Le Team Surtees le recruta en 1976 et malgré des qualifications peu probantes, il entra à trois reprises dans les points. Cinquième en Belgique et en Grande-Bretagne, il boucla la saison par une 4e place sous le déluge de Fuji, perdant le podium dans l'avant-dernier tour au profit de James Hunt. Sans volant début 1977, il fut recruté par Shadow pour remplacer Tom Pryce, décédé en Afrique du Sud. À partir de Monaco, le débutant Riccardo Patrese devint son équipier et les résultats progressèrent. Jones rentra dans les points en Principauté puis en Belgique, avant une série de quatre courses plus compliquées. En Autriche, sur une piste séchante, il profita d'une Shadow très à l'aise et de la malchance de Mario Andretti et James Hunt pour aller chercher un succès inattendu, le premier pour lui et pour son équipe. La suite de la saison fut solide, avec un podium en Italie et deux arrivées dans les points au Canada et au Japon. En 1978, Williams le recruta mais l'équipe n'était pas encore à son plein potentiel et il ne termina que trois fois dans les points. Sa 2e place à Watkins Glen fut le point d'orgue de sa saison, mais elle annonça une année 1979 bien meilleure. Il monta sur le podium au Grand Prix des États-Unis Ouest pour la dernière course de la FW06. Sa suite arriva en Espagne avec une fiabilité encore perfectible, mais Jones signa sa première pole en Grande-Bretagne. En Allemagne, en Autriche et aux Pays-Bas, il se qualifia 2e et remporta une série de trois succès. Il s'imposa de nouveau au Canada, où il signa la pole position, et au Grand Prix des États-Unis Est, il s'élança de nouveau premier avant d'abandonner. Troisième au classement pilotes à cause de son début de saison derrière les pilotes Ferrari, Jones prit sa revanche lors de la saison 1980. Avec la FW07 et sa version B, il signa trois pole positions neuf podiums, dont quatre victoires, et fut titré champion du monde devant Nelson Piquet. La saison 1981 le vit remporter deux courses, la première et la dernière, et monter cinq fois de plus sur le podium. Mais l'ambiance délétère chez Williams avec Carlos Reutemann, qu'il refusa d'aider à être champion du monde après que ce dernier avait refusé de le laisser passer au Brésil, poussa Jones à quitter la F1 et retourner en Australie. Il revint pour une course avec Arrows en 1983 mais ne vit pas l'arrivée. Il tenta un retour avec le *team* Haas – dirigé par Carl Haas, n'ayant aucun lien avec Gene Haas et l'équipe Haas F1 des années 2010 – mais celui-ci se solda par 16 abandons en 20 courses, et l'Australien prit sa retraite définitive.

ROELOF WUNDERINK

Né le 12 décembre 1948 à Eindhoven (Pays-Bas)

Courses :
Espagne 1975 – États-Unis 1975

Équipes :
Ensign : Espagne 1975 – États-Unis 1975

Grands Prix disputés : 3

Roelof Wunderink débuta sa carrière en rallye avant de s'engager en Formule Ford aux Pays-Bas. Passé par la F3 et la Formule 5000, il fut recruté par Ensign à partir du Grand Prix d'Espagne 1975. Il abandonna sa première course et ne parvint à se qualifier que deux autres fois, en Autriche et aux États-Unis. Non-classé sur l'Österreichring, il abandonna de nouveau à Watkins Glen et quitta la compétition.

DAMIEN MAGEE

Né le 17 novembre 1945 à Belfast (Royaume-Uni)

Courses :
Suède 1975

Équipes :
Williams : Suède 1975

Grands Prix disputés : 1

Damien Magee connut un parcours plutôt classique en Grande-Bretagne. Cet Irlandais enchaîna Formule Libre, Formule Ford, Formule 3 et Formule 5000 avant d'être appelé par Frank Williams pour disputer le Grand Prix de Suède 1975. Vingt-deuxième au départ, il franchit la ligne d'arrivée en 14e position. Il revint l'année suivante pour le Grand Prix de France mais ne parvint pas à qualifier sa Brabham du RAM Racing.

TORSTEN PALM

Né le 23 juillet 1947 à Kristinehamn (Suède)

Courses :
Suède 1975

Équipes :
Hesketh : Suède 1975

Grands Prix disputés : 1

Copilote de rallye en début de carrière, Torsten Palm courut en Formule 3 en 1969 avant de rejoindre la Formule 2 en 1973. Hesketh l'engagea au Grand Prix de Monaco 1975 grâce à son sponsor Polar Caravans mais il ne parvint pas à se qualifier. En Suède, dans la même monoplace, il s'élança 21e et termina dixième malgré une panne d'essence, mais on ne le revit pas en F1.

JEAN-PIERRE JABOUILLE

Né le 1er octobre 1942 à Paris (France)

Courses :
France 1975 – Espagne 1981

Équipes :
- Tyrrell : France 1975
- Renault : Grande-Bretagne 1977 – Canada 1980
- Ligier : Saint-Marin 1981 – Espagne 1981

Victoires : 2

Pole positions : 6

Podiums : 2

Grands Prix disputés : 49

Jean-Pierre Jabouille sur Renault au Grand Prix de France 1979.

Fraîchement diplômé en ingénierie, Jean-Pierre Jabouille débuta le sport automobile en 1966 en Coupe Gordini. Après la F3, il entama un double programme en endurance et en Formule 2. Dès 1968, il participa aux 24 Heures du Mans, mais dut attendre 1973 et 1974 pour en atteindre le podium, une performance qu'il réitéra en 1992 et 1993 avec Peugeot. En 1974, il tenta de se qualifier deux fois en Formule 1, sans succès. En 1975, Tyrrell lui confia une troisième monoplace lors du Grand Prix de France, et il franchit la ligne d'arrivée en 12e place. En 1977, Renault le recruta à partir de Monaco après son titre de champion d'Europe de F2, et il fit ses débuts en Championnat du monde de F1 au volant de la RS01, surnommée la Théière Jaune à cause de la fumée blanche qui en sortait lorsque son moteur cassait. De fait, le Français ne vit pas la ligne d'arrivée en 1977, mais il continua avec le constructeur français en 1978. Qualifié 6e en Afrique du Sud, il abandonna, avant de terminer dixième à Monaco et 13e en Espagne. Après une série de sept abandons sur casse mécanique, il boucla le Grand Prix des États-Unis Est à la

4e place. Toujours avec Renault, il signa la pole position au Grand Prix d'Afrique du Sud 1979, avant de réitérer cette performance au Grand Prix de France. Le lendemain, il remporta sa première victoire en catégorie reine, occultée par le duel devenu mythique que se livrèrent Gilles Villeneuve et René Arnoux pour la 2e place. Jabouille fut touché par le manque d'attention envers lui après sa victoire, mais parvint à s'élancer deux autres fois de la pole position lors de la fin de saison. Malheureusement, il conclut la saison par sept abandons consécutifs après son succès à Dijon. Pilier du projet Renault et du développement du V6 turbo français, Jabouille connut une saison similaire en 1980, avec deux pole positions lors des deuxième et troisième courses de la saison. Mais il commença par trois abandons avant une 10e place, puis rencontra des problèmes lors des cinq courses suivantes. En Autriche, après 15 abandons en 16 courses depuis son succès de l'année précédente, Jabouille remporta son deuxième succès en F1. Il connut ensuite trois nouveaux abandons avant de subir à Watkins Glen un grave accident, duquel il reçut de multiples fractures. Son contrat chez Renault était de toute façon terminé au terme de la saison, et il fit son retour l'année suivante avec Ligier. Malheureusement, il ne disputa que trois courses et abandonna à chaque fois, avant de mettre un terme à sa carrière, jugeant qu'il n'avait pas récupéré son meilleur niveau.

JIM CRAWFORD

Né le 13 février 1948 à Dunfermline (Royaume-Uni) et décédé le 6 août 2002

Courses :
Grande-Bretagne 1975 – Italie 1975

Équipes :
Lotus : Grande-Bretagne 1975 – Italie 1975

Grands Prix disputés : 2

D'abord mécanicien, James Alan Crawford commença à piloter en 1973, et il fut suffisamment impressionnant en Formule Atlantic pour être recruté par Lotus pour deux Grands Prix. Il se qualifia à deux reprises 25e et abandonna à domicile avant de boucler le Grand Prix d'Italie en 13e position. Des résultats qui mirent un terme à sa carrière en Championnat du monde.

BRIAN HENTON

Né le 19 septembre 1946 à Castle Donington (Royaume Uni)

Courses :
Grande-Bretagne 1975 – Las Vegas 1982

Équipes :
- Lotus : Grande-Bretagne 1975 – États-Unis 1975
- March : États-Unis Ouest 1977
- Boro : Pays-Bas 1977
- Toleman : Italie 1981
- Arrows : États-Unis Ouest 1982
- Tyrrell : Saint-Marin 1982 – Las-Vegas 1982

Grands Prix disputés : 19

Brian Henton débuta en 1970 en sport automobile et entama sa carrière en monoplaces trois ans plus tard. De nombreuses victoires en Formule Super Vee et en F3 attirèrent Colin Chapman qui lui offrit un volant en F1 en 1975. L'expérience ne fut pas concluante, à l'image de sa carrière. En effet, en 38 engagements, il ne parvint pas à se qualifier à 17 reprises. Après trois courses en 1975, il roula en 1977 sur une March et une Boro. Il termina dixième à Long Beach. En 1981, Toleman le recruta mais il ne se qualifia qu'une fois, avec une 10e position à la clé. Sa meilleure saison se déroula finalement en 1982 avec Tyrrell et il franchit la ligne d'arrivée six fois, et même à la porte des points en Allemagne.

DAVE MORGAN

Né le 7 août 1944 à Cranmore (Royaume-Uni) et décédé le 6 novembre 2018

Courses :
Grande-Bretagne 1975

Équipes :
Surtees : Grande-Bretagne 1975

Grands Prix disputés : 1

Passé par les compétitions de Mini, David Rowland John Morgan commença en monoplace en 1970, par un accrochage avec James Hunt comme plus grand fait d'armes. Il fut suspendu et revint en Formule 2 puis s'exila en Formule Atlantic, avant que le *team* Surtees ne lui propose de courir à domicile en 1975. Vingt-troisième sur la grille, il fut classé 18e après un accident.

JOHN NICHOLSON

Né le 6 octobre 1941 à Auckland (Nouvelle-Zélande) et décédé le 19 septembre 2017

Courses :
Belgique 1975 – Grande-Bretagne 1975

Équipes :
Lyncar : Belgique 1975 – Grande-Bretagne 1975

Grands Prix disputés : 3

Pilote néo-zélandais amateur au début des années 70, John Nicholson roula d'abord en Tasman Series, puis en Formule Atlantic. En 1973, il devint distributeur de moteurs Cosworth, puis manqua ses débuts en Formule 1 en 1974 avec une non-qualification. Il roula dans une Lyncar au Grand Prix de Grande-Bretagne 1975, avec un départ en 26e place et un classement à la 17e position.

HARALD ERTL

Né le 31 août 1948 à Zell am See (Autriche) et décédé le 7 avril 1982

Courses :
Allemagne 1975 – Allemagne 1980

Équipes :
- Hesketh : Allemagne 1975 – Grande-Bretagne 1977
- Ensign : Allemagne 1978 – Pays-Bas 1978
- ATS : Italie 1978 – Allemagne 1980

Grands Prix disputés : 29

Journaliste sportif, Harald Ertl était un ami d'enfance de Jochen Rindt et Helmut Marko, ce qui développa chez lui une passion très précoce pour le sport auto. L'Autrichien courut en voitures de tourisme avant de se lancer en monoplace. Passé par la Formule 2 au milieu des années 70, il découvrit la F1 sur la redoutable Nordschleife au volant d'une Hesketh privée. Il se qualifia 23e et boucla la course à une honorable 8e place. Il courut deux autres Grands Prix cette année-là, avec un abandon en Autriche et une 9e position à Monza. Engagé à temps plein chez Hesketh en 1976, il connut de nombreux abandons et quelques non-qualifications mais parvint à terminer trois fois dans les dix premiers. Il ne marqua aucun point mais se rendit célèbre cette année-là en aidant à extraire Niki Lauda du brasier qu'était sa Ferrari sur le Nürburgring. L'équipe lui fit disputer quelques courses en 1977 avec une 9e position comme meilleur résultat, et son expérience sur une Ensign privée en 1978 mit un terme à sa carrière, non sans deux tentatives avec ATS s'étant soldées par des non-qualifications.

BRETT LUNGER

Né le 14 novembre 1945 à Wilmington (États-Unis)

Courses :
Autriche 1975 – États-Unis Est 1978

Équipes :

- Hesketh : Autriche 1975 – États-Unis 1975
- Surtees : Afrique du Sud 1976 – États-Unis Est 1976
- March : Afrique du Sud 1977 – Espagne 1977
- McLaren : Suède 1977 – Italie 1978
- Ensign : États-Unis Est 1978

Grands Prix disputés : 34

Riche héritier américain, Robert Brett Lunger fit ses classes en Can-Am avant de devoir interrompre sa carrière pour aller au Vietnam dans le cadre de son service militaire. De retour aux États-Unis, il se fit remarquer en F5000 au début des années 70 avant d'émigrer en Europe pour rouler en Formule 2. À force de persévérance des deux côtés de l'Atlantique, il parvint à atteindre le Championnat du monde en se faisant recruter par Lord Hesketh pour seconder James Hunt. Après trois courses et une 10e place à Monza comme meilleur résultat, il fut recruté par *team* Surtees pour la saison 1976. Il égala son meilleur résultat de l'année précédente en Autriche, deux semaines après avoir participé au sauvetage de Niki Lauda sur la Nordschleife. En 1977, il lança Chesterfield Racing grâce au soutien du cigarettier, avec des March et McLaren privées, mais ne fit pas mieux qu'une 9e position à Zandvoort. Toujours au volant d'une McLaren privée en 1978, il manqua de peu de marquer un point à Spa-Francorchamps. Il mit fin à son aventure au plus haut niveau au terme de la saison.

JO VONLANTHEN

Né le 31 mai 1942 à Saint-Ours (Suisse)

Courses :
Autriche 1975

Équipes :
Williams : Autriche 1975

Grands Prix disputés : 1

Féru d'athlétisme avant de se prendre tardivement de passion pour le sport auto, Jo Vonlanthen gagna sa première compétition en sport automobile à l'âge de 30 ans, avec le Championnat suisse de F3. Après un rapide passage en F2, il tenta de rouler en F1 et disputa le Grand Prix d'Autriche 1975 pour Frank Williams. Il se qualifia 26e mais abandonna et retourna en F2 l'année suivante, sans connaître de succès.

RENZO ZORZI

Né le 12 décembre 1942 à Ziano di Fiemme (Italie) et décédé le 15 mai 2015

Courses :
Italie 1975 – Espagne 1977

Équipes :

- Williams : Italie 1975 – Brésil 1976
- Shadow : Argentine 1977 – Espagne 1977

Grands Prix disputés : 7

Employé par le manufacturier pneumatique Pirelli comme ingénieur, Renzo Zorzi se prit de passion pour la course automobile et débuta derrière un volant en 1972. Après plusieurs saisons en F3, il fut chargé de développer le programme de Lancia dans la discipline, au point que Frank Williams l'engagea dans son équipe pour le Grand Prix d'Italie. Vingt-deuxième au départ et 14e à l'arrivée, il fut rappelé par Williams pour la manche brésilienne en 1976 et franchit la ligne en 9e position. En 1977, Shadow le recruta et il parvint à inscrire un point. En Afrique du Sud, c'est une panne sur sa voiture qui provoqua le tragique accident de son équipier Tom Pryce. Écarté par manque de moyens, Zorzi ne revint plus en F1.

MICHEL LECLÈRE

Né le 18 mars 1946 à Mantes-la-Jolie (France)

Courses :
États-Unis 1975 – France 1976

Équipes :

- Tyrrell : États-Unis 1975
- Williams : Afrique du Sud 1976 – France 1976

Grands Prix disputés : 7

Après des débuts en Coupe Renault Gordini, Michel Leclère se forgea une excellente réputation en monoplace en remportant le Championnat national de F3, puis celui d'Europe de F2. En 1974, il disputa les 24 Heures du Mans mais abandonna, avant de se voir offrir ses débuts en F1 l'année suivante. Leclère aurait pu débuter en Championnat du monde plus tôt, mais il avait refusé une offre de John Surtees par peur de ne pas être prêt. Ken Tyrrell lui offrit finalement sa chance au Grand Prix des États-Unis 1975, avec un abandon en course. L'année suivante, Frank Williams Racing Cars puis Walter Wolf Racing lui offrirent un volant, mais l'écurie traversait une période sombre et il n'accomplit rien de mieux qu'une 10e position. L'équipe le remplaça pour manque de résultats malgré une voiture largement incriminée, ce qui mit un terme à une carrière qu'il agrémenta de trois dernières participations aux 24 Heures du Mans, sans succès.

1976

INGO HOFFMANN

Né le 28 février 1953 à São Paulo (Brésil)

Courses :
Brésil 1976 – Brésil 1977

Équipes :
Copersucar : Brésil 1976 – Brésil 1977

Grands Prix disputés : 3

Ingo Ott Hoffmann connut un parcours atypique du fait de sa nationalité. Ce Brésilien roula d'abord en Championnat de voitures de tourisme brésilien, avant d'accéder à la Super Vee. Profitant de sa proximité avec Wilson Fittipaldi et Richard Divila, en pleine création de Copersucar, il s'exila en Europe pour courir en F3 puis en F5000. Fittipaldi le fit rouler en essais privés avant qu'il ne connaisse ses grands débuts en F1 au Grand Prix du Brésil 1976 avec la même structure. Vingtième au départ, 11e à l'arrivée, Hoffmann ne parvint pas à revenir en course cette année-là, manquant trois fois de se qualifier. En 1977, Copersucar lui offrit une nouvelle chance en engageant une deuxième voiture à temps plein. Il courut en Argentine puis au Brésil, où une crevaison le priva d'une place dans les points. Malheureusement, la santé financière de l'équipe poussa au retrait de sa monoplace et sa carrière s'arrêta.

GUNNAR NILSSON

Né le 20 novembre 1948 à Helsingborg (Suède) et décédé le 20 octobre 1978

Courses :
Afrique du Sud 1976 – Japon 1977

Équipes :
Lotus : Afrique du Sud 1976 – Japon 1977

Victoires : 1

Podiums : 4

Meilleurs tours en course : 1

Grands Prix disputés : 31

Bien qu'il fût né en Suède, Gunnar Nilsson connut des débuts similaires à ceux d'Ingo Hoffmann, avec la Super Vee comme première étape en monoplace. Après un passage en F3, le Suédois aurait dû courir en F2 avec March en 1976, mais le départ précipité de Ronnie Peterson chez Lotus pour rejoindre March permit à Colin Chapman d'utiliser Nilsson comme levier pour le faire venir chez Lotus. Aux côtés de Mario Andretti, Nilsson connut une première saison très encourageante. Malgré neuf abandons en 15 courses, il monta sur le podium dès son troisième Grand Prix et réitéra cette performance en Suède. Lotus le conserva logiquement pour la saison suivante, et il confirma ses bonnes dispositions avec deux nouveaux podiums, dont une victoire sous la pluie en Belgique, après une lutte avec Niki Lauda. Il clôtura son année par sept abandons, mais eut surtout la très mauvaise nouvelle du diagnostic d'un cancer des testicules. Il signa chez Arrows pour 1978 mais ne put jamais honorer son contrat, la maladie ayant raison de sa capacité à piloter. Il décéda au mois d'octobre.

LARRY PERKINS

Né le 18 mai 1950 à Murrayville (Australie)

Courses :
Espagne 1976 – Belgique 1977

Équipes :
- Boro : Espagne 1976 – Italie 1976
- Brabham : Canada 1976 – Japon 1976
- BRM : Brésil 1977 – Afrique du Sud 1977
- Surtees : Belgique 1977

Grands Prix disputés : 11

Comme de nombreux Australiens à cette époque, Larry Clifton Perkins débuta le sport automobile en Formule Vee, puis en Formule Ford, avant de remporter en 1972 la F2 australienne. Il quitta son pays pour l'Europe et roula en F3 dès l'année suivante, avec une manche de F1 hors Championnat en Allemagne. Il fit enfin ses débuts en Championnat du monde en 1976 avec la modeste et nouvelle écurie Boro. En Belgique, il se classa 8e, et Brabham le recruta pour les trois dernières courses de l'année, sans qu'il ne rencontre plus de succès qu'avec Boro. En 1977, BRM lui proposera de piloter une de ses monoplaces, mais l'équipe mit la clé sous la porte au bout de trois courses. Perkins trouva refuge chez Surtees, mais avec une 12e place et deux non-qualifications, sa carrière en F1 prit fin.

LORIS KESSEL

Né le 1er avril 1950 à Lugano (Suisse) et décédé le 15 mai 2010

Courses :
Belgique 1976 – Autriche 1976

Équipes :
Brabham : Belgique 1976 – Autriche 1976

Grands Prix disputés : 3

Loris Kessel ne connut pas une carrière très longue avant de s'engager en F1, ce qu'il parvint à faire grâce à ses propres deniers et à ceux de l'horloger Tissot. Le Suisse ne parvint pas à se qualifier pour sa première tentative avec RAM Racing, et prit le départ du Grand Prix de Belgique, avec une 12e place à la clé. Il abandonna en Suède, manqua sa qualification en France et ne fut pas classé en Autriche après avoir terminé à 10 tours du vainqueur, John Watson. Forfait à cause de ses performances en Italie, il mit un terme à sa carrière après une non-qualification au Grand Prix d'Italie 1977.

PATRICK NÈVE

Né le 13 octobre 1949 à Liège (Belgique) et décédé le 12 mars 2017

Courses :
Belgique 1976 – Canada 1977

Équipes :
- Brabham : Belgique 1976
- Ensign : France 1976
- March : Espagne 1977 – Canada 1977

Grands Prix disputés : 10

Élève puis professeur dans une école de pilotage, Patrick Nève de Mévergnies débuta la compétition en Formule Ford britannique. Solide en F3, il attira l'œil de Bernie Ecclestone, qui le recruta chez RAM Racing, puis lui offrit ses débuts en F1 à domicile, au Grand Prix de Belgique 1976. Dix-neuvième sur la grille, il abandonna en course mais fut recruté pour la manche du Castellet par Ensign. Il termina 18e mais débuta l'année suivante sans volant. Frank Williams lui confia finalement une March à partir du Grand Prix d'Espagne mais Nève ne parvint pas à briller et ne fit pas mieux qu'une 7e place.

ALESSANDRO PESENTI-ROSSI

Né le 31 août 1942 à Bergame (Italie)

Courses :
Allemagne 1976 – Italie 1976

Équipes :
Tyrrell : Allemagne 1976 – Italie 1976

Grands Prix disputés : 3

Engagé en F3 à l'échelle nationale pendant plusieurs saisons, Alessandro Pesenti-Rossi obtint le soutien de Beta, comme Vittorio Brambillla avant lui, pour accéder à la F2. La Scuderia Gulf Rondini le fit rouler lors de trois courses sur une Tyrrell 007. Sa meilleure qualification fut une 21e place et il ne fit pas mieux qu'une 11e position à l'arrivée.

HANS BINDER

Né le 12 juin 1948 à Zell am Ziller (Autriche)

Courses :
Autriche 1976 – Japon 1977

Équipes :
- Ensign : Autriche 1976
- Williams : Japon 1976
- Surtees : Argentine 1977 – Monaco 1977
- Penske : Autriche 1977 – Pays-Bas 1977
- Surtees : États-Unis Est 1977 – Japon 1977

Grands Prix disputés : 13

Fils d'un pilote de rallye, Hans Binder enchaîna Formule Ford, Formule 3 et Formule 2 avant d'atteindre la F1. Encadré par Helmut Marko, l'Autrichien fit ses débuts devant son public en 1976, grâce à Ensign, mais ne vit pas l'arrivée. De retour au Japon avec une Williams du Walter Wolf Racing, il n'acheva pas sa course sous le déluge de Fuji. En 1977, Surtees le recruta mais sa saison fut compliquée et il perdit son volant avant l'Autriche. ATS Racing Team l'engagea pour trois courses, et Blinder signa aux Pays-Bas son meilleur résultat de la saison, avec une 8e position sous le drapeau à damier. De retour chez Surtees pour la fin de saison, il ne connut pas le succès et ne revint plus en F1 après avoir raté sa qualification en Autriche en 1978.

CONNY ANDERSSON

Né le 28 décembre 1939 à Alingsas (Suède)

Courses :
Pays-Bas 1976

Équipes :
Surtees : Pays-Bas 1976

Grands Prix disputés : 1

Conrad Andersson fut d'abord pilote en motocross avant de passer sur quatre roues, en F3. Grâce à une bonne saison en Championnat d'Europe de F3 en 1975, il eut sa chance en F1 avec Surtees au Grand Prix des Pays-Bas 1976. En 1977, il tenta de rebondir chez BRM mais ne parvint pas à se qualifier en quatre tentatives.

BOY HAYJE

Né le 3 mai 1949 à Amsterdam (Pays-Bas)

Courses :
Pays-Bas 1976 – Belgique 1977

Équipes :
- Penske : Pays-Bas 1976
- March : Afrique du Sud 1977 – Belgique 1977

Grands Prix disputés : 3

Johan Gerard Haijje rencontra des difficultés dès le début de sa carrière, à cause de son manque de finances. Il fut finalement soutenu et prit part au Grand Prix des Pays-Bas 1976, mais ne vit pas l'arrivée devant son public. RAM Racing lui offrit un programme en 1977 mais il manqua de se qualifier quatre fois en six tentatives et ne vit l'arrivée qu'en Belgique, au 15e rang.

WARWICK BROWN

Né le 24 décembre 1949 à Sydney (Australie)

Courses :
États-Unis Est 1976

Équipes :
Williams : États-Unis Est 1976

Grands Prix disputés : 1

Les succès de Warwick Brown en Tasman Series et en Formule 5000, dans la première moitié des années 70, ne se retrouvèrent pas en F1. L'Australien ne disputa qu'une course, le Grand Prix des États-Unis 1974, qu'il boucla au 14e rang.

ALEX RIBEIRO

Né le 7 novembre 1948 à Belo Horizonte (Brésil)

Courses :
États-Unis Est 1976 – Japon 1977

Équipes :
- Hesketh : États-Unis Est 1976
- March : Argentine 1977 – Japon 1977

Grands Prix disputés : 10

Alex Dias Ribeiro rencontra du succès en monoplace brésilienne avant de s'exiler en Europe en 1974. Ce catholique amena avec lui sur le Vieux Continent son habitude d'arborer sur sa monoplace les mots « Cristo Salva » et « Jesus Saves », espérant être protégé au volant. Très en verve en F3, il brilla moins en F2 mais fut appelé par Hesketh pour courir à Watkins Glen. Vingt-deuxième au départ, il passa sous le drapeau à damier en 12e position, ce qui lui donna une chance à temps plein chez March en 1977. La saison fut frustrante avec huit non-qualifications en 17 courses et seulement deux entrées dans le top 10. Il fit un retour discret avec Fittipaldi en 1979 mais ne parvint pas à se qualifier lors des courses où il fut engagé. Il fut dans les années 90 et 2000 le pilote de la voiture médicale en F1.

MASAHIRO HASEMI

Né le 13 novembre 1945 à Tokyo (Japon)

Courses :
Japon 1976

Équipes :
Kojima : Japon 1976

Grands Prix disputés : 1

Après un début de carrière en motocross dans son Japon natal, Masahiro Hasemi se lança en GT puis en Formule 2. Le premier Grand Prix du Japon de Formule 1 fut l'occasion pour lui de faire ses débuts en F1 et de devenir un des premiers pilotes nippons à courir en Championnat du monde. Il se qualifia 10e et termina 11e en étant crédité du meilleur temps. Mais à cause d'une erreur de chronométrage, Jacques Laffite l'obtint finalement, et Hasemi ne revint pas en F1.

KAZUYOSHI HOSHINO

Né le 1er juillet 1947 à Shizuoka (Japon)

Courses :
Japon 1976 – Japon 1977

Équipes :
- Tyrrell : Japon 1976
- Kojima : Japon 1977

Grands Prix disputés : 2

Pilote très réputé en sport automobile, Kazuyoshi Hoshino se fit remarquer en courses de tourisme, avant de profiter du Grand Prix du Japon 1976 pour piloter en F1. Son équipe engagea une Tyrrell 007 privée et il se qualifia, avant de briller sous la pluie. Il gagna 13 positions dans le premier tour et remonta jusqu'au podium provisoire avant qu'une erreur ne le renvoie en fond de grille. L'année suivante, au volant d'une Kojima, il prit le départ en 11e position et la conserva jusqu'à l'arrivée. La suite de sa carrière se déroula loin de la F1, et il obtint un podium aux 24 Heures du Mans en 1998.

NORITAKE TAKAHARA

Né le 6 juin 1951 à Tokyo (Japon)

Courses :
Japon 1976 – Japon 1977

Équipes :
- Surtees : Japon 1976
- Kojima : Japon 1977

Grands Prix disputés : 2

Troisième Japonais à disputer sa première course à Fuji en 1976, Noritake Takahara connut lui aussi une courte carrière au plus haut niveau. Cependant, il débuta hors Championnat dès 1974, et le *team* Surtees lui offrit sa chance en Championnat du monde pour saluer l'arrivée du Japon au calendrier de la F1. Qualifié à une lointaine 24e place, il remonta jusqu'en 9e position pour se classer meilleur Japonais à l'arrivée. L'année suivante, il participa de nouveau à la course au volant d'une Kojima, mais évolua dans l'ombre de Kazuyoshi Hoshino et ne revint plus en catégorie reine.

1977

EMILIO DE VILLOTA

Né le 26 juillet 1946 à Madrid (Espagne)

Courses :
Espagne 1977 – Autriche 1977

Équipes :
McLaren : Espagne 1977 – Autriche 1977

Grands Prix disputés : 2

Pilote polyvalent, Emilio de Villota Ruiz courut en rallye et en courses de côte, avant de rejoindre la monoplace puis le Championnat Aurora en Grande-Bretagne, avec des Formule 1. En 1976, il tenta de se qualifier pour sa course à domicile mais n'y parvint pas. En 1977, son sponsor Iberia Airlines lui acheta une McLaren M23 mais il ne se qualifia que deux fois en sept tentatives, sans faire mieux qu'une 13e position. Entre 1978 et 1982, il tenta de se qualifier pour six Grands Prix, sans succès.

RUPERT KEEGAN

Né le 26 février 1955 à Westcliffe-on-Sea (Royaume-Uni)

Courses :
Espagne 1977 – Las Vegas 1982

Équipes :
- Hesketh : Espagne 1977 – Canada 1977
- Surtess : Argentine 1978 – France 1978
- Williams : Grande-Bretagne 1980 – États-Unis Est 1980
- March : Autriche 1982 – Las Vegas 1982

Grands Prix disputés : 25

Rupert Arnold Keegan fit ses classes en monoplace avec plus ou moins de succès, mais sa belle saison 1976 dans deux Championnats britanniques de F3 lui ouvrirent les portes de la F1. Hesketh le recruta et il fit une saison plutôt honnête. Malgré de nombreux incidents en piste, il réussit quelques belles performances, avec notamment une 7e place en Autriche et deux autres top 10 à Monza et Watkins Glen. En 1978, l'histoire ne se répéta pas avec Surtees, et il connut cinq non-qualifications, cinq abandons et deux forfaits, pour une seule arrivée à la 11e position. Il effectua deux brefs retours en Formule 1, en 1980 avec RAM et en 1982 avec March, mais ne signa qu'un top 10 et décida de se concentrer sur l'endurance.

RICCARDO PATRESE

Né le 17 avril 1954 à Padoue (Italie)

Courses :
Monaco 1977 – Australie 1993

Équipes :
- Shadow : Monaco 1977 – Japon 1977
- Arrows : Brésil 1978 – Las Vegas 1981
- Brabham : Afrique du Sud 1982 – Afrique du Sud 1983
- Alfa Romeo : Brésil 1984 – Australie 1985
- Brabham : Brésil 1986 – Japon 1987
- Williams : Australie 1987 – Australie 1992
- Benetton : Afrique du Sud 1993 – Australie 1993

Victoires : 6
Pole positions : 8
Podiums : 37
Meilleurs tours en course : 13
Grands Prix disputés : 256

Riccardo Patrese après sa victoire au GP de Monaco 1982.

L'ascension de Riccardo Gabriele Patrese fut stratosphérique, avec moins de trois ans entre son titre de champion du monde de karting et son accession à la F1. Entre-temps, il parvint à décrocher un titre de champion d'Europe de F3, et Shadow l'engagea en Championnat du monde de Formule 1 en 1977. Pour ses débuts à Monaco, il se qualifia 15e et termina 9e. Une performance remarquée qui fut suivie par sept abandons consécutifs, mais de meilleures qualifications. Patrese conclut la saison par un point au Japon, et la nouvelle équipe Arrows le recruta en 1978 pour remplacer Gunnar Nilsson, contraint de déclarer forfait à cause de sa maladie.

Dixième au Brésil, il abandonna en Afrique du Sud mais enchaîna avec deux courses dans les points, les premiers de l'équipe britannique. Mais c'est en Suède qu'il se fit remarquer avec une 2e place derrière la Brabham BT46B « aspirateur » de Niki Lauda. Sa défense à la limite du correct contre Ronnie Peterson lui valut également des tensions avec le Suédois, qui se répercutèrent malheureusement plus tard dans la saison. En Italie, son caractère jusqu'au-boutiste en piste en fit le coupable idéal de l'accident qui coûta la vie à Peterson, et ses homologues militèrent pour qu'il ne puisse pas prendre le départ de la course suivante à Watkins Glen, menaçant de boycotter la course si l'Italien était présent. Sa dernière course de la saison se solda par une 4e place, et il fut prolongé chez Arrows pour 1979, avec bien moins de succès. Il ne se qualifia qu'une fois parmi les dix premiers et n'entra qu'une fois dans les points. Patrese retrouva le chemin du podium en 1980 avec une 2e place à Long Beach. La saison 1981 fut celle de sa première pole position, en début de saison, et de deux autres podiums au Brésil et à Imola. Mais le manque de fiabilité de l'Arrows A3 le fit abandonner neuf fois en 15 courses, et notamment au Brésil alors qu'il était en tête de la course. Il quitta l'équipe en fin de saison et rejoignit Brabham aux côtés du champion du monde en titre, Nelson Piquet. Trois podiums vinrent marquer son année, dont la tant attendue première victoire, qu'il remporta à Monaco. Malheureusement, son passage chez Brabham, qui fut prolongé en 1983, fut marqué par un manque de fiabilité colossal. En 30 courses en bleu et blanc, Patrese abandonna 15 fois à cause de sa mécanique. Il débuta l'année 1983 par neuf abandons sur problèmes mécaniques, avant de monter sur le podium en Allemagne. Après une pole position à domicile, il conclut la saison par une victoire en Afrique du Sud mais ne fut pas gardé par Brabham. Il rejoignit une équipe italienne, Alfa Romeo, sponsorisée par une entreprise italienne, Benetton. Véritable chat noir de la F1, Patrese connut en deux saisons le même taux d'abandon que chez Brabham, avec 16 pannes mécaniques en 32 Grands Prix. Un seul podium vint égayer cette période difficile, qui le vit retomber dans ses travers et subir de nombreux accrochages. Sans aucun point marqué en 1985, il revint chez Brabham mais l'équipe était en perdition, et la fiabilité du moteur BMW n'était toujours pas résolue. Là encore, le bilan fut catastrophique avec un point marqué en 1986 et deux en 1987, ainsi que deux tiers d'abandons. Le décès en 1986 d'Elio de Angelis, son équipier, ajouta aux difficultés de l'équipe. Patrese décida alors de rejoindre Williams en 1988, avec un transfert anticipé en fin de saison 1987 après la blessure de Nigel Mansell à Suzuka. La saison 1987 donna à Patrese un goût de son passé chez Brabham et Alfa Romeo, avec sept abandons dus notamment au moteur Judd, mais la suite fut heureusement bien plus réjouissante. L'association de Williams et Renault lui permit de retrouver le chemin du podium à six reprises en 1989, puis celui de la plus haute marche en 1990 à Saint-Marin. Mais la saison 1991 fut clairement la plus prolifique pour lui, avec quatre pole positions et huit podiums, dont deux victoires. En 1992, il subit la domination de Nigel Mansell et termina six fois derrière son équipier pour compléter des doublés de Williams. Malgré une victoire au Japon, il marqua à peine plus de la moitié des points du Britannique. En 1993, Williams fit table rase au niveau des pilotes, et Patrese trouva refuge chez Benetton, où il ne parvint pas à faire jeu égal avec un Michael Schumacher en plein essor. Il décida de mettre un terme à sa carrière et refusa la proposition de Williams, qui lui demanda de remplacer Ayrton Senna en 1994. Ses 256 Grands Prix disputés constituaient à l'époque un record de participations, qui ne fut battu qu'en 2008 par Rubens Barrichello.

PATRICK TAMBAY

Né le 25 juin 1949 à Paris (France) et décédé le 4 décembre 2022

Courses :
Grande-Bretagne 1977 – Australie 1986

Équipes :
- Ensign : Grande-Bretagne 1977 – Japon 1977
- McLaren : Argentine 1978 – États-Unis Est 1979
- Theodore : États-Unis Ouest 1981 – Espagne 1981
- Ligier : France 1981 – Las Vegas 1981
- Ferrari : Pays-Bas 1982 – Afrique du Sud 1983
- Renault : Brésil 1984 – Australie 1985
- Lola : Brésil 1986 – Australie 1986

Victoires : 2

Pole positions : 5

Podiums : 11
Meilleurs tours en course : 2
Grands Prix disputés : 114

Patrick Tambay au Grand Prix d'Autriche 1983.

Les débuts en carrière de Patrick Tambay, en Formule Renault puis en Formule 2, lui permirent d'acquérir une réputation assez solide pour courir en Can-Am, et il s'exila outre-Atlantique au début de la saison 1977. Après une non-qualification au Grand Prix de France de Formule 1 cette même année, il fut recruté par la modeste équipe Théodore pour la deuxième moitié de saison. Ses trois arrivées dans les points et ses performances en Can-Am lui donnèrent un ticket d'entrée pour la F1 avec McLaren. Malheureusement, ce fut une déception pour le Français, qui ne fit pas mieux qu'une 5e position en deux saisons, l'équipe anglaise n'étant plus au niveau qu'était le sien lors du titre de James Hunt, son équipier en 1978. Le manque de résultats de McLaren lui fit perdre son volant en F1, et il retourna en Can-Am en 1980, avant d'être rappelé par Théodore en 1981, puis d'être recruté par Ligier en cours de saison. Il marqua un point avec l'équipe américaine, mais connut huit abandons en autant de courses pour l'équipe de Guy Ligier. De nouveau, Tambay se retrouva sans volant, jusqu'à l'appel de Ferrari pour remplacer Gilles Villeneuve, décédé à Zolder. Au volant d'une monoplace bien meilleure que toutes celles qu'il avait pilotées avant, il montra tout son talent avec un premier podium en Grande-Bretagne et une première victoire en Allemagne. Ferrari lui offrit un volant à temps plein en 1983, et il signa quatre pole positions, ainsi qu'un deuxième succès en F1, lors du Grand Prix de Saint-Marin.

Grâce à quatre autres podiums, il termina la saison en 4e place du Championnat, mais Ferrari se sépara de lui malgré un titre chez les constructeurs. Il disputa les deux saisons suivantes chez Renault mais avoua plus tard que cette nouvelle étape fut une vraie déception. Sa pole position et son podium à domicile cette année-là furent le seul motif de satisfaction, et l'alliance avec le Losange prit fin au terme de l'année 1985. Tambay décida de rejoindre l'équipe Team Haas, nouvellement créée par Carl Haas, qui fut son patron en Can-Am. Avec seulement deux points en Autriche, le Français quitta la F1 et courut aux 24 Heures du Mans en 1989, avec une 4e place au volant d'une Jaguar, avant de devenir commentateur pour RMC.

GILLES VILLENEUVE

Né le 18 janvier 1950 à Saint-Jean-sur-Richelieu (Canada) et décédé le 8 mai 1982

Courses :
Grande-Bretagne 1977 – Saint-Marin 1982

Équipes :

- McLaren : Grande-Bretagne 1977
- Ferrari : Canada 1977 – Saint-Marin 1982

Victoires : 6

Pole positions : 2

Podiums : 13

Meilleurs tours en course : 8

Grands Prix disputés : 67

Gilles Villeneuve gagne le Grand Prix du Canada 1978.

Faute de budget en début de carrière, Gilles Joseph Henri Villeneuve se tourna vers les compétitions de motoneige avec un titre de champion du monde à la clé. De retour en monoplace, il impressionna en Formule Atlantic sur le sol américain, mais aussi au Grand Prix de Pau de F2. En battant James Hunt au Grand Prix de Trois-Rivières en 1976, Villeneuve étonna le Britannique, qui insista auprès de McLaren pour que le Canadien vienne en F1. En Grande-Bretagne, l'équipe aligna une troisième M23 pour Villeneuve, qui se qualifia 9e et termina 11e à cause de problèmes mécaniques. Son talent n'impressionna pas McLaren, mais il ne laissa pas indifférent Enzo Ferrari, qui le fit rouler en endurance en cours d'année avant de le recruter pour remplacer Niki Lauda en fin de saison. Malheureusement, son deuxième Grand Prix en rouge fut marqué par un accident dans lequel deux spectateurs furent tués, à Watkins Glen. Villeneuve connut une saison 1978 délicate, avec une adaptation assez longue qui lui valut de nombreuses critiques de la part de la très sévère presse italienne. Mais en fin de saison, il signa un premier podium en Autriche et surtout, il remporta sa première course au plus haut niveau à domicile. En 1979, Ferrari joua le titre avec sa redoutable 312 T4, seule arme capable de répondre aux Ligier dominatrices du début de saison. Villeneuve signa sa première pole position et ajouta trois succès à son palmarès. Malgré sept podiums cette année-là, il dut se contenter du titre honorifique de vice-champion du monde, la couronne revenant à son équipier Jody Scheckter. La saison 1980 fut une des pires de la Scuderia, au point de pousser Scheckter à la retraite, et Villeneuve ne parvint à inscrire que six points, avec comme seul motif de satisfaction d'avoir dominé le Sud-Africain en interne. Le moteur turbo qu'amena la Scuderia en 1981 permit à Villeneuve d'effectuer son retour au premier plan, malgré une technologie encore perfectible. Il s'imposa à Monaco et en Espagne, et eut la satisfaction de retrouver le podium devant son public, à Montréal. Trois abandons marquèrent son début de saison 1982, et le Grand Prix de Saint-Marin fut une énorme désillusion pour Villeneuve. En tête devant l'autre Ferrari de Didier Pironi et face au public italien, il respecta la consigne de ralentir pour assurer le doublé et éviter la panne d'essence; ce que ne fit pas le Français, qui le dépassa et remporta la course. « Je croyais avoir un ami, je me suis trompé, je ne suis qu'un imbécile. Cette course me permet de découvrir Pironi sous son vrai visage. Il m'a mené une guerre stupide», déclara Villeneuve. Son équipier, de son côté, se défendit en faisant valoir le droit que lui donnait Ferrari de se battre contre Gilles. Malheureusement, cela fit naître une véritable obsession dans l'esprit de Villeneuve, qui n'eut alors qu'un seul objectif : battre Didier. Dès le Grand Prix suivant, il s'y employa avec la détermination que tout le paddock lui connaissait. Rappelé aux stands pour changer de pneus pendant la qualification, il s'y rendit à un rythme très élevé et, à cause d'une incompréhension avec Jochen Mass, percuta la March de l'Allemand. Après un gros choc contre les glissières de Zolder, Villeneuve fut éjecté de sa voiture et ne put pas être sauvé. Le Petit Prince s'en était allé, et Enzo Ferrari, comme Colin Chapman avec Jim Clark, connut la tristesse de voir mourir un pilote auquel il s'était attaché, presque comme un père pour son fils. Mauro Forghieri, directeur technique de Ferrari, résuma plus tard la personnalité et la carrière de Villeneuve en ces mots : «Encore aujourd'hui, on se souvient […] de lui comme s'il avait été le plus grand pilote. Il avait une particularité : il était pur, mais il avait un grave défaut. Pour lui, il y avait la course, et que la course. Et quand il abaissait la visière, il ne courait que pour la course et se focalisait uniquement sur ce moment.» Ce que l'esprit cartésien de Forghieri voyait comme un défaut, les tifosi et Enzo Ferrari le voyaient comme le moteur de sa passion, et le fait qu'il ait couru 66 de ses 67 Grands Prix en F1 au volant d'une Ferrari font encore aujourd'hui de Villeneuve un pilote indissociable de la Scuderia.

HANS HEYER

Né le 16 mars 1943 à Mönchengladbach (Allemagne)

Courses :
Allemagne 1977

Équipes :
Penske : Allemagne 1977

Grands Prix disputés : 1

Pilote réputé en tourisme allemand et européen, Hans Josef Heyer connut du succès en endurance et parvint à courir en F1 à une seule reprise, dans des circonstances cocasses. Avec l'écurie allemande ATS, il ne parvint pas à se qualifier mais obtint le statut de réserviste, dans le cas où un pilote ne pourrait pas prendre le départ. Tous les pilotes s'installèrent sur la grille et débutèrent la course, mais Heyer ne résista pas à l'envie de rouler et se lança, contrevenant au règlement. Sa boîte de vitesses rendit l'âme après neuf tours, et il fut finalement disqualifié pour une participation illégale à la course.

HÉCTOR REBAQUE

Né le 5 février 1956 à Mexico (Mexique)

Courses :
Allemagne 1977 – Las Vegas 1981

Équipes :
- Hesketh : Allemagne 1977
- Lotus : Brésil 1978 – Pays-Bas 1979
- Rebaque : Canada 1979
- Brabham : Grande-Bretagne 1980 – Las Vegas 1981

Grands Prix disputés : 41

Grâce à la fortune de sa famille, Héctor Alonso Rebaque parvint à gravir les échelons du sport automobile jusqu'à la F1. Pas dépourvu de talent pour autant, le pilote mexicain n'eut pas les résultats suffisants pour atteindre le Championnat du monde, mais finança ses débuts chez Hesketh en 1977. Il ne participa qu'au Grand Prix d'Allemagne et manqua sa qualification cinq fois. En 1978, il fonda le *team* Rebaque et acheta une Lotus de l'année précédente, avec laquelle il parvint à marquer un point en Allemagne. En 1979, il connut de nombreux abandons au volant d'une Lotus 79 et décida d'engager sa propre monoplace pour la fin de saison, en travaillant sur une base de Penske. Deux non-qualifications en trois courses firent du projet un fiasco, et le *team* Rebaque mit la clé sous la porte. Grâce à ses finances, Rebaque fut engagé par Bernie Ecclestone pour seconder Nelson Piquet chez Brabham au cours de la saison 1980. Il entra cinq fois dans les points en une saison et demie, mais se classa dixième en 1981, alors que Piquet fut champion du monde. Ecclestone décida de se séparer de Rebaque et ce dernier quitta définitivement la F1.

BRUNO GIACOMELLI

Né le 10 septembre 1952 à Borgo Poncarale (Italie)

Courses :
Italie 1977 – Afrique du Sud 1983

Équipes :
- McLaren : Italie 1977 – Italie 1978
- Alfa Romeo : Belgique 1979 – Las Vegas 1982
- Toleman : Brésil 1983 – Afrique du Sud 1983

Pole position : 1
Podiums : 1
Grands Prix disputés : 69

À l'âge de 20 ans, Bruno Giacomelli fit ses débuts en sport automobile, en Formule Ford, puis s'engagea en Formule 3 deux ans plus tard. Après avoir roulé pour March en F2, il débuta en F1 pour McLaren à l'occasion du Grand Prix d'Italie, avec le soutien de Marlboro Italie. Il abandonna, mais l'équipe lui redonna sa chance pour cinq courses en 1978. C'est à cette époque que les Britanniques avec qui il travaillait lui donnèrent le surnom de « Jack O'Melley », écriture anglophone de son nom italien. Giacomelli termina à la porte des points au Grand Prix de Grande-Bretagne 1978 et disputa cinq courses pour Alfa Romeo en 1979, à l'occasion du retour du constructeur. En 1980, Marlboro s'associa à Alfa Romeo et l'Italien disputa sa première saison complète en Championnat du monde. Cinquième pour la première course de l'année, il connut 11 abandons en 14 courses, mais termina aussi 5e en Allemagne, quelques jours après le décès de son équipier, Patrick Depailler. Sa pole position en fin de saison fut un motif de satisfaction, mais l'Alfa Romeo continua à manquer de fiabilité en 1981. Toutefois, sa fin de saison fut encourageante et il signa son premier podium pour la première course de F1 à Las Vegas. En 1982, l'association entre Giacomelli et Alfa Romeo régressa, il fut dominé par son équipier et n'entra qu'une fois dans les points. Sa carrière ne connut pas un tournant crucial lorsqu'il rejoignit Toleman en 1983, avec un seul point inscrit à Brands Hatch. Giacomelli s'exila aux États-Unis mais ne rencontra pas plus de succès. Il tenta un improbable retour en 1990 dans l'équipe Life Racing, mais ne parvint pas à se préqualifier dans ce qui fut probablement une des pires monoplaces de l'histoire de la F1.

DANNY ONGAIS

Né le 21 mai 1942 à Kahului (États-Unis) et décédé le 26 février 2022

Courses :
États-Unis Est 1977 – Brésil 1978

Équipes :
- Penske : États-Unis Est 1977 – Canada 1977
- Ensign : Argentine 1978 – Brésil 1978

Grands Prix disputés : 4

Américain né à Hawaï, Danny Ezekiel Ongias participa à des courses de dragster avant de s'orienter vers la monoplace, et notamment la Formule 5000, au milieu des années 70. Il fut le premier pilote de l'État de Hawaï à disputer l'Indy 500, avant de participer à deux courses de Formule 1 en fin d'année 1977. Au volant d'une Penske d'Interscope Racing il abandonna à Watkins Glen mais termina à la porte des points à Mosport. L'année suivant, Ensign le fit rouler en Argentine et au Brésil mais il abandonna à deux reprises. Deux absences de préqualifications avec Shadow sonnèrent le glas de sa carrière en catégorie reine.

KUNIMITSU TAKAHASHI

Né le 29 janvier 1940 à Tokyo (Japon) et décédé le 16 mars 2022

Courses :
Japon 1977

Équipes :
Tyrrell : Japon 1977

Grands Prix disputés : 1

Pilote de moto dans les années 60, Kunimitsu Takahashi se fit surtout connaître en monoplace japonaise, puis en GT dans la deuxième partie de sa carrière. Son expérience en F1 fut brève, avec une participation à domicile en 1977, au volant d'une vénérable Tyrrell 007. Il se qualifia 22e et rallia l'arrivée en 9e position mais n'eut jamais de seconde chance.

Niki Lauda devance James Hunt et Carlos Reutemann au départ du Grand Prix d'Autriche 1977.

START
TEXACO
054 LAPS
12
11

LAMBERTO LEONI

Né le 24 mai 1953 à Argenta (Italie)

Courses :
Argentine 1978

Équipes :
Ensign : Argentine 1978

Grands Prix disputés : 1

Lamberto Leoni connut un certain succès à l'échelle nationale, et une victoire en F2 fut suffisante pour convaincre John Surtees de le recruter en vue du Grand Prix d'Italie 1977. L'Italien ne parvint pas à se qualifier, et Ensign lui offrit un volant en début de saison 1978. Avec deux abandons et deux non-qualifications en quatre courses, il fut remplacé et ne revint plus en F1, sa tentative de retour à la fin des années 90 ayant été un échec.

DIDIER PIRONI

Né le 26 mars 1952 à Villecresnes (France) et décédé le 23 août 1987

Courses :
Argentine 1978 – France 1982

Équipes :
- Tyrrell : Argentine 1978 – États-Unis Est 1979
- Ligier : Argentine 1980 – États-Unis Est 1980
- Ferrari : États-Unis Ouest 1981 – France 1982

Victoires : 3

Pole positions : 4

Podiums : 13

Meilleurs tours en course : 5

Grands Prix disputés : 70

Didier Pironi lors du Grand Prix de Monaco 1981.

Didier Pironi connut les formules de promotion classiques en France, grâce à son intégration à la filière Elf après en avoir remporté le Volant. Passé par la Formule Renault et la Formule 2, il s'imposa au Grand Prix de Monaco de F3 et Ken Tyrrell le recruta pour la saison 1978. Sponsorisée par Elf, l'équipe britannique alignait alors un duo entièrement français avec Patrick Depailler, et Pironi put faire ses débuts au volant d'une 008 plutôt performante. Il entra cinq fois dans les points cette année-là, et Tyrrell le prolongea logiquement. En 1979, il s'approcha du podium au Brésil, puis y monta enfin en Belgique, avant de réitérer sa performance en fin de saison à Watkins Glen. Guy Ligier le recruta en 1980, et Pironi profita de la bonne dynamique de l'équipe française pour signer deux pole positions et une victoire. Mais l'entente avec son patron ne fut pas idéale et, voyant que Jacques Laffite avait un statut indéboulonnable de numéro 1, Pironi céda aux sirènes de Ferrari. Marco Piccinini, le directeur technique de Ferrari, annonça subtilement son recrutement en réponse aux questions de la presse italienne : « *Potete ipotizzare ragionevolmente ogni nome immaginable.* » Cette phrase, qui signifie « Vous pouvez raisonnablement penser à tous les noms imaginables » était en réalité un acrostiche, la première lettre de chaque mot formant le nom Pironi. Mais personne ne parvint à décoder cette annonce, qui ne fut officialisée que plus tard. En 1981, la reconstruction de la Scuderia, qui sortait d'une saison catastrophique, se solda par quatre arrivées dans les points pour le Français, lequel se lia d'amitié avec Gilles Villeneuve. L'année suivante, la Ferrari était la meilleure voiture du plateau, ou en tout cas une des meilleures, et Pironi remporta le Grand Prix de Saint-Marin après une lutte fratricide avec Villeneuve. Il s'élança depuis la pole position au Canada et triompha aux Pays-Bas, avant d'enchaîner avec deux podiums, en Grande-Bretagne et en France. En Allemagne, il signa la pole position mais lors des essais, sous une pluie battante, il percuta la Renault d'Alain Prost. Après avoir décollé et parcouru plusieurs mètres en l'air, sa Ferrari retomba sur le sol sur sa partie avant, blessant très grièvement son pilote aux jambes. Sa vie fut sauvée par les modifications qu'avaient effectuées les renforts ajoutés par Mauro Forghieri après l'accident mortel de Villeneuve, mais les médecins de la F1 hésitèrent à lui amputer la jambe à même la piste. Le pilote s'y opposa et la suite lui donna raison, puisque les chirurgiens purent lui épargner ce traitement. Cependant, il ne retrouva jamais son niveau malgré quelques essais privés et se tourna vers les compétitions de bateaux de course, dans lesquelles il perdit la vie en 1987.

EDDIE CHEEVER

Né le 10 janvier 1958 à Phoenix (États-Unis)

Courses :
Afrique du Sud 1978 – Australie 1989

Équipes :
- Hesketh : Afrique du Sud 1978
- Osella : Afrique du Sud 1980 – États-Unis Est 1980
- Tyrrell : États-Unis Ouest 1981 – Las Vegas 1981
- Ligier : Afrique du Sud 1982 – Las Vegas 1982
- Renault : Brésil 1983 – Afrique du Sud 1983
- Alfa Romeo : Brésil 1984 – Australie 1985
- Lola : États-Unis 1986
- Arrows : Brésil 1987 – Australie 1989

Podiums : 9

Grands Prix disputés : 132

Eddie McKay Cheever Jr. fut certainement le plus européen des pilotes américains. Ayant grandi en Italie, il fut champion d'Italie de karting puis remporta le Championnat d'Europe des nations dans la discipline, aux côtés de Riccardo Patrese. Orné d'un titre de champion du monde, il courut ensuite en monoplace, avec le schéma classique enchaînant F3 et F2, où il pilota pour le Project Four de Ron Dennis. Après un test non concluant avec Ferrari en 1977, lors duquel la Scuderia lui préféra Gilles Villeneuve, il connut des débuts timides avec l'équipe Theodore Racing en début d'année 1978. Deux non-qualifications et une 25e place sur la grille conclue par un abandon eurent raison de sa présence cette année-là, et il lui fallut deux ans de purgatoire en F2 pour retrouver le chemin de la F1 avec l'équipe Osella en 1980, sans plus de succès. Sur 14 engagements, il se qualifia à dix reprises et abandonna neuf fois, pour terminer 12e en Italie. En parallèle, il remporta le Championnat du monde de voitures de sport. Ken Tyrrell lui donna une nouvelle chance en Formule 1 pour la saison 1981, et Cheever la mit à profit pour entrer cinq fois dans les points. Une prestation qui lui valut deux propositions pour 1982, chez Williams et Ligier, mais il opta pour l'écurie française. Celle-ci connut une année compliquée mais Cheever profita de la souplesse du V12 atmosphérique de Matra, dépassé par les moteurs turbo en performance pure, pour signer trois podiums à Zolder, à Détroit et à Las Vegas en fin de saison. Sa plus grande opportunité se présenta en 1983 puisque Renault le recruta pour faire équipe avec Alain Prost, mais ce dernier le domina totalement. Cheever ajouta tout de même quatre podiums à son palmarès, mais critiqua publiquement Renault pour ne pas lui donner un matériel similaire à Prost, et il quitta l'équipe pour rejoindre Alfa Romeo en 1984. La saison commença plutôt bien avec une 4e position au Brésil, mais lors des 14 courses suivantes, il enregistra une non-qualification et 13 abandons. Sa 17e place au Portugal en fin d'année ne changea rien à sa cote, et il prolongea pour une saison avec Alfa Romeo. Il vit l'arrivée à quatre reprises pour 12 abandons et ne marqua aucun point. Sans volant en 1986, il manqua de peu de gagner les 24 Heures du Mans avec Jaguar cette année-là et disputa une course pour le *team* Haas. En 1987, il retrouva la F1 avec Arrows et le chemin des points dès la troisième course, manquant de nouveau la victoire au Mans à cause d'un problème mécanique. Il resta dans l'équipe pendant trois saisons et évolua en milieu de peloton avant de quitter la Formule 1. Il releva ensuite le défi du CART aux États-Unis, puis remporta en 1998 les prestigieux 500 Miles d'Indianapolis au volant d'une voiture de sa propre équipe.

KEKE ROSBERG

Né le 6 décembre 1948 à Stockholm (Suède)

Courses :
Afrique du Sud 1978 – Australie 1986

Équipes :
- Theodore : Afrique du Sud 1978
- ATS : Suède 1978 – Grande-Bretagne 1978
- Wolf : Allemagne 1978 – Pays-Bas 1978
- ATS : États-Unis Est 1978 – Canada 1978
- Wolf : France 1979 – États-Unis Est 1979
- Fittipaldi : Argentine 1980 – Las Vegas 1981
- Williams : Afrique du Sud 1982 – Australie 1985
- McLaren : Brésil 1986 – Australie 1986

Champion du monde : 1982
Victoires : 5
Pole positions : 5
Podiums : 17
Meilleurs tours en course : 3
Grands Prix disputés : 114

Keijo Eric Rosberg effectua tardivement ses débuts en sport automobile, si bien qu'il ne rejoignit la F1 qu'à l'âge de 29 ans, après avoir roulé en Formule Vee et en Formule 2. Sa carrière en F1 connut des débuts très difficiles, puisqu'il pilota pour les équipes Theodore Racing et ATS Racing Team en 1978. Non qualifié à cinq reprises, Rosberg ne fit pas mieux que 10e, et aucune équipe ne l'engagea pour la saison 1979. En course d'année, Wolf Racing lui confia une monoplace, mais l'aventure tourna au fiasco avec une seule course terminée en huit engagements. Walter Wolff céda son matériel à l'équipe de Fittipaldi et Rosberg suivit le même chemin. Au volant d'une Wolf WR7 rebadgée, il débuta la saison par un podium, à la surprise générale. La suite de l'année fut plus compliquée et il ne rentra dans les points qu'une deuxième fois en Italie. Le Finlandais resta dans la même équipe en 1981, mais ce fut très compliqué pour lui avec seulement trois arrivées et aucun point. À 33 ans, Rosberg quitta Fittipaldi sans avoir de volant pour 1982 mais profita du désarroi de Frank Williams, qui cherchait tardivement un remplaçant à Alan Jones, fraîchement retraité. Après plusieurs saisons de galère, Rosberg hérita d'un volant dans l'équipe championne du monde et en fit bon États-Unisge : malgré une seule pole position et une seule victoire, sa régularité lui permit de décrocher la couronne mondiale au cours d'une saison très disputée. Ils furent 11 pilotes à gagner au moins une course cette année-là, et les cinq poursuivants de Rosberg au Championnat en remportèrent une de plus que lui, ce qui provoqua des critiques au sujet de son titre. Ses saisons suivantes furent moins réussies, mais il remporta une course en 1983 et une en 1984. En 1985, toujours chez Williams, il monta cinq fois sur le podium et gagna deux courses. Se sentant stagner à 37 ans, Keke espéra rebondir chez McLaren en 1986, l'équipe ayant remporté les deux titres mondiaux l'année précédente. Mais face à un Alain Prost au sommet de son art, Rosberg n'eut pas voix au chapitre et termina 6e du Championnat, tandis que son équipier remporta le titre mondial. Il quitta la F1 et courut plus tard pour Peugeot aux 24 Heures du Mans avant de devenir manager de pilotes.

RENÉ ARNOUX

Né le 4 juillet 1948 à Pontcharra (France)

Courses :
Belgique 1978 – Australie 1989

Équipes :
- Martini : Belgique 1978 – Pays-Bas 1978
- Surtees : États-Unis Est 1978 – Canada 1978
- Renault : Argentine 1979 – Las Vegas 1982
- Ferrari : Brésil 1983 – Brésil 1985
- Ligier : Brésil 1986 – Australie 1989

Victoires : 7
Pole positions : 18
Podiums : 22
Meilleurs tours en course : 12
Grands Prix disputés : 149

Comme de nombreux pilotes français des années 70, René Arnoux se fit remarquer en remportant un des concours mis en place par les pétroliers, en l'occurrence le Volant Shell, en 1972. Champion d'Europe de Formule 2 en 1977, il décrocha son ticket pour la Formule 1 avec la modeste équipe Martini. Avec une 9e place en guise de meilleur résultat et deux courses chez Surtees en fin d'année, Arnoux put rejoindre Renault en 1979, l'équipe ayant décidé d'engager une deuxième voiture aux côtés de Jean-Pierre Jabouille. Après un début de saison compliqué au volant du Yellow Tea Pot, la fumante RS01 à la fiabilité douteuse, Arnoux profita de l'arrivée de la RS10 pour se mettre en valeur. Au Grand Prix de France, que Renault gagna avec Jabouille, sa lutte acharnée avec Gilles Villeneuve pour la 2e position le plaça immédiatement sur le devant de la scène, et ce duel entra dans la légende de la Formule 1. Devant céder face au Canadien, il signa néanmoins son premier podium ce jour-là et enchaîna avec une 2e place en Grande-Bretagne. Auteur de deux pole positions et d'un podium supplémentaire, il fut conservé par Renault pour 1980 et trouva enfin la voie du succès au Brésil. Cette première victoire en appela une autre dès la course suivante, en Afrique du Sud. Sa fin de saison fut un peu plus décevante mais il enchaîna une belle série de trois pole positions. En 1981, Arnoux accueillit Alain Prost chez Renault et malgré quatre pole positions, il ne monta qu'une fois sur le podium, tandis que son équipier l'atteignit à cinq reprises, dont trois fois victorieusement. Des tensions naquirent entre les deux hommes et se poursuivirent l'année suivante. Auteur de cinq pole positions, Arnoux connut huit abandons lors des dix premières courses. Au Grand Prix de France, il mena la course et gagna à domicile devant un Prost furieux, accusant René de ne pas avoir respecté les consignes pour le laisser gagner. Quelques mois après la brouille du duo Ferrari, Renault connaissait elle aussi une guerre interne. En réalité, Arnoux avait bien reçu une consigne, mais il ne la respecta pas, ayant déjà acté son départ de Renault en fin d'année pour rejoindre Ferrari. Il ajouta une victoire à son palmarès en 1982 avant de rejoindre la Scuderia, avec qui il disputa en 1983 sa meilleure saison en F1. Quatre pole positions et sept podiums, dont trois victoires, lui permirent de conclure la saison en 3e position du Championnat pilotes. En 1984, il fut moins à son avantage avec seulement quatre podiums et moins de points inscrits que Michele Alboreto. Durant l'intersaison, il eut un accident de ski, et Ferrari le limogea après la première course de la saison 1985, craignant qu'il souffre encore de cet accident. Le constructeur profita pour ce faire d'une clause qui l'interdisait de pratiquer ce type d'activités durant son temps libre. Arnoux dut attendre 1986 pour retrouver la Formule 1 avec Ligier. Il courut quatre ans dans l'équipe française, et hormis 1986, où il entra six fois dans les points, l'expérience tourna au fiasco, puisqu'il marqua trois points lors des trois saisons suivantes, avant de mettre un terme à sa carrière en Championnat du monde. En 1994, il monta sur le podium des 24 Heures du Mans au volant d'une Dodge Viper.

DEREK DALY

Né le 11 mars 1953 à Dublin (Irlande)

Courses :
Grande-Bretagne 1978 – Las Vegas 1982

Équipes :
- Ensign : Grande-Bretagne 1978 – États-Unis Ouest 1979
- Tyrrell : Autriche 1979 – États-Unis Est 1980
- March : Espagne 1981 – Canada 1981
- Theodore : Afrique du Sud 1982 – États-Unis Ouest 1982
- Williams : Belgique 1982 – Las Vegas 1982

Grands Prix disputés : 49

Contrairement aux pilotes australiens qui s'exilaient en Europe, l'Irlandais Derek Daly fit le chemin inverse dans les années 70. Cela lui permit de se constituer un pécule et de faire ses armes en sport automobile avant de revenir en Europe au milieu de la décennie. Il enchaîna alors la Formule Ford, la Formule 3 et la Formule 2, et ses bons résultats dans cette dernière catégorie lui ouvrirent les portes de la F1 avec Hesketh en 1978. Sa carrière au sommet des compétitions automobiles débuta par quatre non-qualifications, dont une avec Ensign. Mais avec cette même équipe, il prit finalement part à six Grands Prix et conclut même la saison par un point au Canada. En 1979, l'expérience Ensign fut un véritable échec avec quatre non-qualifications, et il quitta la F1 pour revenir en F2. Mais son talent dans cette catégorie lui permit d'être appelé par Ken Tyrrell pour remplacer Jean-Pierre Jarier lors des trois dernières courses de l'année. Une 8e place en Autriche fut suffisante pour que Tyrrell le conserve en 1980 et il termina deux fois au pied du podium cette année-là. Il connut aussi deux accidents violents à Monaco et Zandvoort et termina la saison par cinq abandons sur accrochage ou incident. Tyrrell ne le conserva pas, et il signa chez March, où il enchaîna six non-qualifications en début de saison. Une 7e place fut son meilleur résultat cette même année, et il débuta dès 1981 chez Theodore Racing, avant que Williams ne l'appelle pour remplacer Carlos Reutemann. Malgré quatre entrées dans les points, il quitta la F1 et s'exila aux États-Unis pour faire carrière en CART.

NELSON PIQUET

Né le 17 août 1952 à Rio de Janeiro (Brésil)

Courses :
Allemagne 1978 – Australie 1991

Équipes :
- Ensign : Allemagne 1978
- McLaren : Autriche 1978 – Italie 1978
- Brabham : Canada 1978 – Australie 1985
- Williams : Brésil 1986 – Australie 1987
- Lotus : Brésil 1988 – Australie 1989
- Benetton : États-Unis 1990 – Australie 1991

Champion du monde :
1981 – 1983 – 1987

Victoires : 23

Pole positions : 24

Podiums : 60

Meilleurs tours en course : 23

Grands Prix disputés : 204

Nelson Piquet et la Brabham BT52 en 1983.

Nelson Piquet Souto Maior fut d'abord tenté par le tennis avant de se tourner vers le sport automobile. Ce fils de ministre s'exila ainsi en Grande-Bretagne, où il brilla en Formule 3, remportant le Championnat national en 1978. Sans passer par la F2, Piquet fit ses débuts en Formule 1 dès la même année, disputant cinq courses pour trois équipes différentes. Il vit son premier drapeau à damier avec McLaren mais rejoignit Brabham par la suite, équipe dans laquelle il passa la moitié de sa carrière. Au volant d'une BT48 à V12 Alfa Romeo, il marqua ses premiers points à Zandvoort avec une 4e place. La BT49 équipée d'un V8 Ford Cosworth lui fit découvrir les joies du podium dès la course initiale de la saison 1980, et il fit son premier *hat trick* à Long Beach, avec sa première pole position, sa première victoire et le meilleur tour en course. La suite de la saison fut très solide avec quatre autres podiums, dont deux victoires à Zandvoort et Monza, ce qui suffit à le faire devenir vice-champion du monde. L'association avec Brabham se poursuivit l'année suivante et Piquet signa quatre pole positions et trois victoires, arrachant le titre mondial à Carlos Reutemann dans la dernière course, alors que l'ambiance délétère chez Williams vit Alan Jones refuser d'aider son équipier à battre Piquet. La saison 1982 vit BMW arriver en tant que motoriste chez Brabham et s'avéra compliquée, le temps de fiabiliser le 4 cylindres en ligne du constructeur allemand. Piquet remporta quand même une course au Canada et signa une pole position en Autriche, mais termina à une lointaine 11e place au Championnat. En 1983, il continua avec Brabham et son nouveau sponsor Fila. La BT52 et son évolution, la BT52B, se montrèrent impressionnante de rythme et de fiabilité. Piquet remporta trois courses et monta sur cinq autres podiums, ce qui lui permit de remporter son deuxième titre mondial. Une couronne qui fut bientôt ternie par un carburant non conforme utilisé par Brabham. Renault aurait pu porter réclamation pour récupérer le titre des pilotes, mais le constructeur français ne voulait pas s'imposer sur tapis vert et décida de ne pas agir. En 1984, la Brabham était clairement la voiture la plus performante sur tour et Piquet signa neuf pole positions en 16 courses. Mais la fiabilité désastreuse le poussa à l'abandon à neuf reprises, et il ne gagna que deux courses, avec une 5e place au Championnat. En 1985, ce fut pire et il ne s'imposa qu'une fois, tandis que sa 8e place finale le poussa à quitter Brabham pour Williams. Le Brésilien joua immédiatement le titre mondial grâce à dix podiums, dont quatre victoires. Il dut concéder la couronne à Alain Prost et surtout, la rivalité avec Nigel Mansell chez Williams tourna rapidement à l'aigre. En 1987, la Williams était redoutable, mais Piquet dut attendre la mi-saison pour s'imposer. Il connut un abandon et ne put pas prendre le départ du Grand Prix de Saint-Marin, à cause d'un terrible accident qui lui causa des troubles de la vision pendant le reste de la saison. Il confia même plus tard qu'il ne pouvait pas lire le tableau de bord de sa monoplace. Il enregistra quatre 2es places à la suite avant de s'imposer en Allemagne puis en Hongrie, et de nouveau en Italie. Il remporta le titre en fin de saison en l'absence de Mansell, blessé au dos à Suzuka, mais la relation entre les deux hommes était si toxique que Piquet décida de rejoindre Lotus en 1988. Il y gagna en tranquillité dans son équipe mais ne monta que trois fois sur le podium cette année-là. Il ne l'atteignit pas en 1989, quand le V8 Judd remplaça le V6 turbo Honda. Il se relança pour un dernier défi en Formule 1 aux côtés de la jeune équipe Benetton, avec laquelle il parvint à remporter deux victoires pour conclure la saison 1990. En 1991, il hérita d'une victoire chanceuse dans le dernier tour au Canada mais commença à décliner, avant que Michael Schumacher ne le domine nettement en fin de saison, ce qui le poussa à quitter la F1.

MICHAEL BLEEKEMOLEN

Né le 2 octobre 1949 à Amsterdam (Pays-Bas)

Courses :
États-Unis Est 1978

Équipes :
ATS : États-Unis Est 1978

Grands Prix disputés : 1

Michael Bleekemolen connut de bonnes performances en Super Vee, mais ne parvint pas à les réitérer en Formule 1. En cinq tentatives, il ne se qualifia qu'une fois, s'élança 25e et abandonna à cause d'un problème mécanique.

BOBBY RAHAL

Né le 10 janvier 1953 à Medina (États-Unis)

Courses :
États-Unis Est 1978 – Canada 1978

Équipes :
Wolf : États-Unis Est 1978 – Canada 1978

Grands Prix disputés : 2

Robert Woodward Rahal fit un passage éclair en F1 mais a marqué l'histoire du sport automobile américain. Il fut notamment le vice-champion en Formule Atlantic derrière Gilles Villeneuve, puis s'exila en Europe pour rouler en F3 avec Walter Wolf. En 1978, Wolf l'engagea en Championnat du monde de F1 pour les deux manches d'Amérique du Nord et il se qualifia à deux reprises 20e, avec une 12e place à Watkins Glen et un abandon au Canada. Finalement, il décida de retourner sur ses terres pour disputer le Championnat CART et décrocha le titre trois fois, dont une fois en tant que pilote propriétaire. Il remporta aussi les 500 Miles d'Indianapolis en 1986. Il dirigea le Championnat à titre intérimaire en 2000 avant de devenir directeur de Jaguar en F1, un poste qu'il occupa une seule année avant de retourner gérer son équipe en IndyCar.

Niki Lauda et James Hunt le 13 août 1978 durant le Grand Prix d'Autriche.

TEXA
James

ELIO DE ANGELIS

Né le 26 mars 1958 à Rome (Italie) et décédé le 15 mai 1986

Courses :
Argentine 1979 – Monaco 1986

Équipes :
- Shadow : Argentine 1979 – États-Unis Est 1979
- Lotus : Argentine 1980 – Australie 1985
- Brabham : Brésil 1986 – Monaco 1986

Victoires : 2
Pole positions : 3
Podiums : 9
Grands Prix disputés : 108

Elio De Angelis lors du Grand Prix de Monaco 1981.

Fils d'aristocrates italiens et pianiste accompli, Elio De Angelis ne compta pas sur sa fortune pour se faire un nom en sport automobile et remporta le Championnat d'Europe de karting en 1976. Après une progression fulgurante jusqu'à la F2, il revint en F3 pour remporter le Grand Prix de Monaco dans la discipline. Cependant, il eut quand même besoin du soutien financier de sa famille pour atteindre la F1, grâce à l'équipe Shadow de Don Nichols. Ses performances furent encourageantes et il marqua ses premiers points lors de la dernière course de la saison avec une 4ᵉ place. En pleine métamorphose, l'écurie Lotus le recruta après un test convaincant, et l'Italien se montra à la hauteur. Dès sa deuxième course dans l'équipe de Colin Chapman, il monta sur la deuxième marche du podium. Avec trois autres entrées dans les points et une 7ᵉ position au Championnat, il domina largement Mario Andretti, son équipier champion du monde. En 1981, il domina Nigel Mansell mais ne fit pas mieux qu'une 4ᵉ position à domicile. Face au Britannique, il fut encore leader en 1982 et remporta sa première victoire en Autriche face à Keke Rosberg. Comme beaucoup d'équipes, Lotus abandonna son V8 atmosphérique Ford pour un V6 turbo Renault, et cela se ressentit dans les résultats de l'équipe. De Angelis signa sa première pole position au Grand Prix d'Europe mais il ne vit le drapeau à damier que deux fois dans l'année, n'inscrivant que deux points en Italie. Une fois le moteur fiabilisé, le potentiel des Lotus se matérialisa enfin en résultats, et De Angelis entra 11 fois dans les points en 1984. Avec quatre podiums, sa régularité lui permit de terminer 3ᵉ de la saison. En 1985, il fut rejoint par un nouvel équipier, Ayrton Senna, qui prit immédiatement sa mesure. À Imola, De Angelis s'imposa sur tapis vert et signa sa deuxième victoire en F1, mais il termina derrière Senna au Championnat. Comprenant que le Brésilien était devenu le numéro 1 dans l'équipe et dans l'esprit de Peter Warr, il prit la décision de relancer sa carrière chez Brabham. Malheureusement, les travaux de Gordon Murray accouchèrent d'une BT55 rétive, et l'Italien subit aussi le manque de fiabilité du moteur BMW. En quatre courses, il ne se qualifia pas mieux que 15e, et sa 8e position au Brésil fut la dernière fois qu'il vit le drapeau à damier. Lors d'une séance d'essais privés sur le circuit Paul Ricard, il fut victime d'une casse de son aileron arrière et sa Brabham s'écrasa contre les rails avant de se retourner. Simplement blessé dans l'accident, il inhala des fumées toxiques à cause d'une intervention insuffisante, les médecins n'étant pas présents et les commissaires non préparés à affronter un tel incident. Ses poumons ayant été privés d'oxygène trop longtemps, Elio De Angelis décéda le lendemain.

JAN LAMMERS

Né le 2 juin 1956 à Zandvoort (Pays-Bas)

Courses :
Argentine 1979 – Australie 1992

Équipes :
- Shadow : Argentine 1979 – Canada 1979
- ATS : États-Unis Ouest 1980 – Monaco 1980
- Ensign : Allemagne 1980 – États-Unis Est 1980
- ATS : États-Unis Ouest 1981 – Argentine 1981
- Theodore : Pays-Bas 1982
- March : Japon 1992 – Australie 1992

Grands Prix disputés : 23

Johnnes Antonius Lammers se révéla au grand jour en 1978 en remportant un titre de champion d'Europe en Formule 3. Shadow décida de le recruter l'année suivante et lui offrit ses grands débuts en Championnat du monde de F1 au volant de la vénérable DN9, toutefois remise à jour. Il n'entra que deux fois dans les dix premiers et ne marqua aucun point, subissant la loi de son équipier Elio De Angelis. En 1980, il stagna en fond de grille avec les équipes ATS et Ensign et manqua de se qualifier huit fois en 14 courses. Sa 4e place en qualifications à Long Beach fut le seul fait d'armes de sa saison, et même de sa carrière. C'est avec ATS qu'il débuta la saison 1981, mais ses résultats et le manque de moyens de l'équipe poussèrent cette dernière à se séparer de lui. Il tenta un retour en 1982 avec Theodore, mais ne se qualifia qu'une fois en cinq tentatives. Dix ans plus tard, il fit un retour inattendu en catégorie reine, auréolé d'une victoire aux 24 Heures du Mans 1988. Cette réapparition avec March tourna au fiasco et il prit sa retraite pour se concentrer sur l'endurance. Aujourd'hui, Jan Lammers est le directeur du Grand Prix des Pays-Bas.

PATRICK GAILLARD

Né le 12 février 1952 à Paris (France)

Courses :
Grande-Bretagne 1979 – Autriche 1979

Équipes :
Ensign : Grande-Bretagne 1979 – Autriche 1979

Grands Prix disputés : 2

Comme tous les pilotes français de F1 de cette époque, Patrick Gaillard passa par la Formule Renault puis la Formule 3 pour faire ses classes, et attira l'œil de l'équipe Ensign et de son patron, Mo Nunn. Cependant, Gaillard ne parvint à se qualifier que deux fois en cinq essais et ne vit l'arrivée qu'une fois. Il revint l'année suivante pour le Grand Prix d'Espagne et termina à la 6e place, mais la course fut décomptée du Championnat à cause d'un manque de participants causé par le conflit entre la Fédération internationale du sport automobile et l'association des constructeurs de Formule 1 (FOCA).

GEOFF LEES

Né le 1er mai 1951 à Atherstone (Royaume-Uni)

Courses :
Allemagne 1979 – France 1982

Équipes :
- Tyrrell : Allemagne 1979
- Shadow : Afrique du Sud 1980
- Ensign : Pays-Bas 1980
- Theodore : Canada 1982
- Lotus : France 1982

Grands Prix disputés : 5

Après des passages en Formule Ford, Formule 3 et Formule 2, Geoffrey Lees fut engagé par Ensign pour le Grand Prix de Grande-Bretagne de F1 en 1978, mais le Britannique ne parvint pas à se qualifier. Après un passage par le Can-Am, il parvint enfin à faire ses débuts en Formule 1 au Grand Prix d'Allemagne 1979 sur une Tyrrell, avec une 7e place à la clé. Malheureusement, ce fut son plus grand succès en carrière, puisqu'il roula pour Shadow et Ensign en 1980, avec une 13e place comme meilleur résultat et six non-qualifications, tandis qu'il disputa deux courses sans succès en 1982.

RICARDO ZUNINO

Né le 13 avril 1949 à San Juan (Argentine)

Courses :
Canada 1979 – Argentine 1981

Équipes :
- Brabham : Canada 1979 – France 1980
- Tyrrell : Brésil 1981 – Argentine 1981

Grands Prix disputés : 10

Fils de riches investisseurs argentins, Ricardo Hector Zunino fit carrière en Europe grâce à ses soutiens financiers. Cependant, il gagna en crédibilité grâce à de bons résultats dans le Championnat Aurora, et Bernie Ecclestone le choisit pour remplacer Niki Lauda chez Brabham en fin d'année 1979. Septième lors de sa première course, qu'il disputa avec la combinaison et le casque de Lauda car appelé trop tardivement, il réitéra ce résultat à domicile pour ouvrir la saison 1980. Mais son manque de progression lui coûta son volant en milieu de saison. Début 1981, Tyrrell lui offrit deux courses, mais il dut céder son volant à Michele Alboreto et mit un terme à sa carrière.

MARC SURER

Né le 18 septembre 1951 à Fullinsdorf (Suisse)

Courses :
États-Unis Est 1979 – Belgique 1986

Équipes :
- Ensign : États-Unis Est 1979
- ATS : Argentine 1980 – États-Unis Est 1980
- Ensign : États-Unis Ouest 1981 – Monaco 1981
- Theodore : France 1981 – Las Vegas 1981
- Arrows : Belgique 1982 – Portugal 1984
- Brabham : Canada 1985 – Australie 1985
- Arrows : Brésil 1986 – Belgique 1986

Meilleurs tours en course : 1

Grands Prix disputés : 81

Après une longue carrière en karting, Marc Surer montra une courbe de progression suffisamment importante en monoplace pour être recruté en F1 par Ensign en fin de saison. Il parvint à se qualifier à son troisième essai, à Watkins Glen, mais abandonna. Avec le *team* ATS, il vit son premier drapeau à damier au Brésil mais fut victime d'un accident au Grand Prix suivant, dans lequel ses jambes furent touchées. La suite de sa saison fut délicate, mais Ensign lui permit de marquer ses premiers points en 1981, avec une 4e place au Brésil. Sixième à Monaco, il se fit ensuite transférer chez Theodore et connut une fin de saison frustrante. L'équipe fit faillite et Surer rallia les rangs d'Arrows, au sein de laquelle il entra six fois dans les points en trois ans. Sans volant début 1985, il fut recruté par Bernie Ecclestone pour remplacer François Hesnault, blessé. En Italie, il signa son meilleur résultat en carrière avec une 4e place. Il retourna chez Arrows en 1986 mais se blessa grièvement en rallye en cours de saison, après quoi il mit un terme à sa carrière au plus haut niveau.

ALAIN PROST

Né le 24 février 1955 à Lorette (France)

Courses :
Argentine 1980 – Australie 1993

Équipes :
- McLaren : Argentine 1980 – Canada 1980
- Renault : États-Unis Ouest 1981 – Afrique du Sud 1983
- McLaren : Brésil 1984 – Australie 1989
- Ferrari : États-Unis 1990 – Japon 1991
- Williams : Afrique du Sud 1993 – Australie 1993

Champion du monde :
1985 – 1986 – 1989 – 1993

Victoires : 51

Pole positions : 33

Podiums : 106

Meilleurs tours en course : 41

Grands Prix disputés : 199

Alain Prost lors du Grand Prix de France 1989.

Fils d'artisans fabricants de meubles, Alain Prost fut un sportif accompli dès son plus jeune âge et envisagea de se lancer dans le football, avant de tomber amoureux du sport automobile à l'occasion d'une course de karting improvisée, dans laquelle il fut entraîné par son frère Daniel. En karting comme en monoplace, le Français connut de nombreux succès, à commencer par le Volant Elf, qu'il gagna en remportant 12 des 13 courses. Champion de France puis d'Europe de Formule Renault, il réitéra la même performance en F3 et s'imposa à Monaco, ce qui attira l'œil du directeur de McLaren, Teddy Mayer. Ce dernier lui offrit un test en fin de saison 1979, puis un volant pour 1980 après avoir impressionné son nouveau patron. Sixième pour son premier Grand Prix, 5e lors du suivant, Prost fit des débuts remarqués, avant de connaître une série d'abandons. La fin de saison fut plus délicate avec la perte de vitesse de McLaren, et il décida de rejoindre Renault, refusant même une proposition de Ferrari. Son début de saison 1981 fut quelque peu chaotique, avec deux abandons puis un premier podium en Argentine, au lendemain de sa qualification en première ligne. Il connut ensuite quatre abandons consécutifs et, en France, obtint son premier succès. La Renault RE30 fut fiabilisée, et les performances de Prost devinrent de plus en plus solides. Lors des six dernières courses de la saison, il connut les joies d'une première pole position et enregistra deux victoires et deux 2es places. Cinquième au Championnat, il fit encore mieux l'année suivante en débutant par deux victoires et une 4e position au classement. Malheureusement, la saison fut ternie par une lutte fratricide avec René Arnoux, avec en point d'orgue la consigne non respectée de ce dernier. Prost se déchaîna dans les médias et plaça un ultimatum public à Gérard Larrousse : « L'an prochain, chez Renault, il faudra choisir entre Prost et Arnoux. » Face à un équipier adoré du public, Prost vit sa cote de popularité s'effondrer, avec des menaces au téléphone notamment, mais surtout une anecdote très révélatrice. Un pompiste l'ayant confondu avec son équipier, et pensant s'adresser à Arnoux, lui déclara : « Vous avez eu raison, monsieur Arnoux, ce Prost est un vrai petit con qui croit que tout lui est dû ! » De quoi ébranler son moral, qui fut de nouveau affecté durant l'été, lorsqu'un accident avec Didier Pironi causa de graves blessures à son compatriote. La frustration de cette lutte fratricide et de quelques victoires perdues fit de Prost un favori naturel pour le titre en 1983, Arnoux ayant été remplacé par Eddie Cheever. Après deux courses difficiles en entame de saison, Prost remporta le Grand Prix de France. Cette victoire fit de lui le dernier pilote français à triompher au volant d'une voiture française à moteur français jusqu'à Esteban Ocon en 2021. Au total, il gagna quatre courses cette année-là et signa trois pole positions. Malheureusement, une panne de turbo lors de la dernière course lui fit perdre le titre face à Nelson Piquet. Le fait que son équipe refuse de porter réclamation contre la Brabham au carburant illégal fut le signe, selon lui, d'un manque d'ambition. Il mit un terme à sa relation avec Renault et retourna chez McLaren pour faire équipe avec Niki Lauda et exploiter le moteur turbo de Porsche. Prost montra immédiatement ses ambitions en remportant la première course de la saison au Brésil. Lui et Lauda dominèrent totalement le Championnat à l'exception de la tournée américaine, mais Prost signa tout de même sept succès, égalant le record de Jim Clark en 1963. Malheureusement, une de ces victoires se déroula sous la pluie diluvienne de Monaco, interrompue avant d'atteindre ses 75 % réglementaires pour que la totalité des points soit distribuée. Il marqua quatre points et demi au lieu de neuf et, en fin de saison, échoua pour un demi-point face à Lauda. Sa frustration de perdre de nouveau le titre fut tempérée par le fait de le concéder à Lauda, avec qui les relations étaient très bonnes hors des circuits. En 1985, Prost prit sa revanche sur l'Autrichien et le domina totalement, mais dut composer avec des Ferrari très compétitives. Michele Alboreto fut son principal rival durant la saison mais avec cinq succès contre deux pour l'Italien, Prost décrocha enfin son premier titre de champion du monde. Premier Français à réussir cette performance, il expliqua y être parvenu en ayant changé son approche : il avait décidé de ne plus prendre de risques inutiles et d'assurer tous les bons résultats auxquels il pouvait prétendre. Une approche qui créa quelques tensions avec son patron Ron Dennis, mais que le pilote résuma ainsi après le Grand Prix de Belgique, dans lequel il assura la 3e place alors qu'il pouvait potentiellement viser la victoire : « J'ai perdu le Championnat au dernier moment tellement de fois que je ne prends aucun risque. Je préfère donc remporter un titre en maîtrisant mon pilotage et les risques. » Une approche froide qui renforça son surnom de « Professeur » et qu'il hérita directement de Lauda, réputé pour être un calculateur. En 1986, c'est cette nouvelle façon d'aborder la course qui lui permit de décrocher un deuxième titre mondial. Sur ses 11 podiums, il ne monta que quatre fois sur la plus haute marche, une fois de moins que Nigel Mansell et autant que Nelson Piquet, qui furent ses poursuivants au classement final. En 1987, la McLaren fut totalement dominée par les monoplaces à moteur Honda, les deux Williams de Mansell et Piquet, et la Lotus d'Ayrton Senna. Il remporta tout de même trois victoires durant cette année de transition durant laquelle Gordon Murray prit les rênes de la direction technique. En 1988, la MP4/4 à moteur Honda fut tout simplement l'une des meilleures monoplaces de l'histoire de la F1. En 16 courses, Prost gagna sept fois et termina sept fois 2e. Mais il connut deux abandons et perdit le titre face à son nouvel équipier, Ayrton Senna, qui remporta huit succès. Les premières tensions entre les deux pilotes arrivèrent au Portugal, avec une manœuvre dangereuse de Senna contre Prost, qui ne manqua pas de le reprocher à son jeune équipier : « Je l'ai trouvé complètement fou et je ne me suis pas privé de lui faire savoir [...] Je retiens la leçon de cette saison que j'ai été trop gentil. » En 1989, la relation avec Senna se dégrada brutalement dès la deuxième course, lorsque le Brésilien le tassa vers le bord de piste pour s'imposer au départ à Saint-Marin. Malgré une domination moins marquée qu'en 1988 avec l'arrivée du V10, McLaren domina la saison et Prost et Senna se retrouvèrent à lutter pour le titre. Au Japon, les deux hommes s'accrochèrent, et cela marqua une rupture définitive. Le Français fut titré après la disqualification de son équipier, mais l'ambiance était devenue ingérable, aussi quitta-t-il l'équipe anglaise pour rejoindre Ferrari. Avec cinq victoires, il lutta de nouveau pour le titre contre Senna, qui l'accrocha au départ au Japon, de nouveau à Suzuka. Après avoir perdu son possible quatrième titre mondial, Prost ne mâcha pas ses mots au sujet de Senna : « Lui mettre mon poing dans la figure m'a traversé l'esprit, mais je n'en ai même pas eu l'envie car il me dégoûte profondément. » La saison 1991 fut celle de la désillusion pour Prost, qui ne gagna aucune course pour la première fois depuis 1980. Excédé par le manque de performance de la Ferrari 643, il fit une sortie dans les médias devenue célèbre, même si parfois déformée : « Je n'ai jamais piloté une voiture aussi mauvaise de toute ma carrière. Un bon chauffeur de camion, avec de gros bras, aurait pu faire aussi bien que moi aujourd'hui. Je n'avais pas l'impression d'être pilote de F1. » Nul besoin de dire que cette déclaration provoqua une importante colère dans le clan Ferrari, qui le limogea avant la dernière course de la saison. Il décida de prendre une année sabbatique, avant de revenir en 1993 pour un dernier défi avec Williams. Au volant de la redoutable FW15C à suspensions actives et à V10 Renault, Prost s'élança 13 fois en pole positions sur 16 courses. Il monta 12 fois sur le podium, dont huit fois sur la plus haute marche, et fut sacré champion pour la quatrième fois avant de prendre sa retraite définitive. Sur le podium de la dernière course, lui et Senna se réconcilièrent, le Brésilien étant déjà son successeur désigné chez Williams. Prost devint ensuite conseiller pour McLaren, puis racheta Ligier pour fonder Prost Grand Prix. Son expérience en tant que patron ne fut guère plus couronnée de succès que celle en tant que pilote mais il signa tout de même trois podiums en cinq saisons. La réputation du Français fut temporairement écornée, mais son immense carrière de pilote permit de faire rapidement oublier cet échec.

TIFF NEEDELL

Né le 29 octobre 1951 à Havant (Royaume-Uni)

Courses :
Belgique 1980

Équipes :
Ensign : Belgique 1980

Grands Prix disputés : 1

Ingénieur avant d'être pilote, Timothy Richard Needell se fit remarquer en remportant une course organisée par Autosport. Après un passage en Formule Ford et en F3, il voulut rejoindre la Formule 1 mais dut attendre un an pour avoir sa Superlicence. Ensign l'engagea au Grand Prix de Belgique 1980, duquel il se qualifia 23e pour finalement abandonner. Une non-qualification à Monaco mit un terme à son aventure en F1, et il se tourna notamment vers l'endurance.

NIGEL MANSELL

Né le 8 août 1953 à Baughton (Royaume-Uni)

Courses :
Autriche 1980 – Espagne 1995

Équipes :
- Lotus : Autriche 1980 – Portugal 1984
- Williams : Brésil 1985 – Australie 1988
- Ferrari : Brésil 1989 – Australie 1990
- Williams : États-Unis 1991 – Australie 1994
- McLaren : Saint-Marin 1995 – Espagne 1995

Champion du monde : 1992

Victoires : 31

Pole positions : 32

Podiums : 59

Meilleurs tours en course : 30

Grands Prix disputés : 187

Nigel Ernest James Mansell connut des débuts timides en compétition, financés par ses propres moyens en parallèle d'un début de carrière d'ingénieur. Il fallut une bonne saison de F3, financée par la vente de la maison familiale et vue comme celle de la dernière chance pour que Colin Chapman lui offre un test en F1 avec Lotus. Celui-ci fut concluant et dans le courant de l'année 1980, l'équipe l'engagea officiellement pour 1981, lui permettant d'anticiper son arrivée au volant d'une troisième monoplace au Grand Prix d'Autriche. Qualifié 24e, Mansell connut une course très difficile avec une fuite d'essence qui lui causa des brûlures aux fesses et le poussa à l'abandon. Il courut de nouveau aux Pays-Bas et en Italie, où il ne parvint pas à se qualifier. Malheureusement, le conflit entre son équipe et les autorités de la F1 au sujet de la révolutionnaire Lotus 88 à double châssis l'obligea à commencer la saison avec la vieille 81B. C'est toutefois avec celle-ci qu'il monta pour la première fois sur le podium en Belgique. Il entra deux autres fois dans les points, finissant la saison par une 4e place à Las Vegas, et celle de 1982 fut du même tonneau, avec un podium et une 4e place comme seules entrées dans les points. Fin 1982, Mansell perdit son mentor et allié, Colin Chapman, qui mourut d'une crise cardiaque. Face aux autres dirigeants de Lotus, qui lui préféraient Elio De Angelis, il connut une saison 1983 très difficile avec l'arrivée retardée de sa nouvelle monoplace à moteur Renault. Avec la Lotus 92 à V8 Ford Cosworth, il ne marqua qu'un point, avant de connaître une deuxième moitié d'année plus encourageante avec un nouveau podium en Europe. En 1984, Mansell se fit remarquer à plusieurs reprises pour des événements qui forgèrent sa personnalité et sa réputation de pilote ultra rapide, jusqu'au-boutiste, mais aussi gaffeur. Sous le déluge de Monaco, il mena plusieurs tours avant de perdre le contrôle dans le virage de Massenet et de devoir abandonner. À Détroit, il provoqua un accident en tentant de passer entre Nelson Piquet et Alain Prost, avant de signer à Dallas sa première pole position. Le lendemain, il tomba en panne d'essence à quelques encablures de l'arrivée et poussa sa monoplace, jusqu'à s'effondrer d'épuisement sous le soleil du Texas. Le courage de Mansell fut salué, mais Peter Warr en eut assez de ses bourdes et décida de le remplacer pour 1985 par Ayrton Senna. Mansell rejoignit Williams et montra immédiatement une belle pointe de vitesse, mais surtout une progression intéressante. En fin d'année, il signa son meilleur résultat en Belgique avec une 2e place, avant de remporter sa première victoire au Grand Prix d'Europe. Deux semaines plus tard, il signa la pole position et la victoire à Kyalami, et termina 6e du Championnat, son meilleur classement. Le pari Williams s'avéra payant et en 1986, le Britannique prit la mesure de Nelson Piquet et joua le titre mondial contre Alain Prost malgré un début de saison délicat. Il remporta cinq succès dans la saison et aborda le dernier Grand Prix de la période, en Australie, en leader du Championnat. En pole position, il parvint à devancer Prost pendant les 62 premiers tours de course, ce qui lui assurait le titre mondial. Mais une crevaison à 20 tours de l'arrivée vint briser son rêve et le Français fut sacré. En 1987, au volant d'une Williams Honda redoutable, Mansell se livra à une lutte sans merci contre Piquet, mais le Brésilien déborda sur le terrain politique en accusant dès le début de saison son équipe de favoriser le Britannique. Mansell gagna à Saint-Marin puis en France, avant de battre Piquet en course en Grande-Bretagne, triomphant à domicile pour la seconde fois. En Autriche, il remporta son quatrième succès de la saison mais se fit remarquer en se cognant la tête sous le podium, après le tour d'honneur en voiture décapotable. Il monta sur les marches avec un sac de glace collé à la tête, rappelant à quel point il était prompt à gaffer. Entre malchance et fautes, Mansell arriva au pied du mur à Suzuka, devant impérativement s'imposer pour garder un espoir de titre. Malheureusement, il se blessa au dos dans un violent accident lors des essais et cela mit un terme à sa saison, offrant le titre à Piquet. Ce dernier en profita pour saluer de manière narquoise « la victoire de l'intelligence sur la bêtise », et Mansell put nourrir des regrets, tant son niveau de performance était élevé. Preuve de son rythme impressionnant, il réalisa huit pole positions en 14 séances de qualifications, et ne se qualifia jamais en dehors de la première ligne durant toute la saison. L'année suivante fut catastrophique, Honda ayant quitté le navire. Williams hérita d'un V8 Judd peu performant, et malgré une 2e place sur la grille de départ du premier Grand Prix, il connut sept abandons lors des sept premières courses. Deuxième sous la pluie devant son public, il se qualifia 2e en Hongrie grâce aux caractéristiques d'un tracé mettant peu en avant la puissance du bloc propulseur. Luttant contre la varicelle, il ne vit pas l'arrivée et manqua les deux courses suivantes, avant de s'illustrer en Espagne avec une 2e place. Frustré par la descente aux enfers de Williams, il céda aux sirènes de Ferrari et rejoignit la Scuderia quelques mois après le décès de son fondateur pour la saison 1989. Les tifosi tombèrent immédiatement sous le charme du panache du Britannique, qu'ils surnommèrent rapidement « Il Leone », le Lion. Le fait de gagner sa première course en rouge fit exploser sa cote de popularité en Italie, mais il connut ensuite quatre abandons à cause de problèmes liés à la nouvelle boîte de vitesses de Ferrari, qui utilisa pour la première fois des palettes derrière le volant. À partir du Grand Prix de France, il enchaîna cinq podiums dont un succès retentissant en Hongrie, après s'être élancé 12e. De nouveau, son jusqu'au-boutisme lui coûta cher au Grand Prix du Portugal. Sanctionné d'un drapeau noir – c'est-à-dire exclu de la course – pour avoir fait une marche arrière dans les stands, il refusa de purger sa peine et resta en piste... pour finalement s'accrocher avec Ayrton Senna quelques tours plus tard. Disqualifié de cette course, il fut également suspendu pour la suivante en Espagne et termina sa saison par deux abandons. Largement dominé par son nouvel équipier Alain Prost en 1990, il connut de nombreux problèmes mécaniques et décida, au soir du Grand Prix de Grande-Bretagne, de mettre un terme à sa carrière. Sa fin de saison fut sauvée par un succès au Portugal, qu'il remporta en bloquant Prost au départ, alors que ce dernier jouait le titre. De quoi tendre les relations entre les deux pilotes. Finalement, Mansell revint sur sa décision et fit son retour chez Williams en 1991. Malgré une très bonne FW14, ses trois abandons lors des trois premières courses compliquèrent ses espoirs de titre. Après une 2e place à Monaco, il se qualifia 2e au Canada et prit le meilleur sur son équipier Riccardo Patrese dès le départ. Intouchable, il mena les 68 premiers tours et, se dirigeant vers une victoire évidente, jugea pertinent de saluer le public avant de passer la ligne d'arrivée. Dans l'épingle du circuit de Montréal, il lâcha le volant, manqua une vitesse et cala, ce qui provoqua la casse de sa boîte de vitesses et offrit la victoire à Piquet. Malgré une fin de saison en trombe, avec cinq victoires et trois autres podiums, il échoua une nouvelle fois dans sa quête de titre et obtint le titre honorifique de vice-champion du monde pour la troisième fois. Heureusement, la consécration arriva en 1992 avec la FW14B. Mansell signa 14 pole positions en 16 courses et remporta neuf victoires, dont cinq pour lancer sa saison. En Grande-Bretagne, il fut porté en triomphe par la foule et, en Hongrie, il scella enfin son premier titre de champion du monde. Frank Williams le remercia en le remplaçant par Prost pour 1993. Mansell s'exila alors aux États-Unis, où il remporta le Championnat CART. En 1994, Williams le réengagea pour quatre courses, mais ce fut en réalité Bernie Ecclestone, patron de la F1, qui manœuvra en coulisse pour qu'il remplace Ayrton Senna, la F1 ayant perdu une de ses figures de proue lors du funeste Grand Prix de Saint-Marin. En fin de saison, il remporta sa dernière victoire en carrière à Adélaïde et signa pour McLaren en 1995. Malheureusement, il ne trouva jamais sa place dans l'exigu cockpit de la monoplace britannique, et avorta son retour, marquant la fin d'une carrière atypique et folklorique.

ANDREA DE CESARIS

Né le 31 mai 1959 à Rome (Italie) et décédé le 5 octobre 2014

Courses :
Canada 1980 – Europe 1994

Équipes :

- Alfa Romeo : Canada 1980 – États-Unis Est 1980
- McLaren : États-Unis Ouest 1981 – Las Vegas 1981
- Alfa Romeo : Afrique du Sud 1982 – Afrique du Sud 1983
- Ligier : Brésil 1984 – Pays-Bas 1985
- Minardi : Brésil 1986 – Australie 1986
- Brabham : Brésil 1987 – Australie 1987
- Rial : Brésil 1988 – Australie 1988
- Dallara : Brésil 1989 – Australie 1990
- Jordan : Brésil 1991 – Australie 1991
- Tyrrell : Afrique du Sud 1992 – Australie 1993
- Jordan : Saint-Marin 1994 – Monaco 1994
- Sauber : Canada 1994 – Europe 1994

Podiums : 5

Pole positions : 1

Meilleurs tours en course : 1

Grands Prix disputés : 208

Andrea De Cesaris montra sa pointe de vitesse dès le karting avec un titre de champion du monde junior. Confirmant ses performances en F3 et en F2, il accéda à la F1 en 1980 pour remplacer Patrick Depailler. Huitième sur la grille pour son premier Grand Prix, il connut deux abandons en deux courses cette année-là. Recruté par McLaren en 1981, il confirma ses bonnes dispositions mais mit en lumière son principal défaut : sa propension à casser des voitures. Il n'endommagea pas moins de 18 châssis, ce qui lui valut le surnom de Andrea De Crasheris et attira les foudres de Ron Dennis, pour qui il avait pourtant couru en F2. De retour chez Alfa Romeo en 1982, il signa sa première pole position mais connut une impressionnante série de 12 abandons et ne marqua aucun point au classement. En 1983, il goûta pour la première fois aux joies du podium avec une 2e place en Allemagne, réitérée en Afrique du Sud. Récupéré par Ligier en 1984, il fut désigné leader du projet et chargé de redresser l'équipe française après une saison blanche. Il entra deux fois dans les points et resta dans l'équipe en 1985, signant une belle 4e place à Monaco. Mais l'agacement de Guy Ligier après plusieurs accidents en début de saison se transforma en colère noire quand, en Autriche, De Cesaris sortit de piste. Plutôt que de relâcher l'accélérateur pour rejoindre l'asphalte, l'Italien garda le pied au plancher dans l'herbe. La JS25 monta sur le talus et s'embarqua dans une impressionnante série de tonneaux dont le pilote sortit indemne. Il fut mis à pied dès le Grand Prix suivant par Ligier, qui n'acceptait plus ses prises de risque insensées. Engagé par l'écurie débutante Minardi en 1986, il ne fit pas de miracle et abandonna 13 fois en 14 Grands Prix disputés. Sa 8e place au Mexique mit fin à une série de 18 abandons consécutifs, un record qu'il s'empressa de battre dès l'année suivante. Recruté par Brabham pour la saison 1987, il fut classé à deux reprises, dont une fois sur le podium en Belgique, mais ne vit pas une seule fois le drapeau à damier lors des 16 courses la saison. Au total, il enchaîna 22 abandons consécutifs jusqu'en 1988, une saison qu'il disputa avec l'écurie Rial Racing. Une miraculeuse 4e place fut le seul moment positif de la saison et, en 1989, il rejoignit Dallara au sein de la BMS Scuderia Italia pour deux saisons. Son podium au Canada vint à point nommé pour faire oublier sa bourde de la course précédente, durant laquelle il avait accroché son équipier Alex Caffi au moment où celui-ci lui prenait un tour. La saison 1990 fut catastrophique, mais il parvint à rebondir dans la nouvelle équipe Jordan en 1991, avec laquelle il entra quatre fois dans les points. Il courut deux saisons chez Tyrrell avec une 4e place comme meilleur résultat et joua les intérimaires en 1994. Il remplaça Eddie Irvine, suspendu chez Jordan, avec une belle 4e position à Monaco, avant d'être appelé par Peter Sauber pour pallier l'absence de Karl Wendlinger, blessé en Principauté. Il entra une fois dans les points au sein de cette équipe et fut mis au courant dans l'été que l'Autrichien devait revenir après le Grand Prix d'Europe. De Cesaris décida de partir en vacances et de mettre un terme à sa carrière. Injoignable durant cette période de retraite, il manqua l'appel de Sauber pour effectuer un retour dans la discipline, Wendlinger n'étant pas remis, et l'on ne vit plus l'Italien sur les circuits.

MIKE THACKWELL

Né le 30 mars 1961 à Auckland (Nouvelle-Zélande)

Courses :
Canada 1980 – Canada 1984

Équipes :
- Tyrrell : Canada 1980
- RAM : Canada 1984

Grands Prix disputés : 2

Fils d'un pilote de course néo-zélandais, Mike Thackwell en remporta quelques-unes en Asie et en Océanie avant de s'exiler en Europe. Dès sa deuxième année sur le Vieux Continent, il accéda à la Formule 1 mais ne disputa qu'une course avec Tyrrell en fin de saison 1980. Il devint le plus jeune pilote à prendre le départ d'un Grand Prix, un record qu'il conserva jusqu'en 2009, avec l'arrivée de Jaime Alguersuari. Sa carrière ne décolla pas malgré un retour en 1984, avec une 24e place en qualifications et un abandon.

BEPPE GABBIANI

Né le 2 janvier 1957 à Piacenza (Italie)

Courses :
États-Unis Ouest 1981 – Belgique 1981

Équipes :
Osella : États-Unis Ouest 1981 – Belgique 1981

Grands Prix disputés : 3

Malgré d'excellents résultats en karting et une carrière honorable en formules de promotion, Giuseppe Gabbiani ne confirma jamais ses bonnes dispositions en Championnat du monde de F1. Appelé par Surtees pour remplacer Vittorio Brambilla en 1980, il ne parvint pas à se qualifier. En 1981, l'écurie Osella lui offrit sa chance, mais il ne se qualifia que trois fois en 15 tentatives et ne vit jamais l'arrivée. Sa carrière au plus haut niveau prit fin au terme de cette saison.

CHICO SERRA

Né le 3 février 1957 à São Paulo (Brésil)

Courses :
États-Unis Ouest 1981 – Monaco 1983

Équipes :
- Fittipaldi : États-Unis Ouest 1981 – Italie 1982
- Arrows : Brésil 1983 – Monaco 1983

Grands Prix disputés : 18

Francisco Adolpho Serra connut un début de carrière suffisamment bon au Brésil pour rejoindre la Grande-Bretagne et son réputé Championnat de F3, qu'il remporta en 1979. Malgré une saison décevante en F2 en 1980, il fut recruté par Emerson Fittipaldi l'année suivante et commença même sa carrière en F1 par une belle 7e place. La suite fut beaucoup moins glorieuse, avec des abandons et des non-qualifications. En 1982, il disputa de nouveau la saison complète et marqua un point en Belgique, le seul de sa carrière. L'équipe disparut au terme de l'année et Chico Serra trouva refuge chez Arrows, grâce à un apport budgétaire qui lui assura quatre courses supplémentaires avant de quitter définitivement la Formule 1.

Gilles Villeneuve (27) et Didier Pironi (28) au GP de Saint-Marin 1981.

SIEGFRIED STOHR

Né le 10 octobre 1952 à Rimini (Italie)

Courses :
Brésil 1981 – Pays-Bas 1981

Équipes :
Arrows : Brésil 1981 – Pays-Bas 1981

Grands Prix disputés : 9

Né d'un père allemand, l'Italien Siegfried Werner Stohr connut un excellent début de carrière en brillant en Formule Italia, en F3 puis en Formule 2. Arrows décida de le recruter en 1981 grâce à ses sponsors, mais il connut quatre non-qualifications, six abandons et trois arrivées, toutes hors des points.

MICHELE ALBORETO

Né le 23 décembre 1956 à Milan (Italie) et décédé le 25 avril 2001

Courses :
Saint-Marin 1981 – Australie 1994

Équipes :
- Tyrrell : Saint-Marin 1981 – Afrique du Sud 1983
- Ferrari : Brésil 1984 – Australie 1988
- Tyrrell : Brésil 1989 – Canada 1989
- Lola : Allemagne 1989 – Portugal 1989
- Arrows : États-Unis 1990 – Japon 1990
- Footwork : États-Unis 1991 – Australie 1992
- Lola : Afrique du Sud 1993 – Portugal 1993
- Minardi : Brésil 1994 – Australie 1994

Victoires : 5
Pole positions : 2
Podiums : 23
Meilleurs tours en course : 5
Grands Prix disputés : 194

Michele Alboreto au Grand Prix des États-Unis 1983.

En parallèle de débuts solides en monoplace, Michele Alboreto disputa des courses en endurance, et participa aux 24 Heures du Mans et aux 6 Heures de Watkins Glen, où ses performances furent remarquées par Ken Tyrrell. Cette ascension atypique lui permit de faire ses débuts en Championnat du monde de F1 dès 1981, dans l'équipe britannique. Au cours d'une saison marquée par un grave manque de fiabilité, il fit ses preuves auprès de son patron qui le prolongea pour une saison de plus. Au volant de la Tyrrell 011 améliorée, il enchaîna de bons résultats en début d'année 1982, dont un premier podium à Saint-Marin, sur le sol italien. Après six courses sans points, il retrouva le top 6 en France puis s'imposa en fin de saison à Las Vegas, bouclant ainsi sa première complète en 7e position. En 1983, la vieillissante 011 peina à sortir du lot, mais parvint à s'imposer à Détroit. Ses performances furent remarquées par Enzo Ferrari, qui vit d'un bon œil l'idée d'amener un Italien chez Ferrari pour viser des succès 100 % transalpins. En 1984, il remporta sa troisième course sous les couleurs de Ferrari et signa trois podiums de plus pour terminer sur le podium du Championnat. Nouvelle coqueluche des tifosi, ravis de voir un Italien briller sous les couleurs du Cheval cabré, Alboreto enchaîna en 1985 avec sa meilleure saison en Formule 1. En pole du premier Grand Prix au Brésil, il termina 2e et enchaîna avec le même résultat au Portugal, puis à Monaco après un abandon à Saint-Marin. Au Canada, il s'imposa à nouveau et monta sur le podium à Détroit et Silverstone. Vainqueur en Allemagne, Alboreto pointa en tête du Championnat juste après la mi-saison, avant un autre podium en Autriche. Malheureusement, sa saison se conclut par cinq abandons sur des pannes mécaniques et il dut concéder le titre à Alain Prost. Après ces deux années très fortes, Alboreto entama son déclin en même temps que Ferrari, qui connut plusieurs saisons difficiles. En 1986, il ne monta qu'une fois sur le podium et termina 9e du Championnat. Ce fut un peu mieux en 1987 avec trois podiums, mais une série de dix abandons l'empêcha de viser un bon résultat final. En 1988, Gerhard Berger le domina nettement et il fut licencié en fin d'année après trois podiums. Son retour chez Tyrrell fut encourageant avec un podium au Mexique mais, sur fond de conflit de sponsoring, il quitta l'équipe pour rejoindre Larrousse en fin de saison, avec des résultats catastrophiques à la clé. Sa fin de carrière se déroula chez Arrows / Footwork, puis chez Lola BMS Scuderia Italia et chez Minardi, avec quelques entrées sporadiques dans les points. Alboreto se tourna ensuite vers l'endurance et remporta les 24 Heures du Mans avec Porsche en 1997. Incorporé au sein du programme Audi, il trouva la mort sur le Lausitzring en 2001 lors d'essais privés.

SLIM BORGUDD

Né le 25 novembre 1946 à Borgholm (Suède)

Courses :
Saint-Marin 1981 – États-Unis Ouest 1982

Équipes :
- ATS : Saint-Marin 1981 – Canada 1981
- Tyrrell : Afrique du Sud 1982 – États-Unis Ouest 1982

Grands Prix disputés : 10

Karl Edward Tommy Borgudd fut certainement plus célèbre pour sa carrière musicale que pour celle en sport automobile. Au cours de cette dernière, son principal fait d'armes fut d'arborer les logos du groupe musical ABBA sur sa monoplace pour essayer de recruter d'autres sponsors. En effet, le Suédois était batteur et proche de Björn Ulvaeus, auteur-compositeur du mythique groupe de disco et participa à des enregistrements avec ABBA. Borgudd se fit remarquer par un bon coup de volant en F3 suédoise, et fut finalement recruté par ATS pour débuter en F1 en 1981. Il marqua un point lors de la deuxième course pour laquelle il parvint à se qualifier, mais connut de nombreux abandons. Tyrrell le recruta pour trois courses en 1982, puis il le remplaça malgré une 7e place au Brésil, ce qui mit un terme à sa carrière en Formule 1.

MIGUEL ÁNGEL GUERRA

Né le 31 août 1953 à Buenos Aires (Argentine)

Courses :
Saint-Marin 1981

Équipes :
Osella : Saint-Marin 1981

Grands Prix disputés : 1

Pilote argentin aux résultats solides en compétitions nationales, Miguel Ángel Guerra tenta le grand saut depuis la Formule 2 SudAm vers le Championnat du monde de F1. Après trois non-qualifications pour Osella, il parvint enfin à prendre le départ à Saint-Marin, mais se cassa une jambe et un bras le lendemain en course et l'on ne le revit pas en Formule 1.

ELISEO SALAZAR

Né le 14 novembre 1954 à Santiago (Chili)

Courses :
Saint-Marin 1981 – États-Unis Ouest 1983

Équipes :
- March : Saint-Marin 1981
- Ensign : Espagne 1981 – Las Vegas 1981
- ATS : Afrique du Sud 1982 – Italie 1982
- RAM March : Brésil 1983 – États-Unis Ouest 1983

Grands Prix disputés : 24

Comme de nombreux pilotes sud-américains, Eliseo Salazar s'exila en Europe après quelques bons résultats de l'autre côté de l'Atlantique.

En Grande-Bretagne, il fit bonne impression et March décida de l'amener en Formule 1 en 1981. Il devint le premier Chilien à piloter en Championnat du monde mais connut une première saison très difficile, avec un seul point inscrit aux Pays-Bas. Recruté par ATS en 1982, il signa son meilleur résultat en F1 à Saint-Marin avec une 5e place, et rentra dans les mémoires collectives en Allemagne, lorsqu'il accrocha Nelson Piquet, qui lui prenait un tour. Furieux, le Brésilien frappa plusieurs fois Salazar, qui avait heureusement encore son casque. Après avoir quitté la F1 dans l'anonymat, le Chilien connut une suite de carrière très éclectique, devenant le seul pilote à avoir disputé à la fois le Grand Prix de Monaco de F1, les 500 Miles d'Indianapolis, les 24 Heures du Mans, une manche du Championnat du monde des rallyes et le Rallye Dakar.

PIERCARLO GHINZANI

Né le 16 janvier 1952 à Riviera d'Adda (Italie)

Courses :
Belgique 1981 – Australie 1989

Équipes :

- Osella : Belgique 1981 – Grande-Bretagne 1985
- Toleman : Autriche 1985 – Australie 1985
- Osella : Brésil 1986 – Australie 1986
- Ligier : Saint-Marin 1987 – Australie 1987
- Zakspeed : Saint-Marin 1988 – Australie 1988
- Osella : Hongrie 1989 – Australie 1989

Grands Prix disputés : 76

Malgré 76 départs en Championnat du monde, Piercarlo Ghinzani ne parvint pas à marquer la Formule 1, et la statistique qui colla le plus à son image fut celle de ses abandons. Il ne vit l'arrivée que 19 courses, ce qui impliqua 75 % d'abandons. Ses débuts en monoplace ne furent pas de tout repos car s'il connut le succès en F3, l'expérience en F2 fut plutôt catastrophique et il se tourna finalement vers l'endurance. Osella repéra l'Italien et décida de lui offrir une première chance en F1, mais il ne se qualifia qu'une fois en deux courses, pour terminer en 13e position. Deux ans plus tard, l'équipe lui redonna sa chance, cette fois avec un programme complet. Il ne parvint à se qualifier que six fois en 14 Grands Prix et ne vit qu'une fois l'arrivée en 11e position. L'année suivante, il émergea du chaos à Dallas pour arracher les deux points de la 5e place, bien qu'il connût 11 abandons. En 1985, le manque de résultats avec Osella le poussa à rejoindre Toleman pour la fin de saison, mais les sept courses avec l'équipe en grande difficulté se soldèrent par sept abandons. De retour avec Osella en 1986, il ne vit le drapeau à damier qu'une fois en 14 qualifications. Ligier le recruta grâce à un accord avec Alfa Romeo pour 1987, mais ce dernier tomba à l'eau avant le début de saison et l'équipe française dut se contenter de moteurs Megatron. Il ne marqua aucun point et entreprit l'aventure Zakspeed en 1988, avec une 14e position comme meilleur résultat. De retour au bercail pour une dernière tentative chez Osella, Ghinzani ne parvint à se qualifier que trois fois dans toute la saison, et il abandonna à chaque fois, avant de mettre fin à sa carrière.

DEREK WARWICK

Né le 27 août 1954 à Alresford (Royaume-Uni)

Courses :
Las Vegas 1981 – Australie 1993

Équipes :

- Toleman : Las Vegas 1981 – Afrique du Sud 1983
- Renault : Brésil 1984 – Australie 1985
- Brabham : Canada 1986 – Australie 1986
- Arrows : Brésil 1987 – Australie 1989
- Lotus : États-Unis 1990 – Australie 1990
- Footwork : Afrique du Sud 1993 – Australie 1993

Podiums : 4

Meilleurs tours en course : 2

Grands Prix disputés : 146

Derek Warwick disputa quelques courses de stock-car avant de passer à la Formule Ford, puis à la Formule 3, où il affronta Nelson Piquet, ce qui lui valut d'être mis en avant en tenant la dragée haute au Brésilien. Convaincant avec Toleman en F2, l'équipe le conserva pour s'engager en Formule 1 en 1981. Après une terrible série de 11 non-qualifications, il y parvint finalement à Las Vegas en fin de saison, avec une 22e place sur la grille et un abandon en course. L'année suivante, il resta chez Toleman et parvint à se qualifier 8e à Saint-Marin, avant d'abandonner en course. Il vit deux fois le drapeau à damier, mais c'est en 1983 que Toleman progressa. Warwick marqua des points pour la première fois avec une 4e place aux Pays-Bas, et il enchaîna avec trois entrées dans les points lors des trois dernières courses de la saison, ce qui poussa Renault à le recruter aux côtés de Patrick Tambay. Pour sa première course avec l'équipe, il mena jusqu'à subir un problème de suspensions à dix tours de l'arrivée. Il monta pour la première fois sur le podium avec une 3e place en Afrique du Sud, puis fit encore mieux en terminant 2e en Belgique. Effectuant sa meilleure saison malgré une fiabilité désastreuse, il monta deux fois de plus sur le podium pour terminer 7e du Championnat. Toujours avec Renault, il connut une saison décevante en 1985 avec seulement trois entrées dans les points. L'équipe française quitta la F1 et Warwick se retrouva sans volant en 1986, avant d'être appelé par Brabham pour remplacer Elio De Angelis, décédé dans un accident au Castellet. Cette étape de sa carrière fut une nouvelle déception, et il se dirigea vers Arrows en 1987, inscrivant trois points. En 1988, le Britannique parvint à terminer quatre fois au pied du podium et il entra dans les points quelques fois en 1989. Ayant trouvé refuge chez Lotus en 1990, Warwick subit une nouvelle saison décevante, avec trois points inscrits et un terrible accident dans la Parabolica de Monza comme moment fort de sa saison. Warwick décida de quitter la F1 et se consacra à l'endurance avec Jaguar puis Peugeot, remportant alors les 24 Heures du Mans en 1992. Il revint une dernière fois en 1993 et termina de nouveau 4e en Hongrie, avant de prendre sa retraite en fin de saison et de se consacrer au BTCC, le supertourisme anglais.

1982

RAUL BOESEL

Né le 4 décembre 1957 à Curitiba (Brésil)

Courses :
Afrique du Sud 1982 – Afrique du Sud 1983

Équipes :
- March : Afrique du Sud 1982 – Las Vegas 1982
- Ligier : Brésil 1983 – Afrique du Sud 1983

Grands Prix disputés : 23

Destiné à l'équitation dans une riche famille de cavaliers, Raul de Mesquita Boesel se tourna vers l'automobile avec des études d'ingénieur, puis en pilotant en tourisme brésilien. Exilé en Grande-Bretagne au début des années 80, il roula en F3 en 1981 et fit le grand saut vers le Championnat du monde de F1 dès 1982 avec March. Cette première année fut émaillée de non-qualifications et d'abandons, et il ne vit que trois fois le drapeau à damier. Ligier le recruta pour la saison 1983 grâce à son sponsor mais il ne marqua aucun point et se tourna vers d'autres disciplines pour la suite de sa carrière.

MANFRED WINKELHOCK

Né le 6 octobre 1951 à Waiblingen (Allemagne) et décédé le 12 août 1985

Courses :
Afrique du Sud 1982 – Allemagne 1985

Équipes :
- ATS : Afrique du Sud 1982 – Pays-Bas 1984
- Brabham : Portugal 1984
- RAM : Brésil 1985 – Allemagne 1985

Grands Prix disputés : 47

Repéré dans des courses de côte au milieu des années 70, Manfred Winkelhock fut soutenu par BMW et envoyé en F2 pour faire ses débuts en monoplace. En 1980, Arrows lui offrit une première chance en F1 mais il ne parvint pas à se qualifier et il dut effectuer une autre saison en Formule 2 avant d'atteindre la F1. Avec le *team* ATS, il fit ses grands débuts au Grand Prix d'Afrique du Sud 1982 puis marqua deux points dès la course suivante avec une 5e place au Brésil. La suite fut malheureusement plus difficile, entre abandons et non-qualifications, mais il sauva sa place en faisant mieux qu'Eliseo Salazar. ATS conserva une seule voiture, équipée d'un moteur BMW, et Winkelhock la pilota. La fiabilité du 4 cylindres turbo fut un vrai problème pendant les deux saisons suivantes, et Winkelhock n'entra pas dans les points. En 1985, il rejoignit l'équipe RAM mais, voyant sa carrière en F1 peiner à décoller, il décida de piloter en parallèle pour le compte de Porsche en endurance. Il y connut bien plus de réussite, sa saison en F1 étant catastrophique. Malheureusement, il fut victime d'un terrible accident et perdit la vie sur le circuit de Mosport.

MAURO BALDI

Né le 31 janvier 1954 à Reggio Emilia (Italie)

Courses :
Brésil 1982 – Saint-Marin 1985

Équipes :
- Arrows : Brésil 1982 – Las Vegas 1982
- Alfa Romeo : Brésil 1983 – Afrique du Sud 1983
- Spirit : Brésil 1984 – Saint-Marin 1985

Grands Prix disputés : 36

Spécialiste de rallye avant de passer sur circuit, Mauro Baldi se fit rapidement remarquer en monoplace et remporta notamment le Grand Prix de Monaco de F3. Sans passer par la F2, il fit ses grands débuts en Championnat du monde chez Arrows en 1982, avec une saison encourageante à la clé, puisqu'il entra dans les points à deux reprises. Recruté par Alfa Romeo en 1983, il entra deux fois dans les points mais l'équipe était à l'époque en pleine crise, et il fut victime de la politique de Benetton, qui arriva en 1984 comme sponsor et refusa d'avoir deux pilotes italiens. Il trouva refuge chez Spirit Racing, mais connut une saison très difficile. Après trois courses en début de saison 1985 avec l'équipe au bord du gouffre, Baldi quitta la F1 pour se consacrer à l'endurance, remportant les 24 Heures du Mans 1994 avec une Dauer 962.

ROBERTO GUERRERO

Né le 16 novembre 1958 à Medellín (Colombie)

Courses :
États-Unis Ouest 1982 – Europe 1983

Équipes :
- Ensign : États-Unis Ouest 1982 – Italie 1982
- Theodore : Brésil 1983 – Europe 1983

Grands Prix disputés : 21

Roberto Guerrero Isaza courut en karting en Colombie avant de se rendre en Grande-Bretagne pour rejoindre l'école de pilotage Jim Russell, et passa par la F3 et la F2 avant d'être engagé par Ensign en Formule 1 en 1982. En 14 courses auxquelles il tenta de participer, il se qualifia à huit reprises mais ne vit qu'une fois le drapeau à damier en 8e position. Passé chez Theodore Racing en 1983, il n'atteignit l'arrivée que quatre fois, sans faire mieux qu'une 12e position. Il s'exila ensuite aux États-Unis et remporta deux victoires en CART, ainsi qu'une 2e place à l'Indy 500.

TEO FABI

Né le 9 mars 1955 à Milan (Italie)

Courses :
Saint-Marin 1982 – Australie 1987

Équipes :
- Toleman : Saint-Marin 1982 – Italie 1982
- Brabham : Brésil 1984 – Europe 1984
- Toleman : Monaco 1985 – Australie 1985
- Benetton : Brésil 1986 – Australie 1987

Podiums : 2

Pole positions : 3

Meilleurs tours en course : 2

Grands Prix disputés : 64

Teodorico Fabi multiplia les formules de promotion avant d'atteindre la F1, allant jusqu'à rouler en Can-Am. Toleman lui offrit sa première chance en Championnat du monde, mais en 1982, il ne termina qu'une course sans pour autant être classé, à huit tours du vainqueur. Mal vu par les autres pilotes pour ne pas avoir soutenu la grève de Kyalami lors du conflit mettant en jeu la Superlicence, il s'exila outre-Atlantique en 1983, il signa une pole position retentissante à l'Indy 500 et fut nommé vice-champion pour sa première saison. En 1984, il continua en CART mais fut aussi appelé par Brabham en F1 et courut dans les deux Championnats en parallèle. Il signa à Détroit son premier podium en F1 et connut de bons résultats, mais aussi de nombreux abandons. De retour avec Toleman en 1985, il créa la surprise avec une pole position en Allemagne mais abandonna 12 des 13 courses auxquelles il participa. L'équipe devint Benetton et Fabi continua à la représenter. Prouvant sa belle pointe de vitesse avec deux autres pole positions, il connut notamment une série de dix abandons et fut totalement dominé par Gerhard Berger. En 1987, il subit le même sort face à Thierry Boutsen, non sans être monté une deuxième fois sur le podium en Autriche.

RICCARDO PALETTI

Né le 15 juin 1958 à Milan (Italie) et décédé le 13 juin 1982

Courses :
Saint-Marin 1982 – Canada 1982

Équipes :
Osella : Saint-Marin 1982 – Canada 1982

Grands Prix disputés : 2

À l'âge de 19 ans, Riccardo Paletti fit ses débuts en monoplace et disputa une saison en F3 et deux saisons en Formule 2, avant de rejoindre la Formule 1 en 1982 chez Osella. Lors des sept premières courses, il ne se qualifia qu'à deux reprises et abandonna à chaque fois. Au Canada, il parvint de nouveau à se qualifier mais percuta au départ la Ferrari de Didier Pironi qui avait calé. Sa monoplace s'embrasa, et Paletti fut tué dans l'accident à 23 ans seulement.

TOMMY BYRNE

Né le 6 mai 1958 à Drogheda (Royaume-Uni)

Courses :
Autriche 1982 – Las Vegas 1982

Équipes :
Theodore : Autriche 1982 – Las Vegas 1982

Grands Prix disputés : 2

Thomas Byrne quitta son Irlande natale pour rejoindre l'Angleterre et rouler en F3 britannique, où il fut champion dès sa première saison. Durant la même année 1983, il effectua un test très prometteur avec McLaren mais Theodore Racing l'engagea entre-temps pour la fin de saison. Il ne se qualifia que deux fois en cinq tentatives et abandonna à deux reprises, ce qui le laissa sans volant pour 1983.

1983

JOHNNY CECOTTO

Né le 25 janvier 1956 à Caracas (Venezuela)

Courses :
Brésil 1983 – États-Unis 1984

Équipes :
- Theodore : Brésil 1983 – Italie 1983
- Toleman : Brésil 1984 – États-Unis 1984

Grands Prix disputés : 18

Alberto Cecotto Persello fut un des derniers pilotes à courir à moto et en voiture au plus haut niveau. Champion du monde sur deux roues, il se tourna vers le sport automobile à 24 ans en Formule 2, et ses bonnes performances lui valurent un volant chez Theodore Racing en 1983. Le Vénézuélien marqua un point dès sa deuxième course, mais ce fut son seul en carrière. La suite fut compliquée, marquée par plusieurs non-qualifications et la disparition de l'équipe en fin d'année, et il s'engagea avec Toleman en 1984. Avec huit abandons en neuf courses, il connut un début de saison très difficile, et il fut victime d'un grave accident à Silverstone, dans lequel il se brisa les jambes, ce qui mit un terme à sa carrière en Championnat du monde.

CORRADO FABI

Né le 12 avril 1961 à Milan (Italie)

Courses :
Brésil 1983 – États-Unis 1984

Équipes :
- Osella : Brésil 1983 -Afrique du Sud 1983
- Brabham : Monaco 1984 – États-Unis 1984

Grands Prix disputés : 12

Petit frère de Teo, Corrado Fabi se passionna lui aussi pour le sport automobile après avoir découvert le karting. Récupérant les anciennes monoplaces de son frère à mesure que celui-ci avançait dans les catégories, Corrado parvint à réaliser plusieurs belles courses au volant d'une F3. Son titre de champion d'Europe de Formule 2 en 1982 lui ouvrit les portes de la Formule 1, mais pas chez Brabham comme il l'espérait après des séances d'essais avec l'équipe. Osella le recruta, sans qu'il parvienne à se mettre en valeur, entre non-qualifications et abandons qui l'empêchèrent de voir un drapeau à damier avant l'été. En 1984, il parvint enfin à rouler pour Brabham, remplaçant son frère quand celui-ci privilégiait le CART. Mais une 7e place comme meilleur résultat ne fut pas suffisante pour continuer à piloter en catégorie reine.

DANNY SULLIVAN

Né le 9 mars 1950 à Louisville (États-Unis)

Courses :
Brésil 1983 – Afrique du Sud 1983

Équipes :
Tyrrell : Brésil 1983 – Afrique du Sud 1983

Grands Prix disputés : 15

Daniel John Sullivan III fut plus célèbre sur ses terres qu'en Europe, ayant réussi une carrière bien plus prolifique en CART qu'en Formule 1. Mais l'Américain chercha d'abord à percer en Europe, sans succès. Exilé en Nouvelle-Zélande, il revint ensuite aux États-Unis pour rouler en Can-Am et en CART. Bénéficiant de la volonté de Benetton de placer un Américain chez Tyrrell, Sullivan n'entra qu'une fois dans les points et fut dominé par Michele Alboreto. Il retourna outre-Atlantique et remporta les 500 Miles d'Indianapolis, puis le Championnat CART.

THIERRY BOUTSEN

Né le 13 juillet 1957 à Bruxelles (Belgique)

Courses :
Belgique 1983 – Belgique 1993

Équipes :
- Arrows : Belgique 1983 – Australie 1986
- Benetton : Brésil 1987 – Australie 1988
- Williams : Brésil 1989 – Australie 1990
- Ligier : États-Unis 1991 – Australie 1992
- Jordan : Europe 1993 – Belgique 1993

Victoires : 3
Pole positions : 1
Podiums : 15
Meilleurs tours en course : 1
Grands Prix disputés : 163

Féru d'automobile, Thierry Boutsen se dirigeait vers une carrière d'ingénieur quand il eut l'occasion de prendre le volant d'une Formule Ford. Grâce à ses performances, il passa en F3 puis en Formule 2, l'amenant jusqu'à la Formule 1 en 1983. C'est avec Arrows qu'il débuta, et il passa près de marquer des points durant deux de ses trois premières courses. L'équipe britannique le conserva en 1984 et il rentra dans les points dès la première épreuve, avant de terminer 5e à Saint-Marin et sur l'Österreichring. À Saint-Marin, il signa son premier podium en 1985, une saison durant laquelle il rentra à quatre reprises dans les points. Sa saison 1986 au volant de la vieillissante A8, peu rapide et peu fiable, le poussa à quitter l'équipe pour Benetton, jeune écurie qui avait gagné sa première course l'année précédente. Plusieurs bons résultats vinrent garnir cette saison, jusqu'à un podium en fin d'année au Grand Prix d'Australie. Il fit encore mieux en 1988 avec un total de cinq podiums et la 4e place du Championnat grâce à une très belle régularité. Meilleur pilote équipé d'un moteur atmosphérique, il remporta le trophée Colin Chapman, qui récompensait le pilote le plus rapide à ne pas avoir de turbo dans sa monoplace. Ses performances lui ouvrirent les portes de Williams en 1989, où il remplaça Nigel Mansell et connut enfin les joies de la victoire. Il remporta son premier Grand Prix au Canada, et réitéra en Australie en fin d'année mais un manque de régularité le fit terminer seulement 5e au classement. En 1990, il prit le meilleur sur Riccardo Patrese et remporta une nouvelle victoire. Malheureusement, le retour de Mansell lui coûta sa place chez Williams, l'équipe anglaise lui préférant Patrese, et l'obligea à trouver refuge chez Ligier, où Renault le plaça, sans pouvoir fournir de moteur à l'équipe française à cause d'un contrat d'exclusivité avec Williams. Avec la JS35 à V12 Lamborghini, il ne marqua aucun point de la saison et espéra du mieux l'année suivante, lorsque Renault put enfin placer son V10 dans la JS37. Après une saison tout aussi difficile, les deux points inscrits par Boutsen en Australie ne furent pas suffisants pour lui remonter le moral. Il tenta de relever un dernier défi chez Jordan en 1993, sans succès, et mit un terme à sa carrière après un abandon devant son public, en Belgique. Boutsen se tourna ensuite vers l'endurance avec Peugeot et Porsche, et il monta sur le podium des 24 Heures du Mans à trois reprises.

STEFAN JOHANSSON

Né le 8 septembre 1956 à Vaxjo (Suède)

Courses :
Grande-Bretagne 1983 – Canada 1991

Équipes :
- Spirit : Grande-Bretagne 1983 – Europe 1983
- Tyrrell : Grande-Bretagne 1984 – Pays-Bas 1984
- Toleman : Italie 1984 – Portugal 1984
- Tyrrell : Brésil 1985
- Ferrari : Portugal 1985 – Australie 1986
- McLaren : Brésil 1987 – Australie 1987
- Ligier : Brésil 1988 – Australie 1988
- Onyx : Mexique 1989 – Portugal 1989
- Footwork : Canada 1991

Podiums : 12

Grands Prix disputés : 79

Stefan Johansson fit ses débuts en monoplace en Grande-Bretagne. C'est de cette manière qu'il se mit en valeur, au point d'avoir sa chance en F1 avec Shadow, mais il ne se qualifia pas lors des deux tentatives qu'il effectua. Après deux saisons en F2, il fit sa deuxième tentative en Championnat du monde, cette-fois avec Spirit Racing. Alors qu'il n'avait pas de contrat en début d'année 1984, et ayant d'abord joué les remplaçants pour Tyrrell, il marqua ses premiers points en courant au nom d'Ayrton Senna chez Toleman, obtenant une 4ᵉ place à Monza. En difficulté sur le plan contractuel avec l'absence de Toleman, il courut avec Tyrrell au Brésil avant d'être appelé par Ferrari pour remplacer René Arnoux, limogé en début de saison. À Montréal puis à Détroit, il signa ses deux premiers podiums en F1 en terminant 2ᵉ. Grâce à plusieurs entrées dans les points en fin d'année, il prolongea chez Ferrari en 1986 et monta à quatre reprises sur le podium pour terminer 5ᵉ du Championnat. Tenant la dragée haute au vice-champion en titre, Michele Alboreto, il tenta l'aventure McLaren quand Ron Dennis lui proposa de faire équipe avec Alain Prost. Deuxième en Belgique et en Allemagne, 3ᵉ en Espagne et au Japon, il ne parvint pas à tenir la cadence du Français au cours d'une saison marquée par son accident en Autriche, au cours duquel il percuta un cerf. Heureux de ne s'être cassé que deux côtes dans cet incident qui aurait pu entraîner des conséquences bien pires, il dut laisser sa place en fin d'année à Senna et trouva refuge chez Ligier, alors en pleine perte de vitesse. En 1989, il tenta de se relancer chez Onyx, propriété du fantasque Jean-Pierre van Rossem et de son entreprise pyramidale Moneytron. À la surprise générale, il monta sur le podium au Portugal, mais ce fut la fin de sa carrière en F1. Il remporta toutefois les 24 Heures du Mans en 1997.

JONATHAN PALMER

Né le 7 novembre 1956 à Londres (Royaume-Uni)

Courses :
Europe 1983 – Japon 1989

Équipes :
- Williams : Europe 1983
- RAM : Brésil 1984 – Portugal 1984
- Zakspeed : Portugal 1985 – Australie 1986
- Tyrrell : Brésil 1987 -Japon 1989

Podiums : 1

Grands Prix disputés : 83

Médecin avant de se tourner vers la carrière de pilote, Jonathan Palmer se lança en Formule Ford puis en Formule 3 puis en F2, où il impressionna le paddock. En 1983, Williams le fit débuter au plus haut niveau en fin d'année et il vit l'arrivée du Grand Prix d'Europe, ce qui lui permit d'obtenir son premier contrat de titulaire avec RAM en 1984. En 1985, il changea d'équipe et rejoignit la modeste Zakspeed, dans laquelle il enregistra sept abandons en huit courses. En parallèle, il roula en endurance et termina 2e des 24 Heures du Mans avant de subir un accident à Spa-Francorchamps qui mit un terme à sa saison. L'année suivante, il revint chez Zakspeed mais ne parvint pas à inscrire des points. C'est en rejoignant Tyrrell en 1987 qu'il décrocha enfin ses premiers points avec une 5e place à Monaco. Il réitéra ce résultat en Allemagne, avant de boucler la saison par une 4e position en Australie. En 1988, il décrocha plusieurs accessits en début d'année avant de subir de nombreux abandons en fin de saison. L'année suivante, il fut battu par le débutant Jean Alesi, ce qui marqua la fin de sa carrière. Essayeur chez McLaren, il manqua de peu d'être titulaire quand la Superlicence d'Ayrton Senna fut suspendue, au point d'être inscrit sur la liste des engagés pour 1990 avant que Senna ne s'excuse et récupère son droit d'entrée.

KENNY ACHESON

Né le 27 novembre 1957 à Cookstown (Royaume-Uni)

Courses :
Afrique du Sud 1983 – Italie 1985

Équipes :
RAM : Afrique du Sud 1983 – Italie 1985

Grands Prix disputés : 3

C'est en brillant sur ses terres, en Irlande du Nord, que Kenneth Acheson s'ouvrit les portes de la F2, puis de la F1, remplaçant Eliseo Salazar chez RAM March. Non-qualifié à six reprises, il y parvint enfin au Grand Prix d'Afrique du Sud 1983 avec une 12e place comme résultat. Après une année sans volant, il pilota chez RAM en 1985 mais ne se qualifia que deux fois sans voir l'arrivée. Ce fut la fin de sa carrière en Championnat du monde, après quoi il se fit encore remarquer par trois podiums aux 24 Heures du Mans.

PHILIPPE ALLIOT

Né le 27 juillet 1953 à Voves (France)

Courses :
Brésil 1984 – Belgique 1994

Équipes :
- RAM : Brésil 1984 – Europe 1985
- Ligier : Allemagne 1986 – Australie 1986
- Lola : Saint-Marin 1987 – Australie 1989
- Ligier : Brésil 1990 – Australie 1990
- Larrousse : Afrique du Sud 1993 – Portugal 1993
- McLaren : Hongrie 1994
- Larrousse : Belgique 1994

Grands Prix disputés : 109

Comme de nombreux pilotes français de l'époque, Philippe Alliot fut le gagnant d'un concours pour accéder à la monoplace, en l'occurrence le Volant Motul. Formule Renault, F3, F2 : Alliot connut une ascension logique et, en parallèle, monta sur le podium des 24 Heures du Mans en 1983. L'année suivante, RAM Racing lui offrit ses débuts en F1, mais ceux-ci furent très difficiles, avec seulement quatre arrivées en 30 engagements. Après le retrait de l'équipe, il dut faire un retour en arrière et revenir en F3000, jusqu'à être appelé par Guy Ligier en Allemagne pour remplacer Jacques Laffite, blessé à Brands Hatch. Alliot entra dans les points au Mexique et décrocha un volant chez Larrousse en 1987. Il entra à trois reprises dans les points et continua sous les mêmes couleurs en 1988, pour une saison sans points, marquée par un terrible accident au Grand Prix du Mexique, duquel le Français sortit indemne. Stagnant dans le ventre mou du peloton, avec un seul point en 1989, Alliot décida de quitter la Formule 1 pour s'engager en endurance avec Peugeot, Jean Todt l'ayant appelé pour travailler sur le projet 905. Sur le podium des 24 Heures du Mans en 1992, il revint en Championnat du monde de F1 en 1993 et signa son meilleur résultat avec une 5e place à Saint-Marin, tout en terminant de nouveau 3e dans la Sarthe. Pilote essayeur pour McLaren en 1994, il parvint à rouler en Hongrie en remplacement de Mika Häkkinen, sans voir l'arrivée. À Spa-Francorchamps, il disputa sa dernière course de Formule 1 avec Larrousse, et conclut sa carrière par un abandon.

STEFAN BELLOF

Né le 20 novembre 1957 à Giessen (Allemagne) et décédé le 1er septembre 1985

Courses :
Brésil 1984 – Pays-Bas 1985

Équipes :
Tyrrell : Brésil 1984 – Pays-Bas 1985

Grands Prix disputés : 20

Fils de pilote de rallye, Stefan Bellof se fit remarquer dès le karting et connut une ascension fulgurante en monoplace, au point de refuser une première fois un volant en F1.

Le célèbre casque de Stefan Bellof en 1984.

Il se tourna d'abord vers l'endurance où il enchaîna plusieurs victoires, et se distingua en signant le record absolu sur la Nordschleife au volant d'une Porsche 956, une performance qui tiendra jusqu'en 2018. En 1984, il s'engagea avec Tyrrell pour faire ses débuts en Formule 1, puis se fit remarquer à Monaco en survolant la concurrence, pourtant représentée par Alain Prost et Ayrton Senna devant lui. Il monta ensuite sur le podium dans des conditions dantesques. Malheureusement, ses résultats furent annulés après qu'une infraction technique fut découverte, l'équipe anglaise parvenant à faire courir ses voitures sous le poids minimum avant de rajouter des billes de plomb en fin de course. Toujours chez Tyrrell en 1985, Bellof marqua ses premiers points officiels au Portugal, de nouveau sous la pluie, et réitéra aux États-Unis avec une 4e place. Malheureusement, lors des 1 000 kilomètres de Spa, il fut victime d'un accident dans le Raidillon de l'Eau Rouge et fut tué sur le coup, sous les yeux de son équipier et ami Thierry Boutsen, qui avoua plus tard qu'il mit « des années à [s]'en remettre ».

MARTIN BRUNDLE

Né le 1er juin 1959 à King's Lynn (Royaume-Uni)

Courses :
Brésil 1984 – Japon 1996

Équipes :
- Tyrrell : Brésil 1984 – Australie 1986
- Zakspeed : Brésil 1987 – Australie 1987
- Williams : Belgique 1988
- Brabham : Brésil 1989 – Japon 1991
- Benetton : Afrique du Sud 1992 – Australie 1992
- Ligier : Afrique du Sud 1993 – Australie 1993
- McLaren : Brésil 1994 – Australie 1994
- Ligier : Espagne 1995 – Australie 1995
- Jordan : Australie 1996 – Japon 1996

Podiums : 9

Grands Prix disputés : 158

Martin Brundle se fit remarquer en affrontant Ayrton Senna en F3 britannique en 1983, et parvint à atteindre le Championnat du monde de F1 dès l'année suivante. Il débuta chez Tyrrell en 1984, l'année où l'équipe fut disqualifiée pour avoir roulé sous le poids minimum pendant la majeure partie des courses. Il perdit le bénéfice de sa 5e place pour ses débuts et du podium enregistré à Détroit. Brundle ne vit pas la fin de saison à cause d'un accident dans lequel il se brisa les jambes puis revint l'année suivante dans la même équipe, sans inscrire le moindre point. En 1986, il marqua officiellement ses premiers et termina sa saison par une 4e place, mais il ne trouva pas mieux qu'un volant chez Zakspeed pour 1987. Lassé de résultats en berne, il disputa en 1988 le Championnat du monde de sport prototype avec Jaguar. Williams l'appela pour remplacer Nigel Mansell au Grand Prix de Belgique et il termina à la porte des points. Il fit son retour en F1 avec Brabham en 1989 mais ne marqua qu'à trois reprises, ce qui le poussa à quitter la monoplace une nouvelle fois pour retrouver l'endurance. Un choix inspiré, puisqu'il remporta les 24 Heures du Mans 1990, mais l'appel de la Formule 1 fut plus fort et il retourna chez Brabham en 1991. Malgré l'impossibilité de se mettre en valeur avec le V12 Yamaha qui équipait la BT60Y, il put rejoindre Benetton en 1992. Battu par Michael Schumacher, il entra toutefois dans les points à chaque fois qu'il vit l'arrivée, montant sur son premier podium officiel en France. Au total, il termina cinq fois dans les trois premiers, mais Flavio Briatore le congédia, déçu qu'il n'ait pas pu se mesurer à son équipier. L'Italien avoua plus tard que c'était une erreur, Brundle ayant été l'équipier le plus solide face à Schumacher. En 1993, le Britannique trouva refuge chez Ligier après avoir manqué une place chez Williams, et il monta sur le podium à Saint-Marin. McLaren le recruta en 1994 et, malgré de nombreux abandons liés à la fiabilité, Brundle termina 2ᵉ à Monaco, puis 3ᵉ en Australie. De nouveau, il ne fut pas retenu par son équipe pour l'année suivante et revint chez Ligier, qui lui fit partager le volant d'une JS41 avec Aguri Suzuki, placé par Mugen Honda. Brundle termina 3ᵉ derrière Schumacher et Damon Hill en Belgique, dans des conditions changeantes. Ce fut son dernier podium en Formule 1, puisqu'il disputa une dernière saison chez Jordan en 1996, avant de tirer sa révérence et de devenir commentateur.

FRANÇOIS HESNAULT

Né le 30 décembre 1956 à Neuilly-sur-Seine (France)

Courses :
Brésil 1984 – Allemagne 1985

Équipes :
- Ligier : Brésil 1984 – Portugal 1984
- Brabham : Brésil 1985 – Saint-Marin 1985
- Renault : Allemagne 1985

Grands Prix disputés : 19

Fils d'un riche industriel, François Hesnault possédait toutefois un bon coup de volant, notamment en F3, et Elf l'aida à atteindre la F1 avec Ligier, au cours d'une saison marquée par de nombreux abandons. Sa 7ᵉ place aux Pays-Bas fut son meilleur résultat en carrière. En 1985, Brabham le recruta pour seconder Nelson Piquet mais un énorme accident en essais privés au Castellet, dans le virage où Elio de Angelis perdra la vie un an plus tard, mit un terme à sa saison. Dans ce carrambolage, Hesnault craignit pour sa vie après avoir passé plusieurs minutes coincé dans sa voiture. Il disputa une dernière course pour Renault en Allemagne la même année, lors de laquelle il étrenna un système inédit de caméra embarquée diffusée à la télévision. Le Français ne revint jamais en compétition.

AYRTON SENNA

Né le 21 mars 1960 à São Paulo (Brésil) et décédé le 1er mai 1994

Courses :
Brésil 1984 – Saint-Marin 1994

Équipes :
- Toleman : Brésil 1984 – Portugal 1984
- Lotus : Brésil 1985 – Australie 1987
- McLaren : Brésil 1988 – Australie 1993
- Williams : Brésil 1994 – Saint-Marin 1994

Champion du monde :
1988 – 1990 – 1991

Victoires : 41

Pole positions : 65

Podiums : 80

Meilleurs tours en course : 19

Grands Prix disputés : 161

Ayrton Senna dans le garage de l'équipe McLaren.

Né dans une famille aisée du Brésil, Ayrton Senna da Silva monta dans un karting pour la première fois à l'âge de quatre ans. Champion d'Amérique du Sud dans la discipline à l'âge de 17 ans, puis quadruple champion au Brésil, il s'exila en Grande-Bretagne pour entamer un parcours en monoplace. Malgré de bons résultats, il mit sa carrière en pause pour reprendre des études d'économie, avant de revenir derrière un volant en 1982. L'année suivante, grâce à de bons résultats en F3, Senna obtint un premier test en Formule 1 avec la prestigieuse équipe Williams. Mais c'est avec Toleman qu'il fit ses débuts en Championnat du monde en 1984 et ne tarda pas à se faire remarquer en marquant des points dès sa deuxième course. Lors du célèbre Grand Prix de Monaco, marqué par un déluge qui mit fin à la course de manière prématurée, il afficha un rythme impressionnant en reprenant environ deux secondes au tour à Prost, mais le drapeau rouge le priva d'un premier succès au plus haut niveau. Sa deuxième place entra dans la légende et Senna ajouta deux podiums à son jeune palmarès et à celui de Toleman, qui n'en signa aucun autre. Peter Warr ne laissa pas passer l'occasion de proposer un bien meilleur volant au Brésilien qui signa chez Lotus en 1985. Après un abandon devant son public pour la manche d'ouverture, il signa un *hat trick* dès la course suivante. Après s'être élancé en pole position pour la première fois de sa carrière, il gagna l'épreuve et signa le meilleur tour en course le lendemain, de nouveau dans des conditions dantesques, confirmant ses bonnes dispositions sur piste mouillée. Derrière l'arrivée, il s'accrocha avec Gérard Ducarouge, son directeur technique (qui le surnommait « Magic »). Celui-ci lui avait demandé d'être prudent, alors que Senna roulait trois secondes au tour plus vite que ses poursuivants. « On ne demande jamais à un pilote de ralentir, c'est dangereux », lança-t-il au Français. En parallèle, il montra sa capacité à être le plus rapide sur un tour, puisqu'il signa deux autres pole positions consécutives à celle d'Estoril, mais connut une série d'abandons et de mauvaises performances. En fin de saison, il enchaîna cinq podiums dont un deuxième succès – encore sous la pluie – lors du Grand Prix de Belgique, avant de connaître deux abandons qui l'empêchèrent de viser la place de vice-champion du monde.

Ayrton Senna prend part à son dernier Grand Prix du Brésil en 1994.

Selon lui, la pluie faisait apparaître les disparités entre les pilotes, permettant des performances uniques : « Vous ne pouvez pas dépasser 15 voitures quand il y a du soleil, mais vous le pouvez quand il pleut », dira-t-il plus tard. En 1986, toujours au volant d'une Lotus Renault, il s'élança huit fois en pole positions et monta huit fois sur le podium, dont deux sur la plus haute marche. En 1987, sous les couleurs d'un autre cigarettier et surtout avec un V6 turbo Honda à la place du Renault, Senna fit preuve d'une régularité similaire avec huit podiums supplémentaires. Parmi ceux-ci, il y eut deux victoires, dont sa première à Monaco, trois ans après le succès manqué sous la pluie. En revanche, il ne fit qu'une pole position dans la saison mais termina l'année à la 3e place avant de rejoindre McLaren, une écurie alors soudée autour d'Alain Prost. Flairant le bon coup en alignant deux des pilotes les plus cotés du paddock, Ron Dennis fit aussi venir Honda chez McLaren, alors que le motoriste avait déjà un lien particulier avec Senna. Les résultats bruts de cette année lui donnèrent raison puisque l'équipe remporta 15 des 16 courses de la saison, dont huit succès pour le Brésilien, qui signa également 13 pole positions. Il fut disqualifié au Brésil pour avoir pris sa voiture de réserve après que la procédure de départ avait été enclenchée; il gagna ensuite à Saint-Marin. À Monaco, au lendemain d'un tour de qualification légendaire, au cours duquel il avoua avoir couru sans en avoir conscience et fit la pole position avec 1,4 seconde d'avance sur Prost, il se dirigeait vers un succès acquis lorsque Ron Dennis lui demanda de lever le pied pour assurer la victoire. Respectant involontairement son précepte selon lequel on ne demandait pas à un pilote de ralentir, il écrasa sa MP4/4 contre les glissières de la Principauté. Il enchaîna ensuite huit podiums consécutifs, dont six succès. Il était en course pour en ajouter un à Monza lorsqu'il fut accroché par Jean-Louis Schlesser, à qui il prenait un tour. Comme un signe du destin, cela offrit le doublé à Ferrari sur ses terres, quelques jours après le décès d'Enzo Ferrari : tout un symbole. Malgré deux courses plus délicates après cela, il décrocha enfin sa première couronne mondiale devant Prost, McLaren devenant championne du monde parmi les constructeurs. Le pari de Dennis avait payé, notamment grâce à la redoutable monoplace de Gustav Brunner, mais la situation se retourna rapidement contre McLaren. Avec la lutte qui les opposait, des tensions naquirent entre Senna et Prost, ce dernier accusant Honda de favoriser le Brésilien : « Je suis un pilote McLaren qui dispose d'un moteur

Honda, tandis que Senna est un pilote Honda disposant d'une McLaren», déclara-t-il, tout en ajoutant qu'il ne pouvait pas «vivre positivement» cette situation. Une situation qui s'envenima définitivement à Saint-Marin, quand Senna attaqua Prost au premier virage du deuxième départ, alors que des consignes demandaient aux deux pilotes de ne pas tenter de manœuvre l'un contre l'autre. Malgré une réunion organisée par Dennis pour apaiser les tensions, l'ambiance devint rapidement invivable, Senna refusant de parler à Prost, qui avait révélé dans les médias que son équipier avait pleuré lors de la réunion. Après six victoires et avec un total de 13 pole positions à nouveau, Senna était toujours en lice pour le titre mondial malgré un été catastrophique durant lequel il connut quatre abandons consécutifs. Au Japon, Prost ferma la porte – et assuma cette manœuvre a posteriori – lorsque Senna tenta de le dépasser et les deux McLaren s'accrochèrent. Le Brésilien put reprendre la course et s'imposer, mais la FIA le disqualifia pour ne pas avoir respecté la procédure de retour en piste à la chicane, qui imposait qu'il revienne sur ses pas pour ne pas couper le virage et ainsi parcourir le kilométrage complet de la course. Outré par cette décision, qu'il attribua à la nationalité du président de la Fédération, Jean-Marie Balestre, Senna pensa raccrocher le casque et les gants, avant de revenir sur sa décision grâce au soutien de McLaren et Honda. De son côté, Prost ne pouvait plus travailler avec lui et décida de rejoindre Ferrari pour la saison 1990. Mais la rivalité ne s'arrêta pas – bien au contraire –, les deux monoplaces étant d'un niveau similaire. Lors des cinq premières courses, Senna signa quatre pole positions et trois victoires, puis s'élança six fois de plus depuis la pole dans la saison et gagna trois autres courses. Au Japon, le Brésilien signa la pole position mais celle-ci se trouvant du côté sale de la piste, il demanda un changement de côté pour s'élancer à l'extérieur, sur la partie propre de l'asphalte. Balestre s'y opposa malgré l'accord des organisateurs, et au départ, le Brésilien manqua de traction, comme il le craignait. Dépassé par Prost dans la ligne droite menant au premier virage, Senna harponna volontairement son rival et s'assura ainsi un deuxième titre mondial. Cela marqua une rupture définitive entre les deux hommes, Senna rejetant la faute sur Prost et déclarant : «Cet accrochage a remis les choses à leur place après l'injustice de 1989.» En réalité, Ron Dennis révéla que son pilote était «en conflit avec lui-même» après cet accident. Un an plus tard, Senna révéla qu'il avait fait cela en réponse aux «décisions stupides» de Balestre. En 1991, Magic débuta sa saison par quatre pole positions et quatre victoires, et n'eut guère d'opposition jusqu'en fin de saison pour remporter sa troisième couronne. Les saisons 1992 et 1993 furent plus délicates avec McLaren, mais il ajouta tout de même huit succès et deux pole positions à son palmarès avant de rejoindre Williams, pour qui il remplaça Prost. Les deux hommes s'étaient réconciliés au terme de l'année précédente, et Senna s'avéra être le pilote le plus rapide sur un tour en début d'année 1994. Il signa trois pole positions mais avait abandonné à deux reprises lors des deux premières courses. Vint ensuite le Grand Prix de Saint-Marin, à Imola, où Senna fut victime d'un accident alors qu'il dominait la course. Touché à la tête par une pièce de suspension, il décéda à l'hôpital quelques heures plus tard. Le Brésil décréta un deuil national de trois jours, et ses funérailles attirèrent plusieurs centaines de milliers de ses compatriotes. Sa sœur Viviane déclara : «Lorsqu'il accélérait, des millions de cœurs battaient pour lui.» Ce jour-là, le Brésil tout entier s'arrêta pour rendre hommage à son champion disparu.

JO GARTNER

Né le 24 janvier 1954 à Vienne (Autriche) et décédé le 1er juin 1986

Courses :
Saint-Marin 1984 – Portugal 1984

Équipes :
Osella : Saint-Marin 1984 – Portugal 1984

Grands Prix disputés : 8

Comme beaucoup de pilotes autrichiens dans les années 80, Josef Gartner débuta sa carrière en Super Vee, avec des résultats qui lui ouvrirent les portes de la F3. En Formule 2, il peina davantage à trouver son rythme et tenta en parallèle de se lancer en endurance. Osella le recruta en Formule 1 en cours de saison 1984 et après plusieurs abandons, il termina 5e en Italie, sans pouvoir profiter des points obtenus, car l'équipe n'avait officiellement inscrit qu'une voiture. En 1985, il ne trouva pas de volant et se tourna de nouveau vers l'endurance, mais il décéda bientôt dans un accident lors des 24 Heures du Mans 1986.

HUUB ROTHENGATTER

Né le 8 octobre 1954 à Bussum (Pays-Bas)

Courses :
Canada 1984 – Australie 1986

Équipes :
- Spirit : Canada 1984 – Italie 1984
- Osella : Allemagne 1985 – Australie 1985
- Zakspeed : Saint-Marin 1986 – Australie 1986

Grands Prix disputés : 25

Arrivé tardivement en sport automobile, Hubertus Rothengatter évolua d'abord aux Pays-Bas avant de s'engager en Championnat d'Europe de F3, puis de F2. Grâce à ses soutiens financiers, il s'engagea avec Spirit Racing pour faire ses débuts en F1 en 1984. Il ne termina que deux courses puis fut recruté par Osella en 1985. Sa 7e place en Australie fit office d'exploit compte tenu des performances de la FA1G. Zakspeed le recruta pour la saison 1986 mais en 14 courses, sa meilleure qualification fut une 23e place, et il ne vit l'arrivée qu'une fois, ce qui marqua la fin de sa carrière.

GERHARD BERGER

Né le 27 août 1959 à Worgl (Autriche)

Courses :
Autriche 1984 – Europe 1997

Équipes :
- ATS : Autriche 1984 – Portugal 1984
- Arrows : Brésil 1985 – Australie 1985
- Benetton : Brésil 1986 – Australie 1986
- Ferrari : Brésil 1987 – Australie 1989
- McLaren : États-Unis 1990 – Australie 1992
- Ferrari : Afrique du Sud 1993 – Australie 1995
- Benetton : Australie 1996 – Europe 1997

Victoires : 10
Pole positions : 12
Podiums : 48
Meilleurs tours en course : 21
Grands Prix disputés : 210

Une des caractéristiques atypiques du début de carrière de Gerhard Berger fut le saut rapide qu'il effectua de la F3 à la Formule 1, bien que ses débuts eurent lieu dans une modeste ATS. L'Autrichien termina 6e en Italie mais comme Jo Gartner, classé juste devant lui, ses points ne furent pas comptabilisés car ATS ne l'avait pas officiellement engagé pour la saison. L'année suivante, il courut pour Arrows avec le soutien de Red Bull, une entreprise alors jeune et méconnue. Après avoir inscrit ses premiers points officiels en fin de saison, il passa chez Benetton en 1986 et fit un excellent début de saison. Sixième lors des deux premières courses, il monta sur son premier podium à Saint-Marin. Malgré une année marquée par le manque de fiabilité du moteur BMW, il connut une première victoire au Mexique, devant Alain Prost et Ayrton Senna. Un bon moyen de se faire remarquer, ce qui lui ouvrit les portes de Ferrari l'année suivante. Déçu de son début de saison, avec neuf abandons en 14 courses, il termina la saison en fanfare avec deux pole positions, ses premières en carrière, et deux victoires. En Australie, il fit même le Grand Chelem en signant le meilleur tour en course et en menant tous les tours, une performance que seuls 26 pilotes ont réussie dans l'histoire de la Formule 1. Sur cette bonne lancée, Berger entama la saison 1988 avec l'espoir de se battre pour le titre. Celui-ci fut douché rapidement par une McLaren MP4/4 redoutable. Son bilan fut pourtant excellent : 3e du Championnat, il monta cinq fois sur le podium et fut le seul pilote – à l'exception de Senna et Prost – à signer une pole position et une victoire. Cette dernière, acquise devant les tifosi peu après le décès d'Enzo Ferrari, eut une saveur toute particulière. En 1989, il fut victime d'un énorme accident lors de la deuxième course de la saison, à Imola, dans la tristement célèbre courbe de Tamburello, où Senna se tuera cinq ans plus tard. Sorti presque indemne du brasier qu'était sa Ferrari 640, il dut manquer le Grand Prix de Monaco. Mais la fiabilité de la monoplace italienne fut son pire ennemi, puisqu'il dut composer avec des casses à répétition de la nouvelle boîte de vitesses, qui n'utilisait plus de levier. Berger dut attendre le mois de septembre pour voir un drapeau à damier et terminer 2e, à Monza. Il gagna au Portugal et signa un autre podium en Espagne, mais prit la décision de rejoindre son ami Ayrton Senna chez McLaren l'année suivante. Auteur de la pole position pour lancer sa saison, il abandonna à Phoenix, avant de signer trois podiums consécutifs. Malgré une année sans victoire, il termina 4e du Championnat. En 1991, Berger subit la domination de Senna mais parvint à ajouter deux pole positions et une victoire à son palmarès, grâce au Brésilien qui la lui offrit dans le dernier virage. En 1992, Berger parvint à prendre la mesure de Senna et termina à un point de son célèbre équipier, avant de repartir chez Ferrari. Pour son retour, il redécouvrit une Scuderia aux forts accents français, avec Jean Alesi dans l'autre monoplace, et l'arrivée de Jean Todt à la tête de l'équipe. L'Autrichien ne monta qu'une fois sur le podium cette année-là, mais le redressement de Ferrari débuta en 1994. Très touché par les décès de ses amis Roland Ratzenberger et Ayrton Senna à Imola, Berger retrouva le chemin de la pole position à deux reprises, et s'imposa à Hockenheim. Grâce à cinq autres podiums, il termina 3e du Championnat et enchaîna avec une belle saison 1995. Aucune victoire ne vint la ponctuer, mais il ajouta six podiums et une pole position à son palmarès, même s'il termina derrière Alesi. Il connut toutefois des moments difficiles à cause du manque de fiabilité du V12 Ferrari, le dernier en F1, et fut victime d'une malchance quelque peu comique. En Italie, alors 2e derrière Alesi, il fut percuté par une caméra qui se détacha de la monoplace de son équipier. À 36 ans, il releva un dernier défi chez Benetton, accompagné d'Alesi. Victime de la fiabilité perfectible de la B196, il manqua la victoire à Hockenheim alors qu'il était en tête. Il prit toutefois sa revanche en 1997 en signant le *hat trick* sur le même circuit. En gagnant avec Benetton, 11 ans après son premier succès, il put ainsi boucler la boucle et gagner une derrière fois avec la même équipe. Plus tard, il devint directeur de la compétition de BMW Motorsport lorsque le constructeur fit son entrée en F1, et il fut aussi le patron de Toro Rosso.

PHILIPPE STREIFF

Né le 26 juin 1955 à La Tronche (France) et décédé le 23 décembre 2022

Courses :
Portugal 1984 – Australie 1988

Équipes :
- Renault : Portugal 1984
- Ligier : Italie 1985 – Europe 1985
- Tyrrell : Afrique du Sud 1985
- Ligier : Australie 1985
- Tyrrell : Brésil 1986 – Australie 1987
- AGS : Brésil 1988 – Australie 1988

Podiums : 1

Grands Prix disputés : 53

Philippe Streiff lors du Grand Prix de France 1987.

Vainqueur du Volant Motul en 1977, Philippe Streiff disputa les Championnats classiques pour accéder à la Formule 1, tout en roulant en endurance en parallèle. Sur le podium des 24 Heures du Mans 1984, le Français eut une première chance en F1 au Grand Prix du Portugal la même année sur une troisième Renault, mais l'expérience se solda par un abandon. Toujours engagé en F2 l'année suivante, Streiff fut appelé par Ligier pour remplacer Andrea De Cesaris. Il roula pour Tyrrell en Afrique du Sud, Ligier ayant décidé de déclarer forfait en réponse à la demande du gouvernement français liée à l'apartheid. De retour avec Ligier pour le Grand Prix d'Australie, il monta sur le podium et décrocha un volant chez Tyrrell pour la saison 1986. Avec une monoplace médiocre et un moteur peu fiable, il n'entra qu'une fois dans les points mais continua avec l'équipe l'année suivante. Sa meilleure course le vit terminer 4e, mais l'équipe ne le conserva pas l'année suivante. AGS le recruta en 1988 et il se montra aux avant-postes du Canada avant de connaitre un nouvel abandon, au cours d'une saison qui le vit terminer cinq courses sur 16. Lors de la première course de 1989, il fut victime d'un terrible accident après une rupture de suspension. Grièvement blessé lors de ce drame qui le laissa tétraplégique, il fut malheureusement victime d'une prise en charge très peu prudente des commissaires brésiliens. Son accident fut un des déclencheurs de l'installation de centres médicaux sur les circuits.

1985

PIERLUIGI MARTINI

Né le 23 avril 1961 à Lugo (Italie)

Courses :
Brésil 1985 – Allemagne 1995

Équipes :
- Minardi : Brésil 1985 – Australie 1991
- Dallara : Afrique du Sud 1992 – Australie 1992
- Minardi : Grande-Bretagne 1993 – Allemagne 1995

Grands Prix disputés : 118

Révélé en F3 italienne, Pierluigi Martini évolua vers le Championnat européen puis vers la Formule 2, jusqu'à atteindre la Formule 1 en 1985 avec Minardi, une écurie elle aussi débutante. Il enregistra 11 abandons et une non-qualification lors de ses 12 premières courses, avant de voir deux fois la ligne d'arrivée en fin de saison. En 1986 et 1987, il se lança dans le nouveau Championnat F3000, remplaçant de la Formule 2, avant de revenir en F1 en cours de saison 1988 avec Minardi. Pour son retour, il marqua son premier point en carrière. En 1989, Minardi l'engagea de nouveau à temps plein, et il entra deux fois dans les points en fin de saison. Qualifié 5e au Portugal, il termina à la même place, tandis qu'il parvint à s'élancer 3e en Australie pour voir le drapeau à damier en 6e position. La Minardi M189 lui permit de briller début 1990 avec une 2e place sur la grille aux États-Unis, mais la M190 marqua un véritable pas en arrière pour la petite Scuderia. Il signa ses meilleurs résultats en 1991 avec deux 4es places. Transféré au sein de la BMS Scuderia Italia en 1992, il parvint à terminer à deux reprises dans les points. Il resta chez Minardi jusqu'en 1995, et se tourna par la suite vers l'endurance pour y remporter les 24 Heures du Mans 1999 avec BMW.

CHRISTIAN DANNER

Né le 4 avril 1958 à Munich (Allemagne)

Courses :
Belgique 1985 – Canada 1989

Équipes :
- Zakspeed : Belgique 1985 – Europe 1985
- Osella : Brésil 1986 – Canada 1986
- Arrows : États-Unis 1986 – Australie 1986
- Zakspeed : Brésil 1987 – Australie 1987
- Rial : Brésil 1989 – Canada 1989

Grands Prix disputés : 36

Christian Danner dut patienter plusieurs années avant d'avoir sa chance en Formule 1, à cause de résultats décevants en F2. C'est en F3000 qu'il parvint à se distinguer en devenant champion en 1985, et Zakspeed l'engagea sur deux courses de F1 en fin de saison. Malgré deux abandons, il trouva refuge chez Osella, mais cela donna lieu à un fiasco et il rejoignit Arrows dès le milieu de saison. En Autriche, il marqua son premier point avec une 6e place, ce qui n'empêcha pas l'équipe de l'écarter, et il retourna chez Zakspeed pour une saison 1987 sans éclat. Après une année sabbatique, il revint en 1989 dans la modeste équipe Rial. Au volant d'une monoplace luttant pour se qualifier, il termina à une miraculeuse 4e place à Phoenix dans une course marquée par de nombreux abandons. Mais l'embellie fut de courte durée et après une 8e place encourageante au Canada, Danner ne parvint plus à se qualifier et quitta la F1.

IVAN CAPELLI

Né le 24 mai 1963 à Milan (Italie)

Courses :
Europe 1985 – Afrique du Sud 1993

Équipes :

- Tyrrell : Europe 1985 – Australie 1985
- AGS : Italie 1986 – Portugal 1986
- March : Saint-Marin 1987 – Australie 1989
- Leyton House : États-Unis 1990 – Espagne 1991
- Ferrari : Afrique du Sud 1992 – Portugal 1992
- Jordan : Afrique du Sud 1993

Podiums : 3

Grands Prix disputés : 93

Pilote à la capacité d'adaptation impressionnante, Ivan Capelli enchaîna les bonnes performances en formules de promotion, jusqu'à atteindre la Formule 1 pour les deux dernières courses de la saison 1985. Après un accident au Grand Prix d'Europe, il évita les embûches en Australie et amena sa Tyrrell à une très belle 4e place. Il dut toutefois poursuivre en F3000 en 1986 et ne revint que pour deux courses chez AGS, avec deux abandons à la clé. Leyton House le recruta en 1987, et il passa cinq saisons au sein de l'équipe. L'année 1988 marqua celle de ses meilleurs résultats dans l'équipe, puisque la redoutable March 881, dessinée par Adrian Newey, lui permit d'atteindre le podium à deux reprises. Troisième en Belgique, il termina 2e au Portugal, avec une 7e place en Championnat à la clé. En 1989, Capelli abandonna lors de 15 des 16 courses. L'année suivante, Newey et Gustav Brunner parvinrent à développer une voiture efficace dans certaines conditions, mais le moteur Judd, manquant de performance et de fiabilité, ruina la saison de l'équipe. L'Italien monta toutefois sur la deuxième marche du podium en France. Après une saison 1991 digne de 1989, il pensa tenir la grande occasion de sa carrière en étant recruté par Ferrari en 1992. Une occasion unique pour un pilote italien, qui vira au cauchemar pour Capelli. Avec seulement deux courses dans les points mais cinq abandons par sa faute, il termina à une 13e place au Championnat, indigne de Ferrari et se fit renvoyer avant même la fin de l'année. Il est à ce jour le dernier pilote titulaire chez Ferrari à ne pas avoir remporté de succès avec la Scuderia. Cet échec scella sa carrière, car ses deux apparitions chez Jordan en début de saison 1993 furent un fiasco total.

Alain Prost dans le Raidillon de l'Eau Rouge en 1985.

1986

JOHNNY DUMFRIES

Né le 26 avril 1958 à Rothesay (Royaume-Uni) et décédé le 22 mars 2021

Courses :
Brésil 1986 – Australie 1986

Équipes :
Lotus : Brésil 1986 – Australie 1986

Grands Prix disputés : 15

Fils d'aristocrates écossais, John Colum Crichton-Stuart débuta le sport automobile par le bas de l'échelle mais goûta rapidement à la F1 en tant que conducteur de bus pour Williams. Celui qui se baptisa Johnny Dumfries en l'honneur d'une ville de son pays possédait un joli coup de volant, qui lui valut de bons résultats dans les catégories inférieures, et quelques séances d'essais dès 1985 pour Ferrari. En 1986, il fut recruté par Lotus pour seconder Ayrton Senna, mais l'expérience s'avéra plus difficile que prévu et il subit la domination du Brésilien en interne, avec une 5e place comme meilleur résultat. Remplacé par Satoru Nakajima en 1987, il se tourna vers l'endurance et monta une fois sur le podium des 24 Heures du Mans.

ALESSANDRO NANNINI

Né le 7 juillet 1959 à Sienne (Italie)

Courses :
Brésil 1986 – Espagne 1990

Équipes :
- Minardi : Brésil 1986 – Australie 1987
- Benetton : Brésil 1988 – Espagne 1900

Victoires : 1

Podiums : 9

Meilleurs tours en course : 2

Grands Prix disputés : 76

Frère d'une chanteuse célèbre en Italie, Alessandro Nannini commença par le motocross avant de se tourner vers le sport automobile. Très rapidement, il fut engagé en Formule 2 par Minardi, équipe qui lui offrit également ses débuts en Formule 1. En deux saisons à Faenza, soit 32 courses, il se qualifia 31 fois mais abandonna à 29 reprises. Malgré tout, Benetton jeta son dévolu sur « Sandro » pour la saison 1988, et il entra dans les points dès sa deuxième course. Il réitéra en France avant de monter sur son premier podium en Grande-Bretagne. Malgré un nouveau podium en Espagne, il fut battu par son équipier Thierry Boutsen, avant de devenir le leader de l'équipe en 1989. Régulièrement dans les points, il signa deux podiums et se dirigeait vers un troisième lors du célèbre Grand Prix du Japon, derrière Alain Prost et Ayrton Senna. Mais l'accrochage entre les deux McLaren, et la disqualification du Brésilien qui s'ensuivit, permirent à Nannini de célébrer les joies de la victoire. Sur une belle série, il termina 2e du Grand Prix d'Australie pour terminer sa saison. En 1990, il ne retrouva pas le chemin du succès mais rentra à six reprises dans les points, avec trois podiums à la clé. Convoité par plusieurs équipes pour 1991, il fut malheureusement victime d'un accident d'hélicoptère avant la dernière course de la saison. Un de ses bras fut arraché dans l'accident et bien que les chirurgiens aient réussi à sauver son membre, il ne retrouva pas assez de force pour reprendre le volant d'une Formule 1.

ALLEN BERG

Né le 1er août 1961 à Vancouver (Canada)

Courses :
États-Unis 1986 – Australie 1986

Équipes :
Osella : États-Unis 1986 – Australie 1986

Grands Prix disputés : 9

Formule Atlantic, Formule Pacific, F3 : Allen Berg connut de nombreuses expériences en formules de promotion avant de tenter d'accéder à la F1. Après avoir enfin réuni un budget pour y parvenir, le Canadien débuta en cours de saison 1986 avec Osella. Il parvint à se qualifier neuf fois en autant de courses, mais ne fit jamais mieux qu'une 12e place.

ALEX CAFFI

Né le 18 mars 1964 à Rovato (Italie)

Courses :
Italie 1986 – Australie 1991

Équipes :
- Osella : Italie 1986 – Japon 1987
- Dallara : Saint-Marin 1988 – Australie 1989
- Arrows : Brésil 1990 – Japon 1990
- Footwork : Japon 1991 – Australie 1991

Grands Prix disputés : 56

Alessandro Caffi ne connut pas un succès net en catégories inférieures, notamment en F3 italienne, mais parvint à décrocher un volant en Formule 1 à l'occasion du Grand Prix d'Italie 1986. Onzième à l'arrivée, il fut engagé à temps plein l'année suivante mais se heurta à la dure réalité du fond de grille. En 16 courses, il se qualifia 14 fois mais ne vit jamais l'arrivée. La Scuderia Italia lui confia une Dallara en 1988 mais il ne rentra pas dans les points, devant attendre 1989 pour enfin terminer 6e au Canada. La saison 1990 avec Footwork Arrows fut sa meilleure, puisqu'il vit le drapeau à damier huit fois, avec une 5e place à Saint-Marin. Toujours dans la même équipe, la saison 1991 tourna au fiasco, d'abord avec un V12 Porsche, puis avec le V8 Ford Cosworth. Il fut victime d'un énorme accident à Monaco mais s'en sortit indemne, bien que sa voiture fût coupée en deux. En revanche, une fracture de la mâchoire consécutive à un accident de la route l'écarta plusieurs semaines des circuits. Enchaînant les non-qualifications, il dut attendre l'avant-dernière course de la saison pour être présent sur la grille. En 1992, il tenta l'aventure Andrea Moda, mais l'écurie ne fut pas autorisée à courir au Brésil et l'Italien quitta la compétition dès la deuxième course de la saison.

1987

ADRIAN CAMPOS

Né le 17 juin 1960 à Alcira (Espagne) et décédé le 27 janvier 2021

Courses :
Brésil 1987 – Saint-Marin 1988

Équipes :
Minardi : Brésil 1987 – Saint-Marin 1988

Grands Prix disputés : 17

En plus de la Formule 3 et de la F3000, Adrian Campos se tourna également vers l'endurance avant de faire ses débuts en F1 avec Minardi en 1987. Malheureusement pour l'Espagnol, il vit une fois l'arrivée en 16 courses, connaissant un forfait, une disqualification et 13 abandons. Toujours dans l'équipe italienne en 1988, il parvint à terminer le Grand Prix de Saint-Marin, mais les trois non-qualifications qui suivirent eurent raison de sa carrière, avant de se tourner vers le tourisme, puis vers la gestion d'une équipe à son nom.

PASCAL FABRE

Né le 9 janvier 1960 à Lyon (France)

Courses :
Brésil 1987 – Espagne 1987

Équipes :
AGS : Brésil 1987 – Espagne 1987

Grands Prix disputés : 11

Pascal Fabre ne connut pas une carrière fluide en formules de promotion, grimpant les échelons jusqu'à la F2 avant de revenir à la F3. Après avoir trouvé le chemin du succès en Formule 3000 en 1986, AGS lui offrit sa chance en F1, lors d'une saison 1987 durant laquelle il ne fit pas mieux qu'une 9e place. Il ne la termina pas et se tourna vers le GT et l'endurance.

SATORU NAKAJIMA

Né le 23 février 1953 à Okazaki (Japon)

Courses :
Brésil 1987 – Australie 1991

Équipes :
- Lotus : Brésil 1987 – Australie 1989
- Tyrrell : États-Unis 1990 – Australie 1991

Podiums : 1

Grands Prix disputés : 74

Après un prometteur début de carrière au Japon, Satoru Nakajima s'exila en Europe pour courir en F3000, et profita de la volonté de Honda de recruter un Japonais chez Lotus. Ainsi, en 1987, il fit ses débuts en Formule 1 aux côtés d'Ayrton Senna et connut sa meilleure saison. Dans les points dès son deuxième Grand Prix, à Saint-Marin, il enchaîna avec une 5e place en Belgique, puis termina au pied du podium en Grande-Bretagne. En 1988, cette fois associé à Nelson Piquet, il marqua un point dès la première course, mais connut ensuite une saison délicate. L'année suivante, avec un moteur Judd très peu performant, Nakajima parvint à briller en Australie sous la pluie, signant le meilleur tour en course et terminant au pied du podium. La suite de sa carrière se fit chez Tyrrell pendant deux saisons, mais il subit la domination de Jean Alesi et Stefano Modena, ce qui l'éloigna définitivement du Championnat du monde.

GABRIELE TARQUINI

Né le 2 mars 1962 à Giulianova (Italie)

Courses :
Saint-Marin 1987 – Europe 1995

Équipes :
- Osella : Saint-Marin 1987
- Coloni : Brésil 1988 – Portugal 1988
- AGS : Saint-Marin 1989 – Monaco 1991
- Fondmetal 1991 – Italie 1992
- Tyrrell : Europe 1995

Grands Prix disputés : 38

Si Gabriele Tarquini fut bien plus célèbre pour ses prouesses en supertourisme, sa carrière débuta de manière impressionnante par une saison de karting durant laquelle il remporta les Championnats d'Italie, d'Europe et du monde. En 1985, il eut ainsi de nombreuses propositions et courut en F3, en F3000 et aux 24 Heures du Mans. Malheureusement, son passage en F1 se fit au sein d'équipes du fond de grille, avec des débuts chez Osella au Grand Prix de Saint-Marin 1987, se soldant par un abandon. En 1988, Coloni le recruta, mais la saison fut très difficile et il ne fit pas mieux qu'une 8e place lors d'une saison marquée par des non-qualifications en série. Chez AGS, il en connut encore plus, malgré un bon début de saison 1989 durant lequel il inscrivit son seul point en F1. Il quitta AGS au cours de sa troisième saison dans l'équipe pour rejoindre Fondmetal, sans plus de succès. Le bilan en F1 de Tarquini ne fut pas mémorable : sur 78 engagements, il manqua de se qualifier 40 fois, et sur 38 départs, il abandonna 25 fois.

FRANCO FORINI

Né le 22 septembre 1958 à Muralto (Italie)

Courses :
Italie 1987 – Portugal 1987

Équipes :
Osella : Italie 1987 – Portugal 1987

Grands Prix disputés : 2

Les compétitions en Suisse étant interdites depuis le terrible accident des 24 Heures du Mans 1955, Franco Forini fut l'un des pilotes helvètes à devoir se tourner vers un autre pays, et il choisit l'Italie. Peu convaincant en catégories inférieures, il finança lui-même son accession à la F1 avec trois Grands Prix pour Osella en 1987. Il ne se qualifia que deux fois et ne vit l'arrivée d'aucune des deux courses.

NICOLA LARINI

Né le 19 mars 1964 à Lido di Camaiore (Italie)

Courses :
Espagne 1987 – Monaco 1997

Équipes :
- Coloni : Espagne 1987
- Osella : Monaco 1988 – Australie 1989
- Ligier : États-Unis 1990 – Australie 1990
- Lamborghini : États-Unis 1991 – Australie 1991
- Ferrari : Japon 1992 – Saint-Marin 1994
- Sauber : Australie 1997 – Monaco 1997

Podiums : 1
Grands Prix disputés : 49

La présence de diverses écuries italiennes en F1 dans les années 80 et 90 permit à de nombreux pilotes transalpins d'accéder à la catégorie reine. Après la réussite en F3, il connut l'échec en F3000 avec le châssis Dallara peu performant, mais eut quand même son billet d'entrée pour la Formule 1 en 1987 avec Coloni. Il abandonna en Espagne et Osella le fit ensuite courir pendant deux ans, mais il n'atteignit le drapeau à damier que deux fois en deux saisons. Ligier lui offrit sa chance en 1990, mais l'équipe était dans le creux de la vague, et il ne fit pas mieux qu'une 7e place. De retour sous pavillon italien avec Lamborghini et le Modena Team en 1991, l'expérience tourna encore au fiasco, avec de nombreuses non-qualifications. Il se contenta en 1992 d'un poste de réserviste, ayant l'occasion de devenir pilote Ferrari. Face au manque de résultats d'Ivan Capelli, la Scuderia lui confia le volant de la F92A au Japon et en Australie, sans qu'il ne fasse mieux que 11e. Il remplaça ensuite Jean Alesi pour deux courses en 1994 et décrocha son meilleur résultat à domicile lors du Grand Prix de Saint-Marin, malheureusement marqué par deux décès, dont celui d'Ayrton Senna. Son dernier retour en F1, chez Sauber, se termina par un licenciement au bout de cinq courses malgré un point inscrit en Australie.

YANNICK DALMAS

Né le 28 juillet 1961 au Beausset (France)

Courses :
Mexique 1987 – Portugal 1994

Équipes :
- Lola : Mexique 1987 – Espagne 1988
- AGS : Brésil 1990 – Espagne 1990
- Larrousse : Italie 1994 – Portugal 1994

Grands Prix disputés : 23

Yannick Dalmas tenta une carrière en F1, mais connut bien plus de succès en endurance. Le Français fit ses débuts à moto, en enduro, mais décida ensuite de passer sur quatre roues, avec un succès immédiat en Formule Renault qui attira l'écurie Oreca pour un programme en F3, puis en Formule 3000. En fin d'année 1987, Larrousse lui donna le volant d'une Lola pour trois courses, avec une 9e place pour son premier Grand Prix en F1. En Australie, pour la dernière manche de la saison, il parvint à éviter les embûches pour terminer à la 5e place mais ne marqua pas de points, sa voiture n'étant pas engagée sur la période. Gérard Larrousse lui renouvela sa confiance pour 1988 mais il ne fit pas mieux qu'une 7e position. Plusieurs absences de préqualifications en début de saison 1990 provoquèrent son licenciement avant qu'elle ne prenne fin. Hugues de Chaunac, le fondateur d'Oreca, profita de son nouveau rôle chez AGS pour recruter Dalmas, qui resta une saison et demie dans l'équipe. Avec 18 non-qualifications en 24 courses, l'expérience fut un calvaire, et Dalmas quitta la F1 pour l'endurance. Son retour chez Larrousse fut anecdotique, contrairement à sa nouvelle carrière, qui lui permit de remporter quatre fois les 24 Heures du Mans, devenant le premier pilote à y parvenir avec quatre constructeurs différents.

ROBERTO MORENO

Né le 11 février 1959 à Rio de Janeiro (Brésil)

Courses :
Japon 1987 – Australie 1995

Équipes :
- AGS : Japon 1987 – Australie 1987
- Coloni : Monaco 1989 – Portugal 1989
- Eurobrun : États-Unis 1990 – Saint-Marin 1990
- Benetton : Japon 1990 – Belgique 1991
- Jordan : Italie 1991 – Portugal 1991
- Minardi : Australie 1991
- Andrea Moda : Monaco 1992
- Forti : Brésil 1995 – Australie 1995

Podiums : 1

Meilleurs tours en course : 1

Grands Prix disputés : 42

Ami d'enfance de Nelson Piquet rapidement exilé en Grande-Bretagne après une expérience positive en karting, Roberto Moreno enchaîna les formules de promotions avec succès, au point d'avoir une première expérience en F1 en 1982, sans parvenir à se qualifier. Multipliant les différentes catégories, il fut recruté par AGS pour les deux dernières courses de F1 de l'année 1987, avec une 6e place au Grand Prix d'Australie qui lui permit d'inscrire son premier point en F1. Essayeur chez Ferrari en 1988, il enchaîna deux saisons difficiles en 1989 et 1990, chez Coloni et Eurobrun. Appelé chez Benetton en fin d'année 1990 pour remplacer Alessandro Nannini, il saisit cette occasion pour terminer 2e au Japon et signer son seul podium en Formule 1. Satisfait de cette expérience, Flavio Briatore prolongea Moreno, qui courut cette année-là pour trois équipes mais ne fit pas mieux que ses trois entrées dans les points avec Benetton. Il conclut sa carrière en F1 par deux équipes de fond de grille, Andrea Moda et Forti.

STEFANO MODENA

Né le 12 mai 1963 à Modène (Italie)

Courses :
Australie 1987 – Australie 1992

Équipes :
- Brabham : Australie 1987
- Eurobrun : Brésil 1988 – Australie 1988
- Brabham : Brésil 1989 – Australie 1990
- Tyrrell : États-Unis 1991 – Australie 1991
- Jordan : Mexique 1992 – Australie 1992

Podiums : 2

Grands Prix disputés : 70

Solide dans sa carrière en catégories inférieures, Stefano Modena se fit remarquer en remportant le Grand Prix de Monaco de F3, et débuta en F1 dès la fin d'année suivante en remplacement de Riccardo Patrese chez Brabham. Il abandonna cette première course à cause de crampes et d'un sentiment d'épuisement, et ne décrocha qu'un volant dans la modeste équipe Eurobrun. Brabham le rappela en 1989 et en deux saisons, l'Italien entra deux fois dans les points, mais il se distingua par un podium à Monaco. Recruté par Tyrrell en 1991, il était en lice pour un podium dans la Principauté avant d'abandonner, mais se rattrapa au Canada et termina 2e. Cherchant un statut de numéro 1 en Formule 1, il le trouva chez Jordan, mais la saison fut très difficile. Après une série de 11 abandons et non-qualifications, il termina la période par un point en Australie mais quitta la catégorie reine en fin de saison.

1988

MAURICIO GUGELMIN

Né le 20 avril 1963 à Joinville (Brésil)

Courses :
Brésil 1988 – Australie 1992

Équipes :
- March : Brésil 1988 – Australie 1989
- Leyton House : États-Unis 1990 – Australie 1991
- Jordan : Afrique du Sud 1992 – Australie 1992

Podiums : 1

Meilleurs tours en course : 1

Grands Prix disputés : 74

Ami d'Ayrton Senna, Mauricio Gugelmin l'affronta en karting et s'exila en Europe en même temps que son compatriote. Ses résultats plus modestes lui valurent d'attendre jusqu'en 1988 pour trouver un volant en F1, avec Leyton House. Il disputa quatre de ses cinq saisons au plus haut niveau avec cette équipe, décrochant un podium à domicile en 1989. La même année, il se fit remarquer au départ du Grand Prix de France par un freinage raté qui le fit décoller dans le peloton et atterrir à l'envers au milieu des autres voitures. Les deux saisons suivantes furent plus compliquées, Gugelmin n'inscrivant qu'un point, et il se tourna en 1992 vers Jordan. Mais comme son équipier Stefano Modena, il dut composer avec un V12 Yamaha catastrophique et ne marqua aucun point. Il décida de poursuivre sa carrière sur le continent américain.

LUIS PÉREZ-SALA

Né le 15 mai 1959 à Barcelone (Espagne)

Courses :
Brésil 1988 – Japon 1989

Équipes :
Minardi : Brésil 1988 – Japon 1989

Grands Prix disputés : 26

Prometteur dès ses débuts, Luis Pérez-Sala Valls-Taberner se fit surtout remarquer en F3000, où il remporta quelques succès. Minardi le recruta en 1988 et sa saison fut honorable compte tenu du matériel dont il disposait. Toutefois, il ne parvint pas à tenir le rythme de son équipier, Pierluigi Martini, mais il fut prolongé en 1989, marquant même un point cette année-là. Plusieurs accrochages et une non-qualification lui valurent d'être remplacé avant la fin de saison.

JULIAN BAILEY

Né le 9 octobre 1961 à Londres (Royaume-Uni)

Courses :
Saint-Marin 1988 – Saint-Marin 1991

Équipes :
- Tyrrell : Saint-Marin 1988 – Japon 1988
- Lotus : Saint-Marin 1991

Grands Prix disputés : 7

Le début de carrière poussif de Julian Bailey, avec notamment cinq saisons en F3, fut sauvé par une année 1987 réussie en F3000 qui lui permit d'attirer l'œil de Ken Tyrrell. Recruté par son compatriote pour effectuer ses débuts en Formule 1, le Britannique manqua de se qualifier dix fois et abandonna à trois reprises. Ce bilan mit un terme prématuré à sa carrière, mais il remplaça Martin Donnelly en 1991 chez Lotus, inscrivant son seul point en F1.

OSCAR LARRAURI

Né le 19 août 1954 à Granadero Baigorria (Argentine)

Courses :
Monaco 1988 – Australie 1988

Équipes :
Eurobrun : Monaco 1988 – Australie 1988

Grands Prix disputés : 7

Après avoir rencontré le succès à domicile, Oscar Rubén Larrauri se tourna vers les prototypes plutôt que vers la monoplace lorsqu'il arriva en Europe. Walter Brun le fit courir au volant d'une Porsche 956 mais, en 1988, il recruta Larrauri pour ses grands débuts en Formule 1. La saison tourna au fiasco avec deux arrivées en 16 courses, et une série de cinq préqualifications manquées en début de saison 1989 eut raison de la carrière du pilote argentin.

BERND SCHNEIDER

Né le 20 juillet 1964 à Saint-Ingbert (Allemagne)

Courses :
Mexique 1988 – États-Unis 1990

Équipes :
- Zakspeed : Mexique 1988 – Japon 1989
- Arrows : États-Unis 1990

Grands Prix disputés : 9

Grâce à des performances remarquées en F3 allemande, Bernd Schneider devint rapidement la coqueluche des équipes de F1 et décida en 1988 de s'engager avec Zakspeed. Un choix qui le cantonna au fond de grille pour sa courte carrière, puisqu'il ne parvint à se qualifier qu'à cinq reprises. La saison suivante fut pire, avec seulement deux qualifications, qui se soldèrent par des abandons. L'Allemand devint pigiste pour Arrows en 1990 et effectua deux remplacements avant de se tourner vers le DTM, le Championnat de supertourisme allemand, dont il devint une véritable légende.

Gerhard Berger, Alain Prost et Michele Alboreto, podium du GP de Monaco 1988.

Marlboro
HONDA

JEAN-LOUIS SCHLESSER

Né le 12 septembre 1948 à Nancy (France)

Courses :
Italie 1988

Équipes :
Williams : Italie 1988

Grands Prix disputés : 1

Jean-Louis Schlesser eut son moment de célébrité en Formule 1, mais certainement pas de la manière dont il l'aurait souhaité. Neveu de Jo Schlesser, il se fit connaître grâce à l'endurance, se classant 2e des 24 Heures du Mans 1981. Recruté par RAM March en 1983, il ne se qualifia pas en France et se tourna vers diverses compétitions, dont le Paris-Dakar. Grâce à ses liens avec Williams, pour qui il était essayeur, il fut appelé en remplacement de Nigel Mansell. Qualifié 22e, il accrocha Ayrton Senna au moment où celui-ci le dépassait, offrant le doublé à Ferrari à Monza. On ne revit pas le Français en catégorie reine, mais il devint par la suite champion du monde en prototypes et remporta deux fois le Dakar.

AGURI SUZUKI

Né le 8 septembre 1960 à Tokyo (Japon)

Courses :
Japon 1988 – Pacifique 1995

Équipes :
- Lola : Japon 1988 – Japon 1991
- Footwork : Afrique du Sud 1992 – Australie 1993
- Jordan : Pacifique 1994
- Ligier : Brésil 1995 – Pacifique 1995

Podiums : 1

Grands Prix disputés : 64

Après un début de carrière sur ses terres, Aguri Suzuki profita de la popularité grandissante du très relevé Championnat de F3000 japonaise pour continuer à faire ses classes à domicile jusqu'à avoir sa chance en Formule 1. Sa première course avec Larrousse au Grand Prix du Japon 1988 se solda par une 16e place, et il profita de la présence de Yamaha en F1 pour rejoindre Zakspeed. Aux côtés de Bernd Schneider, qui se qualifia seulement deux fois, Suzuki ne franchit pas les préqualifications. Grâce à ses soutiens, le Japonais retrouva Larrousse en 1990 et parvint à entrer deux fois dans les points, au milieu de nombreux abandons dus à la mécanique. Lors de l'avant-dernière manche de la saison, à Suzuka, marquée par le deuxième accrochage entre Alain Prost et Ayrton Senna, Suzuki monta sur la troisième marche du podium, devenant le premier Japonais à y parvenir F1, et par la même occasion un véritable héros national. L'année suivante, il ne marqua qu'un point et décida de rejoindre Footwork en 1992. Il y resta deux saisons sans résultat probant. Sur la touche en 1994, il remplaça Eddie Irvine, suspendu, pour le Grand Prix du Pacifique, lui aussi disputé au Japon. En 1995, il effectua un programme partiel avec Ligier grâce à la présence de Mugen Honda, et marqua un point en Allemagne, avant de connaître au Japon un accident qui mit un terme à sa carrière. Il devint dix ans plus tard le directeur de Super Aguri, une écurie de F1 montée par Honda aux côtés de son programme officiel pour faire rebondir la carrière de Takuma Sato.

1989

OLIVIER GROUILLARD

Né le 2 septembre 1958 à Toulouse (France)

Courses :
Brésil 1989 – Australie 1992

Équipes :
- Ligier : Brésil 1989 – Australie 1989
- Osella : États-Unis 1990 – Australie 1990
- Fondmetal : Mexique 1991 – Italie 1991
- Tyrrell : Afrique du Sud 1992 – Australie 1992

Grands Prix disputés : 41

Une longue carrière en monoplace fut le point de départ d'Olivier Grouillard pour rejoindre la Formule 1, et il y parvint en 1989 après avoir réussi une bonne année en F3000. Recruté par Ligier, il marqua un point à domicile mais connut de nombreux abandons et passa chez Osella en 1990, devenue Fondmetal en 1991. En 30 engagements avec l'équipe, il ne se qualifia que 13 fois et ne vit l'arrivée qu'à cinq reprises. Espérant relancer sa carrière chez Tyrrell, il fut sèchement battu par Andrea De Cesaris et sa carrière au plus haut niveau s'arrêta là.

JOHNNY HERBERT

Né le 25 juin 1964 à Brentwood (Royaume-Uni)

Courses :
Brésil 1989 – Malaisie 2000

Équipes :
- Benetton : Brésil 1989 – États-Unis 1989
- Tyrrell : Belgique 1989
- Lotus : Japon 1990 – Portugal 1994
- Ligier : Europe 1994
- Benetton : Japon 1994 – Australie 1995
- Sauber : Australie 1996 – Japon 1998
- Stewart : Brésil 1999 – Japon 1999
- Jaguar : Australie 2000 – Malaisie 2000

Victoires : 3

Podiums : 7

Grands Prix disputés : 161

La carrière de Johnny Herbert aurait pu s'arrêter brutalement un matin d'août 1988, à Brands Hatch. Pilote à la cote élevée après de bonnes saisons en monoplace, le Britannique se révéla redoutable et dominait le Championnat avant un terrible accident qui lui brisa les jambes. Malgré une difficile convalescence, Herbert voulut honorer le contrat que Benetton lui avait fait signer quelques heures avant l'accident de Brands Hatch et reprit le volant quatre mois plus tard, tandis que les médecins lui avaient prédit un an de convalescence pour se remettre totalement, si toutefois il y parvenait. Il débuta la saison 1989 en Formule 1 avec l'équipe italienne et termina à une héroïque 4e place pour ses débuts, malgré une incapacité à marcher et à s'installer seul dans sa monoplace. La suite de la saison fut plus délicate, malgré une 5e position à Phoenix, à cause des séquelles de son accident qui menèrent à son éviction. L'année suivante, il fit une pige non concluante chez Tyrrell après s'être exilé au Japon et en 1991, Mazda le recruta pour son projet des 24 Heures du Mans. Au volant de la 787B à moteur rotatif, Herbert remporta la classique sarthoise et, dans cette bonne dynamique, retrouva la F1 ponctuellement avec Lotus. Récupérant progressivement son plein potentiel, trois ans après l'accident, il fut titularisé par Lotus en 1992 et marqua un point dès le début de saison. En 1993, il termina trois fois au pied du podium, et ses performances avec l'équipe déclinante furent suffisantes pour convaincre Flavio Briatore, qui l'avait congédié chez Benetton, de le rappeler. La saison 1995 fut sa meilleure en carrière car, bien qu'évoluant dans l'ombre de Michael Schumacher, il monta quatre fois sur le podium, dont deux fois sur la plus haute marche. Sa première victoire arriva en Grande-Bretagne, et il réitéra cette performance en Italie, à chaque fois avec l'aide d'un accrochage entre les deux candidats au titre, Schumacher et Damon Hill. En 1996, Benetton fit table rase et Herbert trouva refuge chez Sauber. Il se distingua à Monaco en étant un des trois seuls pilotes à terminer la course, et monta ainsi sur le podium. Troisième en Hongrie l'année suivante, il connut une saison 1998 très compliquée, toujours chez Sauber, et il décida ainsi de rejoindre la jeune équipe Stewart. La fiabilité désastreuse du moteur Ford lui laissa du répit à quelques occasions, notamment lors du Grand Prix d'Europe qu'il remporta, marquant le seul succès de la structure écossaise en Formule 1. Après une dernière saison peu convaincante chez Jaguar, il quitta la F1 et devint consultant pour la télévision britannique.

PIERRE-HENRI RAPHANEL

Né le 27 mai 1961 à Alger (Algérie)

Courses :
Monaco 1989

Équipes :
Coloni : Monaco 1989

Grands Prix disputés : 1

Grâce à une retentissante victoire au Grand Prix de Monaco de F3 en 1985, Pierre-Henri Raphanel trouva la voie de la Formule 3000 puis de la F1. Malheureusement, en 17 engagements avec Larrousse, Coloni et Rial, le Français ne se qualifia qu'une fois au Grand Prix de Monaco 1989. Il ne vit pas l'arrivée après un départ en 18e place et demeure aujourd'hui le seul pilote de F1 à avoir disputé son unique course dans les rues de la Principauté. Par la suite, il trouva une reconversion en endurance et termina deux fois 2e des 24 Heures du Mans.

JEAN ALESI

Né le 11 juin 1964 à Avignon (France)

Courses :
France 1989 – Japon 2001

Équipes :
- Tyrrell : France 1989 – Australie 1990
- Ferrari : États-Unis 1991 – Australie 1995
- Benetton : Australie 1996 – Europe 1997
- Sauber : Australie 1998 – Japon 1999
- Prost : Australie 2000 – Allemagne 2001
- Jordan : Hongrie 2001 – Japon 2001

Victoires : 1
Pole positions : 2
Podiums : 32
Meilleurs tours en course : 4
Grands Prix disputés : 201

Jean Alesi devient pilote pour Ferrari en 1991.

Avant d'atteindre la Formule 1, Jean Alesi fut capable de dominer à tous les niveaux auquel il pilota. Deux ans après un titre de champion de France de Formule 3, il remporta le Championnat international de Formule 3000 avec l'équipe Jordan, en gagnant notamment le célèbre Grand Prix de Pau. Mais la même année, il se mit surtout en valeur lorsque Tyrrell l'appela pour remplacer au pied levé Michele Alboreto. À domicile devant le public du circuit Paul Ricard, il amena sa Tyrrell 018 à la 4e place pour sa première course en Formule 1, ce qui fit instantanément monter sa cote. Il réitéra sa performance en Espagne et Tyrrell lui confia une monoplace pour l'année 1990, qu'il commença par une course retentissante à Phoenix. En tête après un excellent départ depuis la 4e place de la grille, il vit Ayrton Senna remonter derrière lui et lutta brièvement avant de céder face au Brésilien. Sans ménager son attaque, quitte à frôler la correctionnelle à plusieurs reprises, Alesi réussit à monter sur le podium en terminant 2e. Un résultat similaire à Monaco attira les plus grands noms, et Ferrari décida de le recruter en 1991 pour épauler Alain Prost. Il aurait pu rejoindre Williams, mais la frilosité de Sir Frank à lui offrir un contrat, alors qu'il n'avait qu'une option le concernant, fit douter Alesi. Sur les conseils de Nelson Piquet, qui l'aidait à négocier, il ajouta un million de francs à ce que lui proposait Ferrari, ainsi qu'une F40 en cadeau. Craintif de trop en demander, il se présenta devant le président de l'équipe italienne, qui lut le contrat modifié et lui déclara : « Il est dur en affaires, le jeune pilote français ! » Alesi s'engagea pour trois ans au sein de la Scuderia et lors d'une saison 1991 sans victoire, il monta trois fois sur le podium et en signa deux autres en 1992 lorsque sa fragile F92A le lui permit. Le redressement de la Scuderia débuta en 1993 avec l'arrivée de Jean Todt à la tête de l'équipe. Sa 2e place à Monza mit du baume au cœur des tifosi après deux saisons difficiles, mais Ferrari ne parvint pas à retrouver le chemin du succès. La saison 1994 d'Alesi débuta par un podium au Brésil avant un gros accident en essais privés qui le mit sur la touche pendant deux Grands Prix, une blessure aux cervicales l'obligeant à se reposer plusieurs semaines. De retour à Monaco, il enchaîna de belles performances et retrouva le podium au Canada, puis en Grande-Bretagne avec de nouveau une 2e place. En Italie, Alesi vit encore l'admiration que lui portaient les fans de Ferrari grandir lorsqu'il signa sa première pole position. En tête pendant 14 tours, il dut abandonner à cause d'une panne de boîte de vitesses, et vit une nouvelle fois la victoire lui échapper, tandis que son équipier Gerhard Berger fit triompher la Scuderia à Hockenheim. En 1995, toujours sous les couleurs du Cheval cabré, il termina à nouveau 2e en Argentine et à Saint-Marin. En Espagne, il occupa la 2e place pendant les 25 premiers tours avant de connaître une nouvelle panne mécanique. Excédé par la fiabilité catastrophique de sa monture et pris dans un carambolage au départ à Monaco, il arriva au Canada avec l'esprit revanchard. Cinquième sur la grille, il prit un excellent départ comme à son habitude, puis dépassa Damon Hill avant de s'installer confortablement en 2e position. Pensant de nouveau manquer la victoire de peu, il comprit qu'autre chose se jouait lorsque son stand lui indiqua que Schumacher était arrêté pour un problème sur sa Benetton. En tête à dix tours de la fin de course, il dut alors gérer un autre paramètre, à savoir son émotion : « Quand j'ai appris que Schumacher était arrêté, les larmes me sont venues, je ne voyais plus clair et je me suis repris pour ne pas faire de bêtise. » Après dix tours sous haute tension, Alesi franchit la ligne d'arrivée en vainqueur et s'appropria enfin ce succès tant attendu. Interrompu dans son tour d'honneur par des fans en liesse, il cala et dut descendre de sa monoplace, jusqu'à l'arrivée de Schumacher, qui l'embarqua sur le capot moteur de sa Benetton. De retour aux stands et après avoir goûté à une ovation de la part de toutes les équipes, Alesi envoya son casque dans la foule et savoura ce succès. Malheureusement, la suite de la saison fut dans la même veine que les quatre années et demie précédentes. Deuxième en Grande-Bretagne, il mena plusieurs tours à Monza, espérant réitérer sa victoire de Montréal devant un public acquis à sa cause, mais un roulement vint enrayer la machine et il abandonna. Au Nürburgring, il livra un duel d'anthologie à un Schumacher déchaîné, qui dut user d'une stratégie agressive et d'un comportement autoritaire en piste pour se défaire du Français, le privant d'un succès à deux tours du drapeau à damier. En fin d'année, il quitta Ferrari pour faire place à Schumacher et rejoignit Benetton pour remplacer l'Allemand. Comme un symbole, les deux hommes s'accrochèrent lors de la dernière course à Adélaïde avant d'échanger leurs montures. Les deux saisons qu'Alesi passa dans l'équipe de Flavio Briatore restent aujourd'hui les plus solides de sa carrière, selon ses propres mots, justifiant cela par la constance qu'il parvenait à avoir au volant des B196 et B197. Et son palmarès parle pour lui car en 33 courses, il monta 13 fois sur le podium. Mais la malchance qui l'accompagnait chez Ferrari sembla le suivre chez Benetton, puisqu'il abandonna à Monaco en 1996 alors qu'il menait la course, laissant son compatriote Olivier Panis goûter aux joies de la victoire. En 1997, Alesi signa la pole au Grand Prix d'Italie et fut proche de remporter la course, mais un arrêt moins bon que celui de David Coulthard lui coûta sa première place. Non conservé par Benetton, qui était de toute façon sur le déclin, il signa chez Sauber, où il pilota pendant deux saisons. De nouveau, il s'illustra par un pilotage plein de panache et par une vitesse de pointe redoutable. Il fit quelques coups d'éclat, comme un podium lors du chaotique Grand Prix de Belgique 1998, ou une qualification en première ligne sous le déluge de Magny-Cours en 1999. Par la suite, il releva le défi Prost Grand Prix, mais au cours d'une saison 2000 durant laquelle l'équipe connut 53 casses moteur, Alesi abandonna 12 fois, également à cause de plusieurs accidents, ce qui engendra des tensions entre lui et Prost. En 2001, il entra dans les points à trois reprises mais dans l'été, après le Grand Prix d'Allemagne, il échangea de volant avec Heinz-Harald Frentzen et rejoignit Jordan, comme pour boucler la boucle.

ÉRIC BERNARD

Né le 24 août 1964 à Martigues (France)

Courses :
France 1989 – Europe 1994

Équipes :
- Lola : France 1989 – Espagne 1991
- Ligier : Brésil 1994 – Portugal 1994
- Lotus : Europe 1994

Podiums : 1

Grands Prix disputés : 45

Vainqueur du Volant Elf en 1983 devant Jean Alesi, Éric Bernard affronta ce dernier en Formule Renault, en F3 et en Formule 3000, avant de débuter en Formule 1 le même week-end que son compatriote, au Grand Prix de France 1989. C'est Gérard Larrousse qui lui donna sa chance, mais les deux Grands Prix qu'il disputa cette année-là se soldèrent par un abandon, malgré des qualifications encourageantes. Larrousse le titularisa en 1990 et le Français connut de nombreux abandons, mais aussi plusieurs entrées dans les points. Sixième à Monaco et en Hongrie, il termina 4e en Grande-Bretagne, ce qui lui permit de conserver son volant en 1991. Malheureusement, le V8 Ford Cosworth ne lui permit d'inscrire qu'un point. Pire, lors des essais du Grand Prix du Japon, il fut victime d'un grave accident, qui lui brisa le tibia et le péroné. Heureusement, les médecins japonais puis français firent un bon travail et il put garder l'États-Unisge de sa jambe gauche. Recruté par Peugeot pour le programme au Mans avec la 905, il dut déclarer forfait, sa jambe étant encore trop douloureuse, et s'éloigna une année des circuits avant de revenir en 1993 comme essayeur chez Ligier. Il hérita d'un des baquets dans l'équipe française en 1994 et monta sur le podium en Allemagne. Malgré ce meilleur résultat en carrière, il fut écarté par Flavio Briatore avant la fin de saison et disputa une course chez Lotus. De retour chez Larrousse en 1995, il ne reprit pas le volant puisque l'équipe se retira avant le début de saison.

MARTIN DONNELLY

Né le 26 mars 1964 à Belfast (Royaume-Uni)

Courses :
France 1989 – Portugal 1990

Équipes :
- Arrows : France 1989
- Lotus : Brésil 1990 – Portugal 1990

Grands Prix disputés : 13

Hugh Peter Martin Donnelly fut l'un des nombreux coureurs des années 80 à piloter pour Jordan en F3000, l'équipe irlandaise ayant souvent eu le nez pour recruter les challengers les plus prometteurs. Malheureusement, sa très bonne pige en 1988 se transforma en saison décevante en 1989. Il put toutefois goûter à la F1 avec Arrows au Grand Prix de France, terminant 12e au Castellet. En 1990, il décrocha un volant chez Lotus aux côtés de l'expérimenté Derek Warwick, dont il prit rapidement la mesure malgré la déception d'une monoplace peu fiable et manquant de performance. En Espagne, il fut victime d'un accident dans lequel il percuta le rail à près de 270 km/h. La Lotus 102 se désintégra et son malheureux pilote fut éjecté en milieu de piste, encore attaché à son siège. Gisant comme un « pantin désarticulé », selon les propos de Damon Hill, Donnelly survécut grâce à l'intervention du médecin de la Formule 1, Sid Watkins, qui lui sauva la vie à même l'asphalte du circuit de Jerez. Touché aux poumons, au cerveau et à la jambe, le Britannique passa sept semaines dans le coma. Sa carrière fut évidemment terminée, un moindre mal face à la violence du choc.

Nigel Mansell et Thierry Boutsen au Grand Prix de Hongrie 1989.

POP
84
NAGYDIJ
ORING
DENIM
RENAULT
elf
BARCLAY

BERTRAND GACHOT

Né le 23 décembre 1962 à Luxembourg (Luxembourg)

Courses :
France 1989 – Australie 1995

Équipes :
- Onyx : France 1989 – Italie 1989
- Jordan : États-Unis 1991 – Hongrie 1991
- Venturi : Afrique du Sud 1992 – Australie 1992
- Pacific : Brésil 1994 – Australie 1995

Podiums : 1

Grands Prix disputés : 47

Auteur de prestations solides en formules de promotion, Bertrand Gachot fit son entrée en F1 en 1989 par la petite porte, celle de l'écurie Onyx. Au volant d'une ORE 1 totalement dépassée, il ne se qualifia que cinq fois et ne vit l'arrivée qu'à deux reprises. À la suite d'un désaccord avec son patron, le fantasque Jean-Pierre van Rossem, il trouva refuge chez Coloni en 1990, mais ne prit aucun départ, la voiture étant trop lente pour se qualifier. En 1991, il fut recruté par Jordan après des tests concluants, et il enchaîna plusieurs belles performances, avec trois entrées dans les points et un meilleur tour en course. En juin, il remporta les 24 Heures du Mans sur la Mazda 787B et semblait enfin en mesure de faire décoller sa carrière, quand il fut arrêté à Londres pour une altercation avec un chauffeur de taxi. Le Belge dut déclarer forfait, permettant à un certain Michael Schumacher de débuter en F1 à Spa-Francorchamps. Jordan l'écarta définitivement et il tenta l'aventure Venturi en 1992, avec un seul point à la clé. Après une année sur la touche, il s'engagea avec la modeste équipe Pacific, mais le bilan fut désastreux et sa carrière en F1 s'arrêta là.

EMANUELE PIRRO

Né le 12 janvier 1962 à Rome (Italie)

Courses :
France 1989 – Australie 1989

Équipes :
- Benetton : France 1989 – Australie 1989
- Dallara : Saint-Marin 1990 – Australie 1991

Grands Prix disputés : 37

Avant de se tourner vers la monoplace, Emanuel Pirro participa d'abord à des courses d'endurance, dont les 24 Heures du Mans. Il courut ensuite en Formule 3, en Formule 3000 et même en Formula Nippon, avant de décrocher sa première chance en Formule 1. Après avoir été essayeur chez McLaren, il fut appelé par Benetton au Grand Prix de France 1989 pour remplacer Johnny Herbert, toujours convalescent. Malgré plusieurs abandons, il parvint à terminer la saison avec une 5e place en Australie, et la Scuderia Italia le recruta pour un programme complet en 1990. Comme de nombreux pilotes avant lui, l'Italien ne parvint pas à tirer des performances de sa Dallara et ne vit l'arrivée que trois fois dans la saison. Conservé par l'équipe en 1991, il marqua un point à Monaco mais ne trouva pas de volant pour l'année suivante. Après plusieurs années en supertourisme, il retourna ensuite en endurance et remporta cinq fois les 24 Heures du Mans avec Audi.

JJ LEHTO

Né le 31 janvier 1966 à Espoo (Finlande)

Courses :
Espagne 1989 – Australie 1994

Équipes :
- Onyx : Espagne 1989 – Mexique 1990
- Monteverdi : Allemagne 1990
- Dallara : États-Unis 1991 – Australie 1992
- Sauber : Afrique du Sud 1993 – Australie 1993
- Benetton : Saint-Marin 1994 – Portugal 1994
- Sauber : Japon 1994 – Australie 1994

Podiums : 1

Grands Prix disputés : 62

Jyrki Järvilehto dut en partie son ascension en sport automobile à Keke Rosberg, son mentor. Impressionnant en F3, décevant en F3000, Lehto débuta en Formule 1 avec la modeste équipe Onyx, mais il ne vit qu'une fois la ligne d'arrivée et l'équipe ferma ses portes en cours de saison 1990. La Scuderia Italia le recruta en 1991 et il se mit en valeur face à Emanuele Pirro en montant sur le podium à Imola derrière les intouchables McLaren. Malgré de nombreux abandons cette année-là, il resta dans l'équipe l'année suivante mais n'obtint aucun point. En 1993, il marqua les premiers de la nouvelle équipe Sauber et en 1994, Benetton le recruta, mais deux violents accidents vinrent marquer sa saison, et Flavio Briatore le débarqua en cours d'année. Il remporta par la suite les 24 Heures du Mans à deux reprises.

PAOLO BARILLA

Né le 20 avreil 1961 à Milan (Italie)

Courses :
Japon 1989 – Belgique 1990

Équipes :
Minardi : Japon 1989 – Belgique 1990

Grands Prix disputés : 9

Héritier de l'empire Barilla, bien connu dans le monde de la gastronomie, Paolo Barilla permit à son nom de faire une excursion dans le sport automobile, et il y laissa sa marque. Après un début de carrière poussif en monoplace, il remporta les 24 Heures du Mans 1985 avec Porsche, et revint en F3000 en 1987. Recruté par Minardi fin 1989, il s'engagea au total sur 15 Grands Prix mais ne prit que neuf départs, pour une 11e place comme meilleur résultat.

Ayrton Senna et Alain Prost au début de la saison 1989.

Marlboro
COURTAULDS
BOSS
Marlboro
POWERED by
HONDA
Shell
GOODYEAR
EAGLE

GREGOR FOITEK

Né le 27 mars 1965 à Zurich (Suisse)

Courses :
États-Unis 1990 – Allemagne 1990

Équipes :
- Brabham : États-Unis 1990 – Brésil 1990
- Onyx : Saint-Marin 1990 – Mexique 1990
- Monteverdi : Allemagne 1990

Grands Prix disputés : 7

Fils de Karl Foitek, pilote d'endurance devenu importateur pour Ferrari en Suisse, Gregor Foitek profita de la florissante affaire de son père pour faire carrière en sport auto. Malheureusement, il se fit surtout remarquer pour ses frasques en piste, causant l'accident de Johnny Herbert à Brands Hatch en F3000. Recruté par Eurobrun en 1989, Foitek ne se qualifia pas une seule fois de la saison. En 1990, il disputa plusieurs courses comme pigiste pour Brabham, Onyx et Monteverdi, mais quitta ensuite la F1.

GIANNI MORBIDELLI

Né le 13 janvier 1968 à Pesaro (Italie)

Courses :
Brésil 1990 – Luxembourg 1997

Équipes :
- Dallara : Brésil 1990
- Minardi : Japon 1990 – Japon 1991
- Ferrari : Australie 1991
- Minardi : Afrique du Sud 1992 – Australie 1992
- Footwork : Brésil 1994 – Australie 1995
- Sauber : Espagne 1997 – Luxembourg 1997

Podiums : 1

Grands Prix disputés : 67

Bien qu'il ait grandi dans un milieu de motards, Gianfranco Morbidelli fut attiré par le karting et débuta une carrière en sport auto. L'Italien débuta au plus haut niveau en 1990 en disputant deux courses avec la Scuderia Italia et deux avec Minardi. Cette dernière le conserva en 1991, et il prit part à la dernière course de la saison pour Ferrari, en remplacement d'Alain Prost. Sous le déluge d'Adélaïde, il marqua le demi-point de la 6e place, la course ayant été rapidement interrompue. Toujours avec Minardi en 1992, il perdit son volant et ne revint qu'en 1994 chez Footwork. En deux saisons dans l'équipe, il entra quatre fois dans les points, évitant l'hécatombe du Grand Prix d'Australie 1995 pour monter sur le podium.

DAVID BRABHAM

Né le 5 septembre 1965 à Londres (Royaume-Uni)

Courses :
Monaco 1990 – Australie 1994

Équipes :
- Brabham : Monaco 1990 – Australie 1990
- Simtek : Brésil 1994 – Australie 1994

Grands Prix disputés : 24

Fils du triple champion du monde Jack Brabham, David Brabham n'utilisa pas son nom pour faire ses débuts en sport automobile, et accéda à la Formule 1 grâce à son titre en F3 britannique. C'est l'écurie Brabham qui le recruta pour qu'il rejoigne le Championnat du monde, sans que sa famille n'ait eu d'influence. Malheureusement, sa saison 1990 fut très difficile avec une seule arrivée en 15e place. Sans volant, il courut en endurance avec Toyota et Jaguar avant de revenir en 1994 en F1 avec la modeste écurie Simtek. De nouveau, les résultats ne furent pas au rendez-vous et il quitta définitivement la F1. Il a remporté en 2009 les 24 Heures du Mans et dirige aujourd'hui le constructeur automobile à son nom.

1991

MARK BLUNDELL

Né le 8 avril 1966 à Londres (Royaume-Uni)

Courses :
États-Unis 1991 – Australie 1995

Équipes :
- Brabham : États-Unis 1991 – Australie 1991
- Ligier : Afrique du Sud 1993 – Australie 1993
- Tyrrell : Brésil 1994 – Australie 1994
- McLaren : Brésil 1995 – Australie 1995

Podiums : 3

Grands Prix disputés : 61

Malgré des résultats corrects en monoplace pour lancer sa carrière, Mark Blundell dut effectuer un passage en voitures de sport pour convaincre une équipe de F1 de s'intéresser à lui. Williams lui offrit un poste d'essayeur avant que Brabham, alors sur le déclin, ne le fasse débuter au plus haut niveau. Malgré un point en Belgique, il ne trouva pas de volant en 1992 mais remporta les 24 Heures du Mans avec Peugeot. Un succès grâce auquel il reprit le chemin de la Formule 1 avec Ligier. Sur le podium dès la manche d'ouverture, il y remonta en Allemagne, mais quitta l'équipe pour Tyrrell en 1994. Malgré un nouveau podium, il fut remercié en fin de saison et trouva refuge chez McLaren en remplacement de Nigel Mansell. Cette dernière saison fut l'occasion d'inscrire quelques points de plus pour le Britannique, qui s'exila ensuite en CART.

MIKA HÄKKINEN

Né le 28 septembre 1968 à Vantaa (Finlande)

Courses :
États-Unis 1991 – Japon 2001

Équipes :
- Lotus : États-Unis 1991 – Australie 1992
- McLaren : Portugal 1993 – Japon 2001

Champion du monde : 1998 – 1999

Victoires : 20

Pole positions : 26

Podiums : 51

Meilleurs tours en course : 25

Grands Prix disputés : 161

La fidélité de Mika Pauli Häkkinen pour McLaren fut récompensée après plusieurs saisons difficiles. Au terme de nombreuses années en karting puis en Formule Ford, le Finlandais se distingua à 22 ans en remportant le Championnat britannique de F3, puis en manquant de peu de gagner le prestigieux Grand Prix de Macao, privé de la victoire par un accrochage avec Michael Schumacher. Lotus le recruta pour lui offrir en 1991 ses débuts en Formule 1, et il marqua des points dès sa troisième course. En 1992, il entra six fois dans le top 6 et termina deux fois au pied du podium, faisant grimper sa cote. Annoncé notamment chez Williams, il opta finalement pour un poste d'essayeur chez McLaren. Le licenciement de Michael Andretti permit à Häkkinen de devenir titulaire dans l'équipe pour les trois dernières courses de la saison 1993, et il impressionna dès la première en battant Ayrton Senna en qualifications.

Avec McLaren, Häkkinen a remporté les titres mondiaux 1998 et 1999.

Au Japon, de nouveau qualifié 3e, il signa son premier podium et devint leader de l'équipe après le départ de Senna. En 1994, il confirma son potentiel en montant six fois sur le podium. À la pointe d'un projet McLaren en pleine mutation, avec notamment l'arrivée de Mercedes comme motoriste, le Finlandais ne put monter que sur deux podiums en 1995, connaissant neuf abandons au cours de la saison. Celle-ci se termina malheureusement par un grave accident en essais libres du Grand Prix d'Australie. Un violent choc latéral lui provoqua des fractures du crâne et des dégâts à l'oreille interne, en plus de problèmes musculaires au visage, et le médecin Sid Watkins dut pratiquer une trachéotomie dans le cockpit de la MP4/10. Après plusieurs semaines difficiles d'hospitalisation, durant lesquelles il ne pouvait pas fermer les yeux à cause des problèmes musculaires, il parvint à se remettre et put reprendre le volant en début d'année 1996, le visage encore marqué par une paralysie faciale. Ron Dennis lui fit confiance et l'incita à revenir dès le début de saison 1996. Häkkinen confirma être à son meilleur niveau en terminant 5e puis 4e lors des deux premières courses. Sans connaître de performances très impressionnantes, la victoire lui échappant toujours, Häkkinen entra 11 fois dans les points et monta quatre fois sur le podium. En 1997, la fiabilité du V10 Mercedes continua de faire défaut à McLaren, et il signa sa première pole position au Grand Prix du Luxembourg. L'équipe se dirigeait vers un doublé, Häkkinen devançant David Coulthard, mais les deux hommes abandonnèrent coup sur coup à quelques kilomètres de l'arrivée. Heureusement pour Häkkinen, la finale de la saison lui permit de signer sa très attendue première victoire, le jour du célèbre accrochage entre Schumacher et Jacques Villeneuve. En 1998, le Finlandais comprit rapidement qu'il disposait enfin d'une monoplace capable de gagner le titre, et il cumula deux pole positions et deux victoires lors des deux premières courses de la saison. Sa pire qualification au cours de cette période fut une 3e place, et il s'élança neuf fois depuis la pole position, gagnant huit des 16 courses. Malgré une résistance impressionnante de la part de Schumacher, Häkkinen décrocha son premier titre mondial, et profita de l'évolution de sa monoplace pour continuer sur sa lancée en 1999. Avec 11 pole positions, dont cinq de suite en début d'année, Häkkinen fut plus brouillon le dimanche, avec plusieurs abandons sur des erreurs. Quelque peu démotivé par l'accident de Schumacher, il parvint toutefois à décrocher son deuxième titre consécutif. Sa saison 2000 fut également solide, avec cinq pole et quatre victoires, dont un succès à Spa-Francorchamps gagné grâce à un dépassement devenu mythique de Schumacher, autour de la BAR de Ricardo Zonta. L'Allemand parvint toutefois à triompher et remporter son troisième titre. La saison 2001 marqua le déclin de Häkkinen, notamment à cause d'une fiabilité défaillante. En Espagne, il abandonna dans le dernier tour alors qu'il était en tête, et il gagna enfin en Grande-Bretagne. Après une dernière victoire à Indianapolis, il décida de prendre du recul et annonça une année sabbatique. Son nom fut évoqué pour un retour en 2007, mais une séance d'essai en fin d'année 2006 poussa McLaren à lui préférer Lewis Hamilton, et Häkkinen avoua que cette décision était totalement compréhensible. Malgré la déception de 2001, Mika resta célèbre pour avoir été l'un des rivaux les plus forts de Michael Schumacher, ce que confirma plus tard le septuple champion du monde : « Le gars que j'ai le plus respecté durant toutes ces années fut définitivement Mika Hakkinen. Nous avons livré des batailles formidables mais en privé, notre relation est restée [excellente]. »

ERIK COMAS

Né le 28 septembre 1963 à Romans-sur-Isère (France)

Courses :
Brésil 1991 – Japon 1994

Équipes :
- Ligier : Brésil 1991 – Australie 1992
- Larousse : Afrique du Sud 1993 – Japon 1994

Grands Prix disputés : 59

Vainqueur du Volant Elf en 1984, Erik Comas remporta la F3 française et le Championnat international de F3000 avant d'atteindre la Formule 1. C'est Ligier qui lui donna sa première chance au plus haut niveau, mais le faible niveau de performance de la monoplace française ne lui permit pas de faire mieux qu'une 8e place. En 1992, il marqua un point au Canada, et fit encore mieux avec une 5e place en France. Sa fin de saison fut marquée par de nombreux abandons et un énorme accident en Belgique. Inconscient après avoir été frappé par une roue, le Français fut secouru par Ayrton Senna, alors que son pied était coincé sur l'accélérateur. Il marqua de nouveau un point en 1993 avec Larrousse et deux de plus en 1994, mais il fut marqué par l'accident mortel de Senna et au terme de la saison. Il ne continua pas en F1, même s'il tenta un retour avec Jordan en 1996, sans succès.

ERIC VAN DE POELE

Né le 30 septembre 1961 à Verviers (Belgique)

Courses :
Saint-Marin 1991 – Italie 1992

Équipes :
- Lamborghini : Saint-Marin 1991
- Brabham : Afrique du Sud 1992
- Fondmetal : Hongrie 1992 – Italie 1992

Grands Prix disputés : 5

Le parcours d'Eric Van de Poele fut assez chaotique, avec de la F3, de la Formule Ford, mais aussi du DTM et du supertourisme. Finalement, la nouvelle structure Modena Team l'engagea en Formule 1 en 1991, mais il ne se qualifia qu'une fois en 16 courses. L'année suivante, avec Brabham, il ne fit guère mieux et tenta une fin de saison avec Fondmetal. L'équipe mit la clé sous la porte et le pilote belge quitta définitivement la F1.

MICHAEL SCHUMACHER

Né le 3 janvier 1969 à Hürth (Allemagne)

Courses :
Belgique 1991 – Brésil 2012

Équipes :
- Jordan : Belgique 1991
- Benetton : Italie 1991 – Australie 1995
- Ferrari : Australie 1996 – Brésil 2006
- Mercedes : Bahreïn 2010 – Brésil 2012

Champion du monde : 1994 – 1995 – 2000 – 2001 – 2002 – 2003 – 2004
Victoires : 91
Pole positions : 68
Podiums : 155
Meilleurs tours en course : 77
Grands Prix disputés : 307

Repoussant tous les records connus avant lui, Michael Schumacher apporta en Formule 1 un professionnalisme d'une ampleur encore jamais vue, et parvint à fédérer ses équipes comme peu de pilotes avant lui. Son père Rolf le fit débuter en karting sur la piste de Kerpen, où il travaillait comme gardien, et lui fabriqua un kart d'occasion avec un cadre en bois et des pneus États-Unisgés récupérés dans les poubelles du circuit. Heureusement, ses parents parvinrent à trouver des soutiens grâce à deux riches locaux, et il débuta en compétition à l'âge de 13 ans. En 1985, l'accident mortel de Stefan Bellof poussa ses soutiens à vouloir se retirer, craignant de financer une activité trop dangereuse pour Schumacher qui, pour les rassurer, leur garantit qu'il ne voulait pas devenir pilote de Formule 1. Suivant une formation de mécanicien en parallèle d'une scolarité difficile, il grimpa les échelons avec la Formule Ford, puis la Formule 3 qu'il débuta grâce au soutien de Willi Weber, et dans laquelle il gagna le prestigieux Grand Prix de Macao. Weber signa un contrat pour devenir le premier manager de Schumacher et le fit évoluer en Championnat du monde de voitures de sport pour aider à le professionnaliser. Peu après sa 5e place aux 24 Heures du Mans 1991, Schumacher fit ses débuts en Formule 1 pour remplacer Bertrand Gachot. C'est avec Jordan qu'il disputa son premier Grand Prix, à Spa-Francorchamps. Sa qualification en 7e position secoua le paddock, et malgré un abandon le lendemain, l'Allemand ne se laissa pas impressionner : « Je ne pensais pas qu'une F1 était si facile à piloter », déclara-t-il. Au milieu d'un imbroglio judiciaire entre Jordan et Benetton, c'est dans l'équipe italienne qu'il termina la saison, marquant ses premiers points dès sa deuxième course. En 1992, il signa son premier podium au Mexique et en enchaîna trois, avant d'y remonter au Canada et en Allemagne. Un an après ses débuts remarqués, Schumacher confirma son lien particulier avec Spa-Francorchamps en y remportant sa première victoire en F1, tandis qu'il connut à Magny-Cours ses premières tensions avec Ayrton Senna en accrochant le Brésilien. Troisième du Championnat pour sa première saison complète, il accomplit une performance similaire en 1993 avec neuf podiums, dont une deuxième victoire au Portugal. Début 1994, il semblait enfin tenir sa lutte contre Senna, qui avait été autrefois une de ses idoles et venait de rejoindre Williams en début d'année. Malheureusement, après deux victoires de Schumacher et trois pole positions du Brésilien, son modèle se tua à Imola. Schumacher signa trois pole positions consécutives et remporta six des sept premières courses de la saison. Disqualifié à deux reprises pour diverses infractions sportives et techniques, il arriva en fin de saison à Adélaïde avec un point d'avance sur Damon Hill. En tête de la course, il percuta le mur et revint en piste devant le pilote Williams, qui tenta d'attaquer immédiatement son rival. L'Allemand ferma la porte et les deux hommes s'accrochèrent, scellant la première couronne de Schumi. En 1995, Benetton troqua le vieillissant V8 Ford Cosworth pour le V10 Renault, et l'effet se fit sentir avec quatre pole positions, mais surtout neuf succès qui lui offrirent une deuxième couronne. Il se distingua par quelques courses impressionnantes, comme le Grand Prix de Belgique lors duquel il résista à Hill sur piste humide malgré des pneus *slicks*, pour s'imposer en ayant démarré 16e. Avec ses deux couronnes en poche, il décida de relever le défi proposé par Jean Todt et céda aux sirènes de Ferrari. Malgré une fiabilité défaillante, il signa trois podiums en six courses ainsi que deux pole positions, dont une à Monaco qui se solda par une sortie de piste au premier tour. En Espagne, sous une pluie diluvienne, il triompha pour la première fois en rouge, repoussant ses rivaux à près d'une minute. En France, il signa la pole position mais ne prit pas le départ à cause d'une casse moteur. Après un été difficile, il triompha de nouveau à Spa mais offrit surtout un succès à domicile à la Scuderia, en s'imposant devant les tifosi.

Michael Schumacher en début de saison 1998.

Cette première victoire de Ferrari depuis 1988 à Monza fit définitivement entrer Michael dans le cœur des fans de Ferrari, et il débuta la saison 1997 avec l'espoir de faire encore mieux. Avec trois pole positions et cinq victoires, dont une nouvelle démonstration sous la pluie à Monaco, il se présenta en tête du Championnat à Jerez pour la dernière course de la saison. Attaqué par Jacques Villeneuve en course, il tenta la même tactique qu'en 1994 mais échoua à faire abandonner le Canadien, qui fut sacré champion du monde. La FIA disqualifia purement et simplement Schumacher du Championnat, lui laissant toutefois conserver ses victoires. Il fut soutenu par Todt, qu'il avait défendu l'année précédente face à une présidence de Ferrari désireuse de sanctionner le Français pour l'absence de titre mondial. Mais blessé dans son orgueil, il se retira dans sa famille pendant plusieurs mois, jusqu'à revenir en forme pour le début de saison 1998. Face à des McLaren redoutables, il fit progresser sa F300 au fil de la saison pour décrocher trois pole positions en fin de saison, tout en s'assurant six victoires durant l'année. Pour la dernière course, au Japon, une crevaison lui arracha ses derniers espoirs de titre. En 1999, il semblait pouvoir lutter contre Mika Häkkinen, mais le sort s'acharna contre lui à Silverstone, où il fut victime d'un grave accident et se brisa une jambe. Frustré de voir Ferrari jouer le titre sans lui depuis son domicile, Schumacher revint finalement trois mois après son accident, en Malaisie. Alors que la question dans le paddock de Sepang était de savoir s'il était prêt, il relégua son équipier à neuf dixièmes de seconde en qualifications, et lui permit de gagner le lendemain en lui laissant la première place. Mais son aide fut vaine et Häkkinen remporta son deuxième titre. En 2000, la machine à gagner se mit en route et il s'élança neuf fois depuis la pole position. Auteur de cinq victoires en début de saison, il connut une série de trois abandons dans l'été qui transformèrent ses 24 points d'avance en six unités de retard. Il retrouva le chemin du succès à Monza, et termina la saison par une série de quatre pole et quatre victoires. Au Japon, il décrocha enfin son Graal en devenant champion du monde sous les couleurs de Ferrari. Sur une dynamique devenue très nette, il remporta neuf succès en 2001 et remporta son quatrième titre de champion du monde, sans savoir que le meilleur était encore à venir. En 2002, il monta sur le podium des 17 courses que comptait la saison, une première dans l'histoire de la F1. Avec ses 11 victoires, un record pour l'époque, il obtint sa cinquième couronne dès le mois de juillet. En 2003, il dut s'employer à battre Kimi Räikkönen et Juan Pablo Montoya, mais ses six victoires furent suffisantes pour se succéder au palmarès. En 2004, la Scuderia atteignit possiblement le summum de sa réussite, avec une F2004 redoutable, un Schumacher au sommet de son art, et un aspect opérationnel irréprochable. Sans un accrochage à Monaco, Schumacher aurait remporté les 13 premières courses de la saison, et ce fut d'ailleurs son nombre total de victoires cette année-là, un record égalé par Sebastian Vettel en 2013. Au Grand Prix de France, Ferrari réinventa la roue et décida d'une stratégie à quatre arrêts pour battre Fernando Alonso, que Schumacher exécuta à la perfection en déroulant un véritable sprint pendant 90 minutes. L'année 2005 marqua la fin d'un cycle pour Schumacher et Ferrari, qui durent composer avec une monoplace en retard et difficile à exploiter, ainsi que de pneus Bridgestone parfois en retrait face à Michelin. Il fut proche d'une saison sans victoire mais remporta le tristement célèbre Grand Prix des États-Unis. En 2006, en revanche, Schumacher retrouva une monoplace à sa convenance et rappela qu'il était toujours au meilleur niveau en offrant une lutte de tous les instants face à Alonso. Parmi ses sept succès de l'année, il triompha de nouveau à Monza, profitant de cette occasion pour annoncer sa retraite. Il quitta la Formule 1 avec la déception d'un titre perdu, mais la satisfaction d'avoir offert une des saisons les plus disputées de l'ère moderne. Après trois années de pause, Schumacher sortit de sa retraite pour rejoindre Mercedes, le constructeur allemand ayant décidé de revenir en catégorie reine. Les trois années en gris furent un peu plus frustrantes, mais il décrocha tout de même un podium au Grand Prix d'Europe. Critiqué pour avoir été prétendument poussé à la retraite par Lewis Hamilton, Schumacher fut directement défendu par le président non-exécutif de Mercedes, Niki Lauda : « Michael a pris la meilleure décision pour lui. Nous devons la respecter. Chaque sportif de haut niveau décide seul quand il veut arrêter. Il faut savoir accepter ces décisions sans réserve. C'est pourquoi je vous mets en garde contre les élucubrations de ceux qui chercheront des explications là où il n'y en a pas. Toutes ces polémiques sont absurdes. Je tire mon chapeau à Michael qui, en tant que septuple champion du monde, est à mes yeux le meilleur pilote de F1 depuis que celle-ci est organisée en Championnat du monde. »

ALESSANDRO ZANARDI

Né le 23 octobre 1966 à Bologne (Italie)

Courses :
Espagne 1991 – Japon 1999

Équipes :
- Jordan : Espagne 1991 -Australie 1991
- Minardi : Allemagne 1992

- Lotus : Afrique du Sud 1993 – Australie 1994
- Williams : Australie 1999 – Japon 1999

Grands Prix disputés : 41

Après avoir suivi l'échelle classique des monoplaces, avec F3 et F3000, Alessandro Zanardi fut appelé en Formule 1 par Eddie Jordan pour remplacer Roberto Moreno, et il termina deux courses en 9e position. Sans volant en 1992, ses piges avec Minardi furent désastreuses, mais Lotus le recruta pour la saison 1993. Entre incidents et pannes mécaniques, il parvint à marquer un point au Brésil, mais sa saison s'interrompit brutalement avec un énorme accident à Spa-Francorchamps. Après plusieurs mois de pause forcée, il retrouva son baquet lorsque son remplaçant, Pedro Lamy, fut victime d'une violente collision. Il disputa la fin de saison 1994 sans réussite et s'exila aux États-Unis, où il brilla en remportant deux fois le Championnat CART. Williams lui offrit une 2e chance en F1 en 1999, mais l'expérience tourna au fiasco, avec aucun point inscrit et 11 abandons en 16 courses. De retour en CART, il subit un nouvel accident en 2001 qui lui fit perdre ses jambes, mais son caractère de battant lui permit de se reconvertir en handisport, et il remporta quatre médailles d'or aux Jeux paralympiques en 2012 et 2016.

KARL WENDLINGER

Né le 20 décembre 1968 à Kuffstein (Autriche)

Courses :
Japon 1991 – Australie 1995

Équipes :

- Leyton House : Japon 1991 – Australie 1991
- March : Afrique du Sud 1992 – Portugal 1992
- Sauber : Afrique du Sud 1993 – Australie 1995

Grands Prix disputés : 41

Karl Wendlinger fut suffisamment rapide en Formule Ford et en Formule 3 pour convaincre Mercedes de le recruter dans son programme de jeunes pilotes, aux côtés notamment de Michael Schumacher. Après une 5e place aux 24 Heures du Mans 1991, il fut recruté par Leyton House pour débuter en F1 lors des deux dernières courses de l'année. Conservé par l'équipe, rebaptisée March F1 en 1992, il brilla au Canada avec une 4e place totalement inattendue, et marqua ses premiers points. En 1993, il retrouva l'équipe Sauber du projet junior de Mercedes et prit la mesure de JJ Lehto au cours de la saison, terminant de nouveau 4e en Italie. Le début de saison 1994 fut de nouveau prometteur, puisqu'il termina 4e lors du tragique Grand Prix de Saint-Marin. Mais moins de deux semaines après les accidents mortels d'Imola, la F1 fut de nouveau marquée par un grave incident lorsque Wendlinger perdit le contrôle de sa Sauber à la sortie du tunnel de Monaco. Lors d'un énorme choc latéral, la tête de l'Autrichien percuta les barrières, et il plongea dans le coma pendant près de trois semaines. Une fois réveillé, il fut de nouveau placé dans un coma artificiel, l'œdème au cerveau n'étant pas résorbé. Après plusieurs mois de rééducation, il revint au volant début 1995 mais bien qu'il eût récupéré sa forme physique, il ne retrouva jamais son meilleur niveau, et quitta définitivement la catégorie reine après six courses.

1992

CHRISTIAN FITTIPALDI

Né le 18 janvier 1971 à São Paulo (Brésil)

Courses :
Afrique du Sud 1992 – Australie 1994

Équipes :
- Minardi : Afrique du Sud 1992 – Portugal 1993
- Footwork : Brésil 1994 – Australie 1994

Grands Prix disputés : 40

Deux décennies après la gloire d'Emerson et Wilson, le fils de ce dernier, Christian Fittipaldi, fut le troisième pilote à porter ce patronyme en Formule 1, après des titres en F3 et F3000. Ses débuts avec Minardi en 1992 se soldèrent par un seul point inscrit au Japon et une saison marquée par un violent accident en France qui l'écarta plusieurs semaines de la compétition. En 1993, il se distingua à Monaco par une 5e place, et à Monza par un accrochage qui lui fit faire un salto arrière avec sa M193. Transféré chez Footwork en 1994, il termina deux fois au pied du podium et s'exila en CART puis en IMSA, remportant trois fois les 24 Heures de Daytona.

UKYO KATAYAMA

Né le 29 mai 1963 à Tokyo (Japon)

Courses :
Afrique du Sud 1992 – Europe 1997

Équipes :
- Venturi : Afrique du Sud 1992 – Australie 1992
- Tyrrell : Afrique du Sud 1993 – Japon 1996
- Minardi : Australie 1997 – Europe 1997

Grands Prix disputés : 95

Avant de courir dans la très sélecte F3000 japonaise, Ukyo Katayama fit ses débuts en compétition en France. Grâce à son titre au Japon et au soutien du cigarettier Mild Seven, il arriva en F1 en 1992 avec Venturi, mais se fit remarquer par sa propension à dépasser les limites. En 1993, il ne fit pas beaucoup mieux avec Tyrrell, multipliant les erreurs. En 1994, en revanche, il gagna un meilleur statut en mettant enfin à profit sa bonne vitesse de pointe. Il se qualifia deux fois 5e pendant la saison, et entra à trois reprises dans les points. Ce furent malheureusement ses derniers, car les saisons suivantes chez Tyrrell et Minardi, trois au total, le virent reprendre ses mauvaises habitudes, ce qui lui coûta sa place en Formule 1.

ANDREA CHIESA

Né le 6 mai 1964 à Milan (Italie)

Courses :
Mexique 1992 – France 1992

Équipes :
Fondmetal : Mexique 1992 – France 1992

Grands Prix disputés : 3

La carrière poussive d'Andrea Chiesa en formules de promotion se confirma en F1, lorsque Fondmetal lui offrit sa chance. En dix engagements en 1992, il se qualifia trois fois et ne vit jamais l'arrivée.

PAUL BELMONDO

Né le 23 avril 1963 à Boulogne-Billancourt (France)

Courses :
Espagne 1992 – Espagne 1994

Équipes :
- March : Espagne 1992 – Hongrie 1992
- Pacific : Monaco 1994 – Espagne 1994

Grands Prix disputés : 7

Avec un patronyme bien plus connu dans le monde du cinéma que de la course auto, Paul Belmondo remporta le Volant Elf en 1982, ce qui lui permit de grimper les échelons en monoplace, jusqu'à atteindre la F3000 en 1987 et la F1 en 1992. Au sein de la fantomatique équipe March, il ne se qualifia que cinq fois en 11 tentatives mais parvint à terminer toutes les courses dont il prit le départ. Écarté par manque de budget en cours de saison, il fit son retour en 1994 chez Pacific. Au volant d'une PR01 au niveau désastreux, il se qualifia deux fois seulement et abandonna à chaque fois.

DAMON HILL

Né le 17 septembre 1960 à Londres (Royaume-Uni)

Courses :
Grande-Bretagne 1992 – Japon 1999

Équipes :
- Brabham : Grande-Bretagne 1992 – Hongrie 1992
- Williams : Afrique du Sud 1993 – Japon 1996
- Arrows : Brésil 1997 – Europe 1997
- Jordan : Australie 1998 – Japon 1999

Champion du monde : 1996

Victoires : 22

Pole positions : 20

Podiums : 42

Meilleurs tours en course : 19

Grands Prix disputés : 115

Frank Williams et Damon Hill.

Damon Hill fut le premier fils de champion du monde de F1 à devenir lui-même champion du monde. Pourtant, son parcours ne fut pas des plus aisés. Débutant la compétition à moto, puis poursuivant en Formule Ford à 25 ans, il dut attendre ses 31 ans pour débuter en Formule 1 en cours de saison, chez Brabham. Son meilleur résultat fut une 11e place en Hongrie, quelques jours avant que l'équipe ne ferme ses portes. Son rôle d'essayeur chez Williams deux ans plus tôt porta ses fruits, puisque l'écurie britannique l'appela pour remplacer Riccardo Patrese en 1993. Dès la deuxième course de la saison, il signa son premier podium avec une 2e place, et réitéra sa performance à Donington, à Monaco, au Canada et en France. C'est également à Magny-Cours qu'il signa sa première pole position, quelques semaines avant son premier succès en Hongrie. Il enchaîna avec deux autres succès en Belgique et en Italie et termina 3e du Championnat, loin d'Alain Prost, mais à quatre points seulement d'Ayrton Senna. Ce dernier fut recruté par Williams en 1994 et Hill s'apprêtait alors à effectuer sa deuxième saison dans l'ombre d'un multiple champion du monde. Mais dès la troisième course, Senna se tua à Imola, et le Britannique fut propulsé au rang de leader de l'équipe. Un rôle dont il prit rapidement la mesure, enchaînant deux pole positions, deux victoires et deux podiums en quatre courses à partir de l'Espagne. Toujours loin de Michael Schumacher au classement, il signa quatre victoires et deux 2es places pour, au soir de l'avant-dernière course de la saison, pointer à une seule unité de l'Allemand. En Australie, voyant la Benetton revenir abîmée en piste après une erreur de son rival, Hill tenta de le dépasser avec une certaine précipitation et se fit accrocher par Schumacher, voyant ses espoirs de titre mondial s'envoler. La saison 1995 fut beaucoup plus difficile, sportivement et mentalement, pour le Britannique. Malgré sept pole positions et neuf podiums, dont quatre victoires, il fut surtout mis en difficulté par deux accrochages avec Schumacher dont il fut responsable, et trois sorties de piste qui furent cruciales dans sa perte du titre. Sa victoire avec deux tours d'avance sur Olivier Panis au Grand Prix d'Australie lui donna un peu de baume au cœur, et il conserva la confiance de Williams pour la saison 1996. Malgré l'arrivée du jeune Jacques Villeneuve à ses côtés, il entama parfaitement sa saison avec trois pole positions et quatre victoires lors des cinq premières courses. En chemin pour l'emporter à Monaco dans des conditions dantesques, il fut arrêté par la casse de son V10 Renault. Avec trois autres succès en poche, il connut ensuite une série un peu plus difficile et aborda la dernière épreuve au Japon dans le rôle de favori, n'ayant besoin que d'un point pour s'assurer le titre mondial. Battu pour la pole par Villeneuve, Hill profita du mauvais départ du Canadien pour prendre la tête et aller chercher le titre mondial avec la manière, en remportant le Grand Prix du Japon. Son statut de champion du monde le poussa à demander une revalorisation salariale, mais Williams refusa malgré la pression mise par Adrian Newey, le directeur technique de l'équipe, pour conserver le Britannique et ses précieux retours techniques. Pendant que l'ingénieur était en vacances, Frank Williams et Patrick Head l'écartèrent définitivement, installant Heinz-Harald Frentzen dans l'équipe à sa place. Sur la touche à un moment où peu de baquets étaient disponibles, il trouva refuge dans la modeste équipe Arrows, qui fut ravie d'attirer le champion en titre et son numéro 1 dans une de ses monoplaces. Sa première qualification de la saison à cinq secondes et demi du poleman lui fit comprendre que la saison serait longue, d'autant qu'il subit une casse mécanique le lendemain dans le tour de formation. Après six abandons lors des six premières courses, il parvint à trouver le chemin des points à domicile en Grande-Bretagne, et mit son talent en exergue en Hongrie en qualifiant sa modeste monoplace en troisième place. Le lendemain, il mena 62 tours de la course mais dut concéder la victoire dans la dernière boucle à Villeneuve à cause d'une défaillance de son moteur, terminant toutefois à une exceptionnelle 2e place. Eddie Jordan le recruta en 1998 et malgré la domination de Ralf Schumacher en performance pure, Hill entra quatre fois dans les points, remportant le Grand Prix de Belgique dans des conditions dantesques après avoir signé la 3e place en qualifications. Prolongé par l'équipe irlandaise, l'année 1999 ressembla à la saison de trop pour le Britannique, totalement dominé par Frentzen. Son meilleur résultat fut une 4e place, et une anonyme 12e position au Championnat vint clore une très belle carrière.

EMANUELE NASPETTI

Né le 24 février 1968 à Ancona (Italie)

Courses :
Belgique 1992 – Portugal 1993

Équipes :
- March : Belgique 1992 – Australie 1992
- Jordan : Portugal 1993

Grands Prix disputés : 6

Au bout de plusieurs saisons de F3000, Emanuele Naspetti parvint enfin à se mettre en valeur et accéda à la Formule 1 pour remplacer Paul Belmondo chez March. Contrairement au Français, il parvint à se qualifier lors des cinq courses qu'il disputa, ne faisant pour autant pas mieux qu'une 11e place. En 1993, Eddie Jordan l'engagea comme réserviste et lui offrit une course en tant que titulaire, qui se solda par un abandon et marqua la fin de sa carrière en F1.

MICHAEL ANDRETTI

Né le 5 octobre 1962 à Bethlehem (États-Unis)

Courses :
Afrique du Sud 1993 – Italie 1993

Équipes :
McLaren : Afrique du Sud 1993 – Italie 1993

Podiums : 1

Grands Prix disputés : 13

Outre son nom de famille, Michael Andretti avait pour lui son palmarès, orné notamment d'un titre en CART en 1991, lorsqu'il fut recruté par McLaren en 1993. Pourtant, l'expérience s'avéra désastreuse, puisqu'il débuta sa saison par quatre abandons sur des incidents en piste. Loin d'Ayrton Senna, et peu investi dans le développement de la MP4/8, l'Américain entra dans les points pour la première fois en Espagne, et le fit de nouveau en France avant trois autres abandons. Son podium en Italie lors d'un Grand Prix chaotique ne fut pas suffisant pour sauver sa place, et il fut remplacé par Mika Häkkinen juste après Monza.

LUCA BADOER

Né le 25 janvier 1971 à Montebelluna (Italie)

Courses :
Afrique du Sud 1993 – Belgique 2009

Équipes :
- Lola : Afrique du Sud 1993 – Portugal 1993
- Minardi : Brésil 1995 – Japon 1995
- Forti : Brésil 1996 – France 1996
- Minardi : Australie 1999 – Japon 1999
- Ferrari : Europe 2009 – Belgique 2009

Grands Prix disputés : 51

Après des succès en F3 italienne et en F3000, Luca Badoer accéda fort logiquement à la F1 en début de saison 1993, au volant de la BMS Scuderia Italia, alors partenaire de Lola. Sa 7e place à Saint-Marin fut son meilleur résultat de l'année, mais aussi en carrière, et il rallia les rangs de Minardi en tant que réserviste, avant d'être promu au poste de titulaire en 1995 dans la petite Scuderia. Huitième au mieux au cours de la saison, il rallia les rangs de Forti Corse en 1996, année durant laquelle l'équipe fit faillite, et ne vit pas un seul drapeau à damier. Sa carrière en F1 sembla toucher à son terme, mais Ferrari le recruta en tant qu'essayeur en 1998. Il retrouva le chemin des circuits en 1999 avec Minardi et, au cours d'une saison difficile, marqua le monde entier par ses larmes lors du Grand Prix d'Europe. En route pour une 4e place, il fut trahi par sa mécanique et s'effondra en larmes à côté de sa monoplace. En fin d'année, il se concentra sur son rôle pour le Cheval cabré, et eut la chance de piloter sous ses couleurs en 2009, lorsque Felipe Massa eut son grave accident en Hongrie. Mais au volant d'une F60 rétive, Badoer ne fit pas mieux qu'une 14e place. Il quitta Ferrari l'année suivante, en ayant accumulé un total estimé de 130 000 kilomètres en essais privés pour la Scuderia. En F1, il reste à ce jour le pilote ayant disputé le plus de Grands Prix sans avoir inscrit de points.

FABRIZIO BARBAZZA

Né le 2 avril 1963 à Monza (Italie)

Courses :
Afrique du Sud 1993 – France 1993

Équipes :
Minardi : Afrique du Sud 1993 – France 1993

Grands Prix disputés : 8

Après deux ans en F3 italienne, Fabrizio Barbazza prit la décision inattendue de s'exiler aux États-Unis, et sa 3e place aux 500 Miles d'Indianapolis fit grimper sa cote. De retour en Europe, il débuta en F1 avec AGS en 1991 mais ne parvint pas une seule fois à se qualifier. Deux ans plus tard, Minardi lui donna une nouvelle chance et il réussit à entrer deux fois dans les points mais perdit son volant, faute de budget.

RUBENS BARRICHELLO

Né le 23 mai 1972 à São Paulo (Brésil)

Courses :
Afrique du Sud 1993 – Brésil 2011

Équipes :
- Jordan : Afrique du Sud 1993 – Japon 1996
- Stewart : Australie 1997 – Japon 1999
- Ferrari : Australie 2000 – Chine 2005
- Honda : Bahreïn 2006 – Brésil 2008
- Brawn Gp : Australie 2009 – Abu Dhabi 2009
- Williams : Bahreïn 2010 – Brésil 2011

Victoires : 11

Pole positions : 14

Podiums : 68

Podiums : 17

Grands Prix disputés : 323

Rubens Barrichello et sa Honda au Grand Prix du Canada 2007.

Fils de garagiste, Rubens Gonçalves Barrichello, dit « Rubinho » pour le différencier de son père, remporta de nombreux titres en karting avant de rejoindre l'Europe. Champion de F3 britannique, performant en F3000 malgré son manque d'expérience, Barrichello débuta en F1 en 1993 avec Jordan. Malgré plusieurs abandons, il se mit en valeur en qualifications et manqua de peu le podium sous la pluie à Donington, montrant des capacités sur piste mouillée qui furent rapidement parmi ses caractéristiques. Il marqua ses premiers points au Japon et l'année suivante, il commença la saison par une 4e place et enchaîna avec un podium durant le Grand Prix du Pacifique. Victime d'un terrible accident le vendredi du funeste Grand Prix de Saint-Marin 1994, il reprit rapidement le volant et signa sa première pole position sous la pluie diluvienne de Spa-Francorchamps. La vision d'un Brésilien volant sur l'asphalte détrempé, à peine quatre mois après le décès d'Ayrton Senna, provoqua une émotion dans le paddock, mais surtout pour Barrichello, qui salua son mentor et ami disparu. Il termina la saison à une belle 6e place au Championnat, et continua chez Jordan en 1995. Le manque de fiabilité du moteur Peugeot lui causa de nombreux abandons, mais il monta sur le podium au Canada, terminant 2e derrière Jean Alesi. En 1996, l'équipe peina à montrer des progrès mais une certaine régularité lui permit d'intégrer le top 10 final du Championnat. Rubinho décida cependant de rejoindre la nouvelle équipe Stewart en 1999. Sous les ordres de Jackie et Paul Stewart, il signa de belles performances en qualification mais subit 12 abandons à cause de la fiabilité défaillante de la SF01. Heureusement, il sauva sa saison avec une prouesse mémorable à Monaco, terminant 2e sous la pluie derrière l'intouchable Michael Schumacher. La fiabilité toujours catastrophique du V10 Ford Cosworth ne lui permit d'inscrire que quatre points en 1998, mais en 1999, l'équipe fit bien mieux avec la SF-3, et le Brésilien monta trois fois sur le podium, ajoutant une pole position à son palmarès au Grand Prix de France, encore une fois sur une piste détrempée. Son statut d'outsider flamboyant attira Ferrari, qui lui proposa de devenir le second de Schumacher. Au volant d'une redoutable F1-2000, il signa une nouvelle pole position et monta huit fois sur le podium. En Allemagne, il connut enfin la gloire en gagnant depuis la 18e place une course marquée par la pluie. En 2001, il ne parvint pas à réitérer cette performance mais ajouta dix podiums à son palmarès. Il réalisa en 2002 sa meilleure saison, notamment grâce à l'incroyable F2002, et s'élança trois fois depuis la pole position. Malgré un début de saison difficile, marqué notamment par plusieurs abandons et une consigne d'équipe lui faisant perdre la victoire en Autriche, il parvint à remporter quatre Grands Prix et terminer vice-champion du monde. En 2003, il joua le rôle du second à la perfection en s'imposant en Grande-Bretagne, mais surtout au Japon, où Schumacher connut une course difficile, et où le Brésilien empêcha Kimi Räikkönen d'inscrire les points suffisants pour espérer battre l'Allemand. En 2004, Barrichello eut voix au chapitre une fois le titre de Schumacher acquis, et il remporta deux courses en fin d'année avant de connaître une saison 2005 très difficile. Cela lui valut son remplacement par Felipe Masa, et il trouva refuge chez Honda. Il connut avec le constructeur japonais deux saisons sans podium, dont un exercice 2007 sans aucun point inscrit. De retour sur le podium au Grand Prix de Grande-Bretagne 2008, il conserva sans volant lorsque Ross Brawn racheta Honda en catastrophe en fin de saison. Le sauvetage tourna au rêve, la BGP001 permettant au Brésilien de remporter deux courses et de signer une pole position, bien qu'il ne parvînt pas à se mesurer à son équipier, Jenson Button, qui remporta le titre mondial. Barrichello releva un dernier défi chez Williams, sans grand succès, en étant devenu le pilote au plus grand nombre de départs en catégorie reine. Un record qu'il gardera jusqu'en 2020, battu par Kimi Räikkönen.

MARCO APICELLA

Né le 7 octobre 1965 à Bologne (Italie)

Courses :
Italie 1993

Équipes :
Jordan : Italie 1993

Grands Prix disputés : 1

Marco Apicella ne parvint pas à se mettre en valeur en F3000 et s'exila au Japon pour y disputer le Championnat national. En 1993, Jordan l'appela pour remplacer Thierry Boutsen, mais il fut pris dans un accident au premier virage. Avec 10 secondes et 800 mètres en F1, l'Italien fut crédité de la carrière la plus courte en catégorie reine.

PEDRO LAMY

Né le 20 mars 1972 à Aldeia Galega (Portugal)

Courses :
Italie 1993 – Japon 1996

Équipes :
- Lotus : Italie 1993 – Monaco 1994
- Minardi : Hongrie 1995 – Japon 1996

Grands Prix disputés : 32

Grâce à une carrière fulgurante en formules de promotion, Pedro Lamy décrocha sa place en F1 pour remplacer Alessandro Zanardi en fin de saison 1993. Après quatre abandons, il continua en début d'année 1994 mais ne fit pas mieux qu'une 8e place. Malheureusement, il dut laisser son volant à Zanardi lorsqu'il fut victime d'un terrible accident en essais privés, qui lui brisa les jambes. Après une longue convalescence, il revint en F1 en 1995 grâce à Minardi, et marqua le point de la 6e place en Australie à trois tours du vainqueur. La petite équipe italienne le prolongea en 1996 mais il ne marqua aucun point et quitta la F1.

JEAN-MARC GOUNON

Né le 1er janvier 1963 à Aubenas (France)

Courses :
Japon 1993 – Portugal 1994

Équipes :
- Minardi : Japon 1993 – Australie 1993
- Simtak : France 1994 – Portugal 1994

Grands Prix disputés : 9

Fils de pilote de course de côte, Jean-Marc Gounon passa en F3 puis en F3000 avant d'atteindre la Formule 1 avec March. Mais l'écurie déclara forfait, et le Français fut appelé en renfort par Minardi en fin de saison, avec deux abandons à la clé. En 1994, il disputa sept courses pour Simtek, sans succès, et se tourna vers l'endurance avec davantage de réussite.

EDDIE IRVINE

Né le 10 novembre 1965 à Newtownards (Royaume-Uni)

Courses :
Japon 1993 – Japon 2002

Équipes :
- Jordan : Japon 1993 – Australie 1995
- Ferrari : Australie 1996 – Japon 1999
- Jaguar : Australie 2000 – Japon 2002

Victoires : 4

Podiums : 26

Meilleurs tours en course : 1

Grands Prix disputés : 146

Edmund Irvine montra une pointe de vitesse certaine en formules de promotion, mais il dut toutefois s'exiler au Japon pour faire ses classes en F3000. En fin de saison 1993, son ancien patron en F3000 internationale, Eddie Jordan, lui proposa un volant pour le Grand Prix du Japon. Auteur d'une belle 8e place en qualifications, il se fit surtout remarquer en bloquant Ayrton Senna pendant la course alors que le Brésilien lui prenait un tour. Après l'arrivée, il expliqua au Brésilien que s'il était plus rapide, il lui suffisait de passer, ce qui provoqua la colère de Senna qui frappa Irvine. Jordan le recruta en 1994 pour un programme complet mais dès le premier Grand Prix, il provoqua un carambolage dans lequel Martin Brundle fut frappé à la tête par la roue de la Benetton de Jos Verstappen, partie en tonneaux. Suspendu pour une course, il écopa de deux suspensions supplémentaires durant l'audience au sujet de l'accident. En 1995, il monta sur le podium au Canada et montra une belle pointe de vitesse qui lui permit d'être engagé chez Ferrari aux côtés de Michael Schumacher l'année suivante. Après trois saisons de progression et 13 podiums enregistrés, il gagna enfin sa première course au début de saison 1999. Propulsé au rang de numéro 1 au sein de la Scuderia après l'accident de Schumacher à Silverstone, Irvine gagna en Autriche, en Allemagne et en Malaisie, en ayant profité de consignes aux dépens de Mika Salo et Schumacher à deux reprises. Face à un Mika Häkkinen démotivé, il parvint à jouer le titre jusqu'à la fin de saison, mais ne le remporta pas et fut remercié par Ferrari. Il releva un dernier défi avec Jaguar pendant trois ans et monta deux fois sur le podium.

TOSHIO SUZUKI

Né le 10 mars 1955 à Saitama (Japon)

Courses :
Japon 1993 – Australie 1993

Équipes :
Larrousse : Japon 1993 – Australie 1993

Grands Prix disputés : 2

Toshio Suzuki fut un pilote bien connu en F3000 japonaise, mais son passage en F1 à près de 40 ans ne fut pas des plus marquants. En deux courses avec Larrousse, il parvint à voir l'arrivée à deux reprises, sans obtenir mieux qu'une 12e place.

OLIVIER BERETTA

Né le 23 novembre 1969 à Monaco

Courses :
Brésil 1994 – Hongrie 1994

Équipes :
Larrousse : Brésil 1994 – Hongrie 1994

Grands Prix disputés : 9

Troisième Monégasque à piloter en F1, Olivier Beretta se fit remarquer en remportant le Grand Prix de F3 disputé en Principauté, et Nelson Piquet fonda sa propre équipe pour l'amener en F3000. Prometteur mais peinant à concrétiser, Beretta trouva un volant avec Larrousse en 1994 mais l'équipe déclinante ne lui permit pas de marquer un seul point en dix engagements.

HEINZ-HARALD FRENTZEN

Né le 18 mai 1967 à Mönchengladbach (Allemagne)

Courses :
Brésil 1994 – Japon 2003

Équipes :
- Sauber : Brésil 1994 – Japon 1996
- Williams : Australie 1997 – Japon 1998
- Jordan : Australie 1999 – Grande-Bretagne 2001
- Prost : Hongrie 2001 – Japon 2001
- Arrows : Australie 2002 – Allemagne 2002
- Sauber : États-Unis 2002 – Japon 2003

Victoires : 3

Pole positions : 2

Podiums : 18

Meilleurs tours en course : 6

Grands Prix disputés : 156

Heinz-Harald Frentzen avec son futur patron, Eddie Jordan, au GP de Monaco 1997.

Après un début de carrière marqué par un destin proche de celui de Michael Schumacher, Heinz-Harald Frentzen ne connut pas la montée en puissance de son compatriote et passa notamment par la F3000 japonaise après une expérience dans l'équipe junior de Mercedes en endurance. En 1994, il revint dans le giron de Sauber et Mercedes pour faire ses débuts en F1. Qualifié 5ᵉ lors de sa première course, il termina à cette place lors de la 2ᵉ et impressionna par ses progrès au fil de la saison, avec une place au pied du podium en France. En 1995, toujours dans l'équipe suisse, il monta sur son premier podium lors du Grand Prix d'Italie, et commença à nourrir des espoirs de très bons résultats en 1996. Mais le nouveau V10 Ford Cosworth et plusieurs incidents en piste lui valurent une moins bonne année. Toutefois, il décrocha un contrat avec Williams aux côtés de Jacques Villeneuve en 1997. L'Allemand remporta sa première victoire au Grand Prix de Saint-Marin et signa une belle série de podiums en fin de saison. Classé 3e loin de Villeneuve et Schumacher, il hérita du titre honorifique de vice-champion du monde après la disqualification du pilote Ferrari. En 1998, il ne vit le podium qu'une fois au volant d'une FW20 moins performante, et c'est le moral en berne après son éviction qu'il décida de rejoindre Jordan en 1999. Ce fut un véritable retour en grâce pour HHF, qui prouva qu'il préférait largement le statut d'outsider à celui de pilote d'une équipe de pointe. Au Grand Prix de France, il remporta son deuxième succès en F1 lors d'une course qu'il disputa avec de nombreuses microfractures au genou, consécutives à son accident au Canada. Grâce à une belle série de résultats, il se rapprocha de Mika Häkkinen et Eddie Irvine, au point d'être encore en lice pour le titre mondial au soir du Grand Prix d'Italie, théâtre de son second succès de la saison. Sur une bonne dynamique, il signa la pole position au Nürburgring mais abandonna après une mauvaise manipulation. Cette belle épopée s'acheva avec la 3e place du Championnat, mais la saison 2000 fut bien plus compliquée, avec neuf abandons sur panne mécanique, et seulement deux podiums pour sauver les meubles. En 2001, Jordan commença son déclin et Frentzen le sien. Au milieu de la saison, des désaccords avec Eddie Jordan provoquèrent un échange de baquets entre lui et Jean Alesi, et il termina sa saison chez Prost Grand Prix, se distinguant par une belle 4e place en qualifications à Spa. Il tenta de rebondir chez Arrows en 2002 après la faillite de Prost Grand Prix, mais le manque de moyens provoqua également la chute de l'équipe anglaise en cours de saison. Pigiste chez Sauber en fin d'année, il boucla la boucle en disputant la saison 2003 pour l'équipe qui l'avait fait débuter en Formule 1 dix ans plus tôt, et décrocha un dernier podium à Indianapolis.

OLIVIER PANIS

Né le 2 septembre 1966 à Oullins (France)

Courses :
Brésil 1994 – Japon 2004

Équipes :
- Ligier : Brésil 1994 – Japon 1996
- Prost : Australie 1997 – Japon 1999
- BAR : Australie 2001 – Japon 2002
- Toyota : Australie 2003 – Japon 2004

Victoires : 1

Podiums : 5

Grands Prix disputés : 158

Olivier Panis fait son retour après un grave accident en milieu de saison 1997.

Vainqueur du Volant Elf en 1987, il remporta la Formule Renault mais surtout le Championnat international de F3000 pour atteindre la Formule 1 en 1994. Ligier engagea le Français, qui avait déjà roulé pour le *team* en essais privés, et il s'affirma rapidement comme un pilote régulier, réussissant à voir l'arrivée lors de ses six premières courses. Lors d'une course chaotique à Hockenheim, Panis monta sur son premier podium en terminant 2e, et entra de nouveau dans les points en Hongrie et en Australie. Après le rachat par Flavio Briatore, qui donna à Ligier un châssis très proche des victorieuses Benetton, Panis put hausser son niveau de performance et entra six fois dans les points. En fin de saison, il franchit la ligne d'arrivée 2e en Australie après avoir évité les embûches d'Adélaïde, bien qu'affichant deux tours de retard sur Damon Hill. La saison 1996 fut perturbée par quelques problèmes de fiabilité, mais Panis montra une vitesse impressionnante sur la piste séchante de Monaco et, lors d'une course marquée par de nombreux abandons, il s'imposa en Principauté. Sa montée en puissance se confirma en 1997, puisqu'il termina 5e en Australie, 3e au Brésil, 4e à Monaco et 2e en Espagne. Occupant une inattendue 3e place du Championnat, il fut victime d'un violent accident à Montréal dans lequel il se cassa une jambe. De retour en fin de saison, il sembla peiner à retrouver son meilleur niveau et l'équipe, devenue Prost Grand Prix, commença à décliner. La faute notamment à un V10 Peugeot très peu fiable, il ne marqua aucun point en 1998 et seulement deux en 1999. Remplacé par Jean Alesi en 2000, il se retrouva sans volant et occupa le poste d'essayeur chez McLaren avant de signer chez BAR en 2001. De nouveau, il parvint à faire quelques belles performances mais fut surtout victime d'une fiabilité désastreuse. Le Français tenta alors un dernier défi chez Toyota, le constructeur étant revenu en F1 l'année précédente. Mais comme chez Prost et BAR, il ne parvint à rentrer dans les points que de manière épisodique, et quitta la Formule 1 fin 2004, tout en restant essayeur pour le constructeur japonais.

JOS VERSTAPPEN

Né le 4 mars 1972 à Montfort (Pays-Bas)

Courses :
Brésil 1994 – Japon 2003

Équipes :
- Benetton : Brésil 1994 – Europe 1994
- Simtek : Brésil 1995 – Monaco 1995
- Footwork : Australie 1996 – Japon 1996
- Tyrrell : Australie 1997 – Europe 1997
- Stewart : France 1998 – Japon 1998
- Arrows : Australie 2000 – Japon 2001
- Minardi : Australie 2003 – Japon 2003

Podiums : 2

Grands Prix disputés : 107

Johannes Franciscus Verstappen montra son côté flamboyant dès sa première course en karting, qu'il termina à l'hôpital. Ses performances attirèrent rapidement plusieurs équipes, dont McLaren et Benetton, mais c'est cette dernière qui l'engagea en tant qu'essayeur en 1994. Il fut titularisé à cause de l'indisponibilité de JJ Lehto, blessé aux vertèbres. Jos connut un début de carrière agité, étant envoyé en tonneaux par Eddie Irvine dès sa première course au Brésil, et subissant l'incendie de sa monoplace en Allemagne, lors de son cinquième Grand Prix. Après ce malheureux incident, il signa ses deux premiers podiums coup sur coup, et entra une nouvelle fois dans les points au Portugal. Flavio Briatore l'envoya en 1995 chez Simtek, une écurie qu'il aidait, mais il abandonna quatre fois en cinq courses avant que l'équipe ne mette la clé sous la porte. Arrivé chez Footwork en 1996, il marqua un point en Argentine mais connut 12 abandons en 16 courses et partit chez Tyrrell l'année suivante, sans plus de succès. Sans volant en 1998, il remplaça Jan Magnussen en cours de saison, mais n'entra pas une fois dans le top 10. En 1999, il fut impliqué dans le projet de retour en Formule 1 de Honda, mais le décès du concepteur Harvey Postlethwaite et la frilosité du constructeur japonais mirent un terme à ce retour. Verstappen retrouva la F1 en 2000 avec Arrows, et il termina au pied du podium en Italie. Laissé sans volant en 2002, il fit un dernier retour en 2003 avec Minardi, mais la très mauvaise saison de l'équipe italienne marqua la fin de sa carrière.

ROLAND RATZENBERGER

Né le 4 juillet 1960 à Salzbourg (Autriche) et décédé le 30 avril 1994

Courses :
Pacifique 1994

Équipes :
Simtek : Pacifique 1994

Grands Prix disputés : 1

Après une lente progression en formules de promotion, Roland Ratzenberger se distingua par de belles performances en endurance avant d'atteindre la F1 en 1994 grâce à la modeste équipe Simtek. Non qualifié au Brésil, il termina 11e du Grand Prix du Pacifique. Lors des essais qualificatifs du Grand Prix de Saint-Marin, il fut victime d'une casse de son aileron à plus de 300 km/h et percuta le mur en béton de plein fouet. L'Autrichien n'eut aucune chance de survivre à ce choc et fut déclaré mort à l'hôpital, la veille du décès d'Ayrton Senna.

DAVID COULTHARD

Né le 27 mars 1971 à Twynholm (Royaume-Uni)

Courses :
Espagne 1994 – Brésil 2008

Équipes :
- Williams : Espagne 1994 – Australie 1995
- McLaren : Australie 1996 – Brésil 2004
- Red Bull : Australie 2005 – Brésil 2008

Victoires : 13

Pole positions : 12

Podiums : 62

Meilleurs tours en course : 18

Grands Prix disputés : 246

Les performances de David Marshall Coulthard en formules de promotion ne furent pas suffisantes pour qu'il décroche un poste de titulaire en F1, mais il fut recruté comme essayeur par Williams en 1994. Le décès d'Ayrton Senna le propulsa au rang de titulaire plus vite que prévu, et il disputa huit courses cette année-là, avec un premier podium au Portugal. En 1995, l'équipe britannique lui offrit un programme complet, et ses performances se révélèrent. En pole pour la première fois de sa carrière dès la deuxième course de la saison, il en signa quatre consécutives en fin de saison. Il monta huit fois sur le podium, dont une fois sur la plus haute marche au Portugal. Mais les bourdes de Coulthard firent aussi sa réputation, comme son tête-à-queue dans le tour de formation à Monza alors qu'il était en pole, ou son accident dans la voie des stands en Australie alors qu'il menait la course. Malgré son potentiel et sa 3e place au classement, Williams ne le conserva pas et il trouva refuge chez McLaren. Ses deux podiums ne lui permirent pas de battre Mika Häkkinen au Championnat, mais il s'imposa avant le Finlandais en remportant les Grands Prix d'Australie et d'Italie en 1997. Lors des deux années de domination de Häkkinen, Coulthard totalisa trois pole positions et autant de succès, sans réussir à lutter contre l'autre McLaren. Mieux placé en 2000 avec trois victoires, il fut vice-champion du monde en 2001. Mais la baisse de forme de McLaren se répercuta sur l'Écossais, qui fut en plus dominé par son nouvel équipier, Kimi Räikkönen, à partir de 2002. Il décida de relever le défi Red Bull en 2005, lorsque le géant de la boisson racheta Jaguar. Coulthard termina 4e pour la première course de l'équipe, mais la saison fut un peu plus délicate, la RB1 n'étant pas assez rapide pour entrer dans les points autrement que de manière sporadique. En 2006, le remplacement du V10 Cosworth par un V8 Ferrari aida Red Bull, et Coulthard parvint à signer un podium à Monaco. Il monta encore une fois sur le podium en 2008 mais dut laisser sa place à Sebastian Vettel en fin de saison et se retira de la Formule 1.

PHILIPPE ADAMS

Né le 19 novembre 1969 à Mouscron (Belgique)

Courses :
Belgique 1994 – Portugal 1994

Équipes :
Lotus : Belgique 1994 – Portugal 1994

Grands Prix disputés : 2

Champion de F2 britannique en 1993, c'est surtout grâce à un petit budget que Philippe Adams parvint à atteindre la Formule 1 en 1994. Avec Team Lotus, il disputa deux Grands Prix et n'en termina qu'un seul, à la 16e place.

HIDEKI NODA

Né le 7 mars 1969 à Osaka (Japon)

Courses :
Europe 1994 – Australie 1994

Équipes :
Larrousse : Europe 1994 – Australie 1994

Grands Prix disputés : 3

À une époque où de nombreux pilotes européens s'exilaient au Japon pour relancer leur carrière et tenter de séduire une équipe de F1, Hideki Noda fit l'inverse et décida de rallier l'Europe pour se faire remarquer. Sans connaître le succès en F3000, il parvint à trouver une place pour trois courses chez Larrousse en fin d'année 1994, mais abandonna à chaque fois.

DOMENICO SCHIATTARELLA

Né le 17 novembre 1967 à Milan (Italie)

Courses :
Europe 1994 – Monaco 1995

Équipes :
Simtek : Europe 1994 – Monaco 1995

Grands Prix disputés : 7

Pilote de F3 en Italie puis de Formule Toyota outre-Atlantique, Domenico Schiatarella profita des difficultés financières de Simtek pour décrocher un volant dans l'équipe en fin d'année 1994. Dix-neuvième pour sa première course, Mimmo abandonna en Australie mais fut prolongé pour le début de saison 1995. Malgré une 9e place en guise de meilleur résultat, sa carrière prit fin en même temps que Simtek fit faillite.

TAKI INOUE

Né le 5 septembre 1963 à Kobe (Japon)

Courses :
Japon 1994– Australie 1995

Équipes :
- Simtek : Japon 1994
- Footwork : Brésil 1995 – Australie 1995

Grands Prix disputés : 18

Takachiho Inoue ne se fit pas grandement remarquer en formules de promotion, mais il parvint à débuter en F1 au Japon en 1994 avec Simtek. Footwork le recruta pour la saison 1995, mais le caractère intrépide du Japonais et le manque de fiabilité de sa voiture causèrent un grand nombre d'abandons. Au Grand Prix de Monaco, il se fit percuter par la Safety Car alors que sa voiture était en train d'être remorquée, et termina sa course sur le toit. En Hongrie, il se fit de nouveau heurter par la voiture de sécurité, cette fois à pied, mais ne subit que de légères blessures à la jambe.

FRANCK LAGORCE

Né le 1er septembre 1968 à L'Haÿ-les-Roses (France)

Courses :
Japon 1994 – Australie 1994

Équipes :
Ligier : Japon 1994 – Australie 1994

Grands Prix disputés : 2

Malgré un titre de champion de France de F3 et un autre de vice-champion international en F3000, Franck Lagorce ne trouva pas mieux qu'un rôle d'essayeur en 1994. Grâce à celui-ci, il fut toutefois engagé comme titulaire pour deux courses en fin d'année, avec un abandon au Japon et une 11e place en Australie comme seuls résultats en Formule 1.

MIKA SALO

Né le 30 novembre 1966 à Helsinki (Finlande)

Courses :
Japon 1994– Japon 2002

Équipes :
- Lotus : Japon 1994 – Australie 1994
- Tyrrell : Brésil 1995 – Europe 1997
- Arrows : Australie 1998 – Japon 1998
- BAR : Saint-Marin 1999 – Espagne 1999

- Ferrari : Autriche 1999 – Europe 1999
- Sauber : Australie 2000 – Malaisie 2000
- Toyota : Australie 2002 – Japon 2002

Podiums : 2

Grands Prix disputés : 110

Dans l'ombre de son compatriote Mika Häkkinen en F3, Mika Salo dut s'exiler au Japon pour montrer ses talents en Formule 3000, ce qui lui valut d'obtenir un volant chez Lotus en fin de saison 1994. Une 10e place lors de sa première course attira l'œil de Ken Tyrrell, qui décida de recruter le Finlandais en 1995. Il resta trois années chez Tyrrell et marqua des points dès sa première saison complète. En 1996 comme en 1997, il termina 5e à Monaco, avec la particularité de l'avoir fait sans passer une seule fois par les stands la deuxième année. En 1998, Tom Walkinshaw le recruta chez Arrows, et il montra de nouveau tous ses talents en Principauté avec une 4e position, ses seuls points de la saison. Sans volant l'année suivante, il joua les pigistes de luxe, d'abord chez BAR, mais surtout chez Ferrari, où il remplaça Michael Schumacher. Il monta deux fois sur le podium mais dut céder la victoire qui lui était promise en Allemagne à son équipier Eddie Irvine, qu'il devait aider pour l'obtention du titre mondial. En 2000, Sauber fit appel à lui pour remplacer Jean Alesi, et il entra à quatre reprises dans les points. En 2001, il n'eut pas de volant de titulaire car Toyota l'appela pour préparer le programme F1 que le constructeur japonais mettait en place. Après une année complète d'essais, Salo fut remercié en étant titularisé pour les débuts de la marque en Formule 1. Dans les points dès l'Australie, il retrouva la 6e place au Brésil mais ne marqua plus un seul point par la suite et quitta la discipline en fin de saison.

JEAN-DENIS DELÉTRAZ

Né le 1er octobre 1963 à Genève (Suisse)

Courses :
Australie 1994 – Europe 1995

Équipes :
- Larrousse : Australie 1994
- Pacific : Portugal 1995 – Europe 1995

Grands Prix disputés : 3

Après quelques bonnes performances en F3, Jean-Denis Delétraz ne connut pas le succès en F3000. Cependant, le Suisse parvint à décrocher un volant en F1 avec Larrousse pour le Grand Prix d'Australie 1994. Fort de cette première expérience, il revint chez Pacific au Portugal l'année suivante. Mal préparé pour l'événement, il se fit prendre un tour par les leaders dès la 8e boucle et abandonna au terme de la 14e. Il vit la ligne d'arrivée en 15e position pour son dernier Grand Prix, au Nürburgring.

PEDRO DINIZ

Né le 22 mai 1970 à São Paulo (Brésil)

Courses :
Brésil 1995 – Malaisie 2000

Équipes :
- Forti : Brésil 1995 – Australie 1995
- Ligier : Australie 1996 – Japon 1996
- Arrows : Australie 1997 – Japon 1998
- Sauber : Australie 1999 – Malaisie 2000

Grands Prix disputés : 98

Pedro Paulo Diniz fut un des rares exemples de pilote payant qui parvint à gagner ses galons dans le peloton de la Formule 1. Peu en veine dans les formules de promotion, il dut son arrivée au plus haut niveau au soutien de la chaîne italienne Parmalat, qui s'associa à Forti pour le faire débuter en 1995. En légère progression au fil de la saison, il rejoignit Ligier en 1996 et marqua un point à deux reprises, parvenant notamment à voir l'arrivée sous le déluge de l'Espagne. En 1997, Arrows l'appela pour seconder le champion du monde en titre, Damon Hill, et nul doute que son apport financier aida à payer le salaire du Britannique. Mais comme son illustre équipier, Diniz dut faire face à une monoplace très peu fiable et connut 12 abandons dans la saison, marquant toutefois deux points au Nürburgring. Encore chez Arrows en 1998, il n'entra que deux fois dans les points, et Sauber fit appel à lui en 1999. Sans être redoutable, puisqu'il ne marqua que trois points dans toute la saison, Diniz montra des progrès en termes de performance pure, et il disputa une deuxième et dernière saison avec l'équipe suisse en 2000. Son score vierge et la volonté de Sauber de renouveler son duo mirent un terme à sa carrière en F1.

ANDREA MONTERMINI

Né le 30 mai 1964 à Sassuolo (Italie)

Courses :
Brésil 1995 – France 1996

Équipes :
- Pacific : Brésil 1995 – Australie 1995
- Forti : Brésil 1996 – France 1996

Grands Prix disputés : 20

Andrea Montermini fut un des rares pilotes expérimentés à être recrutés dans les équipes du fond de grille au milieu des années 90. Au moment où Simtek l'appela pour remplacer le malheureux Roland Ratzenberger, l'Italien avait déjà trois saisons en tant qu'essayeur pour Ferrari et Benetton sur son CV. Malheureusement, cette première expérience avec la F1 se solda par un énorme accident et la fracture d'un talon et d'un pied. Pacific l'appela en 1995 mais il connut seulement trois arrivées au fil de la saison. En 1996, l'équipe Forti le recruta, mais l'expérience tourna court puisqu'elle fit faillite dans l'année.

JEAN-CHRISTOPHE BOULLION

Né le 27 décembre 1969 à Saint-Brieuc (France)

Courses :
Monaco 1995 – Pacifique 1995

Équipes :
Sauter : Monaco 1995 – Pacifique 1995

Grands Prix disputés : 11

Champion international de F3000 et essayeur pour Williams, Jean-Christophe Boullion avait une cote solide dans le paddock lorsque Sauber fit appel à lui pour remplacer Karl Wendlinger, toujours mal remis de son accident de l'année précédente. Le Français termina 8e du Grand Prix de Monaco 1995 et parvint à inscrire ses premiers points avec la 5e place en Allemagne. Malgré un autre point inscrit en Italie, il ne vit pas la fin de la saison et dut rendre son baquet à Wendlinger.

MAX PAPIS

Né le 3 octobre 1969 à Côme (Italie)

Courses :
Grande-Bretagne 1995 – Europe 1995

Équipes :
Footwork : Grande-Bretagne 1995 – Europe 1995

Grands Prix disputés : 7

Après deux saisons correctes en F3000, Max Papis fut recruté comme essayeur en 1994 par Lotus, et il fit ses débuts en Grand Prix pour remplacer Gianni Morbidelli chez Footwork. Avec cinq abandons en sept courses, il n'eut pas de deuxième chance en F1.

Michael Schumacher ramène Jean Alesi, vainqueur du GP du Canada 1995.

GIOVANNI LAVAGGI

Né le 18 février 1958 à Augusta (Italie)

Courses :
Allemagne 1995 – Portugal 1996

Équipes :
- Pacific : Allemagne 1995 – Italie 1995
- Minardi : Hongrie 1996 – Portugal 1996

Grands Prix disputés : 7

Avant même d'entrer en F1, Giovanni Lavaggi accomplit la plus belle réussite de sa carrière en remportant les 24 Heures de Daytona 1995. Cette année-là, Pacific l'appela pour quatre courses, mais il ne vit aucun drapeau à damier. L'année suivante, il disputa trois courses avec Minardi et manqua de se qualifier à trois reprises, marquant la fin de sa carrière.

JAN MAGNUSSEN

Né le 4 juillet 1973 à Roskilde (Danemark)

Courses :
Pacifique 1995 – Canada 1998

Équipes :
- McLaren : Pacifique 1995
- Stewart : Australie 1997 – Canada 1998

Grands Prix disputés : 25

Les nombreux titres mondiaux de Jan Magnussen en karting eurent pour conséquence de faire grimper sa cote et de le voir rapidement intégré au programme Mercedes. Grâce à celui-ci, il disputa son premier Grand Prix pour McLaren en 1995, remplaçant Mika Häkkinen souffrant. Une 10e place pourtant honorable ne lui permit pas de trouver un volant en 1996 et il dut attendre 1997 pour être titularisé chez Stewart. Il fut nettement battu par Rubens Barrichello et dut attendre la 7e course de sa deuxième saison dans l'équipe pour inscrire un point. Celui-ci arriva trop tardivement pour Magnussen, qui fut remplacé par Jos Verstappen, après quoi il se tourna vers l'endurance.

1996

GIANCARLO FISICHELLA

Né le 14 janvier 1973 à Rome (Italie)

Courses :
Australie 1996 – Abu Dhabi 2009

Équipes :
- Minardi : Australie 1996 – Grande-Bretagne 1996
- Jordan : Australie 1997 – Europe 1997
- Benetton : Australie 1998 – Japon 2001
- Jordan : Australie 2002 – Japon 2003
- Sauber : Australie 2004 – Brésil 2004
- Renault : Australie 2005 – Brésil 2007
- Force India : Australie 2008 – Belgique 2009
- Ferrari : Italie 2009 – Abu Dhabi 2009

Victoires : 3

Pole positions : 4

Podiums : 19

Meilleurs tours en course : 2

Grands Prix disputés : 229

Concurrencé par des pilotes plus fortunés pour l'accession à la F1, Giancarlo Fisichella quitta brièvement la monoplace après une victoire au Grand Prix de Monaco de F3 pour rejoindre le DTM. Mais grâce à un poste d'essayeur pour Minardi et à un contrat de management avec Flavio Briatore, l'Italien parvint finalement à accéder à un poste de titulaire en catégorie reine en 1996 avec l'équipe italienne. Malgré une 8e place encourageante au Canada, il dut laisser sa place par manque de budget, mais Eddie Jordan lui fit confiance en 1997 pour une première année complète. Dès son troisième Grand Prix dans l'équipe, l'Italien se dirigeait vers le podium quand il fut accroché par son équipier Ralf Schumacher. Ce ne fut que partie remise et il termina 3e au Canada, avant de se qualifier en première ligne en Allemagne et de lutter pour la victoire jusqu'à une panne mécanique. En Belgique, il signa un nouveau podium mais dut rejoindre Benetton en 1998. De nouveau, Fisichella prit la mesure de son équipier, Alexander Wurz, et termina 2e à Monaco et au Canada, avant de signer sa première pole position en Autriche. Entre 1999 et 2001, il confirma sa réputation d'excellent outsider, signant cinq autres podiums. De 1997 à 2000, Fisichella fit du Canada son circuit fétiche en montant sur la boîte lors de quatre éditions consécutives. En 2002, il fut contraint de quitter Benetton, rachetée par Renault, et retourna chez Jordan pendant deux saisons. La première fut marquée par un manque de performance, la seconde par un manque de fiabilité. Néanmoins, lors d'un Grand Prix du Brésil 2003 marqué par un déluge et de nombreux accidents, Fisichella décrocha sa première victoire, mais ne put pas la célébrer sur le podium, ayant été initialement classé 2e avant que la FIA ne revienne sur la fin de course et lui attribue la victoire. Après une saison de transition chez Sauber, Briatore le recruta de nouveau chez Renault pour épauler Fernando Alonso. L'association commença de manière idyllique, avec une pole position et une victoire en Australie, mais Fisichella ne remonta que deux fois sur le podium durant la saison, loin des 15 podiums et six victoires de son équipier. Au Japon, il se fit déposséder de la victoire dans le dernier tour par Kimi Räikkönen, pourtant parti de la 17e place. Le Grand Prix de Malaisie 2006 marqua une nouvelle pole et un nouveau succès, mais ses cinq podiums lui permirent de terminer seulement 4e du Championnat, une place plus haut que l'année d'avant. La saison 2007 fut plus difficile et il ne monta pas une seule fois sur le podium, voyant son équipier Heikki Kovalainen prendre sa mesure au fil de l'année. En 2008, il tenta une dernière aventure avec la nouvelle équipe Force India, anciennement Jordan, mais il ne connut qu'un seul bon week-end en une saison et demie. En pole du Grand Prix de Belgique 2009, il ne parvint pas à résister à la Ferrari de Räikkönen, équipée de l'assistance électrique KERS, et termina 2e. Il connut enfin la chance d'une vie en étant recruté par Ferrari pour la fin de saison en remplacement de Felipe Massa, blessé. Malheureusement, la fierté de l'Italien de courir pour la Scuderia fut gâchée par une F60 très difficile à piloter, et il ne fit pas mieux qu'une 9e place avant de quitter la F1.

RICARDO ROSSET

Né le 27 juillet 1968 à São Paulo (Brésil)

Courses :
Australie 1996 – Luxembourg 1998

Équipes :

- Footwork : Australie 1996 – Japon 1996
- Tyrrell : Australie 1998 – Luxembourg 1998

Grands Prix disputés : 27

Ricardo Rosset ne parvint pas à confirmer en F1 sa prometteuse 2e place en Championnat international de F3000. Le Brésilien fit ses débuts avec Footwork mais ne parvint pas à se mettre au niveau de Jos Verstappen. En 1997, Lola le recruta pour son tout nouveau projet en Formule 1, mais ce fut un véritable fiasco. Avec un temps à 12,7 secondes de la pole position et à plus de 6 secondes de la dernière voiture qualifiée, Rosset ne prit pas le départ et l'équipe ferma ses portes dès le week-end suivant. Récupéré par Tyrrell en 1998, il fut totalement dominé par Toranosuke Takagi, et quatre non-qualifications marquèrent la fin de sa carrière.

JACQUES VILLENEUVE

Né le 9 avril 1971 à Saint-Jean-sur-Richelieu (Canada)

Courses :
Australie 1996 – Allemagne 2006

Équipes :
- Williams : Australie 1996 – Japon 1998
- BAR : Australie 1999 – États-Unis 2003
- Renault : Chine 2004 – Brésil 2004
- Sauber : Australie 2005 – Chine 2005
- BMW Sauber : Bahreïn
- 2006 – Allemagne 2006

Champion du monde : 1997
Victoires : 11
Pole positions : 13
Podiums : 23
Meilleurs tours en course : 9
Grands Prix disputés : 163

Arrivé dans le sport automobile après le décès de son père, Gilles, Jacques Villeneuve fit ses armes en Italie puis au Japon, avant d'opter pour le CART aux États-Unis. Meilleur débutant en 1994, à la fois au Championnat et lors de l'Indy 500, il remporta les deux en 1995 et débuta en Formule 1 grâce à Williams l'année suivante.Très attendu au volant de la meilleure voiture du plateau, et après ses performances impressionnantes outre-Atlantique, Villeneuve ne manqua pas ses débuts en signant la pole position pour son premier Grand Prix, une performance réalisée uniquement par Mario Andretti et Carlos Reutemann avant lui. En tête en début de course, il dut à une fuite d'huile cette première victoire manquée mais monta directement sur le podium.

Jacques Villeneuve après avoir remporté le titre mondial en 1997.

De nouveau 2e en Argentine, il remporta sa première victoire au Nürburgring dès son quatrième Grand Prix. En deuxième partie de saison, il monta huit fois sur le podium en neuf courses, dont trois fois de plus sur la plus haute marche, ce qui lui permit de terminer vice-champion du monde. En 1997, il affronta Michael Schumacher pour le titre mondial et avec dix pole positions et sept succès, décrocha le Graal dès sa deuxième saison. La dernière course fut le théâtre de l'accrochage devenu célèbre avec Schumacher, qui marqua la fin d'une saison à la physionomie étrange. En effet, au cours de cette période, jamais les deux candidats au titre n'ont partagé un podium. L'année suivante fut plus difficile, avec deux podiums seulement, et Villeneuve décida de participer à la création de l'équipe British American Racing (BAR) avec son ami et manager Craig Pollock. La saison 1999 fut marquée par 13 abandons en 16 courses, et il marqua les premiers points de l'équipe dès le premier Grand Prix en 2000. Il termina 7e du Championnat durant deux saisons, montant sur le podium à deux reprises en 2001. En 2002 et 2003, Villeneuve connut un certain déclin, notamment face à Jenson Button, qui marqua la fin de sa collaboration avec l'équipe. Sans volant en 2004, il eut l'occasion de rouler pour Renault en fin de saison en remplacement de Jarno Trulli, mais ne marqua aucun point. Sauber lui donna toutefois une nouvelle chance pour 2005, et il entra deux fois dans les points, dont une fois au pied du podium à Saint-Marin. En 2006, sa cote s'effrita en interne face aux dirigeants de BMW, qui avaient racheté l'équipe Suisse, et il fut remplacé après une blessure contractée en Allemagne, ce qui mit fin à sa carrière en Formule 1.

TARSO MARQUES

Né le 19 janvier 1976 à Curitiba (Brésil)

Courses :
Brésil 1996 – Belgique 2001

Équipes :
Minardi : Brésil 1996 – Belgique 2001

Grands Prix disputés : 24

Propulsé très jeune en F3000, Tarso Marques fut recruté en fin de saison 1996 par Minardi, avec deux abandons à la clé. En 1997, il revint en course pour remplacer Jarno Trulli, passé chez Prost Grand Prix. Sans succès en catégorie reine, il s'exila sur le sol américain pour courir en CART, avant d'être rappelé par surprise par Minardi pour courir aux côtés du débutant Fernando Alonso. Dominé par le jeune Espagnol, il ne fit pas mieux que 9e.

SHINJI NAKANO

Né le 1er avril 1971 à Osaka (Japon)

Courses :
Australie 1997 – Japon 1998

Équipes :
- Prost : Australie 1997 – Europe 1997
- Minardi : Australie 1998 – Japon 1998

Grands Prix disputés : 33

Après de nombreuses saisons de F3 et F3000 au Japon, Shinji Nakano fut recruté par Prost Grand Prix en 1997 grâce à Mugen Honda, et il ne marqua que deux points. Un maigre bilan face au très solide début de saison d'Olivier Panis et aux performances remarquées de Jarno Trulli. Il trouva refuge chez Minardi en 1998 mais ne marqua aucun point.

RALF SCHUMACHER

Né le 30 juin 1975 à Hürth (Allemagne)

Courses :
Australie 1997 – Brésil 2007

Équipes :
- Jordan : Australie 1997 – Japon 1998
- Williams : Australie 1999 – Brésil 2004
- Toyota : Australie 2005 – Brésil 2007

Victoires : 6

Pole positions : 6

Podiums : 27

Meilleurs tours en course : 8

Grands Prix disputés : 180

Aux côtés de son frère Michael, Ralf Schumacher arpenta les pistes de karting dès son plus jeune âge, et en particulier celle de Kerpen, où son père Rolf travaillait. Champion d'Allemagne de F3, il s'exila au Japon pour disputer la F3000 japonaise, devenu Formule Nippon. Accompagné par son manager Franz Tost, aujourd'hui directeur d'AlphaTauri, Schumacher parvint à décrocher un volant en F1 en 1997 avec Jordan. Confirmant une pointe de vitesse vantée par son frère lui-même, Ralf signa son premier podium de manière controversée en s'accrochant avec son équipier, Giancarlo Fisichella. Il se fit remarquer pour ses accrochages et accidents mais Jordan le conserva en 1998, et il monta deux fois de plus sur le podium. En 1999, il fut recruté par Williams avec trois podiums à la clé, et une victoire manquée au Nürburgring à cause d'une crevaison alors qu'il était en tête. Au fil des saisons dans l'équipe, il marqua une nette progression avec une 5e place au Championnat en 2000, et une 4e en 2001 et 2002. Au Grand Prix de Saint-Marin 2001, il remporta enfin sa première victoire et réitéra au Canada, terminant juste devant son frère. Ce fut le premier doublé réalisé par une fratrie en Formule 1, et Schumacher enchaîna avec sa première pole position en France, ainsi qu'un nouveau succès à domicile, à Hockenheim. La saison 2002 fut plus délicate avec un seul succès, mais il retrouva une meilleure forme en 2003 avec trois pole positions et deux victoires. Il pensa même se mêler à la lutte pour le titre au soir de son succès en France, mais la fin de saison fut catastrophique et il ne marqua que cinq points en six courses. Il signa une nouvelle pole position en 2004 mais fut victime d'un très violent accident à Indianapolis dans lequel il se brisa plusieurs vertèbres. Il releva un dernier défi à partir de 2005 en rejoignant Toyota. En trois saisons avec le constructeur japonais, il ajouta une pole position à son palmarès, ainsi que trois podiums.

JARNO TRULLI

Né le 13 juillet 1974 à Pescara (Italie)

Courses :
Australie 1997 – Brésil 2011

Équipes :
- Minardi : Australie 1997 – Canada 1997
- Prost : France 1997 – Japon 1999
- Jordan : Australie 2000 – Japon 2001
- Renault : Australie 2000 – Italie 2004
- Toyota : Japon 2004 – Abu Dhabi 2009
- Lotus : Bahreïn 2010 – Brésil 2011

Victoires : 1

Pole positions : 4

Podiums : 11

Meilleurs tours en course : 1

Grands Prix disputés : 252

Comme de nombreux pilotes dont la carrière fut gérée par Flavio Briatore, Jarno Trulli eut une chance dans une petite équipe du plateau grâce aux nombreux liens qu'entretenait son manager avec le reste du paddock. C'est dans la modeste équipe Minardi qu'il disputa ses premières courses de F1, sans grande possibilité de se mettre en valeur, mais il fut recruté par Prost Grand Prix pour remplacer Olivier Panis. Il s'illustra en Allemagne avec une 4e place, et surtout en Autriche, où il mena 37 tours et se dirigeait vers un podium, avant qu'un problème mécanique ne le contraigne à l'abandon. Prost l'associa à Panis dès l'année suivante mais au volant d'une catastrophique AP01, il marqua l'unique point de l'équipe cette saison. En 1999, il décrocha son premier podium lors du Grand Prix d'Europe et Jordan l'appela pour remplacer Damon Hill la saison suivante. Dominé par Heinz-Harald Frentzen au début de leur collaboration, il connut cinq abandons sur sortie de piste, mais il parvint à prendre la mesure de l'Allemand en 2001, malgré une fiabilité désastreuse. En 2002 et 2003, Briatore le rappela dans le giron Renault, et Trulli continua à montrer une belle pointe de vitesse. Malheureusement, il concrétisa difficilement en course et dut attendre la fin de sa deuxième année dans l'équipe pour retrouver le chemin du podium. Dans la première moitié de saison 2004, il domina nettement Alonso et signa la pole position et la victoire à Monaco, découvrant enfin les joies du succès au plus haut niveau, qui plus est sur un tracé mythique. Alonso parvint ensuite à reprendre le dessus, et Trulli se retrouva rapidement sous le feu des critiques de son employeur, notamment lorsqu'il perdit le podium du Grand Prix de France, devant les dirigeants de Renault, dans le dernier virage de la course après avoir laissé la porte ouverte à Rubens Barrichello. De là, il ne marqua plus un point et se fit évincer à trois courses du terme de la saison. L'Italien signa avec Toyota pour 2005 et il connut même des débuts anticipés dans l'équipe. Auteur de trois podiums en début d'année, il devait s'élancer en pole position du Grand Prix des États-Unis, mais les équipes disposant de pneus Michelin se retirèrent pour protester contre le manque de sécurité du virage relevé de l'ovale américain. Les saisons 2006 et 2007 furent très difficiles, Toyota ne réussissant pas à concevoir une voiture performante, mais Trulli se rattrapa en 2008 et 2009 avec une pole position et quatre podiums en deux ans. Il confirma malheureusement sa réputation de pilote trop agressif au départ avec deux nouveaux accrochages en début de course, et s'empara du record peu enviable du nombre d'abandons au premier tour. Espérant retrouver un nouveau souffle avec l'équipe débutante Lotus, Trulli connut en réalité deux dernières saisons catastrophiques, ne faisant pas mieux qu'une 13e position.

ALEXANDER WURZ

Né le 15 février 1974 à Waidhofen an der Thaya (Autriche)

Courses :
Canada 1997 – Chine 2007

Équipes :
- Benetton : Canada 1997 – Malaisie 2000
- McLaren : Saint-Marin 2005
- Williams : Australie 2007 – Chine 2007

Podiums : 3
Meilleurs tours en course : 1
Grands Prix disputés : 69

Alex Wurz à Spa.

Malgré d'excellents débuts en Formule 1, Alexander Wurz connut une carrière en deux parties et certainement en deçà de ce que son talent aurait pu lui permettre d'accomplir. Connu pour piloter avec une chaussure rouge et une chaussure bleue, superstition issue de sa première victoire en compétition, l'Autrichien se mit en valeur en remportant les 24 Heures du Mans 1996, ainsi que par ses bonnes performances en Championnat FIA GT. Essayeur chez Benetton, il fut appelé en renfort par Flavio Briatore lorsque Gerhard Berger dut manquer trois courses en 1997. Après deux abandons, Wurz termina sur le podium à Silverstone, lui assurant un ticket pour une année complète en 1998. Ses débuts coïncidèrent malheureusement avec le déclin de l'équipe italienne, et il dut composer avec un équipier redoutable en la personne de Giancarlo Fisichella. Huitième du Championnat du monde pour sa première saison complète, il s'effondra lors des deux suivantes, peu aidé par des B199 et B200 peu performantes. McLaren le recruta comme essayeur, et il passa cinq saisons dans ce rôle avant d'avoir une nouvelle chance en course, en remplacement de Juan Pablo Montoya au Grand Prix de Saint-Marin 2005. L'Autrichien montra qu'il n'avait rien perdu de son coup de volant en terminant 3e de la course. En 2006, Pedro de la Rosa lui fut préféré pour remplacer le même Montoya, parti en NASCAR en milieu de saison. Wurz trouva refuge pour une dernière saison de F1 chez Williams, et il monta une troisième fois sur le podium au Canada. Après cela, il remporta une deuxième édition des 24 Heures du Mans avec Peugeot.

NORBERTO FONTANA

Né le 20 janvier 1975 à Arrecifes (Argentine)

Courses :
France 1997 – Europe 1997

Équipes :
Sauber : France 1997 – Europe 1997

Grands Prix disputés : 4

Pilote ayant connu un succès fulgurant en F3 allemande, Norberto Fontana devint essayeur pour Sauber en 1996. En 1997, il remplaça Gianni Morbidelli, lui-même remplaçant de Nicola Larini, dans l'équipe suisse. Il prit le départ de quatre courses, terminant 9e en Grande-Bretagne et en Allemagne. À Jerez, il se fit remarquer en respectant une consigne visant à faire perdre du temps à Jacques Villeneuve, alors lancé à la poursuite de la Ferrari de Michael Schumacher.

1998

TORA TAKAGI

Né le 12 février 1974 à Shizuoka (Japon)

Courses :
Australie 1998 – Japon 1999

Équipes :
- Tyrrell : Australie 1998 – Japon 1998
- Arrows : Australie 1999 – Japon 1999

Grands Prix disputés : 32

Repéré par Satoru Nakajima en F3000 japonaise, Toranosuke Takagi dut à ce même Nakajima son accession à la F1 en tant qu'essayeur chez Tyrrell. En 1998, il fit ses débuts comme titulaire pour l'équipe anglaise, déjà destinée à devenir BAR la saison suivante. Dans l'incapacité de se mettre en valeur au volant d'une 026 totalement dépassée, Takagi se montra en dominant outrageusement Ricardo Rosset. Récupéré par Arrows en 1999, il ne vit l'arrivée que quatre fois en 16 courses, terminant à la porte des points en Australie.

ESTEBAN TUERO

Né le 22 avril 1978 à Buenos Aires (Argentine)

Courses :
Australie 1998 – Japon 1998

Équipes :
Minardi : Australie 1998 – Japon 1998

Grands Prix disputés : 16

Malgré plusieurs expériences en Europe et au Japon, l'Argentin Esteban Tuero fut recruté par Minardi pour faire ses débuts en Formule 1 à l'âge de 19 ans, ce qui lui valut une saison difficile aux côtés de Shinji Nakano. Après ce premier exercice, il annonça à la surprise générale prendre sa retraite à l'âge de 20 ans, mais se concentra finalement sur une carrière en supertourisme argentin.

Eddie Irvine, Jean Todt et Michael Schumacher à Silverstone en 1998.

Asprey

PEDRO DE LA ROSA

Né le 24 février 1971 à Barcelone (Espagne)

Courses :
Australie 1999 – Brésil 2012

Équipes :
- Arrows : Australie 1999 – Malaisie 2000
- Jaguar : Espagne 2001 – Japon 2002
- McLaren : Bahreïn 2005 – Brésil 2006
- BMW Sauber : Bahreïn 2010 – Italie 2010
- Sauber : Canada 2011
- HRT : Malaisie 2012 – Brésil 2012

Podiums : 1

Meilleurs tours en course : 1

Grands Prix disputés : 105

Pedro Martinez de la Rosa fit ses armes non pas derrière un volant, mais derrière la télécommande d'une voiture radiocommandée. Champion d'Espagne et vice-champion du monde de la discipline, il posa son pied sur la pédale à 17 ans et s'exila au Japon pour aller chercher le titre en Formule Nippon. Arrows fit appel à lui en 1999 et il marqua son premier point dès son premier Grand Prix. Il dut attendre la saison suivante, toujours avec Arrows, pour terminer deux autres fois dans les points. Espérant progresser avec Jaguar dès 2001, il ne fit pas beaucoup mieux avec une 5e position comme meilleur résultat. McLaren le recruta aux côtés d'Alex Wurz en tant que pilote essayeur dès 2003, et il remplaça avec succès Juan Pablo Montoya en 2005, terminant 5e du Grand Prix de Bahreïn. En 2006, l'Espagnol fut choisi pour remplacer le Colombien après son départ, et il fit plusieurs prestations solides, dont un podium au Grand Prix de Hongrie. En 2010, il quitta McLaren pour un poste de titulaire chez Sauber, avec une seule entrée dans les points. De retour chez McLaren en 2011, il tenta un dernier défi chez HRT en 2012, mais la modeste équipe espagnole ne lui permit pas de faire mieux que 17e.

MARC GENE

Né le 29 mars 1974 à Sabadell (Espagne)

Courses :
Australie 1999 – Grande-Bretagne 2004

Équipes :
- Minardi : Australie 1999 – Malaisie 2000
- Williams : Italie 2003 – Grande-Bretagne 2004

Grands Prix disputés : 36

Pur produit du sport automobile espagnol, Marc Gene parvint à atteindre la F1 grâce à sa victoire en Formule Nissan et au soutien de l'opérateur Telefonica. Dès sa première année en F1 chez Minardi, il se distingua par plusieurs bons résultats, qui se concrétisèrent par un point marqué au Grand Prix d'Europe 1999. En 2000, il ne fit pas mieux que deux 8es places, des résultats qui ne donnaient pas de points à l'époque. Dès 2001, il devint le pilote essayeur de Williams, ce qui lui valut d'être appelé pour remplacer Ralf Schumacher au Grand Prix d'Italie 2003. Gene se qualifia 5e et termina à la même place. Il connut moins de réussite lors de ses deux piges en 2004 et quitta l'équipe anglaise pour occuper le même rôle chez Ferrari. Vainqueur des 24 Heures du Mans 2009 avec Peugeot, il est aujourd'hui un ambassadeur pour Ferrari.

RICARDO ZONTA

Né le 23 mars 1976 à Curitiba (Brésil)

Courses :
Australie 1999 – Brésil 2004

Équipes :
- BAR : Australie 1999 – Malaisie 2000
- Jordan : Canada 2001 – Allemagne 2001
- Toyota : Hongrie 2004 – Brésil 2004

Grands Prix disputés : 36

Être champion international de F3000 ne permit pas à Ricardo Zonta de décrocher un poste en F1, et il dut s'orienter en FIA GT, où il remporta le titre, avant d'avoir une chance en catégorie reine. C'est la nouvelle équipe BAR qui le lui donna en le recrutant en 1999 aux côtés de Jacques Villeneuve. Dès son deuxième Grand Prix, devant son public, le Brésilien se cassa le pied et dut manquer quatre courses. Au volant d'une monoplace peu performante, il se fit remarquer pour un énorme accident dans le Raidillon de l'Eau Rouge à Spa-Francorchamps. Lui et Villeneuve parièrent qu'ils pouvaient passer à fond dans le célèbre virage, alors réputé pour s'aborder pied au plancher à la seule condition de posséder une voiture parfaite et un gros courage. Le Canadien et Zonta pulvérisèrent leur monoplace à quelques minutes d'intervalle, mais il fallut attendre plusieurs années pour qu'ils révèlent que cela était le fruit d'un pari douteux. En 2000, Zonta entra à trois reprises dans les points mais ses relations avec son équipe se dégradèrent, et il la quitta en fin de saison pour rejoindre Jordan, pour qui il fit deux piges en remplacement de Heinz-Harald Frentzen. Essayeur pour Toyota en 2004 et 2005, il eut l'occasion de disputer six courses, sans résultat probant.

STÉPHANE SARRAZIN

Né le 2 novembre 1974 à Alès (France)

Courses :
Brésil 1999

Équipes :
Minardi : Brésil 1999

Grands Prix disputés : 1

Stéphane Sarrazin fait malheureusement partie des pilotes n'ayant pas bénéficié de soutien pour accéder à la Formule 1 malgré la victoire au Volant Elf, les pétroliers et cigarettiers français ayant arrêté d'aider les pilotes au cours des années précédentes. Il fut appelé par Minardi au Grand Prix du Brésil 1999 pour remplacer Shinji Nakano. Il devança nettement Marc Gene en qualifications, mais sa seule course se termina par un gros accident consécutif à une casse mécanique.

2000

JENSON BUTTON

Né le 19 janvier 1980 à Frome (Royaume-Uni)

Courses :
Australie 2000 – Monaco 2017

Équipes :
- Williams : Australie 2000 – Malaisie 2000
- Benetton : Australie 2001 – Japon 2001
- Renault : Australie 2002 – Japon 2002
- BAR : Australie 2003 – Chine 2005
- Honda : Bahreïn 2006 – Brésil 2008
- Brawn GP : Australie 2009 – Abu Dhabi 2009
- McLaren : Bahreïn 2010 – Monaco 2017

Champion du monde : 2009

Victoires : 15

Pole positions : 8

Podiums : 50

Meilleurs tours en course : 8

Grands Prix disputés : 306

Jenson Button au Grand Prix d'Europe 2010.

Pilote parmi les plus prometteurs des années 2000, Jenson Button semblait être passé à côté de sa carrière quand la chance de sa vie se présenta. Fils d'un pilote de rallycross devenu vendeur de voitures, Button fit ses preuves en karting, ce qui lui permit une ascension fulgurante en Formule Ford et Formule 3. Quelques semaines après ses 20 ans, il fit des débuts controversés chez Williams en tant que titulaire, beaucoup jugeant qu'il était trop jeune et pas assez expérimenté pour atteindre la catégorie reine. Pourtant, il manqua d'inscrire un point dès son premier Grand Prix à cause d'une casse moteur, et y parvint dès sa deuxième course. En Grande-Bretagne, il termina 5e, et finit même au pied du podium en Allemagne. En Belgique, il se qualifia en deuxième ligne et termina la saison à une probante 8e place du Championnat. Victime des chaises musicales chez Williams, il fut prêté à Benetton puis Renault en 2001 et 2002, chez qui il connut deux saisons compliquées, mais montra des progrès lors de la seconde en battant Jarno Trulli. Accusant toujours une pointe de vitesse redoutable, il fut recruté par BAR en 2003 et manqua de peu d'obtenir son premier podium tout en dominant nettement Jacques Villeneuve. Il connut sa véritable éclosion en 2004, signant son premier podium dès la deuxième course de l'année et en cumulant dix au cours de la saison. Il connut aussi les joies de la pole position à Saint-Marin et termina à une très belle 3e place au Championnat, derrière les intouchables Ferrari. La saison 2005 fut malheureusement marquée par une affaire de triche pour son équipe, qui avait installé un deuxième réservoir sur sa monoplace. Cette année-là comme en 2006, il parvint à s'élancer une fois de la pole position et termina régulièrement sur le podium. Mais la tant attendue victoire de celui qui fut autrefois un jeune prodige arriva au Grand Prix de Hongrie 2006. Parti 14e sur la grille, il confirma ses capacités impressionnantes sur piste mouillée et séchante pour terminer premier d'une course chaotique. En 2007 et 2008, Honda rata malheureusement ses monoplaces et il marqua neuf points en deux saisons, subissant même la loi de son équipier Rubens Barrichello au fil des années. Sa carrière en F1 sembla perdue quand Ross Brawn décida de racheter Honda pour en faire Brawn GP. Fidèle à la structure de Brackley, Button fut récompensé par une monoplace redoutable en début de saison. Il s'élança quatre fois de la pole position mais remporta surtout six des sept premières courses, ce qui lui suffit à remporter le titre mondial au Brésil. L'épopée victorieuse inattendue de la jeune équipe fit drastiquement remonter sa cote et il signa chez McLaren aux côtés de Lewis Hamilton. Il remporta deux succès lors des quatre premières courses de la saison 2010, prouvant de nouveau son talent sur piste humide. En 2011, il ne put rien face à la domination de Sebastian Vettel mais ajouta trois succès à son palmarès et obtint le titre honorifique de vice-champion du monde. En 2012, il remporta trois courses supplémentaires, gagnant notamment à Spa-Francorchamps, mais subit ensuite le déclin de McLaren, avec un seul podium entre 2013 et 2016. Il annonça sa retraite en fin d'année 2016, reconnaissant même avoir fait une saison de trop, et revint seulement pour une pige à Monaco en 2017, avant de se tourner vers les rôles de commentateur et d'ambassadeur chez Williams qu'il occupe encore aujourd'hui.

NICK HEIDFELD

Né le 10 mai 1977 à Mönchengladbach (Allemagne)

Courses :
Australie 2000 – Hongrie 2011

Équipes :
- Prost : Australie 2000 – Malaisie 2000
- Sauber : Australie 2001 – Japon 2003
- Jordan : Australie 2004 – Brésil 2004
- Williams : Australie 2005 – Turquie 2005
- BMW Sauber : Bahreïn 2006 – Abu Dhabi 2010
- Renault : Australie 2011 – Hongrie 2011

Pole positions : 1
Podiums : 13
Meilleurs tours en course : 2
Grands Prix disputés : 183

Après un bref intérêt pour le motocross qui se solda par une grave blessure, Nick Lars Heidfeld se tourna vers le karting, étant affilié au club de Kerpen avec les frères Schumacher. Un titre de F3 et un contrat en tant que jeune pilote McLaren lui permirent de gagner le Championnat international de F3000. Proche de faire ses débuts chez Jordan en 1999, Damon Hill envisageant une retraite en cours de saison, Heidfeld débuta sa carrière en F1 avec Prost Grand Prix, au cours d'une saison 2000 marquée par la fiabilité catastrophique du moteur Peugeot. Il n'obtint aucun point et quitta l'équipe pour Sauber, qui voulait repartir sur des bases neuves en 2001. Quatrième dès le premier Grand Prix en Australie, Heidfeld monta sur son premier podium au Brésil. Huitième du Championnat, il connut un premier déclin dans l'équipe suisse en 2002 et 2003 et pilota pour Jordan en 2004, sans plus de succès. Rarement incriminé dans le manque de performance de ses F1, sa carrière trouva un second souffle en 2005 quand Williams le recruta. Il signa sa première pole position au Nürburgring et monta trois fois sur le podium, terminant 2e à deux reprises. Cette saison impressionna BMW qui en fit un de ses titulaires l'année suivante, après avoir racheté Sauber. Auteur d'un podium en 2006, il connut ses deux meilleures saisons en F1 après cela. En 2007, il termina cinq fois au pied du podium et y monta à deux reprises, ce qui lui offrit la 5e place finale au classement. L'année suivante, il subit la domination de Robert Kubica mais termina quatre fois en 2e position. En 2009, il ne monta qu'une fois sur le podium et se retrouva sans volant en 2010, avant de reprendre du service pour Sauber en fin de saison. En 2011, Lotus l'appela pour remplacer Robert Kubica, grièvement blessé, et il monta une dernière fois sur le podium.

GASTÓN MAZZACANE

Né le 8 mai 1975 à La Plata (Argentine)

Courses :
Australie 2000 – Saint-Marin 2001

Équipes :
- Minardi : Australie 2000 – Malaisie 2000
- Prost : Australie 2001 – Saint-Marin 2001

Grands Prix disputés : 21

Pilote argentin aux nombreux soutiens, Gastón Mazzacane ne fit pas ses preuves en F3 et F3000 mais fut recruté en tant qu'essayeur chez Minardi en 1999, avant d'être titularisé en 2000. À défaut de résultat probant, il vit la ligne d'arrivée à 11 reprises en 17 courses. Intéressant plusieurs équipes grâce à ses deniers, il signa chez Prost Grand Prix en 2001, mais l'équipe française le limogea au bout de quatre courses, profitant d'une clause de performance non respectée par le pilote.

LUCIANO BURTI

Né le 5 mars 1975 à São Paulo

Courses :
Autriche 2000 – Belgique 2001

Équipes :
- Jaguar : Autriche 2000 – Saint-Marin 2001
- Prost : Espagne 2001 – Belgique 2001

Grands Prix disputés : 15

Avec un palmarès très maigre de vice-champion d'Angleterre de F3, Luciano Burti devint pilote essayeur chez Stewart, et fut conservé par Jaguar lors du rachat de la petite structure. C'est grâce à ce poste qu'il put disputer son premier Grand Prix, remplaçant Eddie Irvine en Autriche en 2000. Titularisé en 2001, il ne fit que quatre courses sous les couleurs du félin avant que Prost Grand Prix ne le recrute en remplacement de Gastón Mazzacane. S'il parvint à se mettre en valeur le samedi en tenant parfois la comparaison face à Jean Alesi, ce fut plus compliqué en course. En Allemagne, il fit une impressionnante cabriole au départ en décollant sur la Ferrari ralentie de Michael Schumacher, mais c'est en Belgique qu'il connut un grave accident. Tassé par Eddie Irvine à l'intérieur de la très rapide section de Blanchimont, il tira tout droit et s'encastra dans les piles de pneumatiques, se blessant sérieusement au visage, en plus d'une commotion cérébrale.

FERNANDO ALONSO

Né le 29 juillet 1981 à Oviedo (Espagne)

Courses :
Australie 2001

Équipes :
- Minardi : Australie 2001 – Japon 2001
- Renault : Australie 2003 – Brésil 2006
- McLaren : Australie 2007 – Brésil 2007
- Renault : Australie 2008 – Abu Dhabi 2010
- Ferrari : Bahreïn 2010 – Abu Dhabi 2014
- McLaren : Malaisie 2015 – Abu Dhabi 2018
- Alpine : Bahreïn 2021 – Abu Dhabi 2022
- Aston Martin : Bahreïn 2023 –

Champion du monde : 2005 – 2006
Victoires : 32
Pole positions : 22
Podiums : 98
Meilleurs tours en course : 23
Grands Prix disputés : 356

Avant Fernando Alonso, l'Espagne n'avait jamais gagné en Formule 1, et le pays n'avait connu les joies du podium qu'une seule fois. Le public espagnol était heureux d'avoir en la personne de Carlos Sainz un double champion du monde de rallye, mais désespérait d'avoir enfin un pilote de F1 au plus haut niveau. Malgré une certaine inexpérience lorsqu'il courut en F3000, Alonso se fit rapidement remarquer par Flavio Briatore, qui devint son manager et le plaça en Formule 1 dès la saison 2001.

Fernando Alonso en glisse avec sa Renault au GP de Chine 2006.

Quelques bons résultats au volant d'une Minardi très peu performante l'aidèrent à confirmer son potentiel, et Briatore fit de l'Espagnol le pilote essayeur de Renault en 2002. Avec plus de 20 000 kilomètres au volant cette année-là, Alonso rattrapa une partie de son retard d'expérience, et son manager et patron le titularisa en 2003 aux côtés de Jarno Trulli. Un choix payant puisque dès sa deuxième saison sous les couleurs du constructeur français, il signa la pole position et monta sur le podium en Malaisie. Une performance qu'il réitéra lors de la course suivante, puis en Espagne, où il fit vibrer ses fans en s'intercalant entre les deux Ferrari sur le podium. La plus grande faiblesse de la Renault R23, son V10 à angle de 111 degrés, fut sa plus grande force en Hongrie, où la monoplace montra une agilité inégalée qui permit à son pilote de signer la pole position, et de la convertir en première victoire le lendemain. Sixième du Championnat, Alonso connut une saison plus délicate en 2004 malgré une nouvelle pole position en France, n'étant battu le lendemain que par un Michael Schumacher des grands jours et une stratégie redoutable de Ferrari. Malmené par Jarno Trulli en qualifications, il redevint la référence de l'équipe en fin de saison et se montra rapidement comme le favori pour le titre en début de saison 2005.

Fernando Alonso.

Il s'élança deux fois depuis la pole et gagna trois fois en quatre courses, faisant étalage de son talent lors du Grand Prix de Saint-Marin pour résister à Schumacher pendant 13 tours d'une bataille intense. Profitant d'une Renault plus fiable que la McLaren MP4-20 de Kimi Räikkönen, Alonso capitalisa sur une régularité hors norme en montant à 15 reprises sur le podium. Il fut injustement qualifié d'épicier cette année-là, remportant tout de même sept succès. Sa 3e place au Brésil fut suffisante pour qu'il devienne champion du monde de Formule 1, un mois après son 24e anniversaire. La saison 2006 lui vit un nouvel adversaire pour le titre en la personne de Michael Schumacher, mais Alonso fit le nécessaire dès le début de saison avec six victoires et trois 2es places en neuf courses, marquant 84 points sur 90 possibles. En deuxième partie d'année, l'interdiction de l'intelligent système d'absorption de vibrations appelé « *Mass Damper* » lui rendit la tâche plus difficile, mais Alonso assura avec cinq nouveaux podiums, dont un succès au Japon, qui lui permirent de décrocher un deuxième titre mondial consécutif. Il amena le numéro 1 chez McLaren en 2007, cédant aux sirènes de l'équipe de Woking. Malgré un excellent début de saison, qui le vit triompher en Malaisie et à Monaco, Alonso connut rapidement des tensions avec son jeune équipier Lewis Hamilton, et fut en plus pris dans le scandale du Spygate, McLaren ayant copié à l'échelle industrielle des données de Ferrari. Le défi McLaren tourna au fiasco avec la perte du titre pilotes pour un point, l'exclusion chez les constructeurs, et des tensions impossibles à apaiser avec Hamilton et Ron Dennis. De retour chez Renault en 2008, Alonso ne retrouva pas une équipe en si bonne forme qu'en 2006, mais parvint tout de même à s'imposer à deux reprises en fin de saison. Une de ces victoires fut malheureusement attribuée à une triche de la part de l'équipe, de Briatore et de Pat Symonds, qui fit surface un an plus tard et gâcha la déjà difficile saison 2009 du constructeur. Alonso ouvrit quant à lui un nouveau chapitre dans sa carrière début 2010 en rejoignant Ferrari. Il s'imposa dès sa première course en rouge au Grand Prix de Bahreïn et connut une véritable montée en puissance au fil de l'année. Entre la 11e et la 18e des 19 courses que comptait la saison, il gagna quatre courses et monta trois fois de plus sur le podium, ce qui lui permit d'arriver à la dernière course de la saison en leader du Championnat et favori pour le titre. Malheureusement, la Scuderia calqua sa stratégie sur son plus proche poursuivant,

Mark Webber, et oublia de surveiller Sebastian Vettel, qui remporta la course tandis qu'Alonso termina 7e après avoir été bloqué derrière la Renault de Vitaly Petrov, et c'est l'Allemand qui fut titré pour quatre points. En 2011, Alonso et Ferrari n'eurent pas voix au chapitre et il sauva sa saison avec un succès à Silverstone. L'Espagnol disputa possiblement sa meilleure saison en F1, ou en tout cas une des toutes meilleures en 2012, en jouant le titre jusqu'à la dernière course, de nouveau face à Vettel. Malgré ses 13 podiums, dont trois succès, Alonso dut s'incliner pour trois points. En 2013, il ajouta deux dernières victoires à son palmarès et parvint à être de nouveau vice-champion du monde avec 242 points, contre 397 pour Vettel. L'arrivée des V6 hybrides en 2014 mit Ferrari en grande difficulté et Alonso ne monta que deux fois sur le podium, annonçant son départ pour McLaren et le prometteur projet avec Honda. Un choix désastreux puisqu'il n'entra qu'une fois dans les points de toute la saison 2015, avec une 5e place en Hongrie. En 2016, ce fut légèrement mieux avec sept entrées dans les points, malgré un énorme accident pour entamer l'année en Australie qui l'écarta pendant une course. En 2017, Honda apporta un tout nouveau moteur et la saison tourna au fiasco avec 11 abandons et la 15e place au Championnat. L'arrivée de Renault en 2018 ne fut pas salvatrice et Alonso annonça sa retraite en fin de saison. Lors de sa dernière en F1 et pendant les deux suivantes, Alonso a remporté les 24 Heures du Mans à deux reprises avec Toyota et est devenu champion du monde d'endurance. Il a également disputé les 500 Miles d'Indianapolis, sans succès, et a même participé au rallye Dakar, également avec Toyota. En 2021, il a effectué son retour avec Alpine, pour un troisième passage dans l'équipe d'Enstone, anciennement connue sous le nom de « Renault ». Au Grand Prix du Qatar 2021, Alonso a retrouvé les joies du podium pour la première fois depuis sept ans, et a également brillé à plusieurs reprises en 2022, notamment en qualifications. En 2023, il relèvera un nouveau défi – le dernier ? – avec Aston Martin, après avoir battu en octobre 2022 le record du plus grand nombre de Grands Prix disputés.

ENRIQUE BERNOLDI

Né le 19 octobre 1978 à Curitiba (Brésil)

Courses :
Australie 2001 – Allemagne 2002

Équipes :
Arrows : Australie 2001 – Allemagne 2002

Grands Prix disputés : 28

Au cours d'une carrière assez courte en F1, Enrique Bernoldi s'est mis en avant à Monaco en agaçant David Coulthard. Soutenu par Red Bull, qui avait fait de lui son pilote sud-américain favori, le Brésilien n'effectua pas un passage mémorable en F3000 mais trouva un volant en Formule 1 grâce à Red Bull, qui s'associa à Arrows pour placer son pilote en 2001. Assez performant en qualifications face à Jos Verstappen, il ne fut pas très efficace en course, mais se distingua à Monaco en réussissant à retenir la McLaren de Coulthard pendant près de la moitié de la course. Vivement critiqué pour cette résistance jugée inutile, Bernoldi ne faisait pourtant que défendre sa place face à l'Écossais qui avait été relégué en fond de grille par un problème mécanique. Prolongé par l'équipe anglaise, il fut bien plus en difficulté face à Heinz-Harald Frentzen et la faillite de l'équipe mit un terme à sa carrière.

JUAN PABLO MONTOYA

Né le 20 septembre 1975 à Bogota (Colombie)

Courses :
Australie 2001 – États-Unis 2006

Équipes :
- Williams : Australie 2000 – Brésil 2004
- McLaren : Australie 2005 – États-Unis 2006

Victoires : 7
Pole positions : 13
Podiums : 30
Meilleurs tours en course : 12
Grands Prix disputés : 94

Juan Pablo Montoya après sa victoire au GP de Monaco 2003.

Comme de nombreux pilotes sud-américains, Juan Pablo Montoya s'exila en Europe où il remporta le Championnat international de F3000 en 1998. L'année suivante, il ne put pas débuter en Formule 1 malgré son contrat avec Williams, Alessandro Zanardi en ayant déjà un de titulaire pour la saison 1999. Montoya revint sur le continent américain pour courir en CART et décrocha le titre dès sa première saison. La deuxième année, il eut moins de réussite mais put courir les 500 Miles d'Indianapolis, intégrés au calendrier de l'Indy Racing League, qu'il remporta pour sa première participation. En 2001, Williams le rappela comme convenu pour qu'il vienne disputer le Championnat du monde. Dès sa troisième course, il impressionna avec un dépassement musclé sur Michael Schumacher et se dirigeait vers la victoire lorsque Jos Verstappen manqua son freinage au moment où le Colombien lui prenait un tour et causa son abandon. Il dut attendre le Grand Prix d'Italie, en septembre, pour connaître les joies de la victoire, après avoir goûté au podium en Espagne. Il signa sept pole positions en 2002, confirmant une pointe de vitesse impressionnante, mais ne gagna aucune course face à des Ferrari redoutables. Il termina toutefois la saison en 3e place du Championnat, et réitéra cette performance en 2003 en étant bien plus proche du titre que l'année précédente. Il s'imposa notamment à Monaco, et signa un *hat trick* au Grand Prix d'Allemagne. Mais les relations avec son équipe se tendirent et Montoya s'engagea avec McLaren pour la saison 2005 avant même que 2004 ne débute. Sa dernière saison avec l'équipe de Grove fut décevante, la faute à une monoplace au design très étonnant, mais elle se termina par une victoire à Interlagos. Chez McLaren, il se blessa dès le début de saison, officiellement lors d'un match de tennis, mais la version officieuse selon laquelle il s'était fait mal lors d'une course de quad ou de motocross fit rapidement surface. Or, son contrat comportait une clause lui interdisant de s'adonner à de telles activités, et les relations se dégradèrent bientôt avec

Ron Dennis, qui l'accusait de manquer de professionnalisme. Cependant, Montoya remporta trois courses au fil de la saison mais termina 4e du classement, dans l'ombre de Kimi Räikkönen. McLaren annonça dès la fin de saison 2005 son intention de conserver le Finlandais en 2007, et officialisa l'arrivée d'Alonso à cette même date. Démotivé, le Colombien signa deux podiums mais, après un Grand Prix des États-Unis durant lequel il s'accrocha avec son équipier et provoqua un carambolage, il décida d'arrêter la F1 avec effet immédiat et de s'engager en NASCAR. En 2015, de retour en IndyCar, Montoya a remporté une deuxième fois l'Indy 500.

KIMI RÄIKKÖNEN

Né le 17 octobre 1979 à Espoo (Finlande)

Courses :
Australie 2001 – Abu Dhabi 2021

Équipes :
- Sauber : Australie 2001 – Japon 2001
- McLaren : Australie 2002 – Brésil 2006
- Ferrari : Australie 2007 – Abu Dhabi 2009
- Lotus : Australie 2012 – Abu Dhabi 2013
- Ferrari : Australie 2014 – Abu Dhabi 2018
- Alfa Romeo : Australie 2019 – Abu Dhabi 2021

Champion du monde : 2007
Victoires : 21
Pole positions : 18
Podiums : 103
Meilleurs tours en course : 46
Grands Prix disputés : 350

Kimi Räikkönen gagne au Brésil et remporte le titre mondial 2007.

Kimi-Matias Räikkönen arriva en F1 avec le timing parfait pour succéder à son compatriote Mika Häkkinen, non sans avoir créé la controverse. Un an après l'arrivée de Jenson Button et sa seule saison de F3 comme expérience, l'engagement par Sauber de Räikkönen, jouissant jusque-là d'une seule année en monoplace avec le titre dans le Championnat britannique de Formule Renault, fit les gros titres. Mais le Finlandais prouva rapidement qu'il méritait sa place en marquant le point de la 6e position dès son premier Grand Prix. Très rapide, il termina au pied du podium en Autriche et au Canada, et McLaren le recruta en 2002 pour remplacer Häkkinen. La fragilité de sa monoplace perturba sa saison mais il signa son premier podium en carrière dès sa première course pour l'équipe. Il y remonta trois fois, terminant 2e en France après avoir commis une erreur qui offrit la victoire et le titre mondial à Schumacher. Räikkönen décrocha sa première victoire lors du Grand Prix de Malaisie 2003 et monta dix fois sur le podium cette année-là, en plus de deux pole positions. Il termina vice-champion du monde, avec le regret que la révolutionnaire McLaren MP4-18 n'ait pas pu prendre la piste en course, à cause d'un échec au crash-test. En 2004, une évolution décevante de cette dernière ne permit à Kimi de gagner qu'une course. Mais avec la fin du cycle Ferrari en 2005, il se retrouva dans la peau d'un candidat au titre mondial face à Fernando Alonso. Ce fut sa meilleure saison jusque-là avec cinq pole positions et sept victoires, dont un succès au Japon en s'étant élancé 17e. Mais avec une fiabilité perfectible, il ne parvint pas à contrer la régularité et l'efficacité de Renault et d'Alonso, et fut de nouveau vice-champion du monde. Au terme d'une saison 2006 sans victoire, la faute à une MP4-21 décevante, Räikkönen reçut des propositions de Ferrari, McLaren et Renault pour la saison 2007. Lassé des fluctuations de l'équipe britannique et ne faisant pas confiance au projet Renault après le départ d'Alonso, il opta pour la Scuderia et débuta l'année par une pole position et une victoire en Australie. Face aux deux McLaren d'Alonso et Lewis Hamilton, il assura de nombreux podiums et arriva à l'avant-dernière course de la saison avec 17 points de retard sur le Britannique, et 20 à distribuer au maximum. En remportant les deux derniers Grands Prix de la saison, et grâce à des contre-performances des pilotes McLaren, il décrocha le titre mondial, devenant le troisième Finlandais champion du monde de Formule 1. La saison 2008 fut moins glorieuse avec deux victoires et un net retard sur Felipe Massa, son équipier, au Championnat. L'arrivée d'une nouvelle réglementation en 2009 mit Ferrari en difficulté face à Brawn GP et Red Bull, et Räikkönen sauva sa saison avec un succès en Belgique, son quatrième à Spa-Francorchamps. Au terme de l'année, il décida de quitter la F1 pour se lancer en rallye, puis il participa à deux courses de NASCAR. En 2012, Lotus lui fit retrouver la F1 et il passa deux années dans l'équipe, qui se remettait elle-même du départ de Renault. Lors de ses deux saisons à Enstone, Iceman signa 15 podiums, montant deux fois sur la plus haute marche. Il effectua ensuite son retour chez Ferrari au début de l'ère hybride, mais il lui fallut attendre 2015 pour remonter sur le podium en rouge, tout en subissant la loi de Sebastian Vettel face à lui. En 2016, il se rapprocha légèrement de l'Allemand mais la saison fut moins bonne pour la Scuderia. Il signa une pole position remarquée au Grand Prix de Monaco 2017 mais perdit la course sur une stratégie moins bonne, avant d'en remporter une autre à Monza en 2018 devant les tifosi. Au Grand Prix des États-Unis, 114 courses après son dernier succès en date, il s'imposa à Austin pour la 21e fois de sa carrière. Afin de boucler la boucle, Räikkönen retourna chez Sauber, devenue Alfa Romeo Racing, pour un dernier défi pendant trois saisons. En 2019, il parvint à entrer huit fois dans les points, dont une fois au pied du podium à Interlagos, avant d'évoluer dans l'anonymat du peloton pour ses deux dernières saisons.

TOMAS ENGE

Né le 11 septembre 1976 à Liberec (République tchèque)

Courses :
Italie 2001 – Japon 2001

Équipes :
Prost : Italie 2001 – Japon 2001

Grands Prix disputés : 3

Après avoir brillé en République Tchèque lors de ses premières courses en carrière, Tomas Enge progressa jusqu'à jouer le titre en F3000 en 2001. C'est au cours de cette saison que Prost Grand Prix l'appela en F1 pour remplacer Luciano Burti, blessé à Spa. Douzième de sa première course, il ne fit pas mieux lors de ses deux autres tentatives, et un test positif au cannabis en 2002 mit un terme à ses espoirs de retour au plus haut niveau.

ALEX YOONG

Né le 20 juillet 1976 à Kuala Lumpur (Malaisie)

Courses :
Italie 2001 – Japon 2002

Équipes :
Minardi : Italie 2001 – Japon 2002

Grands Prix disputés : 14

Grâce à l'arrivée du Grand Prix de Malaisie et à la popularité grandissante de la F1 dans son pays, Alex Yoong put mettre à profit ses progrès dans les catégories inférieures, entre F3, F3000 et Formule Nippon pour accéder à la Formule 1 en 2001, remplaçant Tarso Marques chez Minardi en fin de saison. En 2002, sa saison complète se solda par plusieurs erreurs et un niveau inférieur à son équipier Mark Webber, malgré une 7e place en Australie.

FELIPE MASSA

Né le 25 avril 1981 à São Paulo (Brésil)

Courses :
Australie 2002 – Abu Dhabi 2017

Équipes :
- Sauber : Australie 2002 – Chine 2005
- Ferrari : Bahreïn 2006 – Brésil 2013
- Williams : Australie 2014 – Abu Dhabi 2017

Victoires : 11

Pole positions : 16

Podiums : 41

Meilleurs tours en course : 15

Grands Prix disputés : 269

Felipe Massa après sa pole au GP du Brésil 2007.

C'est seulement avec un titre en Formule Chevrolet au Brésil que Felipe Massa s'envola pour l'Europe à l'âge de 18 ans. Vainqueur du Championnat Euro F3000, il trouva en 2002 un volant en F1 chez Sauber, équipe ayant l'habitude d'initier de jeunes pilotes. Pourtant, la première saison du Brésilien fut « un désastre » selon les propos du directeur sportif de Sauber, Beat Zehnder. Massa ne manquait pas de vitesse, mais il était beaucoup trop fougueux et malgré des points inscrits dès sa deuxième course, il connut six abandons à cause d'incidents. Sauber ne le conserva pas, mais Ferrari décida de le prendre en main avec une année en tant qu'essayeur dans l'équipe. Fort de cette expérience, il revint chez Sauber en 2004 et passa deux saisons bien plus prometteuses dans l'équipe suisse, avec notamment deux 4es places. Ferrari voyant son potentiel se confirmer en résultats, elle décida de titulariser Massa à la place de son compatriote Rubens Barrichello, aux côtés de Michael Schumacher. Il monta sur son premier podium au Grand Prix d'Europe tandis qu'en Turquie, il signa sa première pole et sa première victoire le même week-end. En fin de saison, il triompha au Brésil, devenant le premier enfant du pays à le faire depuis Ayrton Senna. En 2007, il s'élança six fois depuis la pole position et monta dix fois sur le podium, dont trois sur la plus haute marche. Battu par son nouvel équipier, Kimi Räikkönen, il prit sa revanche en 2008 avec six pole et six victoires. Au Brésil, il parvint à franchir la ligne d'arrivée avec le titre mondial en poche, mais Lewis Hamilton l'en priva quelques secondes plus tard en effectuant un dépassement dans le dernier virage. Une désillusion terrible pour celui qui remporta ce jour-là son deuxième succès à domicile. En 2009, il subit le faible niveau de la Ferrari F60 répondant au tout nouveau règlement aéro, mais parvint enfin à monter sur le podium en Allemagne. Malheureusement, lors de la manche suivante en Hongrie, il fut percuté à la tête par un ressort détaché de la Brawn de Barrichello. Opéré en urgence d'une fracture du crâne et avec un pronostic vital engagé le soir de l'accident, Massa se remit totalement mais dut attendre la saison 2010 pour reprendre le volant, avec notamment une blessure à l'œil à soigner. Conservant son volant, il retrouva une Scuderia métamorphosée par l'arrivée de Fernando Alonso et par une F10 bien plus performante. Sur le podium de la première course mais un peu tendre pour son retour, Massa subit rapidement la domination d'Alonso, qui n'offrit aucun cadeau au Brésilien et le dépassa dans les stands en Chine pour s'arrêter avant lui. En Allemagne, alors que Massa se dirigeait vers la victoire un an jour pour jour après son accident, Ferrari lui demanda de laisser passer l'Espagnol. Cette consigne fut un gros coup au moral du Brésilien qui connut des saisons 2011 à 2013 très compliquées au sein d'une équipe totalement dévouée à son équipier. En 2014, il releva un nouveau défi chez Williams et bien qu'il fût battu par Valtteri Bottas, il signa une pole position et trois podiums. L'équipe commença rapidement à décliner et après deux nouveaux podiums en 2015, Massa décida de prendre sa retraite fin 2016, recevant une véritable ovation de son public à Interlagos en fin de saison. Une retraite qui fut de courte durée puisque l'équipe lui demanda de revenir pour une saison supplémentaire en 2017 après que Bottas avait eu l'occasion tardive de rejoindre Mercedes pour pallier la retraite surprise de Nico Rosberg. Cette dernière saison fut bien plus compliquée pour le Brésilien, qui raccrocha définitivement à la fin de la saison.

ALLAN MCNISH

Né le 29 décembre 1969 à Dumfries (Royaume-Uni)

Courses :
Australie 2002 – États-Unis 2002

Équipes :
Toyota : Australie 2002 – États-Unis 2002

Grands Prix disputés : 16

Attendu en F1 depuis près d'une décennie quand il y parvint enfin, Allan McNish ne brilla pas en monoplace autant qu'en endurance. Pourtant, son accession en 1990 au Championnat de F3000 sembla confirmer la trajectoire ascendante d'une carrière prometteuse. Mais l'Écossais ne trouva que des rôles d'essayeur et se tourna vers l'endurance, avec une victoire aux 24 Heures du Mans 1998 sur Porsche. Passé chez Toyota la saison suivante, il fut intégré aux prémices du projet F1 du constructeur japonais. Après un an de développement en coulisse, il fut titularisé et débuta en Grand Prix à l'âge tardif de 32 ans. Il ne marqua aucun point au cours d'une saison où Mika Salo le domina nettement, et sa carrière en catégorie reine s'acheva par un accident monumental à Suzuka. Après une nouvelle année en tant qu'essayeur pour Renault, il retrouva l'endurance et remporta deux nouvelles éditions des 24 Heures du Mans.

TAKUMA SATO

Né le 28 janvier 1977 à Tokyo (Japon)

Courses :
Australie 2002 – Espagne 2008

Équipes :
- Jordan : Australie 2002 – Japon 2002
- BAR : Japon 2003 – Chine 2005
- Super Aguri : Bahreïn 2006 – Espagne 2008

Podiums : 1
Grands Prix disputés : 90

Douze ans après le premier podium d'un Japonais en F1, le pays du Soleil-Levant se prit à rêver de revoir un des siens briller en F1 lorsque Honda lança Takuma Sato en F1 avec Jordan, après des résultats solides en F3. La première saison du pilote au plus haut niveau s'avéra très compliquée avec de nombreuses sorties de piste, ainsi qu'un accrochage avec son équipier Giancarlo Fisichella dont il fut entièrement responsable. Au Japon, Sato décrocha enfin ses premiers points pour le plus grand plaisir de ses compatriotes. Non conservé par Jordan, dont le contrat avec Honda s'était achevé, il devint essayeur chez BAR en 2003 et eut même l'opportunité de courir à Suzuka, terminant 6e pour sa seule pige de la saison. En 2004, il alterna bons résultats et abandons sur casse mécanique et monta sur le podium du Grand Prix des États-Unis, son seul en carrière. Il s'illustra de nouveau au Japon avec une 4e place et termina la saison en 8e position. La saison 2005 fut en revanche catastrophique puisqu'il ne marqua qu'un point contre 37 pour son équipier, Jenson Button. Honda racheta BAR mais refusa de prolonger Sato, qui eut toutefois la grâce des dirigeants de la marque. Ceux-ci passèrent un accord avec Aguri Suzuki, qui créa l'équipe Super Aguri pour que Sato reste au plus haut niveau. Mais le projet plus que bancal, reposant sur des monoplaces de 2002 modifiées pour respecter le règlement 2006, et la fougue de Sato ne firent pas bon ménage, et l'équipe ne marqua aucun point. En 2007, le Japonais put davantage se mettre en avant au volant d'une Honda de 2006 et brilla notamment au Canada, où il termina 6e devant la McLaren de Fernando Alonso. La suite fut bien plus compliquée et, après quatre courses catastrophiques début 2008, Super Aguri cessa son activité en F1, et Sato en fit de même. Il rejoignit par la suite le Championnat IndyCar, qu'il dispute encore en 2022, remportant deux fois les 500 Miles d'Indianapolis.

MARK WEBBER

Né le 27 août 1976 à Queanbeyan (Australie)

Courses :
Australie 2002 – Brésil 2013

Équipes :
- Minardi : Australie 2002 – Japon 2002
- Jaguar : Australie 2003 – Brésil 2004
- Williams : Australie 2005 – Brésil 2006
- Red Bull : Australie 2007 – Brésil 2013

Victoires : 9

Pole positions : 13

Podiums : 42

Meilleurs tours en course : 19

Grands Prix disputés : 215

Très rapide lors de ses premières saisons en monoplace, Mark Webber manqua de devoir interrompre sa carrière à cause d'un manque de budget, mais fut aidé par un rugbyman australien qui lui paya une fin de saison en F3 britannique. N'ayant pas le budget pour continuer, Webber fut repéré par Mercedes qui l'intégra à son programme en FIA GT. Après deux ans avec le constructeur, marqués notamment par d'impressionnantes cabrioles au Mans au volant de la CLR, il revint en monoplace pour deux saisons en F3000. Sans réussir à gagner le titre, Webber trouva plusieurs soutiens avec un contrat de management signé par Flavio Briatore, et le soutien de Paul Stoddart, son patron en F3000, qui le fit débuter en F1 chez Minardi. L'Australien fit forte impression en terminant 5e devant son public pour son premier Grand Prix, mais ne marqua aucun autre point de la saison. Jaguar recruta Webber qui connut un début de saison 2003 difficile, avec notamment un énorme accident à Interlagos. Par la suite, il entra sept fois dans les points et fut prolongé par l'équipe pour 2004. Dès la deuxième course de la saison, il se qualifia en première ligne entre les Ferrari, mais cet exploit fut gâché dès le départ par un envol raté qui le repoussa en 9e place. La saison fut globalement difficile, avec une 6e place comme meilleur résultat. Après trois saisons en F1, son meilleur résultat restait sa 5e position avec Minardi, et Webber quitta Jaguar pour rejoindre Williams en 2005. Auteur de très belles qualifications en début de saison, il décrocha son premier podium à Monaco et termina deux fois au pied de celui-ci sur la fin. Le remplacement du moteur BMW par un Cosworth fut catastrophique pour Williams, et Webber connut une saison 2006 très ardue, marquée par 11 abandons sur casses mécaniques et accidents. L'Australien décida de relever un nouveau défi avec Red Bull en 2007, retrouvant l'ancienne équipe Jaguar, entre temps rachetée par le fabricant de boissons. La première moitié de saison donna une impression de déjà-vu pour Webber, qui connut plusieurs abandons et ne marqua que deux points. Au Grand Prix d'Europe, dans des conditions changeantes, il retrouva enfin le chemin du podium. En progrès en fin de saison, Webber était en chemin pour une 2e place à Fuji quand il fut percuté par le jeune Sebastian Vettel, remplaçant chez Toro Rosso, la deuxième équipe de Red Bull. Une meilleure régularité en 2008 lui permit de rester chez Red Bull lorsque l'équipe accueillit Vettel en 2009. Profitant de l'excellente interprétation du nouveau règlement par Adrian Newey, Webber monta quatre fois sur le podium lors des huit premières manches de la saison. Sur le Nürburgring, il signa sa première pole position en carrière, qu'il concrétisa le lendemain avec sa première victoire en F1. De nouveau vainqueur au Brésil, il aborda la saison 2010 avec l'envie de confirmer son nouveau statut. Avec cinq pole positions et quatre victoires, il fit mieux que cela et arriva à la dernière course comme rival principal de son ami Fernando Alonso pour le titre mondial. La saison n'avait pourtant pas été de tout repos avec un énorme accident à Valence, où il décolla sur la Lotus de Heikki Kovalainen, un accrochage avec Vettel en Turquie, et la désillusion de voir son équipe favoriser l'Allemand avec les nouvelles pièces en Angleterre. Contraint de donner son nouvel aileron avant à Vettel après la casse de celui de son équipier, Webber s'imposa le lendemain et tança son équipe à la radio en déclarant : « Pas mal pour un numéro 2 ! » Battu par Vettel pour le titre, il subit une nette domination de l'Allemand en 2011 avec un succès contre 11 pour ce dernier. La situation fut encore pire en 2012 puisque Webber termina 6e du Championnat malgré deux victoires, tandis que Vettel enchaînait avec un troisième titre consécutif. En 2013, la situation dégénéra de nouveau entre les deux hommes, son équipier ne respectant pas les consignes devant lui permettre de s'imposer en Malaisie, une affaire bien connue sous le nom de « Multi 21 ». Il courut ensuite pour Porsche en endurance et devint champion du monde en 2015.

ANTHONY DAVIDSON

Né le 18 avril 1979 à Hemel Hempstead (Royaume-Uni)

Courses :
Hongrie 2002 – Espagne 2008

Équipes :
- Minardi : Hongrie 2002 – Belgique 2002
- BAR : Malaisie 2005
- Super Aguri : Australie 2007 – Espagne 2008

Grands Prix disputés : 24

Fort d'un titre de vice-champion de F3 britannique derrière Takuma Sato, Anthony Davidson devint essayeur en F1 pour BAR à l'âge de 22 ans. En 2002, Minardi fit appel à ses services pour remplacer Alex Yoong, sans succès. En 2004, il joua le rôle de troisième pilote pour BAR et prit part au Grand Prix de Malaisie 2005 pour l'équipe en remplacement de Sato, malade. L'expérience tourna court avec un abandon au deuxième tour. De nouveau troisième pilote pour l'équipe renommée Honda en 2006, il fut récompensé de ses services en étant titularisé chez Super Aguri en 2007. Il resta dans l'équipe jusqu'à la fin de son aventure sans jamais marquer un point.

CRISTIANO DA MATTA

Né le 19 septembre 1973 à Belo Horizonte (Brésil)

Courses :
Australie 2003 – Allemagne 2004

Équipes :
Toyota : Australie 2003 – Allemagne 2004

Grands Prix disputés : 28

Passé par la F3 et la F3000 en Europe, Cristiano da Matta s'exila aux États-Unis en 1997 pour rejoindre ensuite le CART, où il remporta le titre en 2002. Motoriste de l'équipe Newman-Haas avec laquelle il fut titré outre-Atlantique, Toyota lui offrit un baquet en F1 à près de 30 ans. Il marqua ses premiers points en Espagne avec une 6e place, un résultat qu'il répéta à plusieurs reprises mais n'améliora jamais. Proche d'Olivier Panis en 2003, il perdit pied en 2004 et face aux tensions croissantes avec ses dirigeants, il fut mis à pied avant même la fin de saison.

RALPH FIRMAN

Né le 20 mai 1975 à Norwich (Irlande)

Courses :
Australie 2003 – Japon 2003

Équipes :
Jordan : Australie 2003 – Japon 2003

Grands Prix disputés : 14

Fils du fondateur de la marque Van Diemen, célèbre pour avoir fabriqué des voitures de course, Ralph Firman s'illustra en remportant le prestigieux Grand Prix de Macao de F3 avant de s'exiler en Formule Nippon. Champion en 2002, il décrocha son ticket pour la F1 avec Jordan, mais la saison 2003 fut très difficile face à un redoutable Giancarlo Fisichella. L'Irlandais marqua un point en Espagne, son seul en carrière, et échappa au pire lors d'un violent accident au Grand Prix de Hongrie, avant de quitter la F1 au terme de la saison.

ANTONIO PIZZONIA

Né le 11 septembre 1980 à Manaus (Brésil)

Courses :
Australie 2003 – Chine 2005

Équipes :
- Jaguar : Australie 2003 – Grande-Bretagne 2003
- Williams : Allemagne 2004 – Chine 2005

Grands Prix disputés : 20

C'est en remportant la F3 britannique, toujours bien cotée au début des années 2000, qu'Antonio Pizzonia vit les portes de la Formule 1 s'ouvrir. Jaguar lui offrit un poste de titulaire mais l'expérience se solda par un échec, et le Brésilien fut remplacé par Justin Wilson en cours de saison. Devenu essayeur pour Williams en 2004, il eut l'occasion de piloter la FW26 pendant quatre courses en remplacement de Ralf Schumacher, blessé. Il termina trois fois septième mais connut une désillusion en Belgique, où sa boîte de vitesses rendit l'âme alors qu'il tenait une place sur le podium. En 2005, l'équipe fit de nouveau appel à lui, cette fois pour remplacer Nick Heidfeld, également blessé. De nouveau 7e pour son premier intérim de la saison, il abandonna lors des quatre courses suivantes.

JUSTIN WILSON

Né le 31 juillet 1978 à Sheffield (Royaume-Uni) et décédé le 24 août 2015

Courses :
Australie 2003 – Japon 2003

Équipes :
- Minardi : Australie 2003 – Grande-Bretagne 2003
- Jaguar : Allemagne 2003 – Japon 2003

Grands Prix disputés : 16

Malgré un titre en F3000 en 2001, Justin Wilson n'accéda pas immédiatement à la F1. Le Britannique n'était pas le candidat idéal pour les équipes de Formule 1 avec une taille de 1,93 mètre, mais Minardi lui proposa un volant à condition qu'il paie les adaptations nécessaires à la monoplace pour qu'il y soit à l'aise. Wilson eut alors l'idée d'un financement participatif, avec la promesse pour les contributeurs de recevoir des parts minimes de ses gains futurs. L'expérience fut un succès et il put courir en catégorie reine. En fond de peloton à cause d'un matériel peu performant, il eut une meilleure chance en fin d'année quand Jaguar le recruta pour les cinq dernières courses de la saison. Il marqua un point à Indianapolis mais ne fut pas conservé et se rendit aux États-Unis avec un certain succès. C'est malheureusement en IndyCar qu'il perdit la vie en 2015.

NICOLAS KIESA

Né le Né le 3 mars 1978 à Copenhague (Danemark)

Courses :
Allemagne 2003 – Japon 2003

Équipes :
Minardi : Allemagne 2003 – Japon 2003

Grands Prix disputés : 5

Vainqueur en F3000 à Monaco en 2003 grâce à la bourde de Björn Wirdheim, qui s'arrêta trop tôt pour célébrer le succès avec son équipe, Nicolas Kiesa ne marqua pas pour autant les esprits, mais Minardi fit appel à lui pour remplacer Justin Wilson lors des dernières courses de la saison. Il vit cinq fois le drapeau à damier en autant de participations, mais ne trouva pas de volant la saison suivante.

ZSOLT BAUMGARTNER

Né le 1er janvier 1981 à Debrecen (Hongrie)

Courses :
Hongrie 2003 – Brésil 2004

Équipes :
- Jordan : Hongrie 2003 – Italie 2003
- Minardi : Australie 2004 – Brésil 2004

Grands Prix disputés : 20

Premier Hongrois à courir en F1, Zsolt Baumgartner eut la chance de disputer son premier Grand Prix à domicile en remplacement de Ralph Firman, blessé aux essais. Pourtant peu transcendant en F3000, Baumgartner termina à une solide 11e place sa deuxième course pour Jordan, ce qui lui permit de décrocher un volant chez Minardi l'année suivante. Classé à la porte des points à Monaco, il parvint à inscrire une unité au classement à Indianapolis.

GIANMARIA BRUNI

Né le 30 mai 1981 à Rome (Italie)

Courses :
Australie 2004 – Brésil 2004

Équipes :
Minardi : Australie 2004 – Brésil 2004

Grands Prix disputés : 18

Malgré un palmarès peu garni, Gianmaria Bruni accéda à la Formule 1 avec Minardi en 2004. Dans une équipe à l'agonie, tant sur le plan financier que du côté technique, l'Italien ne fit pas mieux qu'une 14e place. En retrait face à Zsolt Baumgartner, il quitta la F1 au terme de la saison.

CHRISTIAN KLIEN

Né le 7 février 1983 à Hohenems (Autriche)

Courses :
Australie 2004 – Abu Dhabi 2010

Équipes :
- Jaguar : Australie 2004 – Brésil 2004
- Red Bull : Australie 2005 – Italie 2006
- HRT : Singapour 2010 – Abu Dhabi 2010

Grands Prix disputés : 49

Comme de nombreux pilotes issus de la filière Red Bull, Christian Klien gravit les échelons très rapidement vers la F1, après une saison en F3 Euroseries. L'Autrichien connut des débuts délicats chez Jaguar face à un Mark Webber en plein essor, mais il progressa au fil de la saison jusqu'à marquer ses premiers points en Belgique. En 2005, il conserva sa place grâce au rachat de Jaguar par Red Bull mais dut partager le volant de la deuxième monoplace avec Vitantonio Liuzzi, de manière à déterminer qui était le plus prometteur. Dans les points lors des deux premières courses, il en marqua un de plus au Canada et fut choisi par Red Bull pour terminer la saison. De plus en plus performant, il signa son meilleur résultat avec une 5e place et conserva son volant. Mais l'année 2006 fut celle de la déception, Klien ne marqua que deux points et fut écarté avant même la fin de saison. Il fit un retour anonyme dans la modeste équipe HRT en 2010.

GIORGIO PANTANO

Né le 4 février 1979 à Conselve (Italie)

Courses :
Australie 2004 – Italie 2004

Équipes :
Jordan : Australie 2004 – Italie 2004

Grands Prix disputés : 14

Grâce à un statut de candidat au titre en F3000, et bien qu'il ne fût jamais champion, Giorgio Pantano accéda à la Formule 1 en 2004 avec Jordan. Largement dominé par Nick Heidfeld au volant d'une EJ14 ratée, il ne marqua aucun point et quitta la F1 au terme de la saison. Il s'engagea l'année suivante dans le Championnat GP2, remplaçant de la F3000, et devint champion en catégorie inférieure après son passage en F1.

TIMO GLOCK

Né le 18 mars 1982 à Lindenfels (Allemagne)

Courses :
Canada 2004 – Brésil 2012

Équipes :
- Jordan : Canada 2004 – Brésil 2004
- Toyota : Australie 2008 – Singapour 2009
- Virgin : Bahreïn 2010 – Brésil 2011
- Marussia : Australie 2012 – Brésil 2012

Podiums : 3

Meilleurs tours en course : 1

Grands Prix disputés : 91

Comme Giorgio Pantano avant lui, Timo Glock fut champion de GP2 après ses débuts en F1. L'Allemand fut en effet engagé comme troisième pilote par Jordan en 2004 après une maigre expérience en F3, et il fut titularisé au Grand Prix du Canada en remplacement de Pantano. Septième à l'arrivée, Glock fit forte impression et revint disputer les trois dernières courses de l'année avec l'équipe irlandaise. Sans volant en 2005, il s'exila en Champ Car, et ses résultats corrects lui donnèrent un ticket vers le GP2. Couronné en 2007, il fut recruté en 2008 par Toyota et se distingua par plusieurs coups d'éclat. Quatrième au Canada, sur un circuit de Montréal qui lui réussissait décidemment bien, il termina deuxième du Grand Prix de Hongrie, quelques jours après un très violent accident devant son public. De nouveau 4ᵉ à Singapour, il se fit remarquer au Brésil en perdant une place dans le dernier tour au profit de Lewis Hamilton. En pneus *slicks* sous une pluie battante, l'Allemand ne trouva aucune motricité dans la dernière montée vers la ligne d'arrivée, et la place qu'il perdit au profit du pilote McLaren offrit le titre à ce dernier. Cela valut au malheureux Glock des menaces de mort, mais il revint en 2009 avec une Toyota encore meilleure. Quatrième en Australie, il monta sur le podium en Malaisie avant de s'élancer en première ligne à Bahreïn. À Singapour, il monta une nouvelle fois sur le podium, mais fut victime d'un violent accident à Suzuka, qui l'écarta pour la fin de saison. Il trouva refuge en 2010 dans la nouvelle équipe Virgin, rebaptisée Marussia, dans laquelle il passa trois saisons. De là, son meilleur résultat fut une 12ᵉ place, et il quitta ensuite la discipline.

2005

CHRISTIJAN ALBERS

Né le 16 avril 1979 à Eindhoven (Pays-Bas)

Courses :
Australie 2005 – Grande-Bretagne 2007

Équipes :
- Minardi : Australie 2005 – Chine 2005
- Midland : Bahreïn 2006 – Brésil 2006
- Spyker : Australie 2007 – Grande-Bretagne 2007

Grands Prix disputés : 46

Christijan Albers espérait arriver en F1 au début des années 2000, en passant par la Formule 3000 avec l'écurie de Paul Stoddart. Mais son bilan face à Mark Webber lui valut une place en DTM et il dut attendre 2005 pour enfin avoir sa chance, toujours avec Paul Stoddart et Minardi. Mais l'écurie était dans sa dernière saison, et il put remercier le retrait des pilotes équipés de pneus Michelin pour ses quatre points marqués à Indianapolis en terminant 5e d'une course à six voitures. En 2006, il pilota pour Midland, écurie ayant racheté Jordan fin 2005, mais ne fit pas mieux qu'une 10e place. Après un début de saison 2007 chez Spyker, la nouvelle identité de Midland, il fut débarqué et retourna en DTM. Le Néerlandais effectua son retour en 2014 en tant que directeur de la modeste équipe Caterham, sans succès.

PATRICK FRIESACHER

Né le 26 septembre 1980 à Wolfsberg (Autriche)

Courses :
Australie 2005 – Grande-Bretagne 2005

Équipes :
Minardi : Australie 2005 – Grande-Bretagne 2005

Grands Prix disputés : 11

Exilé en France à la fin des années 90 pour rouler dans les écoles de pilotage de l'Hexagone, l'Autrichien Patrick Friesacher eut du mal à se distinguer. Le Red Bull Junior Team l'engagea en F3000 en 2001, et il passa quatre saisons peu mémorables dans la discipline. En 2005, Minardi le recruta en Formule 1 et, comme Christijan Albers, il marqua ses trois seuls points en carrière lors de la farce d'Indianapolis. En manque de résultats, il fut remplacé quelques semaines plus tard par Robert Doornbos.

Le départ du Grand Prix des USA 2005 avec six voitures sur la grille.

NARAIN KARTHIKEYAN

Né le 14 janvier 1977 à Chennai (Inde)

Courses :
Australie 2005 – Brésil 2012

Équipes :
- Jordan : Australie 2005 – Chine 2005
- HRT : Malaisie 2011 – Brésil 2012

Grands Prix disputés : 46

À l'âge de 15 ans, Narain Karthikeyan quitta son Inde natale pour rejoindre la France et disputer le Volant Elf. Alternant les compétitions en Europe et en Asie, il parvint finalement à arriver en F1 en 2005 chez Jordan. Éclipsé par un Tiago Monteiro très solide dans l'autre EJ15, Karthikeyan put inscrire les cinq points de la 4e place à Indianapolis. Sans volant en 2006, il effectua un retour à la surprise générale chez HRT en 2011, et disputa 27 courses dans l'équipe jusqu'à la fin de la saison 2012, avec une 15e place comme meilleur résultat.

TIAGO MONTEIRO

Né le 24 juillet 1976 à Mussarelos (Portugal)

Courses :
Australie 2005 – Brésil 2006

Équipes :
- Jordan : Australie 2005 – Chine 2005
- Midland : Bahreïn 2006 – Brésil 2006

Podiums : 1

Grands Prix disputés : 37

C'est en France que Tiago Monteiro fit ses débuts en monoplace, avec le Championnat national de F3. En 2002, il courut en F3000 mais subit la domination de Sébastien Bourdais et s'exila en Champ Car en 2003. Eddie Jordan lui donna finalement sa chance en Formule 1 en 2005, et le Portugais se distingua par sa régularité. Sans un problème de transmission à 16 tours de l'arrivée au Brésil, il aurait en effet terminé tous les Grands Prix de la saison. Il profita lui aussi d'Indianapolis pour se mettre en valeur, avec un podium derrière les deux Ferrari. L'équipe le prolongea en 2006 sous l'identité Midland, mas il ne fit pas mieux qu'une 9e place en Hongrie et quitta la F1 après cela.

VITANTONIO LIUZZI

Né le 6 août 1980 à Locorotondo (Italie)

Courses :
Saint-Marin 2005 – Brésil 2011

Équipes :
- Red Bull : Saint-Marin 2005 – Europe 2005
- Toro Rosso : Bahreïn 2006 – Brésil 2007
- Force India : Italie 2009 – Abu Dhabi 2010
- HRT : Malaisie 2011 – Brésil 2011

Grands Prix disputés : 80

Comme Christian Klien, Vitantonio Liuzzi fut un des premiers élèves de la filière Red Bull, qui le mena au titre en F3000 en 2004, puis à la Formule 1 en 2005. Il fut recruté comme suppléant de Klien chez Red Bull pour les débuts de l'équipe en catégorie reine, avec la promesse d'effectuer plusieurs courses et la possibilité de prouver sa valeur face à l'Autrichien. Une entrée dans les points pour sa première course à Imola ne lui permit pas de conserver sa place et il dut attendre 2006 avant d'être titularisé chez Toro Rosso, Red Bull ayant racheté Minardi pour avoir une deuxième équipe. Aux côtés de Scott Speed, il ne brilla guère mais marqua le premier point de l'équipe à Indianapolis. Prolongé en 2007, il connut une saison très difficile qui mena à son éviction, malgré une belle 6e place en Chine en fin de saison. Sur la touche, il signa comme réserviste chez Force India en 2008 et remplaça Giancarlo Fisichella pour la fin de saison 2009. Toujours dans l'équipe indienne en 2010, il subit la loi d'Adrian Sutil en interne et n'eut d'autre choix que d'accepter un volant chez HRT en 2011, avant de sortir par la petite porte.

ROBERT DOORNBOS

Né le 23 septembre 1981 à Rotterdam (Pays-Bas)

Courses :
Allemagne 2005 – Brésil 2006

Équipes :
- Minardi : Allemagne 2005 – Chine 2005
- Red Bull : Chine 2006 – Brésil 2006

Grands Prix disputés : 11

Joueur de tennis semi-professionnel, Robert Doornbos eut un véritable déclic lorsqu'il assista au Grand Prix de Belgique 1998 dans les garages de l'équipe Williams. Conseillé par Jacques Villeneuve, il se lança en Formule Ford, puis en F3 et en F3000. Fort de cette expérience, il parvint à trouver un poste d'essayeur en F1 chez Jordan avant d'être appelé en fin de saison 2005 chez Minardi. Ses performances prometteuses lui firent décrocher un contrat avec Red Bull en qualité de troisième pilote, et l'équipe l'appela en fin de saison 2006 pour remplacer Christian Klien à l'occasion de trois courses. Rapidement au niveau de David Coulthard en qualifications, il ne fut pas conservé en 2007.

YUJI IDE

Né le 21 janvier 1975 à Saitama (Japon)

Courses :
Bahreïn 2006 – Saint-Marin 2006

Équipes :
Super Aguri : Bahreïn 2006 – Saint-Marin 2006

Grands Prix disputés : 4

Pilote plutôt prometteur au Japon, Yuji Ide fit un passage éclair en F1, se faisant remarquer pour des raisons plutôt cocasses. Pour sa première qualification à Bahreïn, il accusa près de trois secondes de retard sur son équipier. En difficulté pour communiquer avec ses ingénieurs, il s'arrêta en piste lors d'une sortie au Grand Prix d'Australie et ne parvint pas à passer la marche arrière. Mais c'est à Imola que la FIA arrêta de rire, lorsque le Japonais envoya Christijan Albers en tonneaux au premier tour. D'abord écarté par son équipe, Ide vit la fédération lui retirer sa Super Licence.

NICO ROSBERG

Né le 27 juin 1985 à Wiesbaden (Allemagne)

Courses :
Bahreïn 2006 – Abu Dhabi 2016

Équipes :
- Williams : Bahreïn 2006 – Abu Dhabi 2009
- Mercedes : Bahreïn 2010 – Abu Dhabi 2016

Champion du monde : 2016
Victoires : 23
Pole positions : 30
Podiums : 57
Meilleurs tours en course : 20
Grands Prix disputés : 206

Nico Rosberg célèbre son titre mondial avec son équipe en 2016.

Après Damon Hill, Nico Rosberg fut le deuxième pilote de l'histoire de la F1 à être fils de champion du monde et à avoir lui-même un titre mondial. Le jeune Allemand se destinait avant tout à une carrière d'ingénieur en aérodynamique, mais de bons résultats pour ses débuts en monoplace lui offrirent un premier test chez Williams fin 2002, devenant à 17 ans le plus jeune pilote à prendre le volant d'une Formule 1. Poursuivant son ascension, il disputa le Championnat GP2 en 2005 en parallèle d'un rôle d'essayeur, toujours chez Williams. Sacré champion dans l'antichambre de la F1, il décrocha un poste de titulaire dans l'équipe anglaise pour 2006. Il ne manqua pas ses débuts avec le meilleur tour en course et deux points marqués pour son premier Grand Prix. Le reste de l'année fut plus difficile, mais il entra sept fois dans les points en 2007, avec une 4ᵉ place au Brésil pour la dernière course. Au Grand Prix d'Australie 2008, Rosberg monta sur son premier podium, et il termina 2ᵉ à Singapour, mais sa saison fut moins régulière. Il retrouva sa régularité en 2009 et décrocha en 2010 un volant dans la nouvelle équipe Mercedes, vestige de l'équipe Brawn GP. Rosberg ne tarda pas à se mettre en valeur face à un Michael Schumacher revenant et monta trois fois sur le podium cette année-là. Ce ne fut pas le cas en 2011, mais il retrouva les honneurs de la plus belle manière au Grand Prix de Chine 2012, avec sa première pole position et sa première victoire. Deuxième à Monaco, il connut ensuite un passage à vide et une fin d'année difficile. Accueillant son ami d'enfance Lewis Hamilton à ses côtés en 2013, Rosberg signa trois pole positions consécutives à partir de la quatrième course de la saison, et s'imposa à Monaco et en Grande-Bretagne. Mais la nouvelle réglementation en 2014 changea la donne, Mercedes ayant parfaitement préparé cette transition. Rosberg s'élança 11 fois depuis la pole position et s'imposa cinq fois. En 17 arrivées sur 19 courses, il termina 15 fois 1ᵉʳ ou 2ᵉ, mais cette régularité ne fit pas le poids face aux 11 victoires de Hamilton, qui fut titré. La relation entre les deux hommes resta solide malgré quelques tensions, notamment après un accrochage en Belgique. En 2015, Rosberg ne parvint pas à tenir le rythme du Britannique et concéda rapidement le titre mondial. Il enchaîna toutefois six pole positions pour terminer la saison et, profitant du relâchement de son équipier une fois le titre acquis, il remporta les trois dernières courses de la saison. C'est sur cette belle dynamique qu'il démarra la saison 2016, en s'imposant lors des quatre premiers Grands Prix. En Espagne, il parvint à dépasser Hamilton au départ mais enclencha un mauvais mode moteur à la sortie du troisième virage, ce qui fit ralentir sa monoplace. Le Britannique tenta de passer en force par l'intérieur mais Rosberg ferma la porte et envoya l'autre Mercedes dans l'herbe. Ayant totalement perdu le contrôle de sa voiture, Hamilton percuta la W07 de Rosberg et les deux pilotes abandonnèrent. Sermonnés par leur patron Toto Wolff, ils firent la promesse de mettre en avant les intérêts de l'équipe pour la suite, mais cette promesse ne résista pas longtemps puisqu'ils se touchèrent au départ au Canada, deux courses plus tard. En Autriche, ils se retrouvèrent en lutte pour la victoire en fin de course et l'Allemand, en proie à des problèmes de freins, écarta sa trajectoire lorsque Hamilton l'attaqua dans la dernière boucle. N'ayant pas d'autre choix que de tenter de prendre le virage, Hamilton vint au contact d'un Rosberg ayant totalement raté le point de corde, et dont l'aileron céda dans la manœuvre. Son équipier s'imposa, et Nico ramena sa voiture blessée en 4ᵉ position. Il fut jugé responsable de l'accrochage, et ce nouvel incident déclencha une guerre ouverte entre les deux pilotes. Après un été difficile, Rosberg enchaîna trois victoires à Spa-Francorchamps, Monza et Singapour. En Malaisie, il remonta depuis le fond de grille pour terminer 3ᵉ et gagna de nouveau au Japon, sa 9ᵉ victoire de la saison. Mercedes conclut la saison par cinq doublés mais après le Japon, Rosberg termina quatre fois derrière Hamilton. Au terme d'un final haletant, durant lequel il dut résister au retour des Red Bull et de Sebastian Vettel, il remporta le titre mondial après avoir échoué à cette quête lors des deux saisons précédentes. Éreinté par cette longue bataille psychologique contre Hamilton, il décida de prendre sa retraite et l'annonça à la surprise générale lors de la remise des prix de la FIA.

Robert Doornbos, Christian Klien et David Coulthard au GP de Monaco 2006.

D.COULTHARD

SCOTT SPEED

Né le 24 janvier 1983 à Manteca (États-Unis)

Courses :
Bahreïn 2006 – Europe 2007

Équipes :
Toro Rosso : Bahreïn 2006 – Europe 2007

Grands Prix disputés : 28

Vainqueur d'un programme de détection de jeunes pilotes organisé par Red Bull en 2002, Scott Speed grimpa les échelons jusqu'à une 3e place en GP2 en 2005 qui lui ouvrit les portes de la Formule 1 avec la jeune équipe Toro Rosso. Premier Américain en F1 depuis Michael Andretti, il engrangea de l'expérience mais ne réussit pas à s'imposer en interne face à Vitantonio Liuzzi. Accusé de participer aux week-ends de course en dilettante par son patron Franz Tost, c'est après une altercation avec ce dernier que Speed fut remplacé par Sebastian Vettel.

FRANCK MONTAGNY

Né le 5 janvier 1978 à Feurs (France)

Courses :
Europe 2006 – France 2006

Équipes :
Super Aguri : Europe 2006 – France 2006

Grands Prix disputés : 7

Passé par la Formule Campus, la Formule Renault et la F3, Franck Montagny ne parvint pas à se faire remarquer en Formule 3000 et se relança en World Series by Nissan, Championnat espagnol de monoplaces, pour tenter de faire remonter sa cote. Convié à un test par Renault face à Sébastien Bourdais et Tiago Monteiro, il fut choisi comme essayeur de l'équipe française et occupa ce poste jusqu'à la fin de saison 2005. Malgré des dizaines de milliers de kilomètres au compteur et une aide précieuse dans la quête des titres mondiaux, il fut remercié par Renault et recruté par la nouvelle équipe Super Aguri en qualité de troisième pilote. Elle le titularisa après l'éviction de Yuji Ide, et Montagny disputa au Nürburgring son premier Grand Prix de F1. Malgré des performances solides au volant d'une monoplace conçue en 2002, Super Aguri lui annonça qu'il serait remplacé par un autre pilote japonais, mais lui offrit quand même la possibilité de disputer son Grand Prix à domicile, qu'il conclut par une 16e place. Essayeur pour Toyota en 2007, il se tourna finalement vers le Champ Car puis vers l'endurance, terminant quatre fois sur le podium des 24 Heures du Mans.

SAKON YAMAMOTO

Né le 9 juillet 1982 à Toyohashi (Japon)

Courses :
Allemagne 2006 – Corée du Sud 2010

Équipes :
- Super Aguri : Allemagne 2006 – Brésil 2006
- Spyker : Hongrie 2007 – Brésil 2007
- HRT : Grande-Bretagne 2010 – Corée du Sud 2010

Grands Prix disputés : 21

Pilote issu des formules de promotion japonaises, Sakon Yamamoto se fit remarquer en Formule 1 en tant que troisième pilote pour Jordan au Grand Prix du Japon, où il brilla en essais libres face aux titulaires. En 2006, lorsque Super Aguri titularisa Franck Montagny, le Japonais remplaça ce dernier, puis décrocha un poste de titulaire pour la fin de saison. Après quatre abandons, il vit la ligne d'arrivée des trois dernières courses mais ne fut pas conservé par l'équipe japonaise. Sans volant en 2007, il retrouva la grille de départ avec Spyker, remplaçant Markus Winkelhock, lui-même remplaçant de Christijan Albers. Avec une 12e place comme meilleur résultat au Japon, il quitta la F1 avant d'effectuer un retour inattendu pour HRT trois ans plus tard, sans plus de succès.

ROBERT KUBICA

Né le 7 décembre 1984 à Cracovie (Pologne)

Courses :
Hongrie 2006 – Italie 2021

Équipes :
- BMW Sauber : Hongrie 2006 – Abu Dhabi 2009
- Renault : Bahreïn 2010 – Abu Dhabi 2010
- Williams : Australie 2019 – Abu Dhabi 2019
- Alfa Romeo : Pays-Bas 2021 – Italie 2021

Victoires : 1
Pole positions : 1
Podiums : 12
Meilleurs tours en course : 1
Grands Prix disputés : 99

Robert Kubica revient aux stands après sa victoire à Montréal en 2008.

Premier Polonais à atteindre la F1, Robert Kubica fut un pilote international puisqu'il s'exila en Italie et en Allemagne pour suivre son rêve. Solide en F3, il attira d'abord Renault, mais l'équipe n'étant pas en mesure de lui offrir un rôle de troisième pilote, il rejoignit BMW Sauber à ce poste en 2006. Tout s'accéléra pour Kubica quand Jacques Villeneuve se blessa en Allemagne et qu'il hérita du volant de la deuxième F1.06 au Grand Prix de Hongrie. Sous la pluie, et malgré un tête-à-queue, il termina à une probante 7e place mais fut disqualifié pour une non-conformité du poids de sa monoplace. Peu découragé par cette mésaventure, Kubica monta sur le podium dès la course suivante à Monza, et BMW décida de le conserver pour la fin de saison. Pour sa première saison complète en 2007, il subit la domination de Nick Heidfeld mais signa plusieurs belles performances, terminant trois fois au pied du podium. Mais c'est surtout l'image de sa BMW s'écrasant dans un mur en béton avant de partir en tonneaux qui fit le tour du monde au Grand Prix du Canada. Miraculé avec une blessure à un pied, Kubica manqua une seule course, offrant à Sebastian Vettel sa première course de F1. Mais c'est en 2008 que le Polonais se révéla, avec un excellent début de saison. En pole position à Bahreïn, il monta trois fois sur le podium lors des six premières courses avant de signer au Canada sa première victoire, comme une rédemption, un an après son terrible accident. En tête du Championnat après le Canada, il subit ensuite les conséquences d'un choix peu inspiré de BMW, qui décida de sacrifier le reste de sa saison pour préparer le nouveau règlement de 2009. Kubica termina 3e à égalité avec Kimi Räikkönen au Championnat, mais la saison suivante s'avéra très décevante, son équipe n'ayant pas réussi la transition vers les nouvelles directives. Après un seul podium cette année-là, il quitta BMW pour rejoindre Renault, alors en quête de renouveau après le scandale du Crashgate. Sur le podium dès le Grand Prix d'Australie, deuxième manche de la saison 2010, il réitéra à Monaco après s'être qualifié à une exceptionnelle 2e place. En Belgique, il s'élança depuis la deuxième ligne et monta une dernière fois sur le podium. Meilleur temps des premiers essais hivernaux de 2011 au volant de la Lotus Renault, Kubica disputa un rallye en Italie, durant lequel il fut victime d'un terrible accident. Il faillit perdre son bras et dut tirer un trait sur la F1 pendant plusieurs années, n'ayant pas récupéré assez de mobilité pour subir les contraintes d'une monoplace. Il en reprit finalement le volant en 2017, lors d'une séance privée avec Renault, puis Williams le recruta comme troisième pilote en 2018. En 2019, il effectua son retour en Championnat du monde, mais le cadeau s'avéra rapidement empoisonné, avec une FW42 ratée et une 15e place comme meilleur résultat. Depuis, Kubica officie comme réserviste chez Alfa Romeo et a même couru deux Grands Prix en 2021 lorsque Kimi Räikkönen a été testé positif au Covid-19.

2007

LEWIS HAMILTON

Né le 7 janvier 1985 à Stevenage (Royaume-Uni)

Courses :
Australie 2007 -

Équipes :
- McLaren : Australie 2007 – Brésil 2012
- Mercedes : Australie 2013

Champion du monde : 2008 – 2014 – 2015 – 2017 – 2018 – 2019 – 2020

Victoires : 103

Pole positions : 103

Podiums : 191

Meilleurs tours en course : 61

Grands Prix disputés : 310

Lewis Hamilton au soir de l'obtention de son cinquième titre mondial.

Rarement l'arrivée d'un pilote en F1 avait été aussi attendue que celle de Lewis Hamilton en 2007. Remarqué dès le karting, où il remporta son premier titre à neuf ans, il fit la rencontre de Ron Dennis lors du gala organisé par Autosport en fin d'année. Face au directeur de McLaren, le jeune Lewis révéla qu'il voulait piloter dans l'équipe britannique à l'avenir, et Dennis lui fit la promesse de suivre sa carrière. Ses résultats poussèrent Dennis à revenir vers lui trois ans plus tard et lui faire signer un contrat à long terme, tout en l'aidant dans le financement de sa carrière, alors assuré par ses parents. En 2005, Hamilton brilla en F3 Euroseries, remportant 15 courses sur les 20 que comptait la saison. ART Grand Prix le recruta pour une saison de GP2 en 2006, durant laquelle il remporta le titre malgré son statut de débutant. Mais ce furent surtout ses prouesses en piste qui firent monter l'aura de Hamilton, avec une remontée depuis le fond de grille en Turquie pour s'imposer. Confirmant ses dispositions lors d'un test organisé par McLaren en fin d'année, qui lui permit de dominer Pedro de la Rosa et Mika Häkkinen, Hamilton accéda à la Formule 1 en 2007 dans une des meilleures équipes du plateau. Troisième lors de son premier Grand Prix, il effectua une série de neuf podiums consécutifs pour lancer sa première saison. Au Canada, il signa sa première pole position et la convertit le lendemain en première victoire. Une semaine plus tard, il réitéra les mêmes performances mais dut cette fois batailler contre son expérimenté équipier, Fernando Alonso, pour gagner. En Hongrie, il fit de nouveau le doublé avec la pole position et la victoire, mais les tensions avec Alonso vinrent éclipser le week-end et jeter un voile sur cette première saison idyllique. Pire, McLaren fut ensuite accusée d'espionnage industriel envers Ferrari, et l'affaire du Spygate déboucha sur une exclusion du classement constructeurs et une amende record de cent millions de dollars pour l'équipe. Dans ce contexte délétère, la lutte pour le titre mondial des pilotes devint secondaire, et malgré son premier *hat trick* (pole position + victoire + meilleur tour en course) au Japon, Hamilton dut concéder le titre à Kimi Räikkönen après deux erreurs lors des deux dernières courses. Bien décidé à laver cet affront en 2008, il s'imposa dès le Grand Prix d'Australie, puis signa un succès à Monaco. Au Canada, il fut accusé de manquer de maturité et de sérieux lorsqu'il percuta Räikkönen dans la voie des stands, alors que la sortie de celle-ci était fermée. En Grande-Bretagne, il survola la concurrence dans des conditions dantesques et remporta l'épreuve avec plus d'une minute d'avance sur ses poursuivants. De nouveau vainqueur en Allemagne, il franchit la ligne d'arrivée en tête en Belgique mais fut pénalisé pour avoir dépassé illégalement Räikkönen. Après plusieurs courses difficiles, il laissa Felipe Massa se rapprocher au classement mais signa un nouveau *hat trick* en Chine. Finalement, il décrocha le titre mondial au Brésil au terme d'un suspense, ayant dépassé Timo Glock dans les derniers hectomètres de la course. La saison 2009 marqua l'arrivée d'un nouveau règlement et de difficultés pour McLaren, puisque Hamilton dut attendre l'été pour monter sur le podium. Il s'imposa finalement en Hongrie, puis à Singapour, signant également quatre pole positions. En 2010, McLaren retrouva sa compétitivité et Hamilton s'imposa trois fois au cours d'une saison très disputée face aux Red Bull, à Fernando Alonso et à son équipier Jenson Button. Quatrième du Championnat, il fit moins bien en 2011 avec six podiums seulement, dont deux victoires. En 2012, il fit jeu égal avec Button avec sept pole positions et quatre victoires, mais sa saison fut aussi marquée par plusieurs problèmes mécaniques, dont deux alors qu'il était en tête d'une course. Au soir d'un de ces abandons, il rencontra Niki Lauda, président non-exécutif de Mercedes, qui lui avait déjà avoué à plusieurs reprises sa volonté de le recruter. Face à l'ambitieux projet Mercedes et aux arguments du triple champion du monde, Hamilton accepta et quitta le giron McLaren qu'il qualifiait de seconde famille. Il ne tarda pas à signer son premier podium sous ses nouvelles couleurs au Grand Prix de Malaisie, puis sa première pole position en Chine. En milieu de saison, il enchaîna quatre pole positions et parvint à en convertir une en victoire au Grand Prix de Hongrie, poursuivant sa série de saisons avec au moins une victoire. Avec l'arrivée de la réglementation hybride, les promesses de Lauda se matérialisèrent par des performances impressionnantes. Malgré un abandon en Australie sur casse moteur, Hamilton signa quatre pole positions et quatre victoires en cinq courses, avant de connaître un léger passage à vide, toutefois sauvé par cinq podiums en sept courses. Après la frustration d'un abandon dû à un accrochage avec Nico Rosberg en Belgique, il remporta cinq courses consécutives, puis gagna à Abu Dhabi la course et le titre mondial. À noter que le règlement cette année-là stipulait que la dernière course offrait un barème doublé. Avec 50 points, Hamilton est donc devenu le pilote ayant marqué le plus de points en une course. Revigoré par ce titre mondial, il effectua une saison 2011 impeccable avec 11 pole positions et dix victoires.

La saison 2016 vit Hamilton subir deux problèmes mécaniques en qualifications lors des quatre premières courses, et s'élancer loin de son équipier et rival en Chine et en

Russie. Après un accrochage avec Rosberg en Espagne, il s'imposa finalement à Monaco, ayant dû attendre la sixième course de la saison pour retrouver la plus haute marche du podium. De nouveau vainqueur au Canada, il ne termina que 5e à Bakou après une erreur en qualifications. Grâce à quatre victoires consécutives, il aborda la pause estivale avec 19 points d'avance sur son équipier. En Belgique, il fut pénalisé pour un dépassement du quota de pièces moteur et s'élança 21e, mais parvint à remonter jusqu'à la 3e place. De nouveau sur le podium en Italie et à Singapour, il se dirigeait vers la victoire en Malaisie quand son moteur rendit l'âme. Cet incident est souvent cité comme celui qui fit perdre le titre à Hamilton cette année-là, puisque Rosberg décrocha la couronne malgré les quatre victoires consécutives du Britannique pour terminer la saison. Après trois saisons de domination sans partage de Mercedes, 2017 vit le retour en forme de Ferrari et de Sebastian Vettel, lequel s'avéra être le plus féroce opposant à Hamilton au cours de cette saison. Battu par l'Allemand en Australie, il s'imposa en Chine puis triompha de nouveau en Espagne. Mercedes ayant interprété la nouvelle réglementation châssis avec une monoplace à l'empattement long, le Grand Prix de Monaco fut un calvaire pour Hamilton qui se qualifia 13e et rallia l'arrivée en 7e position. Au Canada, il remporta une nouvelle victoire au lendemain de sa soixante-cinquième pole position, soit autant que son idole Ayrton Senna dont il reçut une réplique du casque. Quelques courses plus tard, il s'empara du record absolu en dépassant les 68 pole positions de Michael Schumacher. Entre temps, il remporta trois autres courses et quitta Monza avec trois points d'avance sur Vettel. Mais le tracé de Singapour n'était pas un terrain de jeu idéal pour sa W08, et Hamilton se qualifia 5e.

Lewis Hamilton dans l'étroit virage du château à Bakou.

Mais le lendemain, Hamilton fut heureux de voir les trois premiers de la grille s'accrocher avant même le premier virage, ce qui lui permit de prendre la tête au bout de quelques centaines de mètres, avant de s'imposer. Grâce à deux victoires au Japon et aux États-Unis, il remporta sa quatrième couronne mondiale, devenant l'égal d'Alain Prost et... Sebastian Vettel. C'est donc en toute logique que les deux hommes s'affrontèrent en 2018 pour savoir lequel d'entre eux serait le premier à atteindre cinq couronnes, et ainsi égaler Juan Manuel Fangio. Malgré une belle résistance de Vettel en première partie de saison, Hamilton prit le dessus en faisant craquer l'Allemand à plusieurs reprises. En Allemagne, pourtant qualifié 14e après un problème mécanique, il hérita de la victoire quand son rival sortit de piste. Vettel multiplia les bourdes en Italie, au Japon et au Texas, et Hamilton fut titré au Mexique. En 2019, les promesses de Ferrari en début de saison ne furent pas à la hauteur des attentes, et Hamilton survola le Championnat avec 11 victoires. Comme lors des deux saisons précédentes, il coiffa la couronne à trois courses de la fin de saison.

La saison 2020 fut marquée par le Covid-19, mais le Britannique remporta 11 des 16 courses qu'il disputa, étant malade lors du Grand Prix de Sakhir. Il s'empara du record de victoires puis égala celui des titres mondiaux avec une septième couronne. En 2021, il affronta Max Verstappen pour le titre mondial, lors d'une saison de batailles tendues en piste, et dont le dénouement créa la controverse. C'est durant cette année que Hamilton a franchi le cap des 100 pole positions, puis des 100 victoires, mais il n'a pas décroché de huitième couronne. Alors qu'il connaît en 2022 une des saisons les plus difficiles de sa carrière, celui qui est devenu Sir Lewis Hamilton en 2021 continue d'ajouter des chapitres à un parcours déjà légendaire, qui le voit également posséder les records du nombre de podiums et de tours en tête. Le Britannique possède également le record du plus grand nombre de circuits sur lesquels il a connu la victoire, avec 31 pistes différentes. Et bien qu'il ne s'agisse pas de records, les 19 *hat trick* (contre 22 pour Schumacher) et 6 Grands Chelems (contre 8 pour Jim Clark) traduisent un peu plus l'envergure de la carrière de Hamilton.

HEIKKI KOVALAINEN

Né le 19 octobre 1981 à Suomussalmi (Finlande)

Courses :
Australie 2007 – Brésil 2013

Équipes :
- Renault : Australie 2007 – Brésil 2007
- McLaren : Australie 2008 – Abu Dhabi 2009
- Lotus : Bahreïn 2010 – Brésil 2011
- Caterham : Australie 2012 – Brésil 2012
- Lotus : États-Unis 2013 – Brésil 2013

Victoires : 1

Pole positions : 1

Podiums : 4

Meilleurs tours en course : 2

Grands Prix disputés : 111

Heikki Kovalainen sur McLaren en 2008.

Après Mika Häkkinen et Kimi Räikkönen, la Finlande espérait avoir trouvé en la personne de Heikki Kovalainen un nouveau représentant pouvant devenir champion du monde. Intégré au programme de développement de Renault dès 2002 et managé par Flavio Briatore, il se fit remarquer en World Series by Nissan et reçut des propositions de plusieurs équipes dont Minardi et Williams pour débuter en F1. Mais Briatore refusa, jugeant que son pilote n'était pas prêt à franchir le pas. Placé en GP2 en 2005 pour parfaire son expérience en attendant qu'une place se libère chez Renault, Kovalainen termina vice-champion derrière Nico Rosberg, alors moins expérimenté. Après une année en tant qu'essayeur durant laquelle il parcourut 25 000 kilomètres, le Finlandais fut titularisé en remplacement de Fernando Alonso en 2007. Au passage, il fut renommé Jean-Pierre Kova par le facétieux Briatore, en réponse aux critiques selon lesquelles Renault aurait dû choisir un pilote français et lui préférer Franck Montagny. Mais Heikki connut des débuts décevants à son poste de titulaire, et Briatore brandit la menace d'un licenciement dès le sixième Grand Prix de la saison au Canada. Kovalainen répondit de la meilleure des manières avec une 4e place. Au fil de la saison, il prit le dessus face à Fisichella et signa un podium au Japon avec une 2e place sous la pluie battante de Fuji. Devant laisser sa place à Alonso en 2008, Kovalainen fit le chemin inverse et rejoignit McLaren pour épauler Lewis Hamilton. En Malaisie, il monta sur le podium, puis réalisa sa première pole position en Grande-Bretagne. En Hongrie, il profita d'une casse moteur de Felipe Massa en toute fin de course pour signer sa seule victoire en carrière, et il monta de nouveau sur le podium à Monza. Classé 7e du Championnat, un résultat un peu décevant quand son équipier fut sacré champion, il prolongea chez McLaren et connut une saison 2009 très difficile, sans aucun podium. Écarté pour laisser la place à Jenson Button en 2010, il trouva refuge dans la nouvelle structure Lotus F1 Racing, qui devint ensuite Team Lotus puis Caterham F1. Dans une équipe au budget près de 10 fois inférieur à celui des équipes de pointe, Kovalainen ne fit pas mieux qu'une 12e place en trois saisons.

ADRIAN SUTIL

Né le 11 janvier 1983 à Gräfelfing (Allemagne)

Courses :
Australie 2007 – Abu Dhabi 2014

Équipes :
- Spyker : Australie 2007 – Brésil 2007
- Force India : Australie 2008 – Brésil 2013
- Sauber : Australie 2014 – Abu Dhabi 2014

Podiums : 1

Grands Prix disputés : 128

Promis à une carrière de pianiste au sein d'une famille de musiciens, Adrian Sutil tomba amoureux du sport automobile à 14 ans et fut vice-champion de F3 Euroseries en 2005, loin derrière son équipier Lewis Hamilton. Après un bref exil au Japon, il s'engagea avec Spyker en F1, sur une monoplace très peu performante. Très à l'aise sous la pluie, il se fit remarquer par quelques coups d'éclat et prit rapidement l'ascendant sur Christijan Albers. Au Japon, il mena une course d'attaque sous le déluge pour aller chercher la 9e place, et se vit attribuer la 8e – et le point qui l'accompagnait – quand Vitantonio Liuzzi fut pénalisé. L'équipe changea de direction et de nom pour devenir Force India en 2008, mais Sutil resta de la partie. Avec une 13e place comme meilleur résultat et 11 abandons, ce fut surtout une année de frustration pour l'Allemand. Sa plus grande déception vint à Monaco, où Sutil fit une nouvelle course impressionnante sous la pluie. Quatrième à moins de dix tours de l'arrivée, il se fit percuter par Kimi Räikkönen et abandonna. En 2009, il profita de l'excellente performance de la VJM02 dans une configuration à faible appui pour s'inviter en première ligne du Grand Prix d'Italie, et il termina au pied du podium, comme une revanche après Monaco 2008. Les progrès de l'équipe continuèrent en 2010 et 2011, et Sutil en profita pour s'inviter de plus en plus régulièrement dans les points. Une altercation avec Éric Lux, le copropriétaire de l'équipe Renault, lui valut de la prison avec sursis, et il fut remplacé fin 2011, sans que l'on sache si l'incident survenu en début d'année était la raison de cette éviction. Force India le rappela dès 2013 : l'expérience fut décevante, et il trouva refuge chez Sauber. Après une dernière année sans point marqué, Sutil quitta la F1 non sans avoir joué en 2015 le rôle de réserviste chez Williams.

SEBASTIAN VETTEL

Né le 3 juillet 1987 à Heppenheim (Allemagne)

Courses :
États-Unis 2007 – Abu Dhabi 2022

Équipes :
- BMW Sauber : États-Unis 2007
- Toro Rosso : Hongrie 2007 – Brésil 2008
- Red Bull : Australie 2009 – Abu Dhabi 2014
- Ferrari : Australie 2015 – Abu Dhabi 2020
- Aston Martin : Bahreïn 2021 – Abu Dhabi 2022

Champion du monde :
2010 – 2011 – 2012 – 2013

Victoires : 53

Pole positions : 57

Podiums : 122

Meilleurs tours en course : 38

Grands Prix disputés : 299

Vettel décrocha en 2010 le premier de ses quatre titres consécutifs.

Soutenu dès l'âge de 16 ans par Red Bull, Sebastian Vettel concrétisa le succès du modèle d'accompagnement de la firme de boissons et fit remporter ses premiers succès à l'équipe, tout en offrant au public allemand une digne succession à Michael Schumacher. Voyant le jeune Allemand briller en Formule BMW, Red Bull décida de le soutenir, ce qui lui permit de passer en F3 Euroseries avec un certain succès, puis de faire une pige réussie en World Series by Renault. En juillet 2006, BMW lui fit faire son premier test d'une F1, avant qu'il ne devienne troisième pilote de l'équipe quand Robert Kubica remplaça Jacques Villeneuve dans la deuxième monoplace de l'équipe. Impressionnant dans ses participations aux séances d'essais du vendredi, Vettel décrocha son ticket pour un Grand Prix de F1 quand Kubica se blessa au Canada, et il courut à Indianapolis avec le point de la huitième place à la clé. Devenu le plus jeune pilote à inscrire un point en F1, un record battu depuis par Max Verstappen, il fut placé par Red Bull dans la Toro Rosso en remplacement de Scott Speed pour la fin de saison 2007. Dès sa cinquième course, au Japon, il se qualifia 8e et effectua plusieurs tours en tête, avant de commettre une grosse bourde en percutant la Red Bull de Mark

Webber sous Safety Car. Il se rattrapa en Chine en terminant 4e et continua dans l'équipe en 2008, mais le début de saison se solda par quatre abandons en quatre courses. L'arrivée de la nouvelle STR3 en cours de saison marqua un véritable progrès et Vettel le mit à profit pour terminer 5e à Monaco puis 8e au Canada et en Allemagne, 6e à Valence et 5e en Belgique. En Italie, à l'occasion d'une qualification sous une pluie battante, il signa une pole position totalement inattendue. Le lendemain, toujours dans des conditions difficiles, il mena 49 des 53 tours de course et s'imposa pour la première fois au plus haut niveau, tout comme Toro Rosso. Avec trois nouvelles entrées dans les points en fin de saison, il termina 8e du Championnat devant les Red Bull et fut logiquement promu dans l'équipe autrichienne à la place de David Coulthard, jeune retraité. Les deux années de travail d'Adrian Newey sur la RB5 payèrent, puisqu'il se qualifia 3e en Australie et se dirigeait vers le podium, voire la victoire, avant un accrochage avec Kubica. Après un abandon sous le déluge de la Malaisie, Vettel s'imposa de nouveau sous une pluie battante en Chine, au lendemain de sa deuxième pole position. Ce premier succès pour Red Bull fut suivi d'un podium à Bahreïn, puis d'un autre quelques courses plus tard en Turquie. En Grande-Bretagne, Vettel fit une course en solitaire en tête et remporta sa troisième victoire en F1, la première sur le sec. Vainqueur au Japon et à Abu Dhabi, l'Allemand ne put empêcher Jenson Button de remporter le titre mondial, mais il termina vice-champion du monde. Vettel confirma ses progrès en début de saison 2010 en signant la pole des deux premiers Grands Prix, manquant la victoire à cause de problèmes mécaniques dans les deux cas. Il s'imposa en Malaisie puis connut une série de places d'honneur. En Turquie, alors qu'il revenait sur Mark Webber, il lança une manœuvre de dépassement sur son équipier et se décala légèrement en ligne droite, causant un accrochage entre les deux Red Bull. Vainqueur du Grand Prix d'Europe, il signa une série de quatre pole positions et ajouta trois podiums à son palmarès, avant de finir la saison sur un rythme d'enfer. Poleman de trois des quatre dernières courses, il s'imposa au Japon, se dirigeait vers le succès en Corée du Sud avant une casse moteur à dix tours du but, et triompha de nouveau au Brésil, puis à Abu Dhabi. Ce dernier succès lui permit de coiffer au poteau Webber et Fernando Alonso et de remporter son premier titre, devenant le plus jeune champion du monde de Formule 1, un record qu'il possède encore aujourd'hui. En 2011, grâce à l'ingénieuse RB7 de Newey avec laquelle la symbiose était parfaite, l'Allemand écrasa la concurrence. Il s'élança 15 fois en pole position et 18 fois en première ligne sur 19 courses, et il s'imposa 11 fois au cours de l'année. Loin de sa domination de la saison précédente, il dut composer en 2012 avec une concurrence redoutable matérialisée par les McLaren de Lewis Hamilton et Button, ainsi que la Ferrari d'Alonso. C'est d'ailleurs ce dernier qui fut son plus grand concurrent. Seulement 4e du Championnat au soir de la 13e des 20 courses de la saison, Vettel se replaça pour le titre avec une belle série de quatre victoires à Singapour, au Japon, en Corée du Sud et en Inde. Lors de la course décisive pour le titre, il se fit percuter au départ et repartit dernier avec une monoplace endommagée. Grâce à sa 6e place, il remporta une troisième couronne consécutive. Le début d'année 2013 ressembla à 2012, avec une domination modérée de Vettel, qui signa quatre victoires jusqu'en Hongrie et aborda la pause estivale avec une solide avance au classement sur Kimi Räikkönen et sa Lotus. La deuxième partie de saison fut un véritable récital puisque lui et sa RB9 furent tout simplement imbattables. Vettel gagna les neuf dernières courses, un record de succès enchaînés qui lui permit de remporter une quatrième couronne consécutive. Lorsqu'il s'empara du record absolu de huit succès consécutifs, détrônant le record d'Alberto Ascari datant de 1953, il s'adressa ainsi à son équipe après l'arrivée : « Je suis sans voix. Nous devrons nous rappeler ces jours. Il n'y a aucune garantie qu'ils dureront pour toujours. » Une déclaration malheureusement prémonitoire, puisque le début de l'ère hybride s'avéra très difficile pour lui, avec quatre podiums et aucun succès, tandis que son nouvel équipier Daniel Ricciardo s'imposa trois fois. Cette fin de cycle poussa Vettel à relever un nouveau défi avec Ferrari, suivant ainsi les traces de son idole et mentor Michael Schumacher. Il remporta une victoire dès sa deuxième course pour la Scuderia et fut ému aux larmes sur le podium, à la fois pour la symbolique de gagner en rouge, mais aussi pour avoir retrouvé le chemin du succès après plus d'un an de disette. Il gagna également à Budapest et Singapour et avec un total de 13 podiums, termina 3e du Championnat derrière les intouchables Mercedes. En 2016, il connut de nouveau une année sans succès mais sembla revenir à son plus haut niveau début 2017, avec trois victoires et trois 2es places lors des six premiers Grands Prix de la saison. Quelques tensions naquirent à Bakou entre lui et Hamilton, après qu'il eût percuté la Mercedes de l'Anglais sous régime de Safety Car, pensant que son rival avait freiné volontairement. Les excuses de l'Allemand apaisèrent finalement la situation dès la course suivante. Vainqueur en Hongrie, il menait le Championnat avant le tournant de la saison, à Singapour. En pole position, Vettel prit un moins bon départ que Max Verstappen et surtout Kimi Räikkönen alors que la pluie s'invitait sur le circuit de Marina Bay, et tenta de bloquer la trajectoire à l'intérieur. S'ensuivit un accrochage entre les trois pilotes, profitant à Hamilton qui s'imposa sur un circuit où sa Mercedes n'était pas en forme. Vettel gagna une nouvelle fois au Brésil, trop tard pour empêcher son rival d'obtenir le titre. Décidé à prendre sa revanche, il gagna les deux premières courses de la saison 2018 puis réitéra cette performance au Canada et en Grande-Bretagne. En tête du Championnat, il dominait sa course à domicile quand la pluie fit son apparition. Dans le célèbre stadium de Hockenheim, Vettel perdit le contrôle de sa Ferrari et l'écrasa dans les barrières, offrant la victoire à Hamilton, revenu du diable Vauvert après s'être élancé 14e à cause d'un problème mécanique. La victoire de Vettel à Spa-Francorchamps n'effaça pas le coup au moral que l'Allemand avait pris devant son public, et il fit des tête-à-queue au premier tour en Italie, aux États-Unis et au Japon. Cette fin de saison très brouillonne permit à Hamilton de gagner la couronne à trois courses du but. En 2019, il ne disposa pas d'une monoplace aussi performante et vit en plus un nouvel équipier envahissant arriver en la personne de Charles Leclerc. Vettel signa la pole position au Canada et franchit la ligne en première place, mais une pénalité de 5 secondes pour avoir bloqué Hamilton contre le mur après une erreur lui fit perdre ce succès sur tapis vert. Il s'imposa néanmoins à Singapour et se classa 5e au Championnat. La saison 2020 fut en revanche catastrophique avec un seul podium sous la pluie d'Istanbul, et une 13e place au Championnat, son pire classement pour une saison complète. En 2021, il releva un dernier défi avec Aston Martin, terminant 2e en Azerbaïdjan mais seulement 12e au classement. Au cours d'une saison 2022 très difficile, il a annoncé qu'il prendrait sa retraite au terme de l'année. Au crépuscule de sa carrière, Vettel est souvent jugé comme le pilote d'une domination circonstancielle chez Red Bull, notamment à cause de ses dernières années délicates. Mais l'Allemand fait partie des cinq plus gros palmarès de la F1, une place de choix dans l'Histoire qui ne se gagne pas par hasard.

MARKUS WINKELHOCK

Né le 13 juin 1980 à Stuttgart (Allemagne)

Courses :
Europe 2007

Équipes :
Spyker : Europe 2007

Grands Prix disputés : 1

Pilote d'essais dans la pire équipe de la saison 2007, Markus Winkelhock fit pourtant une apparition très remarquée cette année-là. Son rôle de troisième pilote pour Spyker se transforma en un poste de titulaire pour le Grand Prix d'Europe quand il remplaça Christijan Albers, et il se qualifia à près d'une seconde et demie d'Adrian Sutil. Le lendemain, il prit le pari de chausser des pneus intermédiaires en prévision d'une averse qui approchait au moment du départ. Alors qu'un véritable déluge frappa le Nürburgring, Winkelhock se retrouva dixième au terme du premier tour et en tête à la fin du suivant, tous les pilotes devant revenir au stand au ralenti pour ménager leur monture et chausser des pneus pluie. Il mena les trois tours avant l'interruption de la course, puis les trois suivants qui se déroulèrent sous drapeau jaune. Une fois la piste revenue à sa condition initiale, il ne fallut que deux tours à la Spyker pour se faire absorber par le peloton, et l'Allemand abandonna peu après le dixième tour.

KAZUKI NAKAJIMA

Né le 11 janvier 1985 à Okazaki (Japon)

Courses :
Brésil 2007 – Abu Dhabi 2009

Équipes :
Williams : Brésil 2007 – Abu Dhabi 2009

Grands Prix disputés : 36

La carrière de Kazuki Nakajima fut étroitement liée au soutien que lui apporta Toyota. Essayeur pour Williams en 2007, il participa au dernier Grand Prix de la saison dans la FW29 motorisée par Toyota. Il se classa dixième et obtint un baquet pour la saison 2008 dans la même équipe. Un très bon Grand Prix d'Australie lui permit de marquer les points de la 6e place, et il entra à trois autres reprises dans les points. Cette première saison honorable fut suivie d'une année 2009 catastrophique, Nakajima ne marqua aucun point alors que Nico Rosberg termina 7e du Championnat, et ce fut la fin de sa carrière en F1. Toujours avec Toyota, le Japonais remporta trois éditions des 24 Heures du Mans, une dizaine d'années après son passage en Formule 1.

SÉBASTIEN BOURDAIS

Né le 28 février 1979 au Mans (France)

Courses :
Australie 2008 – Allemagne 2009

Équipes :
Toro Rosso : Australie 2008 – Allemagne 2009

Grands Prix disputés : 27

Fils du pilote Patrick Bourdais, c'est tout naturellement que Sébastien Bourdais se dirigea vers la compétition dès son plus jeune âge. Le Manceau grimpa rapidement les échelons de la monoplace, tout en participant aux 24 Heures du Mans dès 1999. Après avoir remporté en 2002 le titre en F3000, il fut convié à deux tests en F1 en fin de saison. Renault opta pour Franck Montagny tandis que l'équipe Arrows, qui voulait le recruter en 2003, fit faillite avant la fin de saison. Bourdais s'exila aux États-Unis et signa pour l'équipe Newman-Haas en Champ Car. Entre 2004 et 2007, il remporta quatre titres consécutifs et revint en Europe pour tenter de retrouver la F1. C'est chez Toro Rosso qu'il put accomplir son rêve et l'équipe italienne le titularisa pour la saison 2008. Lors de son premier Grand Prix, il effectua une belle remontée pour pointer en 4ᵉ place, mais il fut trahi par la mécanique dans les derniers hectomètres de course et fut classé 7ᵉ. Face à un Sebastian Vettel impitoyable, Bourdais se mit en valeur en jouant une place sur le podium en Belgique. Mais lors d'une fin de course rocambolesque qui vit la pluie s'abattre sur Spa-Francorchamps, le Français perdit gros dans le dernier tour et termina 7ᵉ. Qualifié 4ᵉ en Italie, théâtre de la première victoire de Toro Rosso, il dut composer avec des problèmes mécaniques et ne put en profiter. En 2009, il conserva *in extremis* son baquet et marqua le point de la 8ᵉ place lors de la première course de la saison. Subissant la loi de Sébastien Buemi mais surtout la politique impitoyable de Red Bull et Helmut Marko, il fut écarté en cours de saison. Par la suite, il gagna plusieurs courses d'IndyCar et s'imposa dans de prestigieuses courses d'endurance comme les 24 Heures de Daytona, auxquelles il participe encore aujourd'hui dans le cadre du Championnat IMSA.

NELSON PIQUET JR.

Né le 25 juillet 1985 à Heidelberg (Allemagne)

Courses :
Australie 2008 – Hongrie 2009

Équipes :
Renault : Australie 2008 – Hongrie 2009

Podiums : 1

Grands Prix disputés : 28

Parmi les fils de pilotes, Nelson Piquet Jr. fut évidemment très attendu en F1, son père ayant tout de même remporté trois titres mondiaux. C'est d'ailleurs ce dernier qui créa une équipe pour le faire courir et l'accompagna jusqu'au GP2. Dans l'antichambre de la F1, il termina vice-champion pour sa deuxième saison et Flavio Briatore le recruta comme essayeur en 2007. L'année suivante, Nelsinho décrocha un poste de titulaire mais connut une première saison très difficile, dans l'ombre de Fernando Alonso. En Allemagne, il signa un podium inespéré grâce à une stratégie décalée. Il abandonna sept fois sur des incidents en piste au cours de la saison, dont une fois sur ordre de son patron à Singapour, marquant l'épisode du fameux Crashgate qui permit à Alonso de s'imposer à Singapour. En 2009, il ne marqua aucun point et fut écarté par Renault après dix courses, lorsque l'affaire du Crashgate devint publique.

Nico Rosberg et son père Keke en 2008.

2009

SÉBASTIEN BUEMI

Né le 31 octobre 1988 à Aigle (Suisse)

Courses :
Australie 2009 – Brésil 2011

Équipes :
Toro Rosso : Australie 2009 – Brésil 2011

Grands Prix disputés : 55

Solide en Formule BMW, F3 Euroseries et GP2, Sébastien Buemi put ainsi gagner la confiance de Red Bull et la conserver jusqu'à obtenir un baquet au plus haut niveau. En 2009, le Suisse fit ses débuts en Formule 1 avec Toro Rosso et se classa 7e pour sa première course. La suite fut plus difficile mais il termina la saison par deux entrées dans les points et se rapprocha de Toyota pour un baquet en 2010, avant que la marque japonaise ne se retire de la Formule 1. Lors des deux saisons suivantes, il ne fit pas mieux que 8e, son meilleur résultat à la fois en 2010 et en 2011, et perdit son baquet au terme de sa troisième année. Se tournant vers l'endurance par la suite, il a remporté quatre éditions des 24 Heures du Mans avec Toyota, pour qui il court toujours, et a également été champion de Formule E.

JAIME ALGUERSUARI

Né le 23 mars 1990 à Barcelone (Espagne)

Courses :
Hongrie 2009 – Brésil 2011

Équipes :
Toro Rosso : Hongrie 2009 – Brésil 2011

Grands Prix disputés : 46

Fils de pilote moto, Jaime Alguersuari se forgea un joli palmarès en catégories junior, remportant notamment le Championnat britannique de F3. Progressant en World Series by Renault en 2009, il ne termina pas la saison puisque Toro Rosso l'appela pour remplacer Sébastien Bourdais au Grand Prix de Hongrie. Sa première moitié de saison ne fut pas de tout repos, avec cinq abandons en huit courses et une 14e place comme meilleur résultat. En 2010, il entra dans les points à trois reprises et progressa nettement en 2011 en battant Sébastien Buemi au Championnat. Mais ses deux 7es places comme meilleurs résultats ne furent pas assez convaincantes pour Helmut Marko, et le contrat d'Alguersuari fut rompu. Après un bref passage en Formule E, il effectua une reconversion étonnante dans la musique sous le pseudo de DJ Squire.

Jarno Trulli et Timo Glock envoient Toyota en première ligne du GP de Bahreïn 2009.

ROMAIN GROSJEAN

Né le 17 avril 1986 à Genève (Suisse)

Courses :
Europe 2009 – Bahreïn 2020

Équipes :

- Renault : Europe 2009 – Abu Dhabi 2009
- Lotus : Australie 2012 – Abu Dhabi 2015
- Haas : Australie 2016 – Bahreïn 2020

Podiums : 10

Meilleurs tours en course : 1

Grands Prix disputés : 179

Derrière Jean Alesi et Alain Prost, Romain Grosjean est le troisième pilote français le plus capé en F1 au nombre de Grands Prix disputés. Après deux saisons de bonne facture en F3 Euroseries, c'est en toute logique que le natif de Genève put rejoindre le GP2, signant des performances prometteuses dès sa première saison. Au cours de la deuxième, alors qu'il jouait le titre contre Nico Hülkenberg, il fut appelé pour remplacer Nelson Piquet Jr. chez Renault après que l'affaire du Crashgate avait éclaté. Dans ce contexte délétère, et sans avoir eu de programme de préparation, Grosjean connut des courses difficiles et se retrouva sans volant en 2010. Pour rester dans le bain de la compétition, il courut en FIA GT1, en Auto GP, au Trophée Andros, et fit des essais pour Pirelli. Mais c'est surtout en GP2 qu'il fit un retour remarqué, remportant le titre en 2011. Grâce à ces résultats, Lotus le recruta aux côtés de Kimi Räikkönen. De retour dans une équipe d'Enstone qu'il avait laissé en piteux état fin 2009, il découvrit une ambiance totalement différente, et une monoplace bien plus performante. Qualifié 3e pour la première course en 2012, puis 6e lors de la deuxième, il abandonna à deux reprises mais termina 6e en Chine. À Bahreïn, il monta sur son premier podium avec une 3e place, et fit encore mieux en terminant 2e au Canada. Troisième en Hongrie en s'étant élancé pour la première fois de sa carrière en première ligne, Grosjean fut jugé responsable du carambolage au départ du Grand Prix de Belgique, et reçut une sanction se voulant punitive, puisqu'il fut exclu pour une course. Fragilisé par cet épisode, il termina la saison en demi-teinte, marquant tout de même des points à quatre reprises. Son début de saison 2013 fut également délicat, avec deux podiums lors des dix premières courses. Mais en fin de saison, le Français changea de dimension et monta quatre fois sur le podium en cinq courses. Au Japon, un envol parfait lui permit de prendre la tête de l'épreuve depuis la 4e place de grille, et Red Bull parvint à venir à bout du Français grâce à ses deux pilotes. Malheureusement, la dynamique de cette fin de saison 2013 fut ruinée en 2014 avec l'arrivée des moteurs hybrides et de nouveaux châssis, que Lotus rata totalement. Grosjean n'entra que deux fois dans les points mais parvint à faire mieux en 2015, au volant de la plus conventionnelle E23. Il décrocha même un podium en Belgique mais décida de relever un nouveau défi en devenant pilote pour la nouvelle écurie Haas. Le Français marqua les premiers points de l'équipe dès la première course, profitant d'un drapeau rouge causé par son équipier Esteban Gutierrez et Fernando Alonso. Lors de la course suivante, à Bahreïn, il prouva que l'équipe américaine, fortement critiquée pour un modèle économique de sous-traitance jugé arriviste, méritait les points inscrits, et il termina 5e à Sakhir. Il entra dans les points à trois autres reprises, et progressa en 2017 en entrant six fois dans le top 10. En 2018, Haas joua la 4e place du Championnat constructeurs, mais Grosjean connut un début de saison très frustrant. En Australie, il était 4e quand son équipe lui a mal attaché une roue lors de son arrêt. En Azerbaïdjan, il eut un accident derrière la voiture de sécurité et, en Espagne, il provoqua un carambolage au premier tour. Heureusement, la rédemption vint en Autriche, où il se qualifia 5e et termina 4e, signant le meilleur résultat de Haas à ce jour. Payant son début de saison, il termina derrière Kevin Magnussen au Championnat, non sans l'avoir battu en fin de saison. La saison 2019 vit Haas perdre pied dans le développement de sa monoplace et ses pilotes en faire les frais. Après un début de saison prometteur, mais encore une fois marqué par un incident avec une roue mal fixée à Melbourne – alors qu'il était dans les points –, Grosjean s'opposa à son équipe lors de l'introduction de la VF-19 évoluée, en Espagne. Malgré sa 10e place à Barcelone puis Monaco, il expliqua à son équipe qu'il fallait revenir à la première mouture de la monoplace, mais on laissa passer quatre courses avant de l'écouter. Le mal était fait, Haas ayant pris trop de retard sur la concurrence, et il se contenta d'une 7e place en guise de meilleur résultat au Grand Prix d'Allemagne. En 2020, lors d'une saison marquée par la pandémie de Covid-19 et le gel du règlement, Grosjean dut composer avec une monoplace datée et basée sur l'échec de 2019. Il entra une fois dans les points au Nürburgring, mais l'image marquante de cette saison fut son énorme accident à Bahreïn, dans lequel sa monoplace fut coupée en deux et s'embrasa. Il put miraculeusement sortir seul du brasier mais dut se faire opérer à cause de brûlures aux mains, ce qui marqua la fin de sa carrière en Formule 1. Depuis, le Français a trouvé refuge en IndyCar, et il a signé cinq podiums et une pole position en deux saisons.

KAMUI KOBAYASHI

Né le 13 septembre 1986 à Amagasaki (Japon)

Courses :
Brésil 2009 – Abu Dhabi 2014

Équipes :
- Toyota : Brésil 2009 – Abu Dhabi 2009
- BMW Sauber : Bahreïn 2010 – Abu Dhabi 2010
- Sauber : Australie 2011 – Brésil 2012
- Caterham : Australie 2014 – Abu Dhabi 2014

Podiums : 1
Meilleurs tours en course : 1
Grands Prix disputés : 75

Avant de s'illustrer en F1 par plusieurs performances de premier ordre, Kamui Kobayashi connut des difficultés en formules de promotion. Le Japonais passa huit saisons dans les catégories inférieures, dont deux années décevantes en GP2. Fin 2009, Toyota fit pourtant appel à ses services pour remplacer Timo Glock, blessé. Il se qualifia 11e puis 12e, terminant 9e au Brésil et 6e au Japon, marquant ses premiers points pour sa deuxième course. Mais la firme japonaise se désengagea de la Formule 1 et Peter Sauber récupéra Kobayashi. Après de nombreux abandons en début de saison, il rentra dans les points en Turquie, puis à Valence et en Grande-Bretagne, où il égala son meilleur résultat en F1. Devant son public, il effectua une très belle remontée pour atteindre la 7e place et termina la saison en 12e position au Championnat. La première moitié de saison 2011 de Kobayashi fut très solide, avec sept entrées consécutives dans les points, malgré une disqualification en Australie. Sa 5e place à Monaco resta son meilleur résultat de la saison, et il ne marqua que trois points lors des neuf dernières courses. Les progrès de Sauber continuèrent en 2012 et Kobayashi égala son meilleur résultat en carrière au Grand Prix d'Espagne, avant de faire mieux en Allemagne avec une 4e place. Qualifié en première ligne à Spa-Francorchamps, il fut malheureusement pris dans le carambolage du départ. Mais c'est au Japon qu'il connut le meilleur moment de sa carrière en se qualifiant 3e devant ses fans, et en gardant cette place le lendemain. Après Takuma Sato et Aguri Suzuki, il devint le troisième Japonais à monter sur le podium, réussissant comme Suzuki à le faire à domicile. Malgré ses 60 points, six de moins que son équipier Sergio Pérez, il ne fut pas conservé et se retrouva sans volant en 2013. Caterham lui donna une dernière chance en 2014, mais la désastreuse CT05 l'empêcha de faire mieux qu'une 13e place. Il a ensuite fait carrière en endurance, remportant les 24 Heures du Mans 2021 avec Toyota.

2010

KARUN CHANDHOK

Né le 19 janvier 1984 à Chennai (Inde)

Courses :
Bahreïn 2010 – Allemagne 2011

Équipes :

- HRT : Bahreïn 2010 – Grande-Bretagne 2010
- Lotus : Allemagne 2011

Grands Prix disputés : 11

Passé par de nombreux Championnats de promotion, comme les World Series by Nissan, l'A1 GP et les GP2, Karun Chandhok peina à impressionner les patrons d'équipes, mais il profita de l'arrivée de petites équipes en quête de budget pour trouver une place en Formule 1, chez Hispania Racing Team. L'aventure s'arrêta après dix courses, l'Indien n'ayant plus assez de budget face à Sakon Yamamoto. Il signa comme troisième pilote chez Team Lotus en 2011 et disputa le Grand Prix d'Allemagne, avec une 20e place comme résultat.

LUCAS DI GRASSI

Né le 11 août 1984 à São Paulo (Brésil)

Courses :
Bahreïn 2010 – Abu Dhabi 2010

Équipes :
Virgin : Bahreïn 2010 – Abu Dhabi 2010

Grands Prix disputés : 18

Après des performances prometteuses, Lucas di Grassi se prit quelque peu les pieds dans le tapis en GP2 en terminant à une lointaine 17e place lors de sa première saison. Bien plus efficace lors de sa seconde année, il fut vice-champion et intégra le programme de développement de Renault. Il débuta finalement en Formule 1 dans la modeste équipe Virgin, dont la voiture conçue intégralement par ordinateur manquait de performance et de fiabilité. Avec une 14e place comme meilleur résultat et des performances moins remarquées que son équipier Timo Glock, il quitta la F1 au bout d'une saison.

NICO HÜLKENBERG

Né le 19 août 1987 à Emmerich (Allemagne)

Courses :
Bahreïn 2010

Équipes :

- Williams : Bahreïn 2010 – Abu Dhabi 2010
- Force India : Australie 2012 – Brésil 2012
- Sauber : Malaisie 2013 – Brésil 2013
- Force India : Australie 2014 – Abu Dhabi 2016
- Renault : Australie 2017 – Abu Dhabi 2019
- Racing Point : « 70e Anniversaire » 2020 – Eifel 2020
- Aston Martin : Bahreïn 2022 – Arabie Saoudite 2022
- Haas : Bahreïn 2023

Pole positions : 1

Podiums : 2

Grands Prix disputés : 181

Confirmant un potentiel aperçu depuis le karting, Nicolas Hülkenberg s'imposa coup sur coup en F3 Euroseries puis en GP2, en 2008 et 2009. Connaissant à chaque fois un début de saison délicat, il accéléra ensuite la cadence pour être titré. C'est ainsi qu'il obtint son ticket d'entrée pour la F1 avec Williams en 2010, et il marqua son premier point dès la troisième course de la saison, au lendemain d'une belle qualification en 5e position. Au fil de la saison, il se rapprocha de son expérimenté équipier, Rubens Barrichello, et commença à inscrire régulièrement des points. Sixième en Hongrie, il termina 7e à Monza, mais c'est au Brésil qu'il se distingua particulièrement. Sous la pluie, il signa la pole position, la première depuis plus de cinq ans pour son équipe. La course sur le sec ne lui permit pas de lutter au même niveau mais il marqua les points de la 8e place, avec une cote en hausse. En 2011, il fut malheureusement écarté et trouva un poste de troisième pilote chez Force India, avant que cette dernière ne le titularise en 2012. Multipliant les arrivées dans les points au fil de la saison, il termina au pied du podium en Belgique. Au Brésil, lors de la dernière course de la saison, il mena 30 tours mais s'accrocha avec Lewis Hamilton et ne termina que 5e. Poursuivant sa carrière chez Sauber en 2013, il termina de nouveau au pied du podium en Corée du Sud, mais il décida de retourner chez Force India en 2014 pour le début de l'ère hybride. Sa saison d'une régularité exemplaire, puisqu'il entra 15 fois dans les points en 19 courses, lui permit de terminer 9e du Championnat avec un total de points largement supérieur à ses saisons précédentes. Cependant, il connut la frustration d'un podium manqué après avoir bataillé contre Sergio Pérez pendant la première partie de course, pour que le Mexicain monte finalement sur la troisième marche. En 2015 et 2016, l'Allemand empila les places d'honneur et continua à naviguer dans le top 10 du classement final. Cela lui valut d'être choisi par Renault pour relancer le projet en F1 du constructeur français, et il marqua rapidement des points de manière régulière. En Azerbaïdjan, il évoluait à la 4e place quand il percuta le mur, mettant de nouveau fin à ses espoirs de podium. Grâce à de nombreuses 6es places, il continua sa série de top 10 au classement général, pour la cinquième saison consécutive. L'année 2018 fut sa meilleure en termes de classement, mais pas en nombre de points marqués, puisqu'il termina la saison en 7e position. La malédiction du podium le frappa de nouveau à Bakou, puisqu'il sortit de piste après dix tours alors qu'il était déjà remonté dans le top 5. En 2019, il accueillit Daniel Ricciardo dans l'équipe mais subit la loi de ce dernier. Son meilleur résultat fut une 5e place en Italie, mais sa sortie de piste à Hockenheim alors qu'il occupait la 2e place ne passa pas auprès de son employeur, qui annonça un mois plus tard que l'Allemand ne serait pas conservé en 2020. Depuis, Hülkenberg a disputé cinq courses avec Racing Point puis Aston Martin en tant que pigiste, et s'est distingué en entrant deux fois dans les points. Malgré la statistique peu enviable du pilote ayant disputé le plus de Grands Prix (181) sans monter une seule fois sur le podium, son profil intéresse encore plusieurs équipes pour la saison 2023 et après. C'est ainsi que Haas a jeté son dévolu sur lui, et il reviendra à temps complet en 2023 dans l'équipe américaine.

VITALY PETROV

Né le 8 septembre 1984 à Vyborg (Russie)

Courses :
Bahreïn 2010 – Brésil 2012

Équipes :
- Renault : Bahreïn 2010 – Brésil 2011
- Caterham : Australie 2012 – Brésil 2012

Podiums : 1

Meilleurs tours en course : 1

Grands Prix disputés : 57

À défaut d'avoir eu un coup de volant mémorable, Vitaly Petrov a quand même occupé une place à part dans l'histoire de la Formule 1. Il fut tout d'abord le premier Russe à y accéder, après quatre saisons mitigées en GP2. Au fil de sa première saison, durant laquelle il subit la domination de Robert Kubica chez Renault, Petrov montra tout de même des progrès, avec quelques belles performances sporadiques, notamment une 5e place en Hongrie. Mais la dernière course de la saison fut la deuxième raison pour laquelle il entra dans l'histoire de la F1, en se mêlant bien malgré lui à la course au titre. Ressortant des stands devant Fernando Alonso, alors favori pour le Championnat, il parvint à rester devant l'Espagnol pendant 40 tours, jusqu'à la ligne d'arrivée, et coûta au pilote Ferrari sa chance de battre Sebastian Vettel. Prolongé par son équipe – devenue Lotus – en 2011, il monta sur le podium lors de la première course en Australie, à la surprise générale. Son début de saison fut plutôt encourageant puisqu'il fut au niveau de Nick Heidfeld, mais l'équipe se sépara quand même de lui au terme de la saison. En 2012, il rallia Caterham mais, dans une des pires voitures du plateau, il ne fit pas mieux qu'une 11e place, même si celle-ci fut hautement symbolique puisqu'elle permit à son équipe de prendre la 10e position chez les constructeurs, synonyme de prime liée aux droits de retransmission.

BRUNO SENNA

Né le 15 octobre 1983 à São Paulo (Brésil)

Courses :
Bahreïn 2010 – Brésil 2012

Équipes :
- HRT : Bahreïn 2010 – Abu Dhabi 2010
- Renault : Belgique 2011 – Brésil 2011
- Williams : Australie 2012 – Brésil 2012

Podiums : 1

Grands Prix disputés : 46

Passionné de sport automobile depuis son plus jeune âge, Bruno Senna rêvait de suivre les traces de son oncle Ayrton. Lorsque celui-ci se tua en 1994, sa mère refusa de le laisser courir en compétition, ne voulant pas que son fils s'expose aux mêmes risques que son frère. Celle-ci revint sur sa décision dix ans plus tard, et Bruno put entamer une ascension qui, compte tenu de son expérience, fut très rapide. Après un passage en GP2 et une expérience en endurance, il manqua de peu d'obtenir un volant dans l'équipe Brawn GP après le rachat de Honda. Mais son inexpérience poussa Ross Brawn à lui préférer Rubens Barrichello. Hispania Racing Team le recruta en 2010 et il débuta en F1, mais il ne fit pas mieux qu'une 14e place, en plus d'avoir subi neuf abandons. Sans volant début 2011, il fut appelé par Lotus. Dans une voiture noir et or, le casque similaire à celui d'Ayrton raviva évidemment la flamme de nombreux fans de son oncle, mais les résultats furent décevants. Il marqua toutefois deux points en Italie, et Williams le recruta pour la saison 2012. Senna entra dix fois dans les points avec une 6e place comme meilleur résultat, et il commença à prendre la mesure de Pastor Maldonado, sans toutefois trouver un volant pour 2013.

JÉRÔME D'AMBROSIO

Né le 27 décembre 1985 à Bruxelles (Belgique)

Courses :
Australie 2011 – Italie 2012

Équipes :
- Virgin : Australie 2011 – Brésil 2011
- Lotus : Italie 2012

Grands Prix disputés : 20

Après trois saisons correctes en GP2, dont une en parallèle du rôle de pilote essayeur chez Renault, Jérôme d'Ambrosio fut recruté par Virgin Racing en 2011 pour remplacer Lucas di Grassi. La deuxième année de cette modeste équipe ne fut pas meilleure que la première, et il ne fit pas mieux que la 14e place qu'il signa lors de sa première course. Sans volant en 2012, il devint pilote d'essais pour Lotus, ce qui lui permit de prendre le départ du Grand Prix d'Italie après la suspension de Romain Grosjean. Sa 13e place fut son dernier résultat en Formule 1.

PAUL DI RESTA

Né le 16 avril 1986 à Uphall (Royaume-Uni)

Courses :
Australie 2011 – Hongrie 2017

Équipes :
- Force India : Australie 2011 – Brésil 2013
- Williams : Hongrie 2017

Grands Prix disputés : 59

Fils de pilote de Formule Ford et cousin de la légende de l'IndyCar Dario Franchitti, Paul di Resta impressionna en F3 en battant Sebastian Vettel. Mais son choix de carrière suivant fut osé, avec le pari de s'engager en DTM et non en GP2. Ses très bons résultats lui firent décrocher un poste d'essayeur chez Force India en 2010, avant de devenir titulaire en 2011. Dans les points dès ses deux premières courses, il termina 7e en Hongrie et 6e à Singapour, son meilleur résultat de cette première saison. En 2012, il entra neuf fois dans les points, avec une 4e place à Singapour comme meilleur résultat. Sa dernière année fut paradoxalement la plus probante, puisque malgré une voiture moins bonne, il domina Adrian Sutil et termina de nouveau au pied du podium, cette fois à Bahreïn. Après une deuxième carrière en DTM, l'Écossais revint en F1 pour remplacer Felipe Massa au Grand Prix de Hongrie 2017 chez Williams.

PASTOR MALDONADO

Né le 9 mars 1985 à Maracay (Venezuela)

Courses :
Australie 2011 – Abu Dhabi 2015

Équipes :
- Williams : Australie 2011 – Brésil 2013
- Lotus : Australie 2014 – Abu Dhabi 2015

Victoires : 1

Pole positions : 1

Podiums : 1

Grands Prix disputés : 95

Avant même d'atteindre la F1, Pastor Maldonado jouissait d'une réputation très sulfureuse. En World Series by Renault, il causa un grave accident en ne ralentissant pas sous drapeau rouge et en percutant deux véhicules à l'arrêt. Plus tard, il blessa un commissaire intervenant sur un véhicule à l'arrêt à Monaco, de nouveau après avoir ignoré les drapeaux jaunes. Évitant de peu un bannissement à vie de la Principauté, il put continuer sa carrière et effectuer quatre saisons en GP2, remportant le titre en 2010. Williams le recruta en 2011 et sa première saison se solda par un seul point marqué. Lors de l'année 2012, très disputée dans le peloton, il marqua quatre points en Chine avant de connaître en Espagne le meilleur week-end de sa carrière. Deuxième des qualifications, il hérita de la pole position après une pénalité infligée à Lewis Hamilton et le lendemain, au terme d'une intense bataille avec Fernando Alonso, remporta sa seule victoire en Formule 1. Il manqua de peu un deuxième podium à Valence, avant de s'accrocher avec Hamilton, et rentra trois autres fois dans les points. Sa saison 2013 fut en revanche une copie de 2011 avec un seul point marqué, et il quitta Williams pour Lotus, toujours avec le soutien de la banque vénézuélienne PDVSA. Arrivé durant la pire période de l'équipe d'Enstone, Maldonado n'arrangea rien à la situation de son employeur, enchaînant les sorties de piste, accrochages et pénalités. En 2015, il montra toutefois des progrès, tant dans son comportement que dans sa vitesse, mais trop tard pour que Renault envisage de le conserver après le rachat de Lotus, d'autant que la crise au Venezuela lui avait fait perdre son sponsor.

SERGIO PÉREZ

Né le 26 janvier 1990 à Guadalajara (Mexique)

Courses :
Australie 2011

Équipes :
- Sauber : Australie 2011 – Brésil 2012
- McLaren : Australie 2013 – Brésil 2013
- Force India : Australie 2014 – Abu Dhabi 2018
- Racing Point : Australie 2019 – Abu Dhabi 2020
- Red Bull : Bahreïn 2021

Victoires : 4

Pole positions : 1

Podiums : 26

Meilleurs tours en course : 9

Grands Prix disputés : 235

Pilote payant grâce au soutien du milliardaire Carlos Slim, Sergio Pérez Mendoza prouva rapidement qu'il n'avait pas que son compte en banque comme argument.

Sergio Pérez au Grand Prix de Monaco 2022.

Vice-champion de GP2 lors de sa deuxième saison, il fut recruté par Sauber à 21 ans, permettant aussi à l'équipe de retrouver une aisance financière après le départ précipité de BMW l'année précédente. Le Mexicain termina 7e de sa première course en Australie mais fut disqualifié pour un aileron non-conforme. Il marqua officiellement ses premiers points en Espagne, et entra pour la première fois en Q3 à Monaco. Malheureusement, lors de son premier tour rapide de la troisième partie des qualifications, il perdit le contrôle de sa Sauber à la sortie du tunnel et percuta violemment les barrières avec un axe latéral. Une commotion cérébrale l'obligea à manquer la course suivante au Canada, et il termina 7e en Grande-Bretagne. Malgré une fin de saison un peu moins enthousiasmante, il continua avec Sauber en 2012, effectuant une remontée de la 22e à la 8e place lors de la première course. En Malaisie, dans des conditions changeantes, il impressionna l'ensemble du paddock en se battant pour la victoire contre Fernando Alonso, cédant finalement face à la Ferrari de l'Espagnol. Il monta de nouveau sur le podium au Canada, ainsi qu'en Italie. Alors membre de la Ferrari Driver Academy, il prit le pari de quitter le giron du constructeur italien pour rejoindre McLaren, en recherche d'un remplaçant à Lewis Hamilton. Mais la saison 2013 fut très décevante, puisqu'il ne fit pas mieux qu'une 6e place et termina 11e du Championnat, contre une 10e position l'année précédente. Pour le début de l'ère hybride, Pérez voulut rebondir chez Force India et parvint à signer un podium dès son troisième Grand Prix dans l'équipe. Avec 11 arrivées dans les points, il fit mieux que chez McLaren en revenant dans les dix premiers du Championnat. Confirmant sa progression d'année en année, il monta une fois sur le podium en 2015 et deux fois en 2016, améliorant chaque saison sa position au classement. La situation se compliqua chez Force India à cause d'un gros manque de budget, et il ne signa qu'un podium entre 2017 et 2019, année durant laquelle l'équipe devint Racing Point, après le rachat par Lawrence Stroll. En 2020, avec une monoplace dérivée d'une Mercedes de 2019, Pérez eut enfin les moyens de montrer son talent. En 17 courses, il abandonna deux fois sur casse moteur et fut forfait lors des deux courses en Grande-Bretagne à cause du Covid-19. En revanche, il marqua des points à chaque fois qu'il vit l'arrivée, et monta sur le podium dans des conditions météorologiques dantesques en Turquie. Lors du Grand Prix de Sakhir, sur un tracé alternatif à Bahreïn, il fut la victime collatérale d'un accrochage entre Charles Leclerc et Max Verstappen, mais il effectua une remontée exceptionnelle depuis la 18e place pour remporter sa première victoire en carrière. Sans volant pour 2021, Pérez a été repêché *in extremis* par Red Bull, qui cherchait un pilote d'expérience pour seconder Max Verstappen. En 2021, il a remporté une deuxième victoire en Azerbaïdjan et terminé 4e du Championnat grâce à cinq podiums. Prolongé pour 2022 et 2023, le Mexicain est désormais bien installé au sein de l'équipe autrichienne et a signé en 2022 sa première pole position et deux victoires supplémentaires.

DANIEL RICCIARDO

Né le 1er juillet 1989 à Perth (Australie)

Courses :
Grande-Bretagne 2011 – Abu Dhabi 2022

Équipes :

- HRT : Grande-Bretagne 2011 – Brésil 2011
- Toro Rosso : Australie 2012 – Brésil 2013
- Red Bull : Australie 2014 – Abu Dhabi 2018
- Renault : Australie 2019 – Abu Dhabi 2020
- McLaren : Bahreïn 2021 – Abu Dhabi 2022

Victoires : 8

Pole positions : 3

Podiums : 32

Meilleurs tours en course : 16

Grands Prix disputés : 232

Daniel Ricciardo fait un « shoey » après avoir gagné le GP de Chine 2018.

Bien qu'il ne soit pas passé par le GP2, Daniel Ricciardo a pu impressionner en Formule Renault 3.5, anciennement World Series by Renault, où il parvint à se distinguer pour avoir un premier test en F1 au terme de la saison 2010. En 2011, en tant que troisième pilote Toro Rosso, il eut l'occasion de faire ses débuts chez HRT. Au sein de la modeste équipe espagnole, il ne fit pas mieux qu'une 18e place, mais cette première expérience lui permit de passer chez Toro Rosso en 2012. Dans les points dès sa première course, il fit quelques belles performances, dont une 6e position en qualifications à Bahreïn. En 2013, malgré un équipier de plus en plus envahissant en qualifications en la personne de Jean-Éric Vergne, il parvint à entrer à sept reprises dans les points, et fut naturellement choisi pour remplacer son compatriote Mark Webber chez Red Bull. Malgré un début d'ère hybride difficile, Ricciardo parvint à battre le quadruple champion du monde en titre, Sebastian Vettel, et à s'imposer à trois reprises. Après un premier podium en Espagne, il s'imposa au Canada, puis réitéra ce résultat en Hongrie et en Belgique, dans des conditions délicates. Troisième du Championnat derrière les intouchables Mercedes, il connut une saison 2015 bien plus difficile, se faisant battre de peu au classement par son nouvel équipier, Daniil Kvyat. En 2016, il disputa sa meilleure saison en signant sa première pole position à Monaco. La course le lendemain fut une désillusion pour Ricciardo, qui dut s'incliner à cause d'une erreur de son équipe au stand. Celui qui est toujours affable racontera plus tard ne pas avoir eu la force de participer aux débriefings avec ses ingénieurs, trop énervé par cet épisode. En Malaisie, il s'imposa après une bataille intense contre son équipier, Max Verstappen. La saison 2017 vit Ferrari dépasser Red Bull, et l'Australien ne put faire mieux que 5e au classement malgré neuf podiums. Il parvint à signer un nouveau succès à Bakou, au terme d'une course à rebondissements. Son début de saison 2018 marqua le retour de son optimisme, puisqu'il remporta deux des six premières courses de la saison, dont le Grand Prix de Monaco, comme une véritable rédemption après 2016. Malheureusement, la suite de la saison fut marquée par de nombreuses pannes, et il annonça dans l'été qu'il rejoindrait Renault en 2019. Dans l'équipe française, il prit très rapidement la mesure de Nico Hülkenberg, sans pour autant enregistrer de résultats très encourageants. En Italie, il parvint tout de même à terminer au pied du podium. Toujours très solide en 2020, il monta deux fois sur les marches, les premières pour le constructeur depuis son retour en 2016. Mais malgré ces bons résultats, Ricciardo avait déjà décidé de partir chez McLaren, inquiet pour l'avenir de Renault en Formule 1 alors que la crise du Covid-19 laissait planer des doutes sur le programme en F1 du Losange. Un choix évident à ce moment-là, mais qui coûta cher à Ricciardo, largement dominé par Lando Norris dès ses débuts dans l'équipe britannique. En 2021, il a sauvé les meubles en s'imposant à Monza, décrochant la première victoire de l'équipe depuis 2012, mais ce résultat a été l'arbre qui cachait la forêt. En 2022, ses difficultés se confirmant, Ricciardo a vu sa cote baisser drastiquement dans le paddock. Son année 2023 se fera en tant que réserviste, puisqu'il a reconnu lui-même qu'il voulait prendre le temps de souffler.

2012

CHARLES PIC

Né le 15 février 1990 à Montélimar (France)

Courses :
Australie 2012 – Brésil 2013

Équipes :
- Marussia : Australie 2012 – Brésil 2012
- Caterham : Australie 2013 – Brésil 2013

Grands Prix disputés : 39

Filleul de l'ancien pilote Éric Bernard, Charles Pic fut incorporé à la filière FFSA dans les années 2000 et grimpa les échelons jusqu'au GP2, où il joua aux avant-postes en 2011. Coaché par Olivier Panis, il fut engagé par Marussia en 2012, mais l'équipe avait toujours un manque de budget et de performances. Le Français ne se qualifia que 19e et ne fit pas mieux que 12e en course au Brésil. Recruté par Caterham la saison suivante, il lui fut impossible de se mettre davantage en valeur.

JEAN-ÉRIC VERGNE

Né le 25 avril 1990 à Pontoise (France)

Courses :
Australie 2012 – Abu Dhabi 2014

Équipes :
Toro Rosso : Australie 2012 – Abu Dhabi 2014

Grands Prix disputés : 58

Fils de propriétaire d'une piste de karting, Jean-Éric Vergne se distingua et fut intégré à l'équipe de France FFSA avant de débuter en monoplace. Son titre de champion de Formule Renault 3.5 en 2011 lui ouvrit les portes de la F1 avec Toro Rosso. Il marqua ses premiers points dès sa deuxième course avec une 8e place, un résultat qu'il parvint à reproduire trois autres fois dans l'année. En 2013, il signa son meilleur résultat en F1 avec une 6e place au Canada, mais ne fut pas choisi par Red Bull pour remplacer Mark Webber. Il parvint à terminer nettement devant Daniil Kvyat au Championnat, mais le Russe le devança en qualifications, et c'est lui qui remplaça Sebastian Vettel chez Red Bull Racing, tandis que la firme de boissons énergétiques mit un terme au contrat du Français. Après avoir trouvé refuge en Formule E, il a remporté deux titres dans la discipline.

JULES BIANCHI

Né le 3 août 1989 à Nice (France) et décédé le 17 juillet 2015

Courses :
Australie 2013 – Japon 2014

Équipes :
Marussia : Australie 2013 – Japon 2014

Grands Prix disputés : 34

Jules Bianchi lors du Grand Prix de Chine 2013.

Jules Bianchi aurait pu devenir le premier Français depuis Jean Alesi à rouler pour la Scuderia Ferrari, mais sa trajectoire fut brisée en pleine ascension. Repéré dès le karting, Bianchi se fit remarquer en étant champion de France de Formule Renault, puis 3e des F3 Euroseries. Dès 2009, il fut intégré à la Ferrari Driver Academy, qui le fit passer par le GP2 puis par la Formule Renault 3.5. Sur le podium du Championnat dans chacune des disciplines où il a couru, son poste de réserviste chez Force India se transforma en une place de titulaire chez Marussia. Le petit-neveu de Lucien Bianchi connut une saison 2013 difficile dans ce qui était une des pires équipes du plateau, mais il parvint à devancer son équipier Max Chilton. En 2014, il rempila dans la petite structure, mais il parvint à briller à Monaco où il franchit la ligne d'arrivée en 8e place, pour finalement être classé 9e après une pénalité. Cet exploit fit grimper sa cote dans le paddock, et Ferrari commença à planifier plus précisément l'avenir du pilote au sein de sa filière et de son équipe. Mais lors du Grand Prix du Japon, Jules perdit le contrôle de sa Marussia sous la pluie, alors que les commissaires intervenaient sur la monoplace d'Adian Sutil. Dans une Formule 1 devenue impossible à maîtriser, il percuta la grue de dépannage et plongea dans un coma dont il ne sortit jamais, jusqu'à son décès en juillet 2015. On apprit plus tard que le pilote tricolore avait signé pour Sauber en 2015, ce qui aurait constitué la dernière étape d'un voyage le menant à un poste de titulaire chez Ferrari. Sebastian Vettel le confirma en rendant hommage à Jules Bianchi après avoir gagné le Grand Prix de Hongrie, quelques jours après le décès du Français : « Merci Jules, cette victoire est pour toi. Tu seras toujours dans nos cœurs et l'on sait que tôt ou tard, tu aurais fait partie de cette équipe. »

VALTTERI BOTTAS

Né le 28 août 1989 à Nastola (Finlande)

Courses :
Australie 2013

Équipes :

- Williams : Australie 2013 – Abu Dhabi 2016
- Mercedes : Australie 2017 – Abu Dhabi 2021
- Alfa Romeo : Bahreïn 2022

Victoires : 10

Pole positions : 20

Podiums : 67

Meilleurs tours en course : 19

Grands Prix disputés : 200

Comme son compatriote Kimi Räikkönen avant lui, Valtteri Bottas n'a pas connu une ascension méthodique jusqu'à la F1. Une fois le titre de GP3 en poche, ses managers, dont Mika Häkkinen, lui firent signer un contrat de troisième pilote pour Williams en 2012. Titularisé en 2013, il ne tarda pas à prendre la mesure de Pastor Maldonado, sans pour autant s'affirmer dans le peloton à cause d'une monoplace très peu performante. Une 3e place en qualifications au Grand Prix du Canada fut cette année-là son seul exploit. En 2014, l'arrivée des moteurs hybrides fut un grand élan pour Williams, et Bottas monta sur le podium pour la première fois en Autriche. Au total, on l'y vit six fois dans l'année, et neuf fois en trois saisons chez Williams, où il resta jusqu'à la fin d'année 2016. En décembre, il fut appelé tardivement chez Mercedes F1, pour épauler Lewis Hamilton sous les ordres d'un autre de ses managers, Toto Wolff. Il ne mit pas longtemps à assumer le statut de son équipe puisqu'il monta sur le podium dès la première course, signa sa première pole position lors du Grand Prix de Bahreïn, troisième manche du calendrier, et s'imposa en Russie deux semaines plus tard. Avec trois pole positions supplémentaires et deux autres succès, il termina 3e du Championnat. En 2018, il marqua le pas face à Hamilton et face aux Ferrari, puisqu'il ne remporta pas une seule victoire. Il se dirigeait vers un succès en Russie mais Mercedes imposa une consigne pour faire gagner son équipier, une des seules que le Finlandais eut à subir. Cinquième du Championnat, il fut tout de même conservé par l'équipe mais devint une cible privilégiée sur les réseaux sociaux. Au Grand Prix d'Australie 2019, il l'emporta sur la piste et s'emporta à la radio après l'arrivée : « À ceux qui se reconnaîtront, *f*** you* ! » Il termina la saison vice-champion du monde grâce à trois victoires et gagna encore la confiance de Mercedes pour une saison de plus. En 2020, il débuta la saison par une pole et une victoire en Autriche et il totalisa 11 podiums en 17 courses, s'imposant également en Russie, un circuit décidément très important pour lui. Malgré la pression de George Russell, son potentiel remplacement, il profita de la continuité réglementaire liée au Covid-19 – les équipes avaient voté un décalage d'un an du nouveau règlement afin de minimiser les coûts – pour prolonger l'aventure au sein de l'équipe championne du monde. Après une victoire incontestable en Turquie, ponctuée du *hat trick*, Bottas n'a pas été conservé en 2022 par Mercedes et a trouvé refuge chez Alfa Romeo. Si ses résultats ont été évidemment moins probants, il a reconnu s'épanouir grâce à un nouveau défi, et surtout avec un contrat pluriannuel qui lui garantit d'être présent dans l'équipe jusqu'au terme de l'année 2024.

MAX CHILTON

Né le 21 avril 1991 à Reigate (Royaume-Uni)

Courses :
Australie 2013 – Russie 2014

Équipes :
Marussia : Australie 2013 – Russie 2014

Grands Prix disputés : 35

Sans avoir réalisé un parcours exceptionnel en formules de promotion, Max Chilton montra un coup de volant suffisamment bon pour que le budget qu'il apportait lui permette de décrocher un volant chez Marussia en 2013. La première saison du Britannique fut toutefois difficile puisqu'il resta largement dominé par Jules Bianchi. Son seul exploit cette année-là fut de terminer les 20 courses de la saison, et l'équipe le conserva en 2014. Ses résultats ne furent pas plus probants, et sa carrière en F1 s'arrêta lorsque l'équipe se retira pour les dernières courses de la saison à cause de graves problèmes financiers.

ESTEBAN GUTIÉRREZ

Né le 5 août 1991 à Monterrey (Mexique)

Courses :
Australie 2013 – Abu Dhabi 2016

Équipes :
- Sauber : Australie 2013 – Abu Dhabi 2014
- Haas : Australie 2016 – Abu Dhabi 2016

Podiums : 1

Grands Prix disputés : 59

Soutenu par le même mécène que Sergio Pérez, le magnat des télécoms mexicaines Carlos Slim, Esteban Gutiérrez remporta le titre en GP3 avant de terminer sur le podium du GP2 pour sa deuxième saison. De là, il fut engagé chez Sauber pour la saison 2013, où il subit la loi de Nico Hülkenberg, sauvant sa saison avec une 7e place au Japon. L'année suivante, il connut de nombreux abandons et malgré des performances plus proches de son nouvel équipier, Adrian Sutil, il ne marqua aucun point et fut remercié. Après une année sur la touche en tant que réserviste chez Ferrari, Haas fit appel à lui pour ses débuts en Formule 1, mais il termina la saison sans aucun point marqué.

GIEDO VAN DER GARDE

Né le 25 avril 1985 à Rhenen (Pays-Bas)

Courses :
Australie 2013 – Brésil 2013

Équipes :
Caterham : Australie 2013 – Brésil 2013

Grands Prix disputés : 19

En lice pour plusieurs baquets au début des années 2010, c'est finalement chez Caterham que Giedo van der Garde fit ses débuts en Formule 1. Battu par Charles Pic et évoluant en fond de grille, il devint essayeur pour Sauber en 2014, avec la promesse d'une titularisation l'année suivante. Lorsque l'équipe annonça Marcus Ericsson et Felipe Nasr comme duo de pilotes, il menaça de faire saisir le matériel de Sauber à Melbourne pour empêcher le *team* de participer au Grand Prix. L'affaire se régla avec un chèque estimé à 15 millions de dollars en faveur du Néerlandais, qui ne revint jamais en F1.

MARCUS ERICSSON

Né le 2 septembre 1990 à Kumla (Suède)

Courses :
Australie 2014 – Abu Dhabi 2018

Équipes :
- Caterham : Australie 2014 – Russie 2014
- Sauber : Australie 2015 – Abu Dhabi 2018

Grands Prix disputés : 97

Malgré quatre saisons de GP2 plutôt anonymes, Marcus Ericsson décrocha son ticket pour la F1 grâce à Caterham, qui l'engagea pour la saison 2014. D'abord dominé par Kamui Kobayashi, le Suédois se rapprocha de son expérimenté équipier en cours de saison, et il rejoignit Sauber en 2014. Au volant d'une voiture bien née, il marqua ses premiers points en Australie puis réitéra en Chine, après deux entrées en Q3 remarquées. La suite fut plus compliquée, Sauber n'ayant aucun budget pour développer sa monoplace, et Ericsson se faisant battre par Felipe Nasr. Les deux années suivantes, il ne marqua aucun point et dut son salut au propriétaire suédois de Sauber, qui le conserva malgré des résultats peu convaincants face à Nasr puis Pascal Wehrlein. En 2018, Charles Leclerc ne fit qu'une bouchée du pauvre Marcus qui retrouva toutefois le chemin des points mais dut quitter la F1 pour rejoindre l'IndyCar. Il y court toujours aujourd'hui et a remporté en 2022 les prestigieux 500 Miles d'Indianapolis avec Chip Ganassi Racing.

DANIIL KVYAT

Né le 26 avril 1994 à Oufa (Russie)

Courses :
Australie 2014 – Abu Dhabi 2020

Équipes :
- Toro Rosso : Australie 2014 – Abu Dhabi 2014
- Red Bull : Malaisie 2015 – Russie 2016
- Toro Rosso : Espagne 2016 – Abu Dhabi 2019
- AlphaTauri : Autriche 2020 – Abu Dhabi 2020

Podiums : 3

Meilleurs tours en course : 1

Grands Prix disputés : 110

Détecté par Red Bull dès le karting et intégré à la filière jeunes pilotes du fabricant de boissons dès sa première saison en monoplace, Daniil Kvyat fut l'un des grands espoirs de Helmut Marko. Un titre en GP3 en 2013 lui ouvrit les portes de la F1 sans même passer par le GP2, puisque Toro Rosso dut remplacer Daniel Ricciardo, lui-même partant chez Red Bull. Dans les points dès son premier Grand Prix, il devint le plus jeune pilote à en marquer, un record qui tiendra un peu plus d'un an jusqu'à l'arrivée de Max Verstappen. Malgré un bilan comptable moins bon que Jean-Éric Vergne, Kvyat prit l'ascendant en cours de saison sur son équipier en performance pure, et il fut choisi pour remplacer Sebastian Vettel chez Red Bull dès 2015. Cette ascension fulgurante se concrétisa par un premier podium en Hongrie et par un meilleur classement que Ricciardo, bien que celui-ci ait été largement meilleur en qualifications. Début 2016, Kvyat monta une nouvelle fois sur le podium en Chine mais en Russie, il accrocha deux fois Sebastian Vettel au départ et ruina la course de son équipier au passage. Marko profita de cette erreur pour rétrograder Kvyat, et surtout ouvrir la porte à Verstappen au sein de l'équipe première, ce que réclamait l'entourage du Néerlandais pour rester au sein du giron Red Bull. Très touché psychologiquement par ce retour en arrière, il connut une fin de saison 2016 et une année 2017 très difficiles, pour finalement être évincé avant la fin de la période. Il fut toutefois l'un des rares pilotes à bénéficier d'une seconde chance auprès de Marko, qui le rappela chez Toro Rosso en 2019. Kvyat fit illusion face au rookie Alex Albon en début d'année, mais lorsque Pierre Gasly revint dans l'équipe en deuxième partie de saison, le Français prit l'ascendant et le garda tout au long de la saison 2020, qui vit toutefois le Russe terminer 4e à Imola.

KEVIN MAGNUSSEN

Né le 5 octobre 1982 à Roskilde (Danemark)

Courses :
Australie 2014

Équipes :
- McLaren : Australie 2014 – Abu Dhabi 2014
- Renault : Australie 2016 – Abu Dhabi 2016
- Haas : Australie 2017

Pole positions : 1
Podiums : 1
Meilleurs tours en course : 2
Grands Prix disputés : 141

En passant par la F3 britannique et la Formule Renault 3.5, Kevin Magnussen suivit un chemin légèrement différent jusqu'à la Formule 1, mais grâce à un suivi de McLaren depuis 2010 il fit ses débuts en catégorie reine en 2014. La particularité de la carrière du Danois est que son premier résultat en F1 a été son meilleur jusqu'à maintenant, puisqu'il termina 2e du Grand Prix d'Australie 2014. Malgré de nombreuses entrées dans les points, McLaren le renvoya à un rôle de réserviste en 2015 pour laisser la place à Fernando Alonso. Il trouva refuge chez Renault en 2016 mais ne marqua que six points au cours d'une saison catastrophique pour l'équipe française, qui avait racheté Lotus *in extremis* en fin d'année précédente. En 2017, Magnussen s'engagea chez Haas avec qui il courut pendant quatre saisons, enregistrant deux 5es places comme meilleurs résultats. Écarté fin 2020, il a été rappelé par l'équipe américaine en 2022 pour faire son retour, et a égalé son meilleur résultat en carrière dès la première course de la saison, à Bahreïn. Titulaire d'un contrat pluriannuel, le Danois profite désormais de cette nouvelle chance en F1, qu'il ne pensait jamais avoir après son départ en 2020.

ANDRÉ LOTTERER

Né le 19 novembre 1981 à Duisbourg (Allemagne)

Courses :
Belgique 2014

Équipes :
Caterham : Belgique 2014

Grands Prix disputés : 1

Repéré par Jaguar à 19 ans, André Lotterer décrocha son premier contrat de réserviste en F1, mais il dut attendre 14 ans pour disputer son seul Grand Prix en tant que titulaire. C'est Caterham qui lui offrit cette occasion mais, au volant de la pire voiture du plateau, son seul exploit fut de battre son équipier Marcus Ericsson lors d'une qualification sur piste détrempée. Le lendemain, il abandonna en tout début de course.

WILL STEVENS

Né le 28 juin 1991 à Rochefort (Royaume-Uni)

Courses :
Abu Dhabi 2014 – Abu Dhabi 2015

Équipes :
- Caterham : Abu Dhabi 2014
- Marussia : Chine 2015 – Abu Dhabi 2015

Grands Prix disputés : 18

Passé sans grand succès par les différentes catégories de Formule Renault, 2.0 puis 3.5, William Stevens effectua ses débuts en Formule 1 en fin de saison 2014 pour une pige avec Caterham. Recruté par Marussia pour la saison 2015, il commença par deux forfaits à cause de problèmes administratifs puis mécaniques, et ne put se battre qu'avec son équipier, la disparition de Caterham laissant l'équipe seule en fond de grille. Avec une 15e place comme meilleure qualification et une 13e position à l'arrivée au mieux, Stevens quitta la F1.

FELIPE NASR

Né le 21 août 1992 à Brasilia (Brésil)

Courses :
Australie 2015 – Abu Dhabi 2016

Équipes :
Sauber : Australie 2015 – Abu Dhabi 2016

Grands Prix disputés : 39

Passé par le programme de jeunes pilotes de Red Bull, Felipe Nasr ne fut pas conservé à cause d'un manque de performances mais parvint toutefois à atteindre la F1 grâce à un soutien personnel. Ses débuts avec Sauber furent remarqués, puisqu'il termina 5e en Australie. Auteur de coups d'éclat sporadiques, il fut prolongé en 2016, mais cette deuxième saison fut bien plus difficile face à Marcus Ericsson.

CARLOS SAINZ JR.

Né le 1er septembre 1994 à Madrid (Espagne)

Courses :
Australie 2015

Équipes :
- Toro Rosso : Australie 2015 – Japon 2017
- Renault : États-Unis 2017 – Abu Dhabi 2018
- McLaren : Australie 2019 – Abu Dhabi 2020
- Ferrari : Bahreïn 2021

Victoires : 1

Pole positions : 3

Podiums : 15

Meilleurs tours en course : 3

Grands Prix disputés : 162

Carlos Sainz devant les tifosi à Monza le 11 septembre 2022.

Fils de double champion du monde de rallye au prénom similaire, Carlos Sainz Jr. se tourna vers les pistes et non vers les routes, avec une intégration dans la filière Red Bull à l'âge de 16 ans. Âgé de 20 ans pour ses débuts, il forma avec Max Verstappen le duo le plus jeune de l'histoire de la Formule 1 chez Toro Rosso, mais son équipier prit rapidement le pas sur lui. En 2016, il le vit partir chez Red Bull mais profita des progrès de Toro Rosso pour inscrire davantage de points.

Toujours en progression en 2017, il termina 4e à Singapour et signa un contrat avec Renault pour 2018, commençant son travail avec l'équipe française en fin d'année 2017. Régulier sous les couleurs du Losange avec 13 entrées dans les points, il dut laisser sa place à Daniel Ricciardo en 2019 et s'engagea avec McLaren. De nouveau, Sainz montra une excellente régularité qui fut récompensée par un podium en fin d'année, au Grand Prix du Brésil. Malheureusement, il ne put pas le célébrer dignement puisque celui-ci fut acquis grâce à une pénalité infligée à Lewis Hamilton après la cérémonie du podium. En 2020, il s'engagea chez Ferrari pour 2021 avant même le début de saison, retardé par le Covid-19, et manqua de peu la victoire lors du Grand Prix d'Italie remporté par Pierre Gasly. Arrivé dans une Scuderia en pleine convalescence, Sainz s'est montré régulier dès sa première saison en rouge, montant quatre fois sur le podium. La saison 2022, au volant d'une monoplace redoutable, a enfin été celle de la première victoire, au Grand Prix de Grande-Bretagne. C'est ce même week-end que Sainz, qui a encore deux années au moins à passer chez Ferrari, a également signé sa première pole position.

MAX VERSTAPPEN

Né le 30 septembre 1997 à Hasselt (Pays-Bas)

Courses :
Australie 2015

Équipes :
- Toro Rosso : Australie 2015 – Russie 2016
- Red Bull : Espagne 2016 – Italie 2022

Champion du monde : 2021 - 2022
Victoires : 35
Pole positions : 20
Podiums : 77
Meilleurs tours en course : 21
Grands Prix disputés : 163

Max Verstappen remporte le Grand Prix des Pays-Bas 2022.

Plus jeune pilote à avoir participé à un Grand Prix (à l'âge de 17 ans), Max Verstappen est perçu depuis longtemps comme l'un des plus grands talents bruts de sa génération. C'est d'ailleurs ce qui explique son ascension fulgurante, puisqu'il ne disputa qu'une seule saison en monoplace entre le karting et la Formule 1. En passe de marquer ses premiers points dès sa première course, il dut attendre la deuxième à cause d'un problème mécanique, et y parvint finalement sous la pluie de Sepang. Manquant de régularité pour cette première saison, il confirma sa pointe de vitesse avec quelques petits exploits, comme une 4e place en Hongrie et aux États-Unis. Son très bon début de saison 2016 permit à son entourage de mettre la pression sur Red Bull, alors qu'il était également convoité par Mercedes et Ferrari, et il débuta au sein de l'équipe première dès la cinquième course de l'année en Espagne. Profitant de l'élimination des deux Mercedes, Verstappen disputa une course parfaite face à Kimi Räikkönen et s'imposa dès sa première course sous les couleurs de Red Bull Racing. Il monta six fois de plus sur le podium cette année-là, avant de connaître une année 2017 marquée par de nombreux problèmes de fiabilité. Le Néerlandais monta sur le podium lors de la deuxième course mais ne le retrouva qu'en octobre en remportant le Grand Prix de Malaisie, et il gagna son troisième Grand Prix au Mexique. Son début de saison 2018 fut très erratique, avec au moins une erreur – plus ou moins importante – à chaque Grand Prix. Il ne monta qu'une fois sur le podium en six courses, s'agaçant face aux questions des journalistes sur les origines de sa méforme : « Je ne sais pas, répondit-il à l'un d'entre eux au Canada. Mais si on continue à me poser cette question, je vais mettre un coup de tête à quelqu'un. » Une déclaration qui fit évidemment grand bruit, mais qui marqua aussi le dernier moment très difficile pour Verstappen cette saison-là. Il enchaîna ensuite trois podiums, dont une victoire en Autriche, puis triompha de nouveau au Mexique en fin de saison, au cours d'une série de cinq podiums. En 2019, face à Pierre Gasly puis Alex Albon, il porta l'équipe et termina 3e du Championnat, son meilleur résultat alors, grâce à trois nouvelles victoires. Il décrocha également sa première pole position en Hongrie, et réitéra au Brésil. La montée en puissance du trio Verstappen-Red Bull-Honda se confirma en 2020 malgré la supériorité des Mercedes, puisque le Néerlandais décrocha encore la 3e place du Championnat avec 11 podiums dont deux victoires en 17 courses. En 2021, lui et Lewis Hamilton ont offert aux fans de Formule 1 un duel d'anthologie, parsemé d'accrochages, de déclarations assassines, mais aussi d'intenses luttes en piste. Plus fougueux que son adversaire et parfois à la limite de la correction, Verstappen a signé dix pole positions et dix succès pour décrocher le titre mondial en fin d'année, au terme d'une finale controversée. Néanmoins, il a débuté la saison 2022 de la même manière, et sans une concurrence aussi acharnée que celle de Hamilton, il a pu dérouler sa domination de manière très fluide au cours de la saison pour remporter son deuxième titre mondial consécutif, en battant au passage le record du nombre de victoires en une saison, avec 15 succès.

ROBERTO MERHI

Né le 22 mars 1991 à Benicàssim (Espagne)

Courses :
Malaisie 2015 – Abu Dhabi 2015

Équipes :
Marussia : Malaisie 2015 – Abu Dhabi 2015

Grands Prix disputés : 13

Auteur d'un parcours timide en formules de promotion, Roberto Merhi fut l'invité surprise de la saison 2015 de F1, décrochant un volant chez Marussia à quelques jours du premier Grand Prix. Un problème administratif empêcha l'équipe de participer à celui-ci, et Merhi fit ses débuts officiels en Malaisie avec une 15e place. Malgré des résultats en progression, notamment face à son équipier Will Stevens, il dut laisser sa place à Alexander Rossi pour quelques courses et quitta la F1 au terme de la saison, l'équipe rebaptisée Manor ayant décidé de changer entièrement son duo de pilotes.

ALEXANDER ROSSI

Né le 25 septembre 1991 à Auburn (États-Unis)

Courses :
Singapour 2015 – Brésil 2015

Équipes :
Marussia : Singapour 2015 – Brésil 2015

Grands Prix disputés : 5

Après avoir occupé un rôle de troisième pilote chez Caterham et Marussia, c'est cette dernière qui donna à Alexander Rossi sa chance de piloter en Formule 1. Remplaçant de Roberto Merhi pour cinq courses durant la saison 2015, il s'illustra par une belle 12e place devant son public à Austin. Sans volant au terme de l'année, il rallia les rangs de l'IndyCar en dernière minute chez Andretti Autosport et remporta à la surprise générale les 500 Miles d'Indianapolis dès sa première participation.

2016

RIO HARYANTO

Né le 22 janvier 1993 à Surakarta (Indonésie)

Courses :
Australie 2016 – Allemagne 2016

Équipes :
Manor : Australie 2016 – Allemagne 2016

Grands Prix disputés : 12

Peu convaincant dans les formules de promotion, Rio Haryanto devint tout de même en 2016 le premier Indonésien à prendre le départ d'un Grand Prix de Formule 1 grâce au soutien du gouvernement de son pays. Rapide dans l'exercice des qualifications, où il parvint à plusieurs reprises à se mesurer à Pascal Wehrlein, Haryanto n'eut pas autant de réussite en course et avec une 15e place comme meilleur résultat, il fut remplacé pendant la pause estivale par Esteban Ocon.

JOLYON PALMER

Né le 20 janvier 1991 à Horsham (Royaume-Uni)

Courses :
Australie 2016 – Japon 2017

Équipes :
Renault : Australie 2016 – Japon 2017

Grands Prix disputés : 35

Fils de Jonathan Palmer, Jolyon Palmer fit ses débuts en... Formule Palmer, une catégorie créée par son père. Il remporta le Championnat GP2 au bout de quatre saisons et accéda à la Formule 1 en 2016 avec Renault. Après une première saison difficile face à Kevin Magnussen, durant laquelle il parvint tout de même à inscrire un point, il fut largement battu par Nico Hülkenberg la saison suivante. Une 6e position à Singapour ne sauva pas sa place, qu'il perdit avant même la fin de saison.

PASCAL WEHRLEIN

Né le 18 octobre 1994 à Sigmaringen (Allemagne)

Courses :
Australie 2016 – Abu Dhabi 2017

Équipes :
- Manor : Australie 2016 – Abu Dhabi 2016
- Sauber : Bahreïn 2017 – Abu Dhabi 2017

Grands Prix disputés : 39

Pilote de la filière Mercedes, à l'instar d'Esteban Ocon ou George Russell après lui, Pascal Wehrlein fut envoyé en DTM pour parfaire sa préparation. Un choix étonnant puisque ces voitures de supertourisme n'ont pas grand-chose à voir avec des monoplaces de haut niveau. Pressenti pour un volant en GP2 en 2016, il effectua finalement le grand saut vers la F1 quand le constructeur allemand le plaça chez son nouveau client, Manor. Portant à bout de bras l'équipe la moins cotée du plateau, il arracha un point en Autriche, le premier de la structure depuis ceux de Jules Bianchi à Monaco en 2014. En 2017, Sauber le recruta mais à cause d'un accident lors de la Race of Champions, il manqua le début de saison. Inscrivant les cinq points de son équipe cette année-là, il ne fut pas conservé avec l'arrivée d'Alfa Romeo dans l'équipe, qui plaça Charles Leclerc aux côtés de Marcus Ericsson, soutenu quant à lui par les propriétaires de l'écurie.

STOFFEL VANDOORNE

Né le 26 mars 1992 à Courtrai (Belgique)

Courses :
Bahreïn 2016 – Abu Dhabi 2018

Équipes :
McLaren : Bahreïn 2016 – Abu Dhabi 2018

Grands Prix disputés : 41

Vingt-quatrième pilote belge à courir en F1, Stoffel Vandoorne fut seulement le 8ᵉ à inscrire des points en Championnat du monde. La carrière de Vandoorne aurait pu être différente puisqu'en 2013, fraîchement sacré vice-champion en Formule Renault 3.5, Red Bull lui proposa de rejoindre la F1 dès 2014 chez Toro Rosso. Fidèle à McLaren, qui l'avait intégré à sa filière en début d'année, il refusa l'offre qui fut alors adressée à Daniil Kvyat. Ses deux saisons suivantes en GP2, en parallèle d'un poste d'essayeur chez McLaren, le virent terminer 2ᵉ puis 1ᵉʳ, signant au passage le record de victoires en une saison dans la discipline. Envoyé en Super Formula au Japon en 2016, il eut sa première chance en Formule 1 en remplacement de Fernando Alonso, blessé à Melbourne. Qualifié 12ᵉ, il marqua le point de la 10ᵉ place et fut titularisé pour 2017. Malgré un début de saison catastrophique, la faute à une fiabilité et des performances désastreuses de la MCL32, il marqua ses premiers points en Hongrie et recommença grâce à deux 7ᵉˢ places, à Singapour puis Sepang. Conservé pour la saison 2018, il s'effondra totalement face à un Alonso plus puissant que jamais au sein de son équipe. Par la suite, le Belge s'est reconverti en Formule E et en est devenu champion du monde en 2022.

ESTEBAN OCON

Né le 17 septembre 1996 à Évreux (France)

Courses :
Belgique 2016

Équipes :
- Manor : Belgique 2016 – Abu Dhabi 2016
- Force India : Australie 2017 – Abu Dhabi 2018
- Renault : Autriche 2020 – Abu Dhabi 2020
- Alpine : Bahreïn 2021

Victoires : 1

Podiums : 2

Grands Prix disputés : 111

Esteban Ocon est porté en triomphe par Fernando Alonso après avoir gagné le GP de Hongrie 2021.

La carrière d'Esteban Ocon en F1 aurait pu s'arrêter à cause d'un manque de budget, mais le Français a su rebondir et s'installer durablement en catégorie reine. Après avoir découvert le karting très jeune, il gravit les échelons dans la discipline, mais c'est en monoplace qu'il se fit un nom, notamment en battant Max Verstappen lors de sa saison de F3 en 2014. Cela lui offrit non pas un, mais deux tests en Formule 1, avec Ferrari et Lotus. Après la mise en liquidation de la structure qui le gérait, Gravity Sport, il trouva le soutien de Toto Wolff et Mercedes, qui le placèrent en tant que pilote d'essai chez Force India. Au cours de cette même saison 2015, il devint pilote de réserve chez Mercedes et fut engagé par la firme en DTM. Décidément très prometteur, il fut également nommé pilote de réserve de Renault en 2016, pour finalement avoir sa première chance en F1 grâce à Manor. Titularisé à la pause estivale en remplacement de Rio Haryanto, le Français ne mit que deux Grands Prix à prendre la mesure de Pascal Wehrlein et signa une solide 12e place sous le déluge d'Interlagos. Recruté par Force India en 2017 aux côtés de l'expérimenté Sergio Pérez, Ocon fut légèrement en retrait du Mexicain mais entra dans les points dès le premier Grand Prix de la saison. Plus impressionnant, il en marqua à 18 reprises lors des 20 courses de l'année, affichant une régularité déjà surprenante. Son meilleur résultat fut une 5e place, et la saison fut seulement gâchée par quelques accrochages et tensions avec Pérez. En 2018, il connut plusieurs accrochages et n'entra que huit fois dans les points. Pire, en milieu de saison, Lawrence Stroll racheta l'équipe au bord de la faillite et annonça que son fils Lance prendrait la place du Français l'année suivante. Sans volant pour 2019, Ocon devint troisième pilote de Mercedes, passant la majeure partie de son temps dans le simulateur jusqu'au vendredi soir des Grands Prix, avant de rejoindre l'équipe le samedi au cas où il ait à jouer le rôle de réserviste. Un rôle intense qui eut pour effet de l'impliquer dans le processus de développement d'une équipe championne du monde, et qui lui permit de rebondir chez

Renault l'année suivante. Ce retour fut un peu plus délicat face à un Daniel Ricciardo en grande forme, mais Ocon sauva tout de même sa saison en montant sur son premier podium lors du Grand Prix de Sakhir, entre les deux Racing Point de Pérez et Stroll. Toujours dans la même équipe mais désormais sous les couleurs d'Alpine, Ocon a vu arriver à ses côtés Fernando Alonso en 2021, et le duo s'est montré très homogène à la surprise générale, alors que l'on craignait une certaine lutte de pouvoir entre les deux hommes. Malgré un concept de monoplace daté, la saison 2021 a été celle de la consécration pour le Français, qui s'est imposé au Grand Prix de Hongrie 2021, devenant le premier Français depuis Alain Prost en 1983 à gagner au volant d'une voiture française équipée d'un moteur français. Désormais titulaire d'un contrat à long terme avec l'écurie tricolore, Ocon tient encore le rythme d'Alonso en qualifications, ce qui n'a pas été donné à tous les équipiers de l'Espagnol, et il en accueillera un nouveau en 2023 en la personne de Pierre Gasly.

2017

ANTONIO GIOVINAZZI

Né le 14 décembre 1993 à Martina Franca (Italie)

Courses :
Australie 2017 – Abu Dhabi 2021

Équipes :
- Sauber : Australie 2017 – Chine 2017
- Alfa Romeo : Australie 2019 – Abu Dhabi 2021

Grands Prix disputés : 62

Passé par l'Asie grâce à des sponsors indonésiens en début de carrière, Antonio Giovinazzi montra rapidement ses talents lorsqu'il revint en Europe en 2013. En 2016, il passa par le GP2 et en termina vice-champion derrière Pierre Gasly. Nommé essayeur de Ferrari en 2017, il connut des débuts anticipés à la suite de l'accident de Pascal Wehrlein à la Race of Champions. Pour sa première course, il termina à une honorable 12e place, mais connut deux accidents similaires à Shanghai, en qualifications puis en course. S'ensuivirent près de deux ans dans l'ombre des pilotes titulaires de Sauber et Ferrari, durant lesquelles l'Italien ne disputa qu'une seule course d'endurance. De retour avec Alfa Romeo en 2019, il dut se réhabituer à la compétition et se montra à la peine face à Kimi Räikkönen. Malgré quelques belles performances en qualifications au fil de l'année et son premier point en Autriche, il multiplia les bourdes au cours de l'été avant de signer au Brésil son meilleur résultat en F1 avec une 5e place. La saison 2020 commença bien pour Giovinazzi avec une 9e place, mais il n'accéda que cinq fois à la Q3 en 17 courses et ne marqua que quatre points au fil de l'année. En 2021, une nouvelle saison sans coup d'éclat, avec notamment une bourde énorme au départ à Monza alors qu'il avait signé sa meilleure qualification de la saison, ont contribué à lui faire perdre son volant. Après une saison de purgatoire en Formule E, il espère désormais retrouver le chemin de la F1.

LANCE STROLL

Né le 29 octobre 1998 à Montréal (Canada)

Courses :
Australie 2017

Équipes :
- Williams : Australie 2017 – Abu Dhabi 2018
- Racing Point : Australie 2019 – Abu Dhabi 2020
- Aston Martin : Bahreïn 2021

Pole positions : 1

Podiums : 3

Grands Prix disputés : 122

Issu d'une riche famille canadienne, Lance Stroll montra toutefois des talents en formules de promotion, au point d'être intégré au sein de la Ferrari Driver Academy. Champion d'Europe de F3, il intéressa aussi Williams, et son père lui permit de suivre un programme spécial de préparation à sa titularisation, avec des séances d'essais privés durant lesquelles le jeune pilote de

17 ans put parfaire ses connaissances. Peu après ses 18 ans, il débuta donc en F1 pour la saison 2017, mais ses débuts confirmèrent un certain manque de maturité. Il progressa toutefois rapidement avec ses premiers points à domicile pour sa 7e place, puis un premier podium inespéré à Bakou, au terme d'une course à rebondissements. En Italie, il s'élança de la première ligne de la grille grâce à une très belle qualification sous la pluie, et entra quatre fois dans les points. En 2018, au volant d'une Williams catastrophique, Stroll entra deux fois seulement dans les points, et quitta l'équipe pour Racing Point, dont son père était le nouveau propriétaire. Largement battu cette saison-là par Sergio Pérez, il montra de très bons progrès en 2020 grâce à une monoplace plus performante. Qualifié 3e lors du troisième Grand Prix, il enchaîna sept podiums jusqu'à son deuxième podium, lors du Grand Prix d'Italie remporté par Pierre Gasly. Il eut un passage à vide à cause d'un gros accident au Mugello et du Covid-19, mais il disputa en Turquie ce qui est certainement son meilleur week-end en F1. Réalisant une pole position incroyable sous la pluie, avec 1,5 seconde d'avance sur le 3e, il domina totalement le début de course, comptant jusqu'à 30 secondes d'avance avant qu'un dégât sur l'aileron avant ne ruine sa course sur piste séchante. En fin de saison, il connut un lot de consolation avec un nouveau podium. Depuis que Racing Point est devenue Aston Martin et qu'il fait équipe avec Sebastian Vettel, Stroll a semblé en plus grande difficulté, mais son rapport au patron de son équipe lui assure évidemment une place. Cependant, il a aussi montré dans ses grands moments qu'il est bien plus méritant qu'un simple pilote payant.

PIERRE GASLY

Né le 7 février 1996 à Rouen (France)

Courses :
Malaisie 2017

Équipes :
- Toro Rosso : Malaisie 2017 – Abu Dhabi 2018
- Red Bull : Australie 2019 – Hongrie 2019
- Toro Rosso : Belgique 2019 – Abu Dhabi 2019
- AlphaTauri : Autriche 2020 – Abu Dhabi 2022
- Alpine : Bahreïn 2023

Victoires : 1

Podiums : 3

Meilleurs tours en course : 3

Grands Prix disputés : 108

Pierre Gasly après sa victoire au Grand Prix d'Italie 2020.

Pour Pierre Gasly, le chemin vers la Formule 1 n'a pas été un long fleuve tranquille. Après avoir reçu le soutien de la FFSA en karting, le pilote français débuta la monoplace en 2011 et intégra la filière jeunes de Red Bull l'année suivante. C'est en 2015 qu'il rejoignit l'antichambre de la F1, le GP2. En 2016, il remporta le titre mais ne trouva pas de place en F1 l'année suivante et s'exila au Japon pour une saison en Super Formula. Finalement, il fut appelé en octobre pour le Grand Prix de Malaisie car Toro Rosso, la deuxième équipe de Red Bull, s'était séparée de Daniil Kvyat. Grâce à ses performances, et bien qu'il n'ait marqué aucun point, il décrocha un contrat de titulaire dans l'équipe italienne pour 2018. Il impressionna dès le deuxième Grand Prix de l'année à Bahreïn, avec la 5e place en qualifications et la 4e en course. Gasly exploita chaque opportunité de rentrer dans les points et le fit à quatre autres reprises. Red Bull lui donna sa chance dans l'équipe première aux côtés de Max Verstappen en 2019. Après des débuts compliqués en Australie à cause d'une pénalité l'ayant renvoyé en fond de grille, le Français enchaîna ensuite les arrivées dans les points, mais loin des podiums que visait son employeur. La pression du management de Red Bull, et notamment de Helmut Marko, fit perdre pied à Gasly, qui termina plusieurs courses à un tour de son équipier. Remercié de manière inattendue lors de la pause estivale et rétrogradé chez Toro Rosso, il fut grandement affecté alors qu'il traversait une période difficile, marquée par le décès de son ami Anthoine Hubert en F2. Le retour chez Toro Rosso lui fut finalement bénéfique, et il marqua des points à Spa-Francorchamps puis à Singapour, au Japon et au Mexique. La délivrance arriva au Brésil, où il signa son premier podium au terme d'une course à rebondissements qu'il géra à la perfection. Il arracha la 2e place au terme d'un sprint avec Lewis Hamilton. Ce résultat lui valut de conserver son baquet dans l'équipe devenue AlphaTauri en 2020. AlphaTauri réalisa de nets progrès, comme Gasly qui y endossa le rôle de leader. Il entra quatre fois dans les points lors des sept premières courses. En Italie, il profita d'une course interrompue par un drapeau rouge pour se retrouver en tête. Il mena les 25 derniers tours et résista pendant 19 boucles à Carlos Sainz pour aller décrocher son premier succès en F1. Ce fut la première victoire française dans la discipline depuis 1996 et le succès d'Olivier Panis à Monaco. Gasly entra cinq autres fois dans les points, et AlphaTauri le conserva comme son fer de lance en 2021. Il enchaîna les bonnes performances tout au long de la saison avec de nombreuses entrées en Q3 le samedi, et des points marqués lors de quatre des cinq premières courses. À Bakou, il est même allé chercher son troisième podium en carrière, profitant de nouveau des rebondissements pour briller. Malgré une saison 2022 plus délicate en raison d'un matériel moins performant, le Français conserve une cote élevée dans le paddock et il débutera en 2023 une nouvelle aventure avec Alpine. Il sera pour la première fois de sa carrière en F1 en dehors du giron Red Bull.

Lewis Hamilton au Grand Prix d'Italie 2017.

PETRONAS
44
PETRONAS
SYNTIUM
PETRONAS

BRENDON HARTLEY

Né le 10 novembre 1989 à Palmerston North (Nouvelle-Zélande)

Courses :
États-Unis 2017 – Abu Dhabi 2018

Équipes :
Toro Rosso : États-Unis 2017 – Abu Dhabi 2018

Grands Prix disputés : 25

Évincé par le Red Bull Junior Team au profit de Daniel Ricciardo au début des années 2010, Brendon Hartley pensait avoir définitivement manqué sa chance en F1. Mais à l'instar de Daniil Kvyat, il fut l'un des rares pilotes à bénéficier d'une seconde chance auprès de Helmut Marko. Double champion du monde d'endurance et vainqueur des prestigieuses 24 Heures du Mans, il fut appelé par Toro Rosso en 2017 pour remplacer Kvyat. Comme Pierre Gasly, débutant en même temps que lui, il ne marqua pas de point mais fut conservé pour la saison 2018, durant laquelle il subit la loi du Français et n'en inscrivit que quatre. Remercié en fin de saison, il a depuis trouvé refuge chez Toyota en WEC et s'est imposé deux fois de plus lors des 24 Heures du Mans.

CHARLES LECLERC

Né le 16 octobre 1997 à Monaco

Courses :
Australie 2018

Équipes :
- Sauber : Australie 2018 – Abu Dhabi 2018
- Ferrari : Australie 2019

Victoires : 5

Pole positions : 18

Podiums : 24

Podiums : 7

Grands Prix disputés : 102

Charles Leclerc après sa victoire à Monza en 2019.

Après des débuts en karting sur le circuit de la famille Bianchi, Jules étant un véritable mentor pour lui, Charles Leclerc fut rapidement engagé par la société de management de Nicolas Todt. Ce dernier décida finalement d'investir ses propres deniers dans la carrière du Monégasque après l'avoir pris sous sa coupe « pour faire plaisir à Jules », mais admettant finalement avoir « une bonne impression » vis-à-vis de Leclerc. Rapide en F3, ce dernier connut ensuite une carrière fulgurante en formules de promotion en intégrant la Ferrari Driver Academy. Champion GP3 en 2016 en tant que débutant, il enchaîna par le titre en F2, là aussi pour ses débuts, tout en égalant le record de victoires en une saison appartenant à Stoffel Vandoorne. Fort de ce palmarès et du rôle de troisième pilote qu'il avait occupé chez Haas et Sauber au cours des deux saisons précédentes, il fit ses débuts en F1 en 2018 chez Alfa Romeo Sauber, retrouvant Frédéric Vasseur qu'il avait déjà côtoyé chez ART en GP3. Après deux courses mouvementées, Leclerc étant en désaccord avec sa directrice de la stratégie Ruth Buscombe, cette dernière décida de lui laisser les rênes en Chine, lors de la troisième course de l'année. Dix-neuvième à l'arrivée, il accepta de suivre à la lettre les consignes de l'ingénieure et celles de Xevi Pujolar, le directeur de l'ingénierie en piste. Dès la quatrième course à Bakou, Leclerc arracha une exceptionnelle 6e place et commença une série de belles qualifications et courses. Battant Marcus Ericsson à plates coutures, il entra dans les points à plusieurs reprises et, lors des six dernières courses, termina quatre fois en 7e position tout en ayant enchaîné six apparitions en Q3. Un bilan qui ne fit pas hésiter plus longtemps Ferrari au moment de décider de la titularisation du Monégasque, qui devint donc pilote pour la Scuderia lors de sa deuxième année seulement. Et Leclerc fut à la hauteur de la tâche en signant sa première pole position dès sa deuxième course en rouge. Le lendemain, il se dirigeait vers sa première victoire en Grand Prix avant qu'un problème mécanique ne le fasse terminer en 3e place. Enchaînant les places d'honneur, il remonta sur le podium à quatre reprises entre le Canada et la Grande-Bretagne, perdant la tête de la course à trois tours de l'arrivée en Autriche face à Max Verstappen. En Allemagne, une sortie de piste sous la pluie lui fit manquer un podium, mais c'est après la pause estivale que la consécration arriva. Il enchaîna quatre pole positions et surtout, il remporta le Grand Prix de Belgique au lendemain du décès de son ami Anthoine Hubert, lui dédiant sa victoire. La semaine suivante, il devint un peu plus la coqueluche des tifosi en faisant triompher Ferrari à Monza, la première victoire de la Scuderia en terre italienne depuis 2010. Malheureusement, ces belles promesses se heurtèrent à la réalité d'une monoplace totalement ratée en 2020 avec laquelle Leclerc parvint tout de même à décrocher deux podiums. En 2021, la malchance s'acharna sur lui puisqu'il abandonna avant même le départ à Monaco au lendemain d'une sortie de piste, alors qu'il avait réalisé la pole position. En Hongrie, il fut pris dans le carambolage du départ tandis qu'en Russie, la stratégie de fin de course sous une pluie battante dans les dernières boucles le priva de points. Lors de ces trois occasions, son nouvel équipier Carlos Sainz termina sur le podium, donnant un sentiment général de domination de l'Espagnol en interne. En réalité, Leclerc fit une saison très impressionnante, montrant une pointe de vitesse redoutable avec deux pole positions, mais seulement un podium. C'est sur cette bonne dynamique qu'il a découvert en 2022 une monoplace redoutable et signé deux victoires lors des trois premières courses. Jusqu'à la pause estivale, il s'est emparé de sept pole positions, mais a malheureusement perdu plusieurs victoires et podiums à cause de problèmes stratégiques et mécaniques. Il a toutefois réussi sa meilleure saison en terminant avec le titre honorifique de vice-champion du monde. Au fil des saisons, Leclerc confirme les espoirs placés en lui depuis ses débuts en F1, et cela se matérialise par un contrat à longue durée avec Ferrari, allant pour l'instant jusqu'à la fin d'année 2024.

SERGEY SIROTKIN

Né le 27 août 1995 à Moscou (Russie)

Courses :
Australie 2018 – Abu Dhabi 2018

Équipes :
Williams : Australie 2018 – Abu Dhabi 2018

Grands Prix disputés : 21

Après de nombreuses saisons en formules de promotion, avec notamment la Formule Renault 3.5 et le GP2, Sergey Sirotkin devint essayeur pour Renault F1 avant d'être titularisé chez Williams grâce au soutien de SMP Racing, la structure l'accompagnant. Le Russe connut malheureusement une des pires saisons de l'équipe anglaise et, dominé par Lance Stroll, il ne marqua qu'un point.

ALEXANDER ALBON

Né le 23 mars 1996 à Londres (Royaume-Uni)

Courses :
Australie 2019

Équipes :
- Toro Rosso : Australie 2019 – Hongrie 2019
- Red Bull : Belgique 2019 – Abu Dhabi 2020
- Williams : Bahreïn 2022

Podiums : 2

Grands Prix disputés : 59

Comme Daniil Kvyat et Brendon Hartley avant lui, Alexander Albon a lui aussi connu une deuxième chance au sein de Red Bull, plusieurs années après avoir été évincé du Junior Team. En difficulté en F2 à cause d'un manque de budget, il parvint à prouver sa valeur pour garder son volant, puis en décrocha un nouveau en Formule E en 2019. Mais à quelques semaines du début de saison, Toro Rosso lui proposa un volant de titulaire en F1 cette saison-là. Le contrat avec Nissan e.dams fut annulé et le pilote à la double nationalité devint le premier Thaïlandais à prendre part à un Grand Prix depuis le Prince Bira, présent lors des premières courses de l'histoire du Championnat du monde. Solide pendant sa première année, il marqua ses premiers points dès sa deuxième course, et recommença pour la 3e. Lors du Grand Prix de Monaco, il parvint à inscrire les points de la 8e place, et fit encore mieux en Allemagne sous la pluie en terminant 6e. Red Bull décida d'échanger sa place avec celle de Pierre Gasly après la pause estivale, et Albon débuta ainsi dans une équipe de pointe au cours de sa première saison, avec une très belle remontée jusqu'à la 5e place à Spa-Francorchamps. Dans les points à chaque course, il se dirigeait vers le podium au Brésil quand il fut percuté par Lewis Hamilton. Ce fut sa seule course hors des points au volant d'une Red Bull cette année-là, et il fut prolongé pour une saison complète dans l'équipe. En Autriche, il s'accrocha encore avec Hamilton alors qu'il jouait à nouveau un podium. Par la suite, il marqua des points constamment mais comme Gasly avant lui, il fut largement battu par Max Verstappen. Malgré un premier podium au Mugello et un second à Bahreïn, il fut rétrogradé en tant que réserviste en 2021. Après une année passée sur le banc de touche, Albon a retrouvé un poste de titulaire en 2022 avec Williams, et ses résultats très solides lui ont permis de décrocher un contrat pluriannuel avec l'équipe anglaise, qui cherche elle aussi la rédemption en Formule 1.

Le podium de Monza après la victoire de Charles Leclerc en 2019.

Heineken 0.0
CIAO NIKI
SCUDERIA FERRARI CLUB

LANDO NORRIS

Né le 13 novembre 1999 à Glastonbury (Royaume-Uni)

Courses :
Australie 2019

Équipes :
McLaren : Australie 2019

Pole positions : 1
Podiums : 6
Meilleurs tours en course : 5
Grands Prix disputés : 82

Lando Norris au Grand Prix de Belgique 2022.

Fils d'un homme d'affaires, Lando Norris se distingua rapidement en allant courir en Océanie, puis en remportant le trophée McLaren Autosport qui lui permit de faire un essai avec l'équipe de F1. En 2017, il passa par la F3 Europe et intégra le programme jeunes pilotes de McLaren, puis fut sacré vice-champion en F2, anciennement GP2, l'année suivante. C'est avec ces bases très solides et quelques séances d'essais libres disputées pour le compte de l'équipe de Woking qu'il fit ses débuts en Formule 1 en 2019. Auteur de bons résultats lors de sa première saison, il reconnut s'être trop laissé déconcentrer par son côté amuseur dans le paddock et décida de montrer des progrès en 2020. Il ne tarda pas à confirmer cette ambition puisqu'il monta sur le podium pour la première fois dès la course d'ouverture de la saison en Autriche. Enchaînant d'excellents résultats au cours de l'année, il resta toutefois en retrait de Carlos Sainz Jr. On lui prédisait un vrai test de performance en 2021 face à Daniel Ricciardo, mais le Britannique a finalement pris la mesure de son nouvel équipier tout au long de la saison. Sixième du Championnat, il est monté quatre fois sur le podium et a surtout terminé 20 fois dans les points en 22 courses. Auteur de sa première pole position à Sotchi, il a manqué la victoire de peu le lendemain à cause d'une averse alors qu'il avait mené 30 tours. Norris a encore plus dominé Ricciardo en 2022 malgré un seul podium, et a l'assurance de rester dans son équipe jusqu'au terme de la saison 2025.

Toto Wolff, le directeur de Mercedes, et Valtteri Bottas au GP du Japon 2019.

GEORGE RUSSELL

Né le 15 février 1998 à King's Lynn (Royaume-Uni)

Courses :
Australie 2019

Équipes :
- Williams : Australie 2019 – Bahreïn 2020
- Mercedes : Sakhir 2020
- Williams : Abu Dhabi 2020 – Abu Dhabi 2022
- Mercedes : Bahreïn 2022

Victoires : 1
Pole positions : 1
Podiums : 9
Meilleurs tours en course : 5
Grands Prix disputés : 82

Comme son compatriote et rival Lando Norris, George Russell s'est distingué en remportant le trophée McLaren Autosport et, surtout en étant le plus jeune pilote à le remporter à l'âge de 16 ans. Progressant très rapidement dans les formules de promotions, il devint pilote essayeur pour Mercedes en F1 en même temps qu'il courut en GP3. Champion dans la catégorie, il passa en F2 l'année suivante et y fut également champion en tant que débutant. Un parcours similaire à Charles Leclerc avant lui, en égalant le record codétenu par le Monégasque et Stoffel Vandoorne, du nombre de victoires en une saison. Jugé trop jeune pour débuter immédiatement chez Mercedes, Russell dut faire ses classes pendant trois saisons chez Williams. Prenant la mesure du revenant Robert Kubica en 2019, il domina totalement Nicholas Latifi lors des deux saisons suivantes. Au Grand Prix de Sakhir, il remplaça en dernière minute Lewis Hamilton, malade du Covid-19. Au volant d'une voiture prévue pour son compatriote, il se qualifia à 26 millièmes de seconde de Valtteri Bottas et prit la tête au départ. Il mena 59 tours avant que Mercedes ne commette une erreur lors de son arrêt, ce qui le fit terminer, en larmes, à la 9ᵉ place. Mercedes ne le titularisa pas mais après deux années passées dans le fond de peloton, il parvint à signer de beaux coups d'éclat en 2021 avec Williams, avec ses premiers points en Hongrie, et surtout une 2ᵉ place en qualifications sous la pluie en Belgique. Le lendemain, le simulacre de Grand Prix lui permit de terminer sur le podium pour la première fois de sa carrière, et il entra dans les points à nouveau en Italie et en Russie, au lendemain d'une magnifique 3ᵉ place en qualifications sous la pluie. Titularisé chez Mercedes en 2022, Russell est devenu Monsieur Régularité. En effet, il a terminé 15 des 16 premières courses parmi les cinq premiers, comptant un seul abandon. Auteur de sa première pole position au Grand Prix de Hongrie, il a enfin réussi à décrocher son premier succès au Grand Prix du Brésil, le seul de la saison pour son équipe.

2020

NICHOLAS LATIFI

Né le 29 juin 1995 à Montréal (Canada)

Courses :
Autriche 2020 – Abu Dhabi 2022

Équipes :
Williams : Autriche 2020 – Abu Dhabi 2022

Grands Prix disputés : 61

Après quatre saisons de GP2 et F2, Nicholas Latifi décrocha un volant chez Williams en 2020. Auteur d'une première saison méritante compte tenu de l'impact du Covid-19 sur la préparation de son année de débutant, il n'est jamais parvenu à prendre la mesure de George Russell, malgré deux entrées dans les points en 2021. En 2022, face à Alex Albon, il s'est totalement effondré et, fort logiquement, a perdu sa place pour la saison 2023.

JACK AITKEN

Né le 23 septembre 1995 à Londres (Royaume-Uni)

Courses :
Sakhir 2020

Équipes :
Williams : Sakhir 2020

Grands Prix disputés : 1

Pilote prometteur en F2, Jack Aitken fut appelé en remplacement de George Russell au Grand Prix de Sakhir 2020, et se qualifia à moins d'un dixième de Nicholas Latifi. Seizième en course, sa carrière de titulaire s'arrêta là.

PIETRO FITTIPALDI

Né le 25 juin 1996 à Miami (États-Unis)

Courses :
Sakhir 2020 – Abu Dhabi 2020

Équipes :
Haas : Sakhir 2020 – Abu Dhabi 2020

Grands Prix disputés : 2

Comme Jack Aitken, Pietro Fittipaldi fut appelé en renfort au Grand Prix de Sakhir pour remplacer Romain Grosjean, victime d'un terrible accident au Grand Prix de Bahreïn. Il courut les deux dernières courses de la saison 2020 pour le compte de Haas et vit l'arrivée à chaque fois, en 17e et 19e place.

2021

NIKITA MAZEPIN

Né le 2 mars 1999 à Moscou (Russie)

Courses :
Bahreïn 2021 – Arabie Saoudite 2021

Équipes :
Haas : Bahreïn 2021 – Arabie Saoudite 2021

Grands Prix disputés : 21

Fils d'un oligarque russe et pilote à la réputation sulfureuse, Nikita Mazepin fit ses débuts en Formule 1 chez Haas en 2020, offrant au passage les couleurs de son pays à sa monoplace grâce au sponsor familial. Largement dominé par Mick Schumacher, il se rendit coupable de manœuvres litigieuses contre son équipier et ne fit pas mieux qu'une 14e place en course. Avec le départ forcé de son père en début de saison 2022, Mazepin a perdu par la même occasion son volant en F1.

MICK SCHUMACHER

Né le 22 mars 1999 à Vufflens-le-Château (Suisse)

Courses :
Bahreïn 2021 – Abu Dhabi 2022

Équipes :
Haas : Bahreïn 2021 – Abu Dhabi 2022

Grands Prix disputés : 43

Avec un patronyme difficile à porter, tant l'héritage de Michael est colossal, Mick Schumacher disputa ses premières saisons de karting sous le nom de jeune fille de sa mère, Betsch. Assumant son nom une fois que son identité était connue, il a connu une ascension méthodique vers la F1, avec une première saison plus difficile dans chacune des catégories où il a couru. Mais en F3 Europe comme en F2, cet apprentissage s'est révélé payant puisqu'il est ensuite devenu champion dans les deux disciplines. De là, il a atteint la F1 en 2021 avec Haas, pilotant la pire monoplace du plateau, une simple évolution d'une voiture conçue en 2018. En 2022, il a découvert une toute nouvelle monoplace et un nouvel équipier en la personne de Kevin Magnussen. Au fil des courses, il s'est rapproché du Danois et a inscrit ses premiers points à Silverstone puis en Autriche. Néanmoins, Haas n'a pas voulu le conserver pour la saison 2023, et l'Allemand se retrouve sans volant.

Autrefois soutenu par Michael Schumacher, Vettel est devenu le mentor de son fils Mick.

YUKI TSUNODA

Né le 11 mai 2000 à Sagamihara (Japon)

Courses :
Bahreïn 2021

Équipes :
AlphaTauri : Bahreïn 2021

Grands Prix disputés : 42

Premier pilote né dans les années 2000 à accéder à la F1, Yuki Tsunoda profita des soutiens joints de Red Bull et Honda pour faire ses débuts chez AlphaTauri en 2021, après une année en F3 et une année en F2. Fougueux au volant comme à la radio, son manque d'implication lors de sa première saison lui a valu un recadrage de la part de Helmut Marko. Cependant, sa pointe de vitesse s'est immédiatement remarquée, puisqu'il a terminé 9e de sa première course en carrière. Septième en Azerbaïdjan lors d'une course piégeuse, il a fait encore mieux avec une 6e place en Hongrie, et a terminé au pied du podium en fin de saison à Abu Dhabi après plusieurs dépassements maîtrisés. Sa deuxième saison s'est avérée plus difficile, la faute à une monoplace moins performante, mais le Japonais continue de progresser et a même signé un nouveau contrat pour une troisième année dans la discipline.

2022

GUANYU ZHOU

Né le 30 mai 1999 à Shanghai (Chine)

Courses :
Bahreïn 2022

Équipes :
Alfa Romeo : Bahreïn 2022

Grands Prix disputés : 17

Podiums : 1

Le profil de Guanyu Zhou n'est pas sans rappeler celui de Kamui Kobayashi. Malgré des résultats peu probants en F2, il est tout de même parvenu à décrocher un volant en Formule 1 en 2022, notamment grâce à ses soutiens. Premier Chinois engagé en catégorie reine, il a pourtant montré une application saluée par son équipe, et un potentiel intéressant avec un point dès sa première course. La suite de la saison a été compliquée face à un Valtteri Bottas redoutable dans l'exercice des qualifications et plus expérimenté, mais Zhou a de nouveau marqué des points au Canada puis en Italie, et aura droit à une deuxième saison chez Alfa Romeo en 2023.

NYCK DE VRIES

Né le 6 février 1995 à Sneek (Pays-Bas)

Courses :
Italie 2022

Équipes :
- Williams : Italie 2022
- AlphaTauri : Bahreïn 2023

Grands Prix disputés : 1

Malgré son titre de champion F2 en 2019, Nyck de Vries semblait destiné à ne jamais avoir sa chance en Formule 1. Boudé par la catégorie reine en 2020, il trouva refuge en Formule E grâce à ses liens avec Mercedes et devint en 2021 le premier champion du monde néerlandais en sport automobile. Orné de ce titre, il a disputé quelques séances d'essais libres en F1 avant d'être appelé au Grand Prix d'Italie 2022, le samedi matin en remplacement d'Alex Albon. Ses belles performances et les deux points de la 9e place ont donné un grand coup de pouce à sa réputation, et il fera ses débuts à temps complet en 2023 avec AlphaTauri.

Max Verstappen lors de sa victoire à domicile à Zandvoort aux Pays-Bas en 2022

Heineken 0.0

INDEX

REMERCIEMENTS

Tout d'abord, merci à Talent Éditions, en particulier à Emmanuel Laureau pour avoir cru en ce projet après l'avoir décidé ensemble, et à Laure Drocourt Laureau pour m'avoir aidé à autant peaufiner les 500 pages de ce livre.

Merci à mes parents qui ont toujours encouragé ma passion pour la Formule 1.

Merci à mes amis, et notamment ceux de Nextgen-Auto et du Racing Café avec qui je la partage au quotidien.

Merci à Laura pour son soutien inaltérable et pour l'aide précieuse sur les compilations de statistiques.

Et évidemment, merci aux pilotes qui sont les acteurs principaux de la F1 et de ce livre, et les premiers vecteurs de la passion pour ce sport.

Le départ du Grand Prix de Belgique 2022 dans le célèbre Raidillon de l'Eau Rouge.

ROLEX

Achevé d'imprimer en février 2023
en France par SEPEC - 19387220605

IMPRIM'VERT®

PEFC 10-31-1470 / Certifié PEFC / Ce produit est issu de forêts gérées durablement et de sources contrôlées. / pefc-france.org